Leonard Baker

Hirt der Verfolgten

Leo Baeck im Dritten Reich

Klett-Cotta

Aus dem Amerikanischen übersetzt von
Charlotte Roland
Die Originalausgabe erschien unter dem Titel
Days of Sorrow and Pain
bei Macmillan Publishing Co., Inc., New York

Verlagsgemeinschaft Ernst Klett – J. G. Cotta'sche
Buchhandlung
Nachfolger GmbH, Stuttgart

Design: Heinz Edelmann
Gesamtherstellung: Wilhelm Röck, Weinsberg

CIP-Kurztitelaufnahme der Deutschen Bibliothek

Baker, Leonard:
Hirt der Verfolgten: Leo Baeck im Dritten
Reich / Leonard Baker. [Aus d. Amerik. übers.
von Charlotte Roland]. – Stuttgart:
Klett-Cotta, 1982.
Einheitssacht.: Days of sorrow and pain <dt.>
ISBN 3-12-930760-5

Inhalt

Dem Gedenken
meines Großvaters
Rabbi Abraham Baker

Danksagung

Die Recherchen zu diesem Buch führten mich in zehn Länder und brachten mich mit annähernd hundert Menschen zusammen, die Leo Baeck gekannt haben. Die Bewunderung und Zuneigung, die diese Menschen für einen Mann empfanden, der in der schwersten Zeit ihres Lebens ihr Seelsorger gewesen war, sind vielleicht die besten Quellen der Inspiration für einen Biographen Leo Baecks.

Rabbi Bernhard H. Mehlman vom Tempel Micah in Washington, D.C., begleitete meine Arbeit von Anfang an als Berater und Freund.

Leo Baecks Enkelin Marianne Dreyfus und ihr Ehemann Rabbi A. Stanley Dreyfus stellten mir das umfangreiche in ihrem Besitz befindliche Material zur Verfügung.

Die folgenden Personen lasen dieses Buch in einer oder mehreren früheren Fassungen teilweise oder ganz und halfen mit Vorschlägen, Kommentaren und Kritik: David Baker, Liva Baker, Rabbi Bernard J. Bamberger, Rabbi Gustav Buchdahl, Rabbi Ernst Ludwig Ehrlich, Kenneth C. Judd, Rabbi Bernard H. Mehlman, Margaret Koeber-Merzbach und Uta C. Merzbach.

Bei der Übersetzung der Originalquellen aus dem Deutschen, Französischen und Hebräischen halfen Verna E. Groo, Kenneth C. Judd, Dahlia Luttwack und Renate Wendel.

Besondere Beiträge leisteten Larry Bernstein, Arnost Lustig, Sybil Milton und Douglas Thurmann.

Wendy H. Waddell half mir bei der redaktionellen Vorbereitung des Buches.

Gandhis Rat ... entsprach seiner Philosophie des *Satyagraha,* einer Form des passiven Widerstands. Alle deutschen Juden sollten zu einem verabredeten Zeitpunkt gemeinsam Selbstmord begehen. Diese kollektive Handlung würde, so Gandhis Überzeugung, das Gewissen der Welt erschüttern. Nach dem Krieg verteidigte Gandhi diesen Rat mit dem Argument, daß es ohnehin keine Hoffnung mehr für die deutschen Juden gegeben habe – die meisten hätten ihr Leben ohne die positive Wirkung, die das gemeinsame Opfer ihres Lebens hätte haben können, verloren.

Leo Baeck empfing Gandhis Rat, doch er gab ihn nicht an seine Glaubensbrüder weiter. Er konnte ihnen nicht sagen, daß es keine Hoffnung gebe. „Wir Juden wissen“, sagte er, „es ist ein Gebot von Gott, zu leben.“

Erstes Kapitel

Rückkehr

„Wer, zum Teufel, ist Leo Baeck?“ knurrte Patrick Dolan ärgerlich.

Wie aus der Pistole geschossen kam die Antwort: „Leo Baeck ist der Papst der deutschen Juden.“

Dolan starrte wütend auf sein Funkgerät. Da hatte er sein Leben riskiert, um die Linien der Nazis zu durchqueren, und war wohlbehalten in Prag angekommen, wo er – seiner Meinung nach – mit dem tschechoslowakischen Untergrund zusammenarbeiten sollte, bis die Stadt von den Nazis befreit war; und nun erhielt er von einer unbekannten Stimme am anderen Ende seiner Funkverbindung neue Befehle: sich aus Prag hinauszustehlen, vierzig Kilometer bis nach Theresienstadt zu fahren, einer Stadt, die von den Nazis in ein jüdisches Getto umgewandelt worden war, und dort einen Mann namens Leo Baeck ausfindig zu machen. Verdammte Army![1]

Das war Anfang Mai 1945, und die Tage der deutschen Besatzung in der Tschechoslowakei waren gezählt. Als die Russen näherrückten, kamen die Untergrundkämpfer, mit denen Dolan Kontakt aufgenommen hatte, aus ihren Verstecken hervor, um sich am Kampf gegen die Nazis zu beteiligen. Am 4. Mai waren an verschiedenen Stellen Prags verfrüht tschechoslowakische Fahnen aufgezogen worden, und zur Vergeltung war die SS mit Panzern durch die Straßen gefahren und hatte in die Menge geschossen. Das brachte die Partisanen auf den Plan, und aus Scharmützeln wurden Straßenschlachten. Am 8. Mai waren die aus der Stadt führenden Straßen voll von deutschen Soldaten, die verzweifelt nach amerikanischen Einheiten Ausschau hielten, denen sie sich ergeben könnten, bevor sie von den rachedürstenden Sowjettruppen gefangengenommen würden.

Zwischen dem 4. und dem 8. Mai, als Prag ein Schlachtfeld

war, wurden dort schätzungsweise 3600 Zivilisten von Deutschen getötet. Es war eine Zeit des Mordens, der Vergewaltigungen und der Diebstähle. Sogar diejenigen, die meinten, daß am Krieg etwas Großes sei, wurden hier, wo Menschen für ein Stück Brotkruste mordeten, eines anderen belehrt.[2]

Vor diesem Hintergrund und durch die Masse dieser Menschen hindurch sollte Major Patrick Dolan von der United States Army nach Theresienstadt fahren und Leo Baeck ausfindig machen. Seine Mission war schon Wochen vorher eingeleitet worden, als sich führende jüdische Persönlichkeiten in England und den Vereinigten Staaten darüber klargeworden waren, daß Theresienstadt bald ins Kreuzfeuer einander bekämpfender Heere geraten könnte, und sich, in Sorge um Baecks Leben, zu seiner Rettung an das alliierte Oberkommando gewandt hatten. Ihrem Ersuchen wurde stattgegeben und die Verantwortung dem Office of Strategic Services, dem Nachrichten- und Abwehrdienst (Vorläufer der CIA), übertragen; Patrick Dolan, der OSS-Mann in Prag, erhielt den Befehl, den Mann zu retten, der als „Papst der deutschen Juden" bezeichnet wurde.[3]

Niemals vorher freilich hatte man Leo Baeck als Papst bezeichnet. Als Kardinal, ja. „Es war etwas um diesen Mann, das an einen Kirchenfürsten denken ließ", sagten viele, die ihn in den dreißiger Jahren gekannt hatten, als er die Berliner Jüdische Gemeinde in ihrem Kampf mit dem Nazismus führte. Obwohl es ein Kampf war, den die Juden nicht gewinnen konnten, gab ihnen Leo Baeck das Gefühl, daß jenseits der Vernichtung, jenseits der Zerstörung der Zivilisation, etwas bestehenbleiben würde vom Volk Israel. Es war das Gefühl, daß dieser Rabbi, ihr Seelsorger, sie hindurchführen, wenigstens einige von ihnen retten würde.

Leo Baeck war ein Symbol geworden, sowohl für die Juden, die er in Berlin geführt hatte, als auch für diejenigen, die in Theresienstadt eingesperrt waren. Für viele war es schwer zu sagen, ob Baeck die Lebenskraft des Judentums und den Mut seiner Führer symbolisierte oder einfach den Triumph des zivilisierten Menschen. Aber sie verstanden das Erregende dieser Symbolik. Einige Monate nachdem Baeck im Jahre 1943 aus Berlin verschwunden war und niemand wußte, ob er tot war oder noch lebte, fand in New York ein Treffen führender jüdischer Persönlichkeiten statt. Plötzlich geriet der Raum in helle Aufregung, als Stephen S. Wise, der Präsident des Amerikanischen Jüdischen Kongresses, von Tisch zu Tisch ging mit der Nachricht: „Leo Baeck lebt. Er ist in Theresienstadt."

Robert Weltsch, ein Mann, der Baeck in den dreißiger Jahren in Berlin gut gekannt hatte und nun in Jerusalem lebte, hörte 1943 ebenfalls, daß Leo Baeck in Theresienstadt war. Er begab sich zum Apostolischen Bevollmächtigten in Jerusalem, Kardinal Hughes, und fragte, ob der Vatikan einen Austausch herbeiführen könne – einen prominenten, in einem alliierten Land internierten Deutschen gegen Leo Baeck. Kardinal Hughes lauschte „tief ergriffen und mit beruhigender Freundlichkeit in den Augen", als Weltsch und dessen Begleiter ihm von Leo Baeck erzählten. Vielleicht verstand er Leo Baeck besser als sie selbst. Denn er sagte ihnen: „Meine Freunde, Sie bemühen sich vergebens; wenn der Mann der ist, den Sie mir beschrieben haben, wird er seine Herde niemals im Stich lassen."[4]

Kardinal Hughes hatte recht. In den dreißiger und frühen vierziger Jahren hatte Leo Baeck viele Gelegenheiten gehabt, aus Berlin, aus Deutschland herauszukommen. In jenen Jahren, als sein siebzigster Geburtstag herannahte, hätte ihn niemand getadelt, wenn er die Wahl getroffen hätte, die ihm noch verbleibende Zeit bei seinen einzigen Angehörigen – Tochter, Schwiegersohn und Enkelin in England – zu verleben. Aber er war geblieben. Fast fünfzig Jahre lang war er ein Seelenhirte der deutschen Juden gewesen; er würde sie auch in den letzten Stunden nicht verlassen.

Die Nazis schickten ihn nach Theresienstadt. „Das war, als ich ein Pferd war", sagte er später über diese Zeit und über die Arbeit, zu der man ihn gezwungen hatte. Er erinnerte sich noch an etwas anderes: „Ich war in Theresienstadt die Nummer 187894", sagte er. „Ich hatte nur den einen Gedanken: Niemals sich beugen, nie vor dem Schmutz kapitulieren, nie vor der Gemeinheit abdanken, nicht zur bloßen Ziffer werden und immer den Respekt vor sich selber wahren." In Theresienstadt wie in Berlin verkörperte er nicht nur das

Überleben des Volkes Israel, sondern auch die Überzeugung, daß der einzelne Jude ungebeugt überleben könne, ohne vor Roheit oder Erniedrigung zu kapitulieren, nicht als bloße Nummer, sondern als ein Wesen mit Selbstachtung. Das war der Mann, für dessen Sicherheit Patrick Dolan nun zu sorgen hatte.[5]

Als Patrick Dolan in den ersten Maitagen in Theresienstadt eintraf, kam er in eine häßliche trostlose Stadt. „Was einem sofort auffiel", sagte einer der Besucher aus dieser Zeit, „waren die Baumstämme ohne Äste, auf denen Tausende hungriger Spatzen saßen." Theresienstadt besteht aus zwei Teilen. Der eine ist eine kleine Festung, die von den Nazis als Strafgefängnis benutzt wurde; der andere ist die eigentliche, von einer Stadtmauer umgebene Stadt, aus der die Nazis die tschechischen Bewohner vertrieben hatten. Diese Stadt, die einst 8000 Menschen beherbergt hatte, war nun in ein „Mustergetto" für prominente Juden verwandelt worden. Fast 200 000 Menschen waren hier durchgeschleust worden. Einmal hatte man 68 000 Menschen auf einer Fläche zusammengepfercht, die für 8000 bestimmt gewesen war. Genaue Zahlen darüber gibt es nicht, doch realistischen Schätzungen zufolge wurden 120 000 Männer, Frauen und Kinder von Theresienstadt aus deportiert, während zwischen 33 000 und 40 000 dort starben. Trotz dieser Zahlen ist Theresienstadt niemals ein Vernichtungslager gewesen, keine Konkurrenz für Auschwitz als Ort des Massenmordes.[6]

Doch wäre es beinahe dazu geworden. Als im Januar 1945 viele Nazis begriffen, daß sie den Krieg verlieren würden, hatten sie Vorbereitungen getroffen, die Spuren ihrer Greueltaten in Theresienstadt durch Beseitigung der Zeugen zu vernichten. Tiefe Tunnels wurden unter die Stadtbefestigung getrieben; für Lagerräume, behaupteten die Nazis. „Das schien uns nicht wahrscheinlich", sagte Baeck später und sprach damit die Furcht der meisten Insassen aus. „Ihre einzige Bestimmung konnten nur Gaskammern sein. Wir gaben die Losung aus, daß jede Gruppe, der die SS befehlen würde, sich in diese Tunnels zu begeben, sich einfach auf den Boden legen sollte, wo immer es war. In Theresienstadt gab es etwa 300 SS-Leute, und es wären zwei von ihnen nötig gewesen, einen von uns in eine Gaskammer zu bringen." Baeck hat sich nie dazu geäußert, ob er wirklich geglaubt hatte, daß ein solcher Widerstand gegen die SS etwas hätte ausrichten können, oder ob er seinen Mithäftlingen mit seinem Rat nur hatte Mut machen wollen. „Zum Glück geschah nichts", fügte er hinzu, „wahrscheinlich wegen der näherrükkenden amerikanischen und britischen Truppen."[7]

Doch obwohl Theresienstadt die Gaskammern erspart blieben, blieb dem Getto ein letzter Schlag der Nazis nicht erspart. Als die Deutschen, die die Vernichtungslager leiteten und bewachten, nicht nur begriffen, daß sie den Krieg verloren hatten, sondern auch, daß ihre Verbrechen – Verbrechen, die das Wort „Völkermord", „Genozid", dem Sprachschatz der zivilisierten Welt hinzufügen sollten – entdeckt werden würden, begannen sie mit hektischen Aufräumungsarbeiten in den Lagern. Listen wurden vernichtet, Alibis fabriziert und die Überlebenden der Konzentrationslager in Viehwagen gepfercht und fortgebracht, irgendwohin.

Einige dieser Überlebenden kamen verlaust und fast verhungert nach Theresienstadt. Fünfzehnhundert am 20. April und 13 000 in der Woche darauf. Nach einem amerikanischen Heeresbericht aus der Zeit von Patrick Dolans Rettungsmission gab es „[. . .] etwa 35 000 Juden in Theresienstadt. Im April und Mai versetzten die Nazis dieser Gemeinde einen letzten Schlag. Sie luden die elendesten, kränksten und erniedrigtsten Häftlinge aus anderen Konzentrationslagern, überwiegend aus Auschwitz, Belsen und Buchenwald, in Theresienstadt ab [. . .] Um ihre Spuren zu verwischen, schickten sie keinerlei Personalpapiere mit. Daher war es unmöglich, diese unglücklichen Menschen zu registrieren oder auseinanderzuhalten. Alle waren jahrelang den Folterungen der Nazis ausgesetzt gewesen; viele von ihnen hatten jegliche Menschenwürde verloren. Der tschechische Arzt, der jetzt für die Krankenversorgung zuständig ist, spricht davon, daß es unter ihnen Fälle von Kannibalismus gegeben habe. Sie wurden in einer gesonderten Einfriedung auf dem Gelände oder in kleinen Barracken untergebracht. Sie waren schwer krank. Die schlimmsten Krankheiten waren drei Arten von Typhus: Flecktyphus, schwarzer Typhus und Brechtyphus.

Die Seuche hat sich sofort auf die übrige Stadt ausgebreitet. Das Lazarett mit seinen tausend Betten ist überfüllt, und es fehlt an Platz für Hunderte von Fällen. Es sollen augenblicklich 12 000 an einem der drei Typhusarten erkrankte Personen sein. Ungefähr 140 Ärzte, alles Häftlinge, versuchen die Situation in den Griff zu bekommen."

Die Kranken wurden in die Kasernen gebracht, die den inhaftierten Juden als Wohnungen gedient hatten; bald befand sich ein Drittel der Stadt in Quarantäne. „Die genaue Zahl der Infizierten und der Menschen, die schließlich gestorben sind, werden wir niemals erfahren", sagte einer der Ärzte.

Selbst als Theresienstadt Anfang Mai befreit war, trafen noch immer Transporte aus den Todeslagern ein. Am Nachmittag des 6. Mai kamen zweitausend Erwachsene und Kinder in offenen Eisenbahnwagen an. Sie waren dreißig Tage unterwegs gewesen und hatten zwölf Tage lang nichts zu essen bekommen. Siebenundachtzig Menschen waren in den Waggons gestorben. Die Überlebenden hatten fast alle Typhus.[8]

Leo Baeck sagte einmal, daß das schlimmste Erlebnis in Theresienstadt die Typhusepidemie und das Problem der Isolierung der Kranken gewesen sei. „Wir waren in Wahrheit in zwei Gefängnissen", sagte er. „Das eine war von den Deutschen errichtet worden, das andere durch den Typhus entstanden." Als sich die Seuche ausbreitete, wurde der Drang der Menschen, aus ihren Kasernen auszubrechen und in ein Heim zurückzukehren, das jetzt nur noch in ihrer Erinnerung bestand, immer übermächtiger. Doch wenn sie diesem Trieb nachgaben und aus den Toren strömten, würden sie eine Typhusepidemie durch ganz Europa tragen.[9]

Gerade als Baeck sich mit dieser gefährlichen Bedrohung herumzuschlagen hatte, traf Patrick Dolan in Theresienstadt ein. Er hatte keine Schwierigkeiten, Baeck zu finden. Nachdem die Deutschen gegangen waren, hatte das Internationale Rote Kreuz die Leitung übernommen und dann die Verwaltung einem aus jüdischen Häftlingen gebildeten Rat übergeben. In diesem Rat vertrat Leo Baeck die deutschen Juden.

Der Mann, dem Patrick Dolan sich schließlich gegenübersah, war etwa 1,85 Meter groß, doch seine gebeugte Haltung ließ ihn kleiner erscheinen. Sein Haar war weiß – eigentlich war er nun fast kahl mit Haarbüscheln an den Seiten des Kopfes –, und er trug einen kleinen Bart. Haar und Bart waren sauber geschnitten, wie sie es immer gewesen waren, als er noch in den großen Synagogenhallen Berlins vor der Menge gestanden hatte. Der dunkle Anzug, mit Hemd, Krawatte und konventioneller Weste, hing lose an dem erschütternd mageren Körper. In seinen zwei Jahren und vier Monaten in Theresienstadt hatte Leo Baeck über fünfzig Pfund abgenommen. Aber nicht der magere Körper beeindruckte Patrick Dolan, sondern der Blick seiner Augen, die noch immer die Intelligenz und das Verständnis eines gebildeten Geistes und die Güte des Rabbis widerspiegelten. Jeder Mensch ist ein Produkt seiner Erlebnisse, und in Leo Baecks Augen loderte nun der Schmerz darüber, daß sie den Tod von Freunden und Verwandten, unfaßbare Grausamkeit, den Zerfall einer Gesellschaft mit angesehen hatten. Auf einer Photographie Leo Baecks, die einige Monate vor der Befreiung Theresienstadts aufgenommen wurde, liest man in seinen Augen Verwunderung und Zorn, vor allem aber Schmerz. Dieser Mann hatte von seinen Mitmenschen anderes erwartet.[10]

Baeck weigerte sich, mit Patrick Dolan Theresienstadt zu verlassen. Der Mann, der seine jüdischen Mitbürger in Berlin nicht verlassen hatte, würde sie auch in Theresienstadt nicht verlassen. Baeck betrachtete die Epidemie als seine Aufgabe; die Typhusepidemie mußte unter Kontrolle gebracht werden. Er ging zu den Kasernen zurück und verschwand hinter ihren Türen. Was er sah, war kaum mehr menschlich. Einst gesunde Körper waren nur noch mit Haut überzogene Skelette. Augen starrten ins Leere, ohne die Nachbarn wahrzunehmen. Menschen, die einst an den Anstand ihrer Mitmenschen geglaubt hatten, trauten keinem mehr. Zu viele Jahre waren sie eingekerkert gewesen. Niemand hatte sich in dieser Zeit um sie gekümmert, nun sahen sie nicht ein, daß sie Rücksicht nehmen sollten auf Fremde außerhalb der Kasernen. Sie wollten hinaus.

Sich auf den Ruf verlassend, der ihn seit über einem halben

Jahrhundert umgab, schlug Leo Baeck ihnen vor, seine Freiheit gegen die ihre, seine Gesundheit gegen die anderer zu tauschen. Wenn sie in der Sperrzone blieben, würde er bei ihnen bleiben. „Bleibt hier und steckt nicht das ganze übrige Lager an", bat er sie. „Genau das wollten die Nazis: daß ihr das ganze Lager verseucht." Er versicherte ihnen, daß sie ärztliche Hilfe erhalten und nach ihrer Genesung von Theresienstadt abtransportiert werden würden. Sie kannten ihn. Sie erinnerten sich daran, daß sie vor dem Kriege seine Bücher gelesen und seine Predigten gehört hatten. Sie sahen ihn vor sich, wie er in den dreißiger Jahren ohne Furcht vor den Drohungen der Nazis durch die Straßen Berlins geschritten war. Für sie war er ein Symbol der Menschen, die sie selbst einst gewesen waren, ein Symbol dessen, was sie einst wieder sein könnten. Weil sie ihm vertrauten, hörten sie auf ihn und blieben. Sobald sie sich beruhigt hatten, versicherten sie ihm, daß er den Quarantänebezirk verlassen könne. Sie verstanden ihn, und sie hatten Vertrauen zu ihm.

Leo Baeck verließ den Quarantänebezirk, doch nicht die Stadt. Er blieb bis Ende Juni, als alle deutschen Juden entweder bereits fort waren oder die Gewißheit erhalten hatten, daß man sich ihrer annehmen würde. In diesen Wochen leistete die russische Armee tatkräftige Hilfe. Sie eröffnete fünf Hospitäler in der Stadt, half bei der Isolierung der Kranken und richtete Entlausungsstationen ein. Von den über 30 000 Insassen Theresienstadts zur Zeit der Befreiung waren Ende Juni nur noch 4000 übrig. Manche waren in eines der DP-Lager gegangen, die noch Jahre nach Kriegsende das Antlitz Europas wie mit Pockennarben entstellen sollten. Wenige kehrten in ihre Heimatstädte zurück mit der bangen Frage, ob sie ihr einst so erfülltes und reiches Leben wiederaufnehmen könnten. Andere machten sich auf den langen Weg nach Palästina – da ihre alte Lebensweise zerstört war, wollten sie ganz neu beginnen.[11]

Theresienstadt war vor allem ein Getto für ältere Juden gewesen, und viele von ihnen hatten weder Angehörige, noch besaßen sie Papiere oder sonstige Identitätsausweise. Die letzte Aufgabe Leo Baecks in Theresienstadt, während seine Familie ihn drängte, zu ihr nach London zu kommen, und

Patrick Dolan in Prag auf ihn wartete, bestand darin, diesen Leuten irgendwelche Ausweispapiere, irgendein Personaldokument zu verschaffen. Menschen, mit denen Baeck zusammengearbeitet hatte, Menschen, die die Qualen Theresienstadts mit ihm geteilt hatten, gab er Empfehlungsbriefe, in denen er ihre Arbeit und ihre Charakterstärke pries. Mit dem Papier, das eine Unterschrift trug, die von allen Juden der Welt honoriert werden würde, besaßen sie die Grundlage einer zivilrechtlichen Identität. Für viele von ihnen war es der erste Schritt zurück in ein normales Dasein.[12]

Während er in diesem Mai und Juni des Jahres 1945 damit beschäftigt war, denen zu helfen, die ihn umgaben, vergaß er keineswegs seine Tochter Ruth, ihren Mann Hermann und seine Enkelin Marianne. „Geliebte Kinder", schrieb er ihnen am 4. Juni – die gleiche Anrede, die er in seinen Briefen aus Berlin vor seiner Gefangennahme benutzt hatte. An diesem 4. Juni war er für einen Tag nach Prag gefahren, um Einzelheiten für die Abreise mehrerer deutscher Juden aus Theresienstadt zu organisieren, und er schrieb in seinem Brief: „Ich bin auf dem Wege hierher seit langem, langem das erste Mal wieder zwischen Feldern und Wiesen gewesen." Um seine Kinder davon abzuhalten, sich Sorgen zu machen, fügte er unvermittelt hinzu: „Vor allem ich bin gesund geblieben, und ich hoffe, daß ich in diesem Monat [. . .] werde abreisen können." Von seinem Gewichtsverlust erwähnte er nichts. Aber auch traurige Nachrichten hatte er: „Die Opfer in Theresienstadt waren furchtbar schwer – meine Schwestern Frida, Lise, Anna und Rese sind den Krankheiten erlegen." Alte Freunde, deren Namen seine Kinder kannten, „sind nach dem Osten verschleppt" – der Euphemismus für ihre Deportierung in ein Vernichtungslager.[13]

Schließlich war seine Arbeit beendet und Theresienstadt fast leer. Militärbehörden, das Internationale Rote Kreuz und die verschiedenen jüdischen Organisationen, die an der Hilfsaktion beteiligt waren, versicherten Baeck, daß er nicht länger gebraucht werde. Am 1. Juli erhielt Hermann Berlak, Baecks Schwiegersohn, ein Telegramm aus Prag: „Baeck per Flugzeug nach Paris unterwegs . . ." Patrick Dolan hatte seine Befehle ausgeführt. Er hatte Baeck in einem Jeep von

Theresienstadt abgeholt und zu einem Flughafen in der Nähe von Prag gebracht, wo die beiden Männer an Bord einer schwerfälligen „Flying Fortress“ gegangen waren, die, mit Bomben beladen, den vorrückenden alliierten Truppen oft den Weg durch Europa gebahnt hatte. Später erzählte Leo Baeck gern, wie er beim Verlassen Prags wieder in die westliche Zivilisation eingeführt wurde: Ein amerikanischer Soldat half ihm, in das Flugzeug zu klettern, und schenkte ihm dann einen Kaugummi für den Rückflug.[14]

An diesem Tag im Juli 1945 gab es in Prag noch etwa hundert Juden. Vor dem Kriege, bis zum Jahre 1939, hatte die Stadt eine jüdische Gemeinde von 60 000 Menschen gehabt, die dort seit fast tausend Jahren verwurzelt gewesen war. Trotz Vertreibungen, Angriffen auf Besitz und Leben und der Verweigerung von Bürgerrechten während dieser langen Geschichte hatten die Prager Juden nicht nur überlebt, sondern die Stadt zu einem Brennpunkt des osteuropäischen Judentums gemacht. Prag war die erste Stadt nördlich der Alpen, in der hebräische Bücher gedruckt wurden. Sie wurde zu einer Stätte jüdischer Gelehrsamkeit und blieb es, bis die Nazis ihre jüdische Bevölkerung ausrotteten.

Auch Polen war ein jüdisches Zentrum gewesen. So hatten beispielsweise in Lodz 1793 elf Juden eine Gemeinde gegründet, die in weniger als 150 Jahren 200 000 Menschen zählte, ein Drittel der Stadtbevölkerung. Diese Juden hatten schwer gearbeitet, hatten sich Häuser und Synagogen gebaut und waren zu Wohlstand gelangt. Dann kam die Invasion der Nazis. In den späten dreißiger Jahren hatte Leo Baeck den Lodzer Juden einen Abgesandten geschickt, um sie zu warnen und ihnen zu helfen. Es hatte nichts genützt. Die Nazis erschossen einige der Juden von Lodz in den Straßen der Stadt, schickten andere in die Vernichtungslager und ließen viele zurück, die Hungers starben. Jahre später ging ich mit einem polnischen Juden über den jüdischen Friedhof von Lodz. Er zeigte auf den wiederaufgefüllten Graben, der ihn umgab, und erklärte mir, daß dieser von den Nazis als Massengrab benutzt worden war. Auf die einzelnen Abschnitte deutend, zählte er: „Eintausend, zweitausend, dreitausend . . .“

Mehr noch als Lodz war Warschau ein wichtiges jüdisches Zentrum gewesen. Hier hatten vor dem Kriege eine halbe Million Juden mit eigenen Zeitungen, Theatern und Wohnvierteln gelebt. Nach Kriegsausbruch waren auch sie in die Vernichtungslager geschickt oder erschossen oder durch Hunger umgebracht worden. Am 9. April 1943 hatten die Warschauer Juden einen Aufstand gegen die Nazis unternommen – eine der ersten organisierten Bemühungen eines bezwungenen Volkes zum bewaffneten Widerstand gegen die Nazis –, ein ebenso hoffnungsloses wie tapferes Unterfangen. Als Leo Baecks Flugzeug nach Paris unterwegs war, gab es den Berichten nach in Warschau noch zweihundert jüdische Überlebende.

Und so war es in den meisten europäischen Ländern, die die Nazis erobert hatten. In der Tschechoslowakei hatte es bei Kriegsausbruch insgesamt 250 000 Juden gegeben. Bei Kriegsende waren es noch 25 000. In Österreich gab es 185 000 Juden, als die Nazis 1938 einmarschierten; etwa ein Zehntel überlebte. In den Niederlanden hatten 140 000 Juden gelebt; 75% von ihnen kamen um. Eine der düstersten der vielen düsteren Geschichten war die Frankreichs. Von den 350 000 Juden in Frankreich, knapp ein Prozent der Bevölkerung, kamen 90 000 um. Zu ihrem Tode hatten die französischen Behörden aktiv beigetragen. Die Regierung Pétain in Vichy hatte mit der Nazibesatzung paktiert und Gesetze zur Beschränkung der Bürgerrechte der Juden eingeführt. Französische Polizei hatte jüdische Mitbürger verhaftet, damit sie deportiert werden konnten.

Es gab Gegenbeispiele zu diesen Tragödien. Finnland weigerte sich, seine jüdischen Bürger deportieren zu lassen. Die Hälfte der norwegischen Juden entkam dank der Hilfe der norwegischen Regierung und der Untergrundbewegung des Landes. Dänemark verhalf seinen jüdischen Mitbürgern zur Flucht, allen, bis auf vierhundert, die nach Theresienstadt geschickt wurden; und diese wurden von der dänischen Regierung ständig überwacht, die laufend Berichte über ihren Gesundheitszustand verlangte – nicht ein einziger dänischer Jude ist umgebracht worden.

Und dann gab es die Tragödie der deutschen Juden. Deutsches und jüdisches Leben waren in diesem Lande eng miteinander verflochten gewesen. „Es stand in den Sternen geschrieben, Deutscher und Jude zu sein“, hatte einer gedichtet, der beides gewesen war. Deutsche und Juden hatten zusammen etwas geschaffen, was beide Gesellschaften repräsentierte. Die den Deutschen eigene Tradition von Gelehrsamkeit und Präzision hatte sich mit den jüdischen Traditionen von Arbeitsamkeit und Mitgefühl verbunden, um einen Marx, einen Freud, einen Einstein hervorzubringen. Und einen Leo Baeck. Furchtbarer noch als die Ermordung einzelner, als die vorsätzliche Planung Adolf Hitlers und der Nazis, Europa „judenrein“ zu machen, war die Tragödie, daß Institutionen und Gesellschaft dem versuchten Mord an einem ganzen Volk und der Verleugnung einer ganzen Zivilisation teilnahmslos zuzusehen schienen. Wenn Hilfe not tat, hielten viele Freunde ihre Türen verschlossen. Wenn Nachbarn Mißhandlungen und Greuel mit ansehen mußten, blickten sie beiseite. Wenn Kirchen um Hilfe gebeten wurden, lehnten sie ab.

Immer haben Menschen in Kriegen getötet. Das war nichts Neues an diesem Krieg. Aber früher war das Töten nicht der erklärte Zweck der Tötenden gewesen, sondern das Mittel zu einem Zweck – zu Beute, Landerwerb, Handelsstraßen, zum Ruhm Gottes. Immer hatte die Hoffnung bestanden, daß andere Mittel gefunden werden könnten und der Krieg nicht nötig sein würde. Aber in diesem Krieg der Deutschen gegen die Juden war das Töten das Ziel, nicht das Mittel gewesen. Als die Zahlen addiert waren, betrug die Summe sechs Millionen tote Juden – Zivilisten, Frauen, Kinder und Greise. Sie waren nur getötet worden, weil sie Juden waren. Ein solches Geschehen – dreitausend Jahre nach Moses und zweitausend Jahre nach Christus – war unfaßbar.[15]

Als das Flugzeug, in dem Leo Baeck saß, auf dem Direktflug von Prag nach Paris den Rhein überflog, wandte Patrick Dolan den Kopf und betrachtete den Mann mit dem mageren gebeugten Körper an seiner Seite. Dolan war früher – im Chikago der schweren, unruhigen dreißiger Jahre – Journalist gewesen und hatte mittlerweile als Geheimdienstoffizier den ganzen Europafeldzug mitgemacht. Der alte Mann neben ihm befremdete ihn, denn so einem war er noch nicht begegnet. Er glaubte, den Haß und den Abscheu, die ganze Bitterkeit nachfühlen zu können, von der Leo Baeck in diesem Augenblick erfüllt sein mußte. Freundlich streckte er die Hand aus und legte sie Baeck auf den Arm: „Das da unten ist der Rhein“, sagte er. „Den werden Sie nie wieder zu sehen brauchen.“

Leo Baeck hatte im Lauf seines Lebens um sich herum bestimmte Schranken errichtet, spezifische Denkweisen ausgebildet, die ihm aus der jüdischen Lehre zugeflossen waren. Er hatte sie gelernt, nach ihnen gelebt und sie gelehrt. An sie dachte er, wenn er sich als Juden beschrieb, der an das Heil glaubte – ein Heil, das nicht eines Menschen Recht, sondern seine Verpflichtung war, nicht etwas, das ihm zustand, sondern das er verdienen mußte, nicht etwas, das er am Ende seines Lebens finden würde, sondern woran er sein Leben lang arbeiten mußte.

Drei Gebote waren es: Erbarmen, Rechttun und etwas, das aus dem sogenannten *lex talionis,* dem *Auge um Auge* erwachsen war. Dieses biblische Gesetz gebot, daß eine Kränkung von dem, der sie begangen hatte, an dem Gekränkten in angemessener Weise wiedergutgemacht werden müsse. Es besagt, daß eine gerechte Strafe nicht schwerer sein dürfe als das begangene Verbrechen. Es war ein Bemühen der Hebräer um Gerechtigkeit in einer Zeit der Barbarei, ein Bemühen, von dem die ganze jüdische Tradition durchzogen ist. Für Leo Baeck bedeutete der erste Vers des 94. Psalms, „Herr, Gott, des die Rache ist . . .“, daß der Mensch selbst kein Recht zur Vergeltung habe. Die Rache war Gottes.

Deshalb gab es für Leo Baeck nur eine Möglichkeit, dem Soldaten zu antworten, als sie über die sterblichen Überreste der toten Juden und einer zerstörten Zivilisation hinwegflogen, als sie einen verwüsteten Kontinent mit Millionen Menschen unter sich sahen, deren Leben zerstört worden war: „Patrick“, sagte er, „man soll keine Rache im Herzen tragen; nur Liebe und Gerechtigkeit.“[16]

Zweites Kapitel

Anfang

„Juden haben sich in Europa verhältnismäßig früh niedergelassen“, schreibt Leo Baeck, „wahrscheinlich in der Zeit Alexanders des Großen und seiner Nachfolger.“ Die Ankunft der Juden in Europa und ihre spätere Geschichte folgten demselben Grundmuster wie die allgemeine europäische Kulturentwicklung. Die ersten Juden waren vermutlich Söldner, die mit den Kriegerscharen aus dem Süden kamen und denen zur Belohnung Land und Stellungen in Europa gegeben wurde. Andere waren Kriegsgefangene, die das Land ihrer Gefangenschaft zu ihrer Heimat machten.

Diesen Wegbereitern folgten im ersten nachchristlichen Jahrhundert Juden, die nach der Zerstörung des Tempels in Jerusalem durch die Römer ihr Heimatland verlassen hatten und auf der Suche nach einem Ort waren, wo sie leben, gedeihen und ihre Religion ausüben konnten. Vom dritten Jahrhundert an gab es jüdische Siedlungen rings um das Mittelmeer. Später zogen Juden von dort aus über die Inlandstraßen nach Norden, über Rhein, Donau, Elbe und Oder, und bildeten inmitten der christlichen ihre eigenen Gemeinden. Verfolgungen, bürgerliche Rechtlosigkeit und Erschwerung ihrer Religionsausübung veranlaßten sie zu häufigem Ortswechsel. Schließlich siedelten sich viele von ihnen endgültig in Mittel- und Osteuropa an. „Hier gelang ihnen“, sagt Leo Baeck, „trotz der gewaltsamen Ereignisse des Ersten Kreuzzugs eine kontinuierliche Entwicklung.“[1]

Einer dieser Siedler war ein Vorfahre Leo Baecks. Der Name Bäck ist ein Kürzel für das hebräische „Ben Kodesch“, was Sohn eines Frommen oder eines Märtyrers bedeutet. Einer Familienüberlieferung zufolge war einer von Baecks Vorfahren während eines der vielen mittelalterlichen Pogrome in Süddeutschland verfolgt und wahrscheinlich getötet worden. Daraufhin zog die Familie weiter nach Osten und siedelte sich in der Hoffnung auf ein friedliches Leben mit anderen jüdischen Flüchtlingen in Mähren an, damals Teil des deutschen Reiches. Schriftliche Urkunden über sie tauchen im 18. Jahrhundert auf, und es sind die Urkunden einer Rabbinerfamilie. Da gibt es einen Abraham Bäck, Rabbi in Lundenburg und Holitsch und berühmter Talmud-Gelehrter. Einer seiner Söhne, Nathan, war Rabbiner in Mährisch-Kromau. Nathans Sohn war Samuel Bäck, der Vater Leo Baecks und selbst ein interessanter Mann.

Eine Kusine Leo Baecks erinnert sich: „Als Kind wußte ich, daß ich die Enkelin Samuel Bäcks war, und das hieß etwas." Eine andere Kusine Leo Baecks erzählte, daß einmal einer ihrer Lehrer, als er hörte, sie sei die Enkelin Samuel Bäcks, aufgestanden sei, sich verneigt und ihren Mitschülern verkündet habe, sie sei die Tochter eines Fürsten. Samuel Bäck hatte eine für seine Zeit ungewöhnliche rabbinische Ausbildung. Er hatte nicht nur in der traditionellen osteuropäischen Weise bei berühmten jüdischen Schriftgelehrten für das Rabbinat studiert, sondern auch die damals übliche weltliche deutsche Bildung erworben, was zu jener Zeit für einen künftigen Rabbiner fast unerhört war. Er hatte die Gymnasien in Preßburg und Nikolsburg besucht und gleichzeitig seine rabbinische Ausbildung in der Jeschiwa, der akademischen Ausbildungstätte des Judentums, erhalten. Diese Studien setzte er dann unter Lazar Hurwitz fort, einem zu seiner Zeit berühmten Rabbi in Wien; gleichzeitig studierte er an der dortigen Universität Philosophie und promovierte zum Doktor der Philosophie, eine ungewöhnliche Leistung für einen Rabbiner um die Mitte des 19. Jahrhunderts. Entsprechend der Familientradition, die auch sein Sohn Leo fortsetzen sollte, heiratete er ein Mädchen aus einer Rabbinerfamilie, Eva Placzek.

Seinen ersten Rabbinerposten erhielt Samuel Bäck in Böhmen; dann, 1864, zog er mit dreißig Jahren nach Lissa im damaligen Osten Deutschlands, wo er bis zu seinem Tod im Jahre 1912 lebte. Die deutsche Herkunft seiner Familie, auf die er sich berief, kam ihm dort zugute. Sein weiterer Lebenslauf trug ihm die Achtung von Juden und Nichtjuden ein. Als er starb, läuteten sämtliche Kirchenglocken und die Glocken des Rathauses zum Zeichen der Trauer.[2]

Dabei war der erste Empfang in Lissa keineswegs besonders herzlich gewesen. Die Vorsteher der jüdischen Gemeinde begegneten dem Rabbiner mit Universitätsbildung und Doktortitel voller Mißtrauen, denn sie waren stolz auf den Ruf ihrer Gemeinde als Stätte der Talmud-Lehre. Sie beorderten Bäck zu sich und unterzogen ihn einer gründlichen Prüfung im Talmud. Das hebräische Wort *talmud* bedeutet Lernen, Erforschen oder Studieren. Der Talmud mit seinen zahlreichen Bänden, nach der Bibel die größte literarische Leistung des jüdischen Volkes, ist also die Frucht von Bibelstudium und Bibelauslegung, der schriftliche Niederschlag der Gesetze, Rituale und Lebensweisen des traditionellen Judentums. Er besteht aus zwei Teilen – der *Halacha*, gleich Gesetz, und der *Haggada*, die von den Regeln der Religionsausübung und der Moral handelt. Sein Zweck ist die laufende Anpassung der biblischen Lehre an die sich verändernde Umwelt. Talmud-Gelehrte untersuchen jedes Wort, um herauszufinden, warum gerade dieses Wort statt eines anderen gewählt worden ist, um jede Erzählung zu analysieren und um zu verstehen, warum sie erzählt worden ist. Der Talmud ist ein Dickicht von Erläuterungen, Geschichten, Erklärungen, Debatten, Analysen, Aufklärung von Mysterien und Schaffung neuer Mysterien. Seine Bände enthalten Übereinstimmungen und Widersprüche, sie scheinen klar und dann wieder unverständlich. Das Talmud-Studium ist ein ständiges Suchen auf der praktischen und der mystischen Ebene, eine Suche nach Wegweisung und Rat für ein sittliches Leben. Die Herausforderung an den Talmud-Gelehrten besteht darin, sich durch den ganzen Wust von Geschichten, widersprüchlichen Deutungen und Zitaten hindurchzuarbeiten, um nicht nur Wissen, sondern auch Entscheidungsfähigkeit zu erwerben. Der Gelehrte muß den Talmud nicht nur zitieren, sondern auch anwenden können. Samuel Bäck bewies seinen Prüfern, daß er diesen Anforderungen gewachsen war. Sie behielten ihn als ihren Rabbi, und der Ruf ihrer Stadt als Zentrum talmudischer Gelehrsamkeit nahm in dem halben Jahrhundert seines Wirkens noch zu.

Im 19. Jahrhundert war die Rolle eines Rabbiners vor allem eine lehrende, und Samuel Bäck wurde in ganz Deutschland berühmt als Lehrer der Lissaer Juden. Viele seiner Schüler erinnerten sich in späteren Jahren an ihn als den gestrengen Lehrmeister, der ihnen mit dem Finger drohte und ausrief: „Du kriegst eine Fünf", die schlechteste Note. Viele von ihnen hatten allerdings auch nicht vergessen, daß er in den Schlußzeugnissen die schlechteren Noten etwas aufzubessern pflegte.

In den weltlichen Schulen Deutschlands gab es damals Religionsunterricht nur für Christen. Samuel Bäck setzte sich dafür ein, daß die preußischen Schulen, zu denen die Schulen von Lissa gehörten, auch für jüdische Schüler Religionsunterricht durch jüdische Lehrer einführten, so wie protestantische und katholische Schüler von Geistlichen ihres Glaubens Religionsunterricht erhielten. Er errang jedoch nur einen halben Sieg: Das preußische Gesetz machte es den Gemeinden zur Pflicht, christlichen Religionsunterricht in den Schulen geben zu lassen, jüdischer Religionsunterricht wurde ihnen freigestellt. Immerhin war es ein Schritt vorwärts, und Lissa zählte zu den Städten, in denen Juden in den staatlichen Schulen in ihrem Glauben unterrichtet werden konnten. Samuel Bäck selbst lehrte in diesen Klassen und schrieb die Lehrbücher für den Unterricht; andere gab es nicht. Im Lauf seines Rabbinats schrieb er mehrere Bücher über jüdische Geschichte und Kultur sowie Beiträge zu einer „Enzyclopädie des Judentums". Zu seinen Gemeindetätigkeiten gehörte auch die Vereidigung der jüdischen Rekruten. Lissa war eine Garnison, und die Rekruten kamen hierher, um vor einem Geistlichen ihres Glaubens den Fahneneid abzulegen; für die Juden war dieser Geistliche Samuel Bäck.[3]

Zumindest in einer Hinsicht waren die jüdischen Geistlichen der Geistlichkeit Andersgläubiger ähnlich: Sie hatten nicht viel Geld. Samuel Bäck wohnte zur Miete im Hause des kalvinistischen Pfarrers von Lissa. Noch viele Jahre später sprachen Samuel Bäcks Kinder von dem jahrelangen Disput zwischen dem Rabbiner und dem Pfarrer: Der Rabbiner wollte eine angemessene Miete bezahlen, doch der Pfarrer weigerte sich, überhaupt eine Miete anzunehmen, da ihm die finanziellen Schwierigkeiten seines jüdischen Kollegen nur zu bekannt waren. Schließlich versuchte der Pfarrer sogar, dem Rabbi das Haus zu schenken, aber Bäck wollte es nicht annehmen. Die beiden Männer führten diesen Dialog von Güte und Stolz jahrelang, ohne jemals zu einem Abschluß zu kommen. Als Leo Baeck viel später Freunden von der Güte des Pfarrers erzählte, fügte er hinzu, daß ihm unter den protestantischen Glaubensbekenntnissen der Kalvinismus am nächsten stehe. Er meinte, daß dieser mit seiner Betonung moralischen Tuns dem Judentum ähnlich sei. Seine Freunde mochten über seine Auslegung des Kalvinismus nicht mit ihm streiten, hatten aber den Verdacht, daß diese Vorliebe ihre Wurzeln in der Freundlichkeit des kalvinistischen Geistlichen dem Rabbi Samuel Bäck gegenüber hatte.[4]

Ein Bericht über Samuel Bäcks Rabbinat in Lissa beschreibt es als „anmutig". Geschrieben nach seinem Tode im Jahre 1912, lobt er Bäck als einen Mann, der „eine mittelalterliche Gemeinde zu einer modernen umzubilden vermocht" habe. Weiter heißt es:

„Anmutig kam seine tiefe Religiosität zum Ausdruck und warb Herzen. Er stieß nicht die Konservativen, er stieß nicht die Liberalen ab, er scharte die ganze Gemeinde um sich, weil jeder wußte, das ist nicht ein Mann der Opportunität, das ist ein Mann der Überzeugung, der Treue, der Pflicht und der liebevollen Milde."

Leo sprach die Gebete an seines Vaters Grab und sagte, er habe keiner jüdischen Partei, sondern nur dem Judentum gedient.[5] Der Sohn wollte sein, was der Vater gewesen war. Während seines ganzen Lebens als Rabbiner war Leo Baeck bemüht, das ganze Judentum und nicht nur einen Teil von ihm zu repräsentieren. Er war ein Mensch, mit dem orthodoxe und liberale Juden zusammenkommen konnten, ein Mann, dem Zionisten und Antizionisten vertrauten, geachtet für sein Judentum und bewundert für sein Deutschtum. Es war besonders diese Eigenschaft, dieses Sichverbundenfühlen mit allem Jüdischen, die Leo Baecks Stärke ausmachte, als 1933 die deutschen Juden eine gemeinsame Führung brauchten.

Leo Baeck wurde am 24. Mai 1873 in Lissa geboren. Als eines von elf Kindern gehörte er einer damals typisch deutsch-jüdischen Mittelstandsfamilie an, in der der Vater die Familie beherrschte und die Söhne unter den Kindern Vorrang hatten. Leo war das einzige Kind in der Familie, das die Tradition des Rabbinerberufs fortführte. Seine Brüder wurden Ärzte und Zahnärzte, seine Schwestern heirateten Rabbiner und erfolgreiche Kaufleute. Die Familie war typisch für ihre Zeit – ohne viel Geld, aber mit einem Hintergrund von Bildung und Kultur und mit jeder Generation auf der wirtschaftlichen und beruflichen Stufenleiter ein wenig höher steigend.

Lissa war einer der einflußreichsten Faktoren für den Lebenslauf Leo Baecks. In der Provinz Posen gelegen, hatte die Stadt in historischer Zeit zu Polen gehört. Leo Baeck beschreibt das Lissaer Getto des 18. Jahrhunderts folgendermaßen: „Die Juden schlossen sich für die wesentlichen Dinge des Lebens von den anderen ab. Sie hielten sich bedingungslos an ihre Religion und zogen sich oft in sie zurück. Sie kannten und fühlten ihre Einzigartigkeit, hatten ihre eigenen Lebensformen und ihre eigene Mystik und legten Wert darauf."

Doch im Jahre 1793 wurde die Provinz Posen zu einem Teil Preußens, und plötzlich waren die isolierten Ostjuden mit Berlin, der Hauptstadt Preußens, verbunden, zu einer Zeit, als die Berliner Juden in das deutsche kulturelle, gesellschaftliche und berufliche Leben hineinzuwachsen begannen. Als Berlin immer mehr Lissaer Juden aus ihrem Getto lockte, reagierten die Gemeindevorsteher mit dem Verbot, andere als jüdische Schriften zu lesen, und der Bestrafung von Gemeindemitgliedern, die die deutsche Übersetzung der hebräischen Bibel lasen.

Aus diesem Konflikt zwischen dem Getto und der Welt außerhalb des Gettos entstand ein neuer Typus des Juden, in dem sich „die Liebe zum reichen Schatz alter jüdischer Literatur, die jahrhundertelang die einzige Grundlage jüdischer Erziehung gewesen war, [mit] dem brennenden Wunsch nach Kenntnis der großen Werke westlicher Denker und vor allem der deutschen Klassiker" verband.[6]

Einer dieser neuen Juden der Provinz Posen war Leo Baeck, der die Traditionen östlichen Judentums und westlicher Geisteskultur übernahm. Der ostjüdischen Tradition, dem Gefühl, im jüdischen Leben verhaftet zu sein, hat er sich nie entziehen können. Ein Zeitgenosse schrieb: „In allen Straßen Lissas war Tag und Nacht der Rhythmus des Talmud-Studiums spürbar, und oft ist es vorgekommen, daß ein gewöhnlicher Bürger in späteren Jahren wegen seiner Talmud-Kenntnisse zu Ruhm und Ehren kam." In der Tat verbrachten viele Geschäftsleute der Gemeinde einen Teil ihrer täglichen Freizeit in der „Schul". Es war sprichwörtlich, daß man „in Lissa in jedem jüdischen Hause mühelos einen *bet din* bilden konnte" – ein Rechtsprechungsgremium aus drei Talmud-Gelehrten, das imstande und autorisiert ist, Entscheidungen über religiöse Fragen zu treffen. Es gab jüdische Jugenderziehungseinrichtungen, jüdische Buchhandlungen und – in Übereinstimmung mit der damaligen deutschen Gesellschaft, in der Fürsorgetätigkeit Sache religiöser Wohlfahrtsorganisationen war – eine Anzahl jüdischer Krankenhäuser, Waisenhäuser und Altersheime. „Die Juden", schreibt der bereits erwähnte Zeitgenosse Leo Baecks, „hatten ihre eigene Welt, in der alle Dinge des Lebens von der Wiege bis zum Grab durch die jüdische Religion geregelt und bestimmt waren."

Obwohl er diesen traditionellen Hintergrund nicht verwarf, wurde Leo Baeck dennoch von Berlin und der westlichen Welt, die es repräsentierte, angezogen, so wie manche andere Lissaer Juden. Für ihn war es die Anziehungskraft der Universitäten und des geistigen Milieus. Für andere lag die Anziehung auf dem Gebiet geschäftlichen oder beruflichen Erfolgs. Diese Juden verstanden sich als Deutsche, wollten das Leben genießen und vorankommen. Viele Jahre später sagte einer von jenen, deren Großeltern aus der Provinz Posen gekommen waren: „Deutschland lag ihnen mehr als Polen, weil die Deutschen kultivierter und gebildeter waren als die Polen." Ein Mitarbeiter Leo Baecks sprach die Vermutung aus, daß dieser Snobismus im 19. Jahrhundert der Grund für Samuel Bäcks Anstellung in Lissa gewesen war: „Die Juden dort widerstanden dem polnischen Einfluß und wollten einen Rabbi, der von Deutschland geprägt war. Samuel Bäcks Predigten waren Perlen deutscher Sprachschöpfung und Gelehrsamkeit."[7]

Im 19. Jahrhundert waren den Juden in Preußen die Bürgerrechte gewährt worden, und neue Gesetze wurden erlassen, um diese Rechte durchzusetzen. Freilich konnten Gesetze nichts ausrichten gegen die antisemitischen Gefühle vieler Deutscher und Polen. Deren Haltung machte sich besonders auf dem Lande außerhalb der großen Städte bemerkbar, und die Provinz Posen war keine Ausnahme. Einer, der während des letzten Drittels des 19. Jahrhunderts in dieser Region aufgewachsen war, erzählte später, daß „für jedes jüdische Kind die Zeit [kam], da es zum erstenmal aus deutschem oder polnischem Mund von dem Wort ‚Jude' als Schimpfwort getroffen wurde. Die träumerische Sicherheit unserer Kindheit war dahin." Andere erinnerten sich an Kinder, die mit ihnen spielen wollten und weggezerrt wurden: „Spielt nicht mit denen, das sind Juden." Oder daß sie in der Schule mit dem Ruf, „Jude, hep, hep" verhöhnt wurden oder man ihnen vorwarf, daß sie „unseren Heiland ans Kreuz geschlagen" hätten; daß sie einem Volk angehörten, das nichtjüdische Kinder ermordete, um ihr Blut im jüdischen Passah-Brot zu verbacken.

Diese Art des Antisemitismus gab es in Lissa selten. Eine Kusine Leo Baecks, die in Lissa aufgewachsen war, sagte Jahre später: „Ich habe dort keinen Antisemitismus bemerkt. Ich wußte nichts davon." Vielleicht lag das am kalvinistischen Einfluß, der noch immer stark war; oder an der starken Verwurzelung der Juden in dieser Stadt; vielleicht aber auch an der Mittelstandszugehörigkeit der meisten nichtjüdischen Einwohner. Was immer der Grund gewesen sein mochte, Lissa war in Leo Baecks Kindheit eine friedliche und angenehme Stadt für ein heranwachsendes jüdisches Kind wie wenige in Europa. Weil die Stadt ein Zentrum jüdischer Gelehrsamkeit war, brachte sie viele führende jüdische Persönlichkeiten Deutschlands hervor; da sie aber keine Erfahrung mit dem Antisemitismus hatten, waren viele von ihnen unfähig, zu begreifen, wie bösartig er werden konnte. Den Antisemitismus besser zu verstehen als seine jüdischen Mitbürger war eine der Anforderungen, die in späteren Jahren an Leo Baeck gestellt werden sollten.[8]

Die Juden Lissas wurden zu Deutschen. Die breitkrempigen schwarzen Hüte und die langen Kaftane, die traditionell die aus dem deutschen Mittelalter beibehaltene Kleidung der osteuropäischen Juden gewesen waren, wichen den westlichen Anzügen aus Jacke und Hose. Die Lissaer Juden begannen Hochdeutsch zu sprechen und überließen das Jiddische den polnischen und russischen Juden. Polnisch konnten die Kinder als Wahlfach in der Schule lernen. Juden traten in den deutschen Beamtendienst ein und nahmen in politischen Streitigkeiten die Partei ihrer deutschen Nachbarn gegen die Polen. Was sie an Gunst bei den Polen verloren, glaubten sie bei den Deutschen zu gewinnen. Es war eine Stadt, in der, wie ein Kommentator sagte, der Jude für die Polen derjenige war, der zunächst den Schutz des alten Polen genossen und sich dann bei den Deutschen lieb Kind gemacht hatte, während er in den Augen der gebürtigen Deutschen weder Fisch noch Fleisch war und als unzuverlässig galt.[9]

Die Kinder des ausgehenden 19. Jahrhunderts wuchsen in eine Zeit hinein, in der die Technik alle geographischen Schranken zwischen den Völkern niederriß. Als Leo fünf Jahre alt war, wurde er beispielsweise von seinem Vater zur Eröffnung der ersten Eisenbahnlinie der Region mitgenommen. Da sie den ersten vorüberfahrenden Zug nicht verfehlen wollten, standen sie sehr früh auf, wanderten kilometerweit und mußten am Ende noch rennen, um nur ja den ohne Aufenthalt vorüberrasenden Zug zu sehen. Für den kleinen Jungen war dieses Gebilde der modernen Welt ein Ungeheuer, vor dem alle voll Schrecken zurückwichen und das alles zerschmettern würde, was sich nicht schnell genug fortbewegte. Seine Gewalt überstieg alles Begreifen.[10]

Das Ende des 19. Jahrhunderts war eine Zeit, in der Gelehrsamkeit in hohem Ansehen stand und in der man glaubte, daß Bildung frei mache und den Geist erhebe. Nach einem für jene Zeit bezeichnenden Witz brauchte man in Deutschland jemanden, dessen Namen man vergessen hatte, nur mit „Herr Doktor“ anzureden, und man lag richtig. Und es gab das deutsche Gymnasium – eine elitäre Schule für

Schüler, die entweder besonders begabt oder mit Eltern gesegnet waren, die das Schulgeld bezahlen konnten. Es war ein undemokratisches System, denn diejenigen, die das Gymnasium nicht besuchen konnten, hatten keinen Zugang zu akademischen Berufen und konnten nur Handwerker und Arbeiter werden. Für solche allerdings, die zum Gymnasium zugelassen waren, gab es kaum eine vergleichbare Schulbildung. Viele Jahre später, als alter Mann, erzählte Leo Baeck einer Gruppe künftiger Rabbiner, daß das Gymnasium einer der bedeutendsten Einflüsse in seinem Leben gewesen sei.

Das Lissaer Gymnasium war im 17. Jahrhundert von Johannes Amos Comenius gegründet worden, dessen pädagogische Vorstellungen erst im 20. Jahrhundert Anerkennung fanden. Er selbst war in Schulen erzogen worden, die er als „Schrecken für die Knaben und Schlachthäuser des Geistes" beschrieben hat. Er beschloß, ein Erziehungssystem mit dem Ziel zu entwickeln, daß „Lehrer weniger lehren und Schüler mehr lernen" sollten; daß Schulen ein Ort mit „weniger Lärm, Überdruß und nutzloser Mühe, dafür mit mehr Freiheit, Freude und wahrem Fortschritt" werden sollte. In der einfachsten Auslegung bedeutete das System Comenius' bessere Ausbildung der Lehrer, bessere Lehreinrichtungen und eine organisierte Methode des Lernens. Auf etwas gehobenerer Ebene war es eine Methode, einzelne Fächer so zu lehren, daß der Lernende einen Zusammenhang zwischen ihnen und einem Gesamtkonzept erkennen konnte. Das war eine Chance, dem Schüler den Weg zu Wissen und Weisheit zu öffnen.

Comenius war Bischof der mährischen und böhmischen Brüdergemeinde, einer – mit den Herrnhutern verwandten – protestantischen Sekte, die Krieg und Klassenunterschiede ablehnte. Da solche Glaubensvorstellungen unter den Christen der damaligen Zeit wenig Gegenliebe fanden, verschwanden die Brüder schließlich von der Bildfläche, freilich erst nachdem Comenius am Lissaer Gymnasium eine humanistische Tradition begründet hatte, die das Leben der Schüler weitgehend prägte.

An diesem Gymnasium war Leo Baeck ein glänzender Schüler. Die Geschichte freilich, an die sich einer seiner

Mitschüler vor allem erinnerte, hatte weder etwas mit Baecks herausragenden Fähigkeiten noch mit seiner religiösen Tradition zu tun. Es war eher ein fast typisches Ereignis für den Sohn einer armen Familie in einer Schule, in der vornehmlich Kinder der oberen Einkommensklassen unterrichtet wurden: Als bestem Schüler des Gymnasiums fiel Leo Baeck die Aufgabe zu, bei der Abiturfeier die Dankrede der Schülerschaft an die Lehrer zu halten. Dazu mußte er einen sogenannten Schwalbenschwanz tragen, wie es die deutsche Tradition erforderte. Da aber Samuel Bäck nicht in der Lage war, seinem Sohn einen Schwalbenschwanz zu kaufen, mußte er den seines Vaters anziehen. Der war ihm zu groß, und die Familie stopfte die Schultern mit Strümpfen aus, um sie in Form zu halten. Einer dieser Strümpfe entrollte sich während der Rede und rutschte den weiten Rockärmel hinab in die Hand des Redners. Leo Baeck redete ungerührt weiter – der erste Beweis seiner Fähigkeit, vor dem Publikum Ruhe zu bewahren, wenn etwas Unvorhergesehenes eintrat.[11]

Seine religiöse Erziehung begann früh und weitgehend unter der Aufsicht seines Vaters. Es ist unbekannt, wann beschlossen wurde, daß Leo derjenige der Söhne sein sollte, der die Rabbinertradition fortsetzen würde, aber es scheint nie ein Zweifel darüber bestanden zu haben. Der Familienlegende zufolge war Leo schon mit sechs Jahren ein kleiner Talmud-Gelehrter und konnte mit einer gewissen Entschiedenheit mit seinem Vater über Talmud-Stellen diskutieren. Als er heranwuchs, ging es nur noch um die Frage, welches Rabbinerseminar er besuchen sollte.[12]

Wie schon Leos Vater in der Mitte des 19. Jahrhunderts selbst erfahren hatte, bestand unter den Juden ein gewisses Mißtrauen gegenüber Rabbinern, die ihr Studium an einer Universität statt an einer Jeschiwa absolviert hatten. Aber um die Jahrhundertwende war eine Entwicklung eingetreten, die schließlich dazu führte, daß das Jeschiwa-System, nach dem die Studenten ihr gesamtes Studium bei einem einzelnen, für seine Kenntnisse berühmten Rabbi absolvierten, nicht mehr anerkannt wurde. Der Erwerb jüdischer Gelehrsamkeit war wissenschaftlich organisiert worden. Gelehrte hatten die Geschichte des jüdischen Volkes zusammengestellt und erforscht und systematische Werke darüber geschrieben. Der größte dieser Gelehrten war Heinrich Graetz, dessen elfbändiges Werk über die Geschichte der Juden zu einer Forschungsgrundlage wurde. Das Resultat dieser Entwicklung war die Forderung nach organisiertem Lehren und Lernen; die Gemeinden verließen sich nicht mehr auf die Fähigkeit ihrer Rabbiner, ihre Kenntnisse nach eigenem Gutdünken zu erwerben.

Eine weitere Entwicklung war die Herauslösung der Juden aus ihrem Getto, ihr wachsender Kontakt mit Nichtjuden und der daraus resultierende Druck, ihre traditionelle Lebensweise aufzugeben. So verkündete beispielsweise 1845 eine Gruppe von Rabbinern aus ganz Deutschland, die zu einem Treffen nach Frankfurt gekommen waren, daß das Hebräische zur Führung eines jüdischen Gottesdienstes zwar ratsam, aber keineswegs unerläßlich sei. Hinter dieser Ankündigung steckte mehr, als die Worte vermuten lassen. Hebräisch war für das jüdische Volk nicht einfach nur eine alte Sprache. Fünftausend Jahre lang war es eines der Bande gewesen, die die Juden zusammenhielten, ein Mittel zur Weitergabe ihrer Religion von Generation zu Generation. Ein Jude aus einem x-beliebigen Land konnte in eine Synagoge gehen und am Gottesdienst teilnehmen, selbst wenn er kein Wort der Landessprache verstand. Denn der Gottesdienst wurde in seinen wesentlichen Teilen hebräisch abgehalten. Der Vorschlag von 1845, das Hebräische aus dem Gottesdienst zu verbannen, hätte diese einigende Grundlage verwässert und zur Zerstörung der Tradition geführt, Juden aus einem fremden Land willkommen zu heißen. Eine Gegenkraft war nötig, um die Tradition in organisierter Weise fortzusetzen.

Ein Rabbiner, der für die Beibehaltung des Hebräischen eintrat, war Zacharias Fränkel: Sein Argument lautete, daß religiöse Bräuche und Zeremonien nur dann fortbestehen könnten, wenn man sie verstand. Wenige Jahre später wurde Fränkel der Leiter eines neuen Rabbinerseminars in Breslau, des Jüdischen Theologischen Seminars – der ersten jüdischen Lehranstalt in Deutschland, die das Wort *theologisch* in ihrem Namen führte. Offensichtlich war dies eine Folge christlichen Einflusses: Bis dahin hatten die Juden in ihren Seminaren den Talmud, die Christen in den ihren Theologie studiert.

Fränkel führte für seine Studenten ein Siebenjahresprogramm ein, zu dem auch Studien an der Breslauer Universität gehörten. Lehrfächer waren die hebräische und die aramäische Sprache, die Bibel, die Geographie Palästinas, historische und methodologische Einführung in die rabbinische Literatur, das jüdische Schrifttum, die jüdischen Gesetze, Philosophie und Homiletik (Predigtlehre). Einer der ersten, die an der Fakultät lehrten, war Heinrich Graetz, der Historiker, dessen Forschungen soviel dazu beigetragen hatten, die traditionelle rabbinische Lehrmethode zugunsten eines jüdischen Studiums auf wissenschaftlicher Basis zu verändern.

Vier Jahrzehnte später schien diese Schule der angemessene Ort für Leo Baecks Rabbiner-Ausbildung. Das Breslauer Seminar war das Zentrum traditionalistischen Judentums geworden. Lehrer wie Graetz und andere akademische Größen – beispielsweise Rosin, Lewy, Brann – waren in der ganzen jüdischen Welt für ihre Gelehrsamkeit bekannt. Sie förderten die freie Forschung, bewahrten aber die traditionellen Praktiken des Judentums. Zacharias Fränkel hatte betont, daß im Gegensatz zu manchen jüdischen Befürchtungen das Seminar niemals zu weit vom Pfade des Anerkannten abweichen würde. „Es ist unvorstellbar", hatte er geschrieben, „daß eine Gemeinschaft insgesamt oder in ihrer Mehrheit Tendenzen folgt, die umstürzlerisch sind, die ihre Grundlagen erschüttern und ihre Existenz bedrohen . . . [Eines Rabbis] Wunsch nach Vervollkommnung darf nicht auf Nachahmung oder Konzessionen an den Zeitgeist beruhen, sondern muß in wahrhaft religiösen Bedürfnissen wurzeln." (Trotz all dieser Versicherungen mißtraute der konservative Flügel des Judentums den Neigungen Fränkels und gründete in Berlin ein eigenes Seminar.)[13]

Weder als Student noch später hätte Leo Baeck seine religiösen Traditionen aufzugeben vermocht. Er glaubte jedoch, daß die Aufgaben eines modernen Rabbiners in Deutschland eine Ausbildung erforderten, die ihm Breslau nicht bieten konnte. Die meisten seiner Breslauer Kommilitonen kamen aus Osteuropa, aus den Gettos Polens und Rußlands. Er selbst war in Lissa aufgewachsen, wo die Juden zwar eine eigene Gemeinschaft bildeten, aber ohne konkrete oder abstrakte Gettomauern zwischen ihnen und ihrer christlichen Umwelt. Ihn zog es daher nach Berlin, wo die Juden nicht abseits, sondern als preußische Bürger lebten.

Nach drei Jahren der Vorbereitung in Breslau ging er also nach Berlin. Am 16. April 1894 bescheinigte ihm das Seminar, daß er seit dem 3. Mai 1891 bis zum Ende des Wintersemesters 1892/93 als regulärer Student eingeschrieben gewesen war. Kurz darauf bescheinigte ihm die Breslauer Universität, wo er ebenfalls eingeschrieben gewesen war, eine Studienzeit von sieben Semestern (mit dem Hauptfach Philosophie) und die Qualifikation zum Examen, das die Voraussetzung für die Doktorarbeit war. Er unterzog sich dem Examen am 31. Juli 1894 und erhielt die Note „sehr gut“.

Sein Ziel in Berlin war die „Lehranstalt für die Wissenschaft des Judentums“. Dieser Schulwechsel war überschattet gewesen von der elterlichen Mißbilligung und einer Rebellion gegen die rigide Enge der Breslauer Schule. Es hieß, daß ein Student aus dem Seminar verwiesen worden war, weil er die Sabbat-Vorschriften nicht eingehalten hatte; man warf ihm vor, er habe die Sabbatruhe dadurch gebrochen, daß er sich morgens rasiert hatte, statt sich nur das Gesicht zu pudern. Leo und ein weiterer Student sollen über diese Behandlung ihres Freundes empört gewesen sein und aus Protest die Schule verlassen haben. Einer der drei war Hermann Vogelstein, der ironischerweise später Oberrabbiner der Breslauer Gemeinde wurde. Sein Sohn Max Vogelstein bestätigte viele Jahre später, daß sein Vater das Seminar tatsächlich unter solchen Umständen verlassen habe. Es gibt aber keine Bestätigung dafür, daß auch Leo Baeck wegen dieser Vorkommnisse der Schule den Rücken gekehrt hat.

Mehrere Familienberichte weisen darauf hin, daß Leos Vater gegen den Wechsel war; es soll Uneinigkeit zwischen Vater und Sohn über des Sohnes Weggang aus Breslau gegeben haben. Auch dafür gibt es keine Bestätigung, doch die Geschichte scheint unwahrscheinlicher als die erste: Vater und Sohn blieben über die Jahre hin eng verbunden, und der weltoffene Samuel Bäck hat das Streben seines Sohnes nach besseren Ausbildungsmöglichkeiten sicher verstanden. Hätte die „Lehranstalt" während seiner Studienzeit bereits bestanden, hätte er wahrscheinlich selbst dort studiert.[14]

Als Leo Baeck in die Lehranstalt eintrat, um seine Ausbildung zum Rabbiner zu vervollständigen, war das der Beginn einer Verbindung, die den größten Teil des nächsten halben Jahrhunderts Bestand haben sollte. Die Lehranstalt war 1872 wegen der Unzufriedenheit mit dem Fränkelschen Breslauer Seminar gegründet worden. Sie war nicht nur eine Ausbildungsstätte für Rabbiner wie die Breslauer Anstalt, sondern ein Ort des Studiums jüdischer Kultur und Tradition auf Universitätsebene. Die Dozenten mußten dieselben Qualifikationen haben wie die Professoren an deutschen Universitäten. Auch die Studenten brauchten das Abitur wie zum Eintritt in eine Universität. Studenten, die nicht Rabbiner werden wollten, waren zugelassen, ebenso Nichtjuden und – weitestgehende Reform in einer jüdischen Bildungsinstitution – Frauen.

Die Anstalt war unabhängig, frei von jeder Kontrolle durch eine der verschiedenen jüdischen Gruppen Deutschlands oder eine Behörde. Sie wurde nur aus privaten Spenden finanziert, was schon am Anfang ihres Bestehens zu einer Namensänderung geführt hatte. Ihre Begründer hatten sie ursprünglich „Hochschule" genannt, um ihren Universitätsrang zu bezeichnen. Einige Jahre später jedoch mußte die Schule als juristische Person eingetragen werden, um eine testamentarische Schenkung annehmen zu können. Die preußische Regierung machte zur Bedingung für die Anerkennung als juristische Person die Änderung des Namens von Hochschule in Lehranstalt – wohl weniger aus Antisemitismus als wegen der Tatsache, daß Hochschulen immer staatlich, andere Lehranstalten aber als Privatschulen zugelassen waren. Formell wurde die Änderung im Jahre 1883 vorgenommen. Für Studenten und Dozenten blieb die Schule jedoch weiterhin die „Hochschule".

Die „Hochschule", die von keiner bestimmten Gruppe getragen wurde, befand sich immer in Geldschwierigkeiten und stand mit allen Parteiungen der jüdischen Gemeinschaft auf gespanntem Fuß, da die Weigerung, sich von einer von ihnen kontrollieren zu lassen, sie alle verärgerte. Es gab nur einige wenige Studenten, und die Dozenten konnten an den Fingern einer Hand gezählt werden. Die Schule mit der vornehmen Adresse Unter den Linden war alles andere als vornehm untergebracht. Sie bestand aus drei dunklen Räumen im dritten Stock eines Hinterhauses. Ein Student, der die Schule einige Jahre vor Leo Baeck besucht hatte, beschrieb die Räumlichkeiten der Hochschule als „eine Schande sogar für eine anspruchslose Grundschule" und sagte: „Als ich das Haus zum erstenmal besuchte, um mich einzuschreiben, war ich schockiert. Das war also die Achtung, mit der wohlhabende deutsche Juden die Thora behandelten!"[15]

Die „Hochschule" mit ihrer schäbigen Behausung nahm den Lehrbetrieb in der Blütezeit des deutschen Judentums auf und bestand bis in die Nazizeit hinein, als Leo Baeck einer der letzten gebliebenen Lehrer war. Sie hat wahrscheinlich mehr als irgendeine andere Einrichtung zu dem beigetragen, was später unter Juden die deutsch-jüdische Kultur genannt wurde. Beides war voneinander untrennbar. Die deutschen Juden, die in dieser Schule herangebildet wurden, verkörperten den Typus des deutschen mittelständischen Bildungsbürgers mit seiner Liebe zu Wissen und Bildung, die sein Stolz waren, vereint mit der Achtung und Liebe für den jüdischen Glauben. Diese Entwicklung beruhte weniger darauf, daß die Studenten einen großen Teil ihrer Zeit an der Berliner Universität verbrachten, wo sie promovierten, sondern eher auf der Verschmelzung der Werte beider Gruppen, eine Entwicklung, die von vielen so verstanden wurde, daß Deutsches und Jüdisches nicht nur vereinbar, sondern untrennbar verbunden sein könne. Diese Mischung wurde von Leo Baeck personifiziert. An seinem Judentum konnte niemand zweifeln, aber auch nicht daran, daß er Deutscher war.

Während seiner Studienzeit war Baeck vom Glanz der Berliner Universität angezogen worden, dem Glanz ihrer Professorenschaft. Und der Glanz, der in diesen prägenden Jahren für ihn am stärksten leuchtete, ging von dem Philosophen Wilhelm Dilthey aus, dessen Haltung zu Forschung und Lehre eine Fortsetzung der humanistischen Einstellung des von Comenius gegründeten Lissaer Gymnasiums war. Dilthey war einer jener Gelehrten, die sich von der Fixierung auf Daten und Schlachten in der Geschichte abwandten und den Versuch machten, Verständnis zu erwecken für das, was sich in der Geschichte der Menschen begeben hatte und wohin ein Volk von seiner Vergangenheit geführt werden könne: Warum gehen die einen Kulturen zugrunde, während andere aufsteigen? Kann irgendein Faktor in der Gesellschaft ignoriert werden, als sei er ohne Bedeutung?

Einige Gelehrte – Nietzsche zum Beispiel – beantworteten die Frage mit dem Auftauchen einer überlegenen Rasse. Toynbee, der nach ihm kam, glaubte an ein Auf- und Absteigen der Kulturkreise. Im Gegensatz zu ihnen vertrat Dilthey die Ansicht, daß Ideen die Grundlage der Zivilisation seien, daß es „überlegene" Völker nicht gebe. In Wort und Schrift setzte er sich für eine universalistische Methode der Geschichtsforschung ein, die sich nicht ausschließlich mit Ereignissen, Daten und Persönlichkeiten befaßte, sondern mit der Gesamtheit von Gefühlen, Ambitionen, Denkweisen und Ideen, der sich in den Ereignissen niederschlägt. Dilthey betonte, daß man sich auf diese Elemente aus der Vergangenheit einstimmen, sich in sie einfühlen und sie nachempfinden, daß man sie verstehen und versuchen müsse, sie so zu erleben, wie die Menschen der betreffenden Zeit sie erlebt hatten. Geschichte war nicht nur ein Studium, sondern eine Offenbarung, eine ständig sprudelnde, immer reichhaltigere Quelle zur Erforschung des menschlichen Geistes. Auch Martin Buber, ein Zeitgenosse Baecks, war ein Schüler Diltheys und bezeichnete ihn als den Begründer der „philosophisch-anthropologischen Geschichtsforschung".[16]

In späteren Jahren, als Leo Baeck durch seine Schriften über das Judentum und die Bedeutung der jüdischen Erfahrung berühmt geworden war, wurde beim Studium seines Werks der Versuch gemacht, den Einfluß Diltheys, der Sohn eines lutherischen Theologen war, auf den Rabbiner-Studenten aus Lissa zu analysieren. Daß ein solcher Einfluß bestand, war offenkundig. Dilthey beeindruckte seine Studenten durch seinen Intellektualismus – keiner kannte ihn persönlich gut oder war mit befreundet. Aber sein Intellektualismus schuf ein Bild der Geschichtswissenschaft als *Geisteswissenschaft*, die ein Gesamtkonzept der Forschung voraussetzt. Diese geisteswissenschaftliche Haltung war es, die Baeck auf die jüdischen Studien übertrug.

Es gab noch andere Einflüsse. Leo Baeck war Deutscher, und als Philosophiestudent konnte er sich Immanuel Kant nicht entziehen. Hundert Jahre zuvor hatte Kant verkündet, nicht Gott, sondern der Glaube an ihn sei tot. Man „glaube" nicht an Gott, sondern man setze voraus, daß Gott existiere, daß er eine rationale Notwendigkeit sei. Nach Kant stammt das moralische Gesetz nicht von Gott; die Vernunft diktiert, daß Gott existieren muß, damit die Menschen sicher sein können, daß sie mit dem Glück belohnt werden, das sie ihrem sittlichen Leben entsprechend verdient haben. Das traditionelle Judentum geht den umgekehrten Weg: Gott ist die Quelle des moralischen Gesetzes; Ethik gründet sich auf Religion, nicht Religion auf Ethik. Trotz des Konflikts zwischen traditionellem Judentum und Kantscher Philosophie war Kant im 19. Jahrhundert unter den deutschen Juden sehr beliebt. Wie er waren sie mißtrauisch gegen den Glauben, ein Wort, das für sie ein Leben hinter Gettomauern jenseits der östlichen Grenzen heraufbeschwor. Seinem Beispiel folgend zogen sie die neue „rationale" Haltung, den Weg der Vernunft, vor. Daß Leo Baecks Haltung zur Religion am Ende seines Lebens von seiner kantianischen Einstellung weit entfernt war, zeugt ebensosehr von seiner Sensibilität wie von der Kraft der jüdischen Religion.

Ein dritter Einfluß war Hermann Cohen. Als Student kannte Baeck Hermann Cohen nur durch dessen Bücher; später lernten sie einander persönlich kennen. Cohen war der Sohn eines Kantors und hatte wie Baeck am Jüdischen Theologischen Seminar von Breslau ein Rabbinats-Studium absolviert. Er gab jedoch seinen Plan, Rabbiner zu werden, auf und wandte sich der Philosophie zu. Seine Schriften beschäftigten sich viel mit Kant, und er teilte Kants Standpunkt, daß Religion sich auf Ethik gründe statt umgekehrt. In einer Wandlung, die der späteren Entwicklung Leo Baecks ähnlich war, kam er in seinen letzten Lebensjahren zu der Erkenntnis, daß eine nur auf ein rational-ethisches System begründete Religion die Antwort auf viele Fragen schuldig bleibe.

Cohen, der 1918 starb, hatte eine große Gefolgschaft unter den deutschen Juden – nicht nur wegen seiner Lehre, sondern auch aufgrund seiner starken persönlichen Ausstrahlung. Jahre nach Cohens Tod wurde Baeck einmal von einem Freund gefragt, ob er von dessen Schriften beeinflußt worden sei. Baeck antwortete, daß der Einfluß Cohens weniger von seinen Schriften als von seiner Persönlichkeit ausgegangen sei. Er erzählte dann, wie er einmal bei Cohen zu einem Sabbat-Mahl eingeladen gewesen und Zeuge der Verzückung geworden sei, mit der der Rationalist Cohen den Segensspruch über den Wein angestimmt habe.

Vor seinem Tode hatte Cohen in Baeck teils seinen Schüler, teils seinen Nachfolger und einen möglichen geistigen Führer der deutschen Juden gesehen. Wie es heißt, soll Cohen auf dem Totenbett zu Freunden, die darüber klagten, daß die deutsche Judenheit mit ihm ihren angesehensten Sprecher verlöre, gesagt haben: „Seid getrost; wenn ich gehe, habt ihr immer noch Leo Baeck."[17]

Den Bäckschen Vermögensverhältnissen entsprechend war Leo Baeck als Student immer in Geldnöten. Sein Berliner Universitätsstudium finanzierte er mit einem Stipendium der Mendelssohn-Stiftung; es war Dilthey, der den zuständigen Universitätsgremien mitteilte, daß Baeck die Prüfung für ein Stipendium der Stiftung „magna cum laude" bestanden habe. Zeitweilig beneidete Baeck andere Studenten, die Geld genug hatten, um sich die Bücher kaufen zu können, die sie lesen wollten, während er immer warten mußte, bis die Bücher in einer Bibliothek zur Verfügung standen. Manche Berliner Cafés waren zu seiner Zeit noch sehr großzügig mit ihren Brötchen, die für Baeck zu einem Grundnahrungsmittel wurden. Die Cafés waren damals mit Kerzen beleuchtet, und Leo Baeck „befreite" sie (wie er es selbst ausdrückte) von ihren erstarrten Wachstropfen, um sich daraus Kerzen für seine Behausung zu machen.

Derlei Geschichten pflegte er in späteren Jahren über seine Studienzeit zu erzählen. Offenkundig war das Leben in den kalten, fremden Städten Breslau und Berlin schwer für ihn gewesen. Aber er sprach von dieser Zeit nie mit Bedauern. Wenn er über seine Armut, über Hunger und Kälte sprach, geschah es eher belustigt. Für ihn stand fest, daß Leistung durch Bildung bedingt ist; wenn man dafür hungern und frieren mußte, war das ein Preis, den man willig bezahlte.[18]

Zu jener Zeit war es (wie auch heute noch) üblich, daß Rabbinats-Studenten an den hohen jüdischen Feiertagen den Gottesdienst von Gemeinden leiteten, die keinen eigenen Rabbi hatten. Leo Baeck leitete solche Gottesdienste gemeinsam mit einem künftigen Kantor namens Magnus Davidsohn, der später Baecks Anfänge als Prediger beschrieben hat. Wenngleich berücksichtigt werden muß, daß Davidsohn seinen Bericht viele Jahre danach geschrieben hat, als Leo Baeck bereits ein berühmter Rabbiner war, kann man ihn als weitgehend verläßlich ansehen, da Davidsohn Leo Baecks Lebensweg weiterhin aufmerksam verfolgte. Davidsohn schreibt, daß Baeck „mit der Tradition der Predigten, wie sie bis zu seiner Zeit bestanden hatte, brach. Kein Pathos, keine große Distanz zwischen ihm und der versammelten Gemeinde. Da stand ein junger Prediger, der sich gab, wie er war, natürlich und einfach sprach [. . .] Man merkte, daß hier ein Mensch stand, der der Versammlung alles geben wollte, was er selbst in seiner Seele und aus großem Wissen heraus empfand."[19]

1895 wurde Baecks Dissertation veröffentlicht – *Spinozas erste Einwirkungen auf Deutschland.* Sie war seinen Eltern gewidmet, und auf der Titelseite war der Familienname noch *Bäck* geschrieben. Wahrscheinlich war sein Doktorvater Dilthey, der, wie sein Studienbuch ausweist, sein bevorzugter Philosophielehrer gewesen war, aber die Arbeit zeigt nichts von Diltheys umfassender Vision der Geschichte. Sie ist vielmehr eine sorgfältig belegte Monographie über Spinozas Einfluß auf die deutschen Philosophen. Baeck folgte der Methode, ein Zitat von Spinoza mit einer ähnlichen Äußerung eines Deutschen zu vergleichen oder die Entwicklung einer deutschen philosophischen Position in Analogie zu einem Gedankenschritt Spinozas zu setzen. Eine Dissertation soll die Fähigkeit des Kandidaten zu eigener wissenschaftlicher Arbeit beweisen, eine Forderung, die Baecks Schrift erfüllte, wenngleich sie trocken und sachlich ist und wohl nur für denjenigen einen gewissen Wert hatte, der künftig über die deutschen Philosophen schreiben würde. Die Schrift ist das Werk eines Wissenschaftlers, doch gelegentlich schlüpft Baeck aus seiner objektiven Rolle heraus. Er nennt Spinoza einen „mutigen Denker". Dem deutschen Luthertum wirft er vor, daß es sich der weltlichen Obrigkeit gebeugt habe. Seiner Meinung nach hatte das Luthertum auf etwas verzichtet, was er als die ureigene Rolle einer religiösen Gemeinschaft ansah – moralische Kritik an der weltlichen Obrigkeit zu üben, wenn solche Kritik sich als notwendig erwies. Diese Meinung sollte er in den dreißiger Jahren wiederholen, als er die korrumpierenden Folgen dieser Unterwerfung erlebte und erlitt.

Noch ein anderes Element findet sich in der Dissertation, eine Andeutung dessen, was Baeck in künftigen Jahren irritieren und beschäftigen sollte. Über Spinoza schrieb er, daß dieser seine Religion, das Judentum, „durch die Brille der Kabbala" gesehen habe, eine Anspielung auf eine Form jüdischer Mystik. In der typischen Haltung der Juden des 19. Jahrhunderts, besonders solcher, die eine deutsche Erziehung erhalten hatten, verwarf Baeck diese Mystik als „einen unter den Juden weitverbreiteten Irrwahn".[20]

Leo Baeck wurde im Mai 1897, dem Monat, in dem er 24 Jahre alt wurde, zum Rabbiner geweiht.[21] Seinen Zielen entsprechend war seine akademische Ausbildung damit abgeschlossen. Für die Arbeit, die vor ihm lag, hatte sie ihn gründlich vorbereitet. Vom Vater und vom rabbinischen Erbe der Familie hatte er die Liebe zu seiner Religion empfangen. Sie sollte für ihn nicht ein Teil, sondern der Inhalt des Lebens selbst sein, der alle anderen Aspekte beherrschte. Das Gymnasium hatte in ihm die Freude am Lernen geweckt, die ihn sein Leben lang zur Erweiterung seines Wissens anspornen sollte. So stand er auch in späteren Jahren oft um fünf Uhr morgens auf, um eine Stunde Griechisch oder Latein zu lesen. Als ihm in der Nazizeit seine Pflichten zu wenig Zeit für solche Studien ließ, verlegte er diese Lesestunde von fünf Uhr auf vier Uhr in der Frühe.

Das Breslauer Seminar, die „Hochschule“ und das Beth Hamidrasch (hebräisch: Haus des Lernens, übliche Bezeichnung für die Bet- und Lehrstätten traditioneller jüdischer Gemeinden in Osteuropa) – eine traditionalistische Schule in Berlin, die er ebenfalls besucht hatte, „um sich mit den verschiedenen theologischen Tendenzen vertraut zu machen“ –, hatten ihm eine umfassende Kenntnis seiner Religion vermittelt. Das war, zusammen mit seiner Gefühlsbindung an das Judentum, die Waffe, mit der er die Gegenoffensive führen konnte, als er einige Jahre später das Judentum durch einen intellektuellen Angriff des Christentums bedroht sah.

An der Breslauer und dann der Berliner Universität, durch das Studium Kants, seine Bekanntschaft mit Graetz und seine lange Studienzeit bei Dilthey sowie die Lektüre der Schriften Cohens, war Baeck mit Stil und Inhalt der deutschen philosophischen Forschung vertraut und dann ein Meister darin geworden. Als er nun begann, sowohl zu Juden wie zu Christen über das Judentum zu sprechen, geschah das in einer Art, die auch christliche Deutsche verstehen konnten: Es war *ihr* Stil, *ihr* Bezugsrahmen. Er war einer von ihnen.

Drittes Kapitel

Rabbiner

Zunächst freilich mußte Leo Baeck eine Stellung finden. Frischgebackene Rabbiner suchten eine Stellung genauso wie andere Stellungsuchende auch: Sie schrieben Bewerbungsschreiben. Schon am 13. Dezember 1896 wandte sich Leo Baeck an den „verehrlichen“ Gemeindevorstand von Königsberg, beschrieb seinen akademischen Werdegang und fügte hinzu, daß er in Kürze zum Rabbiner geweiht würde. „Seit drei Jahren fungiere ich an den hohen Feiertagen in den von der hiesigen Gemeinde für diese Zeit eingerichteten Synagogen; auch wurde ich zur Abhaltung von Jugendgottesdiensten herangezogen. In einer höheren Töchterschule und einem Fortbildungskursus für junge Damen erteile ich Religionsunterricht.“

Als Referenz gab er in seiner klaren, gut lesbaren Handschrift den Herrn Rabbiner Dr. Maybaum an, der in Berlin „Hinter der katholischen Kirche 1“ wohnte. Der Bewerbung war ein Zeugnis beigefügt, mit dem Baeck bestätigt wurde, daß er in den Jahren 1894, 1895 und 1896 an den hohen Feiertagen in verschiedenen Bezirken der Berliner Gemeinde als Rabbiner tätig gewesen war. „Seine Predigten waren von großer Gedankentiefe und zeugten von großem Wissen“, hieß es in dem Zeugnis.

Statt des Anfängers wählte Königsberg jedoch einen erfahreneren Rabbiner – den Rabbiner der Gemeinde von Oppeln, die sich nun ohne Rabbiner sah. Sie ließ sich von Baecks Unerfahrenheit nicht abschrecken und stellte ihn an. So begann Leo Baeck in Oppeln seine Laufbahn als Rabbi, Lehrer, geistlicher Führer und Seelsorger.[1]

Die schlesische Stadt Oppeln lag in der Nähe von Breslau und nur einige Reisestunden von Lissa entfernt. Die frühe Geschichte seiner jüdischen Einwohnerschaft ähnelt der anderer jüdischer Gemeinden Europas während des Mittelalters. Die ersten Juden kamen vor dem 14. Jahrhundert nach Oppeln, weil die Stadt „ein bedeutendes Handelszentrum war", wie Baeck in einer Darstellung sagt. „Die großen Straßen von Ungarn und Kleinpolen überquerten an diesem Punkt die Oder." Im 15. Jahrhundert wurde hier der erste Jude getötet. Im folgenden Jahrhundert, im Jahre 1565, wurden die Juden aus der Stadt vertrieben.

Im Jahre 1813 gründeten fünf Familien die moderne jüdische Gemeinde Oppelns. 1861 waren es bereits 590 Juden. In der zweiten Hälfte des 19. Jahrhunderts hatten die Christen die Juden zu akzeptieren begonnen, und die Beschränkungen wurden nach und nach aufgehoben. Das größte Ereignis war die Gewährung der „Stadtfreiheit" als Geschenk zum 80. Geburtstag des Gemeinderabbiners, was bedeutete, daß den Juden von nun an bestimmte Teile der Stadt nicht mehr verboten waren. Zur Zeit der Ankunft Leo Baecks betrug die Bevölkerungszahl Oppelns 30000 Menschen, von denen 750 Juden waren.[2]

Diese Juden lebten gern in Oppeln. Jahre später erzählte eine Frau aus Baecks Synagogengemeinde, daß es in Oppeln, „obwohl die Stadt so grau war wie der Zement, der in ihren Fabriken hergestellt wurde", und „ihre Häßlichkeit sogar von der liebevollsten Erinnerung zugegeben werden muß, immerhin den imponierenden Marktplatz gab mit seinen verzierten Häusern, von denen sich manch eines mit seinem geschwungenen Barockgiebel vom Horizont abhob. In der Mitte erhob sich das Rathaus, von dem wir mit Stolz behaupteten, daß es im Stil des Palazzo Vecchio in Florenz gebaut sei, dem es in der Tat auch unverkennbar ähnelt. Und dann war da die Oder mit ihren noch nicht verunstalteten Ufern, von deren Gebüsch wir uns im Frühling Zweige schnitten. Durch einen kleinen Kanal war in der Mitte der Stadt eine Insel namens Wilhelmstal entstanden, mit schönen Villen, einem Schloß, dem Schloßpark und einem Teich, auf dem wir im Winter Schlittschuh liefen. An einer Seite des Teiches stand das Eishaus, das uns zu wärmender Rast und, wenn unsere Mittel es erlaubten, zu einer Tasse heißer Schokolade einlud."

Das Leben in Oppeln war nicht nur angenehm, sondern die

Juden lebten dort auch im Wohlstand. Traditionsgemäß geben die Juden an den Feiertagen Spenden für die Armen der Gemeinde. In Oppeln jedoch mußten sie ihre Armen außerhalb der Stadt suchen – es gab keine armen Juden in Oppeln.

Der geistliche Führer dieser Gemeinde war fast vier Jahrzehnte lang der Rabbiner Adolf Wiener gewesen. Vorübergehend war Hermann Vogelstein, Baecks Kommilitone in Breslau, sein Nachfolger. Vogelstein kam noch zu Lebzeiten Wieners nach Oppeln, um ihm zu assistieren, und als der alte Mann 1895 starb, übernahm er seinen Posten. Zwei Jahre später ging Vogelstein als Rabbiner nach Königsberg, und Baeck kam nach Oppeln. In Vogelsteins Oppelner Zeit hatte die Gemeinde mit dem Bau einer neuen Synagoge begonnen, denn ihre Mitgliederzahl war nun auf 600 angewachsen, und sie meinte, sie brauche eine größere Synagoge. Das neue Gotteshaus lag auf der Wilhelmstaler Insel, die als der schönste Teil der Stadt galt. Von schönen Villen umgeben und „das idyllische Bild [der Insel] beherrschend, erhob sich im Hintergrund der rote Ziegelbau der Synagoge, der in dem damals üblichen maurischen Stil gehalten war. Es war ein friedvolles, würdiges Gebäude, in voller Harmonie mit den friedlichen, würdigen Menschen ...“[3]

Eine der ersten Aufgaben Leo Baecks in Oppeln war die Abhaltung des Gottesdienstes zur Einweihung der Synagoge am 22. Juni 1897. Zu den geladenen Gästen der Zeremonie gehörten zahlreiche Nichtjuden und viele auswärtige Juden, unter ihnen Leo Baecks Vater, der von Lissa angereist war, um zuzusehen, wie sein Sohn zum erstenmal die Synagoge betrat, die seine Gemeinde aufnehmen sollte.

Leo Baeck führte den Zug der Oppelner Juden und ihrer Gäste zum Westtor der Synagoge. Bevor er den Schlüssel zur Synagoge aus den Händen des Architekten in Empfang nahm, betete er dort: „Herr Gott, Du bist unsere Zuflucht für und für. Ehe denn die Berge wurden und die Erde und Welt geschaffen wurden, bist Du Gott von Ewigkeit zu Ewigkeit.“ Als er den Schlüssel empfing, fuhr er fort im Gebet und betonte, daß herrlicher als das neue Gebäude mit seiner „Pracht und Herrlichkeit“ der in ihm „waltende Geist“ sei, der

„Großes und Gewaltiges gestalte“. Dann wandte sich Baeck an die Gemeinde und sagte, daß sie nicht nur vor einem neuen Gebäude stünden, sondern auch vor „einem neuen Leben mit frischer Kraft“, das sie dem Dienst Gottes weihen müßte. Das Gebet schloß mit einer Beschwörung der Gemeindemitglieder, „in allem, was wir denken, tun und streben, zu hassen stets der Lüge falschen Schein, zu lieben stets der Wahrheit lautere Bahnen“ und allezeit eingedenk zu sein, daß das „heilige Wort, in einem heiligen Raum verkündet, die reichste Saat der Tugend“ sei. Dann zog die Prozession vor das Tor der Synagoge, und der vorangehende Leo Baeck sprach:

„So öffne dich, o du geweihte Pforte,
Der andachtsvollen Gläub'gen frommer Schar,
Die aus des Priesters seelenvollem Worte
Trost und Erquickung schöpfe immerdar.
Ström' Segen aus von diesem heil'gen Orte
Von dieses Tempels heiligem Altar!
Gott kröne unser Werk mit seinem Segen!
Er sei mit uns auf allen unsern Wegen!“

Nun schritt Leo Baeck zur Schwelle des Tors, steckte den Schlüssel ins Schloß, öffnete das Tor und ließ die Gemeinde in das Heiligtum ein. Während sie einzog, sang sie die Hymne „Wie lieblich sind Deine Zelte, o Jakob . . .“. Die Hymne erzählt die Geschichte von Balaam, dem Heiden, der in biblischen Zeiten ausgezogen war, das Haus Israel zu verfluchen, jedoch, vom Anblick der Zelte Jakobs ergriffen, die Schönheit des Volkes und seiner Wohnungen pries.

Der nächste Schritt bei der Einweihung der Synagoge war das Anzünden des Ewigen Lichts. Das Ewige Licht ist eines der beiden wesentlichen Elemente jeder Synagoge. Es brennt vor der heiligen Lade und darf, als Zeichen für die Ewigkeit Gottes, die Ewigkeit der Liebe zu Gott und dessen Lehre, nie verlöschen. Zugleich ist es eine Erinnerung an den Tempelleuchter. Als Judas Makkabäus im zweiten Jahrhundert vor Christus den Tempel in Jerusalem von seinen syrischen Schändern zurückerobert hatte und ihn neu weihen wollte, mußte er zunächst Öl für den Leuchter beschaffen. Acht Tage hätte es gedauert, neues Öl herzustellen, und im Leuchter befand sich nur noch Öl für einen Tag. Doch die Überlieferung erzählt, daß dieses für einen Tag ausreichende Öl wunderbarerweise acht Tage lang reichte, bis das neue Öl hergestellt war. Im Glauben der Juden gilt diese Geschichte als Symbol dafür, daß weder Gott noch der Bund der Juden mit Gott jemals ein Ende haben werden.

Nachdem er das Ewige Licht entzündet hatte, öffnete Leo Baeck die heilige Lade, damit sie die Thorarollen empfange. Ob die Synagoge einer mittelalterlichen christlichen Kathedrale oder einer neuenglischen protestantischen Kirche gleicht, ob sie im zweiten Stockwerk eines Slumhauses von New York untergebracht ist oder in einem Dorf der Ebenen Polens steht, immer beherbergt sie eine Thora.

Die Geschichte der Thora ist dreitausend Jahre alt und begann, so die Überlieferung, als Moses auf dem Berge Sinai von Gott die Gesetzestafeln empfing und sie dem am Fuß des Berges wartenden Volke der Hebräer brachte. Dann, als die Hebräer durch die Wüste zogen, wurden die Tafeln in einer hölzernen Lade vor ihnen hergetragen. Diese heilige Lade wurde für das hebräische Volk zum wichtigsten Gut. König David führte das Volk in einen Krieg, um die Lade zurückzuerobern. Sein Sohn, König Salomon, baute den Tempel von Jerusalem, um ihr ein Haus zu geben.

Die heilige Bundeslade mit den Tafeln vom Berge Sinai war für die Juden das Symbol des göttlichen Gesetzes. Der Name, der diesem Gesetz gegeben wurde, lautete Thora, wörtlich: die Lehre, die Anweisung. Ursprünglich bezog sich dieser Name auf die fünf Bücher Mose. Das Wort nahm jedoch eine immer umfassendere Bedeutung an, so daß heute jemand, der von der Thora spricht, sowohl die fünf ersten Bücher der Bibel als auch die Gesamtheit der jüdischen Lehre einschließlich des Talmuds und späterer Schriften meinen kann.

Die Thorarolle, die die fünf Bücher Mose enthält, ist ein heiliges Symbol. Juden sind gehalten, sie jedes Jahr ganz zu lesen, damit sie ständig aus ihr lernen und nicht behaupten können, sie seien sich der Pflichten nicht bewußt, die sie ihnen auferlegt. Um sicherzustellen, daß dieses Gebot befolgt wird, sind die fünf Bücher in Abschnitte eingeteilt, von denen jede Woche einer in der Synagoge vorgelesen wird. Um die Juden an das ehrwürdige Alter ihrer Lehre zu erinnern, wird die Thora, die im modernen Gottesdienst benutzt wird, wie in alten Zeiten angefertigt: Sie wird von einem geübten Schreiber auf Pergamentrollen geschrieben, und die dafür benutzte Feder darf keine Metallteile enthalten. Metall wird bei der Kriegführung und zum Töten benutzt, und nichts, was Leben nehmen kann, darf bei der Anfertigung der Thora verwendet werden. Aus diesem Grunde baute Salomo, nicht David, den Tempel in Jerusalem, der die von David zurückeroberte Bundeslade aufnehmen sollte. Im 2. Buch der Chronik (21,6–10) erzählt David seinem Sohn, daß der Herr ihm verboten habe, den Tempel zu bauen, denn, so sagte der Herr: „Du hast Blut vergossen in Menge und gewaltige Kriege geführt. Du darfst meinem Namen kein Haus bauen . . . Siehe, ein Sohn wird dir geboren. Er wird ein Mann der Ruhe sein . . . Salomo sei sein Name . . . Er wird meinem Namen ein Haus bauen . . ."

Die Thora ist heilig, aber dem Volk nicht entrückt. Bei frohen Ereignissen, die mit der Thora zu tun haben, werden die Rollen im Heiligtum herumgetragen, damit jeder sie berühren oder ihnen nahe sein kann. Das geschah auch bei der Einweihung der Oppelner Synagoge, und Leo Baeck führte den Umzug an.

Die Einweihung wurde mit dem üblichen Gebet für Kaiser und Reich beendet. Die Synagoge war nun ein Bethaus geworden, ein religiöses Gebäude und ein Mittelpunkt für die Mitglieder ihrer Gemeinde. Wie eine Schilderung aus der damaligen Zeit sagt, „eine Zierde der Stadt". Das blieb sie einundvierzig Jahre lang, bis die Nazis sie 1938 niederbrannten.[4]

Als Leo Baeck 1897 in Oppeln ankam, war er 24 Jahre alt. Die vorangegangenen sechs Jahre hatte er in Berlin und Breslau mit ihren Universitäten, Bibliotheken und Theatern, ihren weltoffenen kultivierten Menschen, ihren Zentren für geistigen Austausch und kulturelle Darbietungen verbracht. Im Gegensatz dazu sah er sich in Oppeln in eine mittelständische Fabrikstadt ohne die Anregungen von Berlin oder Breslau versetzt. Dafür fand er dort jedoch eine Gemeinde, die ihm Stabilität und Unterstützung bot. Vielleicht war es diese Sicherheit, die es ihm ermöglichte, in den zehn Jahren, die er in Oppeln blieb, Zeit und Kraft in seine eigene geistige und seelische Entfaltung zu investieren. Hier in Oppeln begann die Entwicklung, die ihn zu einem der führenden jüdischen Gelehrten und Schriftsteller des 20. Jahrhunderts, einem der profiliertesten Sprecher seines Glaubens im Dialog mit dem Christentum und zum einstimmig gewählten Oberhaupt der deutschen Juden machte, als die Zeitläufte sie dazu zwangen, sich einen Führer zu suchen.

In Oppeln fand er auch Zeit für die Liebe. Hier lernte er Natalie Hamburger kennen und heiratete sie, die mit ihrem stabilisierenden Einfluß seine größte Stütze wurde.

Die Rolle, die Natalie Baeck im Leben ihres Mannes spielte, war typisch für eine „Rabbinerfrau" ihrer Zeit: Sie war seine Gehilfin, die Partnerin seiner Mühen, die vollkommene Ergänzung seiner Rabbinatstätigkeit. Alle, die Leo und Natalie Baeck in den vier Jahrzehnten ihrer Ehe gekannt haben, sprachen von ihrer Güte, ihrer Zurückhaltung und dem Glück, das Leo in ihr fand. Ihr Haus war stets offen für seine Schüler, sie verschaffte ihm Ruhe und Frieden für seine Studien. Sie war seine Sekretärin, schrieb Briefe für ihn und hielt seine Unterlagen in Ordnung. Und sie war seine treueste Anhängerin, nahm an all seinen Predigten und Vorträgen teil und nickte ihm – vom Saal aus nach einem Vortrag oder von der Frauenabteilung in der Synagoge her nach einer Predigt – beifällig zu, wenn er geendet hatte.

Mancher jüdischen Frau genügte die Rolle nicht, die Natalie – im übertragenen Sinne immer einige Schritte hinter ihrem Ehemann – ausfüllte. In der jüdischen Geschichte hat es Beispiele von weiblichen Kriegern, Gelehrten oder Kaufleuten gegeben. Als Natalies Ehe begann, hatten viele jüdische Frauen bereits einen akademischen Grad, gingen einem Beruf nach und setzten sich als Persönlichkeit durch. Wenn solche Frauen heirateten, nahmen viele einen Doppelnamen an, indem sie dem Namen des Mannes ihren Mädchennamen hinzufügten, ein Symbol dafür, daß sie in der Familie keine untergeordnete Rolle zu spielen gedachten. In den Kreisen, in denen Leo Baeck sich in den späteren Jahren seines Lebens bewegte, gab es solche Frauen, und es fiel ihm nicht schwer, sie als beruflich und intellektuell gleichwertig anzuerkennen. Auch Natalie hatte keine Schwierigkeiten im Umgang mit Frauen, die es den Männern gleichtaten. Nur war das nicht ihr Leben. Sie hatte anders gewählt: *Ihr* Leben war das Leben der „Rabbinerfrau“.

Natalie war in Oppeln zu Hause; ihr Großvater war Adolf Wiener, Rabbiner der Gemeinde bis zu seinem Tode 1895. Ebenso wie Samuel Bäck war Rabbi Wiener Doktor der Philosophie, aber er war mehr noch als Bäck ein Reformer. Unter den Reformen, für die er eintrat, nahm die Reform des Sabbat die erste Stelle ein: Er wollte den jüdischen Sabbat von Samstag auf Sonntag verlegen, um ihn mit dem christlichen Sabbat zusammenfallen zu lassen. Er plädierte auch für die Schaffung eines neuen Gebetbuchs und fand nichts dabei, wenn Juden am Sabbat reisten. Er zwang jedoch seine Vorstellungen den Oppelnern niemals auf, und sie waren seinen Reformideen gegenüber tolerant.[5]

Natalie Hamburger war eine anziehende Frau, fast ebenso groß wie Leo Baeck, mit dunklem Haar und regelmäßigen Gesichtszügen. Sie wurde oft für eine Nichtjüdin gehalten, was Leo Baeck noch Jahre später Gelegenheit gab, eine seiner Lieblingsgeschichten zu erzählen. Während seiner Verlobungszeit machten sie beide, unter geziemender Aufsicht, gemeinsam Ferien in einer Sommerfrische. Der damaligen Sitte entsprechend promenierte das Paar morgens und abends um den Dorfplatz herum. Beide waren würdig dunkel gekleidet, wie es sich für ein Rabbinerpaar gehörte, und gingen sittsam Arm in Arm. Er zog den Hut vor Bekannten, und sie neigte den Kopf. Eines Morgens sah Leo von weitem einen ehemaligen Kommilitonen von der „Hochschule“ und winkte ihm zu, um ihm seine Braut vorzustellen, von der der Freund sicher bereits gehört hatte. Aber dieser wandte sich ab und ging davon. Dasselbe wiederholte sich am Nachmittag. Gekränkt vom Verhalten des Freundes, suchte Leo Baeck ihn auf: „Was ist los mit dir?“ fragte er. „Was habe ich dir getan?“ Und der Freund antwortete: „Da bist du verlobt mit der Tochter einer der besten jüdischen Familien Deutschlands und läufst mit einem Christenmädchen herum.“[6]

Leo Baeck und Natalie Hamburger heirateten im Jahre 1897. Natürlich war diese Hochzeit ein großes gesellschaftliches Ereignis für die Oppelner jüdische Gemeinde, die dem jungen Paar einen Kasten Tafelsilber mit Monogramm schenkte. Das einzige Kind des Paares, Ruth, wurde 1900 geboren.[7]

Baecks Ankunft in Oppeln fiel in die Zeit, als die Diskussion darüber, wieviel von der alten jüdischen Tradition im Gottesdienst bewahrt und was an christlichen Bräuchen übernommen werden sollte, ihren Höhepunkt erreicht hatte. Die Weg-vom-Hebräischen-Bewegung und der Vorschlag, den Sabbat auf Sonntag zu verlegen, hatte diese Kontroverse ausgelöst, die stets sehr emotional geführt wurde. So hatte Rabbi Wiener schon mit einer seiner ersten Kanzelreden die Praxis eingeführt, Predigten auf deutsch zu halten. Da viele Juden solche Predigten als christliche Praxis betrachteten, gerieten sie in einen so heftigen Zorn, daß Wiener seine Predigten eine Zeitlang unter Polizeischutz halten mußte.

In diesem Streit zeigte sich Leo Baecks Talent als Schiedsrichter und Vermittler zwischen den Parteien von Oppeln. Er behielt viel von der traditionellen Praxis bei. Während des Gottesdienstes trug er den langen Talar des Rabbis, eine Kopfbedeckung und den Gebetsschal, den sogenannten *Tallith*, dessen vier Zipfel mit Quasten besetzt sind, eine Erinnerung an Gottes Gebot im 4. Buch Mose (15,39–40), daß die Juden an ihren Gewändern Quasten tragen sollten: „Wenn ihr sie seht, sollt ihr aller Gebote des Herrn gedenken, nach ihnen handeln und nicht abschweifen nach den Gelüsten eurer Herzen und Augen, durch die ihr euch verführen laßt." Morgens betete Leo Baeck auf traditionelle Weise, indem er „*Tefillin* legte", das heißt an seiner Stirn und dem rechten Unterarm Lederriemen mit kleinen Kapseln befestigte, die auf Pergamentstreifen geschriebene Abschnitte aus den Büchern Moses enthielten, besonders die Stelle aus dem 5. Buch Mose, 6,4, die beginnt: „Höre, Israel, der Herr ist unser Gott, der Herr ist einzig. Und du sollst den Herrn, deinen Gott, lieben aus ganzem Herzen, aus ganzer Seele und mit all deiner Kraft." Damit sollen die Juden daran erinnert werden, daß Gott sie aus der Knechtschaft in Ägypten herausgeführt hat – „solches halten wir um dessentwillen, was uns der Herr getan hat, als wir aus Ägypten zogen. Darum soll es dir wie ein Zeichen auf deiner Hand und wie ein Merkzeichen zwischen deinen Augen sein, daß des Herrn Gesetz in deinem Munde sei“ (2. Buch Mose, 13,9).

Doch zugleich führte Baeck in Oppeln auch einige Veränderungen ein. Zwar wurde der Gottesdienst überwiegend auf hebräisch, ein Teil jedoch in deutscher Sprache gehalten – eine Konzession an die Zeit, denn viele deutsche Juden beherrschten das Hebräische nicht mehr, und die Gebete für Kaiser und Reich sprach man ohnehin auf deutsch. Die Trennung der Geschlechter während des Gottesdienstes wurde beibehalten. Aber es gab einen gemischten Chor, und schon früh während Baecks Rabbinat wurde eine Orgel eingebaut. Jüdische Gottesdienste waren immer von Musik begleitet gewesen, aber sie hatte nur aus dem Gesang des Kantors oder den gesungenen Texten der Thora bestanden. Im 19. Jahrhundert hatte man diese rituellen Melodien zu sammeln, zu arrangieren und zu stilisieren begonnen. Diese Entwicklung führte zu einem stärkeren Gebrauch musikalischer, den Gottesdienst umrahmender oder untermalender Elemente, bis hin zur Einrichtung eines Synagogenchors, der dann die Überlegung folgte, ob es angebracht sei, eine Orgel zu benutzen. Die Gegner argumentierten, eine Orgel mache die Synagoge einer christlichen Kirche zu ähnlich.

Wer in der Oppelner Gemeinde gegen einen gemischten Chor und den Einbau einer Orgel war, unterstützte Baeck trotzdem, weil er ja die Gottesdienste auf hebräisch hielt und sein persönlicher Stil traditionalistisch war. Wer Einwände gegen zuviel Hebräisch im Gottesdienst oder gegen Baecks Traditionalismus hatte, unterstützte ihn ebenfalls wegen des gemischten Chors und der Orgel. Gegen Ende seines Oppelner Jahrzehnts gab es gegen Baeck keine Opposition mehr.[8]

Für Leo Baeck war das Leben in Oppeln angenehm. Seine Frau Natalie war aufgrund ihrer Oppelner Herkunft und wegen ihres Charmes eine der beliebtesten Frauen der Stadt, und ihre Tochter Ruth wurde als „Kind der Gemeinde“ von allen geliebt. Wenn Leo, Natalie und Ruth nach dem Freitagabend-Gottesdienst zu einem Sabbat-Abendessen bei einer

Familie der Gemeinde erschienen, bei dem es gewöhnlich Fisch aus der nahen Oder und ungarischen Wein gab, wurden sie mehr als Freunde empfangen denn als Teilnehmer an einem obligatorischen Höflichkeitsritual. Die Tafel war mit den Sabbat-Kerzen geschmückt, die bei Sonnenuntergang von der Frau des Hauses als Symbol des göttlichen Lichts angezündet worden waren.

Juden, die zu Baecks Zeiten in Oppeln Kinder waren, erinnern sich, daß man sie nicht zwingen mußte, dem Gottesdienst beizuwohnen – sie gingen gerne. Sie lauschten den Worten Rabbiner Baecks, der „so feierlich" sprach, wie sie sagten; einer von ihnen sagte viele Jahre später, daß „die Welt um uns herum versank". In Wirklichkeit war Leo Baeck kein so guter Redner und seine Predigten waren nicht so ergreifend, wie dieses Zitat vermuten lassen könnte. Er vermied sogar den Appell an Emotionen und bemühte sich eher darum, geistige Ansprüche zu stellen. Doch zeugt die zitierte Erinnerung von der Wärme, die die Menschen für ihren Rabbi empfanden. Einer seiner jungen Schüler sagte später: „Seit meiner frühesten Kinderzeit war ich mit Begeisterung für das Judentum erfüllt, weil ich es mit solch einem jüdischen Aristokraten verbunden sah."[9]

Kinder hatten diesen „Aristokraten" gern. Er war freundlich zu ihnen und behandelte sie mit Achtung. Er gab ihnen in der weltlichen Schule Religionsunterricht und hielt es nicht für unter seiner Würde, ihre Noten aufzubessern, wenn es für ihre Versetzung notwendig war – eine Praxis, die er von seinem Vater übernommen hatte. In Oppeln machte es sich Leo Baeck zur Gewohnheit, die er fast sein ganzes Leben lang beibehalten sollte, für den Nachmittag des Sabbat einige seiner Schüler und Studenten zu lebhaften, philosophischen Diskussionen über aktuelle Fragen einzuladen, meistens Fragen des Judentums – Liturgie, Musik, die Rolle der Juden in Deutschland, Orthodoxie gegen Reformliberalismus. Bei Tee und Sabbat-Kuchen ging es stets hoch her. So beendete eines Tages ein Schüler, dem es nicht gelungen war, den Rabbi von seinem Standpunkt zu überzeugen, die Diskussion mit dem Ausspruch Friedrichs des Großen, daß schließlich „jeder nach seiner Fasson selig werden" könne.

Auch sonst pflegte Leo Baeck private Beziehungen zu seinen Schülern. Er schrieb ihnen, wenn sie an auswärtigen Schulen waren, behandelte sie als Kameraden und respektierte sie als Individuen. Im Jahre 1904 sandte er einem seiner ehemaligen Schüler, Fritz Muhr, eine Botschaft nach Breslau. Die Familie Muhr war in Oppeln besonders freundlich zu Baeck gewesen, und Baeck hatte Fritz zu seinen Studien ermutigt. Es war Juli, eine Zeit, in der Baeck gewöhnlich in Ferien ging, er war aber, wie er schrieb, zu Hause geblieben, um während der Hundstage „private Arbeit etwas zu fördern". Es war ein sehr heißer Monat, ein Beweis dafür, „daß nicht nur ‚vor die Tugend der Schweiß gesetzt ist'." Er dankte Fritz Muhr für seinen Brief aus Breslau und fügte hinzu: „Mir hatte Ihr Brief etwas akademische Luft gebracht, und Erinnerungen an meine eigene schöne Studienzeit. Und froheres Gedenken gibt es ja nicht . . ." Der Ton des Briefes war wie der gegenüber einem Gleichgestellten. Das war ein wichtiges Element in Baecks Beziehungen zu anderen Menschen; er gab sich niemals herablassend.

Die Freundschaft zwischen Baeck und der Familie Muhr dauerte ein halbes Jahrhundert lang und endete wie viele seiner Freundschaften in den frühen vierziger Jahren, als diese Familien von den Nazis umgebracht wurden.

Er war sich auch dessen bewußt, daß er gewisse Verpflichtungen als Vertreter der jüdischen Bevölkerung der Stadt hatte. In späterer Zeit gab er seinem Nachfolger in Oppeln folgenden Rat: „Lieber Freund, Sie dürfen niemals vergessen, daß Sie nicht nur die jüdische Religion, sondern auch die Juden repräsentieren." Er erzählte auch, daß sich einmal in der Woche einige Honoratioren der Stadt in einer Weinstube zu treffen pflegten. Es waren Mitglieder des Stadtrats, der protestantische und der katholische Pfarrer – und Leo Baeck. Wie vertrat Leo Baeck in dieser Stammtischrunde die jüdische Bevölkerung? „Dadurch, daß ich immer erst die Tafel verließ, wenn alle anderen bereits gegangen waren", erklärte er.[10]

Sehr früh in seiner Laufbahn entdeckte Leo Baeck etwas, was alle Geistlichen früher oder später erkennen müssen: Als „Eigentum" einer Gemeinde verlieren sie einen Teil ihrer

Unabhängigkeit. Wie weit dürfen sie ihrer Herde voraus sein? Wieviel Unabhängigkeit von ihren Kollegen dürfen sie sich erlauben? Müssen sie ihre persönlichen Neigungen hintanstellen, um in Übereinstimmung mit ihrer Gemeinde und ihrer Umgebung zu bleiben? Wenn solche Fragen an ihn herantraten, bemühte sich der Rabbiner, einen Kompromiß zu finden, aber niemals auf Kosten seiner Integrität. Er wollte der Ort sein, an dem sich alle Parteien treffen konnten, aber er wußte auch, daß er, zumindest für einige, manchmal ein Endpunkt, das letzte Wort sein mußte. Daß er diese Stellung weder mißbrauchte noch leichtnahm, machte jene Augenblicke in seiner Rabbinerlaufbahn, in denen der große Schlichter zum unbeugsamen Mann wurde, besonders überzeugend.

Diese Bereitschaft zu Festigkeit zeigte sich zum erstenmal auf einer Tagung des Rabbinerverbandes in Berlin im Juni 1898. Baeck war 25 Jahre alt und erst seit einem Jahr in seinem Oppelner Amt. Es waren 94 Rabbiner aus allen Teilen Deutschlands versammelt, Vertreter der drei Richtungen des Judentums – der liberalen, der konservativen und der orthodoxen. Auf der Tagesordnung stand die Frage, welche Schulen Rabbinerdiplome erteilen dürften. Die immer hitziger werdende Debatte konzentrierte sich schließlich auf die Frage, ob ein Student von einem Seminar zu einem anderen, von einer liberalen zu einer konservativen oder einer orthodoxen Schule wechseln dürfe. Die Grenzen zwischen den verschiedenen Gruppen des Judentums waren scharf gezogen, und die jeweiligen Mitglieder wehrten sich vehement gegen die „Ansteckung“, die zu gewärtigen war, wenn ein Student aus einer der Gruppierungen das Seminar einer anderen besuchen würde. Einer der Gegner sagte: „Ich möchte mit aller Entschiedenheit dagegen auftreten, daß wir zwei Jahre am Beth Hamidrasch [dem orthodoxen Seminar] empfehlen sollten, zwei Jahre das Seminar in Breslau und zwei Jahre die Berliner Lehranstalt [. . .] Das wäre ein großer Fehler; zur Theologie gehört Wissen und religiöse Überzeugung.“

Nun erhob sich der junge Leo Baeck. Er war wie kein anderer geeignet, über dieses Thema zu sprechen, da er ja selbst alle drei Seminare besucht hatte. Zwar war seine Studienzeit an der Berliner orthodoxen Schule nur kurz gewesen verglichen mit der Zeit, die er in Breslau und an der „Hochschule“ verbracht hatte, aber er hatte die orthodoxe Schule freiwillig besucht, um auch diese Richtung des Judentums kennenzulernen. „Es wäre gut“, führte er aus, „wenn die jungen Leute aus der Lehranstalt einmal zum Hildesheimerschen Seminar gingen.“ Darauf machte der frischgebackene Rabbiner eine Pause, um dann seinen erfahreneren Kollegen die Frage zu stellen: „Weshalb soll der Mensch immer nur eine Richtung haben?“

Die Frage rief „Heiterkeit“ bei den anderen Rabbinern hervor, für die ein Überschreiten der gezogenen Grenzen bereits ein Schritt zur Ketzerei war. „Sie müssen mich, bitte, ausreden lassen, meine Herren“, sagte Baeck, und als sich die Versammlung beruhigt hatte, fuhr er fort: „Ich meine, ein Mensch soll nicht bloß eine Richtung haben in der Methode, in der er sich unterrichten läßt. Das wäre ein Wunsch, den der Rabbinerverband aussprechen sollte, daß hier die Anstalten sich entgegenkommen. Es wird sich dann eine gegenseitige Duldung unter den verschiedenen Richtungen herausbilden.“ Er schlug vor, daß Rabbiner-Studenten routinemäßig alle drei Seminare besuchen sollten. „Das würde nachher alle Bedenken, die vom Referenten vorgebracht worden sind, unnötig machen. Er wird dann gar nicht nötig haben, sich an eine andere Kommission zu wenden.“ Die Versammlung folgte dem Vorschlag nicht. Baeck hatte keinen Sieg errungen, aber er hatte Mut bewiesen, als er seinen Kollegen entgegentrat, die fast alle älter und beruflich etablierter waren als er.[11]

Auf dieser Tagung opponierte Baeck ein zweites Mal – sowohl gegen seine Rabbinerkollegen als auch gegen seine Gemeinde in Oppeln. Diesmal ging es um den Zionismus, eine Bewegung, die das europäische Judentum erfaßt hatte, nachdem Theodor Herzl, der als Journalist in Frankreich Zeuge der Dreyfus-Affäre gewesen war, seinen *Judenstaat* geschrieben hatte, in dem er dafür plädierte, daß die Juden einen eigenen Staat gründen sollten, in dem sie frei von Haß leben könnten. Die Mehrzahl der deutschen Juden empfand diesen

Aufruf als töricht; schließlich waren sie Deutsche, die sich nur durch ihren jüdischen Glauben von anderen Deutschen – Katholiken oder Protestanten – unterschieden. Sie hatten bereits eine Heimat und kein Bedürfnis nach einer anderen. Es war im voraus bekannt gewesen, daß auf der Rabbinertagung in Berlin über den Zionismus diskutiert werden würde, und diese Diskussion nahm mehr Zeit in Anspruch als vorgesehen. Die Sitzung wurde deshalb vom regulären Tagungsort, dem Versammlungsaal des Vorstands der jüdischen Gemeinde in der Oranienburger Straße, in den größeren Saal des *Geselligen Vereins der Freunde* in der Potsdamer Straße verlegt – den die Berliner Juden eher als Raum für Hochzeitsfeste denn für erbitterte Debatten kannten.

Obwohl Herzls zionistischer Aufruf erst ein Jahr alt war, hatte in Basel bereits ein Zionistenkongreß stattgefunden. Für die Schweizer Stadt hatte man sich – wenngleich widerstrebend – wegen der deutschen Abneigung gegen den Zionismus entschieden. Ursprünglich hatte der Kongreß in München stattfinden sollen, zum einen weil die zu erwartenden russischen Juden einen Tagungsort in der Schweiz ablehnten, zum anderen, weil es in München koschere Restaurants gab. Doch die Münchener jüdische Gemeinde hatte die Gastgeberrolle nicht übernehmen wollen, und so war Basel gewählt worden. Die Vorstandsmitglieder des deutschen Rabbinerverbandes hatten den Kongreß mit ironischen Kommentaren verfolgt und sich überdies den Spottnamen „Protestrabbiner" eingehandelt, weil sie mit der Begründung, der Zionismus stehe im Gegensatz zur messianischen Verheißung der Bibel, gegen die Bewegung protestierten.

Jetzt, auf der Tagung in der Potsdamer Straße, verlangten die Vorstandsmitglieder, daß sich alle Rabbiner des Verbandes ihrem Protest anschließen sollten. Die Frage löste heftige Emotionen aus, und die Diskussion wurde abrupt abgebrochen, ehe die Pro-Zionisten zu Worte gekommen waren. Als abgestimmt wurde, lehnten nur drei der 94 anwesenden Rabbiner den Protest des Vorstandes gegen den Zionistenkongreß ab. Einer der drei sagte allerdings, auch er sei gegen den Kongreß, könne jedoch nicht akzeptieren, daß die Diskussion einfach abgebrochen worden sei. Nur zwei Rabbiner riskierten öffentlich den Zorn ihres Vorstandes, indem sie gegen ihn stimmten. Einer war ein Rabbiner namens Saul Katz. Der andere war Leo Baeck.

Baeck war kein Zionist, doch er glaubte, daß ein Wiedererwachen jüdischen Bewußtseins, wie es der Zionismus mit sich brachte, von Bedeutung sein könnte. Es gab noch einen weiteren Grund für sein Votum. Jahre später sprach er darüber und sagte, er habe gegen den Vorstand gestimmt, weil dieser versucht habe, die Befürworter des Zionismus als Ketzer abzustempeln, was er als unredlich empfand.[12]

Dieser Vorfall von 1898 war symptomatisch für die Emotionen, die der Zionismus in den deutschen Juden ausgelöst hatte: Sie verstanden sich als Deutsche, eine Identität, für die sie lange gekämpft hatten. Der Kommentar eines Rabbiners zu diesem Treffen – der sich freilich nur auf die liberale Richtung (die Reformbewegung) bezog – ist eine gute Beschreibung der unter den deutschen Juden vorherrschenden Meinung. Wie er sagte, betrachteten sie „das Judentum nur als Religion und sahen sich deshalb zu Opposition oder zumindest Gleichgültigkeit gegen alle Unternehmungen, Bemühungen und Aufgaben veranlaßt, die Palästina als nationalem und kulturellem Zentrum des jüdischen Volkes galten. Auch die Berliner Reformer [. . .] sahen im Judentum nur eine Religion [. . .]“[13] Das war die Einstellung der meisten deutschen Juden, bis Hitler und seine Nazis sie eines anderen belehrten.

Im Jahre 1907 sah sich Rabbi Baeck – nach wie vor in Oppeln – noch einmal genötigt, sich gegen das Verhalten seiner Kollegen in einer Angelegenheit zu engagieren, die ebenfalls mit dem Zionismus zusammenhing. Ein Berliner Rabbiner namens Emil Bernhard-Cohn hatte Schwierigkeiten mit der jüdischen Gemeinde wegen seines Eintretens für den Zionismus. Berliner Rabbiner wurden nicht von den einzelnen Synagogengemeinden, sondern von der übergeordneten Berliner Jüdischen Gemeinde angestellt, die sie dann der einen oder anderen Synagoge zuteilte. Natürlich konnte die übergeordnete Gemeinde einen nicht beamteten Rabbiner auch entlassen, und genau das war dem Rabbiner Bernhard-Cohn widerfahren.

Die Anschuldigung gegen ihn lautete, er habe seine Kanzel und seine Lehrveranstaltungen zur Propaganda für den Zionismus mißbraucht. Das bestritt er. „Ich habe den Schülern in einem zweistündigen Unterricht den Zionismus nur in objektiver Weise in seinen wesentlichen Zügen dargestellt", sagte er, und „ich war so objektiv, daß mir einer der Schüler nach der Stunde die Frage stellte: ‚Dann sind Sie also kein Zionist, Herr Doktor?'" Cohn bestritt auch, daß er die Kanzel zu zionistischer Propaganda benutzt habe, und beschuldigte den Gemeindevorstand, daß dieser ihn nur deshalb entlassen habe, weil er sich nicht davon habe abhalten lassen, in öffentlichen Versammlungen für den Zionismus zu sprechen. „In dieser Beziehung kann ich nichts versprechen und mich nicht binden", sagte er. „Ich bin Zionist mit Leib und Seele."

Von nun an war Cohn ein Ausgestoßener; er hatte sich nicht nur gegen die Führung der Gemeinde, sondern auch gegen die Gefühle der Mehrheit der Gemeindemitglieder vergangen. Die Strafe war hart. Cohn wurde das Recht genommen, in Berlin als Rabbiner zu wirken. In der Hoffnung, anderswo Sympathie und Unterstützung für seine Haltung zu gewinnen, schickte er eine Dokumentation seines Falls an eine Reihe deutscher Rabbiner. Einer der Empfänger war Baeck. Im Gegensatz zu vielen anderen antwortete Baeck. „Sie waren so freundlich, mir die kleine Druckschrift zuzusenden, in der Sie über Ihre Suspension berichten. Ich habe meiner Erinnerung nach nicht die Ehre, Sie persönlich zu kennen [. . .] Aber die wachsende Teilnahme und Ergriffenheit, mit der ich Ihre Erlebnisse, wie Sie sie schildern, verfolgt habe, haben Sie mir persönlich so nahegeführt, daß es mir ein aufrichtiges Bedürfnis ist, Ihnen ein Wort herzlichster Sympathie zu sagen." Einem „aufrichtigen Bedürfnis" vermochte sich Leo Baeck niemals zu entziehen, auch wenn ihm klar war, daß sein Engagement bekannt werden und er sich den Zorn der führenden jüdischen Gemeinde des Reiches zuziehen würde.

„Was Ihnen widerfahren ist", fuhr er in seinem Brief fort, „ist so illiterat, so unreligiös und so unjüdisch, daß man kaum begreifen will, wie es im Namen einer jüdischen Religionsgemeinde, die sich liberal nennt, hat geschehen können. Ebenso unfaßbar ist es mir, wie das Berliner Rabbinatskollegium dazu schweigen konnte; aber vielleicht hat es nur noch nicht gesprochen." Das Kollegium hatte sich noch nicht geäußert und tat es auch später nicht. „Ich selbst will, so weit ich es vermag, darauf hinarbeiten, daß der Rabbinerverband mit der Angelegenheit befaßt wird; ich kann es mir nicht denken, daß das letzte Wort schon gesprochen worden sein sollte. Lassen Sie mich auch den herzlichen Wunsch ausdrücken, daß Sie Ihrem Beruf erhalten bleiben mögen." Baeck fügte hinzu: „Unser Stand ist nicht so reich an Männern von eigener, stetiger Besinnung, daß er sich einfach damit abfinden könnte: ein Mann über Bord!" In Berlin wurde Cohn nicht wieder eingestellt. Immerhin konnte er Rabbiner bleiben, da er in anderen deutschen Städten Gemeinden fand.[14]

Leo Baecks Position in Oppeln wurde durch seine öffentlichen Stellungnahmen nicht beeinträchtigt. Seine Rolle als Vermittler in der Gemeinde, als Person, an die sich in einer Streitfrage alle Parteien wenden konnten, die Herzlichkeit der menschlichen Beziehungen, die er und seine Familie sich erworben hatten, trugen dazu bei, ein Klima der Toleranz für ihn zu schaffen, wenn er in eine Kontroverse geriet. Mit dieser Toleranz verband sich auch der Stolz auf ihn, als er die Rolle zu spielen begann, die zeit seines Lebens für ihn zu den wichtigsten zählen sollte: die eines führenden Sprechers im Dialog zwischen dem jüdischen und dem christlichen Glauben.

Er war sich darüber klar, daß der Antisemitismus – sosehr sich die deutschen Juden auch bemühten, seine Existenz zu ignorieren – in diesem Dialog eine Stimme hatte. Zwar erzählte er einst einem Freund, daß er „die Leute immer ermahnte, zu vergessen, daß es einen Antisemitismus gab, und natürlich zu leben, ohne dauernd auf ihre christlichen Mitbürger zu starren". Dennoch war Baeck keineswegs naiv und verstand die Probleme einer gesellschaftlichen Minderheit, besonders in einer Gesellschaft wie der damaligen deutschen, in der eine gewisse Form antisemitischer Diskriminierung institutionalisiert war: Als einer seiner Schüler Sprachwissenschaft studieren wollte, um Universitätsprofessor zu werden, riet er ihm, lieber Arzt zu werden, da er als Jude nur schwer einen Lehrstuhl bekommen würde.[15]

Baecks Kampf gegen den Antisemitismus fand vornehmlich auf philosophischer und theologischer Ebene statt. Für diesen Kampf war er gerüstet. Seine Gymnasialerziehung und die Universitäten Breslau und Berlin hatten ihn gelehrt, zu einer nichtjüdischen Hörerschaft zu sprechen, die wie die meisten in geistigen Berufen wirkenden Menschen eine umfassende nichtjüdische Allgemeinbildung besaß.

Der Dialog mit dem Christenum sollte vier Jahrzehnte lang in Leo Baecks Leben einen breiten Raum einnehmen. Am Ende galt er als einer der großen Kommentatoren der jüdischen Religion in der modernen Welt, während man seine Gegner – bis auf ihren Anteil an der Diskussion – weitgehend vergaß. In all diesen Jahren schrieb er trotz des oft starken Drucks, dem er ausgesetzt war, stets mit Achtung und zuweilen liebevollem Verständnis über das Christentum. Er diskutierte mit ihm, er forderte es heraus, schmähte es jedoch niemals.

Der Beginn seines Engagements war eine Erwiderung auf ein Buch Adolf von Harnacks, eines der berühmtesten christlichen Religionsgelehrten des 19. Jahrhunderts. *Das Wesen des Christentums*, so der Titel des schmalen Bandes, enthielt eine Reihe Universitätsvorlesungen über ein Problem, das von Christen teils als Beunruhigung, teils als Herausforderung empfunden wurde. Die Forschung hatte die buchstäbliche Wahrheit der Evangelien in Frage zu stellen begonnen. Hatte Jesus wirklich gelebt? Hatten die Verfasser der Evangelien miterlebt, was sie beschrieben, oder hatten sie bestimmte Legenden ihrer Zeit dem Leben Jesu aufgepfropft und damit das Bild des wirklichen Jesus verstellt? Konnte das Christentum denn etwas gewinnen, wenn die Menschen erkannten, daß Jesus für mehr stand, als er selbst tatsächlich gewesen war? *Das Wesen des Christentums*, in dem Harnack auf diese Fragen antwortete, war ungeheur erfolgreich und wurde in mehreren Auflagen jahrelang verkauft.

Ein Kunstgriff, dessen sich Harnack zum Lob des Christentums bediente, war die Verunglimpfung des Judentums. „Die wörtliche Auslegung von Gottes offenbartem Willen bewies, daß [die Juden] von Gott verlassen worden [. . .] waren", schrieb er. Das Alte Testament habe von der ersten bis zur letzten Seite nicht das geringste mit den Juden zu tun. Unrechtmäßig hätten die Juden es sich angeeignet, [. . .] und als ihr alleiniges Eigentum beansprucht. Es wäre für einen Christen Sünde, zu sagen: „Das Buch gehört uns und den Juden." Nein, das Buch gehöre jetzt und immerdar ausschließlich den Christen.

Das Judentum, so Harnack weiter, sei eine „Religion des Miserabilismus" gewesen. Das Christentum habe sich aus „dem Schutt der jüdischen Religion entfaltet". Andere Gelehrte sahen in der Lehre Jesu eine Wiederholung der Lehren der Propheten, doch Harnack sah vor allem Bedrohungen: „Es war Gefahr vorhanden, und sie trat wirklich ein, daß durch das Alte Testament ein inferiores, überwundenes Element in das Christentum eintrat."

Der so angesehene Gelehrte bewies letztlich, daß er das Judentum weder kannte noch verstand. Er beharrte darauf, daß die christliche Messias-Vorstellung – die „den, der sich als den Sohn Gottes wußte und das Werk Gottes trieb, wirklich auf den Thron der Geschichte" setzte – mit der jüdischen identisch war. Als das Judentum dies geleistet hatte, war seine Mission erfüllt. Die Religion der Juden bestand für Harnack aus „partikularen und statutarischen Bestimmungen des Gesetzes", die bereits der Apostel Paulus „durch die Erklärung beseitigt" habe, „man müsse sie rein geistig verstehen und als Symbole deuten". Harnack behauptete, daß es schon vor dem Auftreten Jesu zu einer „Entschränkung der jüdischen Religion durch das Mittel philosophischer Deutungen" gekommen sei und „auf diesem Wege [. . .] allmählich eine Befreiung von dem historischen Judentum und seinen überlebten Religionsgesetzen erreicht" werden konnte.

Das Christentum, das Harnack vorschwebte, war das Produkt einer im 19. Jahrhundert verbreiteten Einstellung zur Religion, die dem Evangelium ein sonntägliches Podest zuwies, dem man sich an den übrigen sechs Tagen der Woche nicht näherte. Für Harnack existierte das Christentum in einer Welt ohne Beziehung zu den Menschen. Seiner Meinung nach war die christliche Religion „kein ethisches oder soziales Arcanum, um alles Mögliche zu konservieren oder zu bessern. Schon der verwundet sie, der in erster Linie fragt, was sie für die Kultur und den Fortschritt der Menschheit geleistet hat, und danach ihren Wert bestimmen will." Die menschliche Arbeit war ihm nur „ein schätzenswertes Ventil, welches wir brauchen gegenüber größeren Nöten; aber sie ist an sich kein absolutes Gut, und wir können sie nicht mit unseren Idealen zusammenstellen. Ähnliches gilt für den Kulturforschritt. Gewiß, er ist zu begrüßen. Aber was heute ein Fortschritt ist, dessen wir uns freuen, wird morgen etwas Mechanisches, das uns kalt läßt."

Seine Auffassung des Christentums war die weitverbreitete romantische Auffassung seiner Zeit. „Jesus", schrieb er, „ist mit allen wahrhaft Frommen felsenfest davon überzeugt gewesen, daß Gott schließlich Recht schafft. Schafft er es nicht hier, so schafft er es dort, und das ist die Hauptsache."[16]

Von der ursprünglichen Behauptung ausgehend, das Judentum sei nur ein Vorläufer des Christentums, weitete sich die Debatte aus. Ein neuerer katholischer Kritiker dieser Schule beschreibt ihre Entwicklung folgendermaßen: „Diese Auffassung drang auch in die Auffassung der Liberalen vom Christentum ein und ließ sie schließlich leugnen, daß Christentum und Jesus in irgendeiner Weise spezifisch ‚jüdisch' seien. Das Christentum wurde als allgemeingültige Natur- und Vernunftreligion betrachtet, die als Antithese und Negation des Judaismus entstanden war [. . .] Was an der offenbarten biblischen Religion abgelehnt wurde, war ‚jüdisch', während alle positiven geistlichen, rationalen und universellen Werte Merkmale des Christentums oder einer Philosophie waren, die eine Antithese zum ‚Judentum' darstellte."[17]

Harnack und die von ihm repräsentierte Schule hatten im 20. Jahrhundert einen starken Einfluß auf das christliche Denken, einen Einfluß, von dem sich das Christentum erst nach frühestens fünfzig Jahren zu lösen begann, freilich erst, als sich die Kirchen über die Rolle klarwurden, die sie in der Nazi-Offensive gegen die Juden gespielt hatten.

Leo Baeck hatte früh zu schreiben begonnen; seine ersten Artikel erschienen in den 1890er Jahren. Er schrieb über religiöse Fragen, häufig in Form von Buchrezensionen. In seinem augenscheinlich ersten Artikel, der 1895 erschien, plädierte er für ein größeres gegenseitiges Verständnis der Religionen, nicht so sehr der Toleranz wegen, als vielmehr um die eigenen religiösen Überzeugungen durch die Kenntnis anderer Religionen zu stärken. Er schrieb:

„Wo sich die Anhänger der verschiedenen Bekenntnisse streng voneinander absondern, entsteht kaum ein Verlangen nach tieferer Begründung der religiösen Ideen. Man ist so selbstzufrieden, so sich selbst genug, daß man kein Bedürfnis empfindet, sich selbst über das Rechenschaft zu geben, was man glaubt. Unterdrückt eine Konfession die andere, so ist in noch viel höherem Grade jeder Anreiz zur philosophischen Behandlung der Religion geschwunden. Der Sieger glaubt recht zu haben, weil er die Macht hat."

Mit dieser Macht gewappnet, treffe der Sieger auf keine Opposition, so Baeck, weil der Unterdrückte „aus Furcht" keinen „Widerspruch erhebt". „Daß seine Gegner und seine Religion ohne Sittlichkeit sind, das beweisen sie ihm ja selbst dadurch, daß sie ihn knechten und quälen [. . .]" 1896 schrieb er in einem anderen Artikel, das Judentum sei eine Religion ohne Dogma, ohne zentrale Autorität. Diese These vertrat er seine ganze Schriftstellerlaufbahn hindurch immer wieder. Immer wieder betonte er, daß das Judentum eine Religion der Verantwortlichkeit des einzelnen sei.[18]

Die erste direkte Antwort an Harnack veröffentlichte Baeck in einer Rezension von Harnacks Broschüre in der *Monatsschrift für Geschichte und Wissenschaft des Judentums*, die als die gelehrteste jüdische Zeitschrift der Welt galt. Baecks Rezension ist dreizehn Seiten lang und in vieler Hinsicht eine typische Buchkritik: Sie beginnt mit einer Verneigung vor Harnacks Rang als Gelehrter und religiöser Denker und kritisiert dann sowohl seinen Denkprozeß als auch seinen Gelehrtenanspruch. Er bestreitet nicht nur Harnacks Kenntnis der jüdischen Religion, sondern auch seine Kenntnis des Christentums.[19]

Damit hätte die Angelegenheit erledigt sein können, wenn nicht in dem Jahr, in dem die Rezension erschien, die *Monatsschrift* von einer neu organisierten Gruppe übernommen worden wäre, der *Gesellschaft zur Förderung der Wissenschaft des Judentums*, die jüdische Gelehrte vereinte und ihre

Schriften veröffentlichte. Die erste Buchveröffentlichung der Gesellschaft war im Jahre 1905 Leo Baecks *Das Wesen des Judentums*. Mehr als sieben Jahrzehnte danach gibt es noch immer – erweiterte und revidierte – Auflagen dieses Buches in vielen Sprachen. Von einer 1961 erschienenen amerikanischen Ausgabe sind in fünfzehn Jahren 25000 Exemplare verkauft worden. Das Buch ist und bleibt eine umfassende und überzeugende Aussage über das, was sein Titel verheißt.[20]

Die erste Ausgabe des Buches hat 167 Seiten, davon 161 Textseiten. Als Verfasser zeichnet „Dr. Leo Bäck, Rabbiner in Oppeln“. Obwohl es ganz offensichtlich eine Antwort an Harnack ist, wird weder dieser noch sein Buch genannt. Der Ton des Autors ist überdies eher der eines Deutschen als der eines Juden. *Das Wesen des Judentums* wurde erst im Lauf der Jahre, in denen Baecks Wissen, Verständnis und emotionale Bindung an seine Religion ständig wuchsen, endgültig zu einem jüdischen Buch. Die erste Auflage war es nicht.

Die erste Ausgabe ist eine ideale Repräsentation des deutsch-jüdischen Denkens im späten 19. Jahrhundert. Sie bewies nicht nur, wieviel die jüdische Geisteswissenschaft in dem Jahrhundert, seit die Juden das Getto verlassen hatten, von der Methode der deutschen Philosophie übernommen hatte, sondern auch, wie sehr die deutschen Juden die Geleise des traditionellen Judentums verlassen hatten. Sie hatten nichts mehr gemein mit ihren ostjüdischen Brüdern, die noch immer an das mystische Wesen des Judentums glaubten und daran festhielten, daß es bei aller Betonung moralischen Verhaltens im Judentum ein Element des Glaubens darstellte.

Leo Baeck hatte über den Kantschen kategorischen Imperativ geschrieben, nach dem der Mensch moralisch handeln müsse, wenn er in der Gesellschaft existieren wolle und wenn die Gesellschaft um ihn existieren solle. Wenngleich Leo Baeck die These Kants nicht akzeptierte, daß das moralische Gesetz der Vernunft entspringe und nicht Gott, so hatte er sich doch die Kantschen Erkenntnisprinzipien zu eigen gemacht – die Betonung des Rationalen, dessen, was erklärt werden kann, und die Ablehnung des bloßen Glaubens. Er schrieb, das Judentum habe seine Ausrichtung von den Propheten erhalten, und deren Lehre habe es von aller Mystik und esoterischen Praktiken befreit. Einen Gedanken aufgreifend, den er zehn Jahre früher schon in seiner Doktorarbeit gestreift hatte, schrieb Baeck, daß das Judentum frei von jeder fremden „naturphilosophischen, metaphysischen oder mystischen Beimischung“ sei.

Einem zeitgenössischen Rabbiner zufolge war diese erste Ausgabe des *Wesen des Judentums* nicht „wirklich als ein theologisches Buch gemeint“. Für einen anderen Rabbiner, einige Jahre jünger als Baeck, war sein Thema „Aufklärung, nicht Judentum“. Es war, als ob der Sabbat vom Samstag auf den Sonntag verlegt worden wäre.[21]

Aber diese Art der Kritik folgte erst Jahrzehnte nach dem Erscheinen des Buches im Jahre 1905, in der Rückschau und auch im Vergleich mit späteren Fassungen. Zur Zeit ihrer Veröffentlichung war die erste Fassung bei den deutschen Juden sehr populär. Sie war das Werk eines Gelehrten, dessen wissenschaftliche Methode, Analyse und schriftstellerische Qualität es mit den Arbeiten der geachtetsten Nichtjuden aufnehmen konnten. Leo Baeck hatte bewiesen, daß sich die Juden nicht nur in ihrem Lebensstil aus dem Getto gelöst hatten. Einer seiner Schüler sagte später, Baeck sei ein „glaubhafter Repräsentant“ gewesen. Er war ein Repräsentant, wie ihn die Juden sich wünschten.

Natürlich war vieles an seinem Buch jüdisch. Vor allem war es ein Argument gegen eine reine Glaubensreligion, jene Auffassung von der Religion, die Harnack formuliert hatte und die für den deutschen Protestantismus der damaligen Zeit charakteristisch war. Im Gegensatz zu der Auffassung vom Glauben als der Verheißung, daß, wie Harnack schrieb, „Gott schließlich Recht schafft, wenn nicht hier, dann dort, und das ist die Hauptsache“, führte Leo Baeck aus, daß die jüdische Religion ihren Schwerpunkt in den Taten des Menschen sehe. Wie immer andere das Wort „Glauben“ definierten, die jüdische Definition war in Baecks Darstellung das Gebot, Gottes Willen jetzt und hier zu erfüllen. Man sucht nicht die Belohnung im Himmel, sondern kommt auf Erden seiner Verpflichtung nach. Den Anhängern einer Religion des Glaubens stellte Baeck eine Religion des Lebens und des Tuns gegenüber. Denen, die von der Religion einer zeitlich begrenzten Offenbarung sprachen, sprach Baeck von einem sich ständig neu offenbarenden religiösen Erlebnis. Zu denen, die Jesus anbeteten, sprach er von jenen, die, statt anzubeten, ihre Religion lebten. In einer Welt, in der erbliche Privilegien noch immer eine große Rolle spielten, einer Welt, in der die Umstände seiner Geburt oft das beste waren, was einem Menschen widerfahren konnte, sagte Baeck den Juden: „Was unserem Leben seinen Wert gibt, ist das, was wir *geworden*, nicht das, was wir von Hause aus sind."[22]

Sein Buch war eine Polemik. Der Behauptung entgegentretend, das Judentum sei tot und das Christentum an seine Stelle getreten, hatte Baeck nicht nur nachgewiesen, daß das Judentum noch immer lebendig und kämpferisch war, sondern auch, daß es der Welt vielleicht mehr gegeben hatte als das Christentum.

Die eigentliche Leistung Leo Baecks in diesen Jahren war nicht das 1905 erschienene kleine Werk, sondern seine persönliche Entwicklung. Schließlich sollte er sich öffentlich mit der Scham der Juden über ihre Vergangenheit auseinandersetzen und zum Symbol der Bereitschaft der Juden werden, ihre Religion als etwas Besonderes zu sehen und mit Stolz zu sagen: „Ich bin Jude."

Zwei Jahre nach dem Erscheinen von *Das Wesen des Judentums* bot man Leo Baeck die Stellung eines Rabbiners in Düsseldorf an. Wie eine Geschichte der dortigen Gemeinde berichtet, war er zu dieser Zeit „weiten Kreisen der Öffentlichkeit durch sein Buch bekannt, mit dem er in den geistigen Auseinandersetzungen unserer Zeit einen herausragenden Rang unter den Vertretern und Verkündern unserer Religion eingenommen hatte". Die Stadt Düsseldorf war größer als Oppeln, und auch die jüdische Gemeinde war größer. So war denn der Wechsel ein deutlicher Schritt vorwärts in Baecks Laufbahn.

Sein letzter Tag als Rabbiner in Oppeln war der 3. Oktober 1907. Zwei Tage vor seiner Abreise, am 1. Oktober, hielt er vor der Gemeinde, die er ein Jahrzehnt lang betreut hatte, seine Abschiedspredigt. „Noch nie hatte ich so viele Taschentücher gesehen“, sagte später ein Mitglied der Gemeinde. „Es gab viele Tränen.“[23]

Er stand vor seiner Gemeinde an seinem Pult – das hebräische Wort dafür ist *Bima* – und sah in seinem langen Talar, mit dem kleinen Spitzbart ganz wie der junge vielversprechende Rabbiner aus, der er war. Vielleicht war die Bedeutung der Veränderung, die ihm bevorstand, der Grund für das Thema der Predigt, das er gewählt hatte. Weniger für die Gemeinde als für sich selbst sprechend, sagte er, daß man die wahre Rolle des Rabbiners nie vergessen dürfe. „Unsere Religion“, fuhr er fort, „kennt freilich nicht den Unterschied zwischen Priestern und Laien, sie gewährt niemandem eine höhere Stellung im Gotteshaus“. Auch der Rabbiner sei „nur ein Glied der Gemeinde“, und nach dem jüdischen „Ideal“ solle „die ganze Gemeinde aus Gottesgelehrten“ bestehen, „jeder sein eigener Lehrer der Religion“ werden, der „sich selbst das Gotteswort verkündet“.

Bis zu dem Tag jedoch, da dieses Ideal verwirklicht sein werde, habe der Rabbiner eine Aufgabe. „Es ist die notwendige Teilung der Arbeit, die dieses Gebot stellt“, sagte Baeck. Die Pflicht des Rabbiners sei es, „seine ganze Kraft, den ganzen Beruf seines Lebens“ der Lehre des jüdischen Glaubens zu widmen und ihn „darzubieten, so, daß die anderen ihn nur zu empfangen brauchen“.

Diese notwendige Teilung, diese „Bildung eines Berufes und Amtes“ bringe aber auch Gefahren mit sich. Viele Menschen glaubten, daß für die Religion „bereits genügend gesorgt“ sei, „wenn es einen gebe, der ihren Aufgaben und Lehren seine Tage widmet“. Aber das sei ein Mißverständnis der Rolle des Rabbiners. Der Rabbiner, „welcher das Amt im Gotteshause bekleidet, kann nur hinweisen und beraten, aber nichts ersetzen oder abnehmen, daß das religiöse Ideal die Arbeit aller fordert“.

Wenn es eine Gefahr für die Gemeinde gebe, so sagte Baeck weiter, dann gebe es auch eine Gefahr für den Rabbiner, der sich nicht einfallen lassen dürfe, er nehme eine Stellung über seiner Gemeinde ein. „Stufen führen zur Kanzel hinauf, doch sie sind nur Stufen von Holz oder Stein, sie führen nicht über die Gemeinde empor.“ Wie leicht könne der Rabbiner „der

Überhebung anheimfallen, da er von einem höheren Platze aus und gleichsam in höherem Tone redet und niemand ihm widerspricht". Baeck fragte, ob es nicht überheblich und anmaßend sei, die Worte des Rabbiners als „Gotteswort" zu bezeichnen, da sie doch nur „enge menschliche Rede, menschliche Worte sind". Die Worte des Rabbiners könnten zwar auf fruchtbaren Boden fallen, aber „nur wo ein rechtschaffenes Denken [. . .] wo eine ehrliche Überzeugung [. . .] nach ihrem Ausdruck ringt, wo die seelische Art waltet, die unsere Weisen als die Ehrfurcht vor der Gemeinde bezeichneten. Dort allein kann auch dem Worte ein bleibender Erfolg beschieden sein".

Als er so vor den Menschen stand, deren Sabbat-Mahl er geteilt, deren Kinder er unterrichtet und deren Ehen er gesegnet hatte, fragte sich Rabbi Baeck, ob er wohl in der roten Ziegelsteinsynagoge maurischen Stils, die er vor einem Jahrzehnt eingeweiht hatte, eine solche Wirkung gehabt habe. „Diese Stunde des Abschieds begleiten Zweifel und Bedenken, begleitet das Bewußtsein, daß das Leisten so weit hinter dem Wollen zurückbleibt", sagte er. Wenn dennoch manche Worte „in die Seelen gedrungen sind", dann deshalb, „weil die Seelen sich öffneten, weil die Herzen bereit waren, zu empfangen und aufzunehmen". Dann erinnerte er die Gemeinde daran, daß er in den zehn Jahren, in denen er vor ihr auf der Bima gestanden hatte, niemals das Wort *ich* gebraucht hatte. Das war in der Tat charakteristisch für Baecks Stil in Schrift und Rede: Er sprach niemals von sich in der ersten Person. Nun sagte er, „der, welcher hier spricht, soll das ‚Ich' vergessen und nur das vor Augen haben, um dessentwillen er spricht". Heute aber wolle er eine Ausnahme machen, weil die Dankbarkeit, die er empfinde, nur „von Person zu Person" ausgedrückt werden könne.

Dann sagte er der Gemeinde Lebewohl, in der er seine Pflichten glücklich und zufrieden erfüllt habe, „in der ich mit immer herzlicherem Wohlwollen begleitet, mit Empfänglichkeit gehört, in Glück und in Befriedigung mein Amt führen konnte". Er erinnerte daran, daß er von dem Gotteshaus Abschied nehme, das er einst eingeweiht hatte und das „mein Gotteshaus" geworden war. Er nahm Abschied von der

Jugend der Gemeinde, die „meine Jugend" war. Er nahm Abschied, „von dem Erbe, das meine Vorgänger mir bereitet, zumal der Mann, der fast ein halbes Jahrhundert hier gearbeitet und gewirkt und der Gemeinde ihren Charakter gegeben hat" – Rabbiner Wiener, Natalies Großvater. Baeck fügte hinzu, er verlasse die Gemeinde reicher, als er gekommen sei, weil er viel gelernt habe, während er andere lehrte.

Er schloß mit den Worten, er als einzelner zähle nur wenig, „der einzelne muß zurücktreten hinter der Pflicht, die sich fortsetzt von Geschlecht zu Geschlecht [. . .] Menschen kommen und gehen, aber die Pflicht bleibt, die Pflicht, die die Antwort gibt auf alle Fragen und Zweifel des Lebens. Sie ist das Feststehende und das Gewisse im Wechsel der Tage und der Verhältnisse, wenn die Treue gegen sie und damit die freudige, bereitwillige Treue gegen unsere Religion in den Herzen von alt und jung lebendig ist, dann ist das Wort, das in diesem Hause und zu dieser Gemeinde gesprochen worden, zum Segen und zum Heil geworden. Amen."[24]

In dieser Predigt hatte Leo Baeck Maßstäbe gesetzt, an denen er gemessen werden wollte. Er würde niemals über seiner Gemeinde stehen. Er hatte erkannt, daß nicht nur der Rabbiner die religiöse Verantwortung für seine Gemeindemitglieder tragen konnte, sondern daß jeder Mensch Verantwortung für sich selbst übernehmen muß. Als er nach Düsseldorf ging, um dort die nächste Phase seiner Laufbahn anzutreten, war ihm bewußt, daß dem Rabbiner nicht nur Engagement, sondern auch Demut ziemte.

Düsseldorf war ganz anders als Oppeln. In Oppeln wie in Baecks Heimatstadt Lissa war noch immer etwas von der Unsicherheit einer zwischen Ost und West schwankenden jüdischen Gemeinde zu spüren. Viele der Oppelner Juden waren zwar innerhalb der Grenzen ihrer eigenen Gemeinschaft zufrieden, empfanden jedoch die Orthodoxie der benachbarten polnischen Juden als peinlich. Das mag zum Teil daran gelegen haben, daß die Oppelner Juden erst vor einigen Generationen in der Stadt Wurzeln geschlagen hatten, während ihre christlichen Nachbarn seit Jahrhunderten hier ansässig waren. Im Gegensatz dazu waren die Düsseldorfer Juden im Westen des Deutschen Reiches von ihren Glaubensbrüdern in Polen weder beeinflußt noch an ihnen interessiert. Die ersten Juden kamen im Jahre 1418 nach Düsseldorf, wurden jedoch nach zwanzig Jahren vertrieben. Erst im Jahre 1582 durfte sich wieder eine jüdische Familie in der Stadt niederlassen. Zwei Jahrhunderte später gab es fünfundzwanzig Familien, und die jüdische Gemeinde Düsseldorfs war nun in der Stadt fest etabliert, mit der zusammen sie im 19. Jahrhundert ständig wuchs. Im Jahre 1816 gab es bei einer Gesamtbevölkerung von 22653 Menschen dreihundert Juden in der Stadt. Das Anwachsen sowohl der jüdischen wie der nichtjüdischen Bevölkerung war nicht durch eine erhöhte Geburtenrate, sondern durch den Zustrom ländlicher Bevölkerungselemente bedingt. Die Wanderung vom Lande in die Stadt war unter den Juden stärker als unter den Nichtjuden, weil die Juden in manchen Regionen noch immer kein Land besitzen durften; überdies machte das Interesse der Juden am religiösen Studium größere Gemeinden mit ihren Bildungsinstitutionen besonders attraktiv.

Für die Juden war Düsseldorf eine angenehme Stadt. Dort hatten sie sowohl Bürgerrechte als auch Schulen und berufliche Möglichkeiten. Im Gegensatz zum umgebenden Land und zu manchen anderen Städten gab es in der Stadt kaum Antisemitismus. Die Tochter eines Düsseldorfer Pfarrers aus der Zeit von Leo Baecks Rabbinat erzählte Jahre später, daß es zwischen der Kirche ihres Vaters und den Juden nie Schwierigkeiten gegeben habe. Oder, wie sich eine andere protestantische Düsseldorferin ausdrückte: „In der Kaiserzeit kannten wir keinen Antisemitismus – der kam erst unter Hitler."[25]

Die jüdische Gemeinde hatte 1899 beschlossen, in der Kasernenstraße eine neue Synagoge zu bauen; 1904 wurde sie eingeweiht und war bald ein Wahrzeichen nicht nur des Judentums, sondern auch der Stadt. Einem zeitgenössischen Bericht zufolge überragte der mit Kupfer gedeckte grüne Turm der Synagoge die anderen Gebäude der Stadt. Die Gottesdienste unterschieden sich nicht von denen der liberalen Berliner Synagoge in der Oranienburger Straße, und das Hebräisch, dessen man sich bediente, war das „zugelassene", das heißt, daß östliche Aussprache nicht geduldet wurde. Der

Kampf um den Einbau einer Orgel, der Test für die Liberalität einer Synagoge in Deutschland, war vor Baecks Ankunft entschieden worden. Achtundvierzig Gemeindemitglieder hatten gegen die Orgel gestimmt, aber verloren. Als Baeck sein Amt antrat, hatte die Synagoge sowohl eine Orgel als auch einen gemischten Chor.[26]

Vermutlich war Baeck der erste liberale Rabbiner der Gemeinde; sein nächster Rabbinerkollege saß im etwa 25 Kilometer entfernten Duisburg. Diese Situation verlieh Baeck beträchtliche Autorität, bürdete ihm freilich auch eine große Verantwortung auf. Er, der eher zurückhaltend war und seine Gefühle nicht leicht zeigte, ein Intellektueller, dessen Predigten sich eher an den Kopf als an die Herzen wandten, war oft überrascht von den Gefühlsaufwallungen seiner Gemeindemitglieder, die wie alle Rheinländer fröhliche und extravertierte Menschen waren. Eines Tages sah er sich, wie er später erzählte, „zum erstenmal dem Gefühlsausbruch eines Fremden gegenüber, den ich nur mit Mühe zügeln und in sachlichere Bahnen lenken konnte“.[27]

Wie in Oppeln war auch in Düsseldorf eine seiner Hauptaufgaben der Unterricht. Die Schüler hatten zweimal in der Woche Religionsunterricht im „Realgymnasium in der Klosterstraße“. Sie waren in drei Gruppen eingeteilt: Unterstufe, Mittelstufe und Oberstufe. Ein Religionslehrer unterrichtete die Unterstufe, der Rabbiner Mittel- und Oberstufe. „Unterrichtsgegenstände waren biblische und jüdische Geschichte, in der Oberstufe vornehmlich Ethik und Philosophie des Judentums.“ Zu Beginn hatte Baeck einige Schwierigkeiten: Der frühere Rabbiner, Samuel Hochfeld, war bei den Schülern sehr beliebt gewesen, und sie sahen seinem Nachfolger mit einigem Mißtrauen entgegen. Als Baeck im Spätherbst 1907 den Unterricht aufnahm, schien er ihr Mißtrauen zu rechtfertigen. Einer von ihnen, Hermann O. Pineas, schreibt:

„Der neue Rabbiner, Dr. Baeck, war uns unverständlich, allerdings nicht in dem, was er sagte, sondern wie er es sagte. Seine Aussprache, seine Betonung, seine Sprachmelodie unterschieden sich in so groteskem Maße von der uns geläufigen rheinischen Redeweise, daß wir uns in den ersten Stunden des Lachens nicht enthalten konnten. Es war uns unfaßlich, daß die Gemeindevertreter einen solch schlechten Sprecher – und predigen mußte er doch auch! – zum Nachfolger eines rhetorisch glänzenden Dr. Hochfeld gewählt hatten."

Pineas erinnert sich aber auch, daß die Schüler ihr Urteil „erstaunlich schnell" änderten. Baeck war originell: In der zweiten Woche seines Unterrichts richtete er eine Frage-und-Antwort-Stunde ein, „in der wir Schüler ermuntert wurden, Fragen jeder Art und aus jeglichem Gebiet an Dr. Baeck zu stellen, und er war bereit, sie entweder sofort oder in der nächsten Stunde zu beantworten. So etwas gab es in ganz Düsseldorf nicht und vermutlich nirgendwo sonst."

Die Schüler liebten diese Frage-und-Antwort-Stunden nicht nur wegen des Wissens, das ihnen mit dieser neuen Methode vermittelt wurde, sondern auch wegen der Achtung, mit der Baeck seinen Schülern begegnete, wie er es sich schon in Oppeln zur Gewohnheit gemacht hatte. Dazu der bereits zitierte Hermann Pineas: „Mit wahrer Begeisterung gingen wir auf diese Neuerung ein. Daß wir Schüler, die man zu jener Zeit und noch lange nachher von oben herab zu behandeln pflegte, hier ungezwungen und frei selbst bestimmen durften, worüber gesprochen werden sollte, bedeutete für uns eine Erlösung, die dem Schüler unserer Tage [. . .] kaum verständlich sein wird."

Die Frage-und-Antwort-Stunden waren beliebter als alle anderen Unterrichtsstunden, und die Schüler waren eifrig dabei. Aber diese Stunden waren nicht die einzige Neuerung Baecks. Nach der damals üblichen Unterrichtsmethode pflegte der Lehrer eine „bestimmte Lektion in der Stunde durchzunehmen", dann „Hausarbeit aufzugeben" und das „zu Erlernende" in der folgenden Stunde abzufragen. „Nicht so Dr. Baeck", schreibt Pineas. „Er fragte weder ab, noch gab er etwas zu lernen auf, sondern leitete jede folgende Stunde mit einer Wiederholung in zusammengefaßter Form dessen ein, was in der vorhergehenden Stunde von ihm vorgetragen worden war. Seine stereotype Frage war: ‚Ist es Ihnen wohl deutlich?' [. . .] Dr. Baecks pädagogisches Talent zeigte sich in vielen Kleinigkeiten. Jede ihm von uns gestellte Frage wurde als ‚wichtig' oder gut ‚gelobt' und ermutigte zu weiteren Fragen."

Leo Baeck vernachlässigte auch die Erziehung der Mädchen nicht. Er war einer derjenigen Führer der deutschen Judenheit, die sich für die religiöse Gleichstellung der Frauen mit den Männern einsetzten. In Düsseldorf führte er die Konfirmation für Mädchen ein. Das war der Abschluß eines mehrere Jahre dauernden Religionsunterrichts, zu dem die Mädchen auch ein bei solchen religiösen Feiern übliches Geschenk erhielten – in der Regel ein deutsches Gebetbuch für jüdische Mädchen. Eines davon ist erhalten geblieben und trägt die Widmung: „Meiner lieben Schülerin Sophie Pineas zur Erinnerung an ihren Konfirmationstag, Leo Baeck."[28]

Baeck hielt viele Vorträge in der Gemeinde, und einer seiner Vorträge, den er 1911 vor einem deutsch-jüdischen Verein hielt, vermittelt einen Einblick in die Entwicklung seiner Vorstellung von der Einzigartigkeit des Judentums. Während die meisten deutschen Juden sich als nicht verschieden von den anderen Deutschen zu präsentieren versuchten, wies Baeck darauf hin, daß ihr Status als Minderheit den Juden eine Stellung verleihe, die sie in der Tat von den anderen unterscheide. Sie seien Angehörige einer moralischen Ordnung und durch Gottes Gebot über die Grenzen hinweg eine Einheit. Während andere sich aus politischen, wirtschaftlichen oder gesellschaftlichen Gründen zusammengeschlossen hätten, seien die Juden um das Ziel der Erfüllung einer ethischen Verpflichtung vereint.

„Die Frage nach der Stellung des Judentums unter den Religionen kann zunächst statistisch beantwortet werden", begann er seinen Vortrag. „Es gibt auf der Welt ungefähr eine Milliarde sechshundert Millionen Menschen, von denen etwa zehn Millionen Juden sind. Deshalb sieht sich jeder Jude von Menschen verschiedenen Glaubens umgeben; doch nur jeder 160ste der anderen sieht einen Juden. Vielleicht sind wir deshalb noch immer das große unbekannte Volk der Erde."

Er räumte ein, daß viele Menschen den Juden vorwarfen, „die sonderbare Eigenschaft zu besitzen, sich zu vervielfachen; wo es zwanzig von uns gibt, könnte man denken, es seien zweihundert". Schuld daran sei, so Baeck, „unsere geringe Zahl, die uns zur Beweglichkeit" befähige. Aber „das ändert nichts an der Tatsache, daß es unser Schicksal ist und bleibt, überall in der Minderheit zu sein, nicht irgendeine Minderheit, sondern *die* Minderheit". Und er fügte hinzu: „Wir sind immer die wenigen gewesen. Wir haben nie die Ruhe verspüren können, die aus der Gewißheit kommt, daß unsere Ansichten mit denen der Herrschenden übereinstimmen, und wir haben niemals den Beweis für unsere Überzeugungen darin gefunden, daß die Menschen um uns herum denken und glauben wie wir." In allen Parlamenten der Welt hätten die Juden immer links gesessen und „vertraten [so] die Opposition unseres Gottes. Juden haben nach dem Willen Gottes immer in Opposition gestanden zu den Mächten, die die Welt regieren und mit dem Glanz von Erfolg und Macht bekleidet sind. [Die Juden] sind immer die großen Neinsager gewesen, die große ‚andere' Gruppe, die ihren eigenen Glauben bewahren wollte." Baeck betonte: „Wir sind nicht nur da, sondern wir sind etwas. Wir vertreten unseren eigenen Stil des Menschseins."

Diese Andersartigkeit werde nur selten gewürdigt. Menschen, die den Auffassungen der Mächtigen entgegentreten, riskieren die Feindschaft derer, die den Glanz von Macht und Erfolg anbeten. Baeck glaubte, daß dies das Schicksal der Juden sei: Auserwählt, in der Welt als Gewissen der Menschen zu leben, von denen viele es vorzogen, ihr Gewissen zu überhören.[29]

Die Baecks wohnten in einer Wohnung in der Kasernenstraße unweit der Synagoge. An Sabbat-Nachmittagen gingen sie zu dritt häufig am Rhein spazieren, oftmals begleitet von einem ihrer zahllosen Neffen oder einer der vielen Nichten, die zeitweilig bei den Baecks in Düsseldorf Quartier nahmen. Sie gingen in Düsseldorf zur Schule, erhielten einen gewissen Schliff und lernten vielleicht sogar einen vielversprechenden jungen Mann oder ein entsprechendes Mädchen kennen. Natalie war eine „Zauberin", wie eine der Nichten sagte. Sie meinte damit, daß Natalie schön war, freundlich zu Freunden und Verwandten, liebenswürdig zu allen, die in ihr Haus kamen, und sich ihrer Rolle als Leo Baecks Frau bewußt – die perfekte Rabbinerfrau. Die Art, wie sie ihre Wohnung sauberhielt, spiegelte noch ein wenig von der Sorge der Ostjuden in bezug auf ihre verfeinerten westlichen Nachbarn wider: „Niemand soll sagen, daß Leute aus Posen nicht reinlich sind."

Die Wohnung enthielt die Ansammlung all dessen, was in zehn Ehe- und Haushaltsjahren zusammengekommen war. Natürlich hatten die Baecks den Kasten Tafelsilber mit ihrem Monogramm mitgebracht, der ihnen von der Oppelner Gemeinde zur Hochzeit geschenkt worden war; bei ihrem Wegzug aus Oppeln hatte ihnen die Gemeinde wieder ein Geschenk gemacht, diesmal zwei dreiarmige silberne Kerzenleuchter, die nun den Eßzimmertisch der Düsseldorfer Wohnung zierten. Noch andere Gegenstände zeugten von freundschaftlicher Zuneigung oder waren Erbstücke: Rabbiner Wieners mit Silber beschlagener Spazierstock, der über Natalies Mutter auf Natalie gekommen war. Unter den Bildern befand sich ein Stich eines Kupferstechers aus dem 18. Jahrhundert mit Namen Schmid, nach einem Rembrandtschen Selbstbildnis, den Baeck von einer Oppelner Familie als Zeichen der Freundschaft erhalten hatte. 1910 fügte ihm Baeck einen Originalstich von Rembrandt hinzu, ebenfalls ein Selbstbildnis, das Baeck in Düsseldorf kaufte. Auch Musik gab es bei den Baecks. Natalie spielte Klavier und lehrte auch die Nichten und Neffen, die vorübergehend bei ihnen lebten, Klavier spielen. Einer ihrer Lieblingskomponisten war Felix Mendelssohn, ein Enkel Moses Mendelssohns, der den Auszug der deutschen Juden aus dem Getto eingeleitet hatte.

Die Wohnung lag einem Theater gegenüber, in dem die berühmte Louise Dumont auftrat. Es war eine der wenigen Eitelkeiten, die sich Leo Baeck gestattete, daß er bei der Schauspielerin Sprechunterricht nahm. Wie seine Düsseldorfer Schüler erlebt hatten, war er damals kein guter Redner und predigte in einer ihnen komisch erscheinenden „Sprachmelodie". Trotz des Sprechunterrichts wurde er nie ein glänzender Redner. Später wurde seine Stimme tiefer, und ihr heiseres Timbre erschien seinen Hörern interessant. Doch Baeck wirkte stets vor allem durch den Inhalt seiner Rede, nicht durch die Redeweise.[30]

Nach fünf Jahren in Düsseldorf wechselte Baeck nach Berlin, der Hauptstadt des Deutschen Reiches, einer führenden Stadt Europas und auf intellektuellem Gebiet ein Riese unter den jüdischen Gemeinden der Welt. Mittlerweile hatte er die Schreibweise seines Familiennamens von Bäck zu Baeck verändert. Es schien selbstverständlich, daß dieser fortschrittliche Rabbiner nach Berlin gehen sollte, der Stadt, die ihm die Möglichkeit geben würde, sich zu einem jüdischen Gelehrten von Weltruf zu entwickeln.

Üblicherweise verlangten die deutschen jüdischen Gemeinden von den Bewerbern für ein Rabbineramt eine Probepredigt. Baeck verweigerte sie. Er war zwar überzeugt, daß er jeder Prüfung gewachsen war, hielt aber die Probepredigt für unter seiner Würde. Die Anstellung erhielt er trotzdem. Sein Ruf als Rabbiner in Oppeln und Düsseldorf und als Verfasser des *Wesen des Judentums* gestatteten ihm diese Unabhängigkeit.[31]

Gegen Ende des Jahres 1912 kam er in Berlin an, um an die Stelle von Rabbiner Maybaum zu treten, der fünfzehn Jahre zuvor einer seiner Lehrer an der „Hochschule“ gewesen war und jetzt aus gesundheitlichen Gründen in den Ruhestand trat. In Berlin war Baeck Angestellter der Berliner Gemeinde, nicht einer bestimmten Synagoge oder Gruppierung des Judentums. Die Gemeinde hatte einen demokratisch gewählten Vorstand, der fast alle Berliner Juden vertrat. Außer den Gotteshäusern unterhielten die Berliner Juden Krankenhäuser, Waisenhäuser, Altersheime, einen Friedhof und Sozial- und Wohlfahrtseinrichtungen.

Die Gemeindeverwaltung bestimmte, an welcher Synagoge ein Rabbiner zu wirken hatte. Während der dreißig Jahre seiner Berliner Tätigkeit wirkte Baeck zwar meistens an bestimmten Synagogen, mußte aber oft auch den Gottesdienst an anderen Synagogen versehen. In der Gemeindezeitung wurden die Predigtzeiten der einzelnen Rabbiner ebenso angezeigt wie ihre Sprechstunden zu Hause. Wer einen bestimmten Rabbiner predigen hören wollte, konnte ihm von Synagoge zu Synagoge folgen. Nach fünf Jahren im Amt wurden die Rabbiner auf Lebenszeit angestellt. Damit erlangten sie eine gewisse Unabhängigkeit in religiösen Dingen vom weltlichen Vorstand, der von den Gemeindemitgliedern gewählt wurde. In späteren Jahren nutzte Baeck diese

Unabhängigkeit weit über den religiösen Bereich hinaus, als er mit den weltlichen Gemeindevertretern darum rang, die deutschen Juden gegen die Nazigefahr zu einen.

Die Gemeinde wurde durch ihren Anteil an der allgemeinen Kirchensteuer finanziert. Da der Anteil der großen Berliner Gemeinde ziemlich hoch war, eiferten die Juden bald ihren christlichen Nachbarn nach, die seit Jahrhunderten große Kirchen gebaut hatten.[32] Sie bauten weiträumige, hohe, üppig dekorierte Gotteshäuser; manche von ihnen glichen Kathedralen, in denen Hunderte, mitunter Tausende Platz fanden. Da die Juden keine eigene Synagogenarchitektur entwickelt hatten, war es nur natürlich, daß ihre Bauten den Stil ihrer Umgebung reflektierten. Das war nicht das Problem.

Das Problem bestand vielmehr darin, daß sich in diesen kathedralenähnlichen Heiligtümern der Juden eine Priestergestalt zwischen die Gläubigen und ihren Gott schob. Leo Baeck hatte seine Oppelner Gemeinde daran erinnert, daß die jüdische Religion keinen Unterschied zwischen Priester und Laien kenne. Die Stufen der *Bima* erhöhten den Rabbiner nicht über die Gemeinde. Doch in Berlin war der Rabbiner eine ferne Figur, die weit über der Gemeinde stand. Da er keine feste Synagoge hatte, konnte er keine enge Beziehung zu den Gemeinden entwickeln. Wie Max Nussbaum, ein ehemaliger Berliner Rabbiner, sagt: „Die jüdische Gemeinde Berlins [. . .] besaß und unterhielt Synagogen aller Richtungen außer denen der ultraorthodoxen und separatistischen Adass Israel: „Jeder von uns war daher nicht Rabbiner eines einzelnen Tempels, sondern der Gesamtgemeinde. Bei einer Gemeinde von etwa 170 000 Mitgliedern unterschied sich das Verhältnis zwischen dem Rabbiner und den einzelnen Mitgliedern natürlich von der eher persönlichen Beziehung zwischen Seelenhirten und kleineren Gemeinden. In der großen Hauptstadt Berlin, deren Tausende Mitgliedsfamilien über die ganze Stadt verstreut wohnten, war es dem Rabbiner unmöglich, alle Kranken oder nach einer Beerdigung die Trauernden zu besuchen, es sei denn, es handelte sich um persönliche Bekannte."

In der Regel, so Max Nussbaum, kam der Rabbiner mit den

Familien nur zu Geburtenfeiern, zu Bar-Mizwas, Konfirmationen, Eheschließungen und Totenfeiern zusammen.[33]

Nicht nur die Größe der Gemeinde hatte den Status des Rabbiners verändert, hatte aus dem Lehrer unter Juden seinesgleichen eine Priestergestalt gemacht, die man fast nur hoch auf der *Bima* im langen Gewand, bedeckten Haupts, mit dem *Tallit* über den Schultern sah: isoliert von all denen, die zu seinen Füßen saßen. In vergangenen Tagen war er respektvoll und liebevoll zugleich mit geistlichen Titeln angeredet worden – Rabbi, Rav, Rabban –, doch jetzt, da er so viele Diplome hatte, wurde er „Herr Doktor" genannt. Ein damals gängiges satirisches Wortspiel witzelte: Seit die Rabbiner Doktoren geworden sind, ist das Judentum krank.[34]

Rabbiner Leo Baeck zählte zu den eindrucksvollsten und würdigsten deutschen Rabbinern. Als er kurz vor seinem vierzigsten Geburtstag sein Amt in Berlin antrat, hatten schnelle Fußmärsche und sommerliches Bergsteigen in der Schweiz dazu beigetragen, daß er seine schlanke, athletische Figur bewahrt hatte. Das Rabbinergewand stand ihm gut, und die Konturen seines langen, schmalen Gesichts wurden von dem kurzen Spitzbart zusätzlich betont.

Zuerst predigte er in der Synagoge in der Lützowstraße. Allgemein wurden die Synagogen nach der Straße bezeichnet, in der sie standen. Im Jahr nach seiner Ankunft in Berlin, 1912, wurde die Synagoge in der Fasanenstraße eröffnet und bald die Stätte, an der er am häufigsten predigte. Diese Synagoge im byzantinischen Stil mit ihren drei Kuppeln wurde als bauliche Schönheit gerühmt und in mehreren Kunstzeitschriften abgebildet, als sie eröffnet wurde. Viele prominente Nichtjuden kamen zu ihrer offiziellen Einweihung, darunter hohe Offiziere und Vertreter des Kaisers. Auch der Standort der neuen Synagoge in der Nähe des Kurfürstendamms, der Hauptstraße des neuen eleganten Westviertels von Berlin, zeugte von dem wachsenden Status der Juden als deutsche Bürger. Die häufigsten Besucher waren Angehörige der jüdischen oberen Mittelschicht, die im nahen Kurfürstendamm-Gebiet wohnten, wo sich nun ein großer Teil der vermögenden Juden niederließ. Diesem Publikum gefiel der Mann aus Lissa, der deutsch aussah und sprach. Die Gottesdienste wurden mehr und mehr auf deutsch statt auf hebräisch gehalten.*

Der Hauptkantor der Synagoge in der Fasanenstraße war Magnus Davidsohn, ein Freund Baecks aus seiner Hochschulzeit. Viele Jahre später berichtete Davidsohn von Baecks Antrittspredigt in der Fasanenstraße am 28. Dezember 1912: „Mit einem Schlag [erhielt] das ganze wissenschaftliche Leben in der großen Gemeinde durch diesen einzigen Mann eine hervorragende Belebung [. . .] [Baeck] wurde in Berlin nicht nur der große Rabbiner, nicht nur der große Wissenschaftler, sondern buchstäblich der Begründer einer neuen Ära.“ Dieses Urteil beruht jedoch vermutlich eher auf einer Erinnerung an Baecks weitere Entwicklung in Berlin als auf Baecks Antrittspredigt.[35]

Von Oppeln und Düsseldorf aus hatte Baeck stets den Kontakt zu seiner alten Lehranstalt gepflegt und ihr sowohl Geld als auch Bücher gespendet. Seine Rückkehr nach Berlin fiel mit dem Weggang eines der wichtigsten Lehrer der Anstalt zusammen, und Baeck wurde gebeten, die Lücke zu füllen. Im allgemeinen wurde von den Berliner Rabbinern erwartet, den Gymnasialschülern der Stadt Religionsunterricht zu geben. Davon wurde Baeck wegen seiner Verbindung zur „Hochschule“ befreit – mit einer Ausnahme.

Diese Ausnahme betraf das Kaiser-Wilhelm-Gymnasium, das den Spitznamen „Lackledergymnasium“ hatte, weil es in einem vornehmen Viertel lag. Kinder aus zahlreichen wohlhabenden jüdischen Familien besuchten es, und die Aufgabe, sie in Religion zu unterrichten, galt als wichtig. Kurz vor Baecks Ankunft hatte einer der Schüler einen Lehrer mit einem Schirm verprügelt, weil er sich schlecht behandelt fühlte. Es war ein Skandal, und die Jüdische Gemeinde geriet in helle Aufregung. Es war im kaiserlichen Deutschland nicht eben üblich, daß Schüler ihre Lehrer schlugen oder die

---

* Die Synagoge in der Fasanenstraße ist heute der Sitz der neuen Berliner Jüdischen Gemeinde. Das Eingangstor der ehemaligen Synagoge dient jetzt als Eingangstor des neuen Gebäudes. Die alte Synagoge haben die Nazis 1938 zerstört.

Lehrer ein solches Verhalten herausforderten. Baeck wurde gebeten, für kurze Zeit den Unterricht am „Lackledergymnasium" zu übernehmen. Seine Methode des Lehrens, die Schüler als Gleichberechtigte zu behandeln, hatte Erfolg, und binnen dreier Monate war das Dekorum wiederhergestellt und der Skandal vergessen.[36]

Als Leo Baeck an der „Hochschule" Unter den Linden studierte, hatten sich die Studenten darüber beklagt, daß deren finstere Räume für die Jüdische Gemeinde eine Schande seien. Im Gegensatz dazu war das Anstaltsgebäude, in das Baeck als Lehrer zurückkehrte, für niemanden eine Schande. In den 1890er Jahren hatte ein vermögender Jude ein in der Artilleriestraße 14a gelegenes Grundstück zur Bebauung gestiftet. Das Gebäude wurde am 22. Oktober 1907 eröffnet und war wie die großen Synagogen ein Zeichen für den neuen Wohlstand der Berliner Juden. Der steinerne Bogen über dem Eingang war auf jeder Seite von einem Löwen mit Füllhörnern gekrönt. Das Gebäude hatte fünf Geschosse, ein Erdgeschoß, drei Stockwerke und ein Dachgeschoß, eine marmorne Eingangshalle und eine Wendeltreppe. Der Fußboden der Eingangshalle war mit Mosaiken ausgelegt, die Decke mit Holz getäfelt. Von jedem Treppenflur aus führten Türen in helle geräumige Lehr- und Lesesäle. Die Schule lag unweit der Oranienburger Straße, wo sich die Hauptverwaltung der Gemeinde und eine der schönsten Berliner Synagogen befanden.

Das Anstaltsgebäude diente als jüdische Lehranstalt, bis die Nazis 1942 seine Tore schlossen.* In über drei Jahrzehnten sind hier Hunderte von jungen Frauen und Männern darauf vorbereitet worden, eine alte Tradition unabhängigen Denkens fortzuführen. Das Judentum, hatte Leo Baeck gesagt, kenne kein Dogma. Man lerne Judentum, und man

---

* Das Gebäude in Ost-Berlin steht noch immer. Die Straße heißt heute Tucholskystraße, das Haus hat die Nummer 9. Die Fassade ist renoviert worden, um die Kugel- und Splittereinschläge des Zweiten Weltkriegs zu beseitigen, der unverkennbare, königliche Bogen über dem Eingang ist nicht zu übersehen. Im ersten Stock ist ein Kindergarten untergebracht, in den oberen Stockwerken sind Wohnungen (Besuch des Verfassers in dem Gebäude am 11. Juni 1976).

praktiziere es, indem man es studiere, herausfordere, mit ihm disputiere und schließlich zu verstehen beginne, welche Pflichten es dem einzelnen auferlege. Die Förderung dieser jüdischen Unabhängigkeit des Denkens war die Aufgabe der „Hochschule".

Aber zwischen den Zielen und den Leistungen der „Hochschule" lag eine große Kluft. Baeck überbrückte sie, indem er in seinem Unterricht Geschichte und Religion kombinierte. Er entdeckte, daß die Schriften christlicher Gelehrter ihm eine indirekte Anregung boten. Je mehr sie die jüdischen Quellen des Christentums ignorierten, desto mehr fühlte er sich herausgefordert, ihrer Ignoranz entgegenzutreten. Der jüdische Ursprung des Neuen Testaments wurde sein großes Thema, und lange bevor die christliche Theologie in Deutschland dieses Faktum anerkannte, erklärte er, die christliche Bibel könne nicht verstanden werden ohne das Verständnis der früheren und gleichzeitig entstandenen Schriften des Judentums. Für Baeck war das Judentum etwas, das sich im Lauf seiner Geschichte immer wieder neu offenbarte. Er betrachtete das Judentum und seine Geschichte, seine Religion und seine fortdauernde Existenz – in Vergangenheit, Gegenwart und Zukunft – als eine Einheit. Diese Anschauung sollte die Grundlage für sein tiefgründigstes Buch werden – *Dieses Volk*, mit dessen Niederschrift er unter der Bedrohung des Nationalsozialismus und in der schweren Zeit in Theresienstadt begann.

Die Grundlagen seines Konzepts formulierte Baeck in seiner Antrittsvorlesung an der „Hochschule" am 4. Mai 1913. Der Titel lautete: „Griechische und jüdische Predigtkunst". Die Vorlesung war eine wissenschaftliche Tour de force, mit der Baeck seine profunde Kenntnis der griechischen Sprache und Geschichte wie der zur Zeit der griechischen Zivilisation entstandenen religiösen Kulte und Sekten unter Beweis stellte.

Auf einer ersten Ebene war die Vorlesung eine Geschichte der Entwicklung der Predigt von ihrem griechischen Ursprung bis zu ihrer Verwendung durch die Juden in moderner Zeit. Auf einer zweiten Ebene eine Untersuchung des Prozesses, mit dem das Judentum das Konzept der griechischen Predigt veränderte und in etwas durchaus Jüdisches verwandelte. Auf einer dritten Ebene war es ein Appell an die Rabbiner-Studenten, sich so intensiv wie möglich auf ihren Beruf vorzubereiten.

Baeck begann mit einer Definition der griechischen und der römischen Religion als Staatsreligionen. „Eine Stelle in einer dem Lysias zugeschriebenen Rede gegen Andokides“, sagte er, „beschreibt charakteristischerweise ein Vergehen gegen Staatsheiligtümer nur dann als wirkliches Verbrechen, wenn es von einem Einheimischen begangen wird.“ Da man an diesen Staatsreligionen nur oberflächlich habe teilnehmen müssen, ohne aufrichtigen Glauben an sie, seien sie für Menschen mit religiösen Bedürfnissen unbefriedigend gewesen. Sie hätten sich deshalb Mysterienkulten oder philosophischen Religionen zugewandt.

Baeck verfolgte die Entwicklung der Predigt über die philosophischen Religionen, die mit der Predigt an die Vernunft appellierten. Die Heimat der Predigt sei vor allem bei den Kynikern und den Stoikern zu suchen, die Tugend und Selbstzucht lehrten. Mit zahlreichen Zitaten antiker Texte belegte er, daß es ein weitverbreitetes Bedürfnis nach der Predigt gegeben habe, „da jede der vielen Schulen, überzeugt, die Wahrheit zu besitzen, begierig war, sie zu verbreiten“. Durch Sokrates habe die Predigt schließlich einen demokratischen Charakter erhalten, denn Sokrates habe erklärt, „Tugend und Frömmigkeit könnten erlernt werden [. . .] wären für jedermann erreichbar und sollten gepredigt werden“. Dieser demokratische Charakter, sagte Baeck, sei auch ein Merkmal des modernen Judentums – „auch hier haben wir das Postulat, daß Religion gelernt werden kann. Es ist die Thora, die ‚Lehre‘“. Mit dieser Zusammenschau von Religion und Geschichte fortfahrend, erklärte Baeck: „Die Thora steht daher im Widerspruch zur Gnosis, dem durch die heiligen Sakramente erlangten Wissen.“ Er definierte „Gnosis“ als das Wissen, das „man nicht durch eigenes Bemühen, sondern nur dann erwirbt, wenn man zu den Eingeweihten und Erlösten gehört; als das Wissen, das nicht gelehrt, sondern nur bezeugt werden kann“, als etwas, „das eher den Verkünder als den Prediger braucht“.

Es war eine Vorlesung über Geschichte, Philosophie und Judentum. Um den demokratischen Charakter der jüdischen Religion noch deutlicher hervorzuheben, führte Baeck aus, daß die Griechen das Wort *ikon*, Bild, verwendet hätten, wenn sie vom Abbild Gottes sprachen, aber dieses Wort hatte bei ihnen eine exklusive Bedeutung. „Es galt dem Kult des Herrschers und der Helden, der in der griechisch-römischen Welt vorherrschte." In der Vorstellung der Griechen konnte nur die Elite als Gott abgebildet werden, „die auf die Ebene der Götter erhoben wurde". Doch im Judentum bezeichne das Wort den Menschen, jeden Menschen, alle Menschen. „Hier besitzt der Mensch das Attribut, das anderswo nur der Elite der Eliten eigen ist, sei es der Kaiser oder der Gott gewordene Mensch; im Judentum ist der Mensch als solcher das Abbild Gottes."

Weiter sagte Baeck, daß der Glanz des griechischen Geistes und ihr „eleganter Stil" Vorteile, aber auch Gefahren für die Griechen gewesen seien. Ihr Streben nach Beredsamkeit und Schönheit der Form „führte oft zu einer Vernachlässigung von wahrem Inhalt und Überzeugung [. . .] es ist mit Recht gesagt worden, daß der Hellenismus im Kult der schönen Form gestorben ist". Im Gegensatz dazu zeigten jüdische Predigten aus derselben Zeit „eine fast gewollte Gleichgültigkeit der künstlerischen Form gegenüber". Aber Hand in Hand mit dieser Gleichgültigkeit sei die Einheitlichkeit gegangen. Die Juden hätten im Gegensatz zu den mannigfachen Schulen der Griechen eine einheitliche Religion. Das Judentum habe überlebt, während die griechischen Religionen untergegangen seien. Es habe überlebt, so Baeck, weil es der Erforschung von Gottes Wesen und Willen und nicht geistiger und religiöser Unterwerfung gegolten habe. Außerdem hätten die Juden eine mündliche Überlieferung. Da sie keine Dogmen und keine „bindenden Texte" besessen hätten, seien sie genötigt worden, Ideen zu studieren. „All das kann man noch heute aus den alten hebräischen Predigten ersehen", so Baeck, „und es zeigt, daß die Juden der damaligen Zeit den geistlichen Problemen ihrer Tage nicht auszuweichen versuchten."

Ironisch erläuterte Baeck, daß „das Judentum selten in

geistiger Untätigkeit verharrte; ihm fehlte das notwendige vollendete religiöse System, das ein für allemal bewiesen und verkündet worden ist“. Statt eines solchen „vollendeten religiösen Systems“ hätten die Juden das „Bewußtsein von Überzeugung“ gehabt.

Wissen, sagte er mit Nachdruck, bedeute nicht erworbenes Wissen, sondern „Wissen im Sinne eines ständigen Suchens, von dem man weiß, daß es niemals sein Ziel erreichen wird“. Den künftigen Rabbinern, die an diesem Tage seine Hörer waren, empfahl Baeck dieses ständige Suchen. „Auch die Geschichte der jüdischen Predigt zeigt, wie wir dem, was das Beste und Charakteristischste am Judentum ist, treu bleiben können [. . .] Predigen heißt ‚lernen und lehren‘“.[37]

Diese Vorlesung wurde im üppig dekorierten Gebäude der „Hochschule“ gehalten, das damals eben sechs Jahre alt war. Wie die benachbarte große Synagoge in der Oranienburger Straße war es ein Zeichen für die offenkundige Integrierung der Juden in Berlin. Das bürgerliche Leben, das sie im kaiserlichen Deutschland zu führen begonnen hatten, war auf die Berliner Juden nicht ohne Einfluß geblieben. Sie wurden Bürger der Stadt. Sie studierten, kehrten in den Straßencafés ein, um dort Kaffee zu trinken und die Zeitungen zu lesen, und unterschieden sich kaum von ihren nichtjüdischen Nachbarn. Nach einer Geschichte von Vertreibungen und Rückkehr, von Ermordungen und Entrechtung war dies vielleicht endlich der Ort und die Zeit für ein Leben in Frieden.

Viertes Kapitel

Feldrabbiner

Die erste Erwähnung von Juden in Berlin stammt aus dem Jahre 1295: Eine Verordnung verbot den Webern der Stadt, von Juden Garn zu kaufen. In den folgenden hundert Jahren lebten die Juden, teils aus eigenem Wunsch, teils auf Druck von außen, von der übrigen Bevölkerung isoliert. Um die Mitte des 16. Jahrhunderts schienen sie in Berlin sicher zu sein, da sie den Schutz der Stadtregierung genossen. Dieser gesetzliche Schutz beruhte aber nicht auf Bürgerrechten, sondern auf der Macht des Staates, der ihnen seinen Schutz schon 1571 wieder entzog. In diesem Jahr kam es in Berlin zu einem Pogrom, und die überlebenden Juden mußten Berlin verlassen, wo es nun keine nachweisbare jüdische Bevölkerung mehr gab.

Berlin war dennoch kein schlechterer Ort für Juden als andere europäische Städte. Da es am Schnittpunkt mehrerer Handelsrouten lag, bot es viele Möglichkeiten des Auskommens. Im Jahre 1671 verschlug es einige jüdische Familien in die Stadt, und mit ihnen begann die neuere Geschichte der Berliner Juden. Zunächst wurden sie nur widerwillig geduldet. Beispielsweise nahmen 1712 städtische Beamte an jüdischen Gottesdiensten teil, um sich davon zu überzeugen, daß die Juden keine zweifelhaften Anspielungen auf das Christentum machten. Ihr besonderes Mißtrauen galt dem Schlußgebet, in dem die Juden die Hoffnung ausdrücken, daß die Zeit kommen möge, da Gottes Name „auf der ganzen Welt verehrt" wird, und den Götzendienst verurteilen. Die christlichen Aufpasser glaubten, daß einige der hebräischen Worte, in denen vom Götzendienst die Rede war, „Jesus" bedeuteten, und duldeten nicht, daß sie gesprochen wurden.

Die jüdische Gemeinde in Berlin wuchs nur langsam. In den Jahrzehnten, die der Rückkehr der Juden folgten, betrug die jährliche Zunahme nicht mehr als zehn Personen. Zu Beginn des 18. Jahrhunderts gab es etwa hundert Familien in der Stadt. In späteren Jahren wurden, wann immer die jüdische Bevölkerung Anzeichen des Wachstums zeigte, Verordnungen erlassen, die Eheschließungen und Zuwanderung beschränkten oder auch gelegentlich bereits in der Stadt ansässige Juden zum Wegzug zwangen. Während dieses Jahrhunderts betrug der Anteil der Juden an der Berliner Gesamteinwohnerschaft etwa zwei Prozent, gegen Ende des Jahrhunderts etwas weniger. Die Juden durften nur in bestimmten Stadtbezirken wohnen, waren zu den Zünften nicht zugelassen und hatten keine Bürgerrechte. Die Reise von einer Gemeinde in eine andere mußte mit einer Steuer bezahlt werden. Jeder Nichtjude, sogar ein Kind, konnte einem Juden befehlen, sich zu verneigen oder den Hut zu ziehen.

Dennoch begannen die Juden durch die Risse der ihnen widerwillig gewährten Toleranz in den Strom des deutschen Lebens einzusickern. Dieser Prozeß beschleunigte sich gegen Ende der 1770er Jahre, als Moses Mendelssohn die Bibel aus dem Hebräischen ins Deutsche übersetzte. Freie jüdische Schulen wurden eingerichtet, in denen Juden mehr deutschen als hebräischen Unterricht erhielten. Allmählich verringerte sich der Abstand zwischen gebildeten Deutschen und gebildeten Juden, da beide Seiten vom Geist und von den kulturellen Traditionen der anderen Seite angezogen wurden. Die Anhänger Mendelssohns suchten die jüdische Religion von der jüdischen Kulturtradition zu trennen. Warum sollten die Juden nicht nach bestimmten religiösen Prinzipien leben, die sie ja nicht daran hindern würden, ebenso zu leben wie ihre protestantischen oder katholischen Nachbarn? Ein nichtjüdischer Beobachter kommentierte die Entwicklung in den achtziger Jahren des 18. Jahrhunderts mit folgenden Sätzen: „Es scheint, daß dort, wo Sie leben, die Juden noch orthodox sind; hier, mit Ausnahme der unteren Schichten, sind sie es keineswegs. Sie kaufen und verkaufen an den Samstagen, essen alles, was verboten ist, und halten keine Fasttage." Ein Anhänger Mendelssohns beschrieb 1793 die Berliner Juden als zu vier Gruppen gehörig. Die erste nannte er die „Rechtgläubigen“, das waren die, die im Getto verblieben und von denen er sagte, sie seien „versteinert und unfähig, sich zu assimilieren“ und im Aussterben begriffen. Die zweite Gruppe waren die „Libertinen“, Juden, die sich Christen nannten, aber trotzdem von ihren christlichen Nachbarn abgelehnt wurden. Die dritte und vierte Gruppe waren die „Gebildeten“ und „Halbgebildeten“ – Juden, auf denen man ein „rein“ religiöses Judentum zu gründen hoffte.

Die Juden, die allmählich dem Getto entwuchsen, erhielten nach und nach bürgerliche Rechte. Das verdankten sie zum Teil dem Beispiel anderer Länder, in denen Minderheiten volle Bürgerrechte gewährt wurden, wie etwa den Vereinigten Staaten und Frankreich, zum Teil aber auch der Eroberung ganz Europas durch die napoleonischen Armeen: Ihren militärischen Siegen folgte ein neuer Geist der Aufklärung, der sich in Frankreich entwickelt hatte. Und schließlich lag es an den Juden selbst, die bewiesen, daß das deutsche Volk schlecht beraten wäre, wenn es sich ihre Leistungsfähigkeit nicht zunutze machen wollte.

Die Reisebeschränkungen wurden aufgehoben, und die jüdische Bevölkerung Berlins wuchs. Zusammen mit vielen anderen Deutschen wanderten die Juden – von den kulturellen und wirtschaftlichen Möglichkeiten Berlins angelockt – vom Land in die Stadt. Am Ende des 19. Jahrhunderts hatte die Stadt einen enormen industriellen Aufschwung genommen. Die Bevölkerung war auf fast 1,9 Millionen angewachsen, von denen 92000, also nahezu fünf Prozent, Juden waren. Zehn Jahre später, als aus der alten Stadt durch Eingemeindung der umliegenden Ortschaften die moderne Großstadt Berlin wurde, betrug der Anteil der jüdischen Bevölkerung etwas weniger als vier Prozent. Viele dieser Juden waren aus der Provinz Posen gekommen, wo die jüdische Bevölkerung von 62000 Menschen im Jahre 1871 auf 30000 im Jahre 1905 gesunken war. Viele dieser Posener Juden waren Schüler Samuel Bäcks gewesen. Das übrigens war einer der Gründe für Leo Baecks Beliebtheit bei den Berliner Juden – sie kannten seine Familie.

Als sie zu vollberechtigten Bürgern geworden waren, stellte sich den Juden die Frage, was nun aus ihrem Judentum werden sollte. Der Vorschlag, den Sabbat von Samstag auf Sonntag zu verlegen, den unter anderen auch Natalie Baecks Großvater befürwortet hatte, war nur ein Beispiel für die Art der Lösungen, die man erwog. Sie alle waren charakteristisch für das Streben, jene Elemente auszumerzen, durch die sich die Juden von Nichtjuden augenfällig unterschieden. Auch Hermann Cohen gehörte zu denen, die den Sonntag zum Sabbat machen wollten. Seiner Meinung nach würde diese Änderung die Juden zu Herren des Sabbats statt zu seinen Dienern machen. Liest man Cohens Schriften aus jener Zeit, so fragt man sich, ob ihr Verfasser wirklich Jude gewesen ist. Zum Beispiel:

„Unsere israelitische Religion, wie sie heutzutage in unserer Mitte existiert, hat faktisch bereits eine kulturelle, historische Vereinigung mit dem Protestantismus begonnen. Nicht nur haben wir mehr oder weniger endgültig und offen die Tradition des Talmud als bindend über Bord geworfen wie der Protestantismus die Tradition der katholischen Kirche. Sondern in einem tieferen Sinne, in allen geistlichen Fragen, denken und fühlen wir im Einklang mit dem protestantischen Geist. Daher ist dieses gemeinsame Gut in der Religion in Wahrheit die mächtigste, wirkungsvollste und einigendste Kraft einer echten nationalen Verschmelzung."

Derartige Äußerungen bezeichneten die extreme Seite einer verbreiteten Bewegung, die danach strebte, das Judentum mit deutscher Tradition zu verbinden. Als Beitrag zu dieser Bewegung wurde Leo Baecks *Wesen des Judentums* von vielen Juden beifällig aufgenommen – es war ein besonders gutes Beispiel für die Vermischung der beiden Kulturen.

Nachdem der Emanzipationsprozeß einmal in Gang gekommen war, begannen die deutschen Juden, ihr Vaterland zu lieben. In Reden und Briefen und sogar von der Kanzel aus bewiesen sie eine ebenso große – oder gar größere – Treue zum Vaterland wie die deutschen Nichtjuden. Im Jahre 1812 forderte ein führender jüdischer Laie Gebete um „Segen und Erfolg für meine Glaubensbrüder, meine Mitbürger, mich selbst und meine Familie, statt um die Rückkehr nach Jerusalem oder um die Wiederherstellung des Tempels und der Opfer". Er sagte, er hege keinen solchen Wunsch, und fügte hinzu: „Seine Erfüllung würde mich nicht glücklich machen. Mein Mund soll ihn nicht aussprechen."

Ein junger Jude rief seinen nichtjüdischen Landsleuten zu: „Unterzieht uns der Feuerprobe der Gefahr. Ihr werdet uns frei von allen Resten der Selbstsucht, ohne die Unanständigkeit derer finden, die sich für alles zu fein sind. Gewährt uns das Vaterland, dem wir durch Geburt, durch Sitte und Liebe angehören, und wir werden unser Leben und unseren Besitz freudig auf seinem Altar niederlegen." Dieser Jüngling plädierte dafür, die „dunkle Mauer der Trennung zwischen uns" einzureißen.

Ein prominenter Verfechter des liberalen Judentums in Deutschland hielt in den siebziger Jahren des 19. Jahrhunderts einen Vortrag an der „Hochschule", in dem er die Frage stellte: „Was sind wir eigentlich?" Seine Antwort lautete: „Deutsche! Wir sind, wollen und können nichts anderes sein." Nicht nur deshalb, weil die Juden Deutsch sprachen, sondern weil „das Land, in dem wir wohnen, der Staat, dem wir dienen, das Gesetz, dem wir gehorchen, die Weisheit, von der wir lernen, die Kunst, die uns begeistert – Beginn und Sinn unseres Lebens hier sind".

Das ganze 19. Jahrhundert hindurch wetteiferten die jüdischen Führer miteinander, um ihre Liebe und Treue zum Vaterland zu demonstrieren und zu beweisen, daß die Tatsache, Jude zu sein, kein Hindernis für diese Liebe und Treue war. Gelegentlich gab es auch Zweifel. Manche glaubten, wie es ein Nichtjude 1807 ausdrückte, daß „die Juden um so mehr gehaßt wurden, je mehr sie sich anpaßten; den durchschnittlichen Christen war ‚der schmutzigste Orthodoxe lieber als der Gebildete'". Berthold Auerbach, ein jüdischer Schriftsteller, mußte einsehen, daß das der Wahrheit entsprach. Im Lauf seines Schriftstellerlebens nahm er immer mehr Abstand von jüdischen Themen. Doch am Ende stellte er fest, daß er von seinen Zeitgenossen noch immer nicht akzeptiert worden war, und 1880 sagte er: „Ich habe umsonst gelebt und gearbeitet."

In den achtziger Jahren rief eine Gruppe jüdischer Studenten in Breslau zu einer „Vereinigung jüdischer Studenten" auf, „um das nahezu völlig geschwundene Bewußtsein wiederzuerwecken, daß wir Juden sind, daß wir Teil einer großen Einheit von historischer und kultureller Bedeutung sind". Die Studenten sahen voraus, wie die Einwände anderer Juden lauten würden: „Ihr solltet euch nicht absondern, solltet eure Andersartigkeit nicht betonen, sondern im Gegenteil zu tilgen versuchen und euch anpassen." Solchen Einwänden gegenüber beharrten sie darauf, daß „wir zugleich Juden und Deutsche im besten Sinne sein können".

Solche Zweifler waren allerdings die Ausnahme. Die meisten deutschen Juden stellten sich auf den Standpunkt, den einer von ihnen folgendermaßen formulierte: „[. . .] eine Religionsgemeinschaft, die nur einen kleinen Bruchteil der Bevölkerung darstellt, muß jede öffentliche Ausübung ihrer rituellen Vorschriften sorgsam vermeiden und sich nach Kräften bemühen, sich in ihrer Lebensführung den allgemeinen Sitten der Bevölkerung anzupassen." In den letzten Jahren des 19. Jahrhunderts freilich wurden die deutschen Juden durch die Dreyfus-Affäre im benachbarten Frankreich irritiert. Das französische Militär brauchte für einen Spionagefall einen Sündenbock, und der jüdische Hauptmann Dreyfus erschien ihm als das ideale Opfer. Dieser Fall veranlaßte Herzl zu seinem Aufruf an die Juden, nach Zion zurückzukehren, doch die deutschen (und französischen) Juden folgten diesem Ruf nicht. In unseren Tagen hat Hannah Arendt geschrieben, die emanzipierten Juden hätten nicht verstanden, daß „der Fall des unglücklichen Hauptmanns Dreyfus der Welt gezeigt hat, daß noch jedem jüdischen Edelmann und jedem jüdischen Multimillionär etwas von dem ewigen Paria anhaftet, der keine Heimat hat, für den es keine Menschenrechte gibt und den die Gesellschaft mit Freuden von ihren Privilegien ausschließen würde".

Diejenigen deutschen Juden, die das Schicksal der Ausgestoßenen fürchteten, glaubten diesem Schicksal entgehen zu können, wenn sie ihre Zugehörigkeit zum Judentum verbargen. Im frühen 20. Jahrhundert wurde eine junge Frau namens Jeanette Wolff, die sich aktiv in der jüdischen Sozialarbeit betätigte, von ihrem Rabbiner gewarnt, es könne zu Pogromen führen, wenn sich die Juden zu auffällig machten.[1]

Der Trend zur Anpassung wurde 1893 zum Programm, als

die deutschen Juden den *Central-Verein deutscher Staatsbürger jüdischen Glaubens* gründeten, mit dem sie sich formal von Juden anderer Nationen absonderten. Einer seiner Begründer schrieb: „Wir sind nicht deutsche Juden, sondern deutsche Bürger jüdischen Glaubens. Wir sind im Boden unserer deutschen Nationalität verhaftet. Wir haben mit Juden anderer Länder nicht mehr gemein als deutsche Protestanten oder Katholiken mit Protestanten und Katholiken anderer Länder." Einer der geachtetsten geistlichen Führer im Deutschland des 19. Jahrhunderts war Abraham Geiger. Er nannte Jerusalem „eine verehrungswürdige Erinnerung an die Vergangenheit [. . .] nicht eine Hoffnung für die Zukunft". Jerusalem solle verehrt werden „wie ein großer Toter, aber ohne seinen Frieden zu stören".

Um die Mitte des 19. Jahrhunderts wurden erstmals Juden in deutsche Parlamente gewählt. Mittlerweile hatten sie in allen deutschen Staaten die Bürgerrechte erworben. Sie glaubten nicht, daß ihnen diese Rechte jemals wieder entzogen werden könnten oder würden; Deutschland würde ein Rechtsstaat bleiben, und alle seine Bürger würden vor Gericht gleiche Rechte haben. Dafür gab es Beweise. Im Jahre 1900 fand ein Meineidsprozeß statt, in dem es um eine Anklage wegen Ritualmordes ging. Diese Beschuldigung – daß Juden christliche Kinder töteten und ihr Brot zur Herstellung des Passah-Brots verwendeten – hatte die Juden tausend Jahre lang bedroht. Auf jede solche Beschuldigung war ein Ausbruch scheußlicher Gewalttätigkeiten gegen die Juden gefolgt, den die weltliche und kirchliche Obrigkeit erst zur Kenntnis nahmen, wenn er vorüber war. Diesmal aber machten Truppen der Unruhe ein Ende, noch ehe es zu Ausschreitungen kam. Die antisemitischen Hetzer, die diese Beschuldigung verbreitet hatten, wurden wegen Meineids angeklagt und verurteilt, der Herausgeber einer antisemitischen Zeitschrift wegen Verleumdung verurteilt.[2]

Die Juden waren völlig in das deutsche Leben integriert. „Literaturkritiker oder Herausgeber einer kulturellen Zeitschrift zu werden", lautete ein Kommentar, „bedeutete für einen Juden, sein traditionelles jüdisches Bedürfnis nach herausragenden Leistungen in der Welt des Wortes und seine neue, keineswegs geringere Liebe zum Land Schillers und Goethes zu erfüllen.“ Doch nicht nur in der Welt der Kultur, sondern auch in der Welt der Wirtschaft machten die Juden große Fortschritte. Der 1857 geborene Albert Ballin trat in den Dienst der Hamburg-Amerika-Linie, bevor er das dreißigste Lebensjahr erreicht hatte, und machte diese Reederei später als Generaldirektor zum führenden deutschen Unternehmen dieser Art und zur vielleicht größten Überseelinie der Welt. Er war mit zahlreichen Politikern befreundet, seinem Land tief ergeben und ein persönlicher Freund Kaiser Wilhelms II. Eine andere bekannte Persönlichkeit des Wirtschaftslebens war Walter Rathenau, dessen Vater die AEG gegründet hatte, die der Sohn weiterführte und ausbaute. Wie Ballin war er, obwohl er Jude blieb und als solcher bekannt war, ein überzeugter Deutscher. In der Weimarer Republik wurde er Minister und 1922 von Rechtsextremisten, Vorläufern der Nazis und Gegnern der sogenannten „Erfüllungspolitik“, erschossen.[3]

Der Krieg, der 1914 ausbrach, gab den Juden Gelegenheit, ihre Vaterlandsliebe unter Beweis zu stellen, war aber auch der Ausgangspunkt für die Erschütterung ihres Status, wenngleich sie das damals nicht erkannten. Der Erste Weltkrieg war vielleicht die unvermeidliche Folge der nationalistischen Tendenzen, die sich seit der Konsolidierung der Nationalstaaten entwickelt hatten. Vielleicht war er wirklich nur ein Deckmantel für den wirtschaftlichen Konkurrenzkampf der Mächte. Oder er war, wie D. H. Lawrence sagte, „als frommer Idealismus verkleidete Sensationslust“. Doch auch Tausende von Untersuchungen werden niemals erklären können, was Menschen dazu treibt, einander umzubringen und einander Heim und Land zu zerstören.

Für die deutschen Juden hatte der Krieg jedoch eine andere Bedeutung. Seit Moses Mendelssohn sie 130 Jahre zuvor aus dem Getto geführt hatte, hatten sie auf eine Gelegenheit gewartet, ihre Vaterlandsliebe zu beweisen. „Unterzieht uns der Feuerprobe der Gefahr!“ hatten junge Juden gefordert. Jetzt sollte ihre Forderung erfüllt werden.

Als der Krieg begann, proklamierte ein jüdischer Verein: „Alle Deutschen müssen ihre Pflicht tun, aber die deutschen

Juden müssen mehr tun als ihre Pflicht.“ Und das taten sie. Der jüngste aller deutschen Freiwilligen war Joseph Zippes, ein dreizehn Jahre alter Jude, der beide Beine an der Front verlor. Der erste Reichstagsabgeordnete, der sich freiwillig meldete, war der Sozialdemokrat Ludwig Frank, ein Jude. „Mein größter Wunsch ist es, den Krieg zu überleben, um zu helfen, die inneren Grundlagen des Reiches zu legen“, schrieb er, „aber im Augenblick ist mein Platz an der Front, an der Seite aller anderen.“ Scherzend fragte er, ob die französischen Kugeln wohl wüßten, daß er parlamentarische Immunität besitze. Sie wußten es nicht. Er fiel schon 1914.

Diese Juden unterschieden sich nicht von anderen Deutschen, die für Deutschland kämpften. Ihre Einsamkeit, ihre Träume, ihre Gefährdung und ihre Sehnsüchte waren dieselben. Ein Siebzehnjähriger schrieb nach Hause, daß ihm die Schule fehle und wie sehr er es bedauere, daß er nicht mit seinen Mitschülern zusammen die deutschen Siege feiern könne. Es war die Zeit von Chanukka, dem jüdischen Weihnachsfest, und der junge Soldat schrieb, er sehne sich nach den Festtagsgenüssen – Rosinen, Mandeln, Mandarinen und Orangen, Napf- und Schokoladenkuchen. Er bat die Familie, ihm etwas von diesen guten Dingen zu schicken und einige Bücher beizulegen, denn „es ist der Geist, der sich den Körper baut“. Der junge Mann war Walter Oppenheim, einer von den 60000 jugendlichen Soldaten, die im März 1915 in Flandern singend gegen die Engländer zogen und von Maschinengewehren niedergemäht wurden. Die Kugeln galten nicht Protestanten, Katholiken oder Juden, sondern einzig Deutschen.

Walter Oppenheim wurde auf dem Soldatenfriedhof von Hamburg beim Klang von „Ich hatt' einen Kameraden“ mit militärischen Ehren begraben. Er war der einzige Sohn Berta Oppenheims, die den Rest ihres Lebens darauf verwandte, Kriegsversehrten zu helfen. Jahrelang las sie blinden Kriegsteilnehmern vor, übertrug für sie Bücher in Brailleschrift, schrieb ihre Briefe und half, wann immer sie gebraucht wurde. Es war ihr Liebeswerk.*[4]

---

* 1941 wurde Berta Oppenheim aus dem Verein ausgeschlossen, in dessen Rahmen sie ihre Arbeit getan hatte. Weil sie Jüdin war. Sie wählte 1942, als sie deportiert werden sollte, den Freitod.

Auch die Statistiken erzählen eine Geschichte von Treue und Opferbereitschaft. Vor dem Ersten Weltkrieg gab es im deutschen Heer 3500 Juden. Zur Offizierslaufbahn waren sie nicht zugelassen (außer als Ärzte). In den vier Kriegsjahren dienten 100000 Juden im Heer, ungefähr ein Sechstel aller Juden in Deutschland und fast alle männlichen Juden im waffenfähigen Alter. 80000 von ihnen kämpften an der Front; 35000 wurden für Tapferkeit mit Orden ausgezeichnet; 23000 wurden zu Unteroffizieren befördert, und 2000 wurden Offiziere, sobald ihnen dieser Weg offen stand. 12000 Juden sind im Kampf für Deutschland gefallen. Nach allen Maßstäben hatten die deutschen Juden die „Feuerprobe der Gefahr“ bestanden und mit ihrem Blut besiegelt.[5]

Der Philosoph Hermann Cohen, der mittlerweile zum Judentum zurückgefunden hatte, rief die amerikanischen Juden auf, Deutschland in diesem Krieg zu unterstützen. Er argumentierte, daß vieles von der geistigen Erneuerung des Judentums „eine deutsche Reform und von Deutschland aus durch deutsche Juden nach Amerika gekommen“ sei. Er beschwor die amerikanischen Juden, Deutschland als „fundamentale ästhetische Kraft und Mittelpunkt ihres kulturellen Empfindens“ zu unterstützen, denn „es ist Deutschland, das wir ehren und lieben müssen“. Der amerikanische Jude, fuhr Cohen fort, solle sich in dem Konflikt wenigstens neutral verhalten, statt England und die anderen Alliierten zu begünstigen, und fügte hinzu, daß die amerikanischen Juden „uns deutsche Juden beneiden sollten, die wir für unser Vaterland kämpfen können, getragen von der Überzeugung, daß wir die Menschenrechte für den größeren Teil unserer Glaubensbrüder erringen werden“.[6]

Da die deutschen Juden ihre Liebe und Treue zu ihrem Heimatland auf dem Schlachtfeld bewiesen, brauchten sie an der Front auch Geistliche – Feldrabbiner.

Traditionsgemäß gab es beim deutschen Militär protestantische und katholische Geistliche, aber keine jüdischen. Es hatte eine Ausnahme gegeben: im deutsch-französischen Krieg 1870/71. Die Militärbehörden hatten sich zunächst geweigert, jüdische Geistliche zuzulassen, weil, so ihre Begründung, die wenigen Juden für einen sinnvollen Einsatz von

Geistlichen zu weit verstreut waren. Nach den hohen jüdischen Feiertagen 1870 gab jedoch das Militär angesichts der zu den Gottesdiensten versammelten jüdischen Soldaten nach – es waren 7000. Jüdische Geistliche erhielten nun freie Verpflegung, freien Transport und freies Quartier, hatten jedoch nicht die Vorteile anderer Geistlicher. Sie wurden weder den Offizieren gleichgestellt noch vom Militär bezahlt. Als der Krieg zu Ende war, wurden sie nicht wie die Geistlichen der beiden anderen Konfessionen aufgefordert, an den offiziellen Dankgottesdiensten teilzunehmen.

Die Situation war zu Beginn des Ersten Weltkriegs unverändert. Das Heer stellte Geistliche für die protestantischen und katholischen, nicht jedoch für die jüdischen Soldaten. Feldrabbiner wurden von den jüdischen Gemeinden gestellt, die auch die Gebetbücher für die Front lieferten. Der Feldrabbiner trug Uniform, hatte in bezug auf Verpflegung und Unterkunft Offiziersstatus, aber keinen Rang. Leo Baeck war zu dieser Zeit einundvierzig Jahre alt, hatte eine Frau und eine zehnjährige Tochter. Er war nun seit fast zwei Jahrzehnten Rabbiner und stand in Berlin eben am Beginn seiner prominentesten beruflichen Station. Trotzdem war er unter den ersten, die sich freiwillig als Feldrabbiner meldeten.

Baeck glaubte an die deutsche Sache. Er war „ein deutscher Patriot, aber niemals ein Chauvinist“, urteilte Ernst Simon, der ihn gut gekannt hatte. Er hatte den Krieg nicht gewollt, aber da es nun einmal soweit gekommen war, tat Baeck, was jeder gute Deutsche damals tat: Er unterstützte ihn.[7]

Am 13. September 1914 verließ er Berlin; sein Ziel war das Oberkommando der Ersten Armee in Frankreich. Die Reise mit Zug und Wagen dauerte über eine Woche. „Während dieser Zeit“, berichtete er in dem ersten seiner „Feldbriefe“, die im Gemeindeblatt der Berliner Jüdischen Gemeinde veröffentlicht wurden, „habe ich nur einmal ein fünfstündiges Nachtquartier machen können“. Am 20. September trat er seinen Dienst an und stellte – nach Gesprächen mit „einem Adjutanten des Oberkommandos“ und „einigen evangelischen und katholischen Divisionspfarrern“ – zunächst einen Arbeitsplan auf. Jeden Tag war er an einem anderen Ort, besuchte Feldlazarette und die Befehlsstände der verschiedenen Heeresteile. Sein Stundenplan hielt ihn von sieben Uhr morgens bis sieben Uhr abends in Atem. Es war anstrengend, aber er tat es mit Freuden. „Es wurde dadurch erreicht, daß man mich im Gebiet der Armee möglichst rasch und möglichst weithin kennenlernte und daß ich selbst möglichst bald einen Überblick und eine Tätigkeit gewann."

Sein größtes Problem war die weite Streuung der jüdischen Soldaten. „Die Linien des Gebietes, das der jüdische Feldgeistliche amtlich zu verwalten hat", so Baeck, „erstrecken sich, nach verschiedenen Richtungen, über vierzig bis siebzig Kilometer." Es war nicht nur schwer, auf den Straßen voranzukommen, sondern die meisten Truppen lagen in Schützengräben, „und es ist nicht überall möglich, an sie heranzukommen". Als wichtigste Aufgabe betrachtete er die Lazarettbesuche, und in den ersten sieben Tagen besuchte er neun Lazarette. „Ich habe in fast allen jüdische Verwundete angetroffen, denen es offenbar eine große Wohltat war, besucht zu werden." Jeder Familie eines verwundeten Soldaten schrieb er einen Brief, in dem er über dessen Zustand berichtete.

Zunächst konnte Baeck keine Gottesdienste halten, weil er keine ausreichend große Gruppe fand. Aber als er nach Chauny kam, wo es ein Lazarett mit vielen jüdischen Verwundeten, mit jüdischem Personal und anderen jüdischen Soldaten gab, bereitete er einen Jom Kippur-Gottesdienst vor. Auf seine Bitte stellte das Oberkommando die jüdischen Soldaten – soweit die Kriegslage es zuließ – vom Dienst frei, damit sie dem Gottesdienst beiwohnen konnten.

Gottesdienste wurden an einem Dienstag abend und am folgenden Tag in der Liebfrauenkirche der Stadt Chauny abgehalten; alle anderen größeren Gebäude der Stadt dienten als Lazarette oder Soldatenquartiere. Die von der Berliner Gemeinde zur Verfügung gestellten Gebetbücher wurden verteilt. Fünfunddreißig bis vierzig Soldaten versammelten sich, und zu seiner Freude sah Baeck im Kerzenschein einige ihm bekannte Berliner Gesichter.

Der Gottesdienst für den heiligen Jom Kippur-Tag steht am Ende der zehn Bußtage, die mit Rosch ha-Schanah, dem jüdischen Neujahrsfest, beginnen. Es sind zehn ernste Tage, die keine Ähnlichkeit haben mit den fröhlichen Neujahrsfestlichkeiten des weltlichen Lebens. Während dieser Zeit gehen die Juden in sich, erforschen ihre Sünden, geloben, sie wiedergutzumachen, und suchen eine engere Beziehung zu Gott. In dieser Zeit streben sie nach Heiligkeit, um so zu leben, wie es die Gesetze Gottes dem einzelnen befehlen. Der traditionelle Glaube besagt, daß in diesen Tagen Gott das Lebensbuch jedes einzelnen aufschlägt und darin sein Schicksal für das kommende Jahr vermerkt. In diesem Bewußtsein müssen sich die Menschen fragen, wie sie das neue Jahr verbringen wollen, gut oder schlecht, ehrlich oder unehrlich. Werden sie nach Heiligkeit streben oder nicht? Dann, am Versöhnungstag, dem Jom Kippur, wird das Buch geschlossen und versiegelt. Dieser Tag ist das Symbol dessen, was die jüdische Religion unter Erlösung versteht, daß die Menschen durch ihre Werke Heiligkeit erlangen und Gott nahe kommen können. Kein Festtag der jüdischen Religion ist so ehrfurchtgebietend wie dieser. Und das war er auch an jenem Dienstag abend in der Liebfrauenkirche von Chauny.

„Ich hatte die Empfindung", schrieb Baeck, „daß der Tag allen nahe trat."

Der „Curé der Kirche", der ein wenig Deutsch sprach, hatte um die Erlaubnis gebeten, bei dem Gottesdienst anwesend sein zu dürfen. Baeck hatte natürlich zugestimmt, und er freute sich, als sich der Pfarrer nach dem Gottesdienst „als Andenken ein Gebetbuch ausbat".[8]

Während des Krieges hatte Baeck wiederholt Gelegenheit, katholischen Priestern die jüdische Religion zu erklären. Einmal, kurz vor dem Passah-Fest, brauchte er einige Stengel Petersilie für das Seder-Mahl. In diesem Passah-Mahl symbolisiert die Petersilie das Herannahen des Frühlings und die Freude auf ein neues Leben in Freiheit. Bevor die Petersilie gegessen wird, taucht man sie in Salzwasser, eine Erinnerung an die Zeit der Knechtschaft in Ägypten und an den Auszug der Hebräer aus diesem Land – diese Geschichte wird traditionsgemäß beim Seder-Mahl erzählt –, und an das Glück des neuen Lebens im Gelobten Land.

Auf der Suche nach Petersilie entdeckte Baeck schließlich in einem kleinen Pfarrgarten ein Petersilienbüschel. Er klopfte an die Tür des Pfarrhauses, stellte sich dem Curé vor und bat um etwas Petersilie. Der Curé beäugte diesen Mann in feindlicher Uniform mit dem merkwürdigen Anliegen ein wenig mißtrauisch.

„Ich brauche es für Passah", erklärte Baeck.

Unverändert mißtrauisch, führte ihn der Pfarrer in sein Arbeitszimmer, zeigte ihm dort eine Reproduktion von Michelangelos *Abendmahl* und fragte: „Wollen Sie sagen, daß Sie das noch immer tun?"

Baeck antwortete, der Brauch sei keineswegs ausgestorben, und lud den Curé zum Seder-Mahl ein. Baeck machte es immer Freude, diese alte Geschichte zu erzählen. Der Curé kam und saß still in einer Ecke, während die Juden ihr Ritual vollzogen: das Vorlesen der Geschichte des Auszugs, die traditionellen Speisen, die zur Erinnerung an einzelne Ereignisse dieser Geschichte gegessen werden, die vier Gläser Wein, die die vier Worte für Erlösung symbolisieren. An einer bestimmten Stelle des Rituals werden alle Hungrigen eingeladen, an der Mahlzeit teilzunehmen. Als das Ritual bis zu diesem Punkt gediehen war, rückte der Curé seinen Stuhl an den Tisch und begann mit den anderen zu tafeln.[9]

In all den kommenden Kriegsjahren hielt Baeck Gottesdienste in katholischen oder protestantischen Kirchen oder im Freien, in leerstehenden Häusern, überall, wo Platz für Zusammenkünfte war. „Ich habe beobachten können, wie sehr die jüdischen Mannschaften das bloße Bewußtsein erhob, daß sich ein Rabbiner bei den Truppen befindet", schrieb er.

Nach einem Gottesdienst, den Baeck an der Front abgehalten hatte, schrieb ein Soldat nach Hause: „Wir waren alle sehr, sehr ergriffen von dieser überwältigenden Stunde. Ich werde sie niemals vergessen." Es handelte sich um einen Sabbat-Gottesdienst, der im Dezember 1914 in einem Lazarett in Chauny stattfand. Es waren nur ein Dutzend Juden und ein nichtjüdischer Soldat anwesend, „der gebeten hatte, dabeisein zu dürfen, und überwältigt war" von diesem Gottesdienst. Sie versammelten sich im Aufenthaltsraum des Lazaretts, wo sie sich auf einer langen Bank zusammendrängten. Baecks Predigt dauerte eine Dreiviertelstunde, in der er die Soldaten beschwor, die Geduld nicht zu verlieren, sondern auf

Gott zu vertrauen, der sie führen werde. Der eindrucksvollste Teil dieses Gottesdienstes war, wie sich der bereits zitierte Soldat erinnerte, Baecks Gebet für Kaiser und Reich.[10]

Baeck besuchte die Soldaten in den Schützengräben und brachte ihnen oft Päckchen mit Lebensmitteln. Einen großen Teil seiner Zeit verbrachte er in den Lazaretten, wo er für die verwundeten Soldaten Briefe an ihre Familien schrieb. „Dieser Besuch der Lazarette erweist sich als ein sehr wesentlicher Teil meiner Tätigkeit. Den Verwundeten wird ein Stück Heimat gebracht und ihre Zuversicht gehoben, sie fühlen sich, wie ich oft bemerken konnte, schon dadurch aufgerichtet, daß auch zu ihnen, wie zu den Andersgläubigen, ein Seelsorger kommt [. . .] Ich habe an manchem Tage eine ziemlich umfangreiche Korrespondenz auszuführen."

Weiter berichtete Baeck: „Bei den Beerdigungen, bei denen die Toten zumeist in einem Gesamtgrabe bestattet werden, habe ich in der Gemeinschaft mit dem evangelischen beziehungsweise dem katholischen Geistlichen am Grabe gesprochen, nachdem ich neben ihnen dem Trauerzuge gefolgt war. Ich habe stets den Hinterbliebenen hiervon, wie von dem Ort und der Zeit der Beerdigung, wie auch vorher der des Hinscheidens Nachricht gegeben." Baeck hielt es für wichtig, daß er als Rabbiner erkennbar war. „Nur dadurch ist es möglich", so Baeck, „daß, wenn auch vielleicht nicht alle, so doch viele, den persönlichen Eindruck und die persönliche Gewißheit gewinnen, daß ein Rabbiner unter ihnen ist. Es ist sehr wesentlich, daß die jüdischen Soldaten dies erfahren, aber ebenso auch, daß die Andersgläubigen es wissen. Für die Anerkennung des Judentums ist dies unstreitig von Bedeutung [. . .] Es ist auch für die Stellung des jüdischen Soldaten wichtig, daß seine Religion sichtbar neben den anderen steht."

Das Bekenntnis zum Vaterland war Teil des Feldgottesdienstes. Ein Soldat, der 1915 an einem Rosch ha-Schanah-Gottesdienst teilnahm, schrieb nach Hause: „Als Rabbiner Baeck in seinem Gebet den Segen für unser Heimatland erflehte, für alle, die fern von uns und uns teuer waren, da schlich sich so manche Träne aus den Augen derer, die man niemals vorher hatte weinen sehen." Ein anderer Soldat schilderte seiner Familie einen Gottesdienst, in dem Baeck zur Treue zum Kaiser aufrief, und fügte hinzu: „Diesem Wort als Deutsche und Juden Folge zu leisten soll unser Ziel sein. Wir haben gelernt, was Treue bis zum Tod bedeutet. Wir werden dem Glauben unserer Väter treu bleiben bis zu unserem letzten Atemzug." Den deutschen Juden war von ihren Führern gesagt worden, daß sie mehr tun müßten als ihre Pflicht, und das versuchten sie zu tun.[11]

Außer der üblichen Ermahnung des Feldgeistlichen zur Vaterlandstreue gab es noch ein anderes, immer wiederkehrendes Element in Baecks Feldpredigten. „Es ist der harte Gang des Krieges", schrieb Baeck in seinen *Sabbathgedanken für jüdische Soldaten*, „daß Vernichtung seinen Weg bezeichnet. Wir sehen rings um uns her, was er zerstören mußte, um zum Siege zu dringen. Aber wir wissen das andere auch: Er hat ebenso sehr seine stillen, fast könnte man sagen, seine friedlichen Pfade. Dankbarkeit kann zurückbleiben überall, wohin wir im Dienste der Waffen gekommen sind [. . .] Die Menschen im fremden Lande, sie sollen es erfahren, wer wir sind, es erfahren durch die Geradheit und Rechtschaffenheit, die wir beweisen, durch die Freundlichkeit und Güte, die wir üben hier draußen im Lande des Feindes. Viele dieser Menschen haben Schweres erduldet, ihre Herzen sind durchpflügt, durchackert worden, sie sind empfänglich geworden für jedes Korn des Guten, so daß es aufwachsen kann als Frucht der Zukunft. Jeder kann dazu helfen." Denen, die aufgerufen waren zum Töten, sagte Baeck mahnend: „Zu jedem von uns ist hier draußen die Stunde gekommen, Rechtes zu tun. Sie hat uns, wenn wir sie genutzt, innerlich reicher gemacht [. . .] Hier draußen hat manch einer erst sein Drinnen gefunden: er ist zu sich selber gelangt." Für die Soldaten, denen der Sieg über den Feind zur Pflicht gemacht worden war, beschwor Baeck das Bild des Friedens: „Wir denken des Tages, den Gott uns schenken möge, an dem wir, nach Opfer und Pflicht, wieder drinnen im Vaterlande sein werden, um in Jahren des Friedens zu wirken und zu schaffen. Dann soll, was wir hier gewonnen haben und hier geworden sind, unser Besitztum bleiben. In unserem Heim soll es leben als der Segen einer [. . .] ernsten Zeit."[12]

Leo Baeck trug zwar Uniform, doch er war und blieb Geistlicher.

Baeck erlebte fast den ganzen Krieg mit, an der Ostfront wie an der Westfront. An der Ostfront legte er weite Strecken zu Pferd zurück. Über seine Reitererlebnisse pflegte er zwei Geschichten besonders gern zu erzählen. Einmal machte er an einem Wasserloch halt, doch sein Pferd weigerte sich, zu trinken. Obwohl Baeck selbst sehr durstig war, trank er vorsichtshalber nichts. Später erfuhr er, daß das Wasser von den Russen vergiftet worden war. „Das Pferd hat mir das Leben gerettet", meinte er.

Als das Pferd schließlich starb, konnte ihm die Armee kein anderes zur Verfügung stellen. In der Nähe gab es eine kleine jüdische Gemeinde, und Baeck war sicher, daß es dort Pferdehändler geben mußte. Als er die Leute aufsuchte, schworen sie jedoch, sie hätten keine Pferde. Sie waren Polen, fürchteten die Deutschen und hatten ihre Pferde vor den deutschen Soldaten versteckt. Leo Baeck konnte das verstehen, aber er brauchte nun einmal ein Pferd. „Wollt ihr, daß euer Rabbi zu Fuß gehen muß?" fragte er seine Glaubensbrüder. Am nächsten Tag brachten ihm die Dörfler ein Pferd.[13]

Seine Aufgaben an der Ostfront brachten ihn in engeren Kontakt mit Ostjuden, als er ihn je gehabt hatte. Sie kamen oft zu seinen Gottesdiensten und luden ihn gelegentlich zu sich ein. In späteren Jahren betrachtete er seine östlichen Glaubensgenossen nicht mehr mit der Herablassung, die die meisten Berliner Juden für sie empfanden.

Baeck war auch Feldgeistlicher für die russischen Juden in einem Gefangenenlager. Besonders nach der russischen Revolution half er vielen russischen Juden, die vor den Kommunisten flohen, sich in Deutschland niederzulassen. Im Ersten Weltkrieg soll es auch häufiger vorgekommen sein, daß katholische deutsche Soldaten ohne den Beistand eines Priesters starben, der ihnen die Sterbesakramente hätte spenden können. Viele Rabbiner lernten die Gebete und beteten sie an der Seite von Soldaten, die dem Tode so nahe waren, daß sie nicht mehr wahrnahmen, daß ihr Tröster kein Priester ihres Glaubens war. Mindestens ein solcher Fall wird auch von Leo Baeck berichtet.[14]

Baecks Reisen an der Front gaben ihm auch so manche Gelegenheit, alte Freunde oder Verwandte wiederzusehen. Einer seiner Neffen, Kurt Fischer, arbeitete für das Rote Kreuz und transportierte Verwundete von Wilna nach Königsberg. Eines Tages wurde er von einem Offizier abberufen und zum Feldrabbiner der Zehnten Armee geschickt, der ihn zu sehen wünschte. Das war für einen Ambulanzfahrer eine ziemlich aufregende Angelegenheit. Zu seiner Erleichterung fand Fischer dann seinen Onkel Leo vor. Sie aßen zusammen zu Abend, und der junge Fischer genoß seine plötzliche Prominenz.

Kurt Böhm, der Baeck aus Oppeln kannte, begegnete ihm 1916 bei einem Jom Kippur-Gottesdienst an der russischen Front. Der Gottesdienst fand unter freiem Himmel statt, und man saß auf Sitzen aus Baumstämmen im Stil eines griechischen Tempels. Obwohl er Baeck seit vierzehn Jahren nicht mehr hatte predigen hören, erkannte Böhm seine tiefe kehlige Stimme sofort wieder. Auch Baeck erinnerte sich an Böhm und lud ihn für das Ende des heiligen Fasttages zu einer „großen Kaffeetafel mit Weißbrot und Marmelade" ein.

Zufällig wurde Böhm einige Tage später in die Stadt geschickt, wo Baeck in Quartier lag. Er erzählte, daß Baeck wie üblich in einem der russischen Bauernhäuser wohnte und einen Burschen zur Bedienung hatte, der ihm, Böhm, die Tür öffnete. Baeck begrüßte seinen Gast herzlich, und sie tranken gemeinsam Kaffee und unterhielten sich über mancherlei. Dieses Zusammensein wurde, wie so viele andere zwischen dem Rabbiner und jüdischen Soldaten, von lautem Kanonenfeuer unterbrochen. „Aber glücklicherweise", erzählte Böhm, „trafen die Kugeln nicht die Stadt, sondern fielen in einen nahe gelegenen See." Immerhin bedeutete der Angriff, daß Böhm die Stadt sofort verlassen mußte, doch er sah Baeck während des Krieges noch einmal wieder. Es war wieder bei einem Gottesdienst, diesmal nicht im Freien, sondern in einer zerstörten Kirche, ohne Dach, „im wahrsten Sinne des Wortes unter freiem Himmel".[15]

Trotz der Belastungen, die sein Amt als Feldrabbiner mit sich brachten, nahm Baeck auch weiterhin großen Anteil an der „Hochschule", mit der er korrespondierte. Zwischen ihm und der Schulleitung gingen lange Briefe über die Entwicklung der Schule hin und her. Ob es sich um Stellenbesetzungen oder Angelegenheiten des Berliner Rabbinats handelte, man fragte Baeck um Rat, und er antwortete bereitwillig. Seine Sorge galt vor allem den Dozenten und ihrer Besoldung. Im Jahre 1917 hatten die Dozenten darunter zu leiden, daß eine ihrer Einkommensquellen, eine Spendensammlung an den hohen Feiertagen, nicht soviel Geld eingebracht hatte wie üblich. Baeck schlug eine Lösung vor. An der „Hochschule" gab es einen vakanten Lehrstuhl, den sogenannten „Mendelssohn-Lehrstuhl", für dessen Besetzung Mittel zur Verfügung standen; vorgesehen war die Einstellung eines Dozenten, der eine Vorlesungsreihe halten sollte. Baeck empfahl, diese Vorlesungen von den regulären Mitgliedern der Fakultät halten zu lassen und das Geld zur Erhöhung ihrer Gehälter unter ihnen aufzuteilen. „Primum vivere deinde philosophari", schrieb er – zuerst leben, dann philosophieren.[16]

Diejenigen, die zu Hause geblieben waren, hatten zu Beginn des Krieges in den Jubel über den deutschen Vormarsch eingestimmt. Dann aber, als aus den Wochen und Monaten Jahre wurden, als die Liste der Toten und Verwundeten immer länger und Lebensmittel und andere notwendige Dinge knapp wurden, verwandelte sich der Jubel in Verzweiflung. Als 1917 die Vereinigten Staaten an der Seite der Entente in den Krieg eintraten, ahnten das Volk in der Heimat und die Soldaten an der Front, daß die Niederlage nur noch eine Frage der Zeit war.

Die Juden Berlins verhielten sich im Krieg genauso wie ihre nichtjüdischen Landsleute. Sie veranstalteten in ihren Synagogen Konzerte, um Geld für die Angehörigen der Gefallenen zu sammeln, hielten Sondergottesdienste zum Geburtstag des Kaisers ab, lasen eifrig die Zeitungen, um Hinweise auf den bevorstehenden Sieg zu finden, machten das Bestmögliche aus der ständig wachsenden Verknappung, als der Krieg immer mehr Kosten verursachte, und warteten auf Nachricht von Ehemännern, Brüdern und Freunden an der Front.

Natalie Baeck war natürlich sehr stolz auf ihren Mann. Als

er General Klucks Erster Armee zugeteilt worden war, erzählte sie gern, wie populär Leo durch sein Herumreisen an der Front geworden war, und sagte scherzend: „In der ganzen Ersten Armee wissen nur zwei Leute über den Standort der Formationen Bescheid: Kluck und Baeck."

Natalie hielt ihr Haus gastlich geöffnet für Baecks Studenten. Wenn einer von ihnen auf der Durchreise in Berlin war, konnte er auf eine Tasse Kaffee und ein Stück Kuchen bei ihr zählen. Auf die Lebensmittelkarten gab es nur wenig Fleisch, das Natalie und Ruth den Dienstboten gaben; die beiden wurden während des Kriegs praktisch Vegetarierinnen.[17]

Ruth war zu dieser Zeit ein Teenager, und ihre Schulbildung lag ihrem Vater sehr am Herzen. Vor dem Krieg hatte er selbst ihre Schulaufgaben überwacht. Während seiner Abwesenheit übernahm einer seiner Kollegen an der „Hochschule" diese Rolle. Leo schrieb seiner Tocher oft. 1915 schrieb er in einem Brief: „Ich feiere Deinen Geburtstag in diesem Jahr von ferne, aber immer noch zusammen mit Dir, nach einem Jahr, in dem auch Du viel erlebt hast." Er sagte ihr, sie solle die allgemeine Hoffnung teilen, ‚daß bald die ruhige, friedliche Zeit wiederkehren möchte, die den Weg aus der Ferne in die Heimat schenkt".

Die Geburtstagsglückwünsche Leo Baecks für seine Tochter unterschieden sich nicht von denen anderer Väter. „Was ich Dir zu Deinem Geburtstag wünsche", schrieb er, „ist, vor allem das eine, daß Du immer gesund und froh bleiben mögest. Das ist das Beste von allem. Du bist jetzt ein Jahr älter und damit um ein Jahr verständiger geworden. Jetzt kannst Du der lieben Mama schon besser zur Seite sein, Dich mit ihr unterhalten und für sie gut sorgen." Leo Baeck vergaß nicht, daß ein Geburtstag auch ein Geschenktag ist. Natalie hatte Ruth im Namen beider Eltern beschenkt, doch der Vater kündigte seine eigenen, besonderen Geschenke an. „Ein besonderes, das ich für dich bestimmt habe", schrieb er, sei „eine Blumenvase, die aus einer französischen Eisenhülse verfertigt ist". Er habe sie schicken wollen, aber sie sei zu schwer, und er wolle sie ihr lieber mitbringen, wenn er auf Urlaub komme. Er fügte hinzu: „Gestern habe ich Dir etwas Schocolade für Deinen Geburtstagstisch geschickt [. . .] Verlebe Deinen Geburtstag als einen heiteren, guten Tag. Laß Dir alle die schönen Dinge, die er Dir bringt, gut bekommen!" Diesen Brief hob Ruth auf und gab ihn später, vergilbt und zerknittert, als Zeugnis für die Liebe eines Vaters zu seinem Kind an ihre eigene Tochter weiter.[18]

Die Juden, die am Krieg teilnahmen, hatten nur wenig unter Antisemitismus zu leiden. Zwar erinnerte sich einer von Baecks Schülern aus Düsseldorf an einen Offizier, der über eine bestimmte Straße in Berlin gesagt hatte, dort gäbe es „zu viele krumme Nasen". Aber das war, wie der Student sagte, eine Ausnahme, und schließlich „waren die meisten Offiziere kultivierte Menschen, die keinen offenen Antisemitismus zeigten".

Auch andere Juden hatten nur vereinzelte unangenehme Erlebnisse. Ein Feldrabbiner namens Georg Salzberger aus Frankfurt am Main erzählte, daß er einmal auf der Fahrt an die Front den Wagen mit einem Zivilisten und einem hohen Offizier geteilt habe. Seine Anwesenheit schien ihnen angenehm zu sein, und sie unterhielten sich angeregt mit ihm, bis sie fragten, an welcher Frankfurter Kirche er Pastor sei. „An keiner Kirche", antwortete er, „ich bin Rabbiner." Von da an sprachen seine beiden Mitreisenden kein Wort mehr mit ihm. „Ich war Luft für sie", sagte er. Doch erzählte er diese Geschichte ein halbes Jahrhundert später nicht mit Bitterkeit, sondern um zu sagen, daß das sein einziges antisemitisches Erlebnis in allen Kriegsjahren gewesen war. Tatsächlich gewann er unter den deutschen Offizieren manchen Freund, und viele von ihnen kamen zu seinen Gottesdiensten.

Nach Leo Baecks eigenen Aussagen und denen mancher Männer, die sein Wirken beobachtet hatten, waren ihm Schwierigkeiten dieser Art nie begegnet. Er war beliebt, erhielt von den verschiedenen Kommandeuren bei seinen Bemühungen um jüdische Gottesdienste die nötige Unterstützung und wurde gastlich aufgenommen, wo immer er hinkam. Oft aß er in den Offiziersmessen, wo er sich unbefangen an der Unterhaltung beteiligte, und die einzige besondere Notiz, die man von ihm nahm, bestand darin, daß man wegen seines priesterlichen Status in seiner Gegenwart auf Glücksspiele mit hohen Einsätzen verzichtete. Er stand mit den protestantischen und katholischen Feldgeistlichen auf freundschaftlichem Fuß. Eine Photographie, auf der Baeck mit einem protestantischen und einem katholischen Geistlichen zu sehen ist, wurde „das Alte und das Neue Testament" genannt.

Doch die Situation war nicht ganz so einfach, wie diese Anekdoten vermuten lassen. Viele Juden kamen zum erstenmal in ihrem Leben in zwanglosen, engen Kontakt mit Nichtjuden. Deutsche Soldaten kamen aus allen Teilen des Reichs, aus Großstädten, in denen sie seit Jahrzehnten jüdische Nachbarn gehabt hatten, aus Kleinstädten und bäuerlichen Gegenden, in denen man noch nie einen Juden gesehen hatte. Dazu schrieb Rabbiner Salzberger in einer jüdischen Zeitschrift: „Mit all unserer Fähigkeit zu denken und zu urteilen haben wir Juden dennoch unsere Umwelt nicht immer klar gesehen. Das beginnen wir jetzt durch unser enges tägliches Zusammenleben mit Menschen anderen Glaubens zu begreifen. Auch wir sind nicht frei von den Irrtümern, die so oft gegen uns begangen werden, nämlich die Ausnahme für die Regel zu halten." Es erschien ihm ganz natürlich, daß die Mehrheit, in der die jüdische Minderheit lebte, weniger über die Juden wußte als die Juden über die Mehrheit der Deutschen.

„Genauso wie ich haben es zweifellos viele andere in ihren Gesprächen mit Soldaten und Offizieren erlebt. Sogar unter sonst recht gebildeten Menschen haben wir eine erstaunliche Unkenntnis der Geschichte und Eigenart des Judentums entdeckt. Kaum irgend jemand weiß, wie viele Juden in Deutschland leben. Meist wird ihre Zahl um das Sechs- bis Siebenfache überschätzt. Auch wohlmeinende Menschen sind davon überzeugt, es sei das Ziel des Judentums, die Welt wirtschaftlich und religiös zu erobern, ganz zu schweigen von anderen gängigen Märchen."[19]

Die letzten Sätze Salzbergers beschreiben einen latenten Antisemitismus in Deutschland. In der Sicherheit der Vorkriegsjahre hatten die Juden gehofft, daß er nachlassen und schließlich ganz verschwinden würde. Dann, als die deutschen militärischen Siege sich in Niederlagen verwandelten, wurden die antisemitischen Stimmen lauter. Obwohl das

Wort Antisemitismus selbst erst gegen Ende des 19. Jahrhunderts in Gebrauch gekommen war, lag der Ursprung dessen, was es bezeichnete – ein tiefer, fortdauernder Haß auf die Juden – viel länger zurück, mindestens 2000 Jahre.

Dieser Haß war zunächst eine politische Waffe gewesen, zu der Zeit, als Juden und Christen noch um Proselyten wetteiferten. Die Begründer der christlichen Kirche erkannten, daß sie es schwerhaben würden, die Römer für das Christentum zu gewinnen, wenn sie zugaben, daß Jesus von den Römern getötet worden war. Also schoben sie die Verantwortung für den Tod Christi den Juden zu. Wie in jüngster Zeit ein katholischer Kommentator schrieb:

„Es ist wichtig zu sehen, daß die Verschiebung [der Verantwortung] nicht nur von der römischen auf die jüdische Obrigkeit erfolgte, sondern auch von der *politischen* auf die *religiöse*. Für die Tradition des Evangeliums ist es von Bedeutung, daß die Schuld am Tode Christi und seiner Jünger nicht einfach der politischen jüdischen Obrigkeit, sondern ausdrücklich der jüdischen *religiösen* Tradition und ihrer Obrigkeit [. . .] angelastet wird. Das Wort *Juden* hat in der Tradition des Neuen Testaments eine ominöse Resonanz. Es wird namentlich in der Apostelgeschichte und im Johannesevangelium als ständig wiederholte feindselige Formel verwandt."[20]

Ein anderer christlicher Kommentator sagt: „Die ursprüngliche Quelle der jüdisch-christlichen Spannungen, eine Entwicklung, die alle Juden für immer zu Ausgestoßenen machte und die in der Anklage des Gottesmordes gipfelte, war die Umwandlung eines geschichtlichen Ereignisses in ein theologisches Prinzip."

Die Geschichte der katholischen Kirche in den ersten Jahrhunderten des christlichen Zeitalters ist angefüllt mit gehässigen antijüdischen Behauptungen. Antisemitismus war keineswegs etwas, das die Kirche lediglich duldete; er wurde von der Kirche ermutigt, gefördert und genährt. So sagte der heilige Justinus zu einem Rabbi: „Euch werden gerechte Leiden zugefügt, denn ihr habt den Gerechten getötet." 1965 schrieb Edward H. Flannery: „Bedrohlicher war das Aufkommen einer Lehre, die zwar noch nicht ausformuliert war, aber von Hippolytos und Origenes öffentlich verkündet wurde: daß die Juden als Volk für den Gottesmord bestraft würden und deshalb ihrem Unglück niemals entfliehen könnten, da es von Gott gewollt sei. Diese These war der Keim einer Haltung, die das christliche Denken im 4. Jahrhundert beherrschen sollte und später in hohem Maße zur Entwicklung des Antisemitismus beitrug."[21]

Doch wiederum war dieser Antisemitismus eindeutig eine politische Waffe. Juden hatten ihr Bekehrungswerk das ganze fünfte nachchristliche Jahrhundert hindurch fortgesetzt. Sie lehrten, daß die Menschen ein moralisches Leben führen und gute Werke tun müßten, um das messianische Zeitalter herbeizuführen, in dem Liebe und Gerechtigkeit triumphieren würden. Um dieses Ziel zu erreichen, müßten sich alle Menschen strengen Gesetzen des Verhaltens sich selbst und ihren Mitmenschen gegenüber unterwerfen. Mit christlichen Bekehrern konkurrierend, argumentierten die Juden, daß Jesus Jude gewesen sei und seine Lehre auf der jüdischen Tradition beruhe. Die Christen rächten sich, indem sie sagten, man solle nicht Jude werden, weil die jüdische Religion von strengen, kleinlichen Gesetzen bestimmt werde, weil die Juden Jesus getötet hätten und weil der Zweck des Judentums einzig der gewesen sei, die Ankunft Christi vorzubereiten – derselbe Standpunkt, den 1900 Jahre später Adolf von Harnack vertrat.

Doch allmählich stellten die Juden ihr Bekehrungswerk ein. In christlichen Gesellschaften kam es immer häufiger zu einem gesetzlichen Verbot der jüdischen Bekehrungsbemühungen, und schließlich akzeptierten die Juden ihre Isolation als Lebensform. Trotzdem hörten die Angriffe gegen sie nicht auf. Jahrhunderte hindurch wurden von Angehörigen der katholischen Kirche Synagogen verbrannt, Juden ermordet, jüdische Frauen vergewaltigt und jüdisches Eigentum geraubt. Schließlich verwandelte sich das „Gewährenlassen" in eine Politik fast offener Attacken. Das Vierte Laterankonzil von 1215 befahl Juden und Sarazenen, sich von den Christen durch bestimmte Merkmale ihrer Kleidung zu unterscheiden. Die Nazis griffen 1939 mit der Einführung des gelben Sterns für alle Juden diese Politik wieder auf.

Rosemary Ruether, eine katholische Wissenschaftlerin, die sich mit dem Antisemitismus in der katholischen Theologie beschäftigt hat, schreibt: „Die Kirche [. . .] zeigte sich unfähig zu begreifen, daß der Pöbel nur einen Haß in die Tat umsetzte, den die Kirche theoretisch gelehrt und durch gesellschaftliche Degradierung verstärkt hatte, wann immer es möglich war." Die Kreuzzüge brachten „eine zusätzliche Welle neuer antijüdischer Märchen hervor, die den grundlosen Mord an einer friedlichen Volksgruppe rechtfertigen sollten. Märchen über Ritualmord, Brunnenvergiftung und Hostienschändung entstanden im Gefolge der Gewalttaten der Kreuzfahrer, um die Juden zu heimtückischen Verschwörern gegen die Christenheit zu stempeln und so den Fanatismus zu rechtfertigen. Solche Verleumdungen hatte es vorher nicht gegeben. Sie waren eine Reaktion auf die Gewalttaten der Kreuzzüge und ein Versuch, diese nachträglich zu rechtfertigen." Ruether weist auch auf eine andere Tatsache hin, die sich während der Kreuzzüge gezeigt hatte – die Verwundbarkeit der Juden. Christliche Gemeinden, sagt sie, „sahen, daß diese wohlhabende Gruppe, die sie unter dem Schutz mächtiger Fürsten geglaubt hatten, in Wirklichkeit straflos von jedem Pöbel angegriffen werden konnte. Die schwachen Kräfte von Gesetz und Ordnung waren gegen solche Massengewalttätigkeit machtlos. Nachdem das begriffen worden war, hörten die Pogrome jahrhundertelang nicht mehr auf." Der Antisemitismus, der aus einem politischen Kampf geboren worden war, war nun in der katholischen Kirche fest verankert.[22]

Im Gegensatz zu diesen Beispielen der Geschichte hat es immer einzelne Christen gegeben, die durch Taten, wie sie sich in der Nazizeit wiederholen sollten, ihre Stellung, ihren Ruf und ihr Leben riskierten, um ihren jüdischen Mitmenschen zu helfen. Als Pius XII. während des Zweiten Weltkriegs jüdische Kinder im Vatikan versteckte, um sie vor den Nazis zu retten, folgte er einer Tradition, die im Mittelalter von einigen Priestern begründet worden war: Vor den marodierenden Kreuzfahrern hatten sie die Juden in ihren Kirchen versteckt.

Aber das war nicht die Tradition, die den deutschen Katholiken überliefert worden war – überliefert wurde eher der eingefleischte Antisemitismus. Generationenlang hatten christliche Familien Sonntag für Sonntag der Messe beigewohnt und – wie schon ihre Väter und Großväter – die Anschuldigungen gegen die Juden gehört. Einer dieser Katholiken war Adolf Hitler. John Toland schildert in seiner Biographie Adolf Hitlers den Einfluß, den diese Haltung der Kirche den Juden gegenüber auf Hitler gehabt hat, folgendermaßen: „Trotz seines Abscheus vor ihrer Hierarchie noch immer ein treues Mitglied der römischen Kirche (‚Ich bin jetzt wie vorher ein Katholik und werde es immer bleiben'), war ihm ihre Lehre von den Juden als Gottesmördern eine Selbstverständlichkeit. Deshalb konnten sie ohne Gewissensbisse ausgerottet werden, da dies ja nur die Ausführung der göttlichen Rache war."[23] Mit dieser Vorstellung stand Hitler unter den deutschen Katholiken keineswegs allein.

Wie steht es nun mit den deutschen Protestanten nach der Reformation? Als Luther die katholische Kirche verließ, hegte er starke Sympathien für die Juden. Doch seine Motive waren politisch. Er hoffte, daß die Juden, die als Gruppe den Katholizismus niemals angenommen hatten, sich seiner religiösen Bewegung anschließen würden. Das würde nicht nur seine Gefolgschaft vergrößern, sondern der Welt auch die Überlegenheit des Protestantismus über den Katholizismus beweisen. Er schrieb:

„Wie Hunde hat man die Juden behandelt, sie gescholten und um ihre Habe gebracht [. . .] Und doch sind sie Blutsfreunde, Vettern und Brüder des Heilands, kein Volk hat Gott gleich ihnen ausgezeichnet, ihrer Hand die Heilige Schrift anvertraut [. . .] Treiben wir sie nun aber nur mit Gewalt, geben ihnen Schuld, sie müssen Christenblut haben, daß sie nicht stinken, und weiß nicht, was des Narrenwerks mehr ist [. . .], was sollen wir Gutes an ihnen schaffen? [. . .] Will man ihnen helfen, so muß man das Gesetz christlicher, nicht päpstlicher machen, Liebe an ihnen üben, sie freundlich aufnehmen . . ."

Luthers christliche Nächstenliebe für die Juden hielt nur zwanzig Jahre vor, bis sich zeigte, daß die Juden für sein gutes Zureden nicht empfänglich waren. Die Weigerung der

Juden, sich ihm anzuschließen, war für Luther eine Niederlage, die er keineswegs gelassen hinnahm. Zwei Jahrzehnte nach seiner Aufforderung an die Juden, sich seiner Bewegung anzuschließen, empfahl er: „Erstlich: daß man ihre Synagogen oder Schulen mit Feuer anstecke, was nicht verbrennen will, mit Erde überhäufe, daß kein Mensch einen Stein oder eine Schlacke siehe ewiglich [. . .] Zum Zweiten: daß man ihre Häuser desgleichen zerbreche oder zerstöre [. . .] Zum Dritten: daß man ihnen alle Betbüchlein und Talmudisten nehme [. . .] Zum Vierten: daß man ihren Rabbinern bei Leib und Leben hinfort verbiete zu lehren." Diese Empfehlungen finden sich in einer Schrift aus dem Jahre 1543 mit dem Titel *Über die Juden und ihre Lügen*. Sie ist in allen Standardausgaben von Luthers Werken enthalten.

Im Jahre 1817 vereinigten sich Lutheraner und Kalvinisten (die Reformierte Kirche) zur Evangelischen Kirche in Preußen. Der Kalvinismus lehnte den Antisemitismus ab, das Luthertum nicht; da dieser dem Kalvinismus gegenüber in der Mehrheit war, wurde der Antisemitismus unter den deutschen Protestanten fast zu einer Art religiöser Doktrin.

So verbreitet dieser Antisemitismus in den deutschen Kirchen auch sein mochte, war er doch keineswegs die einzige Ursache für die neuzeitliche Feindschaft gegen die Juden. Wenn es keine anderen Faktoren gegeben hätte, wären die Juden nicht so viele Jahre lang als Feinde Deutschlands hingestellt worden. Die skandinavischen Länder beispielsweise sind weitgehend lutherisch, doch wie sich im Zweiten Weltkrieg herausgestellt hat, durchaus nicht antisemitisch. Italien ist ein nahezu ausschließlich katholisches Land; doch fast den ganzen Zweiten Weltkrieg hindurch widersetzte es sich dem Ansinnen der mit ihm verbündeten Hitlerregierung, seine Juden zu verfolgen.

Schon ein Jahrhundert zuvor hatte Heinrich Heine an den Deutschen einen Charakterzug entdeckt, der eine Erklärung für ihr bösartiges Vorgehen gegen die Juden bietet: „Das Christentum – und das ist sein schönstes Verdienst – hat jene brutale germanische Kampflust einigermaßen besänftigt, konnte sie jedoch nicht zerstören, und wenn einst der zähmende Talisman, das Kreuz, zerbricht, dann rasselt wieder empor die Wildheit der alten Kämpfer, die unsinnige Berserkerwut, wovon die nordischen Dichter so viel singen und sagen. Jener Talisman ist morsch, und kommen wird der Tag, wo er kläglich zusammenbricht. Die alten steinernen Götter erheben sich dann aus dem verschollenen Schutt und reiben sich den tausendjährigen Staub aus den Augen, und Thor mit dem Riesenhammer springt endlich empor und zerschlägt die gotischen Dome [. . .] Es wird ein Stück aufgeführt werden in Deutschland, wogegen die Französische Revolution nur wie eine harmlose Idylle erscheinen möchte."[24]

Die von Heine beschworene Berserkerwut „wurde durch den Weltkrieg und seine Folgen entfesselt". Zu Beginn des Krieges verstand sich Deutschland als militärischer Koloß, der die Welt beherrschen würde. Das deutsche Volk hatte vielleicht nicht seit Äonen, wie Heine sagte, wohl aber seit Jahrzehnten eine Leidenschaft für alles Militärische. Als 1871 das Reich gegründet wurde, war Kaiser Wilhelm I. vor allem – fast ausschließlich – ein Mann des Militärs, der 1848 den Einsatz von Truppen gegen Revolutionäre empfohlen und den Spitznamen „Kartätschenprinz" erhalten hatte. Ein Gemälde, mit dem seine Krönung festgehalten ist, zeigt ihn von Männern in Uniform umgeben – nicht ein einziger trägt Zivil. Während seiner Regierung, während der kurzen Regierungszeit seines Sohns Friedrich und schließlich unter Wilhelm II., dessen Regierung 1888 begann und mit dem Ersten Weltkrieg endete, wurde die Verherrlichung des Militärs fortgesetzt. Jeder Mann wußte, daß militärische Aktivitäten einen Teil seines Lebens ausmachten. Es gibt eine Photographie von Kaiser Wilhelms zehnjährigem Sohn in Uniform. Es zeigt nicht etwa einen Knaben, der Soldat spielt, sondern einen Leutnant im Ersten Garderegiment.[25]

Die Deutschen glaubten, daß sie zur Größe bestimmt seien. Wilhelm I. verkündete: „Unser Herrgott hätte sich mit der deutschen Nation nicht soviel Mühe gegeben, wenn er nicht große Dinge mit uns vorhätte. Wir sind das Salz der Erde."[26]

Deutsche Männer, die an Märschen und Manövern teilgenommen hatten, wußten, daß es „dem Platz an der Sonne" entgegenging, einem Platz, der einem großem Reich zustand. Erich Maria Remarque hat diesen Geist in seinem Roman

Im Westen nichts Neues festgehalten. Als der Ich-Erzähler, ein junger Soldat, auf Urlaub in der Heimat ist, hört er seinen ehemaligen Schuldirektor sagen, daß sich Deutschland „ganz Belgien, die Kohlegebiete Frankreichs und große Stücke von Rußland" einverleiben müsse. Der Direktor ermahnt den jungen Soldaten: „Macht mal ein bißchen vorwärts mit eurem ewigen Stellungskrieg! Schmeißt die Kerle raus . . ." Als der junge Mann aus eigener Fronterfahrung erwidert, daß ein solcher Durchbruch vielleicht nicht möglich sei, „wehrt er überlegen ab und beweist mir, daß ich davon nichts verstehe". Die Euphorie, mit der die Deutschen den Krieg begrüßt hatten, war noch nicht verflogen. Man kann über die Gründe, die zum Krieg geführt hatten, streiten, doch die Stimmung des deutschen Volkes bei seinem Ausbruch ist unbestritten. Sie waren große Krieger, bereit, durch ganz Europa zu marschieren. Wie Adolf Hitler, den eine Photographie bei Kriegsausbruch auf dem Odeonsplatz in München inmitten einer jubelnden Menschenmenge zeigt, später geschrieben hat: „Der Kampf des Jahres 1914 ist den Massen nicht aufgezwungen worden. Nein, beim lebendigen Gott, er wurde vom ganzen Volke gewünscht."[27]

Als sich zwei Jahre später abzeichnete, daß Deutschland den Krieg verlieren würde, konnten weder Adolf Hitler noch viele andere Deutsche das Versagen des deutschen Militärs akzeptieren. Sie konnten nicht verstehen, warum Gott, der sie dazu bestimmt hatte, die Welt zu erobern, sie verlassen hatte. Es mußte einen anderen Grund dafür geben. Sie suchten einen Sündenbock und fanden – unter anderen – die Juden, die zu hassen sie in ihren Kirchen gelernt hatten.

Nachdem Erich Ludendorff 1916 den Oberbefehl übernommen hatte, war einer der ersten Schritte des Kriegsministeriums eine statistische Untersuchung über die Religionszugehörigkeit der Männer, die in der Heimat in der Kriegsindustrie beschäftigt, an der Front oder in der Etappe dienten. Was immer Ludendorffs Beweggründe zu dieser Untersuchung gewesen sein mögen, sein antisemitischer Ruf läßt vermuten, daß sie Munition für eine Attacke gegen die Juden liefern sollte. Als der Kaiser beispielsweise von Verhandlungen mit dem Feind sprach, wandte Ludendorff ein, es gäbe noch immer eine Siegeschance, wenn – unter anderem – die Heimat größere Opfer bringen würde. Mit Nachdruck empfahl er eine „stärkere Mobilisierung junger Juden, die man bisher ganz schön in Ruhe gelassen“ habe. Die von ihm angeordnete statistische Untersuchung wurde jedoch nie veröffentlicht, denn ihre Ergebnisse hätten jede Beschuldigung, die Juden trügen zu den Kriegsanstrengungen nicht bei, widerlegt.

In der Heimat nahmen die Angriffe auf Juden zu. Eine bevorzugte Zielscheibe war ausgerechnet Walther Rathenau, der in der Organisierung der deutschen Kriegswirtschaft soviel geleistet hatte: Er war ein Dieb, der seine jüdischen Freunde in der Kriegsindustrie untergebracht hatte, wo sie den Krieg skrupellos für eigene Profite nutzten. Die Deutschen würden den Krieg verlieren, weil die Juden zu ihrem eigenen Vorteil ihre Brüder in anderen Ländern Profite machen ließen.

Auch Soldaten in den Schützengräben beteiligten sich an der Verleumdung der Juden. Adolf Hitler, der im Krieg Gefreiter geworden war, schrieb später in *Mein Kampf*: „Die Kanzleien waren mit Juden besetzt. Fast jeder Schreiber ein Jude und jeder Jude ein Schreiber. Ich staunte über diese Fülle von Kämpfern des auserwählten Volkes und konnte nicht anders, als sie mit den spärlichen Vertretern an der Front zu vergleichen.“

Für die Juden, die im Kampf gefallen waren, spielte es keine Rolle mehr, was ihre deutschen Landsleute von ihnen glaubten. Einige von ihnen waren Baecks Studenten an der „Hochschule“ gewesen, und er hielt einen Gedächtnisgottesdienst für sie, so wie es auch die Geistlichen der anderen Religionen für ihre Gefallenen taten.

„Alfred Salomon, wir, die wir ihn gekannt haben, sehen ihn vor uns“, sagte er von einem seiner Studenten, „das junge, zarte, fast mädchenhafte Gesicht, die verträumten Augen unter dem schlichten blonden Haar.“ Er sprach von Alfred Salomons erster Übungspredigt: „Der Friede des Tages öffnete ihm das Herz, und in seiner ruhigen Sprache erzählte er von seiner Kindheit im stillen Wittenberg, wo er früh den Vater verloren hatte; von den Jahren in Berlin, wohin die

Mutter und die Schwester ihm gefolgt waren; und zuletzt von seinen Hoffnungen, seinen Wünschen an das Leben." Als der Krieg begann, war der junge Salomon – „gegen das Bitten seiner Mutter" – einer der ersten, die sich freiwillig meldeten. Er fiel in Flandern. „Wir werden seiner nie vergessen", sagte Baeck.

Sie würden auch Alfred Salomons Freund Max Lichtenstein nicht vergessen, der, „eine Mannesgestalt schon, strahlenden Blicks, wie mit Poetenaugen in die Welt hinausschauend, voller Glauben an sich und seine Zukunft" war. Die Gemeinde, so Baeck, hatte große Hoffnungen in ihn gesetzt, denn er war „mit allen Gaben ausgestattet", die einen Menschen zum Prediger und Lehrer machen: „Der Sinn für das Seelenleben, das feine psychologische Empfinden war ihm eigen." Baeck sprach davon, daß Max ihm von der Ostfront über seine ersten Eindrücke vom polnischen Judentum geschrieben habe. „Er hatte alle die Probleme der jüdischen Jugend enthusiastisch miterlebt, und so sprach alles, was dort auf seinen Wegen vor ihm lag, zu seinem innersten Empfinden und Sehnen." Max war Artillerist gewesen und an der Seite seines Geschützes gefallen. In seiner Gedächtnispredigt beklagte Baeck seinen Tod mit dem talmudischen Wort: „Ach über die Schönheit, die in der Erde vergangen!"

Ein anderer Baeck-Schüler, an den die Gedächtnispredigt erinnerte, war Siegfried Schemel, der anscheinend zu früh an die „Hochschule" gekommen war, ehe er soweit war, sich für einen Beruf entscheiden zu können: Er verließ die Anstalt wieder. Später jedoch – unterstützt von seiner Braut – wurde ihm klar, was er wirklich wollte. Er kehrte an die „Hochschule" zurück, überzeugte seine früheren Lehrer von seiner Ernsthaftigkeit und wurde für ein Semester immatrikuliert, bevor der Krieg begann. Er starb in einem französischen Kriegsgefangenenlager.[28]

Es gab 12000 junge Männer wie Alfred, Max und Siegfried – junge deutsche Juden oder, wie sie sich selbst genannt hätten, junge Deutsche jüdischen Glaubens, die im Kriege fielen. In den Nachkriegsjahren wurden diese toten Deutschen jüdischen Glaubens – wie Hunderttausende anderer junger Deutscher katholischen oder protestantischen Glaubens – von ihren politischen Führern verraten. Als der Krieg 1918 zu Ende war, standen die Deutschen vor einer Wahl. Sie konnten entweder an ihren Illusionen über ihre vergangene Größe festhalten oder für ihre Zukunft kämpfen. Viele von ihnen weigerten sich in den kommenden Jahren, anzuerkennen, daß Deutschland den Krieg verloren hatte, und beharrten darauf, daß der Sieg durch „den Dolchstoß in den Rükken", von den „Novemberverbrechern", vereitelt worden sei. Mit ihrer Weigerung, die Wirklichkeit ihrer Gegenwart zu akzeptieren, gaben sie jede Hoffnung für ihre Zukunft auf.

Leo Baeck kehrte wenige Monate vor dem Waffenstillstand, im Juni 1918, nach fast vierjährigem Dienst als Feldrabbiner, ins Zivilleben zurück. Bei seinem ersten Gottesdienst in der Synagoge in der Fasanenstraße am 28. Juni zeigte sich, wie sehr seine Gemeinde auf ihn gewartet hatte. Führende Persönlichkeiten kamen auf die *Bima*, um ihn willkommen zu heißen. Einer von ihnen sagte, daß die Gemeinde „sich seiner Weisung und Leitung künftig doppelt willig anvertrauen" werde, weil er, durch seine Kriegserfahrung gereift, nun „mit erhöhter Kraft aus dem Schatz der religiösen Erfahrung, Belehrung und Erbauung spenden" könne.

Ein anderer Sprecher bezog sich auf den Thora-Text für den nächsten Tag – Viertes Buch Mose, 25,10–30,1. Der Text berichtet, wie Pinehas, dem Enkel Arons, das Priestertum als dauerndes Erbe verliehen wird, und beschreibt den echten Priester als einen Mann, der Frieden stiftet und den gestörten Frieden wiederherstellt. Der Sprecher nahm diese Textstelle zum Anlaß, Leo Baecks Rolle als Feldrabbiner zu schildern: „Dem Frieden auf Erden eine Heimat bereiten, ihn zu schützen, wenn die Mächte des Hasses und der Zerstörung gegen ihn kämpfen, ist die edelste Aufgabe des Priesteramtes. In dieser edlen priesterlichen Pflicht hat Rabbiner Dr. Baeck sich bewährt, wenn er im Krieg unseren Söhnen von einer edleren Welt der Liebe predigte, in der die rohe Gewalt irdischen Geschehens keine Gültigkeit hat, aber auch wenn er als Gast an der Feiertagstafel und als Tröster in den Krankenzimmern der Lazarette saß."

In seiner Erwiderung sagte Baeck, er sei „dankbar", und

dankbar sein heiße für ihn, die „Pflichten erkennen, die der Zukunft geschuldet werden. Die Zukunft, die wir erhoffen, kommt nicht als ein Geschenk zu uns." Er erinnerte seine Gemeinde daran, daß „die Voraussetzungen für unsere Zukunft" nur durch „die Hingabe, die Fähigkeit, unsere innere Kraft an etwas Großes zu wenden", geschaffen würde. „In den vergangenen Jahren ist das Kleine und Kleinliche immer mehr an uns herangetreten und so oft der Sieger geblieben." Vier Jahre zuvor habe er seine Gemeinde als im wesentlichen Deutscher verlassen. Zurückgekehrt, sei er zwar nicht weniger Deutscher, aber mehr Jude. „Heute will es oft scheinen, als hätten wir zuviel Geschichte und zu wenig Begeisterung, zuviel Verteidigung und zu wenig von jenem Eifer. Ihn müssen wir besitzen um unserer Zukunft willen. Wir müssen Gott vor uns sehen, unseren Gott, den Gott unserer Kinder." Die Verwendung des Wortes „Verteidigung" in diesem Zusammenhang ist interessant. Bis zu diesem Zeitpunkt war die Haltung der Juden im modernen Deutschland defensiv gewesen: Sie hatten ihr Erbe verleugnet oder sich zumindest geweigert, dieses Erbe allzu deutlich hervorzukehren. Das müsse ein Ende haben, forderte Baeck.

Die aus dem Krieg heimkehrenden Juden, sagte er mit Nachdruck, „brauchen einen Glauben, der nicht ein bloßes Nein und nicht nur ein Wenn und Aber hat, sondern das frohe, stolze Ja der Begeisterung spricht." Leo Baeck erinnerte fast an einen Erweckungsprediger, als er schloß: „Wir brauchen diesen Eifer für unser Judentum. Er verbindet uns mit dem Geist, dem die Zukunft gehört. Er ist der Bund mit Gott, der Friedensbund, von dem unser Bibelwort redet."[29]

Offenkundig hatte der Krieg Leo Baeck verändert. Er hatte sich nicht von dem nationalistischen Geist infizieren lassen, der zum Krieg um jeden Preis trieb und Deutschlands Sieg über jeden Feind predigte. Seine Vaterlandsliebe war groß genug, auch die Fehler seines Landes und sein Versagen zu erkennen. Wenn er diese Fehler und Schwächen 1914 noch nicht erkannt haben mochte, so tat er es zumindest 1918, nachdem er erlebt hatte, wie sich der größte Teil der westlichen Welt – einschließlich Englands, Frankreichs und der Vereinigten Staaten – gegen Deutschland zusammengeschlossen hatte. Deutschland, so mußte er einsehen, hatte dem Frieden nicht gedient.

Das Wirken für den Frieden – ein jüdisches Gebot – galt ihm als Teil der Gemeindepflichten. „Unsere jüdische Gemeinde“, sagte er nach dem Krieg, „ist nicht zur Kirche geworden, sie ist Gemeinde in einem besonderen Sinne [. . .] Gemeinde des Blutes und des Geistes, gewissermaßen die große Familie, in der die Kinder der gleichen Ahnen und des gleichen Glaubens zusammen sind.“ Er war aufgewachsen als ein deutscher Jude, einer von jenen, die die orthodoxen Juden Polens und Rußlands mit Skepsis betrachteten. Dann hatte er vier Jahre fern von Deutschland verbracht, hatte Juden aus Frankreich, Polen und Rußland kennengelernt, hatte Gottesdienste für sie gehalten und sich mit ihnen angefreundet. Er hatte ihre Nöte gesehen, besonders die der aus Rußland fliehenden Juden. Er hatte Gebete auf hebräisch gesprochen, und Polen und Russen hatten in sie einstimmen können. Jetzt predigte er vor seinen Berliner jüdischen Mitbürgern und sagte ihnen, daß nicht die Berliner Juden, sondern *alle* Juden auserwählt worden seien. Die jüdische Geschichte sei „zur bloßen Chronik“ geworden, „zur Chronik von einzelnen Ereignissen und zur Chronik von einzelnen Menschen“. Doch sei diese Gemeinschaft, dieses auserwählte Volk, einzig als geistige Gemeinschaft zu verstehen. Die Juden seien nicht auserwählt, um Gottes Segen zu empfangen – der Segen Gottes könne jedem einzelnen Menschen gewährt werden. Nein, sie seien auserwählt worden, geistige Verantwortung zu tragen, nach Frieden zu streben und gerecht zu handeln. Diese Verpflichtung sei es, die sie zu einer Gemeinschaft verbinde.[30]

Baecks Überzeugung, daß man als Jude nicht nur Zuschauer sein könne, hatte sich vertieft. Wenige Monate nach seiner Heimkehr aus dem Krieg schrieb er in einem Brief an Martin Buber einige Gedanken nieder, mit denen er sich beschäftigt hatte: „Wir müßten etwas zu den Fragen sagen, die jetzt im Kampfe der Geister stehen, den Fragen von Krieg und Frieden, wie Politik und Moral.“ Mit „wir“ meinte er das Judentum. „Das Judentum“, erklärte er, „kann vor der Geistesgeschichte nicht gut abdanken noch sich verbergen." Diesem Brief fügte Baeck einige Stichworte hinzu, mit denen er definierte, was er unter menschlicher Verantwortung verstand. Das Thema dieser Zeilen sollte in seinen Schriften und in einer Hochschulvorlesung des folgenden Jahres wiederkehren. „Es wechseln die Zeiten, und so manche hat ihre neue Erde, aber der Mensch, derselbe Mensch, steht immer auf ihr. Der Mensch bleibt, und darum bleibt die Pflicht. Arbeiten und vorwärtsschauen, das ist daher das Gebot für uns. Eine Erde geht, und eine Erde kommt, aber der Mensch bleibt – der Mensch und seine Pflicht. Mit diesem Worte gedenken wir des Vergangenen, mit ihm grüßen wir die Zukunft."[31]

Erich von Ludendorff, Adolf Hitler und manche andere Deutsche mochten sich in die Vergangenheit flüchten, die Dolchstoßlegende erfinden und darüber klagen, daß ihrem Land der Sieg vorenthalten wurde, doch Leo Baeck würde darauf beharren, daß die Deutschen in die Zukunft blicken und ihre Pflicht tun sollten.

„Pflicht" war ein Wort, das Baeck oft verwandte, um zu definieren, was er unter Judentum verstand. Er war aus dem Ersten Weltkrieg mit der Erkenntnis zurückgekehrt, daß Jude zu sein bedeutete, seine Pflicht zu tun. „Das Judentum kann nicht gut abdanken und sich verbergen", hatte er Martin Buber erklärt, für Baeck letztlich deshalb, weil das Judentum eine Religion der Tat war; Jude sein hieß für ihn handeln.

Fünftes Kapitel
Gemeinde

Als Leo Baeck von der Pflicht und Verpflichtung der Juden zum Handeln sprach, traf sich Adolf Hitler in Münchner Kellerlokalen mit Gleichgesinnten – der Beginn einer politischen Laufbahn, die die Weltgeschichte verändern sollte. Für Hitler war es keine Frage, daß die Juden Deutschlands und die Juden der Welt der Feind waren:

„Wenn die Gefahr die das Judentum für unser Volk heute bildet seinen Ausdruck findet in einer nicht wegzuleugnenden Abneigung großer Teile unseres Volkes, so ist die Ursache dieser Abneigung meist nicht zu suchen in der klaren Erkenntnis des bewußt oder unbewußt planmäßig verderblichen Wirkens der Juden als Gesamtheit auf unsere Nation, sondern sie entsteht meist durch den persönlichen Verkehr, unter dem Eindruck, den der Jude als Einzelner zurück läßt und der fast stets ein ungünstiger ist. [. . .] Zunächst ist das Judentum unbedingt eine Rasse und nicht Religionsgenossenschaft. [. . .] Aus diesem Fühlen ergibt sich jenes Denken und Streben nach Geld, nach Macht, die dieses schützt, das den Juden skrupellos werden läßt in der Wahl der Mittel, erbarmungslos in ihrer Verwendung zu diesem Zweck. Er winselt im autokratisch regierten Staat um die Gunst der ‚Majestät' des Fürsten, und mißbraucht sie als Blutegel an seinen Völkern. [. . .] Und daraus ergibt sich folgendes: Der Antisemitismus aus rein gefühlsmäßigen Gründen wird seinen letzten Ausdruck finden in der Form von Pogromen. Der Antisemitismus der Vernunft jedoch muß führen zur planmäßigen gesetzlichen Bekämpfung und Beseitigung der Vorrechte des Juden, die er zum Unterschied der anderen zwischen uns lebenden Fremden besitzt. (Fremdengesetzgebung.) Sein letztes Ziel aber muß unverrückbar die Entfernung der Juden überhaupt sein. Zu Beidem ist nur fähig eine

Regierung nationaler Kraft und niemals eine Regierung nationaler Ohnmacht."[1]

Im September 1919 rief der damals noch unbekannte ehemalige Gefreite Adolf Hitler nach einer Regierung nationaler Stärke, einer Regierung, die Deutschland von den Juden befreien, „judenrein" machen sollte. In München gehörte er einer sogenannten Arbeiterpartei an, die vornehmlich aus Rohlingen, verbitterten Soldaten und unangepaßten Einzelgängern bestand, Männern, die ihr Versagen in der Gesellschaft und ein weiteres Element miteinander verband: ihr Antisemitismus. Zu jener Zeit waren nicht die Juden, sondern *sie* die Ausgestoßenen. Die Weimarer Republik hatte Deutschland die Demokratie gebracht und damit die Ungesetzlichkeit religiöser Diskriminierung. Der Staat gab seinen jüdischen Mitbürgern die gleiche Unterstützung, die auch die christlichen Bürger genossen; die Verfassung von 1919 machte dem Status zweiter Klasse ein Ende. Und es gab Indizien dafür, daß dieser Auftrag der Verfassung in die Tat umgesetzt wurde.

Eine schon vor dem Krieg – 1911 – durchgeführte Untersuchung hatte festgestellt, in welcher Weise die Juden noch immer diskriminiert wurden, obwohl dies nach der Preußischen Verfassung ungesetzlich war. So mußten beispielsweise alle Volksschulen protestantischen und katholischen Kindern Religionsunterricht erteilen, doch der Religionsunterricht für jüdische Kinder war Sache der örtlichen jüdischen Gemeinde – und daß es diesen Religionsunterricht überhaupt gab, war dem Wirken von Männern wie Samuel Bäck gegen Ende des vorigen Jahrhunderts zu verdanken. Die Untersuchung ergab ferner, daß es eine staatliche Ausbildung für Religionslehrer der beiden christlichen Konfessionen gab, während die Juden ihre Religionslehrer selbst ausbilden mußten. Ebenso gab es an den Universitäten protestantische und katholische theologische Fakultäten, aber an keiner einzigen preußischen Universität einen Lehrstuhl für jüdische Theologie.

Im Gegensatz zu dieser Diskriminierung im Kaiserreich wurde in der Weimarer Zeit den Schulen ebensoviel Geld für jüdischen wie für protestantischen und katholischen Religionsunterricht zur Verfügung gestellt. Deutsche Bürger jüdischen Glaubens konnten nun auch im öffentlichen Leben aktiv werden. Dennoch vermochte kein Jude den Antisemitismus vor Weimar oder die *Dolchstoß*-Anschuldigung zu vergessen, die zu Ende des Krieges so plötzlich gegen sie erhoben worden war. Manche waren auch über Rowdies wie Adolf Hitler besorgt, doch all das verschwand schließlich angesichts der offenkundigen Gleichheit und der vielen neuen Impulse in der Weimarer Republik.[2]

In Wirklichkeit war die Weimarer Republik durchaus nicht so progressiv wie in der verklärenden Erinnerung. Dennoch war sie in vieler Hinsicht wie eine Offenbarung. „Ein unglaublicher kultureller Glanz“, erinnert sich ein Zeitgenosse, der zur Zeit der Republik als junger Mann in Berlin lebte. Es war die plötzliche Befreiung geistiger und künstlerischer Kräfte, die Dutzende von Jahren unterdrückt gewesen waren. Und es war unleugbar glanzvoll. Der Film beispielsweise, das neue Medium, ist nie wieder so schöpferisch gewesen wie damals. Neue Entwicklungen bahnten sich in Architektur, Kunst und Musik und in den Beziehungen zwischen den Geschlechtern an. Noch ein halbes Jahrhundert später beeinflussen diese Entwicklungen das Leben von Männern und Frauen fast überall auf der Welt.

Berlin war der Brennpunkt der Weimarer Republik und für viele deutsche Juden die Heimat. Schon an der Gründung der Republik hatten Juden aktiven Anteil. So stammte der Entwurf der neuen Verfassung, in der – ungewöhnlich für eine europäische Nation – das Recht auf Glaubensfreiheit so nachdrücklich garantiert wurde, von Hugo Preuß, einem Juden. Von den 423 Delegierten der verfassunggebenden Versammlung waren neun Juden und vier jüdischer Herkunft. Schon früher hatten die Rathenaus und Albert Ballin bewiesen, daß Juden in Handel und Industrie erfolgreich sein konnten. Nun begannen sie ihren Weg in der Welt der Kunst. Max Reinhardts große Inszenierungen, Elisabeth Bergners glanzvolle Schauspielkunst, George Grosz' entlarvende Graphiken, Arnold Schönbergs revolutionäre Zwölftonmusik, Lion Feuchtwangers und Stefan Zweigs literarische Werke – alle diese Juden waren ebenso Teil der Weimarer Kultur wie

Albert Einstein und andere große Wissenschaftler, Bankiers und Journalisten.

Natürlich fielen sie auf. Auch Protestanten und Katholiken traten in all diesen Bereichen hervor, aber nur selten wurden sie als Protestanten oder Katholiken identifiziert; nur die Juden wurden fast immer als solche gesehen. Leo Baeck hatte in seiner Düsseldorfer Ansprache im Jahre 1911 darauf hingewiesen, daß die Juden „die merkwürdige Eigenschaft [haben], sich zu vervielfachen; wenn es irgendwo zwanzig von uns gibt, sieht es so aus, als seien es zweihundert". Ein Historiker der Weimarer Republik hat geschrieben: „Natürlich gab es viel mehr jüdische Schneider als jüdische Schriftsteller und Journalisten." Aber nur wenige sahen die Schneider, die meisten nahmen nur die Journalisten zur Kenntnis. Was diese Einstellung letztlich bedeutete, wurde von den Juden ignoriert. „Ja, in Österreich hat es immer Antisemitismus gegeben, aber nicht in Berlin, das kam erst viel später", lautete die typische Antwort von Juden, die die Erinnerung an das Berlin der Weimarer Zeit heraufbeschworen.[3]

Eine Stärke der Berliner (und allgemein der deutschen) Juden war ihre Organisation als öffentlich-rechtliche Gemeinde. In den meisten anderen Ländern und besonders in den USA treten Juden auf freiwilliger Basis einer religiösen Gemeinde bei, die ihre Synagoge selbst finanziert und auch den Rabbiner bezahlt. Die Beiträge zu dieser Gemeinde sind freiwillig und dem Ermessen der einzelnen überlassen, das gleiche gilt für Beiträge zur Finanzierung von Krankenhäusern, Altenheimen, Schulen und Fürsorge. In Deutschland dagegen gab es schon im Mittelalter die von der Obrigkeit kontrollierte (und auch entsprechend mit Steuern belegte) Judengemeinde. Seit der Mitte des 19. Jahrhunderts wurde daraus die gesetzlich anerkannte jüdische Gemeinde, die nun nicht mehr mit Sonderabgaben belegt war, sondern ihre Beiträge mit Hilfe des Staates von ihren Kirchensteuer zahlenden Mitgliedern einzog. Die Mitgliedschaft war nicht freiwillig, sondern alle Juden, die nicht zum Christentum übergetreten waren, wurden ohne weiteres als Mitglieder der örtlichen Gemeinde angesehen und eingetragen: Freidenkertum und Atheismus gab es offiziell erst seit dem letzten Viertel des 19. Jahrhunderts. Zu dieser Zeit begann sich auch die Spaltung zwischen den verschiedenen Richtungen des Judentums zu verstärken, und einzelnen wurde erlaubt, sich aus Gewissensgründen von der offiziell anerkannten Gemeinde zu trennen. Das hieß in den meisten Fällen, daß die orthodoxen Juden sich zu einer eigenen Gemeinde zusammenschlossen, die dann denselben Status erhielt wie die ursprüngliche.

Fast von Anfang an war die Berliner Gemeinde die größte jüdische Gemeinschaft in Deutschland. Zu Beginn des 20. Jahrhunderts umfaßte sie annähernd ein Drittel aller deutschen Juden. Dafür gab es verschiedene Gründe. Zum einen waren die Juden fast ausschließlich Stadtbewohner, da sie jahrhundertelang nicht das Recht hatten, bäuerliches Land zu besitzen, und daher auf das Stadtgebiet beschränkt waren. Zum anderen ist die jüdische Religion eine Gemeinschaftsreligion: Da zu einem Gottesdienst mindestens zehn Männer über 13 Jahre versammelt sein müssen, bevorzugten die Juden die Stadt, wo sie sich einer Gemeinschaft anschließen konnten. Berlin war zudem wegen seiner angesehenen Universität, seiner aufblühenden Wirtschaft und seines regen Kulturlebens besonders attraktiv. Hinzu kam, daß Berlin das Ziel zahlloser Zuwanderer, Juden wie Christen, aus den nach und nach von Preußen erworbenen Ostprovinzen war, die nun zum Deutschen Reich gehörten. Mit diesem Zustrom von Menschen wuchs die Stadt und mit ihr die jüdische Gemeinde. Es gab auch in anderen Städten Deutschlands – etwa Frankfurt am Main – große alte jüdische Gemeinden. Obwohl auch sie in alten Kultur- und Handelszentren heimisch waren, wuchsen sie nicht im gleichen Maße wie die Berliner Gemeinde, weil ihnen der stetige Zuzug aus dem Osten fehlte. Sie rekrutierten ihren Zuwachs im wesentlichen aus den benachbarten ländlichen Regionen, wo Juden in großer Zahl als kleine Gewerbetreibende, oft auch als Vieh- und Getreidehändler lebten.

Aber sowohl im Kaiserreich als auch in der Weimarer Zeit herrschte bei Juden und Nichtjuden das ausgeprägte Gefühl, es sei etwas Besonderes, ein Berliner zu sein, mehr als nur einfach ein Deutscher; es hieß, im Mittelpunkt des Geschehens zu leben, im Herzen von Macht und Fortschritt.[4]

Nach dem Ersten Weltkrieg gab es neue Veränderungen. Mehr Juden kamen aus dem Osten nach Berlin. Ein Teil der preußischen Ostgebiete mußte nach dem Versailler Vertrag an die neue Republik Polen abgetreten werden, und die Städte, in denen Leo Baeck geboren worden und aufgewachsen war und seine erste Rabbinerstellung bekleidet hatte, waren nun keine deutschen Städte mehr. Bei der Abstimmung optierten 99% der in diesen Provinzen ansässigen Juden für Deutschland und mußten anschließend ihre Heimat verlassen. Nicht alle, aber die meisten von ihnen wählten Berlin als neuen Wohnsitz.[5]

Finanziell ging es den Mitgliedern der Jüdischen Gemeinde Berlins gut. Wirtschaftlicher Fortschritt war Hand in Hand gegangen mit der Zunahme der bürgerlichen Freiheiten im 19. Jahrhundert. Da jedoch den Juden im Kaiserreich Universitäts- und Beamtenlaufbahnen noch immer verschlossen waren, strömten sie – gerade zur Zeit der industriellen Revolution – in Handel und Industrie. Ihre finanziellen Erfolge waren bald nicht mehr zu übersehen. Die Einkünfte der Berliner Gemeinde aus dem Steueraufkommen ihrer Mitgliedschaft wuchsen in der zweiten Hälfte des 19. Jahrhunderts in einem Jahrzehnt um fünfzig Prozent und im folgenden Jahrzehnt um weitere fünfzig Prozent. Dank dieser Mittel konnten die Juden ihre Tradition der Fürsorge für die weniger Begüterten fortsetzen. Sie waren bereit und in der Lage, jede soziale Hilfe zu leisten, die ihre Gemeinde brauchte. Der Wohlstand zeigte sich auch in anderer Weise. Die Juden Berlins zahlten im Durchschnitt höhere Steuern als ihre nichtjüdischen Mitbürger. Eine in den ersten Jahren des 19. Jahrhunderts durchgeführte Untersuchung ergab, daß der durchschnittliche jüdische Steuerzahler 357 Mark Steuern bezahlte, der protestantische 132 Mark und der katholische 111 Mark; der freireligiöse zahlte durchschnittlich 270 Mark. Das höhere Einkommen der Juden war – trotz der Fassade der guten Beziehungen zwischen Juden und Nichtjuden – in den zwanziger Jahren eine Quelle von Neidgefühlen gegenüber dem sichtbaren größeren Erfolg.

Neben ihren wirtschaftlichen Fortschritten machten die Juden auch Fortschritte auf dem Gebiet ihrer religiösen Praxis. Die „Hochschule“ und andere Seminare brachten Gelehrte hervor, die es mit Wissenschaftlern anderer Disziplinen aufnehmen konnten. Ein Historiker der deutsch-jüdischen Geschichte, Jacob R. Marcus, apostrophierte zu Beginn der dreißiger Jahre die deutschen Juden lobend als die ersten „modernen“ Juden. Er meinte zwar, daß ihnen keine „Verschmelzung hebräischer und westlicher Kultur“ gelungen sei, räumte aber ein, daß sie „etwas geleistet hatten, was sie unter den Juden der ganzen Welt zu einer einmaligen Erscheinung machen sollte“.

„Die deutsche Judenheit modernisierte die religiöse Praxis, führte das künstlerische Dekor in ihre Gottesdienste ein, entwickelte große Gemeinde-, Bildungs-, Sozial- und Fürsorgeinstitutionen, die den Juden der ganzen Welt als Vorbild dienten, führte wissenschaftliche Methoden in das Studium des Judentums ein und erlangte die unbestrittene akademische Führungsposition im Weltjudentum – all dies um so bemerkenswerter, als sie während dieser gesamten Epoche nie mehr als fünf Prozent der jüdischen Weltbevölkerung ausmachten.“[6]

Für diesen Fortschritt zahlten die deutschen Juden einen hohen Preis. Es waren nicht nur die feierlich-großen Synagogen und die Distanz, die sich zwischen Gemeinden und Rabbinern herausbildete. Vielmehr war es die Einstellung zum Judentum, die die deutschen Juden an den Tag legten. An einem Freitag abend gab es wohl kaum mehr als zwei Dutzend Menschen, die in den hallenähnlichen Synagogen Berlins dem Gottesdienst beiwohnten. Obwohl der Sabbat nicht auf den Sonntag verlegt wurde – weder Leo Baeck noch die meisten anderen Rabbiner setzten sich für dieses Ziel ein –, war doch allein die Tatsache, daß eine Minderheit sie verlangen konnte, eine einzigartige Entwicklung in der jüdischen Geschichte. Ein jüdischer Schriftsteller namens Emil Herz erzählt eine Anekdote, die ein Licht auf die Begründung dieser Forderung wirft. In den zwanziger Jahren lernte er einen Berliner Rabbiner kennen, der von Herz' Großvater auf das Rabbinat vorbereitet worden war. Herz sagte zu ihm: „Ich glaube, mein Großvater würde sich im Grabe herumdrehen, wenn er wüßte, daß sein Lieblingsschüler den Gottesdienst am Sonntag statt am Samstag feiert." Worauf ihm der junge Rabbiner „heftig" entgegnete:

„Ich bin überzeugt, daß Ihr Großvater die Notwendigkeit einer Reform einsehen würde, sogar dann, wenn er ihr nicht zustimmte. Früher war es einfach für die Juden, ihre Geschäfte am Samstag zu schließen, aber später wurde es Gesetz, die Sonntagsruhe einzuhalten. Doch für die meisten Leute sind zwei Ruhetage in der Woche mehr, als sie sich in unserer Zeit des wirtschaftlichen Wettbewerbs leisten können. Ihr Großvater hat diese Veränderung nicht mehr miterlebt, ihm ist daher dieser Gewissenskampf erspart geblieben. Was sollen wir denn tun? Schauen Sie sich doch die Berliner Synagogen an; sie sind leer bis auf ein paar alte Männer, Frauen und Kinder. Müssen die meisten unserer berufstätigen Glaubensbrüder auf ihre Religionsausübung verzichten? Muß ihr Judentum auf die beiden höchsten Feiertage im Jahr beschränkt bleiben?"[7]

Es ist immer schwer gewesen, Jude zu sein. Die Zugehörigkeit zu einer Tradition, die nicht die allgemeingültige ist, war von jeher eine Herausforderung. Leichter war es, entweder die Traditionen zu ändern oder das Judentum ganz aufzugeben, was viele deutsche Juden vor der Weimarer Zeit getan hatten. Dieser Trend zeigte sich erstmals im 19. Jahrhundert. Für Heinrich Heine war die Taufe das „Eintrittsbillett in die Gesellschaft", denn er wollte Jurist werden, worauf er schließlich doch verzichtete. Karl Marx gilt allgemein als Jude, obwohl er christlich getauft war und schon seine Eltern Christen geworden waren. Einer seiner neueren Biographen sagte von ihm, daß die Familie zwar durch und durch jüdischen Ursprungs, jedoch „aus Notwendigkeit protestantisch" war. Die Taufe war im Deutschland des 19. Jahrhunderts für die Zulassung zu manchen Berufen noch unerläßlich. „Sie wirkt Wunder", erklärte im Jahre 1818 ein eben Getaufter. Zwar hatte Moses Mendelssohn, der im späten 18. Jahrhundert die Juden aus dem Getto führte, gesagt, daß die Juden ihre Religion niemals für das Bürgerrecht eintauschen würden – doch seine Nachkommen wurden Christen.

Die Übertritte waren zwar zahlenmäßig nicht hoch – in den Jahrzehnten vor dem Ersten Weltkrieg pro Jahr einige hundert –, aber stetig. Wie sich ein Zeitgenosse erinnert, sah es in einer typischen Berliner jüdischen Familie zu Beginn des 20. Jahrhunderts folgendermaßen aus: Einer der Söhne, der die Universitätslaufbahn einschlagen wollte, ließ sich taufen, ebenso eine Tochter, die einen Christen heiraten wollte. Waren noch mehr Kinder da, die ihren Weg in Handel oder Industrie machen wollten, blieben sie jüdisch. Von einem deutschen Rabbiner wird erzählt, daß er im Jahre 1907 sieben christliche Enkelkinder hatte. Der Anteil der Mischehen war hoch. In einem Viertel bis einem Drittel aller Ehen, die von Juden geschlossen wurden, gab es einen nichtjüdischen Partner. Der Übertritt zum Christentum war bei der Eheschließung nicht erforderlich, dennoch tendierten die Mischehen zum Christentum. Wurde der jüdische Ehegatte selbst auch kein praktizierender Christ, so wurden es doch in vielen Fällen seine Kinder und Enkel. Einige jüdische Gelehrte waren über die Zahlen so entsetzt, daß sie das Verschwinden der Juden in Deutschland innerhalb weniger Jahrzehnte prophezeiten. Ein Buch aus dem Jahre 1911 mit dem Titel *Der Untergang der deutschen Juden* sagte voraus, daß es wegen der wachsenden Zahl von Übertritten zum Christentum und Mischehen gegen Ende des Jahrhunderts in Deutschland keine Juden mehr geben würde.[8]

Den Juden jedoch, die ihrem Glauben treu blieben, folgte ein Schatten, den sie ihr Leben lang nicht loswurden. Peter Gay, ein Historiker der Weimarer Zeit, zitiert einen prominenten Juden, der nach dem Ersten Weltkrieg sagte: „Stiefkinder müssen doppelt artig sein." Den Juden war bewußt, daß die Gesellschaft einen Protestanten oder einen Katholiken nicht nach seinem Glaubensbekenntnis, sondern als Individuum beurteilte, einen Juden jedoch stets als Juden. Der strebsame Fleiß der Berliner Gemeinde beruhte zum Teil auch darauf, daß sie das Kultur- und Bildungsniveau aller Juden zu heben suchte, damit keiner von ihnen kritisiert werden konnte – alle sollten „doppelt artig" sein.[9]

Für sensible Juden bestand eine schmerzliche Diskrepanz zwischen ihrer Hoffnung, zugleich Deutsche und Juden zu sein, und dem Mangel an vollkommener Anerkennung als eines von beiden. Ein Jude, der in den zwanziger Jahren erwachsen geworden war, sagte uns: „Ich fühlte mich als guter Deutscher und als guter Jude. Meine Freunde gingen in die Kirche und ich in die Synagoge." Er hielt einen Augenblick inne und fügte dann hinzu: „Auf Hitler war ich nicht vorbereitet." Franz Rosenzweig, ein großer Philosoph, der den Ersten Weltkrieg überlebte, wurde 1923 einmal gefragt, was er als stärker empfinde, sein Deutschtum oder sein Judentum. „Ich weigerte mich, darauf zu antworten", sagte er. „Wenn es dazu käme, daß das Leben mich aufs Rad flechten und in Stücke reißen würde, würde ich erfahren, mit welcher der beiden Hälften mein Herz gehen würde, da ja das Herz im Körper asymmetrisch gelagert ist." Und er fügte hinzu: „Aber ich würde noch eine andere Erfahrung machen, nämlich, daß ich diese Operation nicht überleben würde."

Zusammen mit Martin Buber begann Rosenzweig eine neue Übersetzung der hebräischen Bibel ins Deutsche. Anders als die Bibelübersetzung Moses Mendelssohns über ein Jahrhundert zuvor sollte diese Übersetzung nicht dazu dienen, junge Juden gutes Deutsch zu lehren. Vielmehr sollte sie den ursprünglichen hebräischen Charakter der Bibel und den Geist, den er ausdrückte, bewahren. Die Übersetzung wurde erst Jahrzehnte später beendet und war dann nicht mehr, was sie ursprünglich hatte sein sollen: ein „Gastgeschenk" an die deutsche Nation, ein symbolischer Akt, mit dem die Juden ihren deutschen Landsleuten für ihre Aufnahme als Freunde und Mitbürger dankten.

Martin Buber hatte dieses Problem 1916 umrissen. Die Juden, so Buber, „versichern den Deutschen, daß sie sich nicht von ihnen unterscheiden, damit sie nicht als Fremde betrachtet werden. Doch wir *sind* anders, und dennoch sind wir wahrhaftig keine Fremden".[10] Buber hatte die unbehagliche Situation einer Minderheit definiert, nicht nur der jüdischen Minderheit in Deutschland, sondern jeder Minderheit überhaupt. Kann irgendeine Minderheit, ob ethnisch oder religiös, in einer Mehrheitsgesellschaft überleben? Kann sie ihre Würde und ihre Werte bewahren, können ihre Werte der Mehrheit nützlich sein? Kann umgekehrt die Mehrheit genug Toleranz und Klugheit aufbringen, um der Minderheit das Überleben zu ermöglichen? Ist totale Anpassung, der Verlust von Individualität und Eigenart, der Preis, der für das Überleben bezahlt werden muß?

Diese letzte Frage beantwortete Leo Baeck in den zwanziger Jahren immer wieder mit „nein“. Es sei nicht nötig, daß die Juden ihre Individualität und ihren Charakter aufgeben. Obwohl Baeck oft gesagt hatte, daß das Judentum kein Dogma kenne, daß Traditionen und Bräuche sich wandeln oder verändert werden könnten, vergaß er doch niemals, daß solche Veränderungen die Religion stärken, nicht schwächen oder verbergen sollten. Immer wieder forderte er die Juden auf, stolz auf ihre Religion zu sein. Gerade weil Baeck in Schrift und Rede so ausgeprägt deutsch war, konnte er seinen Glaubensbrüdern solche Forderungen stellen. Eine Frau, deren Familie in dieser Zeit mit den Baecks befreundet war, erinnerte sich Jahre später: „Obwohl Baeck ein frommer Jude war, durchtränkt vom Judentum, war er nach außen hin ein *Goi*. Wenn die Berliner Juden von einer besonders würdigen Person repräsentiert werden wollten, wandten sie sich an Baeck. Er war bei den assimilierten Juden sehr beliebt: Sie ließen ihn gern Traugottesdienste abhalten, weil er für die nichtjüdischen Gäste aussah wie ein Pastor.“

Dieser würdevolle Mann, der zu allen eine Art aristokratischer Distanz hielt und dem vertraulich zu kommen niemandem eingefallen wäre, war ein Deutscher, der ein Jude war. Und dieser Mann machte es sich zur Aufgabe, durch sein Predigen, sein Lehren, seine Schriften und sein Wirken in der Gemeinde andere deutsche Juden zu ihrem Judentum zurückzuführen.

Über Leo Baecks Art des Predigens gingen in Berlin zwei Beschreibungen um. In der einen hieß es, seine Predigten seien „Privatunterhaltungen mit Gott“. In der anderen wurde der auf der *Bima* predigende Baeck „der Fahrstuhl“ genannt, weil er sich jedesmal, wenn er eine These vorgebracht hatte, zu voller Größe emporreckte. Beide Beschreibungen waren als Kritik gemeint, doch verrieten sie noch etwas anderes: Leo Baeck zuzuhören verlangte nämlich, der Entwicklung des Predigtthemas aufmerksam zu folgen, mitzudenken, den

Verstand aufs äußerste anzustrengen. Einer Predigt Leo Baecks zuzuhören war eine geistige Übung.

Baeck lehnte es ab, seinen Zuhörern das Verständnis durch dramatische Spannungselemente zu erleichtern. „Es war unter seiner Würde, Kunstgriffe zu benutzen", sagte Joachim Prinz, ein Amtsbruder Baecks in Berlin. Und Fritz Bamberger, ein Schüler Baecks, sagte von ihm: „Er kannte keine Schauspielerei. In seinem Rabbinergepäck gab es keine wohlassortierte Sammlung jüdischer Geschichten für verschiedene Gelegenheiten." In den zwanziger Jahren sprach Baeck, nun in den Fünfzigern, mit „sehr heiserer, fast flüsternder Stimme", wie jemand sagte, der ihn in dieser Zeit oft sprechen gehört hatte. „Es war eine sehr wirksame Methode, besonders in Deutschland, wo der Durchschnittsbürger eher gelernt hatte, zuzuhören als zu sprechen." Ein anderer Zeitgenosse, der Baeck oft gehört hatte, schildert den Eindruck, den Baecks Predigten auf ihn machten, mit folgenden Worten: „Es unterschied sich von dem, was man von Männern wie Maybaum, Rosenzweig oder Weisse gewohnt war; Baeck wollte und konnte nicht mit ihrem theatralischen Talent konkurrieren."

„Der Höhepunkt des Synagogenerlebnisses war regelmäßig die Predigt Dr. Baecks", erinnert sich ein anderer. „Der Aufbau seiner Predigten war von hochentwickelter klassischer Schönheit und beispielhaft. Die Fülle seiner geistigen Kenntnisse überstieg alles, was die liberale rabbinische Tradition zu bieten hatte. Obwohl ich im allgemeinen kein Synagogenbesucher war, ging ich während der Semester, die ich in Berlin studierte, regelmäßig in die Synagoge, wenn Dr. Baeck predigte."[11]

Baeck gewann in Berlin nicht nur als Prediger Bedeutung, sondern auch als Lehrer künftiger Rabbiner. Martin Buber hat einmal gesagt, daß man als Lehrer „einen Menschen braucht, der voller Leben ist und sich seinen Mitmenschen direkt mitteilen" kann. Ein solcher Lehrer war Leo Baeck. Wenige Aufgaben, die das Leben ihm stellte, nahm er so ernst wie das Lehren. Er lehrte mit persönlicher Anteilnahme, mit der ganzen Kraft seines Geistes und aller Aufgeschlossenheit eines hingebungsvollen Herzens. 1926 sagte er in einem

Vortrag: „Einen Menschen erziehen, ist das Künstlerischste, was ein Mensch vollbringen kann.“ Es handle sich nicht darum, einen Menschen zu bilden, sondern ihm dazu zu verhelfen, sich selbst zu bilden. Für Leo Baeck war das Amt des Lehrers eine religiöse Aufgabe. Religiosität, sagte er, „will bilden und formen, sie will einem Gegebenen, einem Stoffe einen Sinn geben; sie will verwirklichen und erfüllen [. . .] Den religiösen Menschen treibt es zum Erziehen.“

Während seiner Tätigkeit an der „Hochschule“ unterrichtete Baeck in zwei Fächern. Das erste war Midrasch. Das sind die frühen Bibelkommentare, die Anmerkungen der Rabbiner zum Inhalt der Bibel sowie ihre Auslegung der einzelnen Bibelstellen und deren Anpassung an den Wandel der Zeiten. Das andere Fach war Homiletik, Geschichte und Theorie der Predigt. Auf diesem Gebiet hielt sich Baeck an die bei seiner Ankunft im Jahre 1913 von der Schulleitung verfaßte Beschreibung des Kurses. Homiletik, so hieß es darin, diene der Ausbildung von „Predigern, die berufen sind, das Wort Gottes in die Herzen der Hörer zu pflanzen“.[12]

Fritz Bamberger, einer von Baecks früheren Schülern, erinnerte sich Jahre später, daß Baeck an der Hochschule keine Philosophie lehrte. „Er lehrte Theologie, aber er hatte eine Abneigung dagegen, sie so zu nennen“, sagte Bamberger. „Er war sehr kühl und sprach, wie er schrieb, in einem idiomatischen Deutsch. Sein Redefluß war gleichmäßig schnell, stark substantivisch, eine rasche Folge von Gedanken.“ Und Bamberger fügte hinzu: „Das war sogar der Fall, wenn Baeck über einfache Dinge sprach, aber er sprach nur selten über einfache Dinge.“

Rabbiner-Studenten aus den Vereinigten Staaten, die in den zwanziger Jahren zum Studium an die Berliner „Hochschule“ kamen – „Amerika war damals noch kulturelles Neuland, und wenn man etwas über Judentum lernen wollte, ging man nach Berlin an die ‚Hochschule‘“, sagte einer von ihnen –, fiel es schwer, Baecks Vorlesungen zu folgen. „Er war abstrakt und philosophisch“, erzählte uns ein solcher Amerikaner, gab dann jedoch zu: „Ich glaube, es war zu fünfzig Prozent meine eigene Schuld.“

Baeck galt bei seinen Studenten auch als gestrenger Lehrmeister. Seine Predigtvorlesung begann morgens um acht Uhr, und Baeck fing um acht Uhr an, ganz gleich, wie viele seiner Hörer noch fehlten, denen acht Uhr morgens „bitter früh“ erschien. Es herrschte ein förmlicher Ton, die Studenten trugen, wie damals üblich, dunkle Anzüge mit Krawatte und redeten ihren Lehrer mit „Herr Doktor“ an. Er nannte sie „Herr Kollege“, was als besondere „Freundlichkeit“ empfunden wurde.

Baeck ermahnte seine Studenten, sich kurz zu fassen. „Sie können über alles reden“, sagte er, „aber nicht länger als zwanzig Minuten.“ Es war schwer für die Studierenden, vor ihm zu stehen und eine Übungspredigt zu halten. Einer seiner Studenten sagte: „Nur Gott konnte vielleicht wissen, welchen Trommelwirbel das Herz eines 23-, 24- oder 25jährigen Studenten schlug, wenn er einer Übungspredigt vor Baeck entgegensah.“ Jeder Student empfing, wie es scheint, eine eigene Version vernichtender Kritik Baecks. Zu einem hatte er gesagt: „Vieles von dem, was Sie gesagt haben, war gut, und vieles war neu. Aber leider –“ ein tiefer Seufzer und der Anflug eines Lächelns –, „war das Gute nicht neu und das Neue nicht gut.“ Zu einem anderen: „Ihre Predigt war sehr gut bis auf einige Einzelheiten. Die Einleitung sollte einen Zusammenhang mit der Ausführung und dem Inhalt der Predigt haben, und die Sprache könnte einfacher sein. Und die Predigt wäre doppelt so gut, wenn sie halb so lang wäre; aber sonst war es eine gute Predigt.“[13]

Trotz seines strengen Urteils bestand zwischen Baeck und den Studenten ein enges Verhältnis. Keiner von denen, die seine Vorlesungen gehört hatten, vergaß ihn. Baeck durchbrach häufig die Förmlichkeit, die an deutschen Universitäten der damaligen Zeit zwischen Lehrenden und Lernenden üblich war. Vor allem bemühte er sich stets, seinen Studenten zu helfen. Vielen verschaffte er Stipendien, besonders seit er in den zwanziger Jahren Präsident des Bne Briss geworden war, eines deutsch-jüdischen Bruderschaftsordens, der Stipendien zu vergeben hatte. Er half auch auf andere Weise. Ein ehemaliger Student erzählte: „Als er erfuhr, daß ich nach einer Operation [. . .] eine Erholung nötig hatte, veranlaßte er die Familie Mosse, mit der er befreundet war, mich zu einem mehrwöchigen Erholungsaufenthalt auf ihr in der Nähe Berlins gelegenes Landgut einzuladen." Die Beziehung zu einem anderen Studenten, Wolli Kaelter, war sogar noch persönlicher. Wollis Vater war Rabbiner gewesen und gestorben, als der junge Kaelter erst zwölf Jahre alt war. Baeck nahm sich des Knaben väterlich an, ermutigte ihn, Rabbiner zu werden, und unterstützte ihn finanziell.

Viele seiner Studenten, die fern von ihren Familien in Berlin studierten, fanden in seinem Haus heimatliche Wärme. Die Studenten besuchten ihren Rabbiner am Sabbat nachmittag, und Natalie bewirtete sie mit Tee und Kuchen. „Professor Baeck ließ alle seine Besucher ausführlich über ihre Probleme reden", erinnerte sich einer von ihnen. Alltags diskutierte Baeck gelegentlich auf Spaziergängen im Tiergarten mit einigen Studenten über Philosophie oder aktuelle Ereignisse. „Leo Baeck hatte ein enzyklopädisches Wissen und ein unvergleichliches Gedächtnis", sagte einer von jenen, denen diese Spaziergänge Freude gemacht hatten. „Seine Plato-Zitate waren immer korrekt." Bei solchen persönlichen Gesprächen war Baeck geneigt, weniger förmliche Ratschläge über den Aufbau einer guten Predigt zu geben: „Nur wenn Sie für immer nach Afrika übersiedeln, sollten Sie vor Ihrer Gemeinde alles ausbreiten, was Sie wissen."

Im allgemeinen grüßte Baeck seine Studenten, bevor sie ihn grüßen konnten. „In den zweieinhalb Jahren, die ich an der ‚Hochschule' war", sagte ein Student, „pflegten Leo Baeck und ich uns dem Gebäude von verschiedenen Seiten her zu nähern. Nur ein einziges Mal ist es mir gelungen, meinen Hut zu ziehen, bevor er den seinen zog." Und ein anderer Student sagte: „Leo Baeck war ein äußerst höflicher Mensch." Einmal hatte er vergessen, einem Studenten zu antworten, der ihm eine Arbeit über Kant geschickt hatte. Als Baeck sich schließlich daran erinnerte, schrieb er: „Über der Freude am Lesen vergaß ich zu antworten."

Joachim Prinz, in den zwanziger Jahren Student an der „Hochschule" und an der Berliner Universität, erzählte seine Lieblingsgeschichte über Baecks Höflichkeit. Baeck hatte ihn für einen Samstag zum Abendessen eingeladen, und Prinz erschien in seinem besten Anzug und mit Blumen für Frau

Baeck. Er war pünktlich, und Baeck bat ihn in die Bibliothek. Dort begannen die beiden Männer, sich zu unterhalten. Sie sprachen und sprachen. Alle paar Minuten steckte ein Dienstmädchen den Kopf zur Tür herein, wurde aber von Baeck immer wieder hinausgewinkt. Keiner der beiden Männer nahm die Unterbrechungen zur Kenntnis, und so saßen sie weiter in der Bibliothek, einander höflich zuhörend, bis endlich Prinz' Hunger stärker wurde als seine Höflichkeit. „Verzeihen Sie", fragte er, „hatten Sie mich nicht zum Essen eingeladen?" Worauf Baeck mit dem höflichsten Lächeln antwortete: „Verzeihen Sie, aber Sie waren für nächsten Samstag eingeladen." Obwohl Prinz sicher war, daß Baeck sich im Datum geirrt hatte, wagte er es nicht, dem Professor zu widersprechen, und erging sich in Entschuldigungen, als Baeck ihn die Treppe hinuntergeleitete.[14]

Leo Baecks Einstellung zum Frauenstudium an der „Hochschule" war für die damalige Zeit ungewöhnlich. Auch in liberalen Synagogen saßen Frauen und Männer nach wie vor getrennt, und eine Frau als Rabbiner war völlig undenkbar. Dennoch ermutigte Baeck junge Mädchen zum Besuch der „Hochschule", um sich dort für das Lehramt ausbilden zu lassen. Ellen Littmann, die nach ihrer eigenen Erinnerung die erste Frau war, die das gesamte akademische Programm der Anstalt absolvierte, sagte, sie habe angefangen, mit Baeck über ihr künftiges Studium an der „Hochschule" zu sprechen, als sie zwölf Jahre alt war. Sie hatte damals gerade die erste Ausgabe von Baecks *Wesen des Judentums* gelesen, das sie sehr fesselte, und begann, sich mit dem Judentum zu beschäftigen. Daraus entwickelte sich schließlich der Wunsch, die „Hochschule" zu besuchen. Ihre Eltern waren gegen dieses Studium, aber Baeck konnte sie umstimmen, als er ihnen sagte, daß ihre Tochter nach Absolvierung der „Hochschule" eine Stellung als Lehrerin erhalten würde.

Ein anderes Mädchen, Perle Haskel, kam mit siebzehn Jahren aus Litauen an die „Hochschule". Die meisten Studenten waren zehn bis fünfzehn Jahre älter als sie und hatten, wie es schien, eine gründlichere religiöse Ausbildung genossen. Doch Perle hatte in einer jüdischen Schule sehr viel jüdisches Wissen erworben und erinnerte sich später daran, daß „Baeck immer wieder bemerkte, ich kennte die Bibel besser als alle anderen Studenten". Ob sie die Bibel wirklich so gut kannte, steht dahin, aber sicherlich fühlte sie sich nach solchen Kommentaren Baecks nicht als Außenseiter auf einem traditionell den Männern vorbehaltenem Gebiet.

Neben ihren anderen Vorzügen war Perle auch ein sehr anziehendes Mädchen. Als Baeck einmal in die „Hochschule" kam und sah, daß ein ganzer Kreis von Studenten ihr den Hof machte, sagte er schmunzelnd: „Jetzt weiß ich wenigstens, warum die kleine Perle in unsere Schule kommt."[15]

Viele von Baecks Studenten kamen aus unreligiösen Familien. Der Krieg, der in ihren Erinnerungen eine große Rolle spielte, und die Heimsuchungen der Nachkriegsjahre – Revolution, Inflation, Aufstände und Arbeitslosigkeit – hatten in ihnen Gedanken und Fragen über ihre Religion geweckt. Sie standen dem Judentum noch nahe genug, um die Antwort im Glauben ihrer Väter zu suchen. Baecks Vorlesungen vermochten, über das rein Pädagogische hinaus, ihren Glauben zu stärken.

Gegenstand einer Vorlesungsreihe, die bei den Studenten Nachdenken hervorrief, war der Midrasch. Fritz Bamberger erinnert sich, daß man damals den Midrasch, die altjüdische Auslegung des Alten Testaments, traditionell als Quelle von Legenden, als Beispiele moralischer und religiöser Standpunkte verstand und interpretierte. Baeck dagegen näherte sich dem Midrasch als Historiker und untersuchte ihn als Quelle von Ideen. Vor dem Hintergrund Berlins im Jahre 1922 – „einer düsteren, unglücklichen Stadt, die in Inflationsgeld schwamm, von dem die meisten Studenten nichts hatten" – strahlte eine Baecksche Vorlesung, wie Bamberger schreibt, „allen Glanz aus, den Gelehrsamkeit haben kann".

Eine dieser Midrasch-Vorlesungen behandelte eine Stelle, die in der Frühzeit des Christentums als Antwort auf eine christliche Auslegung des ersten Satzes der Bibel geschrieben worden war: „Am Anfang schuf Gott Himmel und Erde." Es hatte bereits mehrere Übersetzungen der ursprünglichen hebräischen Bibel gegeben, doch die Juden hatten in keiner von ihnen einen Grund gesehen, die alleinige Schöpfertätigkeit Gottes bei der Erschaffung der Welt in Frage zu stellen.

Baeck zeigte, wie die frühen Rabbis im Midrasch gegen die christliche Behauptung argumentierten, Gott habe die Welt durch einen Mittler geschaffen. Bamberger erinnert sich:

„Im weiteren Verlauf der Vorlesung traten die Menschen, die diese kontroversen Predigten einst gehalten hatten, in den Hintergrund und verschwanden – und mit ihnen die Zeit, in der sie gelebt, und die Umstände, die ihre Besonderheit geprägt hatten, und nur der Konflikt blieb als der ewige Konflikt zwischen zwei großen Ideen, auf denen zwei große Religionen aufbauten: die jüdische, die an das unmittelbare Gegenüber von Mensch und Gott glaubt; die christliche, die glaubt, daß der Mensch einen Mittler braucht, um die Kluft zwischen Gott und Mensch zu überbrücken."

Noch ein anderer Zug Leo Baecks zeigte sich im Lauf dieser Vorlesungen. Das war seine Einstellung zum Amt des Rabbiners. Dazu gehörte seine persönliche Lebensweise, seine Strenge gegen sich selbst. „Ein methodischer Geist", sagte er seinen Studenten, „ist nicht Sache des Verstandes, sondern des Charakters." Er zitierte: „Wer keine Disziplin hat, hat keine Bildung." Aber trotz Zurückhaltung und Disziplin müsse die Individualität hervortreten; der Rabbiner dürfe sich nicht verbergen. Ein Student erinnert sich daran, daß Baeck sagte: „Eine Predigt darf nicht heruntergeleiert werden, der Prediger muß sich selbst offenbaren [. . .] Die größte Botschaft, die wir predigen können, ist unser eigenes Leben."[16]

Ein anderer wichtiger Teil von Baecks Auffassung des Rabbineramtes war seine Überzeugung, daß der Rabbiner für alle Mitglieder seiner Gemeinde da zu sein habe. In seiner Gewohnheit, weder in Wort noch Schrift das Wort „ich" zu benutzen, manifestierte sich seine Überzeugung, daß die Person des Rabbiners im Hintergrund bleiben müsse, damit er letztlich allen zur Verfügung stehen könne, die ihn brauchten. Das konnte den Eindruck erwecken, er sei ein Mann des Kompromisses, der keinen festen Standpunkt hatte. Darüber wurden viele Anekdoten erzählt. Ein Berliner Rabbiner erinnert sich, daß er einmal zu Baeck sagte: „Gut, daß Sie nicht jünger sind; Sie können nicht nein sagen." Einer anderen Anekdote zufolge „war Baeck ein großer Jeinsager: Er konnte weder Ja noch Nein sagen, sondern immer nur beides zusammen." Auf Baeck anspielend, wurde oft eine alte jüdische Geschichte von einem Rabbi erzählt, zu dem ein Mann kam, um Unterstützung in einem Streit zu suchen. „Sie haben völlig recht", sagte der Rabbi zu dem Mann. Dann erschien die Gegenpartei bei dem Rabbi, und auch diese beschied er: „Sie haben völlig recht." Später sagte ein Außenstehender zu dem Rabbi: „Wie können zwei Menschen mit gegensätzlichen Standpunkten beide recht haben? Das ist doch nicht möglich." Darauf der Rabbi: „Auch Sie haben völlig recht."

Diese Anekdoten beleuchten einen charakteristischen Zug Leo Baecks. Es fiel ihm schwer, Menschen unnötig zu enttäuschen oder zu verletzen, indem er sich gegen sie aussprach. Wie seine Kritik an den Leistungen seiner Studenten bewies, konnte er als Lehrer jedoch sehr direkt und verletzend geradeheraus sein. Doch er war der Ansicht, daß sich ein Rabbiner nicht so sehr mit einer Partei identifizieren dürfe, daß die andere Partei sich nicht mehr an ihn wenden könne. Viele Jahre später sprach ihn einer seiner ehemaligen Studenten in London darauf an. „Ich erzählte ihm", berichtet er, „wir hätten in seinen homiletischen Übungen bisweilen den Eindruck gewonnen, er wolle uns von klarer Stellungnahme in aktuellen Fragen, wie z. B. Sozialismus, zurückhalten. Dr. Baeck blickte mich sinnend an und sagte schließlich: ‚Sie verstanden mich falsch. Ich wollte zur Vorsicht und Zurückhaltung des Rabbiners auf der Kanzel erziehen.'" Wie vor ihm sein Vater gehörte Baeck keiner Partei des Judentums, sondern einzig dem Judentum an.[17]

Seit Beginn der zwanziger Jahre wurde Baeck oft als „Oberrabbiner Berlins" bezeichnet. Der Titel war nicht korrekt. Berlin hatte, im Gegensatz zu anderen europäischen Gemeinden, keinen Oberrabbiner. Die Gemeinde befürchtete, daß eine solche Hervorhebung eines einzelnen Rabbiners die anderen kränken und mehr Reibungen herbeiführen würde, als der Titel wert war. Doch Baecks Aktivitäten in dieser Periode verliehen ihm, wenn nicht den Titel, so doch die Verantwortung eines Oberrabbiners. Als ehemaliger Feldrabbiner engagierte er sich besonders für den „Reichsbund jüdischer Frontsoldaten", eine Vereinigung ehemaliger

Kriegsteilnehmer; er stellte sich dem Bund oft als Redner zur Verfügung, besonders wenn es um Geldsammlungen ging oder es die Aufmerksamkeit der Öffentlichkeit auf die Leiden der jüdischen Opfer des Weltkriegs zu lenken galt.

Er wurde auch Vorsitzender der „Zentralwohlfahrtsstelle der deutschen Juden“, einer nach dem Krieg gebildeten Organisation, die alle jüdischen Wohlfahrtsverbände zusammenfaßte. Diese Position Baecks gewann in den frühen zwanziger Jahren besondere Bedeutung, als die Inflation die Geldreserven von Organisationen und Privatleuten schwinden ließ.

Die Berliner Juden, wie alle Deutschen von der schwindelerregenden Inflationsspirale erfaßt, sandten 1922 den „Hochschul“-Dozenten Ismar Elbogen in die Vereinigten Staaten, wo er das amerikanische Judentum um Hilfe bitten sollte. Er brachte eine beträchtliche Summe zusammen, über die Leo Baeck am Morgen des 14. Dezember in Berlin einen Scheck erhielt. Nachdem er den Scheck auf die Zentralwohlfahrtsstelle gebracht hatte, berichtete er Elbogen: „Als ich den Scheck hintrug, war mir zumute, wie dem Mann aus Kohns ‚Prager Gettogeschichten‘, der sich zwei Polizisten zur Begleitung nahm, um sein Geld gesichert an den Bestimmungsort zu bringen. Mangels der Polizisten habe ich wenigstens mit mißtrauischen Blicken um mich gesehen.“ Dann fügte er hinzu: „Die reichen Gaben werden vielen über den Winter hinweghelfen.“

1922 wurde Baeck zum Präsidenten des „Allgemeinen Rabbinerverbandes in Deutschland“ gewählt, einer Vereinigung, der sowohl die liberalen wie die orthodoxen Rabbiner angehörten. Außerdem war er Vorstandsmitglied des „Central-Vereins deutscher Staatsbürger jüdischen Glaubens“. „Seine starke, einflußreiche Position im Verein beruhte“, so die Aussage eines Zeitgenossen, „auf dem Umstand, daß er sich von Fall zu Fall mit denjenigen Programmpunkten identifizierte, die seinen eigenen Ansichten entsprachen, sich aber nicht ausdrücklich von Tendenzen distanzierte, mit denen er nicht einverstanden war.“[18]

1924 wurde Baeck zum Großpräsidenten der Bne Briss-Logen Deutschlands gewählt. Es gab 103 solcher Logen mit 13000 Mitgliedern. Bne Briss ist das hebräische Wort für

„Söhne des Bundes“ und bezieht sich auf den von Gott mit dem Volk Israel geschlossenen Bund. Der Orden war eine Bruderschaft, in dem sich Juden der unterschiedlichsten Überzeugungen, Liberale und Orthodoxe, Zionisten und Nichtzionisten, zusammenfinden konnten. „Geld allein war keine Eintrittskarte“, erinnert sich ein ehemaliges Mitglied. „Man konnte nur aufgenommen werden, wenn man zum Bestand jüdischen Lebens beitrug. Es gab Versammlungssäle, große Bibliotheken mit jüdischer Literatur, Sommerlager und dergleichen mehr.“

Vieles von dem, was die Logen taten, geschah im Rahmen der Gemeindearbeit – die Erteilung von Stipendien, die Finanzierung von Krankenhäusern, die Unterstützung sonstiger karitativer Tätigkeiten. Darüber hinaus bemühte man sich bewußt, die Juden im Glauben zu erhalten; Übertritte zum Christentum und Mischehen machten sich zahlenmäßig bemerkbar und verursachten den führenden jüdischen Persönlichkeiten manches Kopfzerbrechen. 1928 ermahnte die Großloge des Bne Briss, die aus Repräsentanten aller Logen bestand, alle Mitglieder, den jüdischen Geist lebendig zu erhalten und vor allem von Eheschließungen zwischen Juden und Nichtjuden abzuraten. Die einzelnen Logen wurden ersucht, „geeignete Maßnahmen zu treffen“, welche, wurde freilich nicht gesagt. In derselben Sitzung wurde beschlossen: „Für einen Bruder, der seine Kinder der jüdischen Gemeinschaft entzieht, ist kein Platz im Orden.“ Ob Leo Baeck diese Restriktion guthieß, ist nicht bekannt. Im persönlichen Umgang jedenfalls legte er gegenüber in Mischehen lebenden Juden, ihren christlichen Nachkommen oder konvertierten Juden niemals Zurückhaltung oder gar Unhöflichkeit an den Tag. Immerhin lassen einige seiner Bemerkungen während der Logenversammlung dieses Jahres vermuten, daß er für die Gefühle, die zur Annahme der Restriktion führten, zumindest eine gewisse Sympathie empfand. Er sprach von einem „Menschheitsideal“ und wollte darunter verstanden wissen, daß Menschen der Menschheit nur dienen könnten, wenn sie sich selbst und ihrer Gemeinschaft treu blieben. „Wir erleben die menschliche Gesellschaft als unsere jüdische Gesellschaft“, sagte er. „Nicht fort vom Judentum, sondern durch unser Judentum führt der Weg zur Verwirklichung unserer Vorstellung vom Menschsein."[19]

Anders als in Oppeln hatte Baeck in Berlin wenig Kontakt mit Geistlichen anderer Konfessionen. „Juden, Katholiken und Protestanten", erzählt ein anderer Berliner Rabbiner, „lebten in einer *splendid isolation*". Zwar waren die Gettomauern verschwunden, doch nur die Mauern aus Stein. Die geistigen, religiösen und emotionalen Mauern waren geblieben. In den zwanziger Jahren machte Hermann Graf Keyserling in Darmstadt mit der Gründung seiner „Schule der Weisheit" eine bescheidene Anstrengung zur Durchbrechung dieser Mauern. Prominente Persönlichkeiten unterschiedlicher Herkunft wurden zu Vorträgen eingeladen. Leo Baeck wurde 1922, 1923 und 1924 eingeladen: Mit seinen Vorträgen *Gebot und Mysterium, Griechisches und jüdisches Denken* und *Tod und Wiedergeburt* versuchte er die wesentlichen Unterschiede zwischen Judentum und Christentum darzulegen. Wie Krister Stendahl, Dekan der Theologischen Fakultät der Harvard University, aufgezeigt hat, hatte „das meiste, was Leo Baeck schrieb [. . .] das Christentum zum Dialogpartner". Aber dieser Dialog war in den Jahren, in denen Katholiken und Protestanten die Juden nur von weitem wahrnahmen, eher ein Monolog.[20]

Andere Aktivitäten Baecks waren eher privater Natur. Eine der lichtvollsten Persönlichkeiten dieser Epoche war Franz Rosenzweig – nicht nur wegen der Philosophie, die er während seines tätigen Lebens entwickelte, sondern auch wegen der Tapferkeit, die er bewies, als er langsam an einer tückischen Krankheit dahinsiechte. Der in Frankfurt lebende Rosenzweig wußte, daß er bald sterben würde, und wollte seinem Sohn etwas hinterlassen, was wertvoller war als Besitz. Er hoffte, zum Rabbiner geweiht zu werden, damit nach seinem Tode sein Sohn wissen würde, daß sein Vater in der jüdischen Religion eine bedeutende Stellung eingenommen hatte. Rosenzweigs Rabbiner hatte sich bereit erklärt, die Rabbinerweihe vorzunehmen, war jedoch plötzlich gestorben. Baeck stellt sich zur Verfügung und nahm die Weihe vor, obwohl nicht ganz sicher war, ob Rosenzweigs Studien dafür ausreichten.

Die Urkunde, mit der die Weihe – im Hebräischen als *Semicha* „Handauflegen“, bezeichnet – verliehen wird, berechtigt den Geweihten, zu lehren, in rituellen Fragen zu entscheiden und in religiösen Angelegenheiten zu richten. Die Urkunde, die Baeck Rosenzweig verlieh, enthielt diese Berechtigungen nicht. Dennoch war sie mehr als eine Ehrenurkunde. Unter dem Titel „Die Krone der Thora“ lenkte sie die Aufmerksamkeit auf Rosenzweigs Beitrag zum Judentum: „[. . .] er mehrte die Botschaft. ER gab ihm eine gelehrige Zunge, und er rief in die Ohren des Einen Volkes Worte der Freiheit und der Tröstung [. . .]“ Die Urkunde schloß mit den Worten: „Diese Rolle [die Thora] sei ihm zu Zeugnis vor der Gesamtschaft Jissraels, daß tauglich seine Kraft ist, in der Tempelhalle zu stehn und die Verwahr des Heiligtums zu wahren.“ Selten ist wohl der Wunsch eines Sterbenden so treulich erfüllt worden.[21]

Seine angesehene Stellung in der Gemeinde brachte es mit sich, daß Baeck häufig um eine Rede oder einen Gottesdienst gebeten wurde. In einer Grabrede für einen hervorragenden Lehrer sagte er über den Verstorbenen, er sei „. . . aufgewachsen . . . emporgewachsen . . . hinausgewachsen . . .“, denn er sei „nicht nur selbst gewachsen und erfolgreich gewesen, sondern er hat auch anderen etwas von sich selbst gegeben“. Baeck zelebrierte auch häufig bei Bar-Mizwa-Feiern. Ein junger Mann namens Conrad Rosenstein erinnerte sich noch nach vielen Jahren, daß Baeck bei seiner Bar-Mizwa gesagt hatte, ein jüdischer Jüngling unterwerfe sich mit dieser Zeremonie dem Gebot Gottes und akzeptiere damit Einschränkungen für sein Leben. Wenn auch die Welt solche Einschränkungen, so notwendig sie sein mochten, als unangenehm betrachte, fuhr Baeck fort, nähmen die Juden sie mit Freuden auf sich. Die Juden, so Baeck, hätten verstanden, daß nur die Einhaltung des Gesetzes und Selbstbeherrschung wahre Freiheit bedeuten und den Menschen über die Kreatur hinausheben. Baeck betete, wie sich Rosenstein erinnerte, daß diese Freude, diese Freiheit dem „Bar-Mizwa-Knaben“ geschenkt werden möge.

Ein Freund Baecks erinnert sich an einen Vortrag, den Baeck Ende der zwanziger Jahre vor einem nichtjüdischen

Publikum von Philosophieprofessoren hielt. Baeck begann mit einem Aristoteles-Zitat – auf griechisch – und sagte dann, „das Höchste, was der Mensch erfahren könne, erfahre er durch die Poesie, und es müsse die Aufgabe des philosophischen Unterrichts sein, den Schüler auf einen entsprechenden Gipfel der Erfahrung zu führen“. Die Zuhörer dankten ihm, als er endete, mit „langanhaltendem, warmherzigen Beifall, ein besonderer Höhepunkt deshalb, weil Frau Baeck vor dem Vortrag empfunden“ hatte, daß „die Stimmung für uns, d. h. für die Juden, nicht günstig war“.[22]

Baeck war auch in der Welt der Kunst zu Hause. Einmal übte er strenge Kritik an einer Inszenierung Max Reinhardts. Ein Freund der Familie, der durch Natalie davon erfuhr, sagt dazu: „Zu meiner Überraschung erfuhr ich, daß Baeck Max Reinhardt Effekthascherei vorwarf. Es war nicht leicht für mich, das zu verdauen. Wie alle Angehörigen meiner Generation war ich gewohnt, Max Reinhardt zu bewundern.“ Ein anderer Freund, ein Berufsmusiker, führte mit Baeck zahlreiche Gespräche über klassische Musik und fand, Baeck habe einen erlesenen Geschmack. In der Malerei bewunderte Baeck das Werk Käthe Kollwitz', deren Zeichnungen einen bitteren Kommentar zum Leben der Armen und Unterdrückten der zwanziger Jahre darstellten. Aber er interessierte sich auch für die ältere Malerei, über die er einmal sagte:

„Man kann eine Kunstgeschichte schreiben – und sie ist auch schon geschrieben worden –, in der man aufzeigt, wie sich die Malerei einer bestimmten Auffassung entwickelt, wie sich dann eine entgegengesetzte Auffassung durchsetzt und wie schließlich beide miteinander verschmelzen; die ganze italienische Malerei ist oft so dargestellt worden. Dann aber kam Rembrandt, der Genius, der ganz anders malte. Ihn interessierte das Licht, nicht die Umrisse der Personen, sondern das Spiel des Lichts auf ihnen. Oder eine andere Seite dieses Genies: Bis zu seiner Zeit hatten in der Malerei Glanz und Pracht vorgeherrscht – Gottvater in seiner Majestät, Jesus in seiner Glorie, die Jungfrau Maria in Schönheit und Glanz; und desgleichen auf Erden die Adligen, die Großen und Reichen, Könige, Patrizier, die Päpste und Magnaten.

Das alles interessierte Rembrandt nicht. Er hatte ein tiefes Mitgefühl für die Menschen, und er malte die einfachen Leute, die Armen, die Leidenden, die Lahmen, Buckligen und Krüppel. Es war eine Revolution."

Obwohl sich Baecks Wissen auf viele Bereiche erstreckte, hielt er die Bereiche streng voneinander getrennt. Mit einem Rabbiner, mit dem er über gottesdienstliche Angelegenheiten zu sprechen hatte, unterhielt er sich nicht über das Theater. Mit dem Musiker nicht über Gottesdienste. Da er auf diese Weise keine Energie verschwendete, hatte er immer genug Energie für die jeweils anstehende Aufgabe. Er hatte seinen Studenten Disziplin gepredigt, und er hielt Disziplin in seinem Leben.

Die meisten derjenigen, die Baeck nur oberflächlich kannten, merkten nicht, daß sich unter der äußeren Glätte ein Mensch mit scharfer, manchmal sogar ätzender Zunge verbarg. Er tadelte Menschen, die „Buchkritiken lesen, statt die Bücher selbst, nur um über sie schwätzen zu können". Über einen Rabbinerkollegen, der es gern hörte, wenn man ihn als gelehrt, tiefgründig und brillant bezeichnete, bemerkte Baeck nur: „Er ist ein gut angezogener Mann." Als er sich einmal einen überlangen Vortrag hatte anhören müssen, sagte er dem Redner: „Sie hätten besser getan, *einen* Vortrag anstelle von drei Vorträgen in einem zu halten." Wie es einer von Baecks Vertrauten ausdrückte: „Baeck hatte zwar einen tiefen und festen Glauben an die Menschheit, aber es gab einzelne Menschen, die er nicht leiden konnte."[23]

Gegen Ende der zwanziger Jahre war Baeck die prominenteste Persönlichkeit der Berliner Jüdischen Gemeinde. Das Standardgeschenk des Gemeindevorstands für Abiturienten der Gymnasien war sein *Wesen des Judentums*. Doch der Mann, der das Wort „Ich" in seinen Predigten nicht schätzte, ließ sich von dem Erfolg nicht beeindrucken. Als er 1925 und 1930 in die Vereinigten Staaten fuhr, reiste er auf einem Frachtdampfer. Einem Neffen, der ihn fragte, warum, erklärte er, daß er diese Art des Reisens vorziehe, weil die Frau des Kapitäns selbst koche (was bedeutete, daß das Essen gut war) und es nur wenige Passagiere gebe, so daß er in Ruhe arbeiten könne. Wenn er innerhalb Deutschlands reiste, fuhr er dritter Klasse und las im Sitzen die ganze Nacht über.

Baeck war immer bemüht, hilfreich zu sein. Gegen Ende der zwanziger Jahre nahm ein junger Mann namens Ernst Simon in Haifa, im damaligen Palästina, eine Stellung als Lehrer an. Ohne Simon etwas davon zu sagen, schrieb Baeck einen Brief an den Direktor der Schule, um den jungen Mann einzuführen und ihm den Weg zu ebnen. „Das war typisch Leo Baeck“, meinte Simon Jahre später. Er hatte durch Zufall von dem Brief erfahren und sagte dazu: „Wenn Baeck etwas indirekt tun konnte, pflegte er es so zu tun, daß der Betreffende nichts davon wußte.“ Ein anderes Mal stiftete Baeck einer jungen Malerin, die ihre erste Ausstellung vorbereitete, eine stattliche Anzahl Bilderrahmen. Die Künstlerin, Else Meidner, schrieb darüber: „Es war weniger die Tat, die mich beeindruckte, als die Art seines Gebens. Denn er zeigte eine Dankbarkeit, daß man sich an ihn gewandt hatte, die keine Gedrücktheit des Bittstellers aufkommen ließ, noch stellte er irgendwelche Fragen. Niemals half ein Maecenas so schnell und so freudig.“

Die jungen Rabbinatsanwärter, die mit Baeck zusammenarbeiteten, wurden zu ihrer Überraschung – ebenso wie seine Studenten – mit „Herr Kollege“ angeredet, auch wenn sie noch nicht geweiht waren. „Leo Baeck konnte leicht mit Menschen von unterschiedlichem Rang umgehen“, sagte einer dieser jungen Leute. „Er verteilte die Rollen, wobei er intuitiv erfaßte, auf welchem Niveau das Stück gespielt werden mußte.“ Seine Höflichkeit, die im allgemeinen auf Liebenswürdigkeit beruhte, konnte jedoch auch Taktik sein. Ernst Simon, der in den dreißiger Jahren mit ihm zusammenarbeitete, berichtete: „Sie war manchmal seine beste Waffe, um andere stillschweigend wissen zu lassen, daß er nichts von ihnen hielt.“[24]

Er befand sich in einem niemals endenden Lernprozeß. „Ich habe Leo Baeck niemals ohne ein Buch gesehen, oft auch mit einem griechischen“, sagte Joachim Prinz. Noch immer stand Baeck morgens um fünf Uhr auf, um sich eine Stunde dem Studium zu widmen. Er sprach neben seiner deutschen Muttersprache fließend Hebräisch, Lateinisch und Griechisch.

Während seiner Feldrabbinerzeit an der Ostfront hatte er genug Russisch gelernt, um mit den russischen Juden, denen er begegnete, sprechen zu können. Später lernte er auch noch Englisch, da ihn die angelsächsische Welt immer interessiert hatte.

Seine Fähigkeit, sich auf so vielen verschiedenen Gebieten zu betätigen, verdankte er seiner grenzenlosen Energie und seinem häuslichen Leben. „Er pflegte zurückgelehnt auf seinem Stuhl zu sitzen, die Hände hinter der Rückenlehne oder unter den Knien gefaltet, als wollte er sich selbst festhalten; er hatte eine so übersprudelnde Energie", erinnert sich einer seiner Vertrauten.[25]

Natalie Baeck war nach fünfundzwanzig Ehejahren noch immer die „perfekte Rabbinerfrau". Sie war ein bißchen füllig geworden, aber noch immer eine anziehende und imponierende Erscheinung. „Sie besaß sehr viel Würde", sagt ein Freund der Familie, „aber als Persönlichkeit kam sie wenig zur Geltung. Es war vorausbestimmt. Von der Frau eines Rabbiners wurden bestimmte Dinge erwartet, eine gewisse Art, sich zu kleiden, zu verhalten und aufzutreten, aber auch, dem Ehemann zur Seite zu stehen." In den zwanziger Jahren gab Hermann Graf Keyserling ein Buch über die Ehe heraus mit Beiträgen von Havelock Ellis, Thomas Mann, Rabindranath Tagore. C. G. Jung, Paul Ernst, Leo Baeck und anderen.*

Baecks Essay hatte den Titel *Die Ehe als Mysterium und Gebot* und zeigte, daß auch sein Privatleben von demselben Sinn für Disziplin und persönliche Verantwortung geprägt war wie sein öffentliches. Er schrieb: Obwohl ein Mensch keinen Einfluß auf die „Grundtatsache seines Lebens" – seine Geburt – habe, sei er für das zweitwichtigste Moment, seine Heirat und seine Ehe, allein verantwortlich. Die Ehe wird vom Menschen selbst herbeigeführt, ist „sein eigener Wille und seine eigene Tat". Die Ehe „kann die Heiligung des Lebens bedeuten oder zu einer platten Daseinsform werden".

* Zu denen, die es abgelehnt hatten, einen Beitrag zu schreiben, zählte George Bernard Shaw, der erklärte: „Kein Mann wagt es, die Wahrheit über die Ehe zu schreiben, solange seine Frau lebt. Es sei denn, er haßt sie . . ."

Er verspottete den Untreuen als den, der „das Mysterium nicht kennt". Es gebe eine Gefahr in der Ehe: „Man betritt die Ehe auf dem blumigen Pfad der Poesie, lebt sie aber im Reich der Prosa – die Langeweile des täglichen Einerlei wird sich nur zu bald ausbreiten." Um dieser Eintönigkeit zu entgehen, sei das „Gebot" vonnöten. Für Baeck war es das Gebot der Religion, das die Ehe „über Verlangen und Enttäuschung hinaushebt". Das sei „das große Abenteuer, das Frömmigkeit vollbringt [. . .], indem sie Religion in den Alltag einbezieht und dessen Stunden, die Stunden der Prosa, erfüllt". Eine solche Ehe führten er und Natalie; in ihr war die Gefahr der Eintönigkeit gebannt.

Natalie „gab ihm die Möglichkeit, Leo Baeck zu sein", sagt ein Verwandter von ihnen, der oft in ihrem Hause zu Gast war. Sie sorgte für die Ungestörtheit seiner Arbeit. Sie hielt ihn bei Laune, nahm es hin, daß er um fünf Uhr morgens aufstand, um griechisch zu lesen, und am Sabbat nachmittag seine Studenten empfing. Und wenn er predigte, saß sie natürlich immer in der Frauenabteilung, hörte gespannt zu und nickte ihm am Schluß, wenn er den Kopf wandte, um ihr einen Blick zuzuwerfen, beifällig zu.[26]

Jeden Sommer verbrachten die Baecks mit ihrer Tochter Ruth die Ferien entweder in den italienischen oder Schweizer Alpen, häufig auch, vor allem in den zwanziger Jahren, im südlichen Schwarzwald. Sie wanderten auf den Bergpfaden und trafen sich mit Freunden. Friedrich Perlstein, einer ihrer Freunde, der seine Ferien in jenen Jahren oft mit ihnen verbrachte, beschrieb die Baecks als eine liebevolle, glückliche Familie. Leo Baeck gab sich während seiner Urlaubszeit ungezwungen und ließ niemals durchblicken, daß er ein prominenter Rabbiner war. Mit vielleicht *einer* Ausnahme. Als Perlstein, der damals ein Teenager war, in einem koscheren Restaurant Freiburgs, in dem sie zusammen zu Mittag aßen, den Segensspruch zum Essen auf hebräisch sagte, zeigte sich Baeck sichtlich erfreut.

Im Urlaub wurde Baeck ganz gegen seine Gewohnheit – wie andere Urlauber auch – etwas schreibfaul. Als Natalie ihrer Mutter einen Brief schrieb, fügte er als PS hinzu: „Im Kampf zwischen Natur und Schreibtisch hat der Schreibtisch dieses Jahr verloren [. . .] Besonders Ruth und ich wandern viel. Das taten wir auch gestern, während Natalie in der Nähe unserer Wohnung im Grünen blieb. Aber im nächsten Brief werde ich mehr schreiben."

Ihr Lebensstil war unauffällig, aber stets von einer gewissen Förmlichkeit geprägt. Auch in den Ferien trug Baeck einen Anzug, der allerdings heller und aus leichterem Stoff war als der übliche dunkle Stadtanzug, und die langen Hosen hatte er mit den damals üblichen Knickerbockers vertauscht. „Nachlässigkeit entspricht nicht meinem Bild von Dr. Baeck", sagt einer seiner Bekannten.[27]

Ruth war eine anziehende junge Dame geworden, und bald entwickelte sich eine Liebesbeziehung zu Hermann Berlak, einem jungen Wirtschaftsprüfer. Die Berlaks und die Baecks kannten einander seit vielen Jahren. 1921 bestand Hermann seine Doktorprüfung mit „magna cum laude". Die ganze Familie Baeck, einschließlich Natalies Mutter Else Hamburger, die bei ihnen lebte, schrieb ihm Gratulationsbriefe. Auch Ruth. Und trotz der Liebe zwischen ihnen redete sie ihn förmlich mit „sehr geehrter Herr Berlak" an. Dann schrieb sie: „Auch von mir die herzlichsten Glückwünsche. Möge sich alles in Ihrem Leben als ‚magna cum laude' erweisen. Ihre Ruth Baeck."

Die Baecks unterschieden sich nicht von anderen Eltern einer Tochter; kein Mann war wirklich gut genug für ihr Kind. „Niemand konnte verstehen, warum Hermann und Ruth so lange mit der Heirat warteten; sie waren doch unzertrennlich", sagt eine Bekannte, die zu jener Zeit im Hause Berlak wohnte.

1923 heirateten Ruth und Hermann. Einige Wochen nach der Hochzeit, als die beiden Jungvermählten noch auf der Hochzeitsreise waren, schrieb ihnen Leo Baeck einen Brief. Er war zwar an beide gerichtet, in erster Linie jedoch für Ruth geschrieben, die Geburtstag hatte. Der Brief begann mit einer Erinnerung an „die Jahre der Geburtstagskuchen und Geburtstagslieder". Er sprach von seiner Kriegsdienstzeit, „als ich diesen Tag fern von Dir beging". Leo hatte mit dem Bürgermeister von Bruder, wo das junge Paar weilte, vereinbart, daß die Stadtkapelle Ruth ein Geburtstagsständchen bringen sollte. Nun sagte er in seinem Brief, er hoffe, daß sein Plan ausgeführt worden sei, und fügte seine „teuersten Wünsche" für Tochter und Schwiegersohn an – „Du kennst sie, auch wenn ich sie nicht ausspreche". Es folgte der Wunsch, den jeder Vater für seine Tochter hegt: „Möge das Leben Dir alles erhalten, geben und erfüllen, was Du jetzt besitzest und was Du wünschest."[28]

Ruth und Hermann bekamen ein Kind, Marianne, genannt Janne, in das die Großeltern vernarrt waren. Sie hatte zu laufen angefangen, als ihre Eltern gerade Urlaub machten. Natalie war wie alle Großmütter, als sie die Neuigkeit meldete: „Ich malte mir täglich aus, was für eine Überraschung es für Euch sein würde, sie auf Euch zulaufen zu sehen", schrieb sie. Und Leo Baeck, der nüchterne, konservative, oft kalt wirkende Geistliche, gestand, daß „die Kleine eine besondere Freude für mich" war. Als die beiden Berlaks 1928 eine Reise nach Wien machten, blieb Marianne in Berlin bei Hermanns Eltern. Baeck schrieb nach Wien: „Wir haben einmal mit Janne gesprochen. Sie ist sehr geschickt mit dem Telefon geworden. Wir bedauern nur, daß das Fernsehen noch nicht erfunden ist."

Marianne nahm die Tatsache, einen berühmten Großvater zu haben, mit Gleichmut auf. Jahre später erinnerte sie sich: „Zum erstenmal nahm ich den Unterschied wahr, als ich als kleines Mädchen in eine Berliner Synagoge mitgenommen wurde, in der er predigte. Ich fragte meine Mutter in viel zu lautem Flüsterton: ‚Warum trägt Großvater ein so langes schwarzes Kleid, und warum spricht er so merkwürdig?'"

Baeck interessierte sich für Kinder, hatte sie gern und konnte herzlich mit ihnen umgehen. Zu Beginn der zwanziger Jahre, als Berlin unter der Inflation litt und viele Familien ihre Kinder nicht ausreichend ernähren konnten, sorgte Baeck dafür, daß tausend Kinder für drei bis fünf Monate nach Wien geschickt wurden. Dort wurden sie von verschiedenen jüdischen Organisationen und Familien beherbergt und verpflegt. Für seine Nichten und Neffen war er ein wohlwollender, freundlicher Onkel. Als ganz kleine Kinder ließ er sie mit seiner Uhrkette spielen. Als sie älter wurden, durften sie in seiner Bibliothek stöbern, einem hohen Raum mit einer Leiter, die auf Rollen an den Bücherregalen entlanggefahren werden konnte. Als einer seiner Großneffen auf dieser Leiter den Raum entlang kutschierte und ein Erwachsener ihm das verbieten wollte, lachte Leo Baeck nur und sagte, sie sollten dem Kind nicht sein Vergnügen verderben. „Vielleicht hat er eines Tages Lust, in die Bücher hineinzuschauen“, meinte er.[29]

In den zwanziger Jahren lebte die Familie Baeck in der Burggrafenstraße 19, im Diplomatenviertel Berlins. Es war ein gemütliches Heim, in dem Baeck auch sein Büro hatte. In der Gemeindezeitung stand die Mitteilung, daß Rabbiner Baeck in der Burggrafenstr. 19 zwischen elf und zwölf Uhr für jedermann zu sprechen sei, der ihn aufsuchen wolle.

Offenbar gab es wenig, was das Gleichmaß von Baecks Leben stören konnte. Er hatte seine Familie, seinen Beruf und sein Selbstvertrauen. Auch eine Operation, der er sich unterziehen mußte, konnte ihn nicht aus der Fassung bringen. Im Bericht des Chirurgen steht nichts über die Art von Baecks Operation, doch heißt es dort, es habe sich um eine schwierige Operation gehandelt und Baeck sei „mit einer selbstverständlichen Ruhe und Ergebung auf alle Vorschläge dieser nicht einfachen Operation“ eingegangen. Baeck sagte dem Arzt, sein Leiden sei von nun an nicht mehr seine Sorge, sondern die des Doktors. „Deshalb habe er gar nicht das Recht, sich um meine Maßnahmen zu kümmern“, erzählt der Chirurg. Er schrieb Baecks schnelle Genesung dessen positiver Einstellung zu.[30]

Obwohl Leo Baeck ein führender Rabbiner der liberalen Bewegung im deutschen Judentum war, einer Bewegung, die viele traditionelle religiöse Bräuche hatte fallen lassen, war er selbst in seinen persönlichen Lebensgewohnheiten sehr traditionalistisch. Morgens und abends legte er die Gebetsriemen an Stirn und Arm. In der Synagoge bedeckte er das Haupt. (Ilse Blumenthal-Weiss, eine Berlinerin, die zu jener Zeit viele von Leo Baeck geleitete Gottesdienste besucht hatte, sah ihn Jahre später in New York, als Besucher eines amerikanisch-jüdischen Reformgottesdienstes, der dortigen Sitte entsprechend barhäuptig. „So etwas hatte ich noch nie gesehen“, sagte sie, „Leo Baeck ohne Kopfbedeckung.“) Wenn er den Gottesdienst abhielt, trug er den langen Rabbinertalar; er empfahl auch seinen Studenten, ihn stets anzulegen. „Nur so werden Sie sicher sein, richtig gekleidet zu sein." Der Sabbat war ihm heilig. Er war für ihn nicht nur ein Tag des Zusammenseins mit Studenten und Freunden, sondern auch ein Tag der geistigen Besinnung, der Rückkehr zu religiösen Studien. Niemand rauchte am Sabbat in seiner Gegenwart, denn das Anzünden eines Streichholzes galt nach altem Brauch als Bruch der Sabbatruhe. Natalie und er führten ein koscheres Haus. Das Fleisch, das sie verzehrten, war nach dem vorgeschriebenen Ritual geschlachtet und zum Kochen vorbereitet worden. Sie enthielten sich bestimmter Fleischsorten und vermieden es, zur gleichen Mahlzeit Milch- und Fleischprodukte zu verzehren. Es gibt für die althergebrachten jüdischen Speisegesetze, die heute nur noch von einer Minderheit ultrareligiöser orthodoxer Juden befolgt werden, keine gesicherte Erklärung. Die am weitesten verbreitete Meinung besagt, die Gesetze seien abgeleitet von dem Gebot Gottes, daß die Juden ein heiliges Volk sein sollten. Und ein Weg zur Heiligkeit sei die Einhaltung gewisser Restriktionen beim Essen – also Enthaltsamkeit und Disziplin.

Ein anderer liberaler Reformrabbiner, der später in Amerika lebte und die meisten der alten rituellen Gebote ablehnte, spekulierte einmal über die Gründe, die Baeck zum Festhalten an der Tradition bewogen haben könnten. „Warum Tradition?" fragte er. „Brauchte er einen Zaun, etwas, um sich daran festzuhalten?" Nein, für Baeck war Tradition keine Krücke. Sie war ein Merkmal seines Judentums, das er mit Stolz trug. Sie war sein Erbe. Er war in einer traditionalistischen Familie aufgewachsen. Er hatte das Anlegen der Gebetsriemen von seinem Vater gelernt, der es zweifellos wiederum von seinem Vater gelernt hatte. Seine Mutter hatte eine koschere Küche geführt. Das Ritual war ein Teil von Baecks Leben; es war eine gute Anleitung zur Ordnung, eine frohe Erinnerung, ein Weg, auf dem er die Freuden seiner eigenen Jugend an sein Kind und sein Enkelkind weitergeben konnte. Als Leo Baeck schon sehr alt war, sprach er einmal mit einem Freund über die symbolischen Rituale. „Sie haben", sagte er, „eine poetische Bedeutung, und ihre Befolgung gibt einem Leben einen neuen Sinn für Schönheit".[31]

In der Synagoge allerdings ließ er – wie er es bereits in Oppeln und in Düsseldorf getan hatte – viele Veränderungen zu. Zum Beispiel die Benutzung einer Orgel, einen gemischten Chor von Männern und Frauen, kürzere Gottesdienste und die Bevorzugung der deutschen Sprache. Als in der Prinzregentenstraße im Jahre 1930 die erste Synagoge eröffnet wurde, in der Männer und Frauen zusammen saßen, hatte Baeck keine Bedenken, dort zu predigen und zu zelebrieren. Er förderte nicht nur das Frauenstudium an der „Hochschule", sondern setzte sich überdies dafür ein, daß in Berlin auch für Mädchen eine Bar-Mizwa-Feier eingeführt wurde. Die in Westfalen beheimatete Jeanette Wolff brachte drei ihrer Töchter zu dieser Feier nach Berlin, da in den westfälischen Städten kein Rabbiner bereit war, Mädchen zur Bar-Mizwa zuzulassen. Baeck segnete nicht nur diese drei Mädchen ein, sondern schrieb auch an Frau Wolffs andere Töchter, sie sollten stets optimistisch sein und sich klarmachen, daß, so schwierig ihre Probleme auch sein mochten, andere Menschen gewiß noch schwierigere hätten.

Die Veränderungen in den Synagogen und Gottesdiensten waren einer der Gründe für die offizielle Spaltung zwischen liberalen und orthodoxen Rabbinern. Da Baeck das Ritual einhielt und seine Kindheit in einem traditionellen Hause verlebt hatte, konnte er häufig die Kluft zwischen den beiden Gruppen überbrücken. Die Spaltung hatte sich im 19. Jahrhundert herausgebildet und war 1908 mit der Gründung der „Vereinigung für das liberale Judentum in Deutschland" offiziell geworden. Ihre von 301 Gründungsmitgliedern aus allen Kreisen angenommenen Statuten begannen mit einer uralten Binsenwahrheit der jüdischen Religion, nämlich, daß die Religion „fähig ist, sich in Übereinstimmung mit den zeitlich bedingten Veränderungen zu entwickeln, ohne dabei ihr Wesen zu verändern [. . .] Ein Konflikt zwischen Gesetz und Leben ist dem Judentum fremd. Bei ehrfürchtiger Erhaltung der Bande, die sie mit der Vergangenheit verknüpfen, müssen die deutschen Juden ihr weltliches Leben mit ihrer inneren Überzeugung in Einklang bringen. Sie dürfen sich nicht auf die Erhaltung veralteter Vorschriften, Sitten und toter Bräuche festlegen.“ Die Vereinigung erkannte für eine Gruppe von Juden die Wandlung an, die sich im deutschen Judentum im Verlauf eines Jahrhunderts vollzogen hatte.

Diese Anerkennung wurde 1912 auf einer von der Vereinigung einberufenen Konferenz, zu der sich 61 liberale Rabbiner versammelt hatten, noch weiter ausgedehnt. Sie erarbeitete ein Dokument, das unter dem Titel *Richtlinien zu einem Programm für das liberale Judentum* bekannt wurde. Dieses Dokument bestätigte die wachsende Rolle von Frauen in der religiösen Zeremonie: „Die Teilnahme der Frauen am religiösen und Gemeindeleben ist unerläßlich.“ Allerdings hatte der Liberalismus der Rabbiner Grenzen. Sie gestatteten keine gemischte Sitzordnung im Gottesdienst. Dafür sprach sich das Dokument jedoch für grundlegende Änderungen der religiösen Praxis aus. Sollte es den Juden auch weiterhin verboten sein, am Samstag, dem Sabbat, zu arbeiten? Oder würde es nicht genügen, nur den Freitag abend, also den Sabbat-Beginn, zu heiligen? „Sabbatruhe zu Hause, Besuch des Gottesdienstes und die religiöse Feier am Freitag abend und den Vorabenden aller Feiertage sollten stärker gepflegt werden. Heilige Bräuche wie das Lichteranzünden durch die Hausherrin zu Sabbat-Beginn, die Segnung der Kinder durch die Eltern, die Segenssprüche über Wein und Brot, Seder- und Chanukka-Feiern sollten erneut heilig gehalten werden.“ War es noch angebracht, den Sabbat mit Sonnenuntergang am Freitag abend beginnen zu lassen, wie es der Tradition entsprach? „Jede Gemeinde sollte den Sabbat-Beginn nach ihren Bedürfnissen festsetzen, ohne Rücksicht auf kalendarische Berechnungen.“ Waren nicht Orgelmusik und Synagogenchor ebenso wie der Gebrauch des Deutschen immer üblicher geworden? Die Rabbiner gaben ihren Segen auch dazu.

Das Dokument von 1912 beschäftigte sich auch mit bestimmten Aspekten der Liturgie, die die Liberalen als problematisch empfanden. „Die Sabbat- und Feiertagsgottesdienste sollten kürzer werden, außer an Jom Kippur. Wenn möglich sollte die Wiederholung der Gebete vermieden werden [. . .] Gebete, die wir nicht in unseren Herzen fühlen, sollen abgeschafft werden.“ In diesen Passagen des Dokuments spiegelte sich der Wunsch der Rabbiner, das Judentum dem deutschen weltlichen Leben anzupassen und zugleich seine Bande zu dem zu stärken, was ihrer Meinung nach das Wesentliche des Judentums war. Sie sagten, das liberale Judentum „lehnt es ab, die Frömmigkeit an der Befolgung äußerer Bräuche zu messen. Es betrachtet nur das als wertvoll, was im einzelnen Menschen fromme Gefühle hervorzurufen, moralisches Verhalten zu fördern und religiöse Wahrheiten und Erlebnisse lebendig zu machen vermag."

Orthodoxe Rabbiner reagierten heftig auf dieses Dokument. Sie drohten damit, alle Rabbiner, die an seinem Entwurf beteiligt waren, ihrer Rabbinerwürde für verlustig zu erklären, und behaupteten, wer dieses Dokument unterschrieben habe, könne kein Jude sein. Die Liberalen entgegneten: „Niemand hat das Recht, einen ordnungsgemäß geweihten Rabbiner aus dem Rabbineramt auszustoßen [. . .]" Und: „Niemand kann einem Juden, der durch Geburt oder Erklärung dem Judentum angehört, bestreiten, daß er Jude ist, oder ihn als ein geringeres Mitglied der Religionsgemeinschaft Israel hinstellen, weil er einer bestimmten religiösen Partei angehört."

In den zwanziger Jahren lehnten einige orthodoxe Rabbiner sogar ab, der jüdischen Gemeinde anzugehören, so besorgt waren sie über die Ansteckungsgefahr, die von der liberalen Bewegung ausging. Die orthodoxen Juden, die in der Gemeinde blieben, führten endlose Debatten darüber, in welcher Weise die jüdische Tradition gewahrt werden müsse. Leo Baecks sprichwörtliche Zurückhaltung bei öffentlichen Streitigkeiten erwies sich in dieser Situation als förderlich. Er war der Rabbiner, an den sich die Liberalen wandten, wenn Verhandlungen mit den Orthodoxen geführt werden mußten. Angesichts der Feindschaft, die zwischen den beiden Gruppen herrschte, war die Rolle des Vermittlers schwierig. Baeck konnte sie spielen, da beide Seiten ihn achteten. Baeck bewältigte sie, weil er sich im allgemeinen traditionellen Bräuchen verpflichtet fühlte und sie respektierte. Aufgrund seiner Auffassung des Judentums war es jedoch den Liberalen selbstverständlich, ihn als einen der ihren zu betrachten.[32]

Der Streit zwischen Liberalen und Orthodoxen drang bis in die „Weltunion für fortschrittliches Judentum“, die Ende der zwanziger Jahre von Juden der ganzen Welt gegründet worden war. Eine Mitbegründerin der Union, Lily H. Montagu, berichtet, daß in einem Jahr während eines Kongresses eine Gruppe deutscher orthodoxer Rabbiner eine Resolution vorzulegen beabsichtigte, die „ganz im Gegensatz zum Geist fortschrittlichen Judentums“ stand. Da sie offene Feindseligkeiten während des Kongresses befürchteten, wandten sich Lily Montagu und ihre Freunde an Leo Baeck. „Lassen Sie nur“, meinte er, „ich werde es ihnen klarmachen, und es wird keine Resolution geben.“ Seine Besucher glaubten, er habe nicht verstanden, welche Kraft hinter der geplanten Resolution stand, und sagten: „Aber die Resolution wird von der ganzen Gruppe unterstützt und soll morgen vorgelegt werden.“ Baeck lächelte nur: „Es wird keine Resolution geben“, sagte er. Und es gab keine.

Das Geheimnis von Baecks Erfolg bei den orthodoxen Rabbinern bestand darin, daß er sie in der Öffentlichkeit niemals in einer Weise kritisierte, die es ihnen unmöglich gemacht hätte, mit ihm zusammenzukommen und zu bedenken, was er ihnen zu sagen hatte. Außerdem achtete er die orthodoxen Rabbiner und machte sie nicht lächerlich, wie es so manche andere taten. Ein Mann, der früher mit Jugendgruppen gearbeitet und Baeck gefragt hatte, wie er die Probleme mit der orthodoxen Gemeinde lösen solle, erinnert sich an Baecks Haltung. Baeck sagte ihm: „Wenn Sie nachgeben können, ohne Ihrem Gewissen zu schaden, tun Sie es. Wenn Sie es nicht können, sagen Sie es ihnen. Sie werden dann nach einer Entscheidung in den Gesetzen suchen. Das wird eine Woche dauern.“ Mit den „Gesetzen“ meinte Baeck die Gesamtheit der jüdischen Gesetzgebung, wie sie im Talmud zu finden ist. Baeck deutete damit an, daß sogar die Traditionalisten nicht so sehr an Vorschriften der Vergangenheit klebten, daß sie sich nicht entgegenkommend zeigen könnten, wenn es sein mußte.[33]

Es gab jedoch keine Dauerlösung für den Konflikt zwischen Liberalen und Orthodoxen in Deutschland – zwischen jenen, die glaubten, daß ihre Religion durch Veränderung gestärkt, und jenen, die glaubten, daß sie durch Veränderung ausgehöhlt werde. Wenngleich es vermutlich keine Seite zugegeben hätte, war und ist die jüdische Religion durchaus imstande, mit diesem Konflikt zu leben. Die Geschichte des Judentums lehrt, daß sich die jüdische Religion gerade durch innere Konflikte erhalten hat.*

Die Spaltung zwischen Liberalen und Orthodoxen war nicht das einzige große Problem, mit dem sich die deutschen Juden konfrontiert sahen. Es gab noch drei weitere: den Streit zwischen Zionisten und Antizionisten, den Antisemitismus in Deutschland und den wachsenden deutschen Nationalismus.

Die Auseinandersetzung zwischen Zionisten und Antizionisten war eine Fortsetzung des Streits, der schon vor dem Ersten Weltkrieg begonnen hatte. Obwohl Leo Baeck alle Eigenschaften des deutschen Judentums verkörperte und als prominenter Vertreter dieser Gruppe galt, vermochte er die Abneigung, die die meisten seiner jüdischen Landsleute gegen den Zionismus hegten, nicht zu teilen, sondern war zu Zeiten durchaus geneigt, den Zionismus gutzuheißen. Seine frühere Unterstützung zionistischer Standpunkte – seine Weigerung, die Protestresolution der deutschen Rabbiner vom Jahre 1898 zu unterschreiben, und seine Verteidigung der Rechte des Rabbiners Cohn im Jahre 1907 – hatte jedoch andere Beweggründe als den Wunsch, die Juden in einem eigenen Land zu sehen. Immerhin war sich Leo Baeck darüber klar, besonders während und nach dem Ersten Weltkrieg, daß die jüdische Religion nicht von ihrem ethnischen Hintergrund zu trennen war. Die deutschen Juden, die nichts anderes sein wollten als eine Religionsgemeinschaft wie Katholiken und Protestanten auch, sahen ihn im Bedarfsfall gern als ihren religiösen Führer, weil er ihnen eher als

* Das liberale Judentum Deutschlands hat einen großen Einfluß auf das amerikanische Reformjudentum gehabt, namentlich in der Modernisierung des Gottesdienstes, dem stärkeren Gebrauch der Landessprache und der theologischen Forschung. Trotzdem sind beide nicht miteinander identisch. Das deutsche liberale Judentum, um nur diesen Unterschied zu nennen, hat viel mehr jüdische Traditionen beibehalten als die amerikanischen Reformgruppen.

Deutscher denn als Jude erschien. Aber Baeck selbst verstand besser als sie, daß er sowohl Deutscher als auch Jude war. Er griff 1916, während seiner Rabbinerzeit, öffentlich in diese Diskussion ein. Hermann Cohen hatte eine Streitschrift gegen den Zionismus geschrieben, und Martin Buber hatte scharf darauf geantwortet. Baeck versuchte, wie es seine Art war, den Meinungsstreit zwischen den beiden Männern zu schlichten. In einem Artikel schrieb er: „Das Jüdische ist ein Einmaliges der Menschheitsgeschichte, ein Wort des Schöpfers, das nicht mehr wiederholt ward [. . .] Weder das Element der Religion noch das des Volkstums kann aus dem jüdischen Dasein herausgenommen werden.“ Obwohl diese Aussage eine deutliche Bemühung um Aussöhnung enthält, ignoriert sie keineswegs den zionistischen Anspruch, daß das Judentum auch nationalen Charakter habe. Zu seiner Zeit war das eine gewagte Behauptung. Aber sie vermochte Baecks Stellung als führende Persönlichkeit im deutschen Judentum ebensowenig zu schwächen wie sein Votum 1898 und seine Unterstützung Cohns 1907: Er wurde von den ihm Gleichgestellten so hoch geachtet, daß sie ihm nicht widersprachen.

In den zwanziger Jahren nahm seine Unterstützung des Zionismus zu. Das beruhte zum Teil auf der Einsicht, daß eine nationale Heimstatt in Palästina eine Alternative für die Juden Osteuropas wäre, die von antisemitischen Gewalttaten aus ihrer Heimat vertrieben worden waren und – sehr zum Ärger der Berliner Juden – in Gettos in der Dragonerstraße und der Grenadierstraße Zuflucht gesucht hatten. Zum anderen glaubte Baeck – ohne das eigentliche Ziel des Zionismus zu befürworten –, daß der Zionismus viel dazu beitragen könne, in den Juden ein neues Interesse an ihrem Glauben und ihrem Erbe zu wecken. Teilweise spielte auch sein Wunsch eine Rolle, als Brücke zwischen Zionisten und Antizionisten dem Judentum zu dienen.

Am 6. Januar 1927 brachte *Das Israelitische Familienblatt* eine Photographie von der Berliner Gründungsversammlung des „Pro-Palästina-Komitee“. Unter den Photographierten befanden sich Albert Einstein und Leo Baeck. Baeck unterstützte auch den „Keren Hajesod“, eine Organisation zur Spendensammlung für die Entwicklung Palästinas zu einer jüdischen Heimstatt, obwohl sie im Gegensatz zum „Central-Verein“ stand. Dessen Mitglieder waren der Meinung, daß Geldsammlungen besser für Juden in Deutschland als in Palästina verwendet werden sollten, und hatten sich 1921 und 1926 in Resolutionen des Vereins gegen den „Keren Hajesod“ ausgesprochen. Baeck war zwar Vorstandsmitglied des „Central-Vereins“, trat aber 1929 offiziell dem „Keren Hajesod“ bei.

Kann man daraus schließen, daß Leo Baeck Zionist geworden war? Gegen Ende der zwanziger Jahre war Martin Rosenblüth der amtierende zweite Vorsitzende der deutschen zionistischen Vereinigung, die ihre Büroräume in der Meinekestraße 10 in Berlin hatte. In seinen Memoiren zählt er Leo Baeck zusammen mit Albert Einstein zu „unseren neuen Förderern“. In den frühen dreißiger Jahren diskutierte Gerschom Scholem, ein bekannter Philosoph des Judentums, mit Baeck ausführlich über den Zionismus. Scholem war aus Palästina nach Berlin gekommen und hatte den Eindruck gehabt, Baeck sei Antizionist. „Aber in unseren Gesprächen“, schreibt er, „fand ich, daß er viel Sympathie für uns hatte.“ Später sprach Scholem darüber mit Robert Weltsch, dem Herausgeber der zionistischen *Jüdischen Rundschau.* Weltsch überraschte das nicht. „Baeck ist schon seit langem für uns“, sagte er zu Scholem.

Es ist anzunehmen, daß Baeck zwar kein ausgeprägter Zionist war, es aber immerhin für möglich hielt, daß die deutschen Juden Palästina eines Tages vielleicht brauchen würden. Er sprach darüber auf einer Konferenz des „Keren Hajesod“ in Königsberg. Adolf Hitler war noch nicht an der Macht, aber die nationalsozialistischen Umtriebe konnten nicht ignoriert werden. Baeck beschäftigte sich mit der von deutschen Juden immer wieder gestellten Frage, warum sie ihr Geld nicht in der Heimat verwenden sollten, um ihre kulturellen Einrichtungen zu fördern und „die Opfer für Palästina ihren Glaubensbrüdern in bessergestellten Ländern überlassen, bis eines Tages die Zeit kommen wird, da wir in der Lage sein werden, unser Teil beizutragen“. Statt darauf zu antworten, sagte er: „Geben wird durch Geben gelernt. Wer beginnt, für *eine* Sache Opfer zu bringen, erwirbt die Fähigkeit, es auch für etwas anderes zu tun.“

Dann führte Baeck aus, daß die Juden Deutschlands Palästina eines Tages vielleicht brauchen würden. „Was kommen wird, können wir nicht wissen. Wir können nicht wissen, was in Palästina sein wird, und wir können nicht wissen, was hier in Deutschland sein wird. Wir sind unfähig, es vorauszusehen.“ Mit Nachdruck wies er darauf hin, daß die Unterstützung Palästinas kommenden Generationen ebenso nützlich sein werde wie den dann in Deutschland lebenden Juden. „Wer weiß, ob nicht vielleicht einmal die Enkel derer, die jetzt hier in Sicherheit versammelt sind, das Land ihrer Väter verlassen müssen? Kam nicht auch in Spanien, wo die Juden jahrhundertelang in Sicherheit gelebt hatten, der Tag der Wanderung?“ Dann fragte er die Versammlung: „Was wollen wir antworten, wenn unsere Enkel uns vorwursvoll fragen, warum der Vater [. . .] beim Werk des Sohns für den Enkel nicht geholfen hat?“ Und er fuhr fort: „Welches Urteil werden die Völker der Erde über die Juden fällen, wenn sie die Chance, die sich ihnen bot [. . .] aus Gleichgültigkeit, Kleinlichkeit und Verbohrtheit nicht genutzt und sie dadurch verloren haben!“ Diese Chance zu vertun war nach Baecks Worten „eine Entweihung des göttlichen Namens vor den Augen der Welt“. Als sich Baeck Jahre später an diesen seinen Vortrag erinnerte, sagte er, seine Zuhörer seien „bestürzt und ungläubig“ gewesen.[34]

Baeck sah das zukünftige Grauen für die Juden in Deutschland nicht voraus; niemand tat das. Aber er hatte ein Gespür für aktuelle Entwicklungen und erkannte die potentielle Gefahr. Während der zwanziger Jahre hatte es in der Weimarer Republik ein Wiederaufleben des Antisemitismus gegeben. Obwohl die Juden am allgemeinen Wohlstand und der Blütezeit Weimars ihren Anteil gehabt hatten, waren sie niemals völlig akzeptiert worden. Als das Jahrzehnt zu Ende ging, begegnete man ihnen mit mehr Feindseligkeit als zuvor.

Während der zwanziger Jahre mehrten sich die Beispiele von Judenfeindlichkeit. Eine junge Jüdin, die mit ihrer Tante in Berlin lebte, hatte einen nichtjüdischen Verehrer. Als sie ihm sagte, sie sei Jüdin, entgegnete er: „Ja, ja, ich weiß, wegen der Juden hat es einen Weltkrieg gegeben.“ In diesen Jahren erschien auch Arthur Dinters antisemitischer Roman *Die Sünde wider das Blut*, ein Buch voll Haß, Gewalt und dummer Bosheit, das viel gelesen wurde. Der Zeitungsverleger Dietrich Eckart bot 1000 Mark für den Beweis, daß eine einzige jüdische Familie im Ersten Weltkrieg drei Söhne mindestens drei Wochen lang an der Front gehabt hatte. Die Namen von Dutzenden solcher Familien wurden ihm zugesandt, und die Gerichte zwangen ihn, sein Angebot wahrzumachen, nachdem er die Beweise zunächst ignoriert hatte. Obwohl die Juden damit einen juristischen Sieg errungen hatten, vermochten sie gegen dieses aus Irrationalität geborene Unrecht nichts auszurichten. Ein nichtjüdischer Gelehrter sagte dazu: „[. . .] der Haß auf die Juden ist heute der einzige gemeinsame Bezugspunkt für alle Werturteile. Für viele ist er ein Religionsersatz – und wir müssen dieser Wahrheit gegenüber voller Scham den Kopf senken.“

Trotz der Errungenschaften, die die deutschen Juden gemacht zu haben glaubten, war in den zwanziger Jahren der Antisemitismus in Deutschland überall zu spüren. Jüdische Zeitungen druckten Listen von Ferienorten, in denen Juden willkommen waren. Das hieß, daß die nicht genannten Orte keine Juden aufnahmen. 1927 äußerte ein protestantischer Theologe die extreme Ansicht seiner Glaubensgenossen: „Die Kirche muß Augen und Worte für die Bedrohung haben, die das Judentum für das deutsche Volkstum darstellt.“ An den Universitäten wurden jüdische Studenten von nichtjüdischen Kommilitonen körperlich angegriffen. Studentenverbindungen nahmen Juden nicht auf und schlossen jeden aus, der eine Jüdin heiratete. Als Jude galt nicht nur, wer der jüdischen Religion angehörte, sondern jeder, der auch nur einen jüdischen Großelternteil hatte, eine Folge von Adolf Hitlers Behauptung aus dem Jahre 1919, daß „die Juden fraglos eine Rasse, nicht eine Religionsgemeinschaft“ seien.

In der ganzen Geschichte des Judenhasses war es den Juden immer möglich gewesen, sich der Verfolgung durch den Übertritt zum Christentum zu entziehen. Aber der deutsche Antisemitismus hatte einen anderen Weg eingeschlagen, wie Hitler und seine Anhänger bewiesen. Der Haß galt nicht mehr der jüdischen Religion, sondern den Juden. Die Zielscheibe war nun ein Volk, nicht eine Religion. Die Frage, die die Juden das ganze 19. Jahrhundert hindurch beschäftigt hatte, ob sie Angehörige einer Rasse oder einer Religion seien, wurde nun für sie von den Nazis beantwortet: Sie waren eine Rasse; wenn auch nur ein Viertel ihrer Vorfahren jüdisch war – also ein Großelternteil –, gehörten sie zu den Verfemten.

Auch die Gerichtspraxis ging in vielen Fällen diesen Weg. Als 1922 Walther Rathenau, der während und nach dem Krieg seinem Heimatland so große Dienste geleistet hatte, ein Jude, der sich mit seinem Judentum niemals ganz abfinden konnte, ermordet wurde, wurden seine Mörder praktisch als Helden gefeiert und erhielten nur geringe Strafen. Die Gerichte waren politische Instrumente geworden, Waffen wie die Pistolen der Mörder, besonders wenn die Opfer Juden waren.

In der Wirtschaft war es ähnlich. Es wurde für einen Juden so schwierig, von einem nichtjüdischen Arbeitgeber angestellt zu werden, daß eine jüdische Zeitschrift 1928 schreiben konnte: „Einen nichtjüdischen Arbeitgeber für einen jüdischen Angestellten zu finden, ist so gut wie ausgeschlossen." Gegen Ende der zwanziger Jahre wurde ein umfassender Boykott jüdischer Geschäfte organisiert: „Kauft bei Deutschen, nicht bei Juden", lautete die Losung.[35]

Mit dem Antisemitismus lebte auch die alte deutsche Vorstellung vom Reich wieder auf, das dazu bestimmt sei, über andere Völker und Nationen zu herrschen. Viele Deutsche klammerten sich mit religiöser Inbrunst an diese Vision. Für Leo Baeck handelte es sich nicht um eine neue Religion, sondern um die Wiederaufnahme der alten Religion, die sich aus dem Luthertum entwickelt hatte. „Der alles bevormundende Polizeistaat", schrieb er, „ist in gerader Linie aus dem Luthertum hervorgegangen." Diese Linie sei so stark, meinte Baeck, „daß ein Historiker des Protestantismus den Ausdruck wagte, von einer ‚preußischen Religion' zu sprechen". Luther hatte ja die Unterstützung des Staates für seine Kirche dadurch gewonnen, daß er Unterwerfung unter die Obrigkeit predigte: „Seid der Obrigkeit untertan." Was nach

Ansicht des Staates Cäsar gebührte, mußte Cäsar gegeben werden, und was nach Ansicht der Lutheraner Gott gebührte, durfte Gottes bleiben.

Nach Baecks Vorstellung vom deutschen Luthertum fehlte ihm „die soziale, messianische Überzeugung, der Drang, wie er in unserer Bibel lebt, die Welt zu gestalten und zu verbessern". Dieser Mangel im Luthertum beunruhigte ihn, weil sein eigenes Religionsverständnis das genaue Gegenteil war. Baeck glaubte, daß der religiöse Mensch ein ständiger Mahner des Staates sein müsse, ein moralischer Störenfried. Für ihn bedeutete der Besitz dieses Widerstandsgeistes, daß „der Mensch als Spiegelbild Gottes fähig [ist], alle Widrigkeiten zu überwinden, alles zu verändern und zu gestalten", so daß kein Mensch „ vor irgend etwas zurückzuweichen" brauche.[36]

Auch die katholische Kirche war kein Mahner des Staates. Sie war aufgrund ihres mittelalterlichen Erbes selbst eine politische Einheit. Sie verhandelte mit der Regierung, handelte mit ihr Verträge aus und enthielt sich der Kritik. Dafür hatte sie keine Bedrohung durch den Staat zu befürchten.

Für die Deutschen ergab sich daraus, daß sie Staat und Religion miteinander verwechselten. Wohl kaum ein anderes modernes Land hat sich selbst so zum Götzen erhoben. Die Deutschen erhoben die Fülle der Macht zum religiösen Ideal und betrachteten den Kampf um die Vorherrschaft als einen Kreuzzug. Sie fragten nicht nach der Moral dieses Kreuzzugs, denn ihre Kirchen hatten sie gelehrt, daß der Staat nicht in Frage gestellt werden dürfe.

In den Jahren nach dem Ersten Weltkrieg zahlte Deutschland für eine tragische Geschichte, eine Geschichte, in der der Staat mehr galt als das Individuum, in der das Verantwortungsgefühl der Menschen nicht genährt worden war und in der Institutionen, besonders die Kirchen, ohne ein anderes Ziel als das der Selbsterhaltung existiert hatten. Deutschland zahlte dafür, daß es Kants kategorischen Imperativ nicht befolgt hatte: persönliche, auf Vernunftentscheidung beruhende Verantwortung. Die Deutschen entwickelten, nach Leo Baecks Worten, eine „religiöse Sentimentalität, die so gut zusammen geht mit Brutalität".[37]

Warum sah die Mehrzahl der deutschen Juden die drohende Gefahr nicht? Hans J. Morgenthau, der in Deutschland geboren und in den zwanziger Jahren dort aufgewachsen war, vermutete als einen der Gründe:

„Die deutschen Juden hingen der Vorstellung an, daß sie Deutsche mit einer Minderheitsreligion waren und die jüdische Religion eine Religion unter anderen, so daß es ihnen unmöglich war, die Unsicherheit ihrer Stellung und die Möglichkeit eines katastrophalen Ausschlusses aus dem Deutschtum zu erkennen. Wenn sie Deutsche waren wie die anderen und wenn das Judentum nur eine Religion wie alle anderen war, warum sollte dann, abgesehen von einer kleinen Minderheit von Fanatikern voller Vorurteile, der nichtjüdische Deutsche sie als etwas anderes behandeln?“

Hätten die deutschen Juden ihre mißliche Lage zugegeben und die Gefahr einer gewaltsamen Ausschließung erkannt, hätte das eine völlige Verleugnung ihres Lebensgefühls bedeutet. Sie hatten schwer darum gekämpft, sich selbst zu beweisen, daß sie Deutsche jüdischen Glaubens waren. Es war ihnen unmöglich, die Zukunft zu erkennen, ohne zu begreifen, daß ihr ganzer Kampf umsonst gewesen war.

Georg Salzberger, ein Frankfurter Rabbiner, der mit Baeck im Ersten Weltkrieg Feldrabbiner gewesen war, sagte Jahre nach dem Ende der Nazizeit: „Natürlich gab es Symptome. Aber keinen ausgesprochenen Antisemitismus. Man konnte ein ganz normales Leben führen, bis 1933 Hitler an die Macht kam; dann wurde alles anders. Doch keiner von uns konnte ahnen, was seine Machtergreifung bedeutete – nicht einmal der größte Pessimist.“

Immerhin gab es einige Juden, die die Gefahr kommen sahen. Der Verleger Emil Herz berichtet von einem Gespräch, das er mit dem Schriftsteller Arnold Zweig führte, als dieser in Berlin zu Besuch war, bevor er wieder nach Palästina zurückkehrte. Herz meinte, daß die Aufgabe der deutschen Staatsbürgerschaft für eine Heimat in Palästina verfrüht sei. „In Palästina“, sagte er, „herrscht Krieg zwischen Juden und Arabern.“ Er gab zu, daß die Lage in Deutschland problematisch sei, und „wenn die Nazis wirklich an die Macht kommen, werden wir schmerzliche Rückschläge erleiden, aber selbst dann wird unsere persönliche Sicherheit nicht in

Frage gestellt sein." Zweig lachte ihn aus: „Persönliche Sicherheit für die Juden in Deutschland! Ich sage Ihnen, Ihrer aller Leben hier ist in Gefahr, in größerer Gefahr als im kampfzerrissenen Palästina. Dort drüben haben wir Waffen; hier sind wir wehrlos."

Als Albert Einstein noch in Deutschland lebte, sagte er einmal: „Wenn meine Relativitätstheorie stimmt, dann werden die Deutschen sagen ‚Einstein ist ein Deutscher' und die Franzosen ‚Einstein ist ein Jude'. Wenn sie aber nicht stimmt, werden die Deutschen sagen ‚Einstein ist ein Jude' und die Franzosen ‚Einstein ist ein Deutscher'".[38]

Mitte der zwanziger Jahre wurde das Wiedererstarken eines zügellosen deutschen Nationalismus offenkundig. 1925 wählte das deutsche Volk zum erstenmal einen Reichspräsidenten (Friedrich Ebert, der erste Präsident der Republik war nicht vom Volk direkt, sondern vom Parlament gewählt worden). Es wählte einen Mann, der nicht die geringste politische Erfahrung hatte. Aber er war ein Held des Krieges, der 77jährige Paul von Hindenburg. Ein Jahr später, 1926, putschte in München Adolf Hitler. Er erlitt eine Niederlage, wurde aber nur zu einer milden Strafe verurteilt und in der Haft mehr als Held denn als Aufrührer behandelt.

Mit dieser Rückkehr Deutschlands zu Nationalismus und Militarismus beschäftigte sich Leo Baeck 1926 in einem Brief an einen Freund. Er schrieb, daß der denkende Mensch „zwei Gründe unseres Wesens" in sich entdecke, die Treue zum Staat und die individuelle Moral. Schon Kant habe auf diese beiden Wesensgrundlagen hingewiesen und gesagt, daß „jeder Mensch ein Bürger zweier Welten" sei, und, fügte Baeck hinzu, „das gilt in viel weiterem Sinne noch, als er es sagte". Wegen dieser doppelten Existenz in zwei Welten „ergeben sich jedem Menschen Aufgaben, Konflikte. Alles Martyrium ergibt sich ja daraus. Menschen gehören dem Reiche des Staates und dem Reiche Gottes an. Wessen Gesetzen sollen sie mehr gehorchen, wenn der Konflikt eintritt?" Als Beispiel nannte er die inneren Konflikte „ehrlicher Pazifisten im Kriege" und „so mancher ehrlicher Sozialdemokraten". Wenn ein Mensch in einen solchen seelischen Konflikt gerate, „dann kann die Stunde kommen, wo es heißt, zu optieren für das Irdische oder das Ewige". Baeck folgerte, daß man in einem solchen Fall dem moralischen und nicht dem nationalistischen oder militaristischen Weg folgen müsse, selbst wenn er letzten Endes zum Martyrium führe. Er zitierte dazu den Vers aus der Genesis, dem ersten Buch Mose, 12,1: *„Lech lecha me Arzecha"*, jenen Vers, in dem Gott Abraham befiehlt, hinauszuziehen „aus deiner Heimat [. . .] in ein Land, das ich dir zeigen werde". In Baecks Interpretation bedeutet diese Zeile: „Optieren heißt, bereit sein, ein Märtyrer zu werden, den Primat der Religion und ihres Gebotes anerkennen, ihren Primat gegenüber allem".

Er führte Beispiele aus der jüdischen Geschichte an, aus Spanien und Palästina, wo Juden die Religion über den Staat gestellt hatten. Dann wandte sich Baeck den deutschen Nichtjuden zu. „Es ist ein geistiges und moralisches Unglück Deutschlands, daß viele Führende seit langem von beiden Reichen nichts wissen, daß man aus dem Deutschtum eine Religion gemacht hat. Anstatt an Gott zu glauben, glauben sie – lutherische Pfarrer voran – an das Deutschtum."

Baeck fuhr fort: „Wo man der Welt Gottes fremd ist, dort bleibt man auch dem Martyrium fremd [. . .]" Den Juden könne das Martyrium nicht fremd sein, da sie auf dem moralischen Weg beharrten. „Wir Juden wurzeln mehr als alle anderen in der intelligiblen Welt, in der Religion. Wir sind das Volk Gottes; darum hat der Konflikt uns tiefer und häufiger – ja, nicht nur häufig, sondern stetig – erfaßt [. . .] Gerade die letzten Jahre haben uns zu Eigenem in uns stärker hingeführt, wir haben es tiefer wieder erfahren, wie wir im Reiche Gottes wurzeln." Der Brief war ein Kommentar zu aktuellen Ereignissen, vor allem in bezug auf das Deutschland in der Mitte der zwanziger Jahre. Er war jedoch mehr als das, er war ein Aufruf an alle, die an Gott glaubten oder sich selbst als moralische Wesen sahen, der Herausforderung ins Auge zu sehen und, wenn es sein mußte, das Martyrium auf sich zu nehmen. Und dazu ist letztlich jeder wahre Gläubige einer Religion, jeder Religion, berufen.[39]

Sechstes Kapitel

Kampf

In seinen Bemühungen, das Interesse der Juden an ihrer Religion wiederzuerwecken, setzte Leo Baeck weniger auf seine Predigten, seine Führungsrolle, seine Lehrtätigkeit und seine zahlreichen anderen Aktivitäten als vielmehr auf seine Feder. Im Verlauf der zwanziger Jahre schrieb er eine Fülle von Essays und Artikeln. Wichtiger noch war, daß er in diesem Jahrzehnt sein *Wesen des Judentums* neu herausgab. Diese zweite Fassung wird nach einem halben Jahrhundert noch heute gelesen.

In seinen Schriften aus diesen Jahren tat Baeck etwas nahezu Einmaliges und für einen prominenten jüdischen Theologen sogar Mutiges: Er nahm sich das Christentum als Gegner vor. In der Regel parierten Juden christliche Angriffe auf ihre Religion nicht; sowohl in der ersten als auch in der zweiten Fassung seines *Wesen des Judentums* verzichtete Baeck darauf, Adolf von Harnack beim Namen zu nennen – jenen protestantischen Theologen, dessen abwertende Bemerkungen über das Judentum ihn dazu veranlaßt hatten, das Buch zu schreiben. Juden hatten ohnehin selten kritisch über andere Religionen geschrieben. Baeck glaubte jedoch, daß das geändert werden müsse, wenn die Juden wirklich Anerkennung und Verständnis ihrer Religion erringen wollten.

Dem Apostel Paulus zufolge standen die Juden und ihre Religionen in „unüberbrückbarem Gegensatz" zum Christentum, und Baeck las überdies aus Paulus heraus, daß dieser die Juden als „das böse Prinzip" betrachtete und für ihn „alle Erlösung Erlösung aus der Welt des Judentums" bedeutete. Und daß deshalb die Juden als solche die wahren Feinde Christi und des wahrhaftigen Gottes seien. Sie seien die einzigen – sie alle, einschließlich ihrer Erzväter, ihrer Propheten und ihrer Lehrer –, die niemals erlöst werden würden.

Es war dieses paulinische Konzept, das Baeck zu bekämpfen entschlossen war.[1]

Der Gegner war nicht Jesus. Baeck achtete die Gestalt Jesu; viele Kommentatoren von Baecks Schriften sprechen von „Liebe“, um seine Haltung zur zentralen Figur des Christentums zu definieren. Über Jesus schrieb Baeck: „Im alten Evangelium, so wie es offen vor uns liegt, begegnen wir einem Mann mit edlen Zügen, der in spannungsvollen, bewegten Zeiten im Lande der Juden lebte, der half und sich mühte und litt und starb, ein Mann aus dem jüdischen Volk, der mit jüdischem Glauben und jüdischen Hoffnungen auf jüdischen Wegen wandelte. Sein Geist war vertraut mit der Heiligen Schrift, und in ihr waren seine Vorstellungen und sein Denken verankert [. . .] Dieser Mann war ein typischer Jude in Aussehen und Charakter und verkörperte, was im Judentum am reinsten und wertvollsten ist [. . .] Dieser Mann konnte nirgendwo gewachsen sein als auf dem Boden des Judentums [. . .]“[2]

Auch der christliche Glaube war nicht der Feind. Baeck begegnete dem Christentum mit theologischen und philosophischen Argumenten und erwartete von einem christlichen Theologen dieselbe Einstellung zum Judentum. „Positive Neutralität verlangt, daß die letzten und innersten Fragen ehrlich gestellt werden“, pflegte er zu sagen. „Offen und nicht verborgen müssen sie Raum gewinnen für sich selbst mit all ihrem Gegensatz – das Verständnis für das, was ihnen gemeinsam ist und sie verbindet, kommt nicht *trotz* des Gegensatzes, sondern durch ihn.“[3]

Wogegen Baeck kämpfte, war das, was er als die Verfälschung der Jesus-Gestalt durch den griechischen Einfluß betrachtete, dem die junge christliche Gemeinde nahezu zweitausend Jahre zuvor ausgesetzt gewesen war, darüber hinaus die Verteufelung des Judentums durch das Christentum.

Wie war es dazu gekommen, daß der Jude Jesus zum Mittelpunkt einer anderen Religion geworden war? Baeck führte aus, der Begriff „Messias“ sei in der hebräischen Bibel „ein Gleichnis, das Zeugnis einer Vision“ gewesen. Doch in den Evangelien, sagte er, „hat er einen neuen Sinn bekommen und ist zu einem sehr spezifischen Begriff geworden; in ihm kommt nicht mehr die alte apokalyptische Vorstellung zum Ausdruck, sondern er ist zu einem selbständigen theologischen Begriff geworden." Jesus hatte als Lehrer begonnen, aber „der Mann, dessen Leben und Wort die Überlieferung berichten wollte, hatte im Glauben seiner Jünger schon früh aufgehört, ein einfacher Lehrer zu sein – und da sie an ihn glaubten, begann auch er schließlich zu glauben, er sei der Messias, der Gesalbte, der Christos. Die Christengemeinde glaubte fest daran, daß er der Messias gewesen war."

Am Ende wurde das Bild Jesu „mit allem ausgeschmückt, was die Bibel und das Denken von Jahrhunderten im Gesalbten des Herrn, dem Sohn Davids, auf dem der Geist Gottes ruhen werde, dem Heilsbringer und Befreier gesehen hatten – und mit allem, was über ihn prophezeit worden war. Aus dem Leid seiner Zeit war die Dichtung von seinem Leiden hervorgegangen und aus ihren Sehnsüchten und Idealen die Vision von seiner Macht und seinen Taten – und auch all das wurde seinem Bilde hinzugefügt. Mehr noch, unbeirrbarer Glaube hatte seit langem die Gestalt des Messias über alle menschlichen Beschränkungen hinausgehoben in eine übergeschichtliche, überirdische Sphäre, ihn mit dem Strahlenglanz des Himmels umgeben und überirdisch verklärt. Besonders die Apokalypse hatte berichtet, wie er von Anbeginn von Gott auserwählt worden sei und in einer anderen Welt gewohnt habe, aus der er endlich niedersteigen würde, wenn seine Zeit käme. Sein Heranwachsen war von Wundern begleitet. Von all dem waren die Menschen überzeugt. Und das bedeutete, daß die Überlieferung vom Leben Jesu in das mystische Bild eingepaßt werden mußte, in dem die Welt hier unten und die Welt dort oben ineinander verschmolzen. Es war dieses Bild, das die Konturen und den Stoff lieferte."[4]

Baeck setzte sich vor allem mit solchen Angriffen von Christen gegen das Judentum auseinander, die behaupteten, das Judentum sei eine minderwertige, überholte Religion, die seit zweitausend Jahren stagniere und besser vergessen würde. Mit einem gewissen Stolz begann Baeck das Judentum als eine Religion der Tat zu idealisieren, die vom einzelnen moralisches Handeln fordert. Das Christentum dagegen sei eine romantische Religion, eine passive Glaubensreligion. Das Judentum gebietet zu handeln; im Christentum wird über den Menschen bestimmt. Das Judentum stellt Fragen; das Christentum sucht Antworten.

„Vor dem Verständnis der Religion steht die religiöse Tat", meinte Baeck. Er glaubte, „richtiges Denken hängt vom richtigen Tun ab". Und er zitierte aus dem zweiten Buch Mose das zweite Kapitel, Vers 7: „Alles, was der Herr gesprochen hat, laßt uns tun und hören", und wies mit Nachdruck darauf hin, daß das Tun vor dem Hören stehe. „Damit", so Baeck, „kommt das Gebot zuerst, und dieses Gebot trägt nicht den Menschen hinauf zu Gott, damit er mit Gott vereinigt werde, sondern stellt ihn Gott gegenüber, daß er auf ihn höre und ihm diene."

In den Augen Baecks bewirkte das Christentum die Aufhebung der individuellen Verantwortung. Er schrieb: „Das Heil, das aus dem Glauben kommt, ist in keiner Weise verdient, sondern geschenkt; und es kommt nur zu demjenigen, dem es von vornherein bestimmt wurde [. . .] Der Mensch ist nur das bloße Objekt von Gottes Tun, von Gnade oder Verdammung; nicht er erkennt Gott, Gott erkennt ihn [. . .] Er ist das Objekt von Tugend und Sünde – nicht ihr Erzeuger, ihr Subjekt. Es ist, als sagte man: Der Mensch lebt nicht, sondern er wird gelebt [. . .]"

Dieses Zitat stammt aus einem von Baecks berühmtesten Essays der zwanziger Jahre, *Romantische Religion*, in dem Baeck darlegte, daß das Judentum eine „klassische Religion" sei, in der „der Mensch frei wird durch das Gebot", während er „in der romantischen Religion (Baecks Bezeichnung für das Christentum) frei geworden ist durch die Gnade".

„Hier [im Christentum] ist das Ideal nicht mehr die sittliche Persönlichkeit, die der Mensch durch seine Bemühung und sein Ringen werden kann, sondern die übermenschliche und deshalb letzten Endes mystische Persönlichkeit: der Heilige, der Held, der Gottmensch. In Verzückung fühlt man sich von ihm ergriffen und hat damit sich selbst und ihn befriedigt. Und da das Ideal hier ‚allheilig' und ‚gewaltig' ist, wird all das gern als heroische Ethik gepriesen." Aber das Christentum sei weniger eine heroische Ethik als „eine heroische

Landschaft mit einem Schloß, das in rosige Wolken ragt, wo die Phantasie sich von Zeit zu Zeit gerne und ohne Verpflichtungen ergeht."[5]

Vordergründig ist der Essay „Romantische Religion" eine Polemik gegen das Christentum, eine Verteidigung des Judentums gegen die Angriffe von zweitausend Jahren. Doch hat dieser Essay zwei weitere Dimensionen. Geschrieben zu einer Zeit, in der sich das Versagen der Weimarer Republik ankündigte, war er ein Appell an die Anhänger aller Konfessionen, sich dessen bewußt zu werden, daß Religion Moral fordert. Das Ziel der Religion ist nicht die Erlösung der eigenen Person, sondern eher der Beitrag des einzelnen zur Erlösung aller anderen.

Ferner war der Essay ein Appell Baecks an seine jüdischen Glaubensgenossen, nicht länger so zu tun, als hätten sie sich ständig zu entschuldigen: Schämt euch nicht eurer Religion, besonders im Vergleich zum Christentum. Das Judentum ist die höhere der beiden Religionen, und das zentrale Erlebnis des Christentums – die Gegenwart Jesu – ist letzten Endes eine jüdische Gegenwart.

Diese Botschaft konnte Leo Baeck den deutschen Juden mit solcher Kraft zurufen, weil er selbst mit seiner Religion ins reine gekommen war. Der bedeutsame Unterschied zwischen Baecks Einstellung zum Judentum in den frühen Jahren nach dem Verlassen des Seminars und den Jahren nach dem Ersten Weltkrieg war der, daß er nun das Judentum als eine Religion und nicht nur als einen Kult der Vernunft akzeptierte. Das Judentum war sowohl der moralische Imperativ als auch das Mystische, das Unbegreifliche, der Glaube, den er geleugnet hatte, als er zwei Jahrzehnte zuvor schrieb, die jüdische Religion sei frei von allem „Naturphilosophischen, Metaphysischen und Mystischen".

Jedoch waren die mystischen Eigenschaften, die Baeck nun in der jüdischen Religion fand, nicht dieselben, die er im Christentum gefunden hatte. Im Christentum waren das Mystische, das Unsichtbare, der Glaube, den er mißbilligt hatte, an die Stelle des Handelns getreten. Im Judentum spornte die Mystik die Juden noch stärker zur Ausführung der Tat an.

In Baecks Leben gibt es kein dramatisches Erlebnis, keinen Augenblick blendender Offenbarung, der diese Anerkennung des Mystischen bewirkt hätte. Es war eine langsame Entwicklung gewesen, ein Prozeß, der begann, als er, nach Abschluß seiner Ausbildung Rabbiner geworden, seine Selbsterziehung in Angriff nahm und morgens zu früher Stunde aufstand, um griechische Philosophen zu studieren, weil er sich mit einer Begrenzung seines geistigen Horizonts nicht zufriedengab.

Ein Mann mit Selbstvertrauen und Forschergeist mußte, wenn er sich einmal von den Tabus einer traditionellen Erziehung befreit hatte, zu einem Verständnis der Mystik im Judentum gelangen. Die Mystik hatte tausend Jahre lang im Mittelpunkt großer religiöser Bewegungen gestanden und konnte nicht einfach ignoriert werden. Während sie in ihrer negativsten Form ein veredelter Aberglaube und die Verachtung des Wissens war, konnte sie auch ein Fest der Lebensfreude und die Öffnung der Religion für alle Glaubenden sein; das war die Botschaft des Baal Schem Tov gewesen, des mystischen Führers der osteuropäischen Juden zu Beginn des 18. Jahrhunderts.

Baecks Leistung auf dem Gebiet der Mystik ist von Rabbi Alexander Altmann gewürdigt worden, der sagte, daß Baecks „Hauptverdienst in seinem Bemühen“ liege, „als Theologe ein Verständnis unserer mystischen Tradition – oder zumindest einiger ihrer Schichten – den Grundlagen des modernen jüdischen Denkens einzuverleiben“. Neben Talmud-Studium und rationaler Auffassung der jüdischen Philosophie gebe es das mystische Element, die Bereitschaft zu glauben. In seinen Schriften habe Baeck alle drei zusammengebracht, sie alle seien ein Teil des Judentums. „Kein anderer jüdischer Theologe unter seinen Zeitgenossen – ob liberal oder orthodox – kann mit einer solchen Leistung aufwarten“, sagt Altmann.[6]

Baeck näherte sich diesem mystischen Element im Judentum als Wissenschaftler. Woher stammte es? Was hatte es geleistet? Welchen Zweck konnte es in der Gegenwart haben? Zum erstenmal schrieb er über die positive Rolle der Mystik im Judentum schon sechs Jahre nachdem er sie in der ersten

Ausgabe des *Wesen des Judentums* geleugnet hatte. Der Artikel, in dem er seine neue Einstellung darlegte, erschien unter dem Titel *Die Parteien im gegenwärtigen Judentum in ihrer geschichtlichen Grundlage* in der protestantischen Zeitschrift *Religion und Geisteskultur*. Er begann den Artikel so, als schreibe er über den Mann, der *Das Wesen des Judentums* verfaßt hatte: „In der Terra incognita, die die Geschichte des jüdischen Geistes leider für so viele ist, ist die Mystik vermutlich am unbekanntesten.“ Das sei deshalb zu bedauern, weil „die Mystik einen bedeutenden Platz im Judentum einnimmt; ihre Geschichte zieht sich über mehr als tausend Jahre hin, und es ist kaum möglich, alle ihre Facetten zu erfassen.“ Woher stammte sie? „In der jüdischen Gemeinschaft entstand die Mystik aus der angeborenen Sehnsucht des menschlichen Herzens. Sie erwuchs besonders aus Zeiten der Not, wenn es ein Bedürfnis nach Hoffnung und Optimismus gab, das nur durch den Glauben an das allgegenwärtige, allmächtige Mysterium gestillt werden kann.“ Obwohl es sich hier um eine historische Analyse Leo Baecks handelt, ist es zugleich eine Offenlegung seines Herzens. Baeck hatte selbst seinen Rubikon überschritten, er hatte erkannt, daß zum Leben nicht nur das Geistige, sondern auch das Gefühl gehört; wenn Religion wirklich einen Sinn haben soll, muß sie beides einschließen.[7]

Dreimal am Tag spricht der gesetzestreue Jude ein Gebet, das *Schema Israel*. Es ist schlicht und kurz: „Höre, Israel, der Ewige ist unser Gott, der Ewige ist einzig.“ Die zugrunde liegende Vorstellung ist der Monotheismus. Für das Judentum bedeutet Monotheismus die Existenz einer einzigen höchsten Macht, und das Gesetz, das von dieser Macht ausgeht, ist das oberste Gesetz. Das Gesetz beispielsweise, das das Töten verbietet, kann nicht umgangen werden. Es gibt keine anderen Götter, die die Strenge der Verbote und Gebote abmildern könnten. „Die Ethik zum Mittelpunkt der Religion zu machen“, schreibt Baeck, „ist das Kennzeichen des Monotheismus.“ Außerdem, wenn es nur einen Gott gibt und alle Menschen dieser Erde nach seinem Ebenbild geschaffen sind, dann haben auch alle dieselbe Würde und denselben Wert. Baeck stellte fest, daß der Satz im 3. Buch Mose, 19, 18, den

„Akiba den entscheidenden Satz der Bibel genannt hat und der gemeinhin wiedergegeben wird als ‚Liebe deinen Nächsten wie dich selbst', seinem wahren Sinn nach heißen muß: ‚Liebe deinen Nächsten, denn er ist wie du.' Dieses ‚wie du' ist der Kern des Satzes". Deshalb könne man, wenn man Glauben habe, wenn man an diesen Gott der Moral glaube, nicht danach streben, anderen Menschen Leid anzutun; mehr noch, man müsse immer danach streben, gut zu handeln – das sei der kategorische Imperativ des Judentums.[8]

Leo Baeck erklärte, der erste Schritt sei die Anerkennung des Mysteriums; der zweite die Befolgung des Gebotes. „Alle religiöse Erfahrung ist im Judentum eine zweifache", sagte er 1922. „Sie ist zunächst das Bewußtsein, geschaffen zu sein, oder, was dasselbe ist, das Wissen um das Geheimnis, das Verborgene, das Irrationale des Lebens, um den Daseinsgrund. Und sie ist das Wissen um das, was der Mensch schaffen soll, um das Bestimmende, das Gebietende, das Ideelle seines Lebens, um den Weg, der ihm gewiesen ist." 1905 hatte er das Mysterium abgelehnt als etwas, das nicht zum Judentum gehöre; nun betonte er, es sei das „Besondere des Judentums [. . .], daß in ihm diese beiden religiösen Erfahrungen ihre absolute Einheit haben, die eine immer nur in der anderen und durch die andere ergriffen wird".[9]

Die Vereinigung von Mysterium und Gebot im Judentum, die Quelle des Lebens und der Richtung, die man seinem Leben gibt, wurde zum großen Thema seiner Schriften. Die jüdische Religion war für Baeck das Glaubensbekenntnis des wahrhaft freien Menschen. Nur wer versteht, daß das Leben von Gott kommt, und den Verlauf dieses Lebens selbst bestimmt, indem er Disziplin übt und mit seinen Nächsten in Frieden lebt, ist wahrhaft frei. Das war Baecks Botschaft, das lehrte er seine Glaubensgenossen: daß das Wesen des Judentums die individuelle Verantwortung ist. Der einzelne Mensch kann das Leben, das er zu leben wünscht, wählen, aber wenn die Menschheit überleben soll, muß jeder einzelne ein religiöses Leben wählen, was bedeutet: „Liebe deinen Nächsten, denn er ist wie du."

Als 1922 die revidierte Fassung des *Wesen des Judentums* erschien, war sie in mancher Hinsicht ganz wie Baeck selbst.

„Es ist ein altes Buch [. . .] und es ist ein neues Buch“, schrieb er im Vorwort. Der Umfang war von 167 auf 327 Seiten gewachsen. Die Einteilung in drei Abschnitte war geblieben: der Charakter des Judentums, die Idee des Judentums und die Erhaltung des Judentums. Umfangreicher war vor allem der zweite Teil des Buches – die Idee des Judentums –, der von 88 Seiten in der ersten Ausgabe auf 202 Seiten angewachsen war. In diesem zweiten Teil schrieb Baeck vom Glauben an Gott und die Menschheit – vom Glauben des Menschen an sich selbst, an seine Mitmenschen und den Menschen im allgemeinen. Dieser Teil enthält auch die Anerkennung des Mystischen. „Wann immer das Verborgene, Unergründliche erfahren wird, der Sinn von allem berührt und erlebt, dann ist es entweder die Andacht des Schweigens, jenes innigste Gefühl vom lebendigen Gotte, jene tiefste Kraft religiösen Empfindens und Ahnens, die den Menschen ergreift, oder dieses andere regt sich in ihm, dieses Aufwärtsschwingen zu dem Gleichnis hin, zu seiner Poesie, die vom Unfaßbaren dichtet und betet. Daher ist ja auch die Mystik, in der dieses Verlangen seine Überschwenglichkeit hat, zumeist so wortreich und so wortfreudig, so voll vom Schwelgen in der Beredsamkeit des Dichters.“ In der Mystik „vereinigt sich der Mensch mit Gott“.

Hier findet sich auch das Eingeständnis, daß die seit über einem Jahrhundert von den deutschen Juden vertretene Behauptung, mit den Juden außerhalb Deutschlands nichts zu tun zu haben, unannehmbar sei. In der ersten Ausgabe hatte Baeck noch geschrieben, daß nur in Israel ein ethischer Monotheismus existiert habe, und er benutzte den Satz, „und Israel war damit eines der Völker geworden“. In der zweiten Ausgabe revidierte er diesen Satz und gab ihm die Bedeutung, daß die Juden über alle geographischen Grenzen hinweg eine sittliche Gemeinschaft bilden: „Und Israel war damit eine der Nationen geworden.“ Er fuhr fort: „Das ist es, was die *Auserwählung* Israels genannt wird. In diesem Worte liegt sonach zunächst nur der einfache Ausdruck einer geschichtlichen Tatsache, die Feststellung einer bestimmten, wesentlichen Eigenart, die hier hervorgetreten ist. Die Tatsache, daß diesem Volke eine besondere Stelle in der Welt zugewiesen war, daß es etwas vollbrachte, wodurch es sich von den anderen unterschied, ist damit bezeichnet.“[10]

Hatte Baeck ein völlig neues Buch geschrieben? Nein, doch durch die Bearbeitung hatte er es wesentlich verbessert, er hatte Neues hinzugefügt und die Erfahrungen seines Lebens als Gelehrter, Rabbiner und Feldgeistlicher ausgewertet. Er scheute sich nicht, zuzugeben, daß er sich im Lauf seiner Berufsausübung weiterentwickelt hatte. Für ihn war das ein Lernprozeß, etwas, worauf er stolz war.

Mehr als ein halbes Jahrhundert lang ist das *Wesen des Judentums* für das jüdische Volk ein Leuchtfeuer gewesen. Es ist gleichermaßen eine traditionelle und eine moderne Analyse der jüdischen Religion – traditionell in seiner Anerkennung des Gefühls, das die Juden für ihre Religion hegen, und der Verantwortung, ein moralisches Leben zu führen, die sie ihnen auferlegt; modern insofern, als es aus der Feder eines Gelehrten stammt, der die Methoden wissenschaftlicher Forschung anwandte und seinen Gegenstand meisterhaft beherrschte. Heutige Juden fühlen sich von der zweiten Fassung angesprochen. Während die erste Fassung ihr Erbe eher zu verleugnen suchte, wird es in der zweiten verherrlicht.

Baecks Buch wurde für die deutschen Juden zu einer Standardlektüre. Die Jugendlichen erhielten es als Geschenk zur Konfirmation. Für Juden, die ihre Religion ignoriert hatten, war es oft das erste Buch, das sie über das Judentum lasen. Für Juden und Nichtjuden, die sich in knapper Form über die Bedeutung des Judentums informieren wollen, ist es wohl, vielleicht mehr als jedes andere Buch, eine ebenso umfassende wie eloquente Zusammenfassung.

Einige Zeilen des letzten Abschnitts mit dem Titel „Geschichte und Geist“, liefern eine Definition dessen, was es heißt, Jude zu sein – was die Juden unter dem Begriff *Auserwähltheit* verstehen. Baeck schreibt: „Schon durch sein Dasein ist das Judentum ein nie verstummender Widerspruch dagegen, daß die Menge mehr sein will als das Recht, daß die Gewalt Herrscherin sein will über die Wahrheit, daß in dem Kampf zwischen dem Geiste und den Nützlichkeiten der Nutzen das letzte Wort sprechen will. Solange es ein Judentum gibt, wird man nicht sagen können, daß die Seele der Menschen sich unterworfen habe. Seine Existenz schon ist ein Beweis durch die Jahrtausende hindurch, daß die Überzeugung sich nicht meistern läßt durch die Vielen. [. . .] Eben hierdurch ist das Judentum auch ein *Gradmesser für die Höhe der Gesittung* auf Erden geworden. Was seine Gemeinde durch die Völker erfahren hat, unter denen sie lebte, ist immer ein Maßstab dafür gewesen, wie weit Recht und Gerechtigkeit unter den Nationen Bestand hatten, denn alle Gerechtigkeit ist Gerechtigkeit für die Wenigen." Baeck räumte ein, daß das Ausmaß, in dem Recht und Gerechtigkeit herrschten, oft nicht sehr groß war. „Es gehört religiöser Mut, der Mut zu denken und zu erwarten, dazu, einer Minderheit anzugehören, die es immer war und weiterhin sein wird, zumal inmitten einer Mehrheit, die so oft die Macht über das Recht entscheiden läßt."

Der letzte Absatz des Buches beginnt mit einem Appell an die christlichen Mitmenschen. „Vor aller Augen liegt das Judentum, das religiöse Gut, das es besitzt, das religiöse Ziel, das seine Zuversicht ist; wer sehen will, kann sehen. Wir gestehen allen anderen Bekenntnissen ihre Reichtümer zu, vor allem denen auch, die aus unserer Mitte und aus unserem Geiste hervorgegangen sind. Wer Überzeugung hegt, achtet die Überzeugung."[11]

Diese Worte, geschrieben in den zwanziger Jahren, als es in Deutschland bereits Anhänger des Nationalsozialismus gab, bedeuteten, daß in den kommenden Jahrzehnten das Judentum Zeugnis ablegen sollte. Und die Deutschen sollten auf die Probe gestellt werden, ob sie die Fähigkeit besaßen, eine abweichende Minderheit in ihrer Mitte zu tolerieren. Die Juden sollten das Kreuz sein, das sie zu tragen hatten.

Siebentes Kapitel

Der Feind

In den zwanziger Jahren wimmelte es in Deutschland von winzigen faschistischen Gruppen. Zahlreiche ehemalige Frontkämpfer gründeten mit ein paar Freunden als „Parteimitglieder" politische Organisationen. In Zeiten der Unzufriedenheit und Unsicherheit ist der „Krieger zu Pferde" stets eine anziehende Gestalt, auch wenn er schlecht rasiert ist und Löcher in den Schuhsohlen hat. Adolf Hitler mit seinem Charisma aber übertraf sie alle, und sein Aufstieg machte ihn zu einem Politiker, der den Verlauf des 20. Jahrhunderts wie kein anderer bestimmt hat. Er brachte eine moderne, zivilisierte Nation dazu, ihm in Entwürdigung, Niederlage und Verzweiflung zu folgen und ihn fast bis zum Ende enthusiastisch zu unterstützen. Von keinem anderen Politiker könnte dergleichen je behauptet werden. Ihm gelang es durch die Verwendung verschiedener Methoden. Eine davon war die Schaffung eines Feindbildes: der Antisemitismus.

Von Hitler ist oft der Satz zitiert worden: „Wenn es keine Juden gäbe, müßten wir sie erfinden." Genau das hat er getan. Der Jude, den er angriff, hat niemals existiert: der Jude, der sich geweigert hatte, im Ersten Weltkrieg für Deutschland zu kämpfen, der Jude, der die Nation ausgeplündert hatte, der Jude, der mit den Juden anderer Länder verbündet war, um die Welt zu beherrschen, der Jude, der den Christen korrumpierte. Dieser Jude war niemals Realität gewesen. Aber es war dieser Jude, den Adolf Hitler dem deutschen Volk als seinen Feind präsentierte. Daß es ihm so mühelos gelang, die Deutschen davon zu überzeugen, in den Juden ihre Feinde zu sehen, war die Folge der Ausstrahlungskraft Hitlers und eines bereits vorher latenten Antisemitismus im deutschen Volk.

Kein Politiker hat in seiner Propaganda das Schlagwort,

das durchschlagende Wort, jemals wirksamer eingesetzt als Hitler. Janet Flanner, in den dreißiger Jahren Kommentatorin des *New Yorker,* schrieb damals: „Während die meisten neuen Autokraten in der Geschichte durch einen Staatsstreich zur Herrschaft gekommen sind, ist Hitler ganz allmählich, durch fünfzehn Jahre des Redens, zum Führer des Reiches aufgestiegen."

Es waren nicht nur Reden. Er lockte die Menschen mit Worten auf Versammlungen, auf Plakaten und in Zeitungen. Er redete derart auf die Deutschen ein, daß sie schließlich der beharrlichen, einleuchtenden nationalsozialistischen Propaganda mit Leib und Seele verfielen. Die potentielle Wirksamkeit der Propaganda hatte Hitler schon vor dem Ersten Weltkrieg gefesselt. „Propaganda, nur Propaganda ist nötig", hatte er damals gesagt. „Die Dummen hören nicht auf." In *Mein Kampf* sprach er diesen Gedanken deutlich aus. „Alle Propaganda", schrieb er, „muß dem beschränktesten Verstand unter denen angepaßt werden, an die sie sich wendet [. . .] Aber die glänzendste propagandistische Technik wird keinen Erfolg haben, wenn man nicht ständig mit nie erlahmender Aufmerksamkeit ein grundsätzliches Prinzip vor Augen hat." Der Propagandist muß sich an „ein paar Punkte halten und diese wieder und wieder wiederholen".[1]

Hitler wußte das Werkzeug der Propaganda zu nutzen. Die Nazizeitungen waren voll von antisemitischen Schlagworten und gemeinen Karikaturen des seine christliche Beute belauernden Juden. Der Rundfunk kam in den zwanziger Jahren auf, und Hitler benutzte ihn ebenso wirkungsvoll wie später, in den dreißiger Jahren, die Filmkamera. Mit Hilfe von Flugzeugen konnte er an einem Tag an mehreren Orten Deutschlands auftreten.

Wenn er sprach, fielen seine Worte – besonders seine Angriffe gegen die Juden – auf fruchtbaren Boden. Nicht nur die Kirchen hatten die Deutschen gelehrt, die Juden seien minderwertig und müßten verfolgt werden, sondern auch die deutsche politische Tradition kannte die Diskriminierung der Juden. Sogar Otto von Bismarck, der zuerst den Beistand liberaler politischer Kreise gesucht hatte, in denen es viele Juden gab, und der die Juden öffentlich ermuntert hatte, sich für ihr deutsches Vaterland zu engagieren, stützte sich aus verschiedenen Gründen später auf die konservativen Kräfte, einschließlich der antisemitischen, und ließ seine früheren jüdischen Anhänger und Freunde fallen. Er duldete Angriffe auf sie, nicht als Individuen, sondern als Juden. Unter Otto von Bismarck wurde der Antisemitismus zu einer politischen Waffe, deren man sich auch auf höchster Ebene bediente.

Alle Nationen haben Antisemitismus im öffentlichen Leben gekannt, doch Deutschland war vor dem Ersten Weltkrieg die einzige moderne westliche Nation mit einer auf dem Antisemitismus aufgebauten politischen Partei. Bei den Reichstagswahlen 1893 gewannen die Antisemiten 263 000 Stimmen und sechzehn Sitze in einem Parlament von 377 Abgeordneten. 1903 hatten die Antisemiten neun Abgeordnete, 1908 sechs. 1911 gab es im Reichstag 22 offiziell als solche deklarierte Antisemiten, im Jahr darauf dreizehn. Gering an Zahl, hatten die Antisemiten keinen Einfluß auf die Legislative, und viele deutsche Juden betrachteten sie einfach als ein Ärgernis. Ihre wirkliche Bedeutung aber wurde damals nicht gesehen – nämlich, daß sie der Beginn einer Formierung des Antisemitismus zu einer organisierten Bewegung waren; irrationaler Haß war zu einem politischen Prinzip geworden.

Adolf Hitler erkannte die Stärke des Antisemitismus im deutschen Volk. Der Jude war der „Feind“, der am meisten einleuchtete. Andere politische Führer der Zeit mochten gegen fremde Eroberer oder frühere Gegner wettern, doch Hitler gab dem deutschen Volk einen Feind, den es sehen, fassen und besiegen konnte.

Im Jahre 1920 gab sich die Nationalsozialistische Partei ein Fünfundzwanzig-Punkte-Programm. Viele dieser Punkte hatten mit Politik nichts zu tun, sondern waren lediglich Attacken gegen die Juden: Punkt 4 erklärte, daß die Juden keine deutschen Bürger sein dürften; Punkt 6 verbot den Juden, Beamte im öffentlichen Dienst zu sein; weitere Punkte sprachen sich für den Ausschluß der Juden aus Angestelltenpositionen in Zeiten der Arbeitslosigkeit und für ihre Entfernung aus dem Zeitungswesen aus.[2]

Während die Berliner Juden ihre neue Emanzipation

genossen, im kulturellen und politischen Leben hervortraten und darüber vergaßen, am Freitag abend zum Gottesdienst zu gehen, begriff Hitler, was sie selbst nicht begriffen: daß sie von den Deutschen nicht wirklich akzeptiert worden waren. Weder die religiöse noch die politische Tradition der Angriffe auf die Juden war erloschen. Der Antisemitismus der Nazis war ebensowenig eine exzeptionelle Entwicklung wie der Antisemitismus des deutschen Volks. Adolf Hitler trieb ihn lediglich bis zur äußersten Konsequenz.

Die Tatsache, daß Hitler den Antisemitismus als politische Waffe benutzte, sollte nicht dazu verführen, seinen persönlichen Judenhaß zu verschleiern. In Wien, wo er als verkrachter Kunststudent ein kümmerliches Leben führte, war der Antisemitismus nicht nur unter den Armen und Ungebildeten, sondern auch unter den Gebildeten und Vermögenden verbreitet. Viele Zeitungen schwelgten in Antisemitismus, der auch in Klubs, Wirtshäusern und Vorträgen ein beliebtes Thema war. Und dieser auch von Akademikern verbreitete Haß blieb nicht ohne Einfluß auf Menschen wie Adolf Hitler. Hitler hat in *Mein Kampf* die sattsam bekannte Szene beschrieben, die er als den Beginn seines Antisemitismus verstanden wissen wollte. Er schreibt:

„Als ich einmal so durch die innere Stadt strich, stieß ich plötzlich auf eine Erscheinung in langem Kaftan und schwarzen Locken.

Ist dies auch ein Jude? war mein erster Gedanke.

So sahen sie freilich in Linz nicht aus. Ich beobachtete den Mann verstohlen und vorsichtig, allein je länger ich in dieses fremde Gesicht starrte und forschend Zug um Zug prüfte, um so mehr verwandelte sich in meinem Gehirn die erste Frage zu einer anderen Fassung: Ist dies auch ein Deutscher?

Wie immer in solchen Fällen begann ich nun zu versuchen, mir die Zweifel durch Bücher zu beheben. Ich kaufte mir damals für wenige Heller die ersten antisemitischen Broschüren meines Lebens . . .“

Wie er schrieb, kam er nach der Lektüre zu dem Schluß, „daß der Jude kein Deutscher war“. „Ich begann sie allmählich zu hassen“, bekannte er.

Sein Antisemitismus war Teil seines Glaubens an die

„Reinheit“ der germanischen Rasse. Im Blut allein liege die Stärke und auch die Schwäche der Menschen. Und, schreibt er, „der völkische Staat hat die Rasse in den Mittelpunkt des allgemeinen Lebens zu setzen“, er müsse dafür sorgen, sie rein zu erhalten. Das solle der Prüfstein des neuen Deutschland sein, das er anführen wolle. Er sagte:

„Die gesamte Bildungs- und Erziehungsarbeit des völkischen Staates muß ihre Krönung darin finden, daß sie den Rassesinn und das Rassegefühl instinktiv und verstandesmäßig in Herz und Gehirn der ihr anvertrauten Jugend hineinbrennt. Es soll kein Knabe und kein Mädchen die Schule verlassen, ohne zur letzten Erkenntnis über die Notwendigkeit und das Wesen der Blutreinheit geführt worden zu sein.“

Sein Blutreinheits-Begriff wandte sich nicht nur gegen die Juden, sondern gegen alle, die seinen rassischen Maßstäben nicht entsprachen: „Es ist aber ein kaum faßlicher Denkfehler, zu glauben, daß, sagen wir, aus einem Neger oder einem Chinesen ein Germane wird, weil er Deutsch lernt und bereit ist, künftighin die deutsche Sprache zu sprechen und etwa einer deutschen politischen Partei seine Stimme zu geben.“

Doch seine Gehässigkeit anderen Volksgruppen gegenüber konnte es nicht mit derjenigen aufnehmen, die er gegen die Juden hegte. „Ja, es kann soweit kommen“, höhnte er, „daß große Teile des Wirtsvolks endlich ernstlich glauben werden, der Jude sei wirklich ein Franzose oder Engländer, ein Deutscher oder Italiener, wenn auch von besonderer Konfession.“ Er beschwor vor dem deutschen Volk das Gespenst des „internationalen Finanzjudentums“ herauf, das alle Vorbereitungen treffe, den „gehörnten Siegfried“ zu Fall zu bringen. An anderer Stelle sagte er: „Von Zeit zu Zeit wird [. . .] dem deutschen Spießer vor Augen geführt, daß da und dort zum ersten Mal ein Neger Advokat, Lehrer, gar Pastor, ja Heldentenor oder dergleichen geworden ist. Während das blödselige Bürgertum eine solche Wunderdressur staunend zur Kenntnis nimmt, voll von Respekt über das fabelhafte Resultat heutiger Erziehungskunst, versteht der Jude sehr schlau, daraus einen neuen Beweis für die Richtigkeit seiner den Völkern einzutrichternden Theorie von der Gleichheit der Menschen zu konstruieren.“[3]

Hitler irrte sich darin nicht: Während er die Überlegenheit einer Menschengruppe predigte, deren Vorfahren lange Zeit hindurch in einer bestimmten geographischen Region gelebt hatten, predigte das Judentum die Brüderlichkeit aller Menschen – dein Nächster ist wie du, sagte Baeck. Während Hitler den Begriff der rassischen Reinheit zu prägen versuchte, lehrte das Judentum, daß alle Menschen nach Gottes Ebenbild geschaffen und daher vor Gott gleich seien. Während Hitler von der Unwissenheit des Menschen sprach, sprachen Juden wie Leo Baeck von der Sittlichkeit des Menschen; sogar in den kommenden Jahren, als Leo Baeck mit ansah, wie seine Welt von seinen deutschen Landsleuten zerstört wurde, forderte er noch, daß jeder Mensch als Individuum beurteilt werde. Während Hitler predigte, daß Regierung und Gesetz nur dem Nutzen eines bestimmten Staates zu dienen hätten und das Gesetz gebeugt werden müsse, wenn es das Staatsinteresse verlange, lehrte das Judentum, daß das oberste Gesetz das Gesetz Gottes sei.[4]

Schon in den zwanziger und frühen dreißiger Jahren, bevor die Nazis an die Macht kamen, machten sie unmißverständlich klar, was sie über die Juden dachten. Während dieser Periode waren sie an der Schändung von mehr als 120 jüdischen Friedhöfen und fünfzig Synagogen beteiligt. Im Jahre 1930 inszenierten sie einen Angriff, bei dem acht Juden getötet, und einen zweiten, bei dem 78 Juden verletzt wurden. Im selben Jahr forderten sie ein Gesetz, das ein Echo ihres Programms von 1920 war: „Wer zur Verschlechterung und zur Zersetzung der germanischen Rasse beiträgt, indem er sich mit Mitgliedern der jüdischen Blutsgemeinschaft oder mit farbigen Rassen vermischt, begeht Rassenverrat."[5]

Hitler-Biographen bezeichnen Hitler oft als eine christusähnliche Gestalt. Damit ist nicht gemeint, daß sie Hitler mit Jesus vergleichen, sondern daß das deutsche Volk in Hitler eine übermenschliche messianische Gestalt zu sehen begann. Es stimmte nicht nur für ihn, es betete ihn an. „Das ist keine Revolution", sagte ein Amerikaner über die fanatische Hitler-Verehrung, „sondern Erweckungsglaube. Sie denken, Hitler ist Gott." Ein Deutscher erinnert sich: „Die Frau unseres Nachbarn hatte eine ganze Galerie von Hitler-Bildern, eines neben dem andern; und wenn Hitler sprach, sagte sie: ‚Ich könnte fast das Radio umarmen.'" Ein Kirchenvorsteher sagte: „Christus ist durch Adolf Hitler zu uns gekommen." Auch gebildete, kultivierte Deutsche begannen zu sagen, er sei „der einzige Mensch, der sich nie irrt", und „so einsam wie der Herrgott". Einer von ihnen bekannte: „Der inbrünstige Wille dieses Mannes, seine leidenschaftliche Aufrichtigkeit schienen von ihm in mich hinein zu fließen. Ich erlebte eine Erhebung, die nur mit einer religiösen Erleuchtung verglichen werden kann." Aus solchen Gefühlen schlug Hitler Kapital. So sagte er etwa, daß Jesus die Vernichtung der Juden begonnen hätte, und erklärte: „Das Werk, das Christus begann und nicht vollenden konnte, werde ich – Adolf Hitler – zu Ende bringen." Er förderte bei seinen Anhängern die Haltung, die einer von ihnen formuliert hatte: „Unser Programm kann in zwei Worten ausgedrückt werden: ‚Adolf Hitler.'"

Zu dieser Strategie gehörte auch die Nutzung theatralischer Effekte. Joachim Fest schildert in seiner großen Hitler-Biographie, wie bei Versammlungen die einleitende Rede Hitlers so lange hinausgezögert wurde, bis die Sonne durch die Wolken brach, so daß Hitlers Auftritt in plötzlich aufloderndem Licht erfolgte. Aber das war nur ein Teil seines Erfolges. Es war mehr daran als Trick und Propaganda. Hitler kannte die deutsche Gemütsverfassung. Die Menschen waren durch einen Krieg gegangen, der sie selbst und ihr Land erniedrigt und ihr Bild von sich selbst zerstört hatte. Sie hatten eine Revolution erlebt, die ihnen die Demokratie aufgezwungen hatte, die sie nicht gewollt hatten, für die sie nicht reif waren und mit der sie nichts anzufangen wußten. Dann waren Inflation und Arbeitslosigkeit gekommen. Sie sehnten den Mann herbei, dem sie zutrauen konnten, daß er ihre Probleme lösen würde. Adolf Hitler präsentierte sich den Deutschen als die messianische Gestalt, der zu vertrauen man ihnen beigebracht hatte.[6]

Hitler hatte erkannt, daß der Weg zum Erfolg nicht die Gründung einer politischen Partei war – vielmehr mußte man eine militärische Kampftruppe schaffen und sie eine politische Partei nennen. Die Deutschen hatten Uniformen und Militärmärsche geliebt; sie hatten ihre Militärs lange verehrt. Sie hatten den Ausbruch des Ersten Weltkriegs begrüßt und später geleugnet, daß sie im Felde geschlagen worden waren; lieber behaupteten sie, die Niederlage sei durch den Dolchstoß in den Rücken herbeigeführt worden. Krieg war noch immer ein nationaler Kreuzzug, und darauf setzte Hitler. Solange seine Partei sich keine Uniformen leisten konnte, hatte sie mit dem Hakenkreuz auf Armbinden und Fahnen wenigstens ein Symbol. Als die Partei wuchs, bekam sie die braune Uniform und Abzeichen, sie sang Lieder und marschierte und grüßte militärisch – kurz, sie entwickelte alle Merkmale einer Militärmaschine. Der Nationalsozialismus appellierte nicht an den Verstand; er verlangte, daß die Leute marschierten. Hitler forderte die Menschen nicht auf, ihm in einem politischen Kreuzzug zu folgen; er rief sie auf, mit ihm eine Schlacht zu schlagen. Man votierte nicht für Adolf Hitler, sondern man schlug sich für ihn und kämpfte an seiner Seite.

Im Jahre 1932 nahm ein Militärattaché der amerikanischen Botschaft in Berlin, ein Major John H. Hinemon, an einer als politische Versammlung angekündigten Kundgebung der Nazipartei teil. Die Kundgebung fand im Deutschen Stadion im Grunewald statt. Es hatte 65000 Plätze. Schon um drei Uhr nachmittags war das Stadion zu einem Viertel gefüllt. Um sieben Uhr waren alle Sitzplätze besetzt, und Tausende von Menschen standen in den Gängen. „Alle Straßen, die zu den Eingängen des Stadions führten, waren von Nazis in Uniform gesäumt, die auf beiden Seiten der Straßen in Abständen von je etwa einem Meter aufgereiht waren.“ Major Hinemon beschreibt die Ereignisse während dieser Kundgebung folgendermaßen:

„Das Programm begann mit dem Konzert eines etwa hundertköpfigen Naziorchesters, das um sieben Uhr verstummte, als eine große Gruppe von Nazis, nur mit Shorts bekleidet, Mann für Mann im Laufschritt ins Stadion strömte und eine Reihe von Turnübungen absolvierte. Diese Gruppe verließ den Platz um halb acht, und fünf Minuten nach halb acht marschierte die SA ein. Mit der Präzision gedrillter Soldaten marschierte sie zu den Klängen der Nazikapelle durch zwei

Eingänge in die Arena des Stadions. Die von ihren Offizieren angeführten Abteilungen marschierten in Sechsergruppen, je drei Mann vorne und drei Mann hinten. Es dauerte ungefähr vierzig Minuten, bis alle Abteilungen einmarschiert waren, und es heißt, daß etwa 20 000 uniformierte Nazis anwesend waren. Die Truppen bildeten ein exaktes Rechteck und standen mit dem Gesicht zu der Seite des Stadions, auf der sich die Rednertribüne befand. In Erscheinung, Haltung und Disziplin machten sie den Eindruck gut ausgebildeter militärischer Einheiten."

Nun trat Joseph Goebbels auf, der die Nazilitanei über das Deutschland angetane Unrecht wiederholte. Als er endete, betraten Fackelträger in zwei Reihen das Stadion, wobei die „beiden Reihen in entgegengesetzter Richtung um die Arena herum marschierten. Am Ende der Parade bildeten die Fackelträger, jeweils etwa einen Meter voneinander entfernt stehend, einen Kreis um die gesamte Arena, wobei jeder eine brennende Fackel in der rechten Hand emporreckte." Schließlich, um 21 Uhr 45, erschien Adolf Hitler. „In Uniform und ohne Kopfbedeckung fuhr er mit dem Auto in das Stadion ein. Er saß auf der Lehne des Vordersitzes, als er um das Stadion herumgefahren wurde, und erwiderte das ‚Heil' der Anwesenden mit dem Nazigruß. Alle Uniformierten standen reglos in Habachtstellung, während sein Auto die Arena umkreiste. Dann betrat Hitler die Rednertribüne [. . .] Dort stand er volle fünfzehn Minuten und inspizierte seine Truppen, während das Orchester spielte und die Menge ihm als ihrem Führer zujubelte."

Dann sprach Hitler und rief die Deutschen auf, die alten politischen Parteien zu vergessen und sich hinter „einer großen nationalen Bewegung [zu sammeln], um Deutschland wieder die überlegene Stellung zu verschaffen, die es einst unter den Nationen gehabt hat". Major Hinemon hatte den Eindruck, Hitlers Rede sei „fast andächtig" aufgenommen worden. Als er endete, „standen alle Truppen in Habachtstellung, und alle anderen im Stadion Anwesenden standen, die rechte Hand zum Nazigruß erhoben, während das Orchester die Nationalhymne spielte".

Was der amerikanische Major beschreibt, war weniger eine

politische Versammlung als eine religiöse Erweckungsveranstaltung, eine theatralische Inszenierung, eine militärische Glanzparade. „Es war interessant, die Aufmachung, den Typ der Menschen zu studieren, die zu Tausenden im Stadion versammelt waren", sagt Major Hinemon.

„Dem Aussehen und Verhalten nach schien die Mehrheit dem Mittelstand anzugehören; das heißt, es schienen solide, denkende Bürger zu sein, die das Gefühl hatten, eine gute Sache und einen Führer zu unterstützen, der Deutschland aus der Misere herausführen würde, in der es sich befand. Nichts deutete auf jene Schicht hin, die gewöhnlich bei gewalttätigen Pöbelszenen zu finden und die gegen jede organisierte Regierung ist. Zweifellos setzte sich die Versammlung aus Menschen der unterschiedlichsten politischen Richtungen zusammen, von der extremen Rechten bis zur extremen Linken, aber alle schienen voller Genugtuung darüber, sich in die große Bewegung einzureihen, die Hitler durch seine Persönlichkeit, Führerschaft und faszinierende Rednergabe so erfolgreich aufgebaut hatte."[7]

Der deutsche Hitler-Biograph Joachim C. Fest schildert die Wirkung Hitlers auf seine Zuhörer folgendermaßen: Er hielt „eine jener aufpeitschenden Reden, in deren Verlauf das Publikum wie zu kollektiver Ausschweifung zusammenschmolz: begierig auf den Augenblick der Enthemmung, der großen Lustauslösung, die sich im überschnappenden Aufschrei anzeigte. Der Zusammenhang ist zu offensichtlich, um übergangen zu werden."

Als Hitlers Erfolg mit der wachsenden Zahl seiner Anhänger immer offenkundiger wurde, machte Baeck darauf aufmerksam, daß „fast überall die beherrschende Gewalt des Staates" zunehme, „daß sie dazu hinstrebt, alle einzelnen anzugleichen". Es sei kein Zufall, „daß alle Verfassungsformen, die auf eine Allmacht des Staates hinzielen, vom platonischen Staat bis zu Gebilden der Gegenwart, gewollt oder ungewollt gegen die Familie als stetige Gemeinschaft, gegen diesen Boden der Individualität gerichtet sind". Dabei sei, so Baeck, gerade die Familie das Gegengewicht gegen das „staatliche Allvermögen": „Im Eigenleben der Familie hat die Fähigkeit, auch gegenüber dem Allvermögen des Staates und den um die Macht kämpfenden Parteien ein Eigenes behaupten zu können, ihre stärkste Wurzel. Die Schicksalsfrage der Familiengemeinschaft ist heute die Schicksalsfrage menschlicher Individualität, menschlichen Charakters." Letztlich gehe es um die „Gesamtheit", „das große Ganze". Es sei nicht „der geringste Wert in der wahren Gemeinschaft [. . .] daß es ihr gegeben ist, sich einzugliedern und einzufügen".[8]

Dennoch mahnte Baeck – wie in einer Vorahnung, die im späteren Atomzeitalter zur allgemeinen Befürchtung werden sollte – zur Vorsicht: „Eines darf auch nicht vergessen werden. Je näher Menschen und menschliche Gemeinschaften aneinandergerückt sind, desto mehr bedürfen sie, damit sie beieinander sein können, des wahren Rechtes. Zwischen schweifenden Wilden in der menschenleeren Weite ihrer Steppen und Wälder kann ein dauernder Kriegszustand herrschen, doch zwischen Nationen, die nicht durch sichernde Distanzen voneinander getrennt sind, dürfen die Waffen nicht dauernd aufeinander gerichtet sein."[9]

Aber Baeck und andere, die die Gefahr Adolf Hitlers und seiner Bewegung erkannten, waren nicht stark genug, um die Massen von ihrer Betörung durch den „starken Mann" abzubringen. Als sich 1929 die Weltwirtschaftskrise ausbreitete, konnte die deutsche Regierung sich zu ihrer Bekämpfung nicht auf die Kraft des Volkes stützen, das lieber einem „Mann der Vorsehung" in Militäruniform folgte, als nach Kräften zur Überwindung der wirtschaftlichen Schwierigkeiten beizutragen. In einer Demokratie, wie Weimar sie hatte sein sollen, ist die Politik ein System, in dem die Individuen ihr Leben in Beziehung zum Staat selbst regeln; die Demokratien der Vereinigten Staaten und Englands beispielsweise wurden mit ihren wirtschaftlichen Schwierigkeiten fertig, ohne daß die Menschen sich ihrer Bürgerrechte begaben oder andere Bürger entrechteten. Die Deutschen aber kehrten zu einem politischen System zurück, in dem der Staat das Individuum beherrscht.

Im Jahre 1932 schrieb Baeck an einen Freund, er glaube nicht mehr, daß die deutsche Regierung „im Kampf gegen die Wirtschaftsnot" überhaupt noch ein wirksames Instrument der Reform oder eine leistungsfähige Führung sein wolle. Er habe eher den Verdacht, sie sei eine „Schiebewand, die nur vorgeschoben worden ist, um eines Tages weggeschoben zu werden, damit inzwischen hinter der Kulisse im Bühnenstil ein Theatereffekt zurechtgemacht werden kann".

Historiker streiten darüber, ob die Machtergreifung durch Adolf Hitler etwas gewesen ist, das nur im Deutschland jener Zeit als Folge einer beispiellosen Geschichte und einer ungewöhnlichen Aneinanderreihung von Ereignissen geschehen konnte, oder – was erschreckender wäre – ob ein Adolf Hitler in jeder Nation an die Macht kommen könnte. Historiker streiten darüber, ob der Aufstieg des Nationalsozialismus wegen der Bedingungen des Versailler Vertrags unvermeidlich war oder ob, wie Walter Laqueur meint, „an der heraufziehenden Katastrophe nichts unvermeidlich" war und Weimar nicht an Umständen jenseits aller menschlichen Kontrolle scheiterte, sondern an „schwachen Nerven, politischem Versagen und wirtschaftlichen Fehlern".

Was immer die Ursache gewesen sein mochte, am 30. Januar 1933 wurde Adolf Hitler deutscher Reichskanzler; er wurde es auf legalem Wege. Gehen bis zu diesem Punkt die Meinungen der Historiker auseinander, so gibt es doch keinen Einwand gegen die Feststellung eines Historikers zwei Jahrzehnte später: „Die Welt war nun reif für den Massenmord."[10]

Achtes Kapitel
Auseinandersetzungen

„Das Ende des deutschen Judentums ist gekommen."

Es war Leo Baeck, der diese Worte kurz nach Hitlers Machtergreifung 1933 aussprach. Die Mehrzahl der deutschen Juden glaubte ihnen nicht; sie vermochten sich nicht vorzustellen, daß man sie aus der deutschen Gesellschaft ausstoßen würde, so wie man 1492 die Juden aus Spanien vertrieben hatte. „Viele Juden in Deutschland waren innerlich nicht auf die Ereignisse vorbereitet", sagte Leo Baeck. Was 1933 begann, „traf sie zu plötzlich; man könnte sagen, daß die Schlüssel zu der Festung, die bewacht werden sollte, den Feinden, die Gewehr bei Fuß standen, freiwillig ausgeliefert wurden".[1]

„Plötzlich begannen die Leute die albernen Zeitungen der Nazipartei zu lesen, statt sich über sie lustig zu machen", erinnert sich Lilli Palmer, die als deutsche Jüdin in Berlin aufgewachsen war und später eine berühmte Schauspielerin wurde. „Mein Vater mit seiner Liebe zu Deutschland weigerte sich, zu glauben, daß sein Land jemals zulassen würde, von ‚so einem Mann' vertreten zu werden." Als Hitler an die Macht kam, nahm ihr Vater an, er würde nun seine „verrückten Ideen" fallenlassen und sich „anständig benehmen". „Es kam meinem Vater niemals in den Sinn, zu emigrieren", erzählt Lilli Palmer. „Als Chefchirurg des größten jüdischen Krankenhauses in Berlin war er ja unersetzlich."

Auch andere Juden verließen sich auf ihre Unersetzlichkeit. Der Biograph des Hamburger Bankiers Max Warburg schreibt, daß Warburg überzeugt war, niemals eine Zielscheibe der Nazis zu werden, denn er war „ein deutscher Patriot des Ersten Weltkrieges, ein Freund des Kaisers, der Mann, der sich geweigert hatte, die Finanzklauseln des Versailler Schandvertrags zu unterzeichnen, der ungekrönte

Finanzkönig Hamburgs, befreundet mit Schacht, dem Reichsbankpräsidenten, der bald Wirtschaftsminister in Hitlers Regierung wurde, in der Tat ein Mann, der zuerst Deutscher und dann erst Jude war."

Wie Warburg dachten fast alle Juden. Was war Berlin ohne den Chefchirurgen eines großen Krankenhauses, Deutschland ohne den angesehensten Hamburger Bankier, das deutsche Theater ohne Max Reinhardt oder Elisabeth Bergner? Konnte man einen Mann wie Albert Einstein wirklich aus Deutschland vertreiben?

Anfang 1933 sagte Martin Buber seinen jüdischen Mitbürgern: „Wir brauchen uns heute nicht vom Deutschtum zu lösen, zu dem wir eine innere Beziehung haben, die durch nichts, was die Deutschen tun, verändert werden kann."

Ein deutscher Jude, der die Geschichte der jüdischen Emigration unter Hitler untersuchte, bemerkte später dazu: „Hinterher ist es leicht, weise zu erscheinen [. . .] Im Jahre 1933 konnte niemand wissen, ob der Optimist oder der Pessimist recht behalten würde." Es gab viele Optimisten, die glaubten, daß weder Hitlers Herrschaft lange dauern noch sein Antisemitismus konkrete Formen annehmen würde. Martin Rosenblüth, ein bekannter Zionist, berichtet von einem Gespräch, das er kurz vor Hitlers Machtergreifung mit einem Kölner Geschäftsmann führte. Rosenblüth hatte von der Notwendigkeit einer jüdischen Heimstatt gesprochen für den Fall, daß die Nazis an die Macht kämen. Der jüdische Geschäftsmann erwiderte: „Schauen Sie! Selbst wenn Hitler an die Macht kommt, wird er sich nur für kurze Zeit halten können. Und was die Juden betrifft, so wird es vielleicht in den ersten Tagen bei Ihnen in Berlin zu einigen kleinen Zwischenfällen kommen. Aber selbst dort wird die Polizei die Ordnung bald wiederherstellen." Weiter sagte er: „Bei uns im Rheinland wird bestimmt nichts Schlimmes geschehen. Unsere jüdischen Gemeinden bestehen hier immerhin seit über tausend Jahren, manche von ihnen schon seit der Römerzeit."[2]

Aus diesen Bemerkungen geht hervor, daß sich die Juden auf das Gesetz verließen. Daß dieses Vertrauen im Nazideutschland naiv war, konnte man 1933 noch nicht erkennen.

Sogar Baeck erinnerte sich in späteren Jahren mit Bedauern der versäumten legalen Möglichkeiten. In den zwanziger Jahren hatte er mit den preußischen Behörden zusammengearbeitet, insbesondere in Fragen der Ausbildung von Juden in staatlichen Schulen. Baeck hatte daran gedacht, eine Art Konkordat zwischen Preußen und der jüdischen Gemeinde schließen zu können, ähnlich denen, die die Stellung der katholischen und der protestantischen Kirche als öffentlich-rechtliche Institutionen gestärkt hatten. 1932 wurde ein Gesetzesvorschlag für ein derartiges Konkordat vorbereitet, das 1933 vor den Landtag kommen sollte. Baeck bezeichnete den Plan als „vielversprechend“, doch „es wurde nichts daraus“, nachdem Hitler Reichskanzler geworden war. Doch selbst wenn er Gesetz geworden wäre, hätte es angesichts der Rechtsbeugung unter den Nazis keinen Unterschied gemacht.[3]

Ein weiterer Grund für die Weigerung der Juden, an die zerstörerischen Absichten der Nazis zu glauben, war der Umstand, daß die Zahl der deutschen Juden in der Weimarer Zeit gegenüber der Kaiserzeit zurückgegangen war. Genaue Zahlen sind schwer zu ermitteln, da es Meinungsverschiedenheiten darüber gibt, wer als Jude anzusehen war. Sollten Getaufte, die der katholischen oder protestantischen Kirche angehörten, deren Eltern oder Großeltern, Eltern- oder Großelternteile Juden gewesen waren, mitgezählt werden?

Nach allgemeiner Ansicht gab es jedoch 1933 zwischen 500 000 und 600 000 Juden in Deutschland, was weniger als ein Prozent der deutschen Bevölkerung ausmachte, die 65 000 000 betrug. Im Jahre 1875 waren es noch 1,25 Prozent gewesen. Die Juden fielen wegen ihrer Konzentration in den großen Städten besonders auf. Ein Drittel aller deutschen Juden lebte in Berlin, und die Hälfte der deutschen Juden verteilte sich auf sechs Großstädte: Berlin, Frankfurt am Main, Breslau, Hamburg, Köln und Leipzig. Diese städtische Konzentration war das Resultat einer Abwanderungsbewegung aus den kleineren Gemeinden, in denen der jüdische Anteil schrumpfte. Zwischen 1900 und 1933 war die jüdische Bevölkerung aus 566 kleinen Gemeinden völlig verschwunden.

Im Widerspruch zu Hitlers Progaganda waren die Juden in Wirtschaft und Finanz keineswegs überdurchschnittlich aktiv. Sie konzentrierten sich zwar vornehmlich auf das städtische Erwerbsleben wie Handel, Bankgewerbe, Industrie und freie Berufe, herrschten aber in keinem dieser Berufszweige vor. In Preußen, einschließlich Berlins, gab es 2239 jüdische Rechtsanwälte, 4055 Ärzte und 778 Zahnärzte. Das war eine stolze Leistung, jedoch kein Indiz für Beherrschung. Als Bankiers hatten die Juden eine lange Tradition, da das Geldverleihen lange Zeit die einzige Tätigkeit war, die ihnen offenstand. Aber sogar auf diesem Gebiet war ihre Tätigkeit zurückgegangen. Von den 236000 Deutschen, die 1925 als Bankiers oder Makler gezählt wurden, waren nur drei Prozent Juden. Ein Grund für diesen Rückgang war die Praxis nichtjüdischer Banken, möglichst keine Juden anzustellen – in leitender Position grundsätzlich nicht; die von Juden kontrollierten Banken dagegen stellten ihr Personal ohne Ansehen der Religion ein.

Auch im Einzelhandel waren die Juden nicht so einflußreich, wie die Nazipropaganda behauptete. Fast alle im Einzelhandel tätigen Juden arbeiteten in Familienbetrieben. „Die Zahl der im Einzelhandel tätigen Juden, die nicht in eindeutig jüdischen Betrieben angestellt sind, ist relativ gering“, heißt es in einer zu jener Zeit durchgeführten jüdischen Untersuchung. „Sie mag zwischen 10000 und 15000 liegen.“

Juden wie Nichtjuden waren von der Wirtschaftskrise betroffen. Jeder dritte jüdische Steuerzahler hatte damals ein jährliches Einkommen von weniger als 2400 Mark; jeder fünfte Jude in Berlin bezog Unterstützung von der Gemeinde. Die Juden waren in Deutschland zwar beruflich und finanziell vorangekommen, aber sie beherrschten die deutsche Wirtschaft in keiner Weise.[4]

In dieser Zeit war die Gleichgültigkeit der Juden ihrer Religion gegenüber in mehrfacher Hinsicht offenkundig. Die Zahl der Kinder, die in jüdische Schulen gingen, nahm ständig ab. Zu Beginn der dreißiger Jahre schickten im allgemeinen einzig die noch immer in ländlichen Gemeinden lebenden Juden, extrem orthodoxe Juden und die erst in jüngster Zeit aus Osteuropa eingewanderten Juden ihre Kinder auf jüdische Schulen. Das jüdische Bürgertum in den Großstädten dagegen ließ seine Kinder nicht jüdische, sondern staatliche Schulen besuchen, da es glaubte, daß dies die Aussichten auf ein späteres Universitätsstudium erhöhen würde. Es hielt sich nicht an jüdische Traditionen, und es wollte nicht, daß ihre Kinder mit den Kindern der Orthodoxen oder der Ostjuden verkehrten.

Die Erfahrungen Lilli Palmers, die als Kind einer Berliner jüdischen Bürgerfamilie aufwuchs, sind typisch für dieses Milieu. Nur selten wurde ihr bewußt, daß sie Jüdin war: an den hohen Feiertagen, an denen ihr Vater „Konzessionen machte und uns zu seinen Eltern zum Abendessen mitnahm [. . .], denn diese Dinge waren für seinen Vater wichtig". Sie selbst „haßte diese Zusammenkünfte, weil ich stundenlang stillsitzen mußte, um den hebräischen Gesängen meines Großvaters zuzuhören, von denen ich weder die Worte noch den Sinn verstand".[5]

Diese angepaßten Juden glaubten, daß ihre Mitbürger ihnen beistehen würden – zumindest die „Kreise, mit denen man durch gemeinsame Arbeit und in gemeinsamen politischen Sphären durch Jahrzehnte verbunden war", wie Leo Baeck sich ausdrückte. Die Presse hatte in den zwanziger Jahren über antisemitische Vorkommnisse berichtet und sie verurteilt, und die Juden erwarteten in den dreißiger Jahren dieselbe kritische Haltung. Doch die Presse schwieg. Zuerst fürchtete sie eine Abwanderung ihrer Inserenten und gewalttätige Attacken von Nazianhängern. Später wagte sie es nicht mehr, die Naziregierung herauszufordern.

Auch die Industriellen verhielten sich passiv, denn sie hofften auf Hitler und seine Versprechungen, Kommunisten, Gewerkschaften und andere mundtot zu machen, von denen sie ihre Profite bedroht glaubten. Diese Profite wuchsen unter Hitler beträchtlich: Kriegswirtschaft ist für die Industrie stets lohnend, und die deutschen Großindustriellen wußten das sehr wohl.

Auch diejenigen, die als intelligent, als „liberal" im Sinne einer offenen und vorurteilslosen Weltanschauung galten, akzeptierten den Antisemitismus als den Preis, der für die neue Ordnung gezahlt werden mußte. Universitätsprofessoren blieben Juden gegenüber weiterhin ablehnend; Bildung und Erfahrung hatten an dieser Haltung nichts verändert. Eine Amerikanerin, die in diesen Jahren in Deutschland Germanistik studierte, bekam von einem Professor den Rat, in ihrer Dissertation alle jüdischen Autoren zu einer Gruppe zusammenzufassen, damit die Arbeit besser aufgenommen würde. Sie tat es nicht, doch die Tatsache, daß der Antisemitismus sogar an den Universitäten akzeptiert wurde, empfand sie als so schockierend, daß sie noch nach Jahren davon sprach.

Naturwissenschaftler, die daran gewöhnt waren, Fakten nüchtern abzuwägen, ignorierten die moralischen Implikationen ihrer Arbeit. „Der Versailler Vertrag hatte keine Beschränkungen für Raketen auferlegt, und das Heer wollte mit allen Mitteln wieder auf die Beine kommen", erinnerte sich Wernher von Braun. „Uns kümmerte das wenig, aber wir brauchten Geld, und die Heeresleitung schien bereit zu sein, uns zu helfen. Im Jahre 1932 kam uns der Gedanke an einen Krieg völlig unsinnig vor. Die Nazis waren noch nicht an der Macht. Wir hatten keine moralischen Skrupel wegen eines möglichen künftigen Mißbrauchs unseres Geisteskindes. Wir interessierten uns nur für die Erforschung des Weltraums. Für uns ging es einzig um die Frage, wie die goldene Kuh am besten gemolken werden konnte."

Auch Künstler wandten sich von den Juden ab. „Wenn Sie unserem Werk hier zuhören könnten und sehen, wie gut es ist", schrieb Richard Strauss an seinen Freund, „würden Sie alle Besorgnis wegen der Rassengeschichte als unnütze Belastung Ihres reichen künstlerischen Geistes fallen lassen und lieber so schnell wie möglich für mich schreiben." Strauß war Präsident der Reichsmusikkammer, einer offiziellen Institution des Naziregimes. Er beharrte darauf, daß Politik und Kunst nicht miteinander verbunden werden dürften, daß sie voneinander getrennt gehalten werden könnten. Diese Haltung behielt Strauß offenbar so lange bei, bis die Gestapo einen von ihm geschriebenen Brief aufspürte, in dem er für sich persönlich jegliche antisemitischen Gefühle in Abrede stellte: „Für mich gibt es nur zwei Kategorien von Menschen:

solche mit Talent und solche ohne Talent.“ Für diese Ketzerei setzten ihn die Nazis als Präsidenten der Reichsmusikkammer ab.

Politiker waren geneigt, den Antisemitismus der Nationalsozialisten entweder zu akzeptieren oder zu ignorieren oder als geringfügig einzuschätzen. Franz von Papen, 1932 Reichskanzler und 1933 Vizekanzler in Hitlers Kabinett, gab zu, daß der Antisemitismus seit Jahren einer der grundlegenden Punkte des Parteiprogramms der Nazis gewesen war. „Der verlorene Krieg, der Versailler Vertrag, die Inflation und die Wirtschaftskrise zu Beginn der dreißiger Jahre wurden alle dem jüdischen Einfluß zugeschrieben. Die ganze Partei war von der Atmosphäre dieser Anschuldigungen durchdrungen.“ Trotzdem waren von Papen und andere bereit, Hitlers Versicherungen zu glauben, daß der Antisemitismus im Zaum gehalten werden würde. Von Papen schrieb, er habe oft mit anderen Kabinettsmitgliedern, „Männern, deren persönliche Integrität und Charakter über allen Zweifel erhaben waren“, darüber diskutiert, „wie Hitlers Versicherungen mit der tatsächlichen Entwicklung in Einklang zu bringen wären. Wir alle waren uns einig, daß es keinen Grund gäbe, an Hitlers Absichten zu zweifeln, und hofften, daß die Erfahrung im Kabinett eine vorteilhafte Wirkung auf ihn haben werde.“

Auch die Durchschnittsbürger tolerierten Adolf Hitlers Antisemitismus. Lilli Palmer erzählt, wie ihre Zimmerwirtin, die sie gern hatte und ihre beruflichen Ambitionen mit Wohlwollen betrachtete, sie einmal, als sie gerade ihr erstes Theaterengagement eingebüßt hatte, weil sie Jüdin war, zum Kaffee einlud und ihr sagte: „Es ist eine Schande, denn Sie können nicht leugnen, daß Hitler ein guter Mann ist. Sie können darauf wetten, daß er Deutschland wieder groß machen wird. Schade, daß er diesen . . . naja, das mit den Juden hat.“

John Toland schreibt in seiner Hitler-Biographie: „Um die Mitte des Jahres 1933 stand die Mehrheit der Deutschen hinter Hitler. Bürger und Arbeiter, das Militär und das Beamtentum, die Rassisten und manche der besten Köpfe im Lande verstärkten die Reihen der Nazipartei. Es ist lange ein politisches Axiom gewesen, daß Macht korrumpiert. Sie kann auch sanktionieren." In den folgenden Jahren fand Hitler noch mehr Zustimmung. Der deutsche Hitler-Biograph Werner Maser erklärt den starken Rückhalt Hitlers bei den Volksmassen vor Ausbruch des Krieges 1939 folgendermaßen:

„Sechs Jahre und sechs Monate vor dem 1. September 1939 hatte es weder Reichsautobahnen noch Ehestandsdarlehen und Kindergeld, ‚Kraft durch Freude'-Reisen (KDF), ungewöhnlich günstige Siedlungsmöglichkeiten für bäuerlich interessierte Deutsche, Adolf-Hitler-Schulen, Nationalpolitische Bildungsanstalten, die Wehrertüchtigung der Jugend, den Reichsarbeitsdienst, die ‚Versöhnung der sozialen Klassen', das Großdeutsche Reich, ein (pervertiert) stolzes Nationalbewußtsein im Volk und Arbeit und Brot für jedermann gegeben: für viele ‚der Nationalsozialismus', das ausschließliche Werk Adolf Hitlers."

Die Juden aber glaubten, sie könnten sich auf ihre Mitbürger verlassen. Doch die meisten Deutschen zogen es vor, an den neuen Segnungen teilzuhaben. „Ich verstehe die Welt nicht mehr", sagte Robert Weltsch, der Herausgeber der *Jüdischen Rundschau*.[6]

Es gab Ausnahmen. Ein christlicher Freund Baecks, Baron Hans-Hasso von Veltheim-Ostrau, ließ sich von Hitler nicht verführen. Einige Monate vor Hitlers Machtergreifung, nach einer Welle von Schändungen jüdischer Friedhöfe durch Nazihorden, schrieb Veltheim an Baeck, für ihn offenbarten diese Akte den „hoffnungslosen Kulturverfall unseres armen Volkes". Er sah in ihnen nicht nur „Auswüchse politischer Leidenschaft", sondern einen Ausbruch von „Ehrfurchtslosigkeit gegen alles Unkörperliche". Dennoch legten sogar Menschen wie Veltheim in ihrer Einschätzung des nazistischen Antisemitismus eine gewisse Naivität an den Tag. Im März 1933 (nach dem Reichstagsbrand und im Zuge der ersten großen Verfolgungswelle gegen Juden und Andersdenkende, *Anm. d. Übers.*) stürmten die Nazis die Büroräume einer jüdischen Organisation und behaupteten nachher, sie hätten dort illegale Druckschriften gefunden. Baron von Veltheim schrieb darüber an Baeck und meinte: „Sehr bedauerlich wäre es, wenn wirklich im Hause des Zentralverbandes

Druckschriften illegalen Inhalts gefunden worden sind." Er beeilte sich, seinem Freund zu versichern: „Ich glaube ja nie und nimmer, daß irgendein Deutscher ernstlich irgend jemandem irgendetwas tun wird, der, wie Sie, verehrter, lieber Herr Doktor, so vorbildlich für jeden Menschen lebte, wirkte und ein Faktor im deutschen Geistesleben ist, der hoch über aller Parteilichkeit stand und steht."

Hätte irgend jemand anders gehandelt, als diejenigen, die Hitler unterstützten? Lilli Palmer dachte darüber nach, als sie Jahre nach dem Krieg nach Deutschland zurückkehrte und ein Freund zu ihr sagte: „Laß mich dir eine Frage stellen: Hättest du Deutschland verlassen, wenn du keine Jüdin gewesen wärest?" Frau Palmer antwortete, sie wisse es nicht, habe es sich aber oft gefragt.

„Und?"

„Vielleicht . . . nicht. Ich liebte mein Leben in Deutschland. Ich fürchte . . . ich wäre geblieben."

„Siehst du?"

„Aber ich wäre bestimmt nicht in die Partei eingetreten oder hätte auch nur so getan, als glaubte ich an diese irrsinnigen Rassengeschichten oder ließe andere Menschen fallen."

„Natürlich nicht. Aber du wärest geblieben! Und die meisten Menschen, die du in diesem Raum siehst . . . sind einfach geblieben."

Daß die Deutschen der Versuchung erlagen, zu bleiben, weil sie ihr Leben in Deutschland liebten, verstand Leo Baeck nur allzu gut. Doch er suchte nach Deutschen, die protestieren würden; er hoffte auf Taten der Brüderlichkeit, die so sehr ein Teil seines Judentums waren. „Von meiner Frau und mir kann ich das Gewohnte berichten", schrieb er an einen Freund. „Wir suchen in dieser Zeit der Nervosität in unserer Atmosphäre zu bleiben und uns der hellen Stunden zu freuen, welche uns die Sonne in diesen Wochen schenkt." Seinen Freunden und Besuchern aus dem Ausland begegnete Baeck mit „Heiterkeit und Glauben und der ihm eigenen geistigen Gelassenheit".[7]

Es war mehr als Gelassenheit. In den Wochen und Monaten nach der nationalsozialistischen Machtergreifung begann sich Baeck auf seine Rolle als Führer der deutschen Juden vorzubereiten. Seine Schriften und Reden, sein Wirken in der Gemeinde, seine Unparteilichkeit hatten ihn als den Mann ausgezeichnet, den die Juden zu ihrem Führer wählen konnten. Er hatte nicht die Absicht, sich jetzt dieser Verantwortung zu entziehen. Es würde nicht leicht sein, die richtige Methode zu finden, da die Juden nicht glauben wollten, daß ihre Zeit in Deutschland abgelaufen war. Wenn Hitlers Herrschaft nur ein paar Jahre dauern würde, argumentierten viele, würde sich zeigen, daß die ausgewanderten Juden voreilig gehandelt hätten.

Baeck engagierte sich auf verschiedenen Ebenen. Als Rabbiner beschwor er seine Glaubensbrüder, ihren Glauben an den Sieg der Gerechtigkeit zu bewahren. In Predigten von den *Bimas* der Berliner Synagogen herab und in Artikeln, die von den jüdischen Gemeindeblättern veröffentlicht wurden, hielt er den deutschen Juden vor Augen: „Das ist der Sinn und das Wesen des Rechts, daß es besteht, daß es nicht an ein Rad der Ereignisse geflochten sei, daß es dastehe, fest und unabhängig von dem, was eintritt und was fortzieht. Geschicke kommen und Geschicke gehen, aber das Recht bleibt." Auf ein immer totalitärer werdendes System reagierte Baeck mit Gedanken über die Freiheit: „Aber wir vermögen auch eine Freiheit zu besitzen, die eine ganz andere, weit wesentlichere ist, die Freiheit des *Menschen.* Sie ist in dem begründet, was der Mensch in sich als jenseits aller Menschen und aller Ereignisse erlebt; sie ist nicht wie jene etwas Rationales, sondern bedeutet ein Irrationales. Sie besteht in dem Wissen um das, was das allein Wirkliche ist, um die Verbindung des Menschen mit dem Göttlichen." Freunde und Bekannte Baecks, die sich gegen die Nazis und den Antisemitismus aussprachen, erhielten oft Anrufe oder Botschaften von ihm, in denen er sie zu ihrem Mut beglückwünschte und ihnen versicherte, daß er ihre Bemühungen zu schätzen wisse.[8]

Im März 1933 traf sich Baeck mit den Vorstandsmitgliedern des *Central-Vereins deutscher Bürger jüdischen Glaubens.* Mit einem baldigen Ende der nationalsozialistischen Herrschaft sei nicht zu rechnen, sagte er ihnen rundheraus. „Die beiden anderen europäischen Diktatoren, Stalin und

Mussolini, regieren schon länger, als die meisten prophezeit haben."

Die Juden müßten sich klarmachen, daß mit einer längeren Naziherrschaft in Deutschland zu rechnen sei. Bei dieser Zusammenkunft sprach Baeck jenen berühmtgewordenen Satz, mit dem er das Ende des Judentums in Deutschland verkündete. Zu seiner Rettung schlug er einen zweiteiligen Plan vor: Auswanderung für die Jugend und ein intensiveres kulturelles und religiöses Leben für die Zurückbleibenden. Für dieses Prinzip trat er das ganze folgende Jahrzehnt hindurch ein. Es ging ihm nicht nur um das Überleben der Menschen, sondern auch um das Überleben der Religion. Die Jugend würde ihre Religion ins Ausland mitnehmen, an ihr festhalten und sie mit Hingabe und Kraft hegen, so daß sie stark werden würde. Das wurde von nun an die Politik der deutschen Juden – die Jugend zu retten und den Älteren beizustehen.[9]

Friedrich Perlstein, dessen Familie in früheren Jahren mit den Baecks Ferienreisen unternommen hatte, war Agronom geworden und hatte landwirtschaftliche Genossenschaften für Bergleute gegründet, die, an Staublunge erkrankt, einen neuen Beruf erlernen mußten. Die Familie Perlsteins war schon seit Jahrhunderten auf deutschem Boden ansässig, doch als Hitler an die Macht kam, stand für Friedrich Perlstein fest, daß er in Deutschland keine Zukunft hatte, und er beschloß, auszuwandern. Seine Koffer waren fast fertig gepackt und die Fahrkarten gekauft, als er Baeck einen Abschiedsbesuch machte. „Ich habe mein Visum, und ich gehe", sagte er. Baeck erwiderte, auch er habe die Möglichkeit, das Land zu verlassen, denn man habe ihm eine Stellung als Dozent an der Universität Oxford angeboten. Er habe jedoch beschlossen, das Angebot auszuschlagen, obwohl er wisse, daß viele andere Rabbiner auswanderten.

Dann sagte Leo Baeck, Friedrich Perlstein gerade in die Augen blickend: „Und Sie werden hier gebraucht." Perlstein, so fuhr er fort, habe die moralische Verpflichtung, zu bleiben, weil er wie kein anderer qualifiziert sei, Juden zu Landwirten auszubilden. Seit Generationen hätten sie nur in Städten und Gettos, weit entfernt vom bäuerlichen Land, gelebt. Diese

Ausbildung sei aus drei Gründen notwendig: Erstens bekamen Landwirte leichter Visa als Angehörige anderer Berufe; zweitens würden die meisten emigrationswilligen Juden nach Palästina auswandern, wo Landwirte dringender gebraucht wurden als irgend jemand sonst; drittens: Wenn der jüdischen Jugend der Zugang zu den staatlichen Schulen verwehrt werden würde, könnten Landwirtschaftsschulen ihr einen Ersatz bieten.

„Ich habe meine Koffer wieder ausgepackt", erzählt Perlstein. Und er erinnert sich, daß er zu Baeck sagte: „Wenn Sie bleiben, bleibe ich auch."[10]

Wie der Militärattaché an der amerikanischen Botschaft in Berlin, Truman Smith, berichtete, waren „die antisemitischen Aktionen der Nazis zu dieser Zeit ziemlich mild". Diese Ansicht vertrug sich allerdings nicht ganz mit der Erwartung, daß Hitler vorhabe, „eine radikale Amputation in bezug auf die Juden vorzunehmen, sie völlig vom deutschen politischen, geistigen und wirtschaftlichen Leben auszuschließen und sie letztlich vom deutschen Boden zu vertreiben". Die Juden selbst sahen die Dinge nun ein wenig anders. In den Wochen nach der Machtergreifung wurden manche von ihnen auf den Straßen von Nazihorden überfallen und verprügelt. Zu ihrem Schutz geschah nichts. Einige Juden wurden unter falschen Anschuldigungen verhaftet. Ein deutscher Jude namens Ernst Herzfeld erinnert sich an den unheilverkündenden Ton der Zeitungen: „Die begleitenden Kommentare hatten den Tenor: Ihr deutschen Juden seid unsere Geiseln, an euch werden wir uns halten."

Dieser „Geisel"-Standpunkt zeigte sich am 25. März 1933 bei einer Zusammenkunft einer Gruppe führender jüdischer Persönlichkeiten mit Hermann Göring. Baeck, der damals noch kein offizielles Amt innehatte, war nicht eingeladen. Anwesend waren Julius Brodnitz, der Vorsitzende des Central-Vereins, Heinrich Stahl, Präsident der Berliner Jüdischen Gemeinde, und Max Naumann, der Führer des kleinen Verbandes National-Deutscher Juden, eines gegen den Zionismus gerichteten Vereins. Auch Martin Rosenblüth, der Zionistenführer, war anwesend, obwohl er offiziell nicht zu der Zusammenkunft eingeladen war, da die Zionisten durch

Kurt Blumenfeld vertreten waren. Göring machte die deutschen Juden für die schlechten Zeitungsberichte verantwortlich, die in ausländischen Blättern über die Gewalttaten der Nazis gegen die Juden erschienen. Er verlangte, daß einige deutsche Juden nach England und Amerika reisen sollten, um die Presse davon abzuhalten, solche Berichte zu drucken. Im Denken der Nazis war dieses Ansinnen keineswegs abwegig – sie setzten voraus, daß die Presse vom Staat kontrolliert wurde.

Die Juden erwiderten, daß sie keinen Einfluß auf die Auslandspresse hätten, daß sie für die in den Zeitungen erscheinenden Berichte nicht verantwortlich seien und auch Juden anderer Nationen nicht beeinflussen könnten. Blumenfeld sagte, er würde die Reise nur unter der Bedingung antreten, daß er die volle Wahrheit über die Lage der Juden in Deutschland erzählen könne. „Was gibt es da zu erzählen?" brauste Göring auf. „Sie wissen sehr genau, daß es in der Lage der Juden keine Veränderung gegeben hat und daß ihnen bisher nicht das geringste geschehen ist." Auch Max Naumann wurde zornig und sagte, Göring müsse doch Bescheid wissen über die Zwischenfälle, bei denen Juden mißhandelt worden seien. Das tat Göring mit der Bemerkung ab: „Wo gehobelt wird, fallen Späne." Die Zusammenkunft endete ergebnislos. Tatsächlich gab es keinen Weg, das Problem zu lösen, und die Aktionen gegen die Juden nahmen zu.[11]

Am 7. April 1933 trat das Gesetz über die Neuordnung des Berufsbeamtentums in Kraft, nach dem Juden beziehungsweise Nichtjuden mit mindestens einem jüdischen Eltern- oder Großelternteil als Beamte nicht mehr zugelassen werden konnten. Alle diejenigen, die bereits im Beamtenverhältnis standen, wurden entlassen. Nur solche Beamte, die bereits vor 1914 im Dienst gestanden, im Weltkrieg gekämpft oder in diesem Krieg einen Vater oder Sohn verloren hatten, durften bleiben. Am selben Tag trat ein ähnliches Gesetz in Kraft, das den Juden die Ausübung des Rechtsanwaltsberufs verbot. Es galten die gleichen Ausnahmen wie für die Beamten, die jedoch wenig wirksam waren, denn niemand, der einen Prozeß gewinnen wollte, nahm sich einen jüdischen

Anwalt, um sich vor einem Gericht vertreten zu lassen, dessen Richter die Armbinde mit dem Hakenkreuz trugen. Im selben Monat wurde auch ein Numerus clausus für Juden eingeführt, der den Anteil jüdischer Studenten an den Universitäten auf 1,5 Prozent limitierte. Und bevor das Jahr zu Ende ging, wurde das Schächten, die rituelle jüdische Schlachtung von Speisetieren, verboten; so gab es kein nach den jüdischen Speisegesetzen zugelassenes – koscheres – Fleisch mehr in Deutschland, und es mußte zu hohen Preisen importiert werden.[12]

Noch zwei weitere Ereignisse gab es in diesen frühen Nazijahren, die – im Rückblick – sehr viel deutlicher auf den späteren Kurs des Regimes hinweisen als das neue Beamtengesetz. Das erste war der Boykott jüdischer Geschäfte am 1. April 1933. Die Kritik der ausländischen Presse an seinem Regime als Vorwand benutzend, verkündete Hitler einen eintägigen Boykott aller jüdischen Geschäfte. Die Deutschen sollten an diesem Tag weder in jüdischen Läden einkaufen noch irgendwelche Dienstleistungen von Juden in Anspruch nehmen. Vor den Geschäften standen SA-Leute Posten, auf Plakaten wurde aufgefordert, den Läden fernzubleiben, und die Schaufenster wurden ebenso mit dem Wort *Jude* oder dem Davidsstern gekennzeichnet wie die Eingänge zu den Kanzleien jüdischer Anwälte und Praxen jüdischer Ärzte. Viele Deutsche ignorierten die Anweisung, gingen an den Uniformierten vorbei oder lachten über die Zeichen im Schaufenster; da dieser Boykott auf einen Samstag fiel, waren die Geschäfte orthodoxer Juden ohnehin geschlossen.

Dennoch hatte der Boykottbefehl die deutschen Juden erschüttert. Von sporadischen Gewaltakten hatten die Nazis ihren Antisemitismus nun zu einem organisierten Feldzug ausgeweitet. „Wegen der Verfehlung einiger weniger, für die wir nie und nimmer Verantwortung tragen, soll uns deutschen Juden, die sich mit allen Fasern ihres Herzens der deutschen Heimat verbunden fühlen, wirtschaftlicher Untergang bereitet werden", hieß es in einem Brief der Berliner Jüdischen Gemeinde an Adolf Hitler.

„In allen vaterländischen Kriegen haben deutsche Juden in dieser Verbundenheit Blutopfer gebracht. Im großen Kriege haben von 500000 deutschen Juden 12000 ihr Leben hingegeben. Auf den Gebieten friedlicher Arbeit haben wir mit allen unseren Kräften unsere Pflicht getan [...] Der Vorwurf, unser Volk geschädigt zu haben, berührt aufs tiefste unsere Ehre. Um der Wahrheit willen und um unserer Ehre willen erheben wir feierlich Verwahrung gegen diese Anklage. Wir vertrauen auf den Herrn Reichspräsidenten und auf die Reichsregierung, daß sie uns Recht und Lebensmöglichkeit in unserem deutschen Vaterlande nicht nehmen lassen werden. Wir wiederholen in dieser Stunde das Bekenntnis unserer Zugehörigkeit zum deutschen Volke, an dessen Erneuerung und Aufstieg mitzuarbeiten unsere heiligste Pflicht, unser Recht und unser sehnlichster Wunsch ist."

Mehr noch als dieser Brief enthüllte der folgende Andrang zu den Gottesdiensten die Tiefe der Erregung der deutschen Juden. Viele von denen, die es praktisch aufgegeben hatten, am Freitag abend in die Synagoge zu gehen, und gelebt hatten, als seien sie keine Juden, kehrten nun zu ihrer Religion zurück. Als Baeck und andere religiöse Führer in den zwanziger Jahren darum gekämpft hatten, die deutschen Juden zu einer solchen Rückkehr zu bewegen, schien es, als hätten sie sich vergebens bemüht, denn immer mehr Juden zogen die Annehmlichkeiten des weltlichen, angepaßten Lebens vor. Doch die Schnelligkeit und der Enthusiasmus, mit denen sich die Juden in der Naziperiode auf ihre jüdischen Einrichtungen besannen, zeigten, daß unter der Oberfläche die Saat Baecks und einiger anderer aufgegangen war.

Der Berliner Rabbiner Joachim Prinz erinnert sich, daß am Freitag abend vor dem Boykott-Tag schon eine Stunde vor Gottesdienstbeginn alle Plätze der Synagoge besetzt waren. Und es „standen noch viele Menschen in den Gängen und an den Wänden oder saßen auf den Stufen zum Altar". An jenem Abend sah der Rabbiner bekannte Schauspieler, Schriftsteller und andere Prominente, „die zum erstenmal gekommen waren, um mit den Juden zu beten. Der bewegendste Augenblick war der, als alle aufstanden, um mit lauter Stimme das *Schema*, das ‚Höre, Israel' anzustimmen, das Bekenntnis zum einzigen Gott, die Grundlage des jüdischen Glaubens. Der Chor und die Orgel wurden übertönt", sagte Prinz. „Tatsächlich war der Organist so ergriffen, daß er nicht weiterspielen konnte. Es zeigte sich, daß die Orgel wie auch alles andere Dekor der Synagoge künstlich und überflüssig waren. Sie schienen in dieser Atmosphäre täglicher Gefahr nicht mehr am Platz zu sein."

Robert Weltsch, der Herausgeber der *Jüdischen Rundschau*, einer Berliner zionistischen Zeitung, erfaßte in einem Leitartikel wenige Tage nach dem Boykott den Sinn dessen, was geschehen war:

„Am ersten April wurde allen deutschen Juden der Stempel des Judentums aufgedrückt. Jeder weiß nun, wer ein Jude ist, Ausflüchte oder Verstecken sind nicht mehr möglich. Die jüdische Antwort darauf ist klar – es ist der kurze Satz des Propheten Jonas: ‚*Ivri anochi.* Ja, ein Jude!' Ja zu sagen zu seinem Judesein ist der moralische Sinn der gegenwärtigen Ereignisse. Die Zeiten sind zu verworren für Argumente. Laßt uns hoffen, daß ruhigere Zeiten kommen werden. Wir Juden können unsere Ehre verteidigen. Wir denken an alle jene, die fünftausend Jahre hindurch Juden genannt und als solche gebrandmarkt wurden. Wir sagen ‚Ja' und tragen den gelben Stern mit Stolz."

Es gab jedoch noch eine andere Reaktion auf den Boykott-Tag. „Man spricht von dem Boykott-Tag", sagte Leo Baeck in einer Ansprache zum zwanzigsten Jahrestag des Boykotts. „In Wahrheit wurde das Recht boykottiert. Die jüdischen Geschäfte haben eine Zeitlang überstanden, das Recht hat diesen Tag nicht überstanden [. . .]" Baeck führte aus: „Jeder Niedergang [in der Geschichte] begann mit einer großen Feigheit. Wir haben es erlebt. Der erste April 1933 spricht davon. Die Universitäten hatten geschwiegen, die Kirchen geschwiegen, die Gerichte geschwiegen [. . .] der Reichspräsident, der den Eid auf die Verfassung geleistet hatte, geschwiegen [. . .]" Für Baeck war der Boykott-Tag der Tag „der größten Feigheit in der Geschichte. Ohne die Feigheit damals wäre alles, was gekommen und über uns gekommen ist, nicht geschehen".[13]

Baeck nannte hier den wahren Grund für den Erfolg der Naziangriffe auf die Juden. Hitlers Befehl zum Boykott jüdischer Geschäfte war lediglich ein tastender Schritt. Wie weit würde das deutsche Volk ihn gehen lassen? Wieviel Druck konnte er ausüben? Würden die religiösen, gesellschaftlichen und wirtschaftlichen Institutionen gegen diesen offenen antisemitischen Akt protestieren? Als sich auf seiten der Institutionen und Organisationen, den Sprachrohren des deutschen Volkes, kein Widerstand regte, wußte Hitler, daß er den nächsten Schritt wagen konnte. Diese Fortsetzung der Nazi-Praxis – der an einer Minderheit begangene Frevel – traf bei den nationalen Institutionen weder auf Kritik noch auf Widerstand. Jeder weitere Schritt vom Tag des Boykotts 1933 an bis hin zum Versuch der physischen Vernichtung des jüdischen Volkes in den vierziger Jahren traf auf die immer gleiche Reaktion – das Ausbleiben eines Protestes von seiten Verantwortung tragender Institutionen.

Wenngleich die Institutionen versagten – viele einzelne taten es nicht. „Die kleinen Menschen in Deutschland waren gut geblieben“, sagte Baeck. „Die Arbeiter haben ihr Frühstücksbrot mit den jüdischen Arbeitern geteilt, die Kleinen haben in diesen Jahren den Juden das Leben möglich gemacht, die kleinen Menschen in Deutschland.“ Er erinnerte sich an die Menschen, die am Tag des Boykotts unter den Augen der SA in die jüdischen Läden gingen, während die Oberhäupter der Institutionen, denen sie angehörten, schwiegen. „Was den Charakter anlangt, stand damals dort die Bildungspyramide auf der Spitze: die oben waren die Geringen und die unten die Großen.“[14]

Das zweite Ereignis nach dem Boykott, das den künftigen Trend der nationalsozialistischen Herrschaft anzeigte, war eine der extremsten Aktionen Hitlers in den ersten Jahren seiner Macht: die Röhm-Affäre. Ernst Röhm war in den zwanziger Jahren einer der treuesten Anhänger Hitlers gewesen. 1934 jedoch wurde er Hitler aus politischen Gründen unbequem, und er beschloß, ihn aus dem Wege zu räumen. In einer Überraschungsaktion ließ er ihn und Dutzende seiner Anhänger ermorden. Auch diesen Akt der Rechtlosigkeit nahm die deutsche Nation hin und bewies damit ihre Bereitschaft, Hitler absolute Vollmacht zuzugestehen. Als Hitler später beschloß, die Juden zu beseitigen, gab es nicht den geringsten Widerstand gegen sein Vorgehen.

Rückblickend fragt man sich erneut, warum die Juden die Zukunft nicht vorausgesehen haben. Warum haben die Juden, die doch immer wieder mit dem teuflischen Judenhaß Hitlers und der Bereitschaft des deutschen Volkes, ihm Gewalt über Leben und Tod zuzubilligen, konfrontiert waren, die Entwicklung des nächsten Jahrzehnts nicht kommen sehen? Und warum konnten sie trotz der jüdischen Geschichte von Verfolgung, Vertreibung, Getto und Pogromen nicht erkennen, daß ihre „Sicherheit" eine Illusion war? Amos Elon hat in seiner 1970 erschienenden Studie *Die Israelis* klarzumachen versucht, was die Juden damals unter antisemitischen Gewalttaten verstanden. Er schreibt: „Heutige Leser, denen die Einzelheiten der Konzentrationslager und Todesfabriken [. . .] bekannt sind, bleiben häufig unberührt von zeitgenössischen Berichten über Pogrome in Kischniev oder Homel, Schitomir, Odessa und Kiew oder Erzählungen über kleinere Ausbrüche von Gewalt und Brandschatzung, zu denen es um die Jahrhundertwende in Hunderten von Städtchen und Dörfern Weißrußlands und der Ukraine kam [. . .] Aber in den ruhigeren Zeiten um 1890 und 1900 war die plötzliche Ermordung von vierzig oder fünfzig unschuldigen Menschen, unschuldig bis auf die Tatsache, daß sie Juden waren, ein so traumatischer Schock, daß die Juden in ganz Osteuropa das Leben mit völlig anderen Augen zu sehen begannen."[15]

Pogrome dieser Größenordnung, in denen vierzig bis fünfzig Personen getötet wurden, waren in den dreißiger Jahren den meisten Juden wohl noch in Erinnerung. Doch ein Jahrzehnt später sollte sich diese Zahl verzehnfachen, verhundertfachen, vertausendfachen, ja um Hunderttausende vervielfachen. Niemand vermochte das vorauszusehen, nicht einmal, wie Georg Salzberger sagte, der größte Pessimist.

Die lose organisatorische Struktur der deutschen Judenheit war dem Antisemitismus der Nazis nicht gewachsen. Wer konnte für die Juden sprechen? Die Beschuldigungen widerlegen? Gesetzesrecht verlangen? Es gab über 1300 jüdische Gemeinden in Deutschland, von denen die Berliner Gemeinde die größte war; diese Gemeinden waren in Landesverbänden zusammengeschlossen. Außerdem gab es den

„Central-Verein deutscher Staatsbürger jüdischen Glaubens" mit 70000 Mitgliedern. Dieser antizionistische Verein war um etliches größer als die „Zionistische Vereinigung für Deutschland". Daneben gab es noch den „Reichsbund jüdischer Frontsoldaten" und eine Anzahl kleinerer Vereine, die sich von den großen abgespalten hatten. Jede Gruppe verfolgte andere politische Ziele, hatte ihre eigenen Führer, die nicht auf ihre Stellung verzichten wollten, ihre Mitglieder, die die Lage in Deutschland unterschiedlich beurteilten. Kurz, die deutschen Juden befanden sich in derselben Situation wie alle Menschen, die plötzlich vor der Notwendigkeit stehen, sich zu organisieren.

In früheren Jahrzehnten hatte es Bemühungen um eine reichsweite Organisation der Juden gegeben, die vor allem der Bekämpfung des Antisemitismus hatte dienen sollen. Diese Bemühungen hatten aber nie zu einem Ergebnis geführt, weil die Mehrzahl der Juden die Notwendigkeit einer solchen Organisation nicht einsah. Das Interesse daran wurde nach dem Ersten Weltkrieg etwas stärker. „Im neuen Deutschland nach 1918 gab es einen allgemeinen Trend zur Überwindung des Partikularismus und zur Schaffung eines geeinten, homogenen Staates", erläuterte Leo Baeck. „Die Juden Deutschlands empfanden den gleichen Wunsch nach Vereinigung." Einige der Landesverbände hatten sich zusammengeschlossen und profitierten nun von den wohlhabenden Gemeinden. „Viel wertvolle Arbeit ist von den einzelnen Landesverbänden, aber auch durch ihre Zusammenarbeit untereinander geleistet worden. Besonders betont werden muß die Hilfe für die kleineren Gemeinden, die durch die Abwanderung ihrer Mitglieder, besonders der wohlhabenden, geschwächt waren." Wenn sich die Verhältnisse in Deutschland nicht geändert hätten, wäre diese eher zufällige Art der Organisation vermutlich ausreichend gewesen. Als jedoch „der Aufstieg des Nationalsozialismus die Stellung der Juden in Deutschland zunehmend bedrohte", so Baeck, „wurde ein repräsentatives, mit angemessenen Finanzmitteln und Vollmachten ausgestattetes Organ der gesamten deutschen Judenheit dringend erforderlich".[16]

Im Sommer 1932 traf sich eine Gruppe von sieben Juden

der verschiedenen Richtungen – außer der zionistischen – in Berlin. Sie rechneten damit, daß die Nazis an die Macht kommen würden, und wollten eine Dachorganisation aufbauen, deren Rolle ausschließlich politisch sein sollte. Als die Nazis Ende Januar 1933 tatsächlich an die Macht kamen, war aus dieser Absicht eine breite Bewegung unter den deutschen Juden geworden. Im April wurde die „Reichsvertretung der Landesverbände" offiziell gegründet. Leo Baeck und der Rechtsanwalt Leo Wolff wurden zu Vorsitzenden gewählt. Die Gründung einer „Reichsvertretung" zur Verteidigung gegen die Nazis hatte Leo Baeck den deutschen Juden dringend empfohlen. Nun wurde der Beschluß gefaßt, Adolf Hitler um ein Gespräch zu ersuchen, in dem das jüdische Problem diskutiert werden sollte. Das Gesuch, von Baeck und Wolff unterzeichnet und am 6. Juni 1933 abgeschickt, wurde nicht einmal bestätigt. Dem Brief war eine Erklärung beigefügt, die Baeck verfaßt hatte:

„Die deutsche Judenfrage verlangt ein klares Wort der deutschen Juden.

Vor dem deutschen Judentum steht das Schicksal, zum Entrechteten in der deutschen Heimat zu werden. In ihrer Ehre getroffen, können die deutschen Juden als die Wenigen sich nicht verteidigen, aber es darf ihnen nicht verwehrt sein, ihre Haltung offen und aufrichtig kundzutun. Die deutschen Juden weisen es von sich, als die Anhänger oder Urheber irgendeines ‚Systems' angeprangert zu werden, während sie in Wahrheit immer bewiesen haben und auch jetzt zu beweisen bereit sind, daß sie sich jeder staatlichen Ordnung willig und freudig unterordnen, wenn sie ihnen Würde, Arbeit und Freiheit läßt. Die deutschen Juden lehnen es ab, immer wieder auf ihre jahrhundertealte deutsche Kultur zu verweisen, auf ihre dauernde Verbundenheit mit deutschem Land und deutschem Geist. Die Wirklichkeit der Geschichte spricht für sie, spricht von ihrer Arbeit, ihrem Willen und ihrer Treue, von ihrer Verbundenheit mit dem deutschen Volke. Wir dürfen erwarten, daß auch die Auseinandersetzung mit uns auf dem Boden des Rechtes und mit Waffen der Vornehmheit geführt werde, daß ehrliche Klarheit über unseren Platz und unseren Weg in dem Raume des Lebens geschaffen werde. Eine offene Aussprache mit der Reichsvertretung der deutschen Juden, welche die Gemeindeverbände und die großen jüdischen Organisationen und damit die Gesamtheit des deutschen Judentums umfaßt, vermag zum Ziele zu führen. Das Wohl Deutschlands erfordert es ebenso wie das der deutschen Juden."

Die Erklärung machte deutlich, daß man nicht daran dachte, sich dafür zu entschuldigen, Jude zu sein, sondern einzig Gesetzesrecht forderte. Ein kleine, angegriffene Minderheit setzte sich zur Wehr und verlangte, als Bürger Deutschlands mit Anstand behandelt zu werden.

Die „Reichsvertretung" bestand nicht lange. Da sie nur die Landesverbände und nicht die anderen jüdischen Gruppen vertrat, war ihre Wirkung als Sprachrohr der deutschen Judenheit stark eingeschränkt. Baeck erkannte bald, daß die „Reichsvertretung" von der Berliner Gemeinde und ihrem erst kürzlich gewählten Präsidenten Heinrich Stahl beherrscht wurde. Stahl war gebürtiger Berliner. Seine Freunde hatten ihn gern und sagten von ihm, er sei vielleicht ein wenig „impulsiv", habe jedoch „eine liebenswerte Art, eine Aussöhnung herbeizuführen". Einer erzählt: „Seit seiner Wahl zum Präsidenten im Mai 1933 [...] hatte er der Gemeinde aktiv, unermüdlich und furchtlos gedient. Er war ein gutmütiger, sympathischer Mensch. Niemand, nicht einmal unter denen, die nicht seiner Meinung waren, konnte ihm jemals böse sein."

Baeck hatte zwar zu dieser Zeit mit dem fünf Jahre älteren Stahl keine Differenzen, doch glaubte er nicht, daß Stahl die Unsicherheit der jüdischen Situation erkannte. Er verließ die „Reichsvertretung" im Sommer 1933. Durch seinen Austritt signalisierte er: Nehmt alle jüdischen Organisationen auf, so daß eine Organisation zustande kommt, die wirklich alle deutschen Juden vertritt und nicht von irgendeiner Gruppe beherrscht wird.[17]

Ohne Baeck geriet die „Reichsvertretung" bald ins Schwimmen, und es wurde offenkundig, daß sie durch eine stärkere Organisation ersetzt werden mußte. Eine entscheidende Rolle in der Bewegung spielte ein prominenter Essener Jude namens Ernst Herzfeld. In späteren Jahren erzählte er von den Problemen, denen sich die Juden im Sommer 1933 gegenübersahen. „Wie sollte man eine legale administrative Organisation aufziehen, die von allen anerkannt würde? Wer war imstande, alle Kräfte um sich zu sammeln und sie zu führen?" Er wußte, daß die Landesverbände, die Basis der gescheiterten „Reichsvertretung", auf jeden Fall in eine neue Organisation einbezogen werden mußten. Die erste Frage war daher, wie man sie alle in einer neuen Organisation zusammenbringen konnte, die zweite, wie man es anstellen mußte, die Landesverbände, besonders den preußischen Landesverband mit seiner mächtigen Berliner Gruppe, davon abzuhalten, alle anderen Interessengruppen zu beherrschen und zu verärgern. „Die Lösung der ersten Frage war leicht", erinnerte sich Herzfeld, „die der zweiten war sehr schwierig."

Herzfeld sah sich derselben Schwierigkeit gegenüber, an der schon die erste „Reichsvertretung" gescheitert war. Die Berliner Jüdische Gemeinde, die ein Drittel aller deutschen Juden umfaßte, würde auch die neue Organisation finanziell und politisch beherrschen; sie hatte sich nicht bereit gezeigt, auch nur auf einen Teil ihrer Macht zu verzichten. Herzfeld hatte überdies starke Zweifel an der Leistungsfähigkeit einer von der Berliner Gruppe beherrschten neuen Reichsvertretung. „Parteiengezänk hatte nach dem Ersten Weltkrieg das Gesicht der Berliner Gemeinde stärker verändert als das irgendeiner anderen Gemeinde", sagte er. „Ich würde es nicht wagen, mich dazu zu äußern, ob dieses übertriebene Parteiengezänk auf der Unfähigkeit der Gemeindeführung beruhte, ihn in Grenzen zu halten, oder ob die Methoden des Parteienstreits all jene abstießen, die imstande gewesen wären, die Führung zu übernehmen." Was immer der Grund sein mochte, in der Führung der Berliner Gemeinde nahmen die politischen Auseinandersetzungen kein Ende. Manchmal hatten die Zionisten das Übergewicht, manchmal nicht den geringsten Einfluß. Zeitweilig hatten die „Liberalen" das Sagen, dann wieder wurden sie überstimmt. „Als Hitler an die Macht kam", sagt Herzfeld, „ließ der Parteienstreit nach, aber der Gemeindeausschuß und der Gemeinderat blieben sich gleich." Ihren Mitgliedern, so Herzfeld, „fehlte der Sinn für Maß und diplomatisches Geschick".

Zusammen mit zwei anderen Essenern, dem Vorsitzenden der Essener jüdischen Gemeinde Georg Hirschland und dem Rabbiner Hugo Hahn, nahm Herzfeld die Lösung des Problems in Angriff. Ihr erster Plan bestand darin, die Unterstützung einer Reihe von Gemeinden zu gewinnen, um eine Organisation mit eingebauten Schutzmechanismen gegen die Beherrschung durch irgendeine Gruppe zu gründen und diese dann der Leitung der Berliner Gemeinde als vollendete Tatsache vorzustellen. Wenn sie den Vorschlag ablehnte, „müßte es ganz klar sein, daß die Verantwortung für das Scheitern allein Berlin trüge".

Die erste Frage, mit der sich die drei Essener befaßten, lautete, wem man die Leitung der geplanten, wirklich nationalen Organisation der Juden antragen sollte. Darauf hatte es nie eine andere Antwort gegeben als Leo Baeck.

Es gab mehrere Gründe für diese einstimmige Wahl Baecks. „Er war weitblickend und besaß großes diplomatisches Geschick", urteilt Herzfeld. Außerdem umfaßte sein Tätigkeitsgebiet die Mitarbeit in allen größeren jüdischen Organisationen Deutschlands. Er war Präsident des Bne Briss, Vorsitzender der Rabbinerverbandes, Vorstandsmitglied des Central-Vereins und des Reichsbunds jüdischer Frontsoldaten. Obwohl er kein Zionist war, hatte er die Erschließung Palästinas für jüdische Siedler unterstützt. Es gab jedoch, so Herzfeld, noch einen weiteren, eher politischen Grund. Man wollte nach wie vor die Berliner Gemeinde zum Beitritt bewegen und hielt es nicht für „eine übertriebene Forderung an diese Gemeinde, dem Vorsitz ihres eigenen erwählten geistlichen Führers zuzustimmen".

Noch andere Gründe spielten mit. Zu dieser Zeit seines Lebens, da Leo Baeck seinen sechzigsten Geburtstag feierte, war er der anerkannte geistige und geistliche Führer der deutschen Juden, die für solche Positionen traditionell Männer seines Formats Geschäftsleuten oder Juristen vorzogen. Friedrich Brodnitz, der während dieser Jahre mit Baeck zusammengearbeitet hatte, sagte uns, Leo Baeck sei wegen seines Rufes gewählt worden. „Sein Name bedeutete jedem deutschen Juden etwas." Die zionistische *Jüdische Rundschau* schrieb 1933, Baeck sei „ein Mann, der von keiner

Partei in Anspruch genommen werden kann, weil seine einzigartige Persönlichkeit und sein hohes jüdisches Ethos, sein großes jüdisches Wissen, seine Erfahrung und seine Urteilsfähigkeit ihn über die üblichen Spaltungen hinausheben."

Zudem hatte sich Leo Baeck, obwohl er sein Leben als Rabbiner und Gelehrter verbracht hatte, durch seine Tätigkeit in den Vorständen von Organisationen mit Zehntausenden von Mitgliedern eine gewisse politische Erfahrung erworben. Er wußte, was ein Budget war. Er verstand es, in Gruppen seinen Willen durchzusetzen, geschickt zu lavieren, um Menschen mit einander widersprechenden Meinungen zusammenzubringen. Er war ein Politiker.

Vielleicht gab es noch einen letzten Grund. Joachim Prinz, zu jener Zeit junger Rabbiner in Berlin, erklärte es später folgendermaßen: „Warum wurde Baeck gewählt? Weil die Gestapo mit Baeck nicht so reden konnte wie mit mir. Er stand für die Würde, für die Geschichte des jüdischen Volkes. Er repräsentierte das, was an der jüdischen Existenz ewig ist. Er war eine prophetische Gestalt, kein Prophet, sondern eine prophetische Gestalt. Er erzeugte Respekt, selbst bei der Gestapo."

Behutsam begannen die drei Essener ihre Fühler nach den Leitern anderer Gemeinden auszustrecken. Sie informierten sie nicht über alle Details, sondern skizzierten die Probleme nur und gaben einige Hinweise auf die geplante Struktur der Organisation. Bei diesen vertraulichen Gesprächen kam man überein, Leo Baeck die Leitung der neuen Organisation anzutragen. Baeck selbst wußte nichts von diesen Manövern, doch als man schließlich an ihn herantrat, stimmte er dem Plan zu und bot an, einige seiner anderen administrativen Verpflichtungen niederzulegen, um Zeit für dieses neue Amt zu haben. „Wir hielten es für vorrangig wichtig, die Auswanderung der Jugend zu fördern", sagt Herzfeld über diese Gespräche mit Baeck. „Wir betrachteten es als selbstverständlich, daß junge Menschen eine Zukunft wollen und ein Recht darauf haben – und in Deutschland würden sie die nicht finden." Die beiden Männer schätzten, daß jährlich etwa acht- bis zehntausend jüdische Jugendliche die Schule verließen. „Unsere erste Sorge war daher", erzählt Herzfeld, „ihnen zunächst zu einer

Berufsausbildung und dann zur Auswanderung zu verhelfen."

Gestärkt durch Baecks Zustimmung, traf sich die Essener Gruppe nun mit Julius Brodnitz, dem Präsidenten des Central-Vereins. Dessen Reaktion war positiv, und er schlug vor, die Basis der neuen Organisation durch die Einbeziehung der von den Landesverbänden unabhängigen großen Organisationen wie des Central-Vereins, der Zionisten und anderer zu erweitern. Dieser Vorschlag entsprach den Vorstellungen Baecks, und das Essener Trio stimmte sofort zu. Das Grundprinzip war für jedermann einleuchtend. Statt vieler Organisationen würde es nur eine geben. „Der Zusammenschluß all dieser Organisationen und ihre ständige Zusammenarbeit waren geeignet, die Autorität der neuen Organisation auf eine breite Grundlage zu stellen", so Herzfeld, dessen Besorgnis über eine potentielle Berliner Vorherrschaft immer wieder deutlich wird. „Es war ein zusätzlicher Punkt unserer Planung, alle wichtigen Gruppen und alle jene, die an unserer praktischen Arbeit teilnehmen würden, einer zentralen obersten Leitung, einem ‚Kabinett von Persönlichkeiten', zu unterstellen."

Nun begann Julius Brodnitz mit der organisatorischen Vorbereitung. Mit seiner Tätigkeit im Central-Verein hatte er sowohl die notwendigen Kontakte als auch die nötigen organisatorischen Fähigkeiten erworben, um den Plan in die Tat umsetzen zu können. Im August lud er eine Reihe prominenter Juden, unter ihnen Heinrich Stahl, von der Berliner Gemeinde ein, sich mit ihm in Essen zu treffen. Dort fanden sie eine bereits im Entstehen begriffene Organisation vor – ganz wie das Essener Triumvirat es geplant hatte. Stahl begriff, daß die Dinge schon zu weit fortgeschritten waren, und erhob zunächst kaum Protest. „Bei dieser offiziellen Konferenz wurden keine Personalfragen erörtert", erinnert sich Herzfeld. „Nur der allgemeine organisatorische Aufbau der geplanten Körperschaft wurde diskutiert und auch das, ohne ins Detail zu gehen; aber nach vierstündiger Verhandlung konnte der Vorsitzende feststellen, daß eine Übereinkunft aller Anwesenden erzielt worden war."

In Wirklichkeit ging nicht alles so glatt. Stahl erhob Einwände gegen Baeck als Oberhaupt der neuen Organisation. Obwohl die Berliner Gemeinde Baecks Arbeitgeber war, hatte sie nie Druck auf ihn ausüben können. Sie konnte ihm auch nicht drohen. Er war Beamter auf Lebenszeit und genoß großes Ansehen. Als die anderen auf der Wahl Baecks zum Präsidenten beharrten, beugte sich Stahl der vollendeten Tatsache.

Es gab noch andere Probleme. Das größte war, die Zionisten zum Eintritt in die Organisation zu bewegen. Rabbiner Hahn schrieb an Baeck, der an der Konferenz im August nicht teilgenommen hatte, und bat um seinen Rat, was zu tun sei, um mit den Zionisten, den jüdischen Frontsoldaten und den Liberalen ins reine zu kommen, die sich alle einem Beitritt widersetzt hatten. Baeck verstand ganz richtig, daß der Brief in Wirklichkeit eine Aufforderung an ihn bedeutete, seine Kontakte zu diesen Gruppen zu nutzen, um sie für die Unterstützung der neuen Organisation zu gewinnen.

Ferner hatte man auf der Konferenz in Essen beschlossen, Otto Hirsch das Amt des geschäftsführenden Vorsitzenden der neuen Organisation anzubieten. Hirsch war 1885 in Stuttgart geboren, hatte Jura studiert und war württembergischer Beamter geworden. Er betätigte sich aktiv in jüdischen Organisationen und gehörte dem Vorstand des Central-Vereins an. Die *Jüdische Rundschau* schrieb über ihn, er entstamme »einer jener alten süddeutschen Familien, die auf sehr natürliche Weise mit der deutschen Umgebung verwachsen sind. Er hat sich ein klares Gefühl und einen offenen Blick für die Notwendigkeiten jüdischen Daseins bewahrt. Im Central-Verein gehörte Hirsch zu jener Gruppe, die schon sehr früh die Bedeutung der Siedlungsarbeit in Palästina für alle Juden erkannte, und er hat mit aller Kraft dafür gearbeitet.“ Man hatte ihn wegen seiner administrativen Fähigkeiten und seines robusten Wesens ausgewählt. Ernst Simon, der Baeck und Hirsch kannte, beschreibt ihre Zusammenarbeit folgendermaßen: „Die beiden ergänzten einander. Es gab gewisse Unterschiede zwischen ihnen, die sie der Naziführung gegenüber ausnutzen konnten. Otto Hirsch war der Typ des alten Soldaten, der Sportsmann, den man nicht einschüchtern konnte. Leo Baeck war der religiöse

Stoiker, der Mann mit der umfassenden kulturellen Bildung. Beide hatten ein Auftreten, das die Nazis beeindruckte." Jahre später, als Simon uns in Jerusalem über jene Zeit berichtete, sagte er über Hirsch: „Er hat das Schlimmste hinausgeschoben."

Zunächst hatte Hirsch das Amt nicht gewollt. „Er wollte absolut nicht und beharrte auf seiner Weigerung", erzählt Herzfeld. Zu guter Letzt besann er sich eines anderen, obwohl er, wie ein Freund von ihm sagte, „wußte, daß sie [die neue Reichsvertretung] nichts erreichen würde [...] Aber er wußte auch, daß die Mehrzahl der halben Million deutscher Juden auf den Naziterror nicht vorbereitet war, daß die Juden eine einheitliche Vertretung und eine Führung brauchten, gleichgültig ob sie sich zur Emigration oder zum Bleiben entschlossen [...] Er nahm die Verantwortung auf sich wie ein Soldat, der in eine scheinbar aussichtslose Schlacht geht, aus Treue und aus Pflichtbewußtsein." Hirsch hat dann später den Preis des loyalen Offiziers gezahlt, der seine Truppe in eine hoffnungslose Schlacht führt.

In den Jahren, in denen sie zusammen die Reichsvertretung leiteten, wurden Baeck und Hirsch enge Freunde, die einander oft besuchten. In Hirschs Haus lernte Baeck einen deutschen Nazigegner namens Theodor Heuß kennen. Hirsch und Heuß hatten zusammen studiert und eine herzliche Freundschaft bewahrt, in die sie Baeck einbezogen. Diese Freundschaft zwischen Baeck und Heuß erhielt Jahre nach dem Zweiten Weltkrieg und dem Untergang des Nationalsozialismus in den Bemühungen um die Wiederherstellung von Beziehungen zwischen Deutschen und Juden eine wichtige politische Dimension.

Eine Konferenz zur offiziellen Gründung der neuen Reichsvertretung wurde auf den 3. September 1933 in Berlin angesetzt. Auf dieser Sitzung versuchte die Berliner Gemeinde erneut, die Kontrolle über die neue Organisation in die Hand zu bekommen. Stahl erklärte, daß Mitglieder seines Vorstandes Bedenken gegen seine Billigung der neuen Reichsvertretung geäußert hätten.

„Ich bedaure, sagen zu müssen", fuhr er fort, „daß die Beschlüsse, zu denen ich widerstrebend meine Zustimmung gegeben habe, um ein praktisches Resultat zu erzielen, auf ernste und wohlbegründete Bedenken gestoßen sind [. . .] vor allem scheint es unmöglich, einer Organisation Vollmachten zu erteilen, die kein annehmbares Programm hat" – seine Beschreibung der künftigen Reichsvertretung. Dann sagt er, die Berliner Gemeinde müsse „diese Dinge selbst in die Hand nehmen". Mit Berufung auf die große Mitgliederzahl und die finanzielle Stärke der Gemeinde betonte er, daß nur sie imstande sei, „dem Präsidium die nötige Autorität" zu verleihen.

Wie es einer der Konferenzteilnehmer formulierte: „Sie schlugen als Lösung ganz offen vor, daß die Geschäftsführung der Berliner Gemeinde überlassen werden müsse."

Der Tag der Entscheidung war der 17. September, ein Sonntag. Für den Morgen dieses Tages hatte Stahl eine Zusammenkunft des Geschäftsführungsausschusses der Berliner Gemeinde einberufen, der, wie er hoffte, seine Forderung nach einer Kontrolle der neuen Reichsvertretung durch die Berliner Gemeinde unterstützen würde. In einem Memorandum an die Ausschußmitglieder sagte er, die geplante Reichsvertretung habe weder bei den Behörden noch bei den Juden genug Ansehen. Die Verantwortung für die Schaffung eines rechtlich maßgebenden repräsentativen Verbandes müsse – „zusammen mit anderen großen Gemeinden" – der Berliner Gemeinde zufallen, die „allein ein Drittel aller jüdischen Seelen in Deutschland umfaßt".

Baeck selbst lud eine Reihe prominenter Berliner Juden, darunter etliche mit Einfluß im Geschäftsführungsausschuß der Berliner Gemeinde, für Donnerstag, den 12. September, zu einem Gespräch ein. Auf dieser Zusammenkunft bot er der Berliner Gemeinde in der geplanten Reichsvertretung umfassendere Befugnisse an, die jedoch kein Übergewicht der Berliner Gemeinde bedeuteten. Das müsse die Gemeinde akzeptieren, betonte Baeck, weil die deutschen Juden eine einheitliche repräsentative Organisation brauchten; eine von wenigen großen Organisationen gebildete Reichsvertretung habe es bereits gegeben, und sie habe versagt. Überdies weigerten sich die Zionisten seit dem Versagen der alten Reichsvertretung noch hartnäckiger, einer Organisation beizutreten, die von der Berliner Gemeinde dominiert werde. Das sei der entscheidende Punkt. Denn obwohl die Zionisten vor 1933 nur eine geringe Mitgliedschaft gehabt hätten, sei ihre Zahl seit Hitlers Machtergreifung ständig gewachsen, so daß man sie jetzt nicht mehr ignorieren könne. Die Führer der Berliner Gemeinde hätten nur die Wahl, anzunehmen oder abzulehnen.

Sie entschieden sich dafür, anzunehmen. Nach der Besprechung vom 12. September schrieb Leo Baeck an Georg Hirschland in Essen: „Die wesentliche Diskussion führte zu völliger Übereinkunft; der enge persönliche Kontakt zeigt die Möglichkeit – im Vertrauen gesagt, sogar die Garantie – einer fruchtbaren Zusammenarbeit.“ Er schlug vor, Hirschland möge für den Nachmittag des 17. September, einige Stunden nach der von Stahl einberufenen Konferenz, eine Gründungssitzung in Berlin ansetzen, „denn dann werden wir die Ergebnisse oder wenigstens die Richtlinien der von Herrn Stahl einberufenen Konferenz haben“.

Am 13. September kam es zu einer „langen Auseinandersetzung“ zwischen mehreren der am Vortag mit Baeck zusammengetroffenen Personen auf der einen und der Führung der Berliner Gemeinde auf der anderen Seite. Das Ergebnis war eindeutig: Die Berliner Juden würden sich der neuen Reichsvertretung anschließen; wenn Stahl am Sonntag morgen versuchen sollte, die Gemeinde in eine andere Richtung zu drängen, würde er verlieren. Die Botschaft wurde verstanden. Sofort wurden Einladungen für die Gründungssitzung am Sonntag nachmittag verschickt. Baeck verfaßte nicht nur den Text, mit dem die Gründung der Reichsvertretung bekanntgegeben werden sollte, sondern er schickte ihn bereits vor der Gründungssitzung an die Presse.

Die Sitzung brachte keine Überraschungen. Als sie vorüber war, gab es eine neue Reichsvertretung mit Leo Baeck als Präsident. Baeck eilte nach Hause und schrieb rasch ein paar Zeilen an Hirschland in Essen. Nun, da das Werk vollendet und die Organisation gebildet sei, wünsche er, dem „Autor und Meister“ des Plans seinen herzlichsten Dank auszudrükken. In den folgenden Wochen schlossen sich alle jüdischen Vereinigungen der neuen Reichsvertretung an, denn sie war eine repräsentative Organisation, die von keiner Gruppierung oder Partei dominiert wurde. Stahl gehörte dem Präsidial-Ausschuß ebenso an wie die Vertreter anderer Gruppen oder Landesverbände, doch war der Ausschuß eine unabhängige Gruppe. Dennoch schwelte der Streit zwischen der von Stahl geführten Berliner Gemeinde und der von Baeck geleiteten Reichsvertretung weiter, bis er zu einem späteren Zeitpunkt wieder aufflammte.[18]

Mit der Übernahme der Präsidentschaft einer Organisation, die offiziell die „Reichsvertretung der deutschen Juden" wurde, ging Baeck ein großes persönliches Risiko ein. Er wurde der Führer einer Bevölkerungsgruppe, die von einem mächtigen Gegner attackiert wurde. Obwohl er die Gefahr, die den Juden von den Nazis drohte, zum Teil erkannt hatte – das volle Ausmaß dieser Gefahr konnte niemand voraussahnen –, war ihm klar, daß viele deutsche Juden sich ihrer nicht bewußt waren und sich deshalb seinen Bemühungen widersetzen würden. Durch seinen Streit mit der Stahl-Gruppe wußte er, daß die Organisation, die er nun leitete, mit inneren administrativen Schwierigkeiten zu kämpfen haben würde. Außerdem würde er sich als der Mann, der zwischen den Nazis und seinen Glaubensbrüdern stand, mit den Nazis anlegen, wenn er zu energisch, und mit den Juden, wenn er nicht energisch genug war. Seine neue Rolle war eher auf Scheitern als auf Erfolg angelegt. In den kommenden Jahren wurden ihm andere Rollen angeboten. Warum sollte er Deutschland nicht verlassen und im Ausland zum Sprecher gegen den Nationalsozialismus werden? Warum sollte er nicht emigrieren und von außen helfen? Das wäre eine durchaus ehrenhafte Entscheidung gewesen, und viele Juden trafen diese Wahl. Warum nahm Leo Baeck das persönliche Risiko auf sich, mit den Nazis zu unterhandeln?

Baeck wußte genau, daß er der geeignete, ja der einzige Kandidat für das Amt des Präsidenten der „Reichsvertretung" war. Es gab andere berühmte Gelehrte – Martin Buber etwa –, aber keiner verfügte über die Kontakte Baecks sowohl zu anderen Juden wie zu anderen Deutschen, über seine Erfahrung im Umgang mit den verschiedenen jüdischen Gruppen und über sein Prestige. Er wußte, daß dieses

Amt seine Aufgabe war. Baeck hatte einst den Philosophen Spinoza zitiert: „Glück ist nicht der Lohn der Tugend, sondern die Tugend selbst". Das sei, meinte Baeck, nur eine neue Lesart des alten jüdischen Spruches: „Der Lohn der Pflicht ist die Pflicht, und die Strafe für die Sünde ist die Sünde." Diese Verbindung zwischen den beiden Aussagen hatte er in der zweiten Fassung seines *Wesen des Judentums* hergestellt. Noch eine andere Aussage in diesem ein Jahrzehnt zuvor geschriebenen Buch ließ sich auf seine Situation im Jahre 1933 anwenden: „[. . .] darum ist die Geschichte der Gedanken und der Gebote immer die Geschichte derer, die sich zum Opfer hingeben, die den Undank und die Ausstoßung hinnehmen, die mit ihren Tagen zahlen – für die Seelen der anderen. Das Leid hat sein Messianisches auch."

So verstand Leo Baeck sein Judentum. Es gebot ihm, die ihm gestellten Aufgaben ohne Rücksicht auf die Folgen zu übernehmen. Nach dem Ersten Weltkrieg hatte er Martin Buber gegenüber bemerkt, das Judentum könne sich nicht um seine Verantwortung drücken. Und als er 1933 gebeten wurde, die Leitung der „Reichsvertretung" zu übernehmen, tat er es, denn „das Leben des Menschen sollte mehr sein als eine Aneinanderreihung von Tagen, mehr als ein Schicksal, das gekommen ist und kommen wird. Wenn der Mensch sein Leben wählt, wenn er es als Aufgabe nimmt, die Gott ihm gestellt, als Gebot, das Gott ihm gegeben hat, dann wird sein Leben selbst im Fluß des Augenblicks teilhaben an dem, was kommen wird [. . .]" Leo Baecks Auffassung vom Judentum ließ ihn die Pflichten, die dem einzelnen auferlegt werden, als etwas Positives akzeptieren. „Ein Leben geht in die Irre, wenn es nicht die Möglichkeiten findet, die ihm angeboren sind", schrieb er. „Ein Leben erfüllt sich, wenn es begreift und annimmt, was ihm auferlegt worden ist."[19]

Leo Baeck begann sich mit dem zu befassen, was ihm auferlegt worden war.

Neuntes Kapitel

Widerstand

Am 21. September 1933 gab die „Reichsvertretung" ihre Gründung als Repräsentantin der Landesverbände und „aller großen Organisationen der deutschen Juden" bekannt. Sie forderte die Juden auf, ihre Differenzen zu vergessen und sich „mit aller Leidenschaft" im Judentum zu vereinen. Sie äußerte die Hoffnung, daß „die Regierung uns unterstützen und uns nicht unserer politischen Rechte berauben wird, und wir erwarten, daß die Juden im Ausland uns mit ihren reichen finanziellen Mitteln helfen werden, so wie die deutschen Juden in besseren Zeiten stets bereitwillig Juden außerhalb der deutschen Grenzen, die Hilfe brauchten, gegeben haben".

Als Aufruf zur Einigkeit ging die Deklaration sehr weit, um alle Richtungen des deutschen Judentums zu erreichen. Sie appellierte an „diejenigen, die sich vom jüdischen Leben ferngehalten haben"; sie sprach von der Erschließung des „heiligen Bodens in Palästina" für die deutschen Juden und von der Förderung der Emigration für diejenigen, „die in Deutschland keinen Platz zum Leben finden". Sie versicherte, daß die Erziehung und Ausbildung der Jugend und der Erwachsenen in „den Werten der deutschen Kultur" erhalten bleiben würden. Am Ende jedoch kehrte die Erklärung zu ihrem Kernpunkt zurück: „Es ist richtig, das Judentum in uns lebendig zu machen. Laßt uns zusammenstehen und mit Gottvertrauen gemeinsam für die Ehre des jüdischen Namens wirken."

Trotz dieser Erklärung gab es innerhalb der Reichsvertretung nach wie vor viele Differenzen. Manche Mitglieder wünschten eine stärkere Befürwortung der Emigration. Andere hielten es für richtiger, in Deutschland auszuhalten, bis sich die Verhältnisse besserten. Sollten die für Bildung und

Erziehung zur Verfügung stehenden Mittel darauf verwendet werden, junge Juden (in Erwartung ihrer Emigration) zu Landwirten auszubilden, oder sollte man das Geld lieber für die religiöse Erziehung ausgeben? Wenn die Emigration der richtige Weg war, wie sollte man das Familien klarmachen, deren Vorfahren schon vor Jahrhunderten in Deutschland ansässig gewesen waren? Wie konnte man die Regierung ersuchen, die Überfälle auf Juden zu verhindern, wenn die Regierung selbst zu solchen Überfällen ermunterte? Ein Freund Baecks von der „Hochschule“ blickte Jahre später auf die Arbeit der Reichsvertretung zurück und meinte: „Es war ein hoffnungsloser Kampf, den der Reichsausschuß unter tragischen Umständen auszufechten hatte.“[1]

Schließlich entwickelte sich die Reichsvertretung zu einer Organisation, die über hundert Menschen umfaßte. Sie beschäftigte sich mit den Fürsorgeproblemen der deutschen Juden, mit ihrer Ausbildung und Auswanderung und vertrat sie gegenüber der Naziregierung. Sie erhob Gelder von den Landesverbänden und anderen jüdischen Organisationen und erhielt Spenden von jüdischen Organisationen des Auslands. Sie bemühte sich auch, ausländische Juden zur Hilfe bei der Einwanderung deutscher Juden in ihre jeweiligen Länder zu bewegen. Einer der ersten Briefe, die Baeck als Präsident der Reichsvertretung schrieb, ging an Chaim Weizmann in London: „Lassen Sie mich [. . .] aussprechen, welch große Dankbarkeit ich dafür empfinde, daß Sie die Leitung der Palästinaarbeit für die deutschen Juden übernommen haben.“

Baecks Aufgabe war vornehmlich eine politische, sowohl innerhalb der Reichsvertretung als auch nach außen. Bei den Sitzungen des Präsidial-Ausschusses hatte er die gegensätzlichen Ansichten auszusöhnen; nach außen hin vermittelte er das Bild einer geeinten Judenheit, die in der widerspruchsvollen Situation war, eine ihr feindliche Regierung günstig zu stimmen, ohne vor ihr zu kapitulieren, während sie sich zugleich bemühte, möglichst viele ihrer Mitglieder zu retten.

Wenn Baeck eine Sitzung des Präsidial-Ausschusses leitete, saß er am oberen Ende des Tisches, um den sich ungefähr ein Dutzend Vorsitzende versammelt hatten. Ein ehemaliger Teilnehmer dieser Sitzungen erzählte, daß Baeck „die Sitzungen zu eröffnen pflegte, indem er sagte, ‚wir haben heute ein besonderes Problem zu erörtern'. Er erläuterte das jeweilige Problem in etwa zwei Minuten und bat dann die anderen um ihre Meinung. Wenn sie mit ihrer Diskussion, die durchaus Stunden dauern konnte, fertig waren, pflegte Baeck in zwei Minuten eine Zusammenfassung zu geben, an der niemand etwas auszusetzen fand. Erst später wurde den Teilnehmern bewußt, daß Baecks Zusammenfassung mit seinen einführenden Bemerkungen übereinstimmte."

Es gab in der Regel zwei solcher Sitzungen des Präsidial-Ausschusses im Monat. Sie fanden in der Kantstraße 158 statt, auf halbem Wege zwischen Baecks Wohnung in Schöneberg und der „Hochschule". Baeck vermochte sich in den Diskussionen durchzusetzen, weil er, wie Joachim Prinz von ihm sagte, „ein Volksführer war, ohne selbst zum Volk zu gehören. Er hat niemals mit dem Volk getanzt oder gelacht". Einer von Baecks Mitarbeitern aus dieser Zeit sagte: „Baecks Erfolg beruhte auf seiner Sprechweise. Er war ein typischer deutscher Intellektueller, und er sprach auch wie ein Intellektueller."

In der Reichsvertretung, erinnerte sich ein Mitglied, mußte „alles immer wieder reiflich überlegt" werden. Leo Baeck war überaus bedachtsam und bemühte sich stets, die Reaktion der Nazis abzuschätzen. Dieser Punkt wird von allen Angehörigen der Reichsvertretung immer wieder hervorgehoben: der Druck, den es bedeutete, in einer offen feindseligen Umgebung arbeiten zu müssen, mit dem Gefühl, daß einem die Gestapo ständig auf die Finger sah. Oft waren Gestapobeamte bei den Sitzungen des Präsidial-Ausschusses anwesend, die auch über den Verlauf anderer Sitzungen unterrichtet werden wollten. Die Juden versuchten sich vor dem Ertrinken in einem Meer zu retten, in dem jede Welle sie in die Tiefe zog.[2]

Bei all dem blieb Baeck stets gelassen. Einer der Mitarbeiter in der Reichsvertretung, Adolf Leschnitzer, kam eines morgens ins Büro und fragte: „Ist der Kardinal da?" Dieser Spitzname blieb haften, obwohl niemand ihn in Baecks Gegenwart je gebrauchte. Tatsächlich hatte er etwas von einem Kirchenfürsten an sich. Seine Ruhe war ein Ausdruck von Askese und Disziplin, eine Haltung, die verriet, daß er über dem gewöhnlichen Gezänk stand. Leschnitzer schrieb später, der Spitzname „Kardinal" sei nur halb richtig gewesen. „Seinem Wesen nach war er etwas anderes: ein echter Führer, der Strenge, ja Härte gegen sich selbst, aber auch manchmal gegen andere zeigte."

Leschnitzer schildert, mit welcher Härte Baeck „in engem Kreis" Menschen beurteilen konnte. „Wenn er über menschliche Schwächen erzürnt war, konnte bisweilen alle Diplomatie von ihm abfallen, dann sprach er seine Meinung rückhaltlos aus, ohne Mäßigung, ohne Abstriche zu machen, ohne abzuschwächen. Er drückte sein hartes Urteil dennoch meist in geschliffener Form aus, die zeigte, daß, was er jetzt aussprach, nicht aus der Erregung des Augenblicks kam, sondern bloß durch diesen ausgelöst war."

Auch in seiner neuen Position stand Baeck noch immer im Morgengrauen auf, um eine Stunde in den griechischen Philosophen zu lesen. Wenn die Mitarbeiter der Reichsvertretung um zehn Uhr ins Büro kamen, war Baeck bereits da – und zwar offenkundig schon seit Stunden. In der Regel blieb er bis zum Mittag in der Kantstraße und ging von dort aus in die „Hochschule".[3]

Bei seiner Arbeit in der Reichsvertretung verließ sich Baeck besonders auf Otto Hirsch und Julius Seligsohn, dessen Familie, wie Baeck sagte, „zur Aristokratie des jüdischen Berlin gehörte, einer Aristokratie, die sich vor allen anderen durch den Geist und die Teilnahme am jüdischen Leben ausgzeichnet hatte". Julius Seligsohn war 1890 in Berlin geboren, hatte im Ersten Weltkrieg gekämpft und neben anderen Orden das Eiserne Kreuz Erster Klasse erhalten. Er war Leutnant geworden und hatte sich nach dem Krieg in jüdischen Organisationen betätigt. „Er war ein gutaussehender Mann", sagte Baeck, „der alle guten Eigenschaften der Berliner und besonders der jüdischen Berliner besaß." Dazu gehörten „ein scharfer Verstand, ein beißender Witz, Realitätssinn und schließlich – was nicht vielen gegeben ist – Humor, den auch Otto Hirsch besaß". Seligsohn wußte diese Eigenschaften gut zu nutzen. „Er war der Vermittler, der die notwendigen Verbindungen zu den Vertretern des Gemeindeapparates herstellte und viele Schwierigkeiten und auch viele Hindernisse aus dem Wege räumte", sagte Baeck.

Eine herausragende Gestalt in der Reichsvertretung war Cora Berliner. Vor der nationalsozialistischen Machtergreifung hatte sie im preußischen Staatsdienst gestanden. Als sie ihre Beamtenstellung verlor, ging sie zur Reichsvertretung, wo sie ihre statistischen Kenntnisse und analytischen Fähigkeiten darauf verwandte, Fakten und Zahlen zusammenzutragen. Cora Berliner, damals Mitte Vierzig, war eine schöne Frau und vielleicht am schönsten gerade zu dieser Zeit. Sie war unverheiratet, hatte jedoch jahrelang eine Beziehung zu einem deutschen Juden, der verheiratet und bis zu Hitlers Machtergreifung preußischer Regierungsbeamter war. Die Beziehung war sehr diskret; niemand wußte etwas Genaues darüber, außer Cora selbst, ihrem Freund und vielleicht einigen ihrer guten Bekannten. Leo Baeck ließ niemals durchblicken, daß er die Einzelheiten dieser Freundschaft kannte; nur einmal – nach dem Tode des Mannes – machte er eine Anspielung auf dessen „schöne Beziehung" zu Cora Berliner.[4]

Man bemühte sich, alle Aktivitäten der Reichsvertretung im Rahmen des Gesetzes zu halten. Die Reichsvertretung legte besonderen Wert darauf, den Nazis keinen Vorwand dafür zu liefern, die Juden als Rechtsbrecher zu beschuldigen. Diese Haltung zeigte sich im Januar 1934, als die Reichsvertretung ihren bedeutungsvollsten offiziellen Schritt unternahm, um von der Naziregierung eine rechtliche Behandlung der deutschen Juden zu erlangen.

Die Reichsvertretung versandte an alle Minister der Reichsregierung eine längere, von Baeck unterzeichnete Denkschrift. Es war ein detaillierter, fundierter Bericht über die Mißhandlungen von Juden im vorangegangenen Jahr. Ein an jedes Kabinettsmitglied gerichtetes Begleitschreiben lautete: „Wir erlauben uns, anbei eine an die Reichsregierung gerichtete Denkschrift [. . .] zu überreichen. Zu mündlicher Erläuterung stehen wir jederzeit zur Verfügung." Das Dokument begann: „Während das ganze deutsche Volk von der Reichsregierung zur Erneuerung des Vaterlandes aufgerufen wird, lastet auf den deutschen Juden – die in Deutschland und deutscher Kultur verwurzelt sind – seelische und sachliche Bedrängnis." Beabsichtigt ist der Ton dieses Satzes, der besagt, daß man die Juden daran hindere, zur Stärkung Deutschlands beizutragen, indem man sie angreife; noch waren sie nicht bereit, sich öffentlich vom Land ihrer Geburt loszusagen. „Reden wird aber zur Pflicht", hieß es in der Denkschrift weiter, „wenn es sich um das Dasein des deutschen Judentums handelt, wenn eine Grundlage unserer Religionsgemeinden zusammenzubrechen droht, wenn Maßnahmen gegen die deutschen Juden gerichtet werden, die nicht nur ihnen selbst, sondern auch dem Wohle Deutschlands entgegen sind." Trotz aller politischen Meinungsverschiedenheiten in der Reichsvertretung, trotz aller persönlichen und politischen Differenzen in ihrer Führung waren sie alle vernünftige Menschen, die an die Vernunft glaubten und dachten, daß vernünftige Argumente der richtige Weg seien. Wenn sie diesen Weg gewählt hatten, so deshalb, weil sie annahmen – oder zumindest hofften –, eine auf Vernunft beruhende Antwort zu erhalten.

Der erste Teil der Denkschrift handelte von den rechtlichen Restriktionen des Vorjahrs, durch die die Juden „grundsätzlich aus der Rechtspflege und den Ämtern in Reich, Staat, Gemeinden und sonstigen öffentlich-rechtlichen Körperschaften entfernt" wurden und „der Anteil der Juden an allen akademischen Berufen wesentlich eingeschränkt oder sogar aufgehoben" wurde. Eine Übertragung dieser Restriktionen auf andere Bereiche, in denen Juden ihren Lebensunterhalt verdienten, würde „nicht nur den deutschen Juden die Existenzmöglichkeit nehmen", sondern auch die deutsche Wirtschaft „würde schweren Schaden leiden". Handelsbeziehungen würden ebenso gestört werden wie das Verhältnis zwischen Arbeitgebern und Arbeitnehmern. „Verelendung, nicht nur Verarmung, muß die Folge dieser Eingriffe in die Wirtschaft sein", folgerte die Denkschrift und stellte fest: „Unverkennbar hat diese Entwicklung schon begonnen. Die Steuerkraft der deutschen Juden ist im Schwinden, die unmittelbar betroffenen jüdischen Gemeinden können ihren Aufgaben religiöser, sozialer und kultureller Fürsorge, die heute verstärkt an sie herantreten, kaum noch gewachsen sein." Im

Folgenden forderte die Reichsvertretung ein Ende der wirtschaftlichen Restriktionen gegen die Juden.

Der zweite Teil der Denkschrift befaßte sich mit den Juden, die arbeitslos waren, weil ihnen die Gesetzgebung bestimmte Berufe verwehrte oder weil sie noch jung waren und – von den deutschen Schulen ausgeschlossen – weder eine Arbeit finden noch eine Berufsausbildung erhalten konnten. Die Reichsvertretung gab zu: „Wir sind uns bewußt, daß die bisherige Berufsschichtung der deutschen Juden, ihr Überwiegen in den akademischen Berufen und in den Großstädten ungesund war." Mit diesem Satz akzeptierten die Juden, und mit ihnen Baeck, ein Stück Nazipropaganda, wenngleich sie hinzufügten, daß dieser „ungesunde" Zustand „von einer geschichtlichen Entwicklung mit bedingt war". Auch hier wieder die deutliche Absicht, vernünftig zu argumentieren. Es hieß weiter: „Der Wille der jüdischen Jugendlichen zur körperlichen Arbeit jeder Art ist vorhanden", aber die Jugend könne keine Arbeit außerhalb der Städte finden. Sie könne die „ungesunde" Bilanz nicht ausgleichen, wenn sie nicht Arbeit im Handwerk und in der Landwirtschaft finde, was ihr die nationalsozialistische Gesetzgebung unmöglich mache. Dann forderte die Reichsvertretung, daß niemand seiner Religion wegen von einem Beruf ausgeschlossen werden dürfe und Juden die Möglichkeit haben müßten, in Handwerk, Land- und Forstwirtschaft ausgebildet zu werden und Arbeit zu bekommen.

Im dritten Teil stellte die Reichsvertretung fest, daß selbst wenn die Restriktionen aufgehoben werden würden, wie es in den beiden ersten Teilen gefordert wurde, viele Juden auswandern müßten. Das war offenkundig ein Appell an diejenigen, die glaubten, Emigration sei die richtige Lösung der „Judenfrage" in Deutschland. An dieser Stelle wurden Statistiken zitiert, um die Anschuldigung, Deutschland sei von den Juden beherrscht worden und diese Herrschaft sei noch im Wachsen begriffen, ad absurdum zu führen. Die Statistiken bewiesen, daß die Juden in Deutschland nie einen größeren Anteil an der deutschen Bevölkerung gehabt hatten und daß dieser Anteil sogar zurückgegangen war.

„In Preußen waren im Jahre 1816 1,2% der Bevölkerung

Juden, 1925 nur 1,06%; in Bayern gab es 1818 noch 1,45% Juden, 1925 zählte man 0,66%. Selbst in den Großstädten liegt es nicht anders: Berlin hatte 1895 5,14% Juden, 1925 4,29%; Hamburg 1866 4,4%, 1925 nur 1,73%. Seither hat sich die Zahl der Juden weiter verringert."

Die Reichsvertretung bat die Regierung bei der Berufsausbildung und der Auswanderung von Juden um Unterstützung.

„Schwerer noch als die wirtschaftliche Not", stellte die Reichsvertretung abschließend fest, „lastet auf uns die seelische Bedrückung." Als minderwertig zu gelten sei etwas, das „keine Gemeinschaft hinnehmen" könne, „die auf Ehre und Würde hält", worüber im einzelnen zu sprechen den Juden ihr Stolz und ihre Sorge um ihre Kinder verbiete. Doch sie empfänden tiefen Schmerz, um so mehr als „es sich nicht um gelegentliche Entgleisungen in dem Eifer eines Wahlkampfes handelt, sondern um vorbedachte und wiederholte Äußerungen". Die Denkschrift wies darauf hin, daß die Diffamierung der Juden durch die Nazis auch politische Folgen hätte: „In den Ländern, mit denen sich Deutschland im Ringen um seine Weltgeltung auseinandersetzen muß, leben Juden. Keine Greuelhetze trifft sie so wie die Tatsache, daß aus deutschen Zeitungen und Kundgebungen eine Diffamierung ihres von ihnen hochgehaltenen Stammes und Glaubens zu ihnen dringt." Die Denkschrift endete mit der Forderung, „daß in Zukunft jede Diffamierung der jüdischen Gemeinschaft und Abstammung unterbleibe".

Das Dokument, das vier Monate nach der Gründung der Reichsvertretung erschien, war ein Versuch, auf der Grundlage von Mäßigung, Recht und Vernunft an die Nazis zu appellieren. Von wie vielen Verantwortlichen und auf welcher Regierungsebene es gelesen wurde, ist nicht bekannt. Doch weckte es wenig Interesse. Die meisten Verantwortlichen, die es sahen, kommentierten es so wie ein unterer Beamter des Außenministeriums, der sagte: „Es ist eine detaillierte kurze Darstellung – vier Seiten, die lesenswert sind – der diskriminierenden Maßnahmen gegen die Juden in Deutschland [. . .] Die Gedanken sind vernünftig [. . .] Eine Antwort ist kaum nötig."[5]

Immer wieder wurden die Juden, die an die Naziregierung um gesetzliche und bürgerliche Rechte appellierten, schroff abgewiesen. Sie waren in einer Falle gefangen: Dazu erzogen, an Gesetz und Vernunft zu glauben, waren sie von Menschen umgeben, die das Recht beugten und die Vernunft verhöhnten. Nur wenige Monate nach der Denkschrift beschuldigte der Propagandaminister Joseph Goebbels die deutschen Juden, sie seien für einen Wirtschaftsboykott fremder Nationen gegen Deutschland verantwortlich. Baeck und Hirsch protestierten im Namen der Reichsvertretung. Wenngleich dieser Protest die Nazis kaltließ, bedeutete es den Juden etwas, daß Baeck und Hirsch mit Stolz sprachen. Sie sagten: „Wir, als Vertreter der deutschen Juden, können angesichts einer solchen Behauptung nicht schweigen." Die Juden hätten diesen Boykott nicht verursacht, sondern eher Handelsbeziehungen zwischen Deutschland und den anderen Nationen gefördert. „Wie wenig wird das in Deutschland selbst anerkannt. Wie sehr werden die Juden – trotz der Erklärung wichtiger Führungspersönlichkeiten der Wirtschaft – zurückgewiesen, ausgeschlossen von allen Bereichen und, was noch schlimmer ist, mit Verachtung behandelt."[6]

Zu dieser Zeit gab es einen sporadischen Boykott deutscher Waren, der von kämpferischen jüdischen und nichtjüdischen Gruppen im Ausland organisiert wurde. Er wurde von den führenden jüdischen Organisationen nicht unterstützt, von den deutschen Juden nicht gefördert und war im ganzen nicht sehr wirkungsvoll. Aber selbst wenn er es gewesen wäre, hätte das die Nazis nicht beeindruckt. Vor die Wahl zwischen ständiger Schikanierung der Juden auf der einen Seite und wirtschaftlichem Wachstum und Stabilität auf der anderen gestellt, wählten sie im allgemeinen die Angriffe auf die Juden, eine Entscheidung, die einige Regierungsmitglieder – wie auch der Reichsbankpräsident Hjalmar Schacht – mehrfach beklagten.[7]

Für die Juden gab es eine neue Realität. Den Nazis mußte Widerstand geleistet werden; Erziehung und Ausbildung war ihre erste Waffe.

„Es wurde klar", sagte Leo Baeck über die Ereignisse von 1933/34, „daß die jüdischen Schulkinder aus den staatlichen

Schulen herausgenommen werden und jüdische Schulen für sie geschaffen werden mußten.“ Das Problem waren nicht nur die zunehmenden Beschränkungen, die den Juden in den öffentlichen Schulen auferlegt wurden, sondern auch der wachsende Antisemitismus der nichtjüdischen Schüler und Lehrer. Besonders schwierig war die Situation für die kleineren Kinder, die weder wußten, daß Verfolgung ein Teil der jüdischen Geschichte war, noch genug weltliches und religiöses Wissen besaßen, das sie wenigstens psychisch gegen den Antisemitismus geschützt hätte. Bei der Entwicklung dessen, was letztlich ein neues Erziehungssystem war, mußten zwei Probleme gelöst werden: Erstens mußten die Mittel aufgebracht werden, um den Ort für die jeweilige Schule zu schaffen und das Programm durchzuführen, und zweitens mußten unter den deutschen Juden geeignete Lehrer gefunden werden.

Wenngleich Bildung für alle Völker eine Quelle der Freude und der Kraft ist, gilt das besonders für den frommen Juden. Traditionell beginnt er seine Ausbildung, wenn er anfängt, die Thora zu lesen: Ein Tropfen Honig wird dann auf die Seite geträufelt, mit der er anfängt, Symbol der Süße des Weges, den er nun zu beschreiten beginnt. Seine Religion gebietet ihm nun nicht nur, die Thora zu lesen, sondern sie in einem lebenslangen Lernprozeß immer wieder zu lesen und zu studieren. Lernen ist also im Judentum eine zentrale Angelegenheit; für die Juden hat sich diese Ehrfurcht vor dem Lernen auf die weltliche Seite ihres Lebens übertragen. Wenn man ihnen Bildung versagte, würden sie wesentlich an innerer Stärke verlieren. Wie Martin Buber es ausgedrückt hat: „Worum es bei diesem unter solchen Schwierigkeiten unternommenen Werk ging, war, dem Wunsch Hitlers, die Judenheit zu zermürben, entgegenzuarbeiten und den Juden, besonders den jungen Leuten, eine unerschütterliche Stütze zu geben.“

Jedes Bildungsprogramm für deutsche Juden mußte notwendigerweise Martin Buber einschließen. Er war ein Zeitgenosse Leo Baecks (1878, fünf Jahre später als er, geboren) und hatte die letzten zehn Jahre vor der Machtergreifung der Nazis an der Frankfurter Universität Judaistik und vergleichende Religion gelehrt. Drei Jahrzehnte lang hatte er über das Judentum geschrieben, hatte sich für den Chassidismus interessiert und den Zionismus befürwortet. Er fühlte sich als Deutscher. „Ich bin mit deutscher Kultur und Literatur aufgewachsen. Wenn ich eine Muttersprache habe, ist es sicherlich Deutsch, auch wenn ich mehrere andere Sprachen spreche. Ja, ich bin in vieler Hinsicht sehr deutsch", sagte er einmal zu einem Freund. In den frühen zwanziger Jahren hatte er in Frankfurt am Main zusammen mit Franz Rosenzweig das *Freie Jüdische Lehrhaus* gegründet, in dem sich prominente Juden zu Vorträgen und Diskussionen trafen. Leo Baeck war häufiger Teilnehmer. Das *Lehrhaus*, Bubers Schriften und sein berufliches Ansehen machten ihn zum Mittelpunkt des jüdischen Bildungswesens unter den Nazis.[8]

Leo Baeck und Martin Buber kannten einander schon seit vielen Jahren. Es war eine Beziehung gegenseitiger Achtung, wenngleich mitunter von den üblichen Schwierigkeiten getrübt, die sich ergeben, wenn zwei starke Persönlichkeiten aufeinandertreffen. Max Vogelstein, ein Schüler Leo Baecks, erinnert sich daran, daß er einmal zu einem Sabbatessen bei Baeck und seiner Familie eingeladen war. Als der Student ankam, stellte er fest, daß der einzige andere Gast Martin Buber war. Seine anfängliche Unsicherheit, er sei einem Gespräch mit diesen beiden Größen der jüdischen Geisteswelt möglicherweise nicht gewachsen, verflog rasch, denn Baeck und Buber sprachen weder mit anderen noch miteinander. Vogelstein berichtet, daß er dasaß und „zwei Leuten zuhörte, die einer für den anderen Monologe hielten", und dies fast den ganzen Abend. Schließlich wurden sie kurz von Vogelstein unterbrochen, der etwas über sich selbst erzählte, um nachher wenigstens sagen zu können, er habe an einem Gespräch mit Baeck und Buber teilgenommen. „Die Kunst des Dialogs wurde an diesem Abend nicht geübt", meinte er.

Trotz seines eigenen Ansehens zu dieser Zeit hielt Buber Leo Baeck für den Geachteteren. Ein gemeinsamer Freund erinnert sich daran, wie er einmal mit Buber zusammen war, als dieser eine Einladung zum Essen mit Baeck erhielt: „Buber wurde so aufgeregt wie ein Engländer, der von der Königin zum Essen eingeladen wird", sagt der Freund. Er erinnert sich auch daran, daß Baeck nicht immer mit der gleichen Achtung von Buber sprach, dem er vorwarf, in der Lehre populären Moden zu huldigen. „Was lehrt er jetzt?“ pflegte er ironisch zu fragen.

Abgesehen von solchen gelegentlichen privaten Bemerkungen verstand sich Leo Baeck jedoch mit Buber sehr gut, und sie führten einen regelmäßigen, freundschaftlichen Briefwechsel miteinander. Als Buber 1932 Baeck ein Exemplar eines seiner Bücher schickte, schrieb ihm Baeck: „Seit zwei Wochen bin ich nun in jeder freien Stunde mit Ihnen zusammen, und jede ist eine gute. Ich bin ein langsamer Leser, der manches zweimal liest, und so bin ich erst am sechsten Kapitel, das mich besonders festhält.“

Ernst Simon, der beide Männer gekannt und mit ihnen zusammen gearbeitet hat, definierte die Unterschiede zwischen ihnen. Beide „gehörten zu den herausragenden, mutigen Führern der deutschen Judenheit in ihrer kritischsten Stunde“, doch Baeck „war gezwungen, am Ende der deutsch-jüdischen Geschichte die Verantwortung für die organisierte Gemeinschaft zu übernehmen, und stand so vor der den Menschen der Tat auferlegten Notwendigkeit, unvermeidbare Kompromisse zu schließen“. Buber, der keine solche Verantwortung trug, stand es frei, „die Bedeutung geistigen Widerstands gegen die Identifizierung mit dem Aggressor [. . .]“ zu lehren. „Er war und blieb unser Lehrer, nicht ein Führer der Menschen.“[9]

Sehr früh in der Nazizeit betonte Buber die Notwendigkeit einer Wiederbelebung jüdischer Erziehung; am 21. Mai 1933 sprach er in der Aula der Ersten Knabengrundschule der Berliner Jüdischen Gemeinde, der sogenannten Schule Kaiserstraße. Er begann mit der Feststellung, daß die Periode vor dem Ersten Weltkrieg durch Stabilität gekennzeichnet gewesen sei, die jetzige jedoch vom Gegenteil, und die deutschen Juden seien die passiven Objekte der Ereignisse. Dann wandte er sich der Bildungsfrage zu und sagte, jede Zeit habe ihr eigenes Bildungsideal gehabt. Im Mittelalter sei das Ideal der vollkommene christliche Mensch gewesen. Im 19. Jahrhundert sei die Vorstellung weniger präzise gewesen, das Ideal habe Allgemeinbildung geheißen. Jetzt aber – und das war weniger als drei Monate nach der Machtergreifung Hitlers – sei das Ideal „der völkische Mensch“.

Wie konnte Stabilität erreicht werden? Mit „der wesentlichen jüdischen Realität“, antwortete Buber. Sie entspreche der Einzigartigkeit der jüdischen Individualität, die sich auf dreierlei Weise in der Geschichte Israels ausdrücke: erstens in einer Geschichte des Dunkels und des Leidens; zweitens in einer Geschichte, die als Dialog zwischen Gott und Menschheit aufgefaßt werde; und drittens in einer Geschichte, die eine Realität eines Glaubens repräsentiere, der die Gegenwart mit dem Gefühl des Ewigen durchdringe. Dann plädierte er für eine wesentlich jüdische Schule, die von diesem Geist durchdrungen sei und ihn den Schülern einpräge. In dieser Schule, so Buber, solle die Lehre vom Judentum nicht auf wenige, „Religionsunterricht“ genannte Stunden beschränkt bleiben, sondern die jüdische Religion müsse dazu benutzt werden, Licht in vielerlei Dinge zu bringen. Eine jüdische Schule, wiederholte er, müsse mehr sein als eine Schule, in der lediglich der christliche Religionsunterricht durch jüdischen Religionsunterricht ersetzt werde.

Am Ende seiner Rede sagte er, daß die Hoffnung der Juden auf eine ständige Heimat in Deutschland „eine Illusion“ sei. Das entsprach Leo Baecks Bemerkung zur gleichen Zeit, daß die tausendjährige Geschichte der Juden in Deutschland zu Ende sei, und wurde ebensowenig geglaubt. Martin Buber sagte den deutschen Juden unverblümt: „Laßt niemanden fragen, für welches Land wir unsere Kinder denn ausbilden wollen; für Palästina, wenn es so sein soll; für irgendein anderes fremdes Land, wenn es sein muß; für Deutschland, wenn es sein kann.“[10]

Buber betrachtete bereits im Frühsommer 1933, als noch die von Leo Baeck geleitete alte Reichsvertretung existierte, die Ausbildung jüdischer Lehrer für die vordringlichste Aufgabe. Am 13. Juni fand in Berlin eine Sitzung statt, in der darüber gesprochen wurde, die Verantwortung für die Ausbildung der neuen Lehrer einem Verwalter zu übertragen, der seinerseits einem beratenden Ausschuß verantwortlich sein sollte. Baeck plädierte dafür, Martin Buber zum Verwalter zu ernennen. „Baeck setzte sich fabelhaft ein“, schrieb

Hermann Gerson an Buber, „so eindeutig sprach er für das Amt und für Ihre Person als ‚geeignetste', ja ‚einzig geeignete', wie er es selten tut." Gerson berichtete jedoch auch, es sei keine Entscheidung gefallen. „Mit gewaltigen Bücklingen vor Ihrer ‚Persönlichkeit' wurde von den Liberalen Ihre Eignung zu gerade diesem Amt bezweifelt [. . .] Die Orthodoxen schlossen sich an, sie fürchten für ihre Autonomie und wollen sich durch eine neutrale Verwaltungsperson sichern."

Am 21. Juni schrieb Baeck an Buber, daß das „Bildungsamt" geschaffen worden sei, wobei er unterstellte, daß der Posten Buber angeboten werden würde. Er gab zu, daß es einige scharfe Kritik an Buber gegeben habe, meinte jedoch, sie sei ohne Wirkung geblieben. „Man muß die Krähen krächzen lassen", schrieb er, „diesmal hat, glaube ich, niemand sie beachtet." Auf diesen Brief antwortete Buber zweimal: mit einem offiziellen Brief an Baeck als Präsidenten der Reichsvertretung und einigen persönlichen Zeilen. In beiden Briefen sprach er sich gegen eine vom „Ausschuß" geleitete Schule und weitere Verhandlungen aus, „weil wir in dieser Zeit ‚keine Zeit haben' und weil es nicht mehr angeht, uns auf Entwicklungen statt auf Handlungen einzustellen: die Voraussetzungen, unter denen wir zu arbeiten haben, sind so präzedenzlos schwierig, daß wir unerläßlicherweise schon zu Anfang ein Rechtes und Ganzes einsetzen müssen." Buber wußte, daß der Beschluß, die Lehrerbildungsanstalt von einem Ausschuß leiten zu lassen, ein politischer Beschluß war, der darauf abzielte, die verschiedenen Gruppen in der Reichsvertretung zu beruhigen. Trotzdem hielt er den Beschluß für einen Fehler. Wie er Hermann Gerson schrieb, hatte Baeck „offenbar die ganze Angelegenheit taktisch behandelt, wofür sie nicht geeignet ist, und die Taktik war nicht glücklich." Das Problem der Lehrerbildungsanstalt blieb bis Dezember 1933 ungelöst; dann schrieb Baeck als Präsident der neuen Reichsvertretung an Buber und bat ihn, die Gründung der Anstalt ohne einen Ausschuß vorzubereiten. Baeck konnte für das erste Jahr ein Budget von 40 000 Mark sowie Unterrichtsräume anbieten, die von der Mannheimer Gemeinde, die auch die Verwaltung übernehmen würde, kostenlos zur Verfügung gestellt wurden.

Buber bemühte sich drei Monate lang, die Anstalt zu gründen. Dann mußte er Baeck seinen Mißerfolg gestehen, den er damit erklärte, daß nicht genug Leute bereit seien, für das Programm nach Mannheim zu kommen. Als Alternative schlug er vor, in Frankfurt ein Bildungszentrum einzurichten, das Lernmaterial per Post versenden und vom kommenden 1. April an in den Ferienperioden Kurse abhalten würde. Dieses Programm wurde durchgeführt, und unter Bubers Leitung erhielten bis 1938, als er nach Palästina ging, Dutzende von Lehrern ihre pädagogische und religiöse Ausbildung.[11]

Das Programm war deshalb so wichtig, weil vor der Machtergreifung der Nazis die Lehrer an jüdischen Schulen von höchst unterschiedlicher Qualität waren. In manchen kleinen Ortschaften hielten sie auch den Gottesdienst; sie kannten die Gemeindemitglieder, waren gut integriert und hatten persönliche Beziehungen zu Schülern und Eltern. Diese Lehrer gehörten vor allem dem orthodoxen Rand des jüdischen Spektrums an. Andere Lehrer, die in größeren Gemeinden lehrten, verfolgten oft politische Ziele. Sie wollten beispielsweise die osteuropäischen Juden in die assimilierte deutsch-jüdische Gesellschaft integrieren oder die Jugend für den Zionismus gewinnen. Daneben gab es jüdische Lehrer, die an staatlichen Volksschulen oder Gymnasien lehrten. Obwohl sie die beste Lehrerausbildung und häufig Universitätsdiplome besaßen, waren ihre Kenntnisse des Judentums in der Regel mangelhaft.

Wer waren nun die Leute, die an Bubers Zentrum und den anderen Ausbildungsstätten, die sich in den Jahren nach 1933 entwickelten, ausgebildet wurden? Die erste Gruppe bestand aus solchen Juden, die an staatlichen Schulen unterrichtet oder in der Ausbildung für diesen Beruf gestanden hatten und aufgrund der Gesetze, die seit 1933 Juden vom Staatsdienst ausschlossen, ohne Stellung waren. Dazu kamen die Führer der verschiedenen jüdischen Jugendorganisationen. Das Problem mit den Leitern dieser verschiedenartigen Gruppen lag darin, daß man sie dazu bewegen mußte, sich von ihren politischen Vorurteilen freizumachen – jede Jugendorganisation gehörte einer der politischen Gruppen innerhalb der jüdischen Gesellschaft an – und sie zu *jüdischen* Lehrern auszubilden, statt zu Verfechtern von Zionismus, Antizionismus, von liberalem oder orthodoxem Judentum. Die dritte – große – Gruppe bestand aus Leuten, die innerhalb der jüdischen Gemeinschaft für andere Zwecke ausgebildet worden waren – Rabbiner und andere Personen mit Lehrerfahrungen in der jüdischen Religion. Beispielsweise mochte jemand ein vorzüglicher Hebräischlehrer zur Vorbereitung auf die Bar-Mizwa gewesen sein, jedoch kein Englisch unterrichten können. Hausfrauen ließen sich ausbilden, um sich in der wachsenden Zahl jüdischer Schulen nützlich zu machen. Je größer die Schulen, desto mehr Lehrer wurden gebraucht, und die Ausbildung wurde immer wichtiger. Ein großer Teil des für die Ausbildung benötigten Geldes wurde der Reichsvertretung vom American Joint Distribution Committee, kurz *Joint* genannt, zur Weiterverteilung übergeben, und ein Bericht dieser Organisation aus dem Jahre 1937 vermittelt eine Vorstellung vom Umfang der geleisteten Arbeit: „Um dem Mangel an Hebräischlehrern für Erwachsene abzuhelfen, wurde am 15. Juni ein zweiter Lehrgang für solche Lehrer eingerichtet. Der Lehrgang dauert ein halbes Jahr. Der zweite Lehrgang für Turn- und Sportlehrer ist dieses Jahr beendet worden. Alle Teilnehmer haben das Diplomexamen bestanden. Ein dritter Lehrgang ist am 3. Mai mit offizieller Genehmigung begonnen worden." In den fünf Jahren zwischen 1933 und 1938 wurde ein Heer von Lehrern rekrutiert und ausgebildet.

Zunächst war die Reaktion der jüdischen Eltern sehr unterschiedlich. Die meisten Zionisten sahen bei Hitlers Machtergreifung ihre schlimmsten Befürchtungen verwirklicht und nahmen ihre Kinder sofort aus den staatlichen Schulen heraus, um sie in jüdische Schulen zu schicken. Wie sie erklärten, taten sie das nicht nur wegen der Nazigesetzgebung, die die Zahl der jüdischen Schüler in staatlichen Schulen drastisch beschränkte, sondern auch, um ihre Kinder vor den ständigen Drangsalierungen durch antisemitische Schüler und Lehrer zu bewahren. Andere Eltern zeigten die unter den deutschen Juden vorherrschende Haltung: Die nationalsozialistische Herrschaft würde vorübergehen, und die Juden sollten den Status, den sie in Deutschland gehabt hatten und nach Hitler sicherlich zurückgewinnen würden, nicht von sich aus untergraben. Diese Haltung führte leider oft dazu, daß die Kinder ihre Selbstachtung einbüßten und schwere psychische Störungen, wenn nicht sogar physische Mißhandlungen erlitten. Als diese Gefahren offenkundig wurden, nahm die zweite Gruppe allmählich ab, und der Druck auf die Reichsvertretung zur Errichtung von noch mehr Schulen wuchs.[12]

In der Zeit von 1933 bis Ende 1938 kam es auch zu einer Verschiebung der Schwerpunkte. Zunächst war Hebräisch die erste Fremdsprache in den jüdischen Schulen gewesen, gefolgt von Französisch. Darin spiegelte sich die Vorstellung, daß die Juden in Deutschland bleiben würden und mit dem Hebräischen die Sprache ihrer Religion und mit dem Französischen die Sprache der gebildeten Europäer lernten. 1936 aber begann sich eine Verschiebung abzuzeichnen. In einer neuen Ausgabe des vom Bildungsressort der Reichsvertretung herausgegebenen Ratgebers war von einer Fortsetzung des Lebens in Deutschland nicht mehr die Rede, statt dessen wurde dazu aufgefordert, für die Auswanderung nützliche Fremdsprachen zu lernen. Englisch wurde wichtig, da die Vereinigten Staaten und England von den auswanderungswilligen Juden als neue Heimat bevorzugt wurden. Auch Palästina war ein häufiges Auswanderungsziel, und dort wurde verbreitet Englisch gesprochen. Dieser neue Trend zum Englischen gab – trotz der Skepsis seiner deutschen Glaubensbrüder – Leo Baecks immer wieder ausgedrückter Überzeugung recht, daß die Juden in Deutschland keine Zukunft mehr hätten. „Das einzige, was wir tun müssen", sagte er im August 1934 zu einem Besucher mit Bezug auf die jüdische Jugend, „ist, sie hinauszubringen."[13]

Ein anderes Indiz für den neuen Trend zur Auswanderung war die Berufsausbildung, die von den Schulen der Reichsvertretung geboten wurde. Als sich die Universitäten den Juden verschlossen und offenkundig wurde, daß man im Ausland leichter mit einem handwerklichen als mit einem akademischen Beruf aufgenommen wurde, wurde das Bedürfnis nach Berufsausbildung vordringlich. Die Deutsche Arbeitsfront erwies sich nicht als hilfreich und lehnte es ab, junge Juden auszubilden, selbst als man ihr versicherte, daß dieser Nachwuchs auswandern und in Deutschland keine Arbeitsplätze beanspruchen würde. Infolgedessen mußte die Berufsausbildung fast ausschließlich unter der Ägide der Reichsvertretung erfolgen, die in der Regel zwei Drittel der Ausbildungskosten übernahm, während das letzte Drittel von den Gemeinden bezahlt wurde. Die Ausbildungszeit dauerte von mehreren Monaten bis zu zwei Jahren, je nach dem Beruf. Hauptsächlich wurde für Berufe in Landwirtschaft, Forst- und Wasserwirtschaft ausgebildet, an zweiter Stelle für Metallberufe. Der Bericht des *Joint* aus dem Jahre 1937 beschreibt die Bandbreite dieser Ausbildung:

„In diesem Jahr wurde die Werkstatt für Metallverarbeitung der Jüdischen Gemeinde in Berlin eingerichtet. Die Reichsvertretung übernahm die Hälfte der Kosten und erhielt dafür das Recht, die Hälfte der Schüler auszusuchen. Vor allem junge Menschen aus kleinen Gemeinden sind in die Werkstatt geschickt worden.

Anfang Mai eröffnete die ORT-Gesellschaft eine Handwerkerschule für Holz- und Metallverarbeitung und Installation. An diesen Lehrgängen war die Reichsvertretung nicht beteiligt, hat aber im ganzen Land eine große Anzahl Schüler ausgesucht, für die sie Schulgeld und Unterhalt bezahlt, soweit die Schüler und ihre Familien dafür nicht aufkommen können. Die Reichsvertretung hat in der Rosenthalerstraße 41 in Berlin ein Wohnheim für junge Leute von außerhalb eingerichtet, die Ausbildungskurse in der Stadt besuchen. Dieses Heim hat Platz für 50 Personen, die dort wohnen und verköstigt werden. Zwei Jugendorganisationsleiter sorgen für ihr geistliches Wohl.

Auch ein Lehrgang für Schweißer mit 40 Teilnehmern ist in diesem Jahr eröffnet worden. Es ist der erste Lehrgang seit langer Zeit, der für etwas ältere, über fünfunddreißigjährige, verheiratete Männer eingerichtet wurde."

Ein Beobachter sagte dazu, daß die Ausbildungslehrgänge in diesen Schulen „dank der Mitarbeit hochqualifizierter jüdischer und auch nichtjüdischer Experten und Spezialisten" allgemein ein hohes Niveau hatten.

Auch eine Anzahl landwirtschaftlicher Gemeinschaften wurde errichtet. Die Zahl der jugendlichen Teilnehmer an diesen Ausbildungslagern betrug durchschnittlich etwa 3000 pro Ausbildungszeit. In einem Bericht über diese Arbeit heißt es: „In der schwierigen Zeit vor ihrer Auswanderung waren diese Zentren für die jungen Menschen dank des intensiven Kultur- und Gemeinschaftslebens eine große psychische Hilfe.“ Eine dieser Landwirtschaftsgemeinden befand sich in Halbe und wurde von Friedrich Perlstein geleitet, jenem Freund der Familie Baeck, der auf die ausdrückliche Bitte Baecks zu diesem Zweck in Deutschland geblieben war. Perlstein hatte schon in mehreren solchen Zentren gearbeitet, bevor er 1935 in Halbe mit achtzig jungen Männern und Frauen ein Ausbildungslager errichtete. Es lag nur etwa eine Bahnstunde von Berlin entfernt und wurde oft von Leo Baeck besucht. Obwohl Baeck ein Großstadtmensch war, genoß er diese Ausflüge aufs Land und den Anblick der jungen Juden, die sich mit so traditionellen bäuerlichen Tätigkeiten wie Heuen und Tierfütterung beschäftigten. Gelegentlich übernahm er auch bei einem Wettbewerb im Backen von Sabbatbroten das Amt des Schiedsrichters.[14]

Neben dieser handwerklichen und landwirtschaftlichen Ausbildungsarbeit wurde auch der Schulunterricht für die Kinder vorangetrieben. Dem *Joint*-Bericht von 1937 zufolge gab es damals 148 jüdische Grundschulen, vierzehn „höhere“ Schulen und fünf Mittelschulen in Deutschland. „Die Anzahl jüdischer Schüler in Deutschland kann mit ungefähr 39 000 angesetzt werden“, heißt es in dem Bericht. „Von dieser Zahl besuchen 23 670, also 61%, jüdische Schulen.“ Das American Joint Distribution Committee gab seine Zuschüsse an die Reichsvertretung, die auch ihre diversen Mitgliedsorganisationen zu finanzieller Unterstützung veranlagte und dann ihrerseits die Schulen je nach Bedarf mit Geldern versorgte. Dabei unterschied sie nicht zwischen zionistisch orientierten, antizionistischen, liberalen oder orthodoxen Schulen. Das war das Ergebnis der Vereinbarung, die Baeck und andere bei der Gründung der Reichsvertretung getroffen hatten, daß sie nämlich das gesamte Spektrum der deutschen Judenheit und nicht nur bestimmte Gruppen vertreten solle.

Es war eine bedeutende Leistung der Reichsvertretung, innerhalb von fünf Jahren ein Schulsystem für die jüdische Jugend aufzubauen. Dennoch war es der Situation nicht angemessen – kein Schulsystem konnte es sein.

Bis 1937 hatten selbst die eifrigsten Verfechter der jüdischen Anpassung an die deutsche Gesellschaft eingesehen, daß eine deutsche staatliche Schule nicht mehr der Platz für ein jüdisches Kind war. Ein jüdischer Lehrer in Berlin erinnerte sich, daß „die Straßen in immer höherem Maße zu unvermeidlichen Durchgangswegen geworden waren, denen die jüdischen Kinder so schnell wie möglich zu entkommen suchten". Es gab keine öffentlichen Spielplätze, auf denen jüdische Kinder nicht Mißhandlungen zu fürchten hatten. Nach und nach wurden öffentliche Parks, öffentliche Schwimmbäder und sogar öffentliche Bänke „Für Juden verboten". Und so mußten die Schulen auch diese Lücken schließen. Die jüdische Jugend verbrachte nun ihre Freizeit im Hof der jüdischen Schule. An den Nachmittagen organisierten freiwillige Helfer Spiele, lehrten Kunstfertigkeiten oder Fremdsprachen – meistens Englisch – zur Vorbereitung auf die Auswanderung der Kinder.

„Aber sogar die ummauerten Höfe zwischen Schulhaus und Synagoge waren nicht mehr sicher", fährt der Bericht fort. Häufig wurden Steine über die Mauer auf den Platz geworfen, wo kleine Kinder spielten. Wenn die Schuldigen identifiziert wurden, weigerte sich die Polizei, gegen sie vorzugehen. Die Läden, in denen die jüdischen Kinder ihre Schreibwaren einkauften, hingen voller antisemitischer Plakate. Zeigten sich die Schüler auf der Straße, wurden sie oft von Mitgliedern der Hitlerjugend attackiert. Einmal beklagte sich ein nichtjüdischer dänischer Lehrer bei den Behörden über dieses Verhalten der Hitlerjugend-Mitglieder. „Einige Tage darauf wurde ihm sein dänischer Paß abgenommen", heißt es in dem Bericht weiter. „Als er sich beim dänischen Konsulat beschwerte, sagte man ihm, daß es keinen Zweifel an seinen gesetzlichen Rechten gäbe und daß ihm das bescheinigt werden könnte; es wäre aber besser für ihn, das Land sofort zu verlassen, wenn ihm sein Leben lieb wäre." Der Däne tat, wie ihm geraten wurde.

Es gab jedoch in der feindseligen Umgebung der staatlichen Schulen Ausnahmen. Baecks Enkelin Marianne besuchte bis Ende 1938 eine staatliche Schule und hatte kaum Schwierigkeiten. Und es gab andere ähnliche Fälle. Wie ein jüdischer Lehrer berichtet, gab es „in der frühen Phase des Naziregimes immer noch staatliche Schulen, in denen die Bedingungen für jüdische Kinder nicht unerträglich waren. Vieles hing von den Leitern der Schulen ab und mehr noch von den einzelnen Lehrern. Unter ihnen fanden sich auch Gerechte, Heldenmütige und Märtyrer." Aber die Zahl solcher „Helden" in den Schulen wurde in dem Maße geringer, in dem es für den einzelnen immer schwerer wurde, sich der Masse entgegenzustellen. Wer es tat, wurde in der Regel entlassen.[15]

Eine andere Bildungsmöglichkeit, die für die Juden im Nazideutschland wichtig blieb, war die „Hochschule". Diese Lehranstalt für Rabbiner hatte im Leben Leo Baecks – von seiner Studienzeit bis zu seiner Rabbiner-Tätigkeit – stets eine bedeutende Rolle gespielt. Hier lehrte er eine ganze Rabbinergeneration durch seine Vorlesungen und sein persönliches Beispiel, wie ein Rabbiner sein sollte und wie ein gebildeter Geist an die Geschichte herangehen sollte. Während der Nazizeit wirkte er an der „Hochschule" weiterhin als Dozent; Rabbiner wurden immer gebraucht.

Von 1933 an verstärkten sich die Anforderungen an die „Hochschule". Früher hatten die Studenten zugleich an der Berliner Universität und an der „Hochschule" studiert und ihre weltliche Ausbildung und ihre Diplome von der ersteren, ihre Rabbinerweihe von letzterer erhalten. Im April 1937 verbot die Naziregierung den Universitäten, Juden Diplome zu erteilen; faktisch hatten jedoch schon vorher viele jüdische Studenten die Universitäten verlassen müssen. Für diese Studenten erweiterte die „Hochschule" ihr Programm, um ihnen zusätzlich zur Rabbinerausbildung den Erwerb des Doktordiploms zu ermöglichen. Die Hochschule hatte immer Kurse in Hebräisch, Bibelkunde, Talmudlehre, Homiletik, Midrasch (die beiden letztgenannten wurden weiterhin von Baeck gelehrt), jüdischer Geschichte und Literatur angeboten – ein Programm, das dem Curriculum eines Rabbinerstudiums entsprach. Seit 1935/36 gehörten zum Studienprogramm auch allgemeine Geschichte, Philosophie, Latein und Griechisch sowie Psychologie.

Obwohl Hochschullehrer überdurchschnittliche Auswanderungschancen hatten und daher der Lehrkörper der „Hochschule" raschen Veränderungen unterworfen war, blieb seine Qualität immer gleich hoch. Juden, die nicht mehr an den staatlichen Universitäten lehren durften, kamen an die „Hochschule". Die Liste der Dozenten enthielt Namen wie Arnold Metzger, Hans Friedländer, Fritz Kaufmann, Arnold Bernay, Hans Liebeschütz und andere in der akademischen Welt wohlbekannte Namen. Martin Buber gab oft Gastvorlesungen. Das Niveau der „Hochschule" lag zu dieser Zeit vermutlich höher als das irgendeiner anderen Bildungsinstitution in Deutschland. „Wir hatten einen Universitäts-Ersatz", sagte einer der damaligen Dozenten.

Die Umwandlung der „Hochschule" in eine Art Universität zog eine große Zahl Studenten an. Sie war nicht nur ein begehrter Ort für alle diejenigen, die an jüdischer Geschichte, Kultur und Religion interessiert waren, sondern auch andere Juden, denen daran lag, trotz der ihnen von den Nazis auferlegten Beschränkungen eine umfassende kulturelle Bildung zu erwerben, erkannten, daß hier der einzige Ort für sie war. Im Sommersemester 1936 gab es neunundsechzig reguläre Studenten und sechsunddreißig sogenannte Externe, das heißt solche, die des allgemeinen Studiums wegen kamen und nicht, um Rabbiner oder jüdische Lehrer zu werden. Im nächsten Sommer waren es bereits achtundfünfzig beziehungsweise dreiundachtzig. Dieser Trend zu immer mehr „Externen" als Regulären hielt bis zur Schließung der „Hochschule" an. Das Niveau der Studenten war hoch. In einem Fakultätsbericht der damaligen Zeit heißt es: „Die Zahl unfähiger Studenten ist geringfügig. Die Mehrzahl unserer Studenten ist begabt und fleißig. Auch die wenigen unbegabten, aber fleißigen Studenten können nicht unfähig genannt werden." Die Studenten der „Hochschule" waren nicht die einzigen jüdischen Studenten der Zeit. Trotz der schwierigen Lebensbedingungen in Nazideutschland nahmen die Juden alle Bildungsmöglichkeiten wahr und nutzten sie gut. Ein

Gutachten der Reichsvertretung besagte, daß von 122 jüdischen Absolventen höherer Bildungsanstalten neun ihre Examina mit Auszeichnung, sechsundfünfzig mit „Gut" und siebenundfünfzig mit „Befriedigend" bestanden hatten.

Obwohl die „Hochschule" solide Mauern hatte, konnten die Geräusche der Außenwelt nicht ausgeschlossen werden. Einer der Lehrer erzählt: „Oft wurden unsere Talmud-Diskussionen vom Stiefelknallen endloser Nazikolonnen begleitet, die mit automatenhafter Präzision vorbeimarschierten." Vor jeder Lehrveranstaltung versammelten sich Studenten und Dozenten auf den Korridoren, um über die neuesten antisemitischen Maßnahmen der Regierung zu sprechen und über die Zukunft der deutschen Juden zu spekulieren. Hin und wieder kam ein Nazifunktionär in das Gebäude, meistens zu der montäglichen Vorlesungsreihe, die turnusmäßig von allen Dozenten gehalten wurde. Alexander Guttmann erinnert sich an seine erste Montagsvorlesung als junger Dozent. Er erschrak sehr, als ein Mann in Zivilkleidung plötzlich aufstand, erklärte, er sei Gestapobeamter, und Guttmanns Ausweispapiere zu sehen verlangte. Bei einer anderen dieser Vorlesungen stellte sich der Hausmeister einem Mann in den Weg, der mit einer brennenden Zigarre den Hörsaal betreten wollte; Rauchen sei im Saal nicht gestattet, erklärte der Hausmeister. Einige Mitglieder des Lehrkörpers, die in dem Raucher einen Gestapobeamten erkannten, erschraken. Aber der Nazi drückte seine Zigarre pflichtschuldigst aus, bevor er den Hörsaal betrat.

Aber trotz allem war die „Hochschule" für die Studenten ein Zufluchtsort. „Wir waren eine kleine Gemeinschaft in einer feindlichen Umwelt, die sich in jeder Hinsicht völlig von uns unterschied", schrieb einer der Studenten. „Was immer unsere persönlichen Ansichten zu bestimmten Fragen gewesen sein mochten, wir gehörten zusammen und waren durch Bande geistiger Verwandtschaft und gegenseitiger Zuneigung miteinander verbunden." Die „Hochschule" war eine Insel. Zu dieser Zeit begnügten sich die Nazis noch damit, die jüdische von der deutschen Kultur zu trennen, und kümmerten sich nur pro forma um die Arbeit jüdischer Einrichtungen, so daß sich die Studenten in der „Hochschule" von den Belastungen und Bedrohungen ihrer Umwelt erholen konnten. Der bereits zitierte Student schreibt dazu: „Der heutigen Generation, die weiß, welche Schrecken später kamen, mag das schwer verständlich ein. Viele von uns wußten, daß wir von schweren Gefahren umgeben waren. Die ganze Arbeit der ‚Hochschule' basierte auf Übertretungen der Nazigesetze, und eine Entdeckung konnte zu einer Katastrophe für uns selbst und die Anstalt führen; und dennoch fühlten wir uns in unserem Herzen geborgen [. . .] weit weg von der Welt der Tyrannei und Barbarei. Natürlich", räumte er ein, „war dieses Glücksgefühl angesichts der Gefahren irrational und dem kritischen Verstand gegenüber fast absurd. Aber es war eine Realität, für die wir dankbar waren und die wir niemals vergessen werden."

Ein anderer ehemaliger Student erinnert sich an Leo Baecks Freitag-Vorlesungen:

„Seine Anmerkungen zu dem wöchentlichen Thora-Abschnitt, seine Auslegungen, Deutungen und Erklärungen waren immer anregend; was er am Freitag morgen in seiner Vorlesung sagte, war uns oft eine Hilfe für die am Abend zu haltenden Predigten. Wenn er sprach, konnte man die Welt außerhalb des Hörsaals vergessen, die Welt der Verleumdung und des abgrundtiefen Hasses, die allmählich unsagbaren Handlungen der Brutalität und des Verbrechens entgegenstrebte." Der Student erzählte, daß Baeck „in einer seiner Vorlesungen einen biblischen Text zur Erörterung einer Predigt über Demokratie benutzte. Er beschrieb die Entwicklung des demokratischen Prinzips vom griechischen Stadtstaat bis zu den Schweizer Kantonen, dem demokratischen System unter der britischen Krone und dem demokratischen Ideal der Vereinigten Staaten, und die Studenten vergaßen für eine Stunde, daß sie in einem Lande lebten, dessen Führung eben dieses Ideal verachtete und haßte und entschlossen war, es zu zerstören, wo immer es als Organisation des gesellschaftlichen Lebens zu finden war."

Ein weiterer ehemaliger Student der „Hochschule" beschreibt Baecks Anwesenheit an der „Hochschule" als einen „ungeheuren Auftrieb für unsere Moral [. . .] Obwohl er die Bürde der deutschen Judenheit auf seinen Schultern trug, kann ich mich nicht erinnern, daß er auch nur ein einziges Mal eine Vorlesung versäumt hätte."

Vertaten die jungen Juden in dem Gebäude in der Artilleriestraße 14 ihre Zeit, während ihre Welt draußen vor dem Tor in Flammen stand? Dazu sind zwei Dinge zu sagen. Erstens konnten sie nicht wissen, daß es zu einer totalen Zerstörung ihrer Welt kommen würde. Zweitens war die Erhaltung ihrer Religion ein wichtiger Wert, und Bildung war ein Mittel zu ihrer Erhaltung. „Vor 1933", erinnert sich einer der Studenten viele Jahre später, „wurde der Beruf des Rabbiners oft geringgeschätzt. Aber nach 1933 wuchs der Glaube an die Notwendigkeit, die Religion wiederzubeleben, und das wirkte sich auf die ‚Hochschule' aus. Der neuen Auffassung entsprechend war die einzige Antwort an die Nazis eine Erneuerung des Judentums."[16]

Die Nazis änderten den Namen der „Hochschule" erneut, und die Anstalt, die einst, sechzig Jahre vorher, als „Hochschule" begonnen, dann als „Lehranstalt" eingestuft und in der Weimarer Zeit neuerlich zur „Hochschule" geworden war, wurde nun wieder zur „Lehranstalt". In seiner Eröffnungsrede vor den Studenten im ersten Semester nach der Namensänderung sagte Leo Baeck, der Universitätsstatus habe heute einen „ominösen Klang", weil die Nazis alle Universitäten übernommen hätten. Er fuhr fort: „Früher waren wir eine Hochschule, jetzt sind wir wieder eine Lehranstalt. Meine Herren, die Zeit wird kommen, da wir stolz darauf sein werden, daß wir ein theologisches Seminar geblieben sind." Obwohl diese Sätze Jahrzehnte später fast gleichmütig scheinen, wirkten sie doch, wie einer der anwesenden Studenten später sagte, „in einer gefährlichen und dramatischen Stunde" so, daß „keiner der Anwesenden jemals den tiefen Eindruck vergessen wird, den diese Worte machten."[17]

Baeck war sich ständig des Drucks bewußt, der auf den Studenten lastete. „Unsere Studenten leben mit einer ‚Gästementalität'; die einen werden morgen schon nicht mehr hier sein, und keiner weiß, ob er im nächsten Semester noch da sein wird. In früheren Tagen konnte man ein Thema wählen, das im nächsten Semester fortgesetzt wurde, aber heute nicht mehr."

Auch auf ihm lastete ständiger Druck. Die meisten Sitzungen des Präsidial-Ausschusses der Reichsvertretung fanden in Gegenwart eines Gestapobeamten statt, und auf diesen Sitzungen wurden auch Gelder für die „Hochschule" bewilligt – beispielsweise 16 800 Mark im Jahre 1937. Damit war die Gestapo zwar einverstanden, jedoch nicht damit, daß diese Mittel dazu verwandt wurden, die den Juden verbotene akademische Bildung zu ersetzen. Man fürchtete weniger, daß sich die Gestapo nach der Verwendung der Gelder erkundigen könnte, als vielmehr, daß die Aktivitäten innerhalb der „Hochschule" in der Öffentlichkeit bekannt werden würden. In den Berichten an die Gestapo wurde die Arbeit der „Hochschule" in zwei Kategorien gegliedert und definiert: Vorlesungen über jüdische Religion und Vorlesungen „allgemein wissenschaftlicher Art". Einmal erkundigte sich die Gestapo, was es mit dieser zweiten Kategorie auf sich habe. Sofort kam die Befürchtung auf, daß diese Erkundigung der Auftakt zur Schließung der Schule sei. „Wir antworteten, daß ihr Zweck die Ausbildung von Rabbinern und Religionslehrern sei", sagte einer der damals Betroffenen. Es gab keine weiteren Nachfragen.

Auf einer Sitzung des Präsidial-Ausschusses der Reichsvertretung kam es zu einem ernsteren Zwischenfall, als ein Mitglied aufstand und sich darüber beschwerte, daß an der „Hochschule" Mittel dafür verwendet würden, Bildungsmöglichkeiten zu ersetzen, die durch die beschränkte Zulassung von Juden an den Universitäten verloren seien; diese Mittel hätten jedoch nur dazu benutzt werden dürfen, junge Juden in Handwerk und Landwirtschaft auszubilden, Fertigkeiten, die sie für die Auswanderung brauchten. Das war ein der jüdischen Führung wohlbekanntes Thema. Was es aber an diesem Tage so brisant machte, war die Anwesenheit zweier von ihrer Ecke aus gelangweilt zuhörender Gestapobeamten. Baeck unterbrach die Sitzung sofort, und man ging zum Essen. Während des Essens wurde dem geschwätzigen Ratsmitglied klargemacht, daß er dem Feind viel über die Aktivitäten der Reichsvertretung enthüllt habe. „Er war sehr betroffen", erzählte später einer der Anwesenden. Er hatte die Anwesenheit der Gestapoleute nicht wahrgenommen und versprach, nicht mehr auf das Thema zurückzukommen." Nach der Mittagspause wandte sich die Versammlung anderen Themen zu, und das heikle Thema vom Vormittag wurde nicht mehr berührt. Von seiten der Gestapoleute erfolgte nicht das Geringste. Offenbar – und glücklicherweise – hatten sie sich am Vormittag derartig gelangweilt, daß ihnen die Diskussion entgangen war. Aber „wir hatten eine ziemlich entnervende Stunde durchgemacht", sagte einer der Funktionäre.

In den späten dreißiger Jahren war die „Hochschule" das letzte Rabbinerseminar in Deutschland, dem die Nazis den Lehrbetrieb noch gestatteten. Ehemalige Studenten des mittlerweile geschlossenen orthodoxen Rabbinerseminars begannen nun die „Hochschule" zu besuchen. Das hieß, daß die Nazis, ohne es zu wollen, etwas möglich gemacht hatten, was den deutschen Juden selbst nie gelungen war: eine Zusammenarbeit zwischen orthodoxen und liberalen Juden. „Das wäre vorher unvorstellbar gewesen", sagt Ernst Simon.

Der letzte Bericht der „Hochschule" erschien 1938. „Wir müssen die Möglichkeit in Betracht ziehen, daß dies unser letzter Jahresbericht ist", hieß es darin. „Die Angehörigen der Lehranstalt haben beträchtliche Schwierigkeiten gehabt, das vergangene Jahr durchzustehen. Aber es ist möglich gewesen, Studenten und Dozenten in die Lage zu versetzen, ihre Arbeit ohne Unterbrechung fortzusetzen." Dazu sagte Ernst Simon Jahre später: „Man kann sich heute kaum vorstellen, wieviel Qual, Leid und Not sich hinter diesen einfachen Worten verbergen, die mit soviel Zurückhaltung und Objektivität formuliert sind."[18]

Zur jüdischen Tradition gehört nicht nur die Pflicht zur Bildung und Ausbildung der Jugend, sondern auch stets die Sorge für die Bedürftigen. Diese Verpflichtung hatten die deutschen Juden schon vor 1933 auf sich genommen, und sie kamen ihr auch unter den Nazis nach. In der Berliner Gemeinde war dafür die „Zentralwohlfahrtsstelle" zuständig gewesen. In den zwanziger Jahren verwandte sie Geldmittel von der deutschen Regierung und von amerikanischen Juden zur Unterstützung jüdischer Mitbürger, die unter der in Deutschland herrschenden Inflation gelitten hatten. Zur Zentralwohlfahrtsstelle gehörte eine Sozial- und eine Jugendabteilung, eine Abteilung für Arbeitsbeschaffung und eine für Berufsausbildung. Daneben gab es noch die Alters- und Krankenhilfe und eine juristische Beratungsstelle sowie Kindertagesstätten und Freizeitheime. Außerdem war die Zentralwohlfahrtsstelle eine Dachorganisation für diverse ältere jüdische Wohlfahrtsverbände. Der älteste, der schon 1716 gegründet worden war, war der „Brautausstattungsverein". Es gab Vereine zur Unterstützung erwerbsloser Handwerker und Kaufleute, zur Bezahlung der Begräbniskosten Mittelloser und zur Unterstützung von Familien Verstorbener. Ferner gab es in Berlin etwa ein Dutzend Institutionen, die Mittellose kostenlos mit Essen versorgten.

Nach Hitlers Machtergreifung wurde zur Bewältigung der neuen Aufgaben eine neue Organisation geschaffen – die „Zentralstelle für jüdische Wirtschaftshilfe". In einer Untersuchung über ihre Tätigkeit heißt es, daß „diese Organisation sofort in der Lage [war], die neuen Aufgaben zu erfüllen, da ihr der gesamte Apparat zur Verfügung stand, der schon in der Zeit vor Hitler geschaffen worden war". Außerdem standen ihr viele erfahrene Verwaltungsleute zur Verfügung, die einst deutsche Verwaltungsbeamte gewesen und mittlerweile als Juden entlassen worden waren. Schließlich übernahm die Zentralstelle alle Hilfs- und Fürsorgeaufgaben mit Ausnahme der Emigrationshilfe. Ein großer Teil ihres Geldes kam von ausländischen Juden. 1934 wurde die Zentralstelle in die Reichsvertretung inkorporiert und übernahm deren gesamte Geldsammeltätigkeit sowie die Verwendung der Gelder.

Bis zum Winter 1935 waren die Juden in Deutschland an der von den Nazis eingeführten Deutschen „Winterhilfe" beteiligt, zu der alle Steuerzahler und Industriekonzerne ihrem Einkommen entsprechend herangezogen wurden. Bedürftige Juden erhielten aus dieser Sammlung Unterstützung in Höhe der Beträge, die von der jüdischen Gesamtheit eingezahlt worden waren. Im Herbst 1935 wurde jedoch der Leiter der Wohlfahrtsabteilung der Reichsvertretung, Giora Lotan, in das Büro der Winterhilfe bestellt, wo ihm mitgeteilt wurde, daß die Juden in Zukunft nicht mehr zusammen mit anderen Deutschen an einem Hilfswerk beteiligt sein dürften. Man habe jedoch gegen ein eigenes Hilfsprogramm der Reichsvertretung nichts einzuwenden. Die wesentliche Frage war nun die, ob die jüdischen Eigentümer großer Betriebe in den deutschen oder den jüdischen Sammeltopf einzahlen sollten. Der Leiter des deutschen Winterhilfswerks machte geltend, daß die Beiträge jüdischer Firmeninhaber an seine Kasse geleistet werden müßten, weil die Profite von christlichen Arbeitnehmern erarbeitet worden seien. Mit dem Argument, daß sich eine solche Begründung marxistisch anhöre, scheint Lotan die Beiträge für seine Kasse errungen zu haben.

Die jährlichen Sammlungen brachten etwa vier Millionen Mark ein. 15% davon gingen an die Zentralstelle zur Unterstützung kleiner Gemeinden, während der Rest an Ort und Stelle ausgegeben wurde. Eine Hauptquelle des Winterhilfswerks war die sogenannte „Eintopfspende“ gewesen: Die Familien sollten am Sonntag statt großer Mahlzeiten einen Eintopf kochen und das auf diese Weise gesparte Geld dem Winterhilfswerk spenden. Die jüdische Organisation behielt die Eintopfspende bei und verband sie mit einer jüdischen Volkszählung. Sie berief sich dabei auf die Stelle im zweiten Buch Mose, 30, 11–16, wo geschrieben steht: „Wenn du die Kinder Israels zählst, so soll ein jeder dem Herrn ein Sühnegeld geben, um sein Leben auszulösen [. . .]“ Die Zählung wurde im Februar 1938 durchgeführt.

Dieser Hang zur Gründlichkeit erbrachte eine interessante Statistik über die wirtschaftliche Situation der Juden. Giora Lotan berichtete, daß im Winter 1936/37 einer von fünf Juden – insgesamt 82 818 Personen – Unterstützung erhielt. Im Saargebiet waren es fast 40%, in Berlin 20%; 40% der Wohlfahrtsempfänger waren alleinstehend, und einer von dreien war zwischen 45 und 65 Jahre alt.

Das jüdische Winterhilfswerk befand sich in der gleichen Klemme, in die alle jüdischen Wohlfahrtsorganisationen geraden waren. Der Bedarf an Hilfe wurde größer, aber die Juden in Deutschland hatten immer weniger Geld, je mehr die wirtschaftlichen Restriktionen, die ihnen die Nazis auferlegten, fühlbar wurden. Das American Joint Distribution

Committee berichtete, daß die Zahl von 82 000 Unterstützungsempfängern im Jahre 1936/37 knapp unter der des Vorjahres lag, aber „der Prozentsatz der jüdischen Bevölkerung, der Unterstützung braucht, hat zugenommen, da die Bevölkerung durch Auswanderung und eine hohe Sterberate beträchtlich abgenommen hat [. . .] Die besonderen Bedingungen, die in den notleidenden Bezirken herrschen, drücken sich in der wachsenden Zahl solcher Bezirke aus, und Zahlungen aus dem Ausgleichsfonds oder durch das Ausgleichsverteilungsverfahren mußten in hohem Maße gewährt werden."

Nach dem Bericht des *Joint* wurden in diesem Winter insgesamt 3 630 353 Reichsmark an bedürftige Juden verteilt.

Die amerikanische Organisation war besorgt über eine Entwicklung, die sie als „Mißverhältnis zwischen den Hilfsmöglichkeiten und der erforderlichen Hilfeleistung" bezeichnete. Wie sie feststellte, war es nicht mehr möglich, alle Unterstützungsanträge zu genehmigen. Die Zentralwohlfahrtsstelle bei der Reichsvertretung hatte 1937 aus allen Teilen des Reiches Anträge auf weitere Unterstützung erhalten, doch die Mittel waren so knapp, daß alle diese Anträge abgelehnt werden mußten. Auch gab es kaum Aussichten, daß sich die Lage bessern würde. Da die „Hälfte der Bedürftigen über fünfundvierzig Jahre alt ist, sind die Zukunftsaussichten in der Tat düster. Gleichzeitig wird auch die wirtschaftliche Situation in den kleinen Gemeinden zunehmend schlechter".

Das Problem der alten Menschen war gravierend – die Anträge auf Aufnahme in Altersheime nahmen zu, während die Zahl der Plätze zurückging. Noch gravierender war das Problem der Kinder. Für die ersten sechs Monate des Jahres 1937 berichtete *Joint,* daß trotz der Aufstockung des Budgets für unterstützungsbedürftige Kinder um fast 50 Prozent „Anträge mit beklagenswerter Härte abgewiesen wurden. Es gab viele, die nicht angemessen untergebracht werden konnten, weil die nötigen paar Mark fehlten."[19]

In derselben Periode, den ersten sechs Monaten des Jahres 1937, gab die Reichsvertretung fast zwei Millionen Reichsmark aus, von denen ein Drittel aus Deutschland und zwei

Drittel aus dem Ausland stammten, vor allem vom *Joint,* dem amerikanisch-jüdischen Hilfswerk. Die größte Summe, über 600 000 Reichsmark, ging in die „Wirtschaftshilfe, das heißt Ausbildung, Umschulung und Kredithilfe", die Überlebenshilfe für jüdische Gewerbetreibende und, was noch wichtiger war, die Ausbildung in Berufen, die Juden die Auswanderung erleichtern sollten. Die zweitgrößte Summe, fast 350 000 Reichsmark, wurde für Auswanderungs- und Rückführungshilfen ausgegeben. Die Ausgaben für die Schulen standen an dritter Stelle. Danach folgten Jugendpflege und Sozialhilfe. Zu dieser Zeit stand es außer Frage, daß der Schwerpunkt auf die Auswanderung und die Vorbereitung der Menschen auf neue Berufe im Ausland gelegt werden mußte, obwohl niemals eine besondere Erklärung darüber abgegeben worden war, daß diese Arbeit Vorrang vor allen anderen haben sollte.

Ein großes Problem für den Empfang ausländischer finanzieller Hilfe ergab sich daraus, daß die Nazis einen nicht unbeträchtlichen Teil des Geldes, das über offizielle Kanäle ging, einfach beschlagnahmten. Die Funktionäre der Reichsvertretung suchten ständig nach neuen Wegen, um diese Unterschlagungen zu verhindern. Ein beliebtes Verfahren bestand darin, daß deutsche Familien, die ihre Kinder auf eine ausländische Internatsschule schickten, das Schulgeld nicht an die jeweilige Schule, sondern an die Reichsvertretung bezahlten, während ein englischer Jude etwa, der sein Scherflein beitragen wollte, einem deutschen Kind das Schulgeld bezahlte. Auf diese Weise mußte das Geld nicht über die Grenzen transferiert werden.

Je mehr die ökonomische Grundlage der Juden in Deutschland durch die Nazigesetze zusammenschrumpfte, desto wichtiger wurden die Spenden aus dem Ausland. Gegen Ende des Jahres 1934 schrieb Cora Berliner einen Bericht für die Reichsvertretung, in dem die restriktiven Gesetze, die zu diesem Zeitpunkt bereits galten, im einzelnen aufgeführt waren: Mitglieder der Nazipartei durften weder mit Juden Geschäfte machen noch jüdische Ärzte oder Rechtsanwälte aufsuchen; Geschäftsleute, die Ausfuhrlizenzen haben wollten, durften im Ausland keine jüdischen Vertreter haben; Christen wurden angewiesen, keine jüdischen Läden zu betreten; Musiker- und Schauspielerverbände durften keine Juden aufnehmen; die Liste schien endlos.

1937 hatte die Zahl erwerbsloser Juden zehn Prozent erreicht, ein Prozentsatz, „den es unter den deutschen Juden nie zuvor gegeben hat, und die Fortsetzung dieses Trends ist voraussehbar". Jüdische Unternehmen fanden es praktisch unmöglich, ihre Tätigkeit angesichts der restriktiven Haltung der Nazis fortzuführen. Ein Beispiel dafür boten jüdische Verleger und Buchhändler. Am 1. August 1937 verbot eine Verordnung den Juden, ohne Genehmigung des Propagandaministeriums Bücher zu verlegen oder zu verkaufen. Jüdische Verleger konnten Bücher nur an autorisierte jüdische Buchhandlungen und jüdische Organisationen ausliefern, und jüdische Buchhandlungen durften nur Bücher über jüdische Themen an solche verkaufen, die sich als Juden auswiesen.

Als Arbeitsplätze und Unternehmen verschwanden, verschwanden in allen Teilen Deutschlands auch die jüdischen Gemeinden, deren Mitglieder entweder ins Ausland oder in vielen Fällen in größere Gemeinden abwanderten in der Hoffnung, dort ein Auskommen zu finden, und damit die Zahl der Arbeitssuchenden erhöhten, die sich um die wenigen verbliebenen Arbeitsplätze für Juden bemühten. Im Jahre 1937 erreichte diese Flucht aus den kleineren Gemeinden einen Höhepunkt. Allein in diesem Jahr wurden in Preußen hundert leerstehende Synagogengebäude kleinerer Gemeinden zum Verkauf angeboten. Von den achthundert jüdischen Gemeinden des preußischen Landesverbandes hatte in diesem Jahr die Hälfte eine Bevölkerung von weniger als fünfzig Personen.

Die Reichsvertretung verstärkte ihre Anstrengungen und den Druck auf ihre Gruppen- und Einzelmitglieder zur Beschaffung von Geldern, um den dringendsten Bedarf zu dekken. 1938 war das schon nicht mehr möglich. Geld wurde so knapp, daß Kinder- und Bedürftigenheime geschlossen und die Grundstücke verkauft werden mußten. Eine Schwierigkeit, die sich zu den wirtschaftlichen Restriktionen der Nazis gesellte, war die Auswirkung der Emigrationsbewegung. Viele der leistungsfähigsten Menschen verließen Deutschland oder hatten es bereits verlassen. Die geblieben waren, hatten geringere Einkommen, konnten weniger zum Fonds der Reichsvertretung beitragen und brauchten statt dessen mehr Hilfe. Die Juden waren in einem Teufelskreis gefangen.[20]

Trotz wirtschaftlicher Behinderungen, wachsender Arbeitslosigkeit und der Drangsalierung ihrer Kinder ließ das neuerwachte Interesse der Juden an ihrer Religion nicht nach. Joachim Prinz wurde von der Berliner Gemeinde aufgefordert, einen Kurs in jüdischer Geschichte zu geben. Der größte verfügbare Raum faßte 3500 Menschen – der Kurs mußte geteilt werden, als sich 7000 anmeldeten. Prinz beschreibt seine Hörer als „Junge, Alte, zum Christentum Übergetretene, Angepaßte, Fromme, Abseitsstehende [...] Jude zu sein war nun eine neue Entdeckung, und im Angesicht der Gefahr sein Judentum hochzuhalten war das beste, was man tun konnte“. Ein anderer deutscher Rabbiner aus dieser Zeit bestätigte, daß das neuerwachte Interesse der Juden an ihrer Religion, das ironischerweise von Hitler erzeugt worden war, unvermindert anhielt. „Morgengottesdienste waren stark besucht“, sagte er. „Manchmal mußten zwei Gottesdienste nacheinander gehalten werden.“

Die Juden kehrten wie nie zuvor zu ihrer Religion zurück, weil die jüdische Religion, wie Baeck gelehrt hatte, nicht eine ein für alle Mal offenbarte Religion ist, sondern eine Religion, die sich ständig neu offenbart; jede Generation findet in den Erzählungen des Judentums die Erzählung ihres eigenen Lebens. Prinz sagt:

„Viele der Gebete sind vor dem Hintergrund mittelalterlicher Verfolgung verfaßt worden, und sogar im Psalm heißt es, daß ‚die Tafel im Angesicht meiner Feinde bereitet‘ sei. Viele der biblischen Erzählungen bekamen einen Sinn oder eine neue, andere Bedeutung für uns. Die Erzählung von David und Goliath wurde zu einer Geschichte der Hoffnung. Wenn David den Riesen besiegen konnte, dann konnten auch wir am Ende über die Riesen triumphieren, die sich Herrenmenschen einer Herrenrasse nannten.“

Jude zu sein und die Religion zu befolgen wurde zu einem Akt der Hoffnung und des Widerstandes. „Pessach, das Osterfest, war nun der große Tag der Hoffnung auf Befreiung aus unserem eigenen Ägypten“, sagt Prinz. „Die Peitschen, die auf die nackten Leiber jüdischer Sklaven in Ägypten niederfuhren, waren die gleichen, die unsere Leiber schlugen. Sklaverei war kein abstraktes Wort mehr, das der Welt des zwanzigsten Jahrhunderts fremd war.“ Juden, die im Deutschland der dreißiger Jahre als Bürger dritter Klasse lebten, verstanden den Begriff besser, als es ein Jahrzehnt früher möglich gewesen war. Das plötzliche Aufhören nachbarlicher Beziehungen, die tätlichen Angriffe und die Erniedrigungen machten die Pessach-Geschichte viel lebenswahrer, als die *Haggada* es tun konnte, das Buch, das die Geschichte der Judenverfolgung in Ägypten und den Auszug aus diesem Lande erzählt. Auch hierzu wiederum Prinz:

„Das Pessach-Wort ‚Von der Knechtschaft in die Freiheit‘ wurde zum Lied unseres Daseins. Wenn die Sklaven Ägyptens von ihrem Schicksal erlöst werden konnten, konnten auch wir es. Alle Lieder an der Seder-Tafel (der abendlichen Mahlzeit, die mit Gesang, Gebeten und der Erzählung vom Auszug aus Ägypten die Osterzeit einleitet, *Anm. d. Übers.*) wurden mit neuer Begeisterung, in einem neuen Sinn und mit großer religiöser Inbrunst gesungen. Wenn wir lasen, ‚in jeder Generation ist es des Menschen Pflicht, sich so zu betrachten, als sei er selbst aus Ägypten herausgekommen‘, und ‚es waren nicht nur unsere Väter, die Gott aus der Knechtschaft befreit hat‘, wurde die Identifizierung vollständig.“

Prinz beschreibt, was so viele durch Generationen von Unruhe, Plagen und Verfolgung bewogen hat, am Judentum festzuhalten. Es kostet schwere Opfer, ein Jude zu sein. Im Mittelalter bezahlten Juden die Kränkungen durch christliche Kinder mit dem Verlust ihrer Würde. Von den Kreuzfahrern überfallene Juden zahlten mit ihrem Leben. Die aus ihrer Heimat verjagten spanischen Juden zahlten mit ihrem Besitz. Deutsche Juden zahlten mit dem Verlust ihrer Bürgerrechte und sollten bald mit noch mehr bezahlen. Trotz alledem blieben sie Juden, weil sie begriffen, daß ihre Religion „keine historische Reminiszenz war. Sie war überhaupt nicht Historie. Sie war die Realität jedes Tages und die

Hoffnung eines jeden. Eines Tages, sagten wir, werden wir frei sein". Und die Juden lasen oder hörten an Passah: „Denn nicht ein Mann allein ist gegen uns aufgestanden, um uns zu vernichten, sondern in jeder Generation stehen Menschen gegen uns auf, uns zu vernichten; doch der Ewige, gesegnet sei Sein Name, befreit uns immer aus ihren Händen."

Wenn Passah Hoffnung gab, bot das Purim-Fest Gelegenheit zu trotzigem Widerstand. An diesem Fest lesen die Juden in der „Megilla Esther" genannten Rolle die Erzählung von Hamans Plan, alle Juden zu ermorden, der von der schönen Esther durchkreuzt wurde. Die Erzählung wird als ein Beispiel für das Überleben der Juden unter despotischer Herrschaft im Gottesdienst verlesen. Jedesmal, wenn Hamans Name erwähnt wird, schwingen die Kinder lärmend ihre Rasseln. Der Gottesdienst ist ein Fest, ein alljährliches fröhliches Gedenken daran, daß die Juden überleben. „Wieder war es die Geschichte unseres Lebens", sagt Prinz. Er fährt fort:

„Als Hamans tückischer Plan vorgelesen wurde, ähnelte er in merkwürdiger Weise Hitlers Plan zur Auslöschung des jüdischen Volkes. Viele kamen zu mir und fragten, ob Hitler wohl die Geschichte von Haman gelesen habe [. . .] Am Wendepunkt der Geschichte wird Haman entlarvt und zu Schande und Tod verurteilt. Nie zuvor hatte ich einen solchen Applaus in einer Synagoge gehört [. . .] Jedesmal wenn wir von Haman lasen, hörte die Menge den Namen Hitler, und der Lärm war ohrenbetäubend. Die kleinen Rasseln, die zu einem Bestandteil des Purim-Festes geworden waren, wurden mehr als ein lärmendes Spielzeug. Sie wurden zu Instrumenten einer Demonstration inmitten aller Ohnmacht."

Außerhalb der Synagoge konnten die Juden nicht kritisch oder mit Abscheu über Hitler sprechen, denn darauf stand Verhaftung und Strafe. „Aber hier in der Synagoge", sagte Prinz, „kam unser Abscheu unverhüllt zum Ausdruck."

Unter den Feiertagen, die in jener Zeit besonders stark auf die deutschen Juden wirkten, stand das Chanukka-Fest an erster Stelle. Dieses achttägige Fest feiert den Sieg der Makkabäer im ersten bekannten Krieg um Glaubensfreiheit. Seine Bedeutung lag für die Berliner Juden in den dreißiger Jahren offenkundig in dem, was unterdessen aus der Glaubensfreiheit geworden war. Chanukka wird im Dezember um die Weihnachtszeit gefeiert, und die Juden hatten daraus für sich selbst ein weihnachtsähnliches Fest gemacht. Es wurden Geschenke verteilt, und in manchen Haushalten gab es sogar einen Weihnachtsbaum. Unter Hitler jedoch verschwand dieser weihnachtliche Ersatz des Festes. Statt des Weihnachtsbaums wurde wieder die Menora, der für Chanukka traditionelle siebenarmige Leuchter, angezündet. Die Chanukka-Erzählung und nicht mehr die nachgeahmte weihnachtliche Bescherung von Geschenken wurde nun wieder zum Inhalt des Feiertags. Es war die Geschichte von einigen wenigen, die über die mächtigen vielen gesiegt hatten, eine Erzählung von jüdischer Tapferkeit und Standhaftigkeit und „vor allem von der Fähigkeit der Juden, zu siegen [. . .] So wurde ein nebensächlich gewordener Feiertag, der dazu benutzt worden war, die Kinder zufriedenzustellen, damit sie ihre christlichen Nachbarn nicht beneideten, wieder mit seiner ursprünglichen Bedeutung erfüllt. Wenn wir der jüdischen Tradition entsprechend die Menora auf das Fensterbrett stellten, wollten wir laut und klar und sichtbar verkünden, daß dieses Haus von Juden bewohnt war und daß wir stolz darauf waren [. . .]" Hitler hatte die Juden ihrer Bürgerrechte beraubt, versagte ihnen ein angemessenes Auskommen, vertrieb viele aus ihrer Heimat. Aber wichtiger als alles andere war, wie Leo Baeck es ausdrückte, daß „die Nazis uns unseren Besitz nehmen konnten, aber nicht unseren Geist. Wir wollten, daß jeder einzelne Jude, der unter der Verfolgung zu leiden hatte, nach Möglichkeit das Gefühl haben sollte, daß er sich unter den schützenden Mantel der jüdischen Gemeinschaft flüchten konnte."[21]

Juden wandten sich nicht nur ihren Synagogen, sondern auch ihrer Musik und ihrem Theater wieder zu. Als die Nazis die Juden von der Beteiligung an Theater und Musik und anderen kulturellen Ereignissen ausschlossen, verließen manche der betroffenen Künstler Deutschland, um ihre Berufe in anderen Ländern auszuüben. Doch viele blieben, weil sie kein endgültiges Urteil über ihre Heimat fällen und die Hoffnung nicht aufgeben wollten, die viele deutsche Juden noch immer hegten – daß sie eines Tages in Deutschland wieder ein normales Leben führen könnten. Diese arbeitslosen jüdischen Künstler schufen ihre eigenen Theater-, Konzert- und Vortragstruppen. Wenn man ihnen nicht erlaubte, vor einem nichtjüdischen deutschen Publikum aufzutreten, würden sie eben vor ihren jüdischen Brüdern auftreten.

Im April 1933 baten einige junge jüdische Theaterproduzenten Leo Baeck, sie bei der Gründung eines „Kulturbundes der deutschen Juden" zu unterstützen. Baeck willigte ein, und zusammen mit Martin Buber und mehreren anderen prominenten Juden wurde er Vorstandsmitglied dieses Kulturbundes. Wenn Theater oder Konzerthallen für Theateraufführungen, Konzerte und Vorträge nicht zu bekommen waren, wurden die Synagogen benutzt; das vertrug sich durchaus mit der jüdischen Tradition, in der die Synagogen nicht nur Bethäuser, sondern auch Orte der Bildung und Versammlung, der wahre Mittelpunkt der Gemeinde, sind. Eine beliebte Aufführung der Theatergruppe war Lessings *Nathan der Weise*. Am Anfang begleitete Baeck die Theatertruppe auf ihren Gastspielreisen, um das Publikum in das Stück einzuführen und die Truppe mit seinem Namen und seinem Ansehen zu unterstützen.

Louis P. Lochner, ein amerikanischer Journalist, der in den dreißiger Jahren in Berlin lebte und kein Jude war, schilderte seinen Kindern, wie er eine Vorstellung der jüdischen Theatertruppe besucht hatte: „Ich mußte ganz allein zu einer außergewöhnlichen interessanten Abendveranstaltung gehen: einer deutschen Premiere von Priestleys *Men at Sea* im – jüdischen Theater! Es bedurfte beträchtlicher Formalitäten, bis ich die Genehmigung zu diesem Besuch bekam, denn Nichtjuden ist es in der Regel streng verboten, in dieses rein jüdische Theater zu gehen. Es ist aber nicht etwa ein jiddisches oder hebräisches Theater; das ganze Stück wird auf deutsch von deutschen Juden gespielt. Aber sie dürfen keine Werke deutscher arischer Dichter spielen wie beispielsweise Schillers Dramen, und wenn sie ein Konzert veranstalten, dürfen es die Künstler als Juden nicht wagen, die Werke irgendeines arischen Komponisten zu spielen, um nicht das Gedächtnis Beethovens oder Mozarts zu ‚besudeln'. Statt dessen dürfen sie Mendelssohn spielen, der seinerseits von keinem arischen Orchester in Deutschland gespielt werden darf!"

Die Nazis hatten mit ihren kulturellen Restriktionen die Juden in ein neues Getto zu zwingen versucht. Die Juden hatten mit dem neuen Stolz auf ihre Religion geantwortet und sich zugleich geweigert, die Gettomauern wiederaufzubauen.

„Auch in ernsten und harten Tagen", sagte Leo Baeck im Sommer 1939, „will die Kunst in Stunden des Menschen eintreten. Vielleicht mag es bedünken, als sei es bisweilen, wenn ihr holder Schein uns umfangen will, wie eine Flucht aus dem Wirklichen [. . .] Aber sie will ein anderes doch geben: nicht eine Abkehr, sondern eine Einkehr."

Die Rückkehr zur Religion und die Schaffung einer eigenen kulturellen Welt waren Aktionen des Widerstandes und der Tapferkeit. Eva G. Reichmann, die diese Zeit in Berlin erlebte, versuchte uns viele Jahre später eine Vorstellung dieser Atmosphäre zu vermitteln. „Wir waren nicht immer bedrückt", sagte sie. „Es war eine Zeit jüdischen Neuerwachens – Erwachsenenbildung, Theater, eine intensive jüdische Atmosphäre –, eine nicht völlig unglückliche Zeit. Die Synagogen waren voll, im Gegensatz zum laxen Besuch in den zwanziger Jahren. Wir glaubten, wir hätten Hitler aus uns heraus besiegt, aber es war ein Irrtum – im Lichte dessen, was später geschehen ist."[22]

Es gab vieles in Deutschland und besonders in Berlin, was zu diesem Irrtum verführen konnte. Berlin war nie ein Zentrum des Antisemitismus gewesen, vor allem nicht in den Bezirken, in denen Baeck und die meisten mittelständischen Juden lebten. „Ich habe in Berlin niemals ‚Heil Hitler' gehört", erinnerte sich Eva Reichmann. „Berlin war ein Freiraum. Es gab nichts, was einen beunruhigen konnte." Und ein ehemaliger Student der „Hochschule" sagte später: „Es herrschte viel Höflichkeit um uns herum. Die Juden kamen aus dem Bürgertum, aus den akademischen und freien Berufen. Deutschland war stark in Klassen aufgeteilt; die unteren, wenig gebildeten Klassen waren nicht angesehen. Wir hielten es für selbstverständlich, daß die Mitglieder der

Gesellschaft sich immer so zivilisiert benehmen würden, wie wir es gelernt hatten."

Ein anderer sagte: „Die Falle, in die wir gingen, war der Gedanke: ‚Das ist ja alles nicht so schlimm', womit wir meinten, daß Hitler und der Nazismus vorübergehen würden." Es gab eine Menge Vorfälle, die solche Annahmen unterstützten. Eva Reichmann: „Wenn Taxifahrer merkten, daß man Jude war, machten sie antinazistische Bemerkungen." Auch Nichtjuden hatten Illusionen: Otto Hirsch und ein anderer Funktionär der Reichsvertretung gingen eines Tages ins Außenministerium, um einen hohen Beamten zu sprechen. Nachdem dieser die Tür sorgfältig geschlossen und sich vergewissert hatte, daß niemand an den Fenstern lauschte, sagte er ihnen: „Machen Sie sich keine Sorgen. Wie lange kann der Spuk schon dauern?" Und so wie andere Deutsche lachten auch die Juden über Witze wie diesen: „Frage: Welches ist der bestbezahlte Gesangverein? Antwort: Der Reichstag der Nazis; erst singen sie das Horst-Wessel-Lied, dann das Deutschlandlied, dann stimmen sie mit ‚Ja' und gehen mit einem Monatsgehalt in der Tasche nach Hause."

Als 1934 Hindenburg starb, hielten die Berliner Juden in der Synagoge in der Prinzregentenstraße einen Gedenkgottesdienst. Leo Baeck, der als Präsident der Reichsvertretung an dem Gottesdienst teilnahm, sprach das Gedächtnisgebet. Zusammen mit den anderen Anwesenden, darunter manche alten Kriegsteilnehmer, sang er das traditionelle Abschiedslied der Soldaten „Ich hatt' einen Kameraden".[23]

Es war nur natürlich, daß die deutschen Juden in den dreißiger Jahren nicht begriffen, nicht begreifen konnten, was sie wirklich erwartete. Sie sahen als einzige Alternativen entweder den Tod, wenn sie sich für einen bewaffneten Aufstand entschieden, oder das Leben, wenn sie die Zeit abwarteten, in der die Lage sich ändern würde. Mit dieser Ansicht standen sie keineswegs allein. In einem 1934 von der „Union of American Hebrew Congregations", dem reformierten Zweig der amerikanischen Judenheit, für den Gebrauch in amerikanischen Synagogen und Religionsschulen herausgegebenen Lehrbuch hieß es:

„Es bestehen jedoch Zweifel darüber, ob die Furcht vor

weitverbreiteten Pogromen [in Deutschland] zur Zeit begründet ist. Es mag sein, daß die Massen der Partei, wenn nicht einige der Führer, ursprünglich vorgesehen hatten, die gesamte jüdische Gemeinschaft auszurotten. Die Reaktion der Welt auf die Greuelberichte hat jedoch klargemacht, daß eine solche Politik niemals in die Tat umgesetzt werden kann. Die jüdische Gemeinde wird von den Behörden wohl weiterhin als rechtliche Körperschaft mit der Vollmacht, für alle Juden zu sprechen, angesehen werden. Es ist auch möglich, daß die Nazis mit ihrer Leidenschaft für ‚Gleichschaltung' den losen Reichsvertretungsverband [die alte Reichsvertretung] in eine zentrale, mit Vollmachten ausgestattete jüdische Körperschaft umwandeln werden. Eine solche Verfassung wird das Dritte Reich den Juden vermutlich vorschlagen. Obwohl die deutschen Juden sich gegen jede Satzung sträuben, die ihren Mangel an Rechten festschreiben wird, warten sie doch ungeduldig darauf, daß ihr Status definiert wird, damit sie wissen, woran sie sind."

Nie war in der Führung der Reichsvertretung während der dreißiger Jahre der Gedanke aufgekommen, daß es irgendeine andere Wahl gebe als die zwischen vergeblicher physischer Revolte und dem Weg, den sie eingeschlagen hatte, nämlich so viele Menschen wie möglich zu retten. „Die Mitglieder der Reichsvertretung betrachteten es als ihre Pflicht, eher Leben und Sicherheit der Juden in Deutschland zu schützen als sich selbst", sagte Max Gruenewald, der Präsidiumsmitglied war. „Zu keiner Zeit gab es einen ‚Aufschrei', eine dramatische Handlung wie etwa den geschlossenen Rücktritt des gesamten Präsidiums. Eine solche Demonstration ist nach meinem besten Wissen niemals in Betracht gezogen worden. Außerdem ist es zweifelhaft, ob vor der Zeit, als die kleinen Verbrecher den großen Verbrechern Platz machten, der dynamische und teuflische Charakter der Nazi-Bewegung jemals wirklich verstanden wurde."

Ein weiterer Faktor, der einen organisierten physischen Widerstand ausschloß, war die Auflösung der Gettos im 19. Jahrhundert. Die Juden waren geographisch zerstreut. Im ganzen Land und in jeder Stadt hatten sie den engen Bezirk der „Judengasse" verlassen. So bildeten sie keine lokale Einheit wie etwa die Juden im Warschauer Getto, in dem tatsächlich ein Aufstand ausbrach (und niedergeschlagen wurde). Da überdies die Auswanderung der Jugend gefördert wurde, stieg das Durchschnittsalter der deutschen Juden stark an; im Jahre 1938 waren praktisch drei von vier in Deutschland gebliebenen Juden über vierzig Jahre alt. Ende der dreißiger Jahre hätte physischer Widerstand von älteren Männern und Frauen geleistet werden müssen, von denen viele noch nie eine Waffe in der Hand gehabt hatten.

Dazu kam die Angst vor Vergeltungsmaßnahmen – schon bevor die Nazis anfingen, für jeden beleidigten oder verletzten Nazi fünfzig unschuldige Juden zusammenzutreiben und jeden Gewaltakt als Vorwand für größere systematische Gewaltanwendung zu benutzen. Niemals zweifelten die Juden daran, daß eine aufrührerische Handlung Vergeltung nicht nur über den bringen würde, der die Handlung begangen hatte. Salomon Adler-Rudel kam oft an einem Zeitungsstand mit ausgehängten Propagandaplakaten des *Stürmer,* der nationalsozialistischen antisemitischen Zeitung, vorbei, wenn er in den dreißiger Jahren von seiner Arbeit in der Reichsvertretung nach Hause ging. Jeden Abend empfand er den heftigen Wunsch, einen Pflasterstein aufzuheben und gegen die Plakate zu schleudern, um die abscheuliche Karikatur des Juden zu zerstören, die die Nazis geschaffen hatten. Er tat es nicht, weil er fürchtete, die Nazis würden die Geschichte von dem glaszertrümmernden Funktionär der Reichsvertretung ausschlachten. „Der Wert der Tat", sagte er Jahre später, „wäre nicht größer gewesen als der Schaden, den sie der Sache gebracht hätte. Sie hätte nichts genützt."[24]

Angesichts der im nächsten Jahrzehnt von den Nazis unternommenen Anstrengungen, alle Juden zu vernichten, eine Entwicklung, die in den dreißiger Jahren niemand voraussehen konnte, haben sich manche Juden, die zu dieser Zeit in Berlin lebten, gleich vielen anderen gefragt, ob man nicht physischen Widerstand hätte leisten sollen. Max Kreutzberger, in jenen Jahren Funktionär der Reichsvertretung, gab darauf folgende Antwort: „Wenn die Juden 1934 einen Aufstand gewagt hätten, hätten dann jene, die entkommen sind, das Land noch verlassen können? Das ist die Frage, die man sich stellen muß, wenn man von physischem Widerstand sprechen will." Auch waren die Juden in ihrer Nichtanwendung physischen Widerstandes nicht die einzige Minderheit in Deutschland. „Die gut organisierten Sozialdemokraten mit ihren drei Millionen Mitgliedern und die fast ebenso starken Kommunisten haben auch keinen gewaltsamen Widerstand geleistet", sagte Kreutzberger.

Frank Rosenthal, der zu jener Zeit Rabbiner in Deutschland war, wies auf einen weiteren Punkt hin: „In Polen", sagte er, „haben die Nazis die Juden in zwei Monaten beseitigt. In Deutschland brauchten sie neun Jahre, Zeit genug für viele, zu entkommen."

Außer der Unfähigkeit, die Schrecken der Zukunft vorauszusehen, dem Mangel an örtlichem Zusammenhalt und dem vorgeschrittenen Alter ihrer Bevölkerung gab es noch einen weiteren Grund, warum die Juden keinen physischen Widerstand leisteten – ihr geschichtliches Erbe hatte sie dazu gezwungen, auf Gewalt als einen Bestandteil des Lebens zu verzichten. Manfred Swarsensky, ein junger Berliner Rabbiner, faßte ihre Haltung in drei Worten zusammen: „Juden waren Juden."[25]

Zehntes Kapitel
Kristallnacht

Nach und nach. Diese Formulierung tauchte in den Beschreibungen der überlebenden Berliner Juden immer wieder auf, wenn sie die Verfolgungsmethoden der Nazis schildern. Zunächst durfte ein jüdischer Rechtsanwalt nur noch praktizieren, wenn er bereits vor 1914 Rechtsanwalt und an der Front gewesen war. Emil Fackenheims Vater entsprach diesen Bedingungen; trotzdem entzogen ihm die Nazis die Zulassung unter dem Vorwand, er habe 1918/19 Kommunisten verteidigt. 1933 erließen die Nazis 42 Gesetze, die die Erwerbsmöglichkeiten, die Bürgerrechte und die Bildungswege für die Juden beschnitten. 1934 waren es neunzehn solcher Gesetze, 1935 neunundzwanzig, 1936 vierundzwanzig, 1937 zweiundzwanzig und 1938 achtunddreißig. Unter dem Mantel des Gesetzes gingen die Nazis willkürlich, unmoralisch und häufig gewalttätig gegen die Juden vor. „Man konnte in Deutschland niemand ermorden, es sei denn, das Gesetz erlaubte es", sagt Emil Fackenheim. „Es ist die Schwäche der Menschen, daß sie in diese Falle gingen." Robert Weltsch erinnert sich: „Wenn es klingelte, fragten wir uns sofort, wer es sein würde. Kam jemand, um uns ‚abzuholen'? Würde man uns je wiedersehen? Oft spähten wir durch die Vorhänge der Fenster, um zu sehen, wohin die Nazipatrouillen marschierten, wen sie verhaften gingen."[1]

Die folgenschwersten der zwischen 1933 und 1938 gegen die Juden erlassenen Gesetze waren die sogenannten „Nürnberger Gesetze". Im September 1935 verboten die Gesetze „zum Schutz des deutschen Blutes und der deutschen Ehre" sowohl die Eheschließung wie den außerehelichen Verkehr zwischen Juden und Nichtjuden. Dann, auf Hitlers plötzlichen Befehl, wurden die Gesetze so weit gefaßt, daß sie die deutsche Staatsbürgerschaft neu definierten: Juden oder

Menschen mit jüdischen Vorfahren, „Judenstämmlinge", galten nicht mehr als deutsche Staatsbürger.

Gelegentlich hatte es den Anschein, als ob Hitler seine Einstellung zu den Juden ändern wolle. So, als im Jahre 1936 die Olympischen Spiele in Deutschland stattfanden. Für Deutschland bot dieses Ereignis die günstige Gelegenheit, zum einen die sportlichen Fähigkeiten seiner „Herrenmenschen" unter Beweis zu stellen und zum zweiten seine Stellung in der Welt dadurch aufzuwerten, daß die anderen Nationen es als Gastgeber der Olympischen Spiele akzeptierten. Der zweite Punkt bereitete kaum Schwierigkeiten. Die meisten Nationen betrachteten die Spiele als sportliches, nicht als politisches Ereignis und hatten deshalb gegen Deutschland als Austragungsort nichts einzuwenden. Immerhin entfernte man, um keinen Anstoß zu erregen, die antisemitischen Plakate von Mauern und Wänden, und für die Dauer der Spiele war *Der Stürmer* nicht zu sehen. Für eine Weile ruhte die gesamte antisemitische Kampagne. „In dieser Zeit geschah den Juden gar nichts", erinnert sich Werner Rosenstock, ein Funktionär der Reichsvertretung. „Das allein war schon ein Segen."[2]

Aber es war nur eine kurze Pause. Am 13. März 1938 entzogen die Nazis den jüdischen Verbänden ihren Status als Körperschaften des öffentlichen Rechts. Von nun an waren Juden rechtlich nicht mehr Mitglieder ihrer Gemeinden. Der Staat zog keine Steuern mehr für die jüdischen Gemeinden ein, die damit ihre diversen Einrichtungen finanzierten. Die „Gemeinde" war tot. Als Präsident der Reichsvertretung forderte Leo Baeck die deutschen Juden auf, auch weiterhin den jüdischen Gemeinden die Treue zu halten, ihre Steuern an sie zu zahlen und ihren Ämtern volle Unterstützung zu gewähren. Dem Sinne nach hieß seine Botschaft, daß sich nichts geändert habe. Im kleinen Kreis jedoch zeigten sich die Funktionäre bedrückt. Otto Hirsch beispielsweise sagte einige Wochen später in einer Diskussion über die Lage: „Alles ist verloren."

Im selben Jahr erließen die Nazis das Gesetz, nach dem alle männlichen Juden den Vornamen Israel und alle Frauen den Vornamen Sarah ihren Namen hinzuzufügen hatten. Leo

Baeck wurde nun zu Leo Israel Baeck. Im Jahr darauf mußten alle Juden, deren Familiennamen das Wort „deutsch" enthielt, wie Deutschländer, Deutsch, Deutscher, Deutschmann, ihre Namen gerichtlich ändern. Für diese Namensänderung mußten immerhin keine Gerichtskosten bezahlt werden.

Es wurde nun schwierig, koscheres Fleisch aufzutreiben. Nachdem schließlich als „koscher" ausgewiesenes Fleisch aus Argentinien eingetroffen war, lehnte die orthodoxe Gemeinde den Verzehr ab, da man nicht sicher sein könne, daß das religiöse Ritual richtig eingehalten worden sei. Baeck diskutierte mit den Orthodoxen darüber und gewann. Er war der Meinung, daß besonders die älteren Leute Fleisch brauchten und wegen des Verdachts der Orthodoxen nicht darauf verzichten sollten. Als die Leute nach und nach das „neukoschere" Fleisch zu akzeptieren begannen, obwohl es vermutlich nicht wirklich „koscher" war, beschwor Baeck die mit ihm befreundeten Rabbiner, die Sache auf sich beruhen zu lassen. Die Gesundheit, erklärte er seinen Kollegen, gehe vor. Dann, als er sie dazu gebracht hatte, der Vernachlässigung der Tradition – wenngleich nur widerwillig – zuzustimmen, sagte er zu ihnen: „Aber selbstverständlich werden Sie und ich von diesem ‚Neukoscheren' nicht essen."[3]

In den dreißiger Jahren, als Baeck seine gewohnten Pflichten als Dozent der „Hochschule", Rabbiner und Präsident der Reichsvertretung zu erfüllen hatte, versuchte er sein geistiges Gleichgewicht zu erhalten, indem er für Ablenkung sorgte. Einer seiner Freunde sagte darüber: „Von 1933 bis 1938 hat er die gesamten Evangelien dreimal aus dem Griechischen ins Hebräische übersetzt, um die ältesten noch von Hebräisch (oder Aramäisch) sprechenden Juden, einschließlich Jesus selbst, verfaßten Teile von später hinzugekommenen Erweiterungen und Hinzufügungen zu trennen." In dieser Arbeit spiegelte sich das Kredo Baecks, daß man jeden Tag etwas mehr von sich verlangen müsse. Darüber äußerte er sich Ende Dezember 1934 in einem Brief an seinen christlichen Freund Baron Veltheim, den das nahende neue Jahr offenbar auf das Thema Wiedergeburt gebracht hatte. Das einzige, was er sich darunter vorstellen könne, sei die Reinkarnation, hatte er geschrieben. Baeck sah das anders. „Zu einem neuen Tag wachen wir auf“, schrieb er, „und wir könnten mit jedem neuen Morgen dieses Wunder des Aufwachens, des Wiederlebens, der Wiedergeburt erleben, wenn wir Menschen des Wunders fähig wären. Zum neuen Jahr wachen wir nicht auf; es kommt zu uns nicht als das Wunder. Nur wer denken kann, erlebt es. Für den Gedankenlosen ist es Sache des Kalenders, Sache eines künstlichen Kalenderfestes. Aber wer nachsinnt, zu dem spricht mit diesem Tage viel – es ist kein Aufwachen, aber das Wissen und Hoffen einer Wende –, und zu dem dürfen Wünsche sprechen.“

In diesen Jahren versuchte Baeck, sein Heim Am Park in Schöneberg als eine Oase zu erhalten, als einen Ort, den die äußere Bedrängnis nicht erreichte. Schöneberg war eines jener „zivilisierten“ Viertel, in denen sich die Juden in den dreißiger Jahren sicher glaubten, wo man kaum Naziuniformen sah. Natalie und Leo hatten eine hübsche Wohnung mit Aussicht auf den Park – „Wir freuen uns nun [. . .] des Blicks ins Grüne, das vor unserem Fenster liegt.“ Und wenn Baeck seinen regelmäßigen Spaziergang durch den Park machte, wurde der stets korrekt gekleidete, hochgewachsene und leicht gebeugt gehende, bärtige Mann von den Nachbarn freundlich gegrüßt. In der Nähe gab es ein paar kleine Cafés, wo man Kaffee trinken und die ausliegenden Zeitungen lesen konnte. An den Abenden blieben die meisten Einwohner zu Hause. Sie sahen in Leo Baeck weniger einen Rabbiner als einen deutschen Professor, einen gebildeten kultivierten Herrn, der sich von seinen Nachbarn nicht unterschied.

Am Samstag nachmittag, wenn der Sabbat zu Ende ging, war die Wohnung der Baecks eine Zuflucht für Baecks Freunde und Studenten, ein Ort, wo sie ihr gewohntes Stück Kuchen und ihre Tasse Tee vorfanden und sich von der Bedrängnis erholen konnten, in dem sie unter den Nazis lebten. „Hier herrschte Sabbatfrieden“, erzählte ein Freund des Hauses, Heinz Warschauer. „Zu anderen Leuten ging man wegen politischer Fragen, aber bei Leo Baeck fand man geistlichen Trost.“ Und sich eines bestimmten Sabbat nachmittags in Leo Baecks Bibliothek erinnernd, sagte er: „Leo Baeck besaß Optimismus; er vermochte einen aufzurichten.“

Warschauer war eben aus Palästina zurückgekommen, wo er Zeuge von Zusammenstößen zwischen Arabern und Juden geworden war. Die Zeitungen waren voll von Nachrichten aus dem spanischen Bürgerkrieg, die einen neuerlichen Triumph des Faschismus bedeuteten. Draußen hing das Gespenst des Nazismus über der Stadt, die er einst geliebt hatte. Hier, in Baecks Bibliothek, schüttete Warschauer dem mitfühlenden Leo Baeck sein Herz aus und sprach von seiner Sorge um die Zukunft. Als er geendet hatte, blickte Baeck ihn eindringlich an und sagte: „Hitler und seinesgleichen können die Geschichte nicht zurückdrehen. Wir Juden werden leiden. Einige von uns werden vielleicht sterben. Aber wir werden überleben. Wir Juden haben alte Augen."[4]

Während dieser Zeit, in der Leo Baeck die Reichsvertretung mit ihren oft kontroversen Meinungen leitete, versuchte er, die Gestapo fernzuhalten, und verhandelte mit Dutzenden jüdischer Politiker. Bei all dem blieb er seiner Vermittlerrolle treu. Manche hielten das für seine große Stärke, denn so war er der Mittelpunkt, auf den sich alle Konflikte konzentrierten. Selbst wenn sie dadurch nicht immer gelöst werden konnten, wurden sie wenigstens entschärft, so daß es nie zu Zerwürfnissen kam. Andere wiederum hielten es für eine große Schwäche, daß er nicht deutlicher Stellung bezog. Offenkundig hatte Baeck nichts an seiner Ansicht geändert, daß er mehr erreichen konnte, wenn er sich nicht mit einer Partei identifizierte; nach diesem Grundsatz hatte er fast sein ganzes Leben lang gehandelt. Von Natur aus neigte er eher zu gütlichem Ausgleich als zu einem kategorischen „Nein".

Baeck vermied im allgemeinen jede Herausforderung der Nazis; er glaubte, daß er seiner Gemeinde besser dienen konnte, wenn er ihren Mitgliedern zur Emigration verhalf und ihr jüdisches Selbstbewußtsein stärkte. Verhaftung oder Amtsenthebung würden zu nichts führen. Doch war seine verbindliche Haltung oft ein Rätsel für Freund und Feind. Aber er wußte auch, daß Verbindlichkeit mitunter nichts ausrichten würde. Und er wußte, daß für jeden Menschen der Augenblick kommt, da er hervortreten und sich stellen muß. Für ihn kam dieser Augenblick an Jom Kippur 1935.

„In diesen frühen Jahren", erzählte Leo Baeck, „litten die

Juden schwer unter der Propaganda und den Verleumdungen, mit denen die Nazis tückisch das ganze deutsche Volk gegen sie aufzubringen versuchten. Sie waren so niedergeschlagen, daß etwas getan werden mußte, um sie aufzurichten.“ Als Rabbiner hatte er bereits die Kanzel benutzt, um gegen die Aktionen der Nazis zu protestieren. So hatten die Nazis den Juden verboten, das Gebet zu sprechen, mit dem sie von Gott den Segen für das Vaterland erflehen, ein Gebet, das Bestandteil des Gottesdienstes war. In seinem nächsten Gottesdienst sprach Baeck dieses Gebet wie immer – doch statt um den Segen für Deutschland bat er um den Segen für alle Menschen guten Willens.

Wie bei den Katholiken und Protestanten gab es auch im deutschen Judentum die Tradition der Hirtenbriefe. Obwohl die Reichsvertretung keine religiöse Organisation war, benutzte Baeck gelegentlich sein Präsidentenamt, um an die Gemeinden einen Hirtenbrief zu versenden. Im Sommer 1935 stellte er in einem solchen Hirtenbrief die Frage: „Woraus kann uns in diesen Tagen, in denen wir durch eine Flut von Beschimpfungen hindurchgehen müssen, Trost erwachsen?“ Die Antwort, so Baeck, komme aus drei Richtungen. „Er erwächst aus der Antwort, die unser Glauben, die unsere Ehre, die unsere Jugend uns gibt.“ Erstens: „Allen Schmähungen stellen wir die Hoheit unserer Religion entgegen, allen Kränkungen unser stetes Bemühen, in den Wegen unseres Judentums zu gehen, seinen Geboten nachzukommen.“ Zweitens: Eines Menschen Ehre werde ihm nicht von anderen Menschen verliehen. „Die wahre Ehre gibt sich jeder selbst, er gibt sie sich durch ein Leben, das unantastbar und rein, schlicht und aufrecht ist, durch ein Leben auch von jener Zurückhaltung, die das Zeichen innerer Stärke ist. Unsere Ehre ist unsere Ehre vor Gott, sie allein wird bestehen.“ Drittens ermahnte er die deutschen Juden, ihre Jugend zu achten, der nun alle Möglichkeiten vorenthalten würden, die sie für die ihren gehalten hatte, und die sich neuen Ausbildungsformen, neuen Berufen zuwenden müsse. „Unsere Jugend – gibt sie uns nicht ein Beispiel der Anspruchslosigkeit und des Mutes, auf neuen Wegen dieses schwere Leben zu meistern? Laßt uns, Eltern und Lehrer, ein

Geschlecht heranziehen, streng und hart gegen sich selbst, hilfsbereit gegen jeden anderen, mit starkem Körper und frischem Geist, gläubig und fest sich verwurzelnd im Judentum."[5]

Dieser Hirtenbrief wurde vor dem Erlaß der Nürnberger Gesetze ausgesandt, die die Juden ihres Bürgerrechts beraubten. Diese Gesetze waren nicht nur ein Schlag gegen die Rechtsstellung der Juden, sondern auch gegen ihr Selbstverständnis. Die Rechtstradition, die ihnen teuer war, die Rechtsstaatlichkeit, an die sie geglaubt hatten, waren plötzlich dazu benutzt worden, sie zu Untermenschen zu erklären. Selbst wenn Hitler in den nächsten Jahren durch einen anderen Führer ersetzt werden würde – eine Hoffnung, die manche Juden noch immer hegten –, würde es die Nürnberger Gesetze noch immer geben.

Kurz nach dem Erlaß der Nürnberger Gesetze begingen die Juden ihre Hohen Feiertage, die heilige Zeit der zehn Buß- und Bettage, mit denen das religiöse Jahr beginnt und in denen die Menschen ihr Gewissen prüfen. Am letzten Tag, dem Jom Kippur, dem Tag der Versöhnung mit Gott und den Menschen, bitten die Juden Gott um Vergebung für ihre Sünden und geloben, im kommenden Jahr ein besseres Leben zu führen. Zwei Jahrzehnte zuvor hatte Leo Baeck zusammen mit anderen Juden auf dem Schlachtfeld die Jom Kippur-Feier begangen, hatte er seinen im Felde stehenden Glaubensbrüdern geholfen, sich seelisch aufzurichten, sich über ihr Gottverständnis klarzuwerden und ihr Leben mit ihrer Religion in Einklang zu bringen. Nun, nach dem Erlaß der Nürnberger Gesetze, benutzte Leo Baeck wiederum die Zeit um Jom Kippur, um die deutschen Juden seelisch zu stärken. Er verfaßte, was er ein Gebet nannte – und was andere oft als Predigt bezeichnet haben –, das in allen Synagogen Deutschlands vorgelesen werden sollte.

„Die Reichsvertretung der deutschen Juden spricht mit uns", begann es. Die Menschen, die das Gebet an jenem Tag hörten oder es später lasen, wurden von ihm bewegt, vergaßen es nie und sprachen noch Jahre später von ihm. Es war ein Gebet, eine Predigt, eine Ermahnung, eine Herausforderung an die Unterdrücker, ein Ausdruck religiöser Kraft. Es definierte den für den einzelnen entscheidenden Augenblick des Entschlusses, den Punkt, an dem er sich nicht mehr beugen würde, die Bedrückung, der er nicht unterliegen, das Opfer, das er nicht bringen würde.

„In dieser Stunde steht ganz Israel vor seinem Gott, dem Richtenden und Vergebenden. Vor Ihm wollen wir allesamt unseren Weg prüfen, prüfen, was wir getan und was wir unterlassen, prüfen, wohin wir gegangen und wovon wir ferngeblieben sind. Wo immer wir gefehlt haben, wollen wir offen bekennen: ‚Wir haben gesündigt‘; und wollen mit dem festen Willen zur Umkehr vor Gott beten: ‚Vergib uns!‘ “

Das Gebet war zwar ein Sündenbekenntnis des einzelnen und der Gemeinschaft, doch seine eigentliche Aussage lautete: „Mit derselben Kraft [. . .] sprechen wir es mit dem Gefühl des Abscheus aus, daß wir die Lüge, die sich gegen uns wendet, die Verleumdung, die sich gegen unsere Religion und ihre Zeugnisse kehrt, tief unter unseren Füßen sehen.“ Dann zählte Baecks Botschaft die Triumphe des Judentums auf:

„Wer hat das Geheimnis des Ewigen, des Einen Gottes gekündet? Wer hat der Welt den Sinn für die Reinheit der Lebensführung, für die Reinheit der Familie geoffenbart? Wer hat der Welt die Achtung vor dem Menschen, dem Ebenbilde Gottes, gegeben? Wer hat der Welt das Gebot der Gerechtigkeit, den sozialen Gedanken gewiesen? Der Geist der Propheten Israels, die Offenbarung Gottes an das jüdische Volk hat in allen gewirkt.

An diesen Tatsachen“, so Baeck, „prallen alle Beschimpfungen ab. Wir stehen vor unserem Gott“, wiederholte er und fuhr fort: „In Ihm hat unsere Geschichte, hat unser Ausharren in allem Wandel, unsere Standhaftigkeit in aller Bedrängnis ihre Wahrheit und ihre Ehre.“ Er erinnerte die Juden daran, daß „unsere Geschichte eine Geschichte seelischer Größe, seelischer Würde [ist]. Sie fragen wir, wenn sich Angriff und Kränkung gegen uns kehren, wenn Not und Leid uns umdrängen. Von Geschlecht zu Geschlecht hat Gott unsere Väter geführt. Er wird uns und unsere Kinder durch unsere Tage hindurch leiten.“ Und Baeck schloß: „Wir stehen vor unserem Gott [. . .] Ihm beugen wir uns, und wir sind aufrecht vor den Menschen.“

Kenner der Ideengeschichte haben nachgewiesen, wie sehr das Gebet in Form, Aufbau und Wortwahl in der deutschen Kultur verankert ist. Aber es ist mehr als ein Zeugnis deutsch-jüdischer Kultur. Es ist ein Gebet, das dem Menschen gilt, es beschwört das Recht eines jeden Menschen auf seinen Glauben, seinen Stolz und seine Würde – niemand kann ihn erniedrigen. Es definiert die elementare Voraussetzung des Menschseins: Gleichgültig, wie schwach Menschen sind, gleichgültig, wie klein die Minderheit ist, der sie angehören, gleichgültig, wie sehr sie von ihrer Umgebung unterdrückt werden, gleichgültig, wie plötzlich sich Freunde von ihnen abwenden, sie können nicht besiegt werden. Sie werden ihren Glauben, ihren Stolz und ihre Würde behaupten. Sie werden aufrecht stehen vor den Menschen und sich nur Gott beugen. Die hebräische Bibel sagt ihnen, daß der Mensch nach dem Bilde Gottes geschaffen worden ist. Dieses Wissen ist die fundamentale Kraft des einzelnen, der Schutzwall, den niemand zerstören kann.[6]

Die Nazis erfuhren schnell von dem Gebet; offenbar wandte sich ein Rabbiner, der ein Exemplar davon erhalten hatte, an das Innenministerium und fragte, ob es Einwände dagegen gäbe. Es gab Einwände, sobald die Nazis das Gebet kannten. Bevor es in den Synagogen vorgelesen werden konnte, erging ein Schreiben an sämtliche Rabbiner, in dem sie informiert wurden, daß jeder, der das Gebet vorlesen würde, mit seiner Verhaftung rechnen müßte. Gestapobeamte erschienen in manchen Jom Kippur-Gottesdiensten, besonders in Berlin. Die Rabbiner, die das Gebet während der Gottesdienste verlasen, sind nie gezählt worden; es waren viele, so viele, daß es fast eine kollektive Trotzhandlung von seiten des deutschen Rabbinats war.

Jedoch war der einzige verhaftete Rabbiner Leo Baeck.

Mit Rücksicht auf seine Stellung – für die Gestapo waren solche Dinge wichtig – wurde er nicht von einem Unterbeamten, sondern von einem hohen Gestapomann verhaftet, einem Mann namens Kuchmann, der ihn in die Prinz-Albrecht-Straße brachte. Wohl wissend, daß die Verhaftung eines so prominenten Juden Schererein machen könnte, brummelte Kuchmann ärgerlich: „Warum haben Sie uns das nicht gezeigt?" Baeck wurde nicht mißhandelt. Er wurde in eine Zelle im Keller gebracht, und die Wächter gaben ihm Reis mit Zimt und Zucker zu essen, da er sich weigerte, die nichtkoschere Gefängniskost zu sich zu nehmen. Am Abend wurden er und einige andere Gefangene in einem Polizeiwagen zum Alexanderplatz, dem damaligen Polizeipräsidium, gebracht. Dort wurden die anderen ausgeladen, während man Baeck zum Columbia-Haus brachte, wo er in eine Zelle mit zwei Betten gesperrt wurde.

Zuerst war er dort allein, doch später brachte man noch einen weiteren Mann, der Baeck erzählte, er sei unter der Beschuldigung der Homosexualität verhaftet worden. Der Mann war freundlich und bestand darauf, morgens Baecks Bett zu machen und ihm sein Frühstück zu bringen. Nach dem Frühstück wurden die anderen Häftlinge zu einem Spaziergang auf den Hof gebracht, doch Baeck – der einzige jüdische Häftling – durfte sich ihnen nicht anschließen.

Am Nachmittag dieses Tages, ungefähr vierundzwanzig Stunden nach seiner Einlieferung, wurde Baeck entlassen. „Sie haben Schwein gehabt", sagte ihm ein Gestapomann. Er wurde zunächst wieder in die Prinz-Albrecht-Straße gebracht, wo er im Hof warten mußte. Dann ließ man ihn gehen.

Weder war eine Anklage gegen ihn erhoben noch ein Haftbefehl erlassen worden; die Nazis hatten nur ihre Macht beweisen wollen, um dieser Art des Widerstands, die in dem Jom Kippur-Gebet zum Ausdruck gebracht worden war, entgegenzutreten. Baeck vermutete, daß seine schnelle Freilassung den vielen Anfragen seiner jüdischen Freunde in Berlin zu verdanken war; die Nazis wollten keinen öffentlichen Protest und scheuten sich, zu aggressiv vorzugehen. Überdies hatte der Berliner Korrespondent der *London Times* einen längeren Bericht über die Sache geschrieben, der den Nazis unangenehm war.

Nachdem die Nazis Leo Baeck unter Druck freigelassen hatten, versuchten sie es mit der Verhaftung Otto Hirschs. Baeck kehrte in die Prinz-Albrecht-Straße zurück, um die Freilassung Hirschs zu verlangen; er erklärte, die Reichsvertretung könne ohne Hirsch nicht arbeiten und würde schließen müssen. Die Nazis versprachen, Hirsch am nächsten Tag zu entlassen. Doch als Baeck am nächsten Tag wiederkam, ließ man Hirsch nicht frei. Dieses Spielchen spielten die Nazis acht Tage lang. Baeck und Hirschs Frau erschienen jeden Tag auf der Wache. An dem Tag, an dem Hirsch schließlich entlassen wurde, hatten sie zwei Stunden gewartet.

Die Verhaftungen Baecks und Hirschs hatten im Ausland Aufsehen erregt. In Washington erhielt die deutsche Botschaft eine Protestnote von einer Gruppe christlicher Geistlicher, die von der Botschaft mit einem Begleitschreiben an das Auswärtige Amt in Berlin weitergeleitet wurde:

„Ich habe die Ehre, Ihnen als Anlage eine Erklärung zu übersenden, die mir vom ‚Universal Christian Council' übergeben worden ist und in welcher gegen die Verhaftung des Oberrabbiners Leo Baeck und des Präsidenten des Zentralvereins der deutschen Juden Dr. Otto Hirsch protestiert wird. Der ‚Universal Christian Council' ist ein Zweig des ‚Federal Council of the Churches of Christ in America', der einige der verschiedenen Kirchen protestantischen Glaubens zusammenfaßt und eine sehr einflußreiche Organisation ist. Die Bedeutung seiner Einstellung zu Deutschland sollte für unsere Beziehungen zu den Vereinigten Staaten nicht unterschätzt werden."

Der Protest war von einem Dutzend prominenter Geistlicher der Vereinigten Staaten unterzeichnet, darunter Harry Emerson Fosdick und Reinhold Niebuhr. Er kam ohne Umschweife zur Sache: Die Verhaftung von Baeck und Hirsch „ohne rechtliche Anklageerhebung und ohne das Recht, mit Freunden in Verbindung zu treten, scheint uns fast unglaublich". Er schloß folgendermaßen:

„Wir möchten dringend darauf hinweisen, daß eine Regierung, die solche Handlungen gegen religiöse Führer erlaubt oder zuläßt – ob diese Führer jüdisch oder christlich sind –, nicht erwarten kann, daß die Führer des religiösen Lebens in anderen Ländern ihren Versicherungen glauben, daß sie sittliche Grundsätze, Religionen und die Normen der Zivilisation achten."[7]

Kein deutscher christlicher Führer protestierte gegen die

Verhaftungen, doch die Aktion der amerikanischen Kirchenführer des Jahres 1935 führte den Nazis Baecks Rang in der übrigen Welt vor Augen, und sie behandelten ihn mit Vorsicht, bis sie schließlich auf jeden Anspruch auf gute Beziehungen zu fremden Ländern verzichteten.

Danach nutzte Baeck im Umgang mit der Gestapo seinen internationalen Ruf bewußt aus; während seiner fünf Verhaftungen weigerte er sich konsequent, nichtkoschere Nahrung zu sich zu nehmen; damit zwang er seine Verfolger, entweder Lebensmittel aufzutreiben, die nach der jüdischen Tradition erlaubt waren, oder ihm koscheres Essen zu kaufen, wenn sie nicht zulassen wollten, daß er verhungerte. 1937 wurde er verhaftet, als die Gestapo befahl, den Bne Briss aufzulösen, und dessen Millionenvermögen beschlagnahmte. Baeck war nach wie vor Präsident der Großloge, und die Gestapo verlangte, er solle eine von ihr vorbereitete Erklärung unterschreiben, mit der das gesamte Vermögen der Loge der Naziregierung übereignet wurde. „Ich weigerte mich, zu unterschreiben“, erzählte er später. „Auf diese Weise erschien die Tat als der Diebstahl, der sie war.“[8]

Eine andere Gelegenheit, bei der Baeck sich weigerte, zu kapitulieren, ergab sich, als der Streit zwischen der Reichsvertretung und der von Heinrich Stahl geführten Berliner Gemeinde erneut ausbrach. Stahl war seit ihrer Gründung im September 1933 mit der Reichsvertretung unzufrieden gewesen. Er hatte sich niemals den Grundsatz zu eigen gemacht, daß es zur Vertretung der deutschen Juden eine einzige Organisation geben müsse. Er glaubte immer noch, daß sie eine unnötige bürokratische Einrichtung war, die dieselbe Arbeit tat, die von seiner eigenen Organisation geleistet werden konnte. Die Reichsvertretung, eine Körperschaft, die von Stahls Gemeinde nicht beherrscht werden konnte, hatte viele Pflichten und Rechte der Berliner Gemeinde übernommen. Als Hauptempfänger der Gelder aus dem Ausland kontrollierte sie die Kassen. Und sie besaß Ansehen. Da es keine Klagen darüber gab, daß Geld oder Ansehen schlecht genutzt wurden, hatte die Reichsvertretung eine Macht und eine Position, die der Berliner Gemeinde fehlten. Der Streit setzte sich pausenlos fort in einem Auf und Ab von

Gezänk und Versöhnung. Auf einer Sitzung des Präsidial-Ausschusses der Reichsvertretung am 9. Februar 1937 berichtete beispielsweise Otto Hirsch, daß er sich mit Stahl getroffen habe und daß beide Männer übereingekommen seien, „den größten Wert auf möglichst enge Zusammenarbeit“ zwischen den beiden Organisationen zu legen. Hirsch bat alle Mitglieder des Präsidial-Ausschusses, „auch ihrerseits zu dieser engen Zusammenarbeit“ mit der Berliner Gemeinde beizutragen.[9]

Bemühungen dieser Art – die in Wirklichkeit den Konflikt nicht lösten, sondern nur zudeckten – waren in den Augen Stahls nicht genug. Im Frühling und Sommer 1937 unterstützte er eine Bewegung, die auf eine Änderung der Führungsstruktur der Reichsvertretung und die Ablösung Baecks hinarbeitete. An der Spitze dieser Bewegung stand ein Mann namens Georg Kareski.

„Was immer Kareski sonst gewesen sein mag“, sagte einer, der ihn in jenen Jahren gut gekannt hatte, „er wollte der Erste sein.“ Nach vier Jahrzehnten ist dieses Urteil über Kareski immer noch gültig. Für manche war er der erste jüdische Quisling, der Mann, der sich den Nazis verkauft hatte. Eine freundlichere Leseart lautet, daß er einfach ein Karrierist war, der nur sein eigenes Interesse im Auge hatte, der die Nazis benutzte und sich von ihnen benutzen ließ, um seine persönlichen Ziele zu erreichen. Immerhin gab es auch manche, die glaubten, daß sein Hauptinteresse die Förderung der jüdischen Auswanderung aus Deutschland war. Was immer seine Gründe gewesen sein mochten, als er danach strebte, die Führung der Reichsvertretung zu übernehmen – er wurde von der Gestapo unterstützt.

Kareski war Bankier und Führer einer extremen zionistischen Gruppe, die er gebildet hatte, als ihm die Führung der regulären zionistischen Bewegung versagt worden war. Er glaubte oder sagte zumindest häufig, daß die Nazibewegung „sich totlaufen wird und daß man mit den Nazis in ihrer eigenen Sprache reden muß“ – eine Haltung, die sich von der vieler anderer deutscher Juden durchaus nicht sonderlich unterschied. Die Art allerdings, wie er diese Überzeugung in Politik umsetzte, erschien den Berliner Juden einigermaßen fragwürdig. Als beispielsweise im Jahre 1932 die Nazis und Franz von Papen noch miteinander um die Volksgunst konkurrierten, erklärte Kareski öffentlich: „Die Regierung Papen hat den Schutz der Juden auf ihre Fahne geschrieben.“ Angesichts des damals in Deutschland herrschenden Antisemitismus konnte ein solcher Ausspruch eines als prominent geltenden Juden Wähler von der Partei Papens abziehen und der Nazipartei zutreiben. 1935 verschaffte Kareskis Bank einem deutschen Juden, den die Gestapo als Spion nach England geschickt hatte, das nötige Geld. Dieses war von der Gestapo gestellt und durch die Operation von Kareskis Bank „gewaschen“ worden. Zu seiner Verteidigung behauptete Kareski, er sei von der Gestapo gezwungen worden.

Im Jahr darauf legte Kareski einen Plan für die jährliche Auswanderung von 25000 Juden nach Palästina vor. Der Plan hatte mehrere gravierende Mängel. Zum einen enthielt er keine Vorschläge, wie die Engländer, die damals das Völkerbundsmandat über Palästina innehatten, von ihrer seit langem bestehenden Opposition gegen diese Art von Masseneinwanderung abzubringen wären. Zum zweiten sollte die Auswanderung über eine neue, von Kareski geführte Organisation abgewickelt werden. Diese Organisation sollte die unbeschränkte Kontrolle über allen jüdischen Besitz in Deutschland erhalten, das heißt, Kareski sollte alles kontrollieren.

Er gehörte sowohl dem Vorstand der Berliner Gemeinde als auch dem fünfzigköpfigen Rat der Reichsvertretung, aber nicht dessen Präsidial-Ausschuß an, dessen Mitglieder die eigentlichen Geschäftsführer waren. Er war ein Freund Stahls, den er offenbar in früheren Jahren finanziell unterstützt hatte. Er war aber auch, wie es in einem Zeitungsbericht jener Zeit hieß, ein Mann, der „Persona grata bei den Nazibehörden ist“.[10]

Das Reichsvertretungs-Drama mit Kareski und Baeck in den Hauptrollen wurde im Frühjahr 1937 eröffnet. Die ersten Akte spielten sich in den Zeitungen ab. Kareski hatte das *Gemeindeblatt*, die Zeitung der Berliner Gemeinde, hinter sich, während Baecks Zeitung die *C.V.-Zeitung*, das Blatt des Central-Vereins, war. Die Zeitungen brachten Berichte über

Mißwirtschaft in der Reichsvertretung beziehungsweise Verwahrungen gegen solche Angriffe, häufig in hitziger Sprache. Die Kontroverse wurde schließlich zu ernst, als daß man sie weiterhin den Zeitungen überlassen konnte, und die Angelegenheit wurde in einer Sitzung des Reichsvertretungsrates zur Diskussion gestellt. Die Parteien waren die gleichen wie 1933: die Landesverbände unter der Führung der Berliner Gemeinde gegen Reichsorganisationen wie etwa den Central-Verein.

Am Abend vor der Sitzung der Reichsvertretung lud Baeck die Vertreter der Landesverbände zu einem privaten Abendessen ein, um sie vor der Sitzung für sich zu gewinnen und Stahl und Kareski ihrer Unterstützung zu berauben. Darüber sagte später einer der Teilnehmer: „Die Eingeladenen vereinbarten, zu erscheinen, aber jede Erörterung des am nächsten Tage zu behandelnden Themas strikt abzulehnen. Diese Absprache wurde ganz konsequent eingehalten. Die Gäste ließen sich nicht zu ‚Privatgesprächen' verleiten." Es war zu diesem Zeitpunkt nicht erkennbar, ob dieses Schweigen an Baecks Abendtafel ein Zeichen der Unterstützung für Kareski oder nur die Weigerung war, vor der offiziellen Sitzung Partei zu ergreifen.

Am nächsten Tag wurde die Sitzung wie üblich in Gegenwart von Gestapobeamten abgehalten. Julius Seligsohn eröffnete die Sitzung im Namen der Reichsvertretung, gab einen Überblick über ihre Arbeit, lobte ihre Leistungen und wies die von der Berliner Gemeinde vorgetragene Kritik als lächerlich zurück. Nach ihm ergriff Kareski das Wort, der von einer ganz anderen Organisation zu sprechen schien. „Kein Arbeitsgebiet blieb unberührt", sagt ein Bericht über die Sitzung. „Durchweg wurde die Tätigkeit absprechend beurteilt." Er verlangte die völlige Reorganisation der Reichsvertretung und die Übertragung der Macht an die Landesverbände. Von Anfang an stand Kareski jedoch auf schwankendem Boden. Kein Landesverband unterstützte ihn außer dem preußischen, der von der Berliner Gemeinde beherrscht wurde. Auch die vier Vorstandsmitglieder der Berliner Gemeinde, die bei der Sitzung anwesend waren, schlossen sich nicht der Zustimmung ihres gewählten Vorsitzenden

Stahl zu den Ausführungen Kareskis an. Das Schweigen an Baecks Tisch am vorigen Abend war also kein Zeichen für die Unterstützung Kareskis gewesen.

Das Resultat war die Einsetzung eines Untersuchungsausschusses zur Prüfung aller Beschuldigungen, die Kareski vorgebracht hatte; die Berliner Gemeinde sollte in diesem Ausschuß vertreten sein. Die zweite Abstimmung des Tages erbrachte ein Vertrauensvotum für die Leitung Baecks und Hirschs. Ein Mitglied der Reichsvertretung kritisierte später Baeck dafür, daß er die Einsetzung des Untersuchungsausschusses zugelassen hatte, und schrieb: „Leider hatte Baeck, der durch die Ereignisse seine Energie verloren hatte, nicht genügend Kraft, um die gute Stimmung der Mehrheit auszunutzen, und stimmte dem Votum für die Resolution der preußischen Landesverbände zu, eine Kommission zur Klärung der Arbeit der Reichsvertretung einzusetzen." Baeck war aber vermutlich weniger erschöpft als politisch klug. Denn zwei Wochen später legte die Kommission einen Bericht vor, in dem sie unter Mitarbeit der Vertreter der Berliner Gemeinde schrieb, daß alle von Kareski gegen die Reichsvertretung erhobenen Vorwürfe grundlos seien. Baecks Führung war damit nicht nur von jedem Vorwurf entlastet, sondern die Entlastung war ihm sogar mit Zustimmung der Vertreter seiner Gegner bescheinigt worden.

Damit hätte der Streit ein Ende haben können, doch das war nicht der Fall. Die Berliner Gemeinde bestand weiterhin darauf, daß Kareski mehr Verfügungsgewalt erhalten solle: Er sollte Mitglied des Präsidial-Ausschusses werden. Da die Berliner Gemeinde aber bereits zwei Vertreter, Stahl und noch einen anderen, im Präsidial-Ausschuß hatte, würde die Ernennung Kareskis zum Mitglied der zwölfköpfigen Ausschusses der Berliner Gemeinde ein außerordentliches Übergewicht geben.

An diesem Punkt gab die Gestapo ihr Interesse an Kareski zu erkennen.

Einem Bericht aus jener Zeit zufolge wollte die Gestapo „vor allem" die Kontrolle über die Reichsvertretung gewinnen, die ihr gesetzlich noch nicht unterstellt war. Max Gruenewald, ein junger Mannheimer Rabbiner und Mitglied des

Rats der Reichsvertretung, wurde zur Gestapo bestellt und für eine Rede kritisiert, die er kürzlich gehalten hatte. „Ich könnte Sie einsperren lassen für das, was Sie gesagt haben", sagte ihm der Gestapobeamte. Nach dieser Drohung kam eine Pause und dann die unerwartete Frage: „Sind Sie bereit, zusammen mit Kareski eine neue Geschäftsführung der Reichsvertretung zu bilden, deren Oberhaupt dem Titel nach Rabbiner Baeck bleiben würde?" Gruenewald wußte, daß diese Frage nach der Verhaftungsdrohung ein Nötigungsversuch war. Aber er blieb fest und weigerte sich, zur Ausschaltung Baecks beizutragen, da er glaubte, daß weder er noch Kareski bei den deutschen Juden dasselbe Vertrauen genossen wie Leo Baeck. Er machte überdies klar, daß ihm nichts daran lag, eine „geborgte Autorität" auszuüben.

Darauf wandte sich die Gestapo Leo Baeck zu. Da sie nach wie vor auf seinen internationalen Ruf Rücksicht nahmen, behandelten ihn die Gestapoleute mit allem Respekt. Einer der jüdischen Männer, die bei einer Besprechung zwischen der Gestapo und Baeck über die Angelegenheit Kareski anwesend waren, sagte, daß „Baeck in einer Art behandelt wurde, die überraschend war und so respektvoll, daß Baeck selbst sich davon geniert fühlte. [Der Beamte] erklärte mehrmals, daß er verstehe, wie groß das Ansehen Baecks unter den deutschen Juden sei." Jedoch konnte bei allem Respekt, mit dem die Gestapo Baeck behandelte, nicht verborgen bleiben, daß sie ihn unter Druck setzte.

Sein Widerstand gegen Kareski hatte mehrere Gründe. Der erste war Kareskis Verbundenheit mit der Berliner Gemeinde. Der zweite sein allgemein schlechter Ruf als Schieber sowie seine Verbindung zur Gestapo. Außerdem hatte Kareski, der von der regulären zionistischen Organisation als Führer abgelehnt worden war, Chaim Weizmann kritisiert, den zionistischen Vertreter, der in London für die Einwanderung deutscher Juden in Palästina arbeitete. Baeck hielt es für politisch unklug, einem Menschen Autorität einzuräumen, dessen Ernennung Weizmann, eine der wichtigsten ausländischen Kontaktpersonen, kränken würde. Und schließlich konnte Baeck in der Reichsvertretung nicht einen Mann akzeptieren, der von der Gestapo so stark gestützt wurde. Damit wäre die Reichsvertretung keine jüdische Organisation mehr gewesen, sondern eine Naziorganisation geworden.

„Sie können mich zwingen, Kareski zum Mitglied des Präsidial-Ausschusses zu ernennen", sagte er den Gestapobeamten. „Aber Sie können mich nicht zwingen, weiterhin Präsident der Reichsvertretung zu bleiben."

Das einzige, was den Kareski-Streitern noch übrigblieb, war, dem Präsidium die Ernennung aufzuzwingen. Die Berliner Gemeinde hatte noch immer einen bedeutenden Einfluß in der deutschen Judenheit. Konnte man sich weigern, wenn sie die Ernennung Kareskis kategorisch verlangte? Was wäre der größere Verlust für die Reichsvertretung: der Rücktritt Leo Baecks oder der Austritt der Berliner Gemeinde? Ernst Herzfeld aus Essen, der einer der Begründer der Reichsvertretung gewesen war, ergriff nun die Initiative. Bei einer Begegnung mit Stahl sagte er ihm: „Sie haben sich in einem langen Leben einen ehrenvollen Namen erworben. Ich kann voraussagen, daß Sie diesen Erfolg Ihrer Lebensarbeit verlieren werden, wenn Sie nicht in zwölfter Stunde Ihr unheilvolles Beginnen aufgeben. In einer Woche findet die entscheidende Ratstagung statt. Ich bin bereit, einen Tag früher nach Berlin zu kommen und zu vermitteln."

Wie versprochen kam Herzfeld einen Tag früher an und fand zwei Briefe von Stahl vor. Im ersten bat Stahl um eine sofortige Unterredung; der zweite war die Kopie eines Schreibens der Berliner Gemeinde an die Reichsvertretung, in dem diese ihren Austritt aus der Reichsvertretung erklärte. Herzfeld setzte sich mit dem bedrängten Stahl zusammen, der sich in eine unmögliche Position hatte manövrieren lassen, um seinen Freund Kareski zu unterstützen, und die beiden Männer arbeiteten einen Kompromiß aus. Die Berliner Gemeinde blieb in der Reichsvertretung und erhielt etwas mehr Einfluß im Präsidium. Kareski jedenfalls wurde nicht ins Präsidium aufgenommen, sondern erhielt nur die Leitung des Finanzkontrollausschusses, wo er weit von den Schalthebeln der Macht entfernt war.

Aber er kam nie dazu, auch nur diese begrenzte Tätigkeit auszuüben. Er war Direktor der Iwria-Bank, einer Genossenschaftsbank mittelständischer Juden. Ein paar Tage nach seiner Aufnahme in den Finanzkontrollausschuß der Reichsvertretung versuchte er, bei seiner Bank einen Scheck der Berliner Gemeinde über 50 000 Reichsmark einzulösen. Die Einlösung eines Schecks vom Konto der Berliner Gemeinde erforderte zwei Unterschriften. Der Scheck, den er dem Kassierer vorlegte, trug jedoch nur eine Unterschrift, seine eigene. Als der Kassierer den Scheck nicht annehmen wollte, befahl ihm Kareski, ihn zu honorieren. Der Kassierer fügte sich, berichtete die Sache aber sofort Heinrich Stahl. Daraufhin erfolgte eine Untersuchung – zufällig war der damit beauftragte Buchprüfer Leo Baecks Schwiegersohn Hermann Berlak –, bei der herauskam, daß Kareski an Freunde Darlehen ohne Sicherheiten hatte geben lassen und er die 50 000 Reichsmark von dem Gemeindekonto brauchte, um die Iwria-Bank zu retten. Sie wurde nicht gerettet, sondern ging in Konkurs, der viele Kontoinhaber und das, was von Kareskis Ruf in Deutschland noch übriggeblieben war, ruinierte. Als Stahl und seine Freunde sich gegen ihn wandten, trat Kareski von allen seinen Ämtern zurück und wanderte nach Palästina aus.[11]

Nach dem Kareski-Konflikt war Leo Baeck so erschöpft, daß er eine Woche Urlaub nahm. Aber nicht nur diese Angelegenheit hatte seine seelische und körperliche Erschöpfung verursacht; einige Monate vorher war seine geliebte Natalie gestorben.

Mitte der dreißiger Jahre hatten Leo und Natalie eine Reise nach Palästina unternommen, zum Teil Natalies wegen, an der die Belastungen des Lebens unter dem Nazismus nicht spurlos vorübergegangen waren. Doch in Palästina hatte sie sich nicht wirklich erholt, und im August 1936 fuhr Baeck mit ihr in die Schweiz zu einer Kur. Er berichtete, daß sie sich „bei guter Ernährung und guter Luft langsam erholte". Sie blieben vier Wochen in der Schweiz und wanderten durch die Gegenden, die sie kannten und so sehr liebten. Natalie schien es viel besser zu gehen, doch als sie nach Berlin zurückkehrten, begann sich die Bedrängnis des dortigen Lebens wieder auf sie auszuwirken. „Plötzlich hörte man Gerüchte, daß sie krank war", erinnert sich ein Freund, „und daß sie keine Besuche empfangen konnte." Am 5. März 1937 starb sie an einem Herzschlag.*

Die Beerdigung fand im engsten Kreis der Familie und einiger Freunde statt. Wenn man den Bestattungstermin bekanntgegeben hätte, wären mehr Menschen gekommen, als Platz gefunden hätten. Natalie wurde in Weißensee, in der „Ehrenreihe" des jüdischen Friedhofs, begraben, in der viele berühmte deutsche Juden ihre letzte Ruhestätte hatten. „Hier kann man Geschichte studieren", hieß es von diesem Teil des Friedhofs. In den *Sprüchen* steht ein „Lob der tüchtigen Hausfrau", das mit folgenden Zeilen endet: „Es sind wohl viele tüchtige Frauen, du aber übertriffst sie alle" (31, 29). Auf Natalies Grabstein ließ Baeck die letzten Worte auf hebräisch einmeißeln: „Du aber übertriffst sie alle."

Leo Baeck und Natalie waren achtunddreißig Jahre lang verheiratet gewesen. Ihr gemeinsames Leben hatte in Oppeln begonnen, als er am Beginn seiner Laufbahn stand. Sie hatte ihm ihr Leben verschrieben, ihm, seiner Sache und seinem Wohlergehen. Ihr Haus war Teil seines Rabbinats gewesen, ein Hafen der Ruhe, wohin er Studenten und Freunde mitbringen konnte. Und als die Nazis an die Macht gekommen waren und neue Pflichten und Verantwortungen auf ihrem Mann lasteten, bemühte sie sich noch mehr, in ihrem Haus eine Atmosphäre des Friedens zu verbreiten. Sie war die ideale Rabbinerfrau gewesen.

Nun stand der Gatte an ihrem Grab, um Abschied zu nehmen. Die Grabrede hielt er selbst:

„Wir sollen nun ohne dich sein, unser Leben ohne den Segen deines Lebens, ohne dich, die du so rein, so wahrhaftig,

---

* Jahrelang hat sich das hartnäckige Gerücht gehalten, Natalie Baeck habe wegen der drückenden Lebensbedingungen unter dem Naziregime Selbstmord begangen. Zweifellos hat der Streß des Lebens in Berlin zu ihrem Tode beigetragen, aber es gibt keinen Hinweis darauf, daß sie keines natürlichen Todes gestorben wäre. Der Autor des vorliegenden Buches hat mit mehreren engen Freunden der Familie Baeck gesprochen, die von einem Selbstmord wissen würden. Natalies Schwiegersohn Hermann Berlak schrieb zur Zeit ihres Todes an einen Freund, daß sie an einem Herzschlag gestorben sei. Die Suche nach ihrer Sterbeurkunde im Jahre 1976 ist erfolglos geblieben; wahrscheinlich ist sie den Bombenangriffen auf Berlin im Zweiten Weltkrieg zum Opfer gefallen.

so klar warst, so hell, so echt, so fromm, so andächtig, so gut, so hilfreich, so herzlich, so erschlossen für jeden, so selbstlos, so neidlos, so anspruchslos, so harmlos, so niemals auf sich bedacht, so schlicht, so dankbar auch für das Kleinste, so voller Frohsinn, Hoffnung und Jugend, so voller Freude an deinem Hause, so ganz voller Liebe, um sie uns zu geben, ohne dich nun, die du für uns nur leben wolltest, nur leben mochtest, wenn du für uns dachtest, für uns sorgtest und arbeitetest ohne Rast und ohne Müdigkeit, um jeden Wunsch wissend, jeden Gedanken erratend. Du bist heimgegangen und läßt uns zurück ohne dich. Gott gebe uns die Kraft, durch die Tage hindurchzugehen."

Leo Baeck war ein zurückhaltender Mensch, der seine Gefühle selten zeigte. Doch vertrauten Freunden gegenüber gab er seinen Gefühlen gelegentlich nach. Monate nach Natalies Tod schrieb er seinem Freund Baron Veltheim: „Es wird mir noch immer schwer, zu schreiben, wenn es ins Persönliche greift." Der Kantor Magnus Davidsohn, Leo Baecks Freund seit ihrer gemeinsamen Studienzeit, erzählte, Leo Baecks Gesicht habe in den Jahren nach Natalies Tod, wann immer er an sie erinnert wurde, „einen unbeschreiblich traurigen Ausdruck" bekommen, und Tränen seien ihm in die Augen getreten. Davidsohn erinnerte sich auch, daß Leo Baeck noch lange nach Natalies Tod wie im Reflex zur Frauenabteilung hinaufblickte und nach dem gewohnten zustimmenden Kopfnicken Ausschau hielt, wenn er in der Synagoge in der Fasanenstraße predigte.[12]

Immer und überall war die Gestapo dabei. Zwei ihrer Leute erschienen in schwarzen Uniformen und blankgeputzten Stiefeln, mit ausdruckslosen Gesichtern zu jeder Sitzung der Reichsvertretung. Niemals wußte man, ob sie zuhörten oder nicht, da sie meistens nur gelangweilt schienen, doch es gab Dutzende Geschichten von Juden, die verhaftet oder drangsaliert worden waren, weil sie etwas gesagt hatten, was die Gestapo ihrer Meinung nicht gehört haben konnte. Gestapobeamte waren bei den Gottesdiensten am Freitag abend und Samstag morgen anwesend, zwar in Zivil, aber dennoch erkennbar an ihren dünnen Schnurrbärten und ihrer soldatischen Haltung sowie dem verdrossenen Gesicht, mit dem sie nach irgendwelchen Anzeichen von Mißachtung der Naziregierung forschten. Max Nussbaum, der damals als Rabbiner in Berlin wirkte, erzählte später, daß die Gestapoleute gewöhnlich erkannt wurden, „und viele Jahre lang störte es uns nicht. Wir kleideten das, was wir sagen wollten, in alte Midrasch-Sprüche ein, und statt über Hitler und die Nazis zu reden, sprachen wir von den Römern und Babyloniern. Jeder Mensch in der Synagoge verstand das. Nur die Gestapospione waren zu dumm dazu." Aber in den späten dreißiger Jahren hatte die Gestapo dazugelernt. Ein Gestapobeamter sagte zu Nussbaum: „Wir wissen Bescheid über die alten Geschichten, die Sie zitieren. Wir sind keine Idioten. Wenn Sie Rom und Babylon sagen, meinen Sie Deutschland." Von da an waren die Rabbiner etwas vorsichtiger, sagte Nussbaum, fügte aber hinzu: „Auch jetzt noch staune ich darüber, was wir damals mit unseren Predigten riskiert haben."

Eines Tages war Leo Baeck in Begleitung einer Nichte in Berlin unterwegs, als er an einer S-Bahn-Station stehenblieb. Er sagte, er müsse zum Alexanderplatz, und die Nichte begriff, daß er die Gestapo meinte. Sie erschrak – „das war doch kein Ort für einen Juden", sagte sie Jahre später. Aber sie entsann sich, daß ihr Onkel Leo keine Furcht zeigte. „Er war immer gelassen", sagte sie, „er hatte nie Angst."

Ein damaliger Mitarbeiter Baecks erzählte: „Er war die letzte Person, die die Gestapo anrühren würde, weil er so sehr das ganze Judentum vertrat." Aber diese Behauptung ist eine Romantisierung der Situation. Gewiß, die Nazis hatten aus Baecks Verhaftung im Jahre 1935 gelernt, daß sie mit scharfer Kritik aus dem Ausland rechnen mußten. Überdies waren die Nazis zu dieser Zeit noch nicht soweit, daß sie einen frontalen Angriff auf die Juden hätten wagen können. Ihr Verhalten bestand im allgemeinen eher darin, die Juden zur Auswanderung zu zwingen, nachdem sie ihnen zuvor ihren Besitz genommen und sie erniedrigt hatten. Sie brauchten jemanden, mit dem sie umgehen konnten. Ein Mann wie Kareski, den sie kontrollieren konnten, wäre für sie ideal gewesen. Statt dessen hatten sie es mit Leo Baeck zu tun, der es sich zur Pflicht gemacht hatte, seine eigene Würde wie die seiner Glaubensbrüder zu bewahren und so vielen Juden wie möglich zur Emigration zu verhelfen. „Leo Baeck und seine Mitarbeiter waren in einer unmöglichen Lage“, sagte ein Mitstreiter jener Tage. „Sie vertraten Menschen, die gar nicht vertreten werden konnten, denn sie waren Gefangene.“ Noch schwieriger wurde die Lage, weil viele Juden gar nicht verstanden, welche Grenzen ihnen gezogen und wie hoch die Mauern waren.

Baeck jedoch wußte es. Und er war sich auch seiner eigenen Rolle bewußt. Als wir Joachim Prinz fragten, wer der mutigste Mensch war, den er während seiner Rabbinerzeit in Berlin gekannt habe, antwortete er: „Es war Baeck. Leo Baeck weigerte sich eines Tages einfach, vor der Gestapo zu erscheinen, weil Sabbat war. Man hatte ihm befohlen, am Sabbat zu erscheinen, und er hatte sich geweigert, indem er der Gestapo sagte: ‚Ich pflege am Sabbat nicht in ein Büro zu gehen. Am Sabbat gehe ich zum Gottesdienst.‘ “

Über seine Haltung den Gestapobeamten gegenüber gab es keinen Zweifel. Max Gruenewald: „Wenn er mit einem deutschen Beamten reden mußte, pflegte er mit jener pointierten Höflichkeit zu sprechen, die an Verachtung grenzt. Als der Artistokrat, der er war, mit seiner Neigung zu Reserviertheit und Selbstdisziplin, war er durchaus zur Verachtung fähig.“ Eva Reichmann erinnert sich daran, wie sie einmal mit einer Gruppe von Juden zur Gestapo bestellt worden war. Juden war nicht erlaubt, in Gegenwart von Nazibeamten zu sitzen. Baeck trat vor und stellte sich vor die Gruppe, als wolle er seinen Mitjuden als Schild gegen die Nazis dienen. „Er stand da wie ein Felsen“, sagte Eva Reichmann. „Er war über den Tod erhaben. Nichts konnte ihm etwas anhaben.“ Vielleicht war das das Geheimnis seiner Stärke. Seit Natalie gestorben war, konnte ihm kein Schmerz mehr etwas anhaben.

Und niemals verlor er den Glauben an den letztlichen Untergang der Nazis. Adolf Leschnitzer, der Baeck den Spitznamen „der Kardinal“ gegeben hatte, erzählt, daß 1936 oder 1937 Leo Baeck „nach brutalen und heimtückischen Maßnahmen der Naziregierung in einer Sitzung der Reichsvertretung [. . .] erregt die Bemerkung machte: ‚Dieses System kann nicht bestehen, es muß untergehen, und es wird untergehen, weil es auf Lügen aufgebaut ist.'" Leschnitzer und seine Freunde hörten sich das voller Skepsis an. „Nachher", so Leschnitzer, „lächelten wir über diese Worte. Hatte der ,Kardinal' immer noch nicht gelernt, wie es in der Welt zugeht, daß Gemeinheit und Lüge triumphieren?" Leschnitzer gab allerdings später zu, daß seine Skepsis möglicherweise auf dem Neid auf Baecks Glauben an den letztendlichen Triumph der Rechtschaffenheit beruhte: „Daß er durch die Stärke seiner Überzeugung so gefestigt war, daß ihn nichts erschüttern konnte."[13]

Seine Rolle den Nazis gegenüber, seine Führung in der Gemeinschaft und seine fortgesetzte Arbeit als Dozent hatten nur dann eine Bedeutung, wenn Baeck und die Organisation, an deren Spitze er stand, imstande waren, eine große Anzahl Juden zur Auswanderung zu bewegen. Er mußte sie überzeugen, daß sie in dem Land, das so sehr zu ihrer Vergangenheit gehörte, keine Zukunft hatten, daß es sich für sie lohnte, ihre wirtschaftliche Sicherheit aufzugeben und es mit einer neuen Welt aufzunehmen, die sie nicht unbedingt willkommen heißen würde.

Obwohl er von der Notwendigkeit der Emigration überzeugt war, konnte auch Baeck seinen Glaubensbrüdern nicht verübeln, wenn sie sich nicht damit abfinden konnten, daß ihre tausendjährige Geschichte in Deutschland zu Ende sein sollte. Im Frühjahr 1933, kurz nach Hitlers Machtergreifung, versuchte er einen Freund aufzuklären: „Die alteingesessenen deutsch-jüdischen Familien sind mit der deutschen Geschichte zusammengewachsen." Viele Jahre später sagte Baeck im Rückblick auf die Geschehnisse der dreißiger Jahre: „Es war für deutsche Juden besonders schwer, zu glauben, daß *Mein Kampf* und das Naziprogramm mehr waren als Ausgeburten aus dem kranken Hirn eines vulgären Demagogen."

Die Haltung mancher Juden war schlicht unbegreiflich. Joachim Prinz erzählte uns von einem Gespräch, das er einmal mit einem prominenten Juden hatte, der in Hitler nichts sehen wollte als eine momentane Verirrung. „Die Turmuhren in diesem Lande gehen richtig", sagte er, „und wenn ich mich nicht irre, stehen sie durchaus nicht auf

Mitternacht. Morgen wird ein neuer Tag kommen, und eines Tages wird die Stunde schlagen, und wir werden frei sein." Als Prinz diesen Mann in seinem Berliner Haus besuchte, stellte er fest, daß dieser seine wertvolle Sammlung impressionistischer Malerei zur sicheren Verwahrung nach Belgien geschickt hatte. „Ich blickte ihn erstaunt an", erzählte Prinz, „und sagte: ‚Bilder zu retten ist offenbar wichtiger, als Menschen zu retten.'" Prinz verriet nicht, wer dieser Mann gewesen war, nur so viel, daß er ein Opfer seiner Überzeugung wurde: „Er ist in Theresienstadt umgekommen."

Rudolf Callmann war ein Kölner Rechtsanwalt, der mit Baeck in der Reichsvertretung zusammenarbeitete und 1935 in die Vereinigten Staaten auswanderte. Jahre später, als Callmann bereits wieder ein erfolgreicher Rechtsanwalt war, sagte er uns in seinem Büro in Manhattan: „Die Leute sagen, es sei klug von mir gewesen, auszuwandern. Aber ich war nicht klug, ich hatte nur Glück. Ich hatte eine Chance, herauszukommen."

Neben seiner offiziellen Arbeit bemühte sich Baeck auch persönlich darum, Menschen zur Auswanderung zu bewegen, besonders die jungen. 1935 lud das *Hebrew Union College* in Cincinnati, das reformjüdische Rabbinerseminar der Vereinigten Staaten, fünf Studenten der „Hochschule" zum Studium in Amerika ein. Die Hochschule hatte Mühe, fünf Interessenten für die Reise zu finden, denn noch war das Angstgefühl unter den deutschen Juden nicht sehr stark. Die fünf, die schließlich reisten, nachdem sie von Baeck und anderen Mitarbeitern der Hochschule gedrängt worden waren, waren Alfred Wolf, Hermann Schaalmann, Leo Lichtenberg, Wolli Kaelter und W. Günter Plaut. Kaelter erinnert sich später, daß ihm Baeck, der früher schon in den Staaten gewesen war, erzählte, in Amerika gäbe es oft Huhn zu essen und am *Union College* hätten sie „so einen Swimmingpool". Leo Lichtenberg hatte wegen dieser Reise ein besonderes Problem. Ihm fehlten 25 Mark, um sein Gepäck von Berlin nach Paris zu schicken. Leo Baeck gab ihm das Geld.

Juden, die Deutschland verließen und wiederkamen, nahmen die – mitunter drastischen – Veränderungen in Deutschland besonders deutlich wahr. 1935 erzählten sich die Deutschen in der U-Bahn oder der S-Bahn noch Witze über Hitler. Ein Jahr später taten sie es nicht mehr. Wolli Kaelter erinnert sich daran, wie er nach einem Jahr in Cincinnati wieder nach Berlin zurückkam und mit Baeck darüber sprach, was die Veränderungen für die Zukunft der Juden in Deutschland anzeigten. Nachdem er eine lange Liste böser Aussichten aufgezählt hatte, sagte Baeck etwas, woran sich Kaelter noch nach Jahren erinnerte: „Wir sollten ein goldenes Buch anlegen mit den Namen aller Deutschen, die uns helfen; sie dürften nicht vergessen werden." Leo Baeck suchte und erwartete immer das Gute in seinen Mitmenschen; jemand mit diesem Glauben würde letzten Endes nicht enttäuscht werden.[14]

Auch seinen Bekannten riet Baeck, Deutschland zu verlassen. Gertrud Gallerski hatte Baeck als junge Frau in Oppeln gekannt. Ihr Mann war Steuerberater, und da er Jude war, konnte er mit seinen Kunden nur noch heimlich verkehren und sie nur durch die Hintertür aufsuchen. „Ich kann das nicht", sagte er. „Ich bin doch kein Verbrecher. Ich habe nichts Schlechtes getan." So war er nach Kanada gegangen, hatte sich vergewissert, daß er dort seinen Lebensunterhalt verdienen konnte, und kam zurück, um seine Frau nachzuholen. Gertrud hatte aber noch drei ältere Brüder und Schwestern in Deutschland, und sie weigerte sich, so weit von ihnen fortzugehen, auch als ihr Mann sie flehentlich darum bat. Als sie erfuhr, daß Baeck in der Nähe Urlaub machte, schrieb sie ihm, obwohl sie ihn seit dreißig Jahren nicht gesehen hatte, und fragte an, ob sie ihn aufsuchen dürfe, um sich bei ihm Rat zu holen. Als sie ihn dann traf und ihm die Lage auseinandersetzte, antwortete er: „Sie müssen mit ihrem Mann gehen. Sie können ja jederzeit zurückkommen, wenn das Ganze vorbei ist." Jahre später dachte sie über diesen Besuch nach und sagte: „Er behandelte mich, als schenke er einem kleinen Mädchen Süßigkeiten."

Fritz Friedländer und seine jung mit ihm verheiratete Frau besuchten Baeck 1938, kurz vor ihrer Emigration. Friedländer war ein alter Freund des Hauses, den Baeck mehrere Jahre lang nicht gesehen hatte. Sie unterhielten sich in Baecks Wohnung, „in seinem Arbeitszimmer, das eine Aussicht auf den ganzen Park hatte; die Wand hinter dem Schreibtisch war mit Büchern bedeckt. Baeck wirkte sehr einsam, denn er hatte im vergangenen Jahr seine Frau verloren." Er begrüßte den Entschluß des Paares, auszuwandern. „Die Jungen müssen gehen, denn sie haben keine Zukunft in diesem Land", betonte er. Sie scherzten über Friedländers mangelnde Englischkenntnisse. Er sprach nur gebrochen Englisch, während seine Frau die Sprache gut beherrschte. „Frau Doktor", sagte Baeck zu ihr, „wenn Ihr Mann fortfährt, mit ihnen Deutsch zu sprechen, halten Sie sich die Ohren zu."

Baeck war sich des Traumas bewußt, das es bedeutete, in ein neues Land zu ziehen, Familie und Freunde zurückzulassen. Ohne Unterlaß schrieb er Briefe an seine Bekannten in aller Welt, um deutsche Emigranten einzuführen. Wenn jemand beispielsweise nach New York kam, wurde er einem Bekannten Baecks in dieser Stadt „dringend empfohlen". Kannte Baeck in einer Stadt niemanden persönlich, erkundigte er sich nach dem Namen eines dortigen Rabbinerkollegen. So erhielt der Oberrabbiner von Johannesburg in Südafrika die Mitteilung von der Ankunft einer Frau, die „seit Jahren im Dienst der Jüdischen Gemeinde, Berlin, steht und sich dort in ihrer Arbeit stets aufs beste bewährt hat". An Menschen, die sich in fremden Ländern hilfreich erwiesen hatten, gingen Dankesbriefe: „Ganz besonders danke ich Ihnen für die Treue, die Sie uns allen gezeigt haben und im besonderen jenen, die nach der neuen Welt kommen, beweisen." Die Briefe waren meistens von Baeck mit der Hand geschrieben und nicht diktiert; sie sollten den Neuankömmlingen möglichst schnell zu einem Bekanntenkreis in der neuen Umgebung verhelfen. Es waren nur kleine Schritte, doch Baeck hielt von kleinen Schritten ebensoviel wie von großen.

Gegen Ende der dreißiger Jahre begannen auch seine Studenten und Mitarbeiter fortzugehen, und Baeck tat nichts, um sie daran zu hindern. Er dankte ihnen für ihre Hilfe und wünschte ihnen alles Gute. „Man kam sich richtig komisch vor", sagte Fritz Bamberger. „Er blieb, und wir sollten gehen." Baeck verstand dieses Gefühl und tat alles, um es so wenig wie möglich aufkommen zu lassen. Einmal ermunterte er einen jungen Dozenten der „Hochschule“, mit seiner Familie auszuwandern. Der Dozent traf alle Vorbereitungen, zögerte aber immer noch, besonders weil Baeck blieb. Baeck beruhigte ihn: „Machen Sie sich keine Sorgen, die Nazis können jeden Tag fallen.“ Darauf der Dozent: „Vielleicht sollte ich doch nicht emigrieren.“ Worauf Baeck rasch erwiderte: „Da Sie alle Ihre Papiere beieinander haben, sollten Sie auch reisen. Aber um sicherzugehen, verlassen Sie die ‚Hochschule‘ nicht endgültig; lassen Sie sich nur beurlauben.“

Der junge Dozent wanderte mit seiner Familie aus; als er uns diese Geschichte erzählte, sagte er: „Das Beurlaubungsschreiben habe ich immer noch.“

Baeck hätte seinen Verwandten helfen können; er selbst war eines von elf Kindern gewesen, und seine Geschwister hatten eine große Nachkommenschaft von Neffen und Nichten hervorgebracht. Einer seiner Neffen erzählt jedoch: „Seine eigene Verwandtschaft stand am Ende der Liste. Die Familie war darüber etwas beunruhigt, hat es ihm aber nie vorgeworfen. Uns wurde gesagt, wir sollten darüber nicht mit ihm sprechen.“[15]

Für die Emigrationswilligen gab es zahllose Schwierigkeiten. Die größte jüdische Gemeinschaft der Welt war damals die der Vereinigten Staaten. Sie tat viel, um die Gelder aufzubringen, die den Juden in Deutschland helfen sollten, förderte jedoch die Auswanderungsbewegung nur widerstrebend. Robert Weltsch, Herausgeber der *Jüdischen Rundschau*, konferierte 1934 mit einer Gruppe prominenter amerikanischer Juden, die darauf bestanden, die deutschen Juden sollten nicht durch eine totale Auswanderung auf ihre deutschen Rechte verzichten. „Sie verstehen nicht, was in Deutschland vor sich geht“, gab Weltsch zurück. Im Jahr darauf hatten Max Kreutzberger und Otto Hirsch von der Reichsvertretung ein ähnliches Erlebnis mit amerikanischen Juden. Die Amerikaner sagten, daß, wenn die Vereinigten Staaten dazu gebracht werden könnten, die deutschen Juden ins Land zu lassen, Polen und Rumänien möglicherweise ebenfalls ihre Juden ausweisen würden, da sie ja annehmen könnten, daß die Vereinigten Staaten sie aufnehmen würden.

Wie immer man auch die Haltung der amerikanischen

Juden beurteilen mag, es lag nicht in ihrer Macht, die Immigrationsgesetze zu ändern, die zu jener Zeit die Aufnahme von Zuwanderern in größerer Zahl unterbanden. Ein Jahrzehnt zuvor hatten die Vereinigten Staaten ihre Tore für „die Mühseligen, die Hungrigen und die Beladenen"[16] geschlossen.

Weder die Vereinigten Staaten noch die übrige Welt war frei von dem Virus, der Deutschland befallen hatte. Antisemitismus gab es überall. Die Beschränkungen, unter denen die deutschen Juden im Kaiserreich und teilweise auch noch in der Weimarer Republik gelebt hatten, unterschieden sich nur wenig von denen, mit denen die Juden in den Vereinigten Staaten und in England konfrontiert waren. An manchen Orten verkaufte man ihnen keinen Land- oder Hausbesitz. Bestimmte Hotels und Ferienorte weigerten sich, Juden aufzunehmen. Universitäten wie beispielsweise die Harvard University machten keinen Hehl aus ihrem Quoten-System. Manche Karrieren waren Juden verwehrt. Oft kam es zu gewalttätigen Ausschreitungen. Es gab Antisemitismus im Country Club und in der Eckkneipe. Zu Beginn der zwanziger Jahre gewann in den Vereinigten Staaten der Ku-Klux-Klan, der sich gegen Schwarze, Katholiken und Juden wandte, die Macht in der demokratischen Partei einiger Südstaaten und großen Einfluß auf diese Partei in einigen anderen amerikanischen Staaten.

In den dreißiger Jahren berief sich Deutschland darauf, daß es nichts anderes tue, als andere Länder taten oder gern tun würden. „[. . .] es ist kaum überraschend", hieß es in einer Propagandarede, die für die Englisch sprechende Welt bestimmt war, „daß Deutschlands Politik den Juden gegenüber in der ganzen Welt so großes Aufsehen erregt hat. Deutschland erleidet das Schicksal all jener, die, ob Nationen oder einzelne, genug Mut und Verantwortungsgefühl besitzen, eine Überzeugung in die Tat umzusetzen und zu verteidigen, die grundsätzlich im Gegensatz zu den herrschenden Prinzipien der Zeit steht. Keine große menschliche Leistung ist je vollbracht worden, wenn nicht durch Kampf und Opfer." Diese Nazi-Vorstellung der heroischen Pflicht hat schließlich in den vierziger Jahren die Deutschen zu der Überzeugung verführt, mit den Vernichtungslagern nicht nur ihr eigenes Judenproblem, sondern auch das der anderen Nation lösen zu müssen.[17]

Zwischen Hitlers Machtergreifung im Januar 1933 und dem 1. Juli 1938 – also fünfeinhalb Jahre lang – betrug die Gesamtzahl deutsch-jüdischer Flüchtlinge, die von den Vereinigten Staaten aufgenommen wurden, 27 000, also nur 1000 mehr als die jährliche deutsche Einwanderungsquote. Warum so wenige? In der Bürokratie des amerikanischen Außenministeriums wimmelte es von Männern, die aus den Country Clubs und Studentenverbindungen kamen, zu denen Juden keinen Zutritt hatten. In den Auslandsabteilungen saßen Männer, die in dem Glauben aufgewachsen waren, Juden seien ein Volk außerhalb der anerkannten Gesellschaftsschichten. Historiker haben in den Archiven der damaligen Zeit Kommentare gefunden, in denen es hieß: „Laßt Hitler nur machen", Amerika dürfe nicht mit liberalen Professoren „überflutet" werden und dergleichen mehr.

Beamte mit dieser Einstellung saßen in den Büros der amerikanischen Konsulate in Deutschland. Nussbaum, der bereits mehrfach erwähnte Berliner Rabbiner, behauptet, „das größte Unglück für die Juden in Berlin" sei ein amerikanischer Konsulatsbeamter gewesen, „der die gesamte Emigration sabotierte". Ein Jude, dem die Nazis erlaubt hatten, Deutschland zu verlassen, mußte um ein amerikanisches Visum ersuchen. Auf dem Konsulat wurde der Antragsteller mit einer Fülle von bürokratischen Hindernissen konfrontiert. Laut Nussbaum bestand damals die schwierigste Aufgabe der amerikanischen Juden mit Einfluß auf die Regierung darin, die Versetzung dieses bestimmten Beamten zu erwirken. Dieser Beamte war aber durchaus nicht untypisch. Harold L. Ickes, der zu jener Zeit Innenminister in Präsident Franklin D. Roosevelts Regierung war, warf dem Außenministerium vor, es sei „ein Konglomerat ehrgeiziger Männer, die hauptsächlich an ihre Karriere denken und sich als Berufsbeamte nicht verpflichtet fühlen, sich nach der Regierungspolitik zu richten. Ich glaube, daß das Ministerium im wesentlichen undemokratisch in seinen Ansichten und mit Faschismus durchsetzt ist". Der Abgeordnete Emanuel Celler, dessen

Brooklyner Wahlkreis fast ausschließlich jüdisch war, faßte seine Kritik in dem lakonischen Ausspruch zusammen, das Außenministerium habe „einen vom Protokoll erstickten Herzschlag".[18]

In England war die Situation kaum anders. Chaim Weizmann, dessen Aufgabe es war, deutschen Juden die Auswanderung nach Palästina zu ermöglichen, bat oft britische Beamte um Hilfe zur Erleichterung der Einwanderung nach Palästina. Nein, das sei unmöglich, wurde ihm gesagt. Konnten die amtlichen Stellen wenigstens den Juden in Deutschland beistehen, indem sie die Behandlung der Juden durch die Nazis öffentlich anprangerten, um dadurch internationalen Druck auf die Nazis auszuüben? Nein, auch das sei unmöglich. Die Zahl der vorgeschobenen Gründe war fast endlos: Man könne sich nicht in die inneren Angelegenheiten einer anderen Nation einmischen; die Initiative für die Auswanderung müsse von den Deutschen kommen; die Handelsbeziehungen seien zu wichtig; der Erklärungen war kein Ende, und alle summierten sich zu der einen Tatsache: Es konnte fast nichts getan werden.

Deutschlands nächster Nachbar Frankreich schien das am leichtesten erreichbare Emigrationsziel zu sein; die Auswanderer brauchten nur die Grenze zu überschreiten. Aber auch in Frankreich war der Antisemitismus, der in der Dreyfus-Affäre einen Höhepunkt erreicht hatte, keineswegs ausgestorben. Im Jahre 1938 traf sich der deutsche Außenminister Joachim von Ribbentrop mit seinem französischen Kollegen, dem Außenminister Georges Bonnet. Gegen Ende ihres Gesprächs kam das Judenproblem zur Sprache. Bonnet zeigte sich besorgt – doch keineswegs über die Notlage der Juden. Sondern darüber, daß aufgrund ihrer Behandlung durch die Nazis so viele deutsche Juden nach Frankreich gekommen seien, daß die französische Wirtschaft belastet werde. *Das* war das Problem.[19]

Palästina war eines der wenigen Länder, in denen sich die Juden willkommen fühlen konnten. Außerdem hatte es für emigrationswillige deutsche Juden wegen seiner geschichtlichen und religiösen Bedeutung eine starke Anziehungskraft. Doch auch die Auswanderung nach Palästina war mit

Schwierigkeiten verbunden. Außer den britischen Einwänden gegen die Immigration am Ende des Jahrzehnts gab es auch noch das Problem der Feindseligkeiten zwischen Arabern und Juden. Die jüdischen Professoren und Rechtsanwälte hätten nicht nur ihre Bücher und ihr kultiviertes Leben aufgeben müssen, um Landwirte und Pioniere zu werden, sondern sie hätten auch mit dem Gewehr in der Hand leben müssen. Leo Baeck, der viele Freunde in Palästina und überdies stets ein Gefühl für die Nöte von Minderheiten hatte, bewahrte immer ein Interesse am Wohlergehen der Araber und vertrat die pragmatische Ansicht, daß Juden und Araber Seite an Seite würden leben müssen, wenn Palästina ein Land des Friedens werden sollte.

In seinem *Wesen des Judentums* hatte Baeck geschrieben: „Gerechtigkeit ist Gerechtigkeit für die Wenigen." Als er das schrieb, dachte er an die Behandlung der Juden. Er war sich jedoch dessen bewußt, daß dieser Satz ebenso für das Verhalten von Juden anderen gegenüber gelten mußte. In einem langen Brief an Weizmann schrieb er im Dezember 1936: „Das wesentliche ist, daß ein konstruktives, positives Programm der Beziehungen zu den Arabern vorgetragen werden kann." Er wolle den Tatsachen „ins Auge sehen". Obwohl ihm klar war, daß es eine völlige Lösung aller Probleme nicht geben konnte, betonte er: „Ein nicht ganz vollkommenes Programm ist immer noch besser als das Ausweichen vor dem Programm, als die Programmlosigkeit." Baeck war zwar der Meinung, daß die „Grundlage und Voraussetzung" jedes Programms „das geschichtliche und vertragsmäßige Recht des jüdischen Volkes auf Einwanderung in Palästina" sein müsse. Ebenso wichtig erschien ihm aber ein Programm jüdisch-arabischer Zusammenarbeit: „Jede Kantonseinteilung ist abzuweisen", wenn die Wüste in fruchtbares Land verwandelt werde. Der beste Weg zu einer wirklichen Kooperation sei, so Baeck, „die staatliche Hilfe für Produktivgenossenschaften". Ein Jahr später schrieb Baeck an einen zionistischen Freund: „Vielleicht ist jetzt der psychologische Augenblick für einen neuen Versuch zu einer Verbindung mit den Arabern gekommen." Eine Abschrift dieses Briefes sandte er an Weizmann.[20]

Aus der Kooperation, von der Baeck sprach, ist nie etwas geworden, eine Entwicklung, die nicht nur Baeck jahrzehntelang bedauerte. Angesichts der politischen Situation der damaligen Zeit hat es vielleicht niemals eine Chance für eine solche Kooperation gegeben. Baeck träumte von der Entwicklung individueller Beziehungen zwischen Arabern und Juden am gemeinsamen Arbeitsplatz, von der Entwicklung eines gemeinsamen Stolzes auf die gemeinsame Leistung. Im Gegensatz dazu setzte der Zionismus seine politische Hoffnung auf Verhandlungen nicht mit einzelnen Menschen, sondern mit Parteien, mit den Briten, die das Mandat über Palästina hatten, und den politischen Führern der Araber, denn das war zu jener Zeit der Stil der internationalen Politik.

Kaum ein Land nahm Juden auch nur als Gäste auf. Alexander Guttmann, damals ein junger Dozent an der „Hochschule", wollte im Jahre 1937 heiraten und seine Hochzeitsreise ins Ausland machen. „Ich ging zu mehreren Konsulaten in Berlin, um Besuchervisa für mich und meine zukünftige Frau zu bekommen", erzählte er. „Unweigerlich war die erste Frage: ‚Sind Sie Jude?'" Da er diese Frage bejahen mußte, erhielt er kein Visum. Der Grund war: „Statt nach Deutschland zurückzukehren, würden Sie möglicherweise in unserem Lande bleiben, um Ihr Leben zu retten." Guttmann berichtete auch, daß Juden, die die Grenzen illegal zu überschreiten versuchten, von den Franzosen und den Schweizern zurückgeschickt oder in Lager gesperrt wurden, die sich von Gefängnissen nicht unterschieden.

Wenn deutsche Juden schließlich ein aufnahmebereites Land fanden, standen sie vor einem neuen Problem: Mit der Auswanderung aus Deutschland würden sie ihre gesamten Ersparnisse, allen Besitz einbüßen, den sie oder ihre Familien in Generationen zusammengetragen hatten. Die den auswandernden Juden von der Naziregierung auferlegte „Reichsfluchtsteuer", die zuerst 25% des Vermögens betragen hatte, konnte mitunter bis zu 100% betragen, so daß der Auswanderer in dem neuen Land ohne einen Pfennig ankam.

Da nur wenige Länder bereit waren, Juden aufzunehmen, entwickelte sich ein regelrechter Schwarzer Markt, auf dem skrupellose Geschäftemacher die Emigranten ausbeuteten.

Viele Juden bezahlten Geld, das dann einfach verschwand. Es gab Leute, die Informationen über erhältliche Visa verkauften; der Preis war hoch und die Information meistens falsch. Ein Nazifunktionär in Berlin bereicherte sich dadurch, daß er die Pässe wohlhabender Juden erst einzog und sie dann den Eigentümern zu Wucherpreisen wieder verkaufte. Wie ein Nazifunktionär später zugab, war die Ausplünderung der Juden die Taktik der dreißiger Jahre. „Das war nicht besonders fein", sagte er, „aber kriminell war es nicht."

Wegen des Geldes, das man den Juden abnehmen konnte, förderten die Nazis in den dreißiger Jahren die Auswanderung. Im Jahre 1938 waren beispielsweise die einzigen nichtjüdischen Firmen, die in jüdischen Zeitschriften inserieren durften, Transport- und Speditionsfirmen, die Schiffspassagen für Menschen und Güter verkauften. „Wir haben das größte Interesse daran, die Auswanderung der Juden auf jede Art zu fördern", hieß es in der Verordnung.

Der Transport war nicht billig. Die einzige Stadt der Welt, für die man kein Visum brauchte, war Schanghai, doch die Reisekosten waren für viele Juden unerschwinglich. In den ersten sechs Monaten des Jahres 1937 bezahlte der Hilfsverein der Juden in Deutschland, eine Unterabteilung der Reichsvertretung, fast 400 000 Mark, um Juden die Auswanderung zu ermöglichen. Außerdem stellte das American Joint Distribution Committee weitere 225 000 Mark zur Verfügung, und die Auswanderer selbst brachten 150 000 Mark auf. Die verschiedenen Organisationen zahlten damals etwa viermal soviel wie die Emigranten selbst. Bezahlt wurden ausschließlich die Auswanderungskosten, die Reise dritter Klasse per Eisenbahn und Schiff, die Übersetzung und Beglaubigung von Dokumenten, Einwanderungsgebühren und dergleichen mehr.[21]

Einige Jahre lang hatte es außerhalb der deutschen Grenzen durchaus Besorgnis über die Not der deutschen Juden gegeben. James G. McDonald, der Flüchtlingsbeauftragte des Völkerbundes, trat 1935 von seinem Posten zurück, um gegen die wirkungslose, gleichgültige Einstellung der Mitgliedsnationen zur Notlage der deutschen Juden zu protestieren. In seinem Rücktrittsschreiben heißt es:

„Wenn durch eine Landespolitik Hunderte und Tausende von Menschen mit Verzweiflung und Exil bedroht sind, muß die Rücksicht auf diplomatische Korrektheit hinter die Rücksicht auf schlichte Menschlichkeit zurücktreten. Ich würde mich schämen, wenn ich nicht die Aufmerksamkeit auf diese Situation lenken würde, wenn ich nicht dafür eintreten würde, daß die Weltmeinung, die vom Völkerbund, seinen Mitgliedsstaaten und anderen Ländern vertreten wird, eine Milderung der bereits eingetretenen und immer noch drohenden Tragödien bewirken muß."

Die zahlreichen Zeitungsberichte aus Deutschland, die Appelle der Reichsvertretung und die Reaktionen von Deutschlandbesuchern erzwangen schließlich eine Initiative zum Handeln. Franklin D. Roosevelt, der Präsident der Vereinigten Staaten, ersuchte die Nationen der Welt, Vertreter zu einer Konferenz nach Evians-les-Bains in Frankreich zu senden, auf der das Flüchtlingsproblem und mögliche Lösungen diskutiert werden sollten.

Die Konferenz in Evians war Roosevelt von Sumner Welles, dem zweiten Mann im amerikanischen Außenministerium, empfohlen worden. Theodore C. Achilles, ein Beamter des Außenministeriums, der als Sekretär des von mehreren Regierungen gebildeten Flüchtlingskomitees fungierte, hat das Zustandekommen dieser Konferenz beschrieben:

„Der Außenminister [Cordell Hull], Mr. Welles, Mr. Messersmith [der damalige amerikanische Botschafter in Deutschland] und Mr. Moffet kamen zu dem Schluß, daß es nicht ratsam für das Außenministerium sei, sich dem Drängen [auf Milderung der Einwanderungsgesetze] zu widersetzen, sondern daß man besser die Flucht nach vorn antreten und den Druck kanalisieren solle, um allen Versuchen einer Liberalisierung der Einwanderungsgesetze zuvorzukommen. Der Gedanke der internationalen Konferenz in Evian wurde von Welles vorgebracht und am 22. März vom Präsidenten gebilligt."

Über Roosevelts Beweggründe kann man nur spekulieren. Innenpolitisch stand er zwischen zwei Feuern. Es war ihm gelungen, die Juden, die traditionell die Republikanische Partei unterstützt hatten, für die Demokratische Partei zu gewinnen. Zugleich war ihm jedoch der weitverbreitete Antisemitismus in den Vereinigten Staaten bewußt – seine Politik des „New Deal" war als „Jew Deal" verhöhnt worden. Einer der populärsten politischen Demagogen der damaligen Zeit war ein katholischer Priester namens Charles E. Coughlin, der jede Woche im Rundfunk Schmähungen gegen die Juden verbreitete. Von zwei Seiten bedrängt, tat Roosevelt, was er in solchen Fällen oft tat: Er versuchte, beide Seiten zu besänftigen, und brachte es fertig – zumindest in diesem Fall –, keiner von beiden nachzugeben. Was in Evian herauskam, war eine oberflächliche Demonstration, die neue Probleme schuf, statt die alten zu lösen.

Achilles schrieb: „Es ist leicht, das ganze Problem beiseite zu schieben, indem man sagt, ‚niemand will noch mehr Juden aufnehmen'. Das ist zweifellos wahr." Er selbst empfahl, die Vereinigten Staaten sollten jährlich eine der regulären Quote für alle Deutschen entsprechende Zahl deutscher Juden, also zwischen 27 000 und 30 000 Menschen pro Jahr, und andere Länder zusätzliche Flüchtlinge aufnehmen, so daß die Gesamtzahl der in diese Länder einwandernden deutschen Juden auf jährlich 100 000 ansteigen würde. Dieser Berechnung lag die Vorstellung von der Auswanderung aller Juden aus Deutschland innerhalb von fünf Jahren zugrunde. Das hätte das Problem lösen können, vorausgesetzt, daß die Nationen, einschließlich der Vereinigten Staaten, den Juden wirklich hätten helfen wollen. Aber Achilles mußte feststellen: „Niemand will noch mehr jüdische Flüchtlinge."[22]

Delegierte aus 32 Ländern kamen zu der Konferenz nach Evian, die vom 6. bis zum 14. Juli 1938 dauerte. Ein paar Monate vorher war Hitler in Österreich einmarschiert. Das Flüchtlingsproblem hatte sich weiter verschärft, weil sich zu jenen, die aus Deutschland fliehen wollten, noch die potentiellen österreichischen Flüchtlinge gesellten. Diese Menschen setzten große Hoffnungen auf Evian. Doch die Vereinigten Staaten ließen schon im voraus wissen, daß sie nicht die Absicht hatten, ihre Einwanderungsgesetze zu ändern, und daß sie auch von den anderen Nationen nichts dergleichen erwarteten. England nahm nur unter der Bedingung teil, daß man über Palästina als potentielle Zuflucht für

Juden nicht diskutieren werde. Ein jüdischer Beobachter der Evian-Konferenz bezeichnete Evian später als „das München für die Juden", womit er meinte, daß die Konferenz, statt den Juden zu helfen, „alle Schutzwälle, die die Juden als Individuen und als Gemeinschaft geschützt hatten", niedergerissen habe. Die an der Konferenz beteiligten Nationen erwiesen sich nicht eben als menschenfreundlich, als ihre Delegierten einer nach dem anderen aufstanden und erklärten, daß es in ihren Herbergen für die heutigen Josephs und Marias keinen Platz gebe.

Die Reichsvertretung in Berlin hielt die Konferenz von Evian für einen ehrlichen Rettungsversuch. Sie schickte der Konferenz einen siebzehn Seiten langen Bericht mit zehn statistischen Anlagen über die jüdische Emigration, die Altersstruktur der noch in Deutschland verbliebenen Juden, die Berufe und den Bildungsgrad, kurz, alle Informationen, die eine ernsthaft an der Flüchtlingshilfe interessierte Konferenz brauchte. Der Bericht begann mit der Erklärung: „Die Juden in Deutschland sind entschlossen, ihre ganze Kraft einzusetzen, ihre organisatorischen und finanziellen Möglichkeiten in den Dienst der Ausarbeitung eines umfassenden Auswanderungsplans zu stellen."

Die Reichsvertretung bat die Aufnahmeländer, ihre Forderung, daß jeder Einwanderer eine bestimmte Geldsumme besitzen müsse, dahingehend abzuändern, daß es genüge, wenn die Familieneinheit eine solche Summe besitze – damit würde die Trennung von Familien verhindert. Ferner bat sie darum, den Einwanderern nur solche Orte zur Niederlassung zuzuweisen, in denen sie ihren Lebensunterhalt verdienen könnten. Es folgten noch weitere Bitten und Vorschläge, die alle von der Voraussetzung ausgingen, daß Hilfe nahe war.

Doch es gab keine Hilfe. Die Konferenzdelegierten hielten ihre Reden und kehrten nach Hause zurück. Ein neues Komitee wurde ernannt, das jedoch keine Resultate brachte. Das freilich sollte es auch nicht. Kein Land erhöhte seine Einwanderungsquote. Kein Land milderte seine Einwanderungsbeschränkungen. Kein Land protestierte offiziell gegen die Vorgänge in Deutschland. Und die Juden in Berlin, die so sehr gehofft hatten, mußten wieder einmal begreifen, daß sich ihre

Mitmenschen von ihnen abgewandt hatten. „Nichts ist so schlimm“, sagte Leo Baeck, „wie das Schweigen“.[23]

War es angesichts all dieser Schwierigkeiten – der Weigerung vieler Juden, sich die Zerstörung ihrer Existenz in Deutschland einzugestehen, der Ausplünderung durch die Räuberei der Nazis, der oft unerschwinglichen Reisekosten, der Weigerung des Auslands, den Juden eine Zuflucht zu bieten – nicht sinnlos, daß Baeck und die anderen jüdischen Führer ihre Gemeinden zum Auswandern überredeten?

Jahre später sagte Baeck dazu: „Was ist eine Zahl? Wir denken zuviel in Zahlen. Wir vergessen, daß jede ein Mensch mit seiner Seele, seinem Körper und seiner Angst ist.“ Doch sind Zahlen auch ein Maßstab. Allen Schwierigkeiten zum Trotz war gegen Ende 1938 ein Drittel aller deutschen Juden ausgewandert. Sie hatten ihr Heim verlassen, ihre Freunde, ihren Besitz und waren in ein fremdes Land gegangen, hatten neue Berufe ergriffen und ihr Leben von neuem begonnen. Ungefähr zwei Fünftel, etwa 60 000, dieser Emigranten hatten Deutschland in den beiden ersten Jahren der Naziherrschaft verlassen. Es waren die Jüngeren, die Schriftsteller, Akademiker und die kulturell und politisch Aktiven. Während der folgenden fünf Jahre emigrierten weitere 90 000 bis 100 000 Menschen. Außer den 27 000, die nach Amerika gingen, wanderten ungefähr 50 000 nach Palästina und etwa 40 000 in andere europäische Länder aus. Eine geringe Anzahl ging nach Südafrika und in lateinamerikanische Länder (nur Argentinien nahm eine größere Zahl Juden auf, nämlich 13 000; Brasilien nahm 7500 auf, und in einigen anderen südamerikanischen Ländern fanden je 1500 eine Zuflucht). Mehr als die Hälfte derer, die Deutschland verließen, war unter vierzig Jahre alt; Leo Baeck hatte Erfolg gehabt mit seiner Bemühung, die Jungen zur Emigration zu bewegen. Anfang 1933 war ein Viertel der deutschen Juden unter fünfundzwanzig Jahre alt. Zur Zeit der Konferenz von Evian waren es nur noch siebzehn Prozent. 1933 waren zwei Drittel der deutschen Juden unter fünfzig; während der Konferenz von Evian waren es etwas mehr als die Hälfte.

Es war ein neuer Auszug aus Ägypten, vielleicht noch gewagter als der biblische. Bei dem alten Exodus waren die

Juden mit zweifacher Stärke gewappnet: Sie zogen geschlossen aus, und niemand unter ihnen konnte behaupten, es wäre vielleicht vorteilhafter, in Ägypten zu bleiben, wo sie Knechte gewesen waren. Bei diesem modernen Exodus gab es keine große Karawane von Männern mit ihren Familien, die ihren Besitz und ihre heilige Lade mitnahmen und die Grenzen überschritten wie eine Armee. Statt dessen reiste hier ein Sohn ohne jeglichen Besitz in einem Dritter-Klasse-Abteil, und wenn alles gutging, würden ihm seine Eltern und Geschwister folgen, wenn irgend möglich, auch die Großeltern. Für diejenigen, die gingen, waren die Gefahren ebenso groß wie für die Teilnehmer am biblischen Exodus, aber sie waren gedrängt worden, ihre Chance zu nutzen, um ihr Erbe zu wahren und ihr Leben zu erfüllen. Wie Leo Baeck im Sommer 1934 schrieb:

„Für uns deutsche Juden ist es heute zur besonderen, fast zur geschichtlichen Aufgabe geworden, unseren Kindern, die uns gegeben sind, die Kindheit und die Jugend zu geben. Uns ist die große Sorge anvertraut, ein werdendes Geschlecht vor seelischem Leide zu bewahren und, wo immer es not tut, die Stätten zu suchen und zu bereiten, wo die Seele, die im Lichte atmen will, sich in reiner Luft, beschützt vor Unliebem und Ungutem, entwickeln darf. Menschenleben durch Jugend zu schaffen, so steht es als weisende Pflicht vor uns."

Baeck und seine Mitstreiter erreichten dieses Ziel trotz äußerster Schwierigkeiten in bemerkenswertem Grade.[24]

Bis zum Herbst 1938, zu einer Zeit also, als man noch auf eine Zukunft in Deutschland hoffte, war ein Drittel der deutschen Juden ausgewandert. Doch die Ereignisse im Herbst 1938 zerstörten diese Illusion endgültig. Die Folge von Ereignissen begann im September, als Hitler, nun im Besitz Österreichs, sich des Sudetengebiets der Tschechoslowakei bemächtigen wollte und die Weltnationen vor ihm kapitulierten. Premierminister Neville Chamberlain kehrte aus München nach England zurück, wo er den Kapitulationsvertrag mit den Worten kommentierte, daß damit der Friede „für unsere Zeit" gesichert worden sei. Erstaunt über seine Fähigkeit, sich die Weltnationen gefügig zu machen, tat Hitler nun ungeniert den nächsten Schritt. Der Militärattaché an der amerikanischen Botschaft in Berlin, Truman Smith, erläuterte die Vorgänge folgendermaßen: „Die nationale Sicherheit, die er in München gewonnen hatte, schuf internationale Bedingungen, die es Hitler erlaubten, ohne jede Furcht vor einer Intervention des Auslands die Liquidierung des nichtgermanischen Elements im deutschen Volke vorzunehmen, das seiner Ansicht nach der Verwirklichung seiner Vorstellung eines Nationalsozialismus auf rassischer Grundlage im Wege stand.“

München führte also zu dem als „Kristallnacht“ bekannt gewordenen Ereignis, das seinen Namen von den zerschlagenen Fenstern der Synagogen, jüdischen Geschäfte und Wohnungen erhielt, mit denen die Straßen Deutschlands übersät waren. In der Nacht des 9. November tobten sich Deutsche – mit offener Unterstützung ihrer Regierung – in einer Raserei von Zerstörung, Plünderung, Gewalttat und Bestialität aus.

Jahre später sagte Leo Baeck über diese Nacht: „Wie oft haben wir in Gedanken diese Nacht wieder durchlebt, ob wir es wollten oder nicht [. . .] diese Nacht, in der die große Gotteslästerung geschah, die Zerstörung der Synagogen. Noch einmal schienen wir, obwohl wir uns die Ohren zuhielten, die Stimmen jener zu hören, die uns zuriefen: ‚Die Synagogen brennen!‘ Was ist es, was damals zerstört wurde? Nicht nur die Synagogen waren zerstört, sondern mit ihnen brachen auch die Säulen und Fundamente einer menschlichen Bindung zusammen, auf die wir vertraut hatten.“ Einer menschlichen Bindung? Dazu Baeck: „Eines, hatten wir gedacht, verbände uns noch immer: eine Ehrfurcht vor dem Ort, zu dem Menschen kommen, um eins zu werden mit dem Ewigen, erhoben zu werden über die Enge und Härte ihres Alltags, wo sich der Unsichtbare ihnen zu erkennen gibt und die unendliche Stille sie umfängt.“

Kein Jude hatte nach dieser Nacht und dem folgenden Tag noch irgendeine Hoffnung auf eine Zukunft in Deutschland. „Viele können sich entsinnen, wie sie in dieser Nacht auf den Straßen standen“, sagte Baeck. „Eine angstvolle, bedrükkende Stille lag über der Stadt. Aber dann begann die Stille zu sprechen, und als dies geschah, war ihre Sprache mächtig und überwältigend. Und diejenigen, die sie hörten, sahen zugleich auch etwas. Es war eine dunkle Nacht, und es schien ihnen, als sähen sie am nächtlichen Horizont, hoch über dem Lande Deutschland eine unsichtbare Hand Wort für Wort jene Worte schreiben, die der Prophet einst gesehen hatte, die Worte aus Daniel 5,26–28: *‚Meneh meneh tekel upharsin‘* – *Meneh*: Gott hat dein Königreich gezählt und beendet; *tekel:* Man hat dich gewogen und zu leicht befunden; *upharsin*: Dein Reich ist zerteilt und den Medern und Persern geben."[25]

Im Rückblick erscheint es unverständlich, warum man die Kristallnacht nicht vorausgesehen hatte. Die deutschen Protestanten waren mit den Worten Luthers aufgewachsen, daß die Synagogen verbrannt werden müßten. Jahrelang hatten Deutsche die antisemitische Politik ihrer Regierung geduldet. „Die deutsche Öffentlichkeit war zutiefst antisemitisch", schrieb der bereits zitierte Militärattaché der amerikanischen Botschaft in einem Bericht über das Ereignis. Katholische Kirchenfürsten hatten tatenlos allem zugesehen; sie sagten nichts, dachten nur daran, sich selbst und ihre Institutionen zu schützen. Und die Deutschen hatten die Erfahrung gemacht, daß die Welt sich nicht darum zu kümmern schien, was sie mit ihren Juden taten. In Evian hatten die Nationen lauwarme Proteste erhoben, denen keine Taten gefolgt waren. In München hatten sie ihre Bereitschaft gezeigt, Völkerrechtsverletzungen Nazideutschlands hinzunehmen. Niemand stellte sich Adolf Hitler in den Weg.

Die Tragödie der Kristallnacht war nicht die Zerstörung. Keine Nation ist im Verlauf ihrer Geschichte frei von Gewalt gewesen. Jede Nation hat Ausbrüche von Gewalt unter den Unwissenden erlebt. Die Tragödie bestand vielmehr darin, daß eine Regierung, die ihrem Auftrag nach den einzelnen und seinen Besitz gegen Gewalt schützen sollte, die Gewalt gegen die Juden förderte und schürte. Die Gewalt war ein gemeinsamer Akt der Regierung und des Mobs. In der Frühe des 9. November wurde vom Gestapo-Hauptquartier die Order ausgegeben: „In Kürze wird es in ganz Deutschland Aktionen gegen die Juden geben, besonders gegen die Synagogen. Diese Aktionen dürfen nicht behindert werden."[26]

Der Vorwand für den Exzeß war die Ermordnung des deutschen Botschaftsrates vom Rath in Paris durch einen jungen Juden. Dennoch war an den Ereignissen nichts Spontanes. Der amerikanische Militärattaché in Berlin berichtet: „Schon am Dienstag, dem 8. November, gingen in Berlin Gerüchte um, daß im Falle seines Todes [des Botschaftsrats] Vergeltungsmaßnahmen getroffen würden, und in der offiziellen deutschen Presse begann eine wütende antisemitische Hetze.“ Als am späten Abend des 9. November die Nachricht vom Ableben des Botschaftsrats in Berlin eintraf, „waren alle Vorbereitungen für eine simultane Demonstration im ganzen Reich getroffen worden.“ Im Bericht heißt es weiter:

„Trupps von Männern in Zivil zogen mit Keulen bewaffnet nach einem vorher festgelegten Plan aus, um jüdisches Eigentum in der ganzen Stadt zu zerstören. Die Aktionen der Trupps, von denen ich einige persönlich gesehen habe, standen jeweils unter der Leitung eines Führers, der eine Karte des Bezirks bei sich hatte, in dem er operieren sollte, auf der die Lage jüdischen Eigentums in dem jeweiligen Bezirk verzeichnet war. Die Trupps zogen von Geschäft zu Geschäft, zerschlugen die Fenster und Auslagen und drangen manchmal auch in die Läden ein, wo sie die Waren auf den Boden warfen und die Einrichtungen zerstörten. Während die Trupps – zu Fuß oder auf Lastwagen unterwegs – ihr Zerstörungswerk betrieben, sah die Menge tatenlos zu. Einige mißbilligende Äußerungen wurden laut, und es kam gelegentlich zu Tumulten. Den ganzen Tag über griff die Polizei nicht ein. Die Verkehrspolizisten blieben auf ihren Posten, während Truppen der städtischen Polizei für den Fall schwerer Tumulte in Bereitschaft gehalten wurden und außerdem für Ruhe sorgten und das Feuer der brennenden Synagogen an der Ausbreitung hinderten. Am späten Donnerstag nachmittag wurde das Zerstörungswerk offiziell von Dr. Goebbels über Rundfunk für beendet erklärt.“

Während in manchen Fällen die Menge nur zusah, beteiligte sich in anderen der fanatisierte Pöbel an den Zerstörungen. Michael Bruce, ein nichtjüdischer englischer Journalist, liefert folgenden Augenzeugenbericht:

„[. . .] eilig begaben wir uns auf die Straße. Sie war voller Menschen, die alle der nahe gelegenen Synagoge zueilten und dabei wütend schrien und gestikulierten.

Wir folgten ihnen. Als wir die Synagoge erreichten und in zornigem Schweigen am Rande des Mobs stehenblieben, begannen vom einen Ende des Gebäudes Flammen aufzusteigen. Das war das Signal für ein lautes Jubelgeschrei. Die Menge brandete vorwärts, und gierige Hände rissen Sitze und Holzteile aus dem Gebäude, um die Flammen zu nähren.

Hinter uns hörten wir neues Gebrüll. Wir blickten uns um und sahen einen Teil des Pöbels die Straße entlang auf das Kaufhaus Israel zurennen, vor dem im Lauf des Tages, angeblich für eine Straßenreparatur, Berge von Pflastersteinen aufgehäuft worden waren. Unter irrem Geheul schleuderten Jugendliche, Männer und Frauen die Steine gegen die Fenster und die geschlossenen Türen. In wenigen Minuten gaben die Türen nach, und der brüllende, um sich schlagende Pöbel stürmte in das Innere, um zu plündern und zu verwüsten. Unterdessen hatten sich die Straßen in ein Chaos blutrünstigen Pöbels verwandelt, das auf jüdische Opfer aus war. Ich sah, wie Harrison vom *News Chronicle* eine alte Jüdin zu beschützen suchte, die von einer Bande aus ihrer Wohnung gezerrt worden war. Ich drängte mich durch die Menge hindurch, um ihm zu helfen, und gemeinsam gelang es uns, sie durch das Gedränge in eine Seitenstraße und in Sicherheit zu bringen.

Wir kehrten nun zum Kaufhaus Israel zurück, doch jetzt dürstete die Menge nach neuen Taten und strömte durch eine Querstraße dem Rand der Innenstadt zu. Wir rannten hinter ihr her und kamen noch gerade zurecht, um eine der abscheulichsten Zurschaustellungen von Bestialität zu sehen, die ich je erlebt habe.

Das Ziel des haßerfüllten Mobs war ein Krankenhaus für jüdische Kinder, von denen viele verkrüppelt oder schwindsüchtig waren. In wenigen Minuten waren die Fenster eingeworfen und die Tore aufgebrochen. Als wir dort ankamen, waren die Schweine gerade dabei, die kranken Kleinen – barfüßig und nur mit dem Nachthemd bekleidet – über die am Boden liegenden Glassplitter hinauszutreiben. Die Krankenschwestern, Ärzte und Helfer wurden von den Anführern des Pöbels, von denen die meisten Frauen waren, geschlagen und getreten.“

Emil Fackenheim, Student der „Hochschule“, eilte am anderen Morgen zum Krankenhaus. „Ich sah mitten auf der Straße ein Klavier stehen; ein Mann spielte darauf und lachte laut: ‚Haha, es geht noch. Das Judenklavier kann immer noch spielen!‘“ Selma Schiratzki, Lehrerin an einer der von der Reichsvertretung gegründeten Schulen, wollte am nächsten Morgen unterrichten, doch der Unterricht mußte abgebrochen werden, weil fast alle Eltern ihre Kinder aus der Schule holten. Zum Glück, wie sich später zeigte. Eine Horde von etwa zweihundert deutschen Kindern, angeführt von Erwachsenen, drang in das Schulhaus ein. Da sie keine jüdischen Kinder vorfanden, die sie mißhandeln konnten, zerschlugen sie die Fenster und zerstörten Bücher und Musikinstrumente.

Werner Rosenstock erinnert sich, wie er in der Nacht zur Synagoge in der Fasanenstraße eilte. Bei ihrer Einweihung im Jahre 1912 war ihre schöne Architektur gepriesen worden. Ihre Lage in der Kurfürstendamm-Gegend war ein Symbol für den Einzug der Juden in Wohngebiete der gehobenen Mittelklasse gewesen. Der Kaiser hatte Vertreter zur Einweihung geschickt, an der auch das Militär teilgenommen hatte. Das Ereignis war damals in ganz Deutschland beachtet worden; spät in der Nacht des 9. November 1938 beobachtete Werner Rosenstock, wie die Synagoge abbrannte, während gegenüber auf der anderen Straßenseite die aufgefahrenen Feuerwehrwagen nicht eingesetzt wurden.

Ernst Herzfeld erzählt dazu:

„Ich sah die Ruinen niedergebrannter Synagogen und Wohnhäuser, leere Geschäfte, in denen zerbrochenes Glas, zerschlagene Möbel und zurückgelassene Waren herumlagen. Mir wurde erzählt, daß nazitreue Lehrer ihre Schulklassen herumführten, um ihnen ‚die gerechte Bestrafung der Juden‘ zu zeigen, und daß diese Erzieher kein Wort zu sagen hatten gegen Kinder, die sich die Taschen mit Bonbons und Schokolade füllten, die den Juden gehörten. Die Polizisten an den Straßenkreuzungen nahmen keine Notiz davon, daß ganz in ihrer Nähe am hellen Tage das Zerstörungswerk weiterging. Sie kümmerten sich nur um die Aufrechterhaltung der ‚Ordnung‘ in der zahlreichen Menge und besonders um kritische Bemerkungen von Passanten. Wer immer ein Wort der Kritik wagte, wurde sofort festgenommen und abgeführt."

Die Polizei erhielt den Befehl, Juden in ihren Wohnungen zu verhaften. Der Befehl wurde buchstabengetreu ausgeführt. Einige Juden entgingen der Verhaftung dadurch, daß sie die Nacht über, weit entfernt von ihren Wohnungen, in den Straßen Berlins herumliefen. Andere wurden aus ihren Wohnungen und ihren Betten herausgeholt und zum Polizeipräsidium Alexanderplatz gebracht, wo die Beamten nicht „die leiseste Ahnung [hatten], was sie mit uns anfangen sollten. Sie waren ganz durcheinander und telephonierten in unserer Gegenwart um weitere Anweisungen", erzählt einer der damals Verhafteten. Ein Jude erinnert sich, daß er eine schwere Grippe hatte und das den Polizisten sagte, aber sie hörten nicht auf ihn und schleppten ihn trotzdem auf die Wache.

Angriffe und Verhaftungen gab es überall in Deutschland. Im Jahre 1897 hatte Leo Baeck die Oppelner Synagoge eingeweiht und dabei gesagt, daß wichtiger als ihre äußere Gestalt der in ihr waltende Geist sei, „der Großes und Gewaltiges" vollbringe. Sie war ein „stilles, würdiges Gebäude, so sehr im Einklang mit einem stillen, würdigen Volk". Die Synagoge brannte in der Kristallnacht so lichterloh, daß alle, die die lodernden Flammen sahen, sie niemals vergessen konnten. Sechsunddreißig Jahre nach jener Nacht sprang ein Franziskanermönch, der uns erzählte, wie er den Brand miterlebt hatte, von seinem Stuhl auf, hielt sich die Hände vor die Augen und rief: „Der Turm! Der Turm!"

Es gab einige bescheidene jüdische Triumphe in der Kristallnacht. Rabbi Max Nussbaum wurde durch einen Anruf des amerikanischen Zeitungskorrespondenten Louis Lochner geweckt. Lochner war ein Christ, sagt Nussbaum, „von dem wir oft auf dem schnellsten Wege von den Plänen der Naziregierung erfuhren und dessen Mitteilungen ich sofort an Leo Baeck und andere führende Juden weiterzugeben pflegte". Der Rabbiner kleidete sich rasch an und eilte zur Friedenstempel-Synagoge, in der er den Gottesdienst zu halten pflegte. Sie stand in Flammen. „Die Löschwagen der Feuerwehr standen daneben, aber sie waren nur zum Schutz der benachbarten Häuser da.“ Der Kantor der Synagoge und Nussbaum schlichen sich, in der Hoffnung, vielleicht die Thorarollen retten zu können, heimlich durch eine Hintertür in das brennende Gebäude. Doch im Inneren der Synagoge stellten die beiden Männer fest, daß die heilige Lade, in der die Thorarollen aufbewahrt wurden, bereits geöffnet und die Gesetzesrollen zerrissen worden waren. „Ich konnte ungesehen hinter den Altarschrein gelangen“, erzählt Nussbaum, „und eine kleine Thorarolle retten, die ich unter meinem Mantel verbarg. Wir gingen hinaus, und obwohl uns ein SS-Führer drohend ansah, konnten wir unbelästigt fortgehen.“ 1940 emigrierte Rabbiner Nussbaum in die Vereinigten Staaten. Die gerettete Thorarolle nahm er mit, um sie an seiner neuen Wirkungsstätte zu benutzen. Am Fest Simchat Tora, dem Tag, an dem in den Synagogen die Thorarollen herumgetragen werden zum Zeichen der Freude darüber, daß Gott dem Volk der Juden die Lehre gegeben hat, „habe ich sie immer persönlich in der Prozession getragen“, sagt Nussbaum. „Diese Thorarolle ist für mich zum Symbol für das Überleben des Judentums geworden.“[27]

Ernst G. Löwenthal, ein jüdischer Zeitungsverleger, wurde zusammen mit einigen anderen Verlegern zum Alexanderplatz bestellt, wo ihnen von den Nazibeamten eröffnet wurde, daß ihre Zeitungen von dieser Stunde an nicht mehr erscheinen würden und sie sich bereits damit einverstanden erklärt hätten. Nach mehreren Stunden wurden die Verleger freigelassen, und Löwenthal ging wie betäubt nach Hause. Kurz darauf suchte ihn Julius Seligsohn von der Reichsvertretung auf, der „den Hut über die Ohren gezogen und seinen Mantelkragen hochgestellt“ hatte. Seligsohn, der wußte, daß die Gestapo hinter ihm her war, hatte eine Mitteilung für Baeck: Ihm war zugetragen worden, daß die Nazis, nicht zufrieden damit, das jüdische Eigentum zu zerstören, die Absicht hatten, den Juden auch noch eine Geldstrafe aufzuerlegen. Da Seligsohn annahm, daß Baecks Wohnung unter Beobachtung stand, bat er Löwenthal, diese Information an Baeck weiterzugeben.

Löwenthal war einverstanden und begab sich früh am Morgen des 10. November in Baecks Wohnung. „Als Baeck mir die Tür öffnete", erinnert sich Löwenthal, „war er ohne Jacke und nur in Hemdsärmeln. Er schien verwirrt." Bis zu diesem Zeitpunkt hatte keiner von Leo Baecks Bekannten ihn je in Hemdsärmeln, je verwirrt, je anders als völlig Herr seiner selbst gesehen. „Aber Baeck gewann seine Fassung bald zurück", sagt Löwenthal, „und innerhalb weniger Minuten sprach er so klar wie immer." Doch einige Minuten lang war Leo Baeck – der Mann, der glaubte, man müsse seinen Nächsten lieben, weil „er ist wie du" – von den Anbetern der Gewalt und des Fanatismus, der Macht und des Hasses überwältigt worden.

Baeck eilte zur Reichsvertretung, wo die Berichte über die Zerstörungen einliefen. In ganz Deutschland waren Synagogen, Wohnhäuser und Geschäfte angegriffen worden; viele Juden waren verhaftet und in Konzentrationslager gebracht worden, die damals bereits ein fester Bestandteil der Naziordnung waren. Es hat nie genaue Zahlen darüber gegeben, doch waren etwa 200 Synagogen zerstört, 8000 Läden zerstört, ausgeplündert oder schlimm verwüstet worden. Drei Dutzend Juden waren getötet, Tausende verhaftet worden. Aber solche Zahlen sind nur Minimalschätzungen. Von einem gewissen Punkt an war es nicht mehr möglich, zu zählen.

Es war nun früher Morgen, und Baeck und Otto Hirsch begaben sich auf eine sinnlose, erbarmungswürdige Wanderung. Gemeinsam gingen sie von Regierungsstelle zu Regierungsstelle in der Hoffnung, einen Beamten zu finden, irgendeinen, den sie anflehen konnten, den Gewalttätigkeiten, den Verhaftungen ein Ende zu machen. Um neun Uhr morgens waren sie zurück; niemand hatte sie empfangen. Ein jüdischer Funktionär namens Ernst Marcus sagte viele Jahre später: „Ich sehe noch das kleine Büro Paul Eppsteins [eines Administrators der Reichsvertretung] vor mir. Ich höre deutlich das Beben seiner Stimme, als er mir hastig über die Lage und Baecks erfolglose Bemühungen berichtete, irgend jemanden aus der Reichskanzlei oder dem Innenministerium zu sprechen."[28]

Richard Fuchs, ein Mitglied der „Hochschule", befahl, das Gebäude zu schließen und die eisernen Tore des Haupteingangs zu verriegeln, eine Anordnung, durch die das Gebäude vor der Plünderung bewahrt blieb. Dann ging er zur Reichsvertretung in der Kantstraße, wo ihm Baeck von seinen vergeblichen Bemühungen erzählte, Kontakt mit einem Regierungsvertreter herzustellen. Fuchs kannte den preußischen Finanzminister Johannes Popitz und erbot sich, mit ihm zu reden. Da Baeck und die anderen annehmen mußten, daß ihre Telefonate abgehört wurden, rief Fuchs Dr. Popitz von einer Telefonzelle aus an. Popitz bat Fuchs zu sich nach Hause. „Das war unter den damaligen Umständen äußerst mutig von ihm", sagte Fuchs später. Er eilte zurück zur Reichsvertretung, um Baeck und Hirsch zu informieren. „Ich hatte kaum Zeit dazu", erzählte er, „da erschien schon die Gestapo und verbot uns in barschen Worten, das Haus zu verlassen." Sie glaubten, man werde sie verhaften, doch man durchsuchte sie lediglich nach Dokumenten und erlaubte ihnen dann, nacheinander das Gebäude zu verlassen. Darauf versiegelten die Nazis das Haus.

Als Fuchs an diesem Nachmittag Popitz aufsuchte, sagte der Minister, es gäbe nichts, was er tun könne, um der Verfolgung der Juden ein Ende zu machen. „Ich glaube, er war tatsächlich machtlos", sagte Fuchs. „Der eigentliche Urheber dieser Verfolgung befand sich außerhalb seiner Reichweite." Als sie sich auf der Schwelle von Popitz' Haus verabschiedeten, legte ihm der Minister die Hand auf die Schulter und sagte: „Wir haben uns eine schlechte Zeit für unser Leben ausgesucht, Fuchs." Popitz wurde 1944 von den Nazis hingerichtet.

Da die Büros der Reichsvertretung geschlossen waren, wurde Baecks Wohnung zum zentralen Treffpunkt der Führer der Berliner Juden. Hier stellten sie Statistiken über Verhaftungen und Zerstörungen zusammen und erhielten von den Botschaftern der verschiedenen Länder Informationen über Emigrationsmöglichkeiten. Die Kristallnacht hatte etwas bewirkt, was den Juden bisher nicht gelungen war: Der Schock veranlaßte einige Länder – besonders England – Maßnahmen zur Aufnahme von mehr Juden zu treffen.

Eine weitere Aktivität, die von Baecks Wohnung aus in Angriff genommen wurde, war die Verbreitung von Informationen an die ausländische Presse. Die Korrespondenten warteten darauf. Sie wußten, daß sie Zeugen eines aufsehenerregenden Ereignisses geworden waren. Louis Lochner nannte die Kristallnacht „das schrecklichste Erlebnis meines ganzen Lebens [. . .] Ich hätte mir nicht im Traum einfallen lassen, daß die menschliche Natur in solche Abgründe von Verderbtheit, Sadismus und Grausamkeit hinabsinken könnte, wie ich es erlebt habe [. . .] Wir sind alle viel älter geworden und fragen uns manchmal, wann wir je wieder richtig lachen können." Lochner und viele andere in Berlin lebende Ausländer stellten Juden ihre Wohnungen als Zuflucht zur Verfügung. „Verfolgte und Gehetzte, mitleiderregende Geschöpfe baten um Aufnahme für eine Nacht, und kein Christ unter denen, die ich kannte, sagte nein", erzählte er später seinen Kindern. „Wir überließen es den Heiden, das Odium der Verbrechen auf sich zu nehmen, die das Land eines Tages teuer zu stehen kommen würden." Die Nazis versuchten, die Geschichte zu vertuschen oder sie herunterzuspielen. „Sie haben alles getan, um uns zu knebeln", sagte Lochner, „aber ich bin entschlossen, ehrlich die Wahrheit zu sagen, wenn auch nichts der Wirklichkeit nahe kommen kann."

Lochner und die anderen Korrespondenten konnten nicht mundtot gemacht werden. Die Geschichte wurde außerhalb Deutschlands bekannt und erfüllte die Welt mit Entsetzen. Die eiternde Wunde war bloßgelegt worden. Präsident Roosevelt reagierte wie andere Staatschefs auch: Er kümmerte sich nicht länger um antisemitische Strömungen in den Vereinigten Staaten und die Anspielungen auf seinen „Jew Deal". Er berief seinen Botschafter aus Berlin ab und verurteilte die Nazigreuel. „Ich konnte kaum glauben", sagte er, „daß solche Dinge in einem zivilisierten Land des zwanzigsten Jahrhunderts geschehen konnten."[29]

Die Meinung der Welt über die Nazis verschlechterte sich noch, als sie die Terrorisierung der Juden ohne Unterbrechung fortsetzten. Die Nazis hatten nicht nur das Eigentum der Juden und ihre Gotteshäuser zerstört, sondern sie befahlen obendrein, daß die Versicherungsgesellschaften den Juden keine Entschädigungen zahlen dürften, die Juden dagegen eine hohe Geldbuße zu entrichten hätten. Zwei Tage nach der Kristallnacht wurde bei einer Besprechung in

Görings Büro der Beschluß gefaßt: „Für die Arisierung der Wirtschaft ist der Grundgedanke folgender: Die Juden werden aus der Wirtschaft ausgeschaltet und ihre Wirtschaftsgüter dem Staat übergeben.“ Fast sechs Jahre zuvor hatte Leo Baeck einem ungläubigen Publikum gesagt, daß die tausendjährige Geschichte der Juden in Deutschland zu Ende sei. Nun zweifelte niemand mehr daran.

Kirchliche Gruppen in der ganzen Welt, Protestanten und Katholiken, protestierten gegen die Kristallnacht. Das Ereignis trug viel dazu bei, daß sie nun der jüdischen Notlage Sympathie bezeugten, wenn nicht gar die jüdische Einwanderung unterstützten. In Deutschland jedoch verharrten die Kirchen in eindrucksvollem Schweigen. Einige Monate später feierte die katholische Kirche in Deutschland den fünfzigsten Geburtstag Hitlers mit besonderen Messen, um Gottes Segen für ihn zu erbitten. Niemand begriff, wie Leo Baeck später bemerkte, daß in der Kristallnacht auch „Hand an die Kirche gelegt worden war [. . .] Jüdische und christliche Gotteshäuser haben letzten Endes ein gemeinsames Schicksal. Was den einen zugefügt wird, ist letztlich auch zum Schaden der anderen. Sehr viel später hat sich das in Deutschland bestätigt, und nur wer sich absichtlich blind stellte, konnte das damals oder später nicht erkennen.“[30]

Einige Wochen nach der Kristallnacht wurde Otto Hirsch verhaftet. Er war bei schlechter Gesundheit gewesen und hatte, so Baeck, „sehr unter den Entbehrungen und der dauernden Verhaftungsdrohung gelitten“. Wieder begab sich Baeck zur Gestapo, um die Freilassung seines Freundes und Mitarbeiters zu erwirken. Hirsch war in das Konzentrationslager Sachsenhausen gebracht worden. Die Gestapo lehnte Baecks Antrag ab, befahl ihm dann jedoch, die Reichsvertretung wieder zu eröffnen, um sich mit der großen Zahl von Juden zu befassen, die auswandern wollten. Baeck sagte, er könne nichts tun ohne Hirsch. „Warum?“ fragte der Gestapobeamte. „Ist Hirsch Ihre rechte Hand?“ Baeck erwiderte: „Nein, ich bin die linke Hand von Hirsch.“ Die Gestapo befahl die Freilassung Hirschs. Als Hirsch aus dem Konzentrationslager zurückkam, hatte er zwar stark abgenommen und seine Haare waren geschoren, doch „er war noch ganz der alte“, erinnerte sich Baeck. „Die ersten Worte, die er sprach, waren Scherzworte, so als käme er eben von einer Reise zurück. Ohne Pause nahm er seine Arbeit wieder auf."

Leo Baeck konnte der Gestapo gegenüber so reden und auftreten, wie er es tat, weil er die Verhaftung nicht fürchtete. Ein junger Rabbiner namens Alfred Jospe war von der Gestapo verhaftet worden. „Es war, als hätte ich eine anstekkende Krankheit", erzählte er später. „Baeck war einer von nur zwei Menschen, die den Mut hatten, meine Frau zu besuchen, um sie zu trösten und ihr Hilfe anzubieten. Er mußte dazu fünf Treppen bis zu unserer Wohnung hinaufsteigen."[31]

Baecks Interesse, junge Rabbiner zur Auswanderung zu überreden, wurde nun zu einer Leidenschaft. Dazu mußte er vor allem Stellen für sie im Ausland beschaffen, damit ihre Visa nicht unter die gewöhnliche Einwanderungsquote fielen. In einem Brief an seinen Freund Ismar Elbogen, der zu dieser Zeit in den Vereinigten Staaten lebte, berichtete Baeck von seinen Bemühungen. Zunächst teilte er mit, daß alle Rabbiner bis auf einen und alle Hochschulstudenten, ebenfalls bis auf einen, aus der Haft entlassen worden seien und er hoffe, daß auch die anderen beiden bald entlassen würden. „Es ist möglich gewesen, für mehrere Rabbis [. . .] Certificate für Palästina, für eine Reihe anderer permits für England zu erlangen. Vor allem ist ein erstes transmigration camp in England – ich war zu diesem Behufe vor ein paar Wochen dort – errichtet worden", schrieb Baeck. Mehrere Berliner Rabbiner sollten die Erlaubnis bekommen, dort zu wirken, „und ich habe Aussicht, drei bis vier von unseren Hörern als Hilfskräfte dort unterzubringen". Frankreich scheine sich etwas öffnen zu wollen, teilte er mit, aber „aus Amerika ist nichts Greifbares [. . .] gekommen". Sein Brief schloß mit den Worten: „Es gibt eine Menge hier zu tun [. . .] aber es muß zu Ende geführt werden."

Rabbi Jospe erinnert sich an ein Treffen älterer Rabbiner kurz nach der Kristallnacht. Sie sahen ihre Auswanderung als unumgänglich an und sprachen darüber, wie sie ihre Kontakte und ihren Einfluß im Ausland nutzen könnten, um Stellungen zu finden. „Das war das einzige Mal", erzählt

Jospe, „daß ich Leo Baeck zornig sah. „Er schrie nicht; das tat er nie. Aber er wurde richtig heftig und drohend. Er sagte den älteren Rabbinern: ‚Laßt die *jungen* Männer gehen. *Ihr* habt euer Leben gelebt. *Sie* haben keine Chance gehabt, das ihre zu leben. Ihr habt kein Recht dazu, aus den zufälligen Umständen, die euch helfen können, Vorteile zu ziehen.“

Baeck selbst hatte wiederholt die Möglichkeit, Deutschland zu verlassen. Die Reise nach England, die er Elbogen gegenüber erwähnte, war nur eine von mehreren kurzen Reisen, die er im Lauf des Jahres 1939 ins Ausland unternahm. Aber er hatte beschlossen, in Deutschland zu bleiben, um anderen zu helfen. Wie lange würde er bleiben? Michael Bruce, der Engländer, den die Kristallnacht so erschüttert hatte, überredete seinen Freund Patrick Malone, in seinem Privatflugzeug zwei Passagiere in Sicherheit zu bringen. Bruce fragte Wilfred Israel, Besitzer eines großen Kaufhauses, und Leo Baeck, ob sie von der Möglichkeit, aus Deutschland zu fliehen, Gebrauch machen wollten.

Wilfred Israel antwortete: „Ich gehe, wenn der Rabbi geht.“ Dabei blickte er Baeck an.

„Ich werde gehen“, sagte Leo Baeck, „wenn ich der letzte in Deutschland lebende Jude bin.“[32]

Elftes Kapitel

Krieg

Obwohl die Nazis von der Reaktion des Auslands auf die Kristallnacht überrascht waren, dachten sie nicht daran, den Terror gegen die Juden zu mildern. Im Gegenteil, Adolf Hitler sollte die Deutschen sogar zu noch größeren Ausschreitungen verleiten. Seine Ausnutzung des Antisemitismus entbehrte nach wie vor nicht einer gewissen politischen Schläue. Zwei Jahrzehnte zuvor hatte Hitler ihn dazu benutzt, unter deutschen Antirepublikanern Anhänger zu gewinnen; jetzt benutzte er den Antisemitismus dazu, Anhänger in Osteuropa zu gewinnen, wohin er seine Macht ausdehnen wollte. Kurz nach der Kristallnacht schrieb der bereits wiederholt zitierte Militärattaché der amerikanischen Botschaft in Berlin, Truman Smith, in einem Bericht, die deutsche Armee, „der unerschöpfliche deutsche Markt für südosteuropäische Waren", und der deutsche Antisemitismus, seien die Mittel für die Einrichtung eines deutschen „Imperiums" in Osteuropa. „Die letztgenannte Waffe", schrieb Smith, „ist in mancher Beziehung die schärfste von allen. Tatsächlich scheinen die Vorteile, die Deutschland in Osteuropa aus dem Antisemitismus erwachsen, die offenkundigen Verluste, die ihm diese Politik in den angelsächsischen Ländern einbringt, aufzuwiegen oder zu übersteigen." Smith zählte die osteuropäischen Gebiete auf, in denen der Antisemitismus eine starke Kraft war – die Slowakei, Ungarn, Rumänien, Polen und die Karpaten-Ukraine.[1]

In Deutschland verstärkte sich der Druck auf die Juden zur Auswanderung. In den sechs Jahren vor der Kristallnacht hatte ein Drittel der deutschen Juden Deutschland verlassen. In den nächsten zehn Monaten, bis zum Beginn des Zweiten Weltkriegs am 1. September 1939, emigrierte ein weiteres Drittel. Nach der Kristellnacht mußte niemand mehr dazu überredet werden. Wie Max Nussbaum erzählt: „Der Kampf um ein Visum für ein fremdes Land, irgendein Land, gleichgültig, was für ein von Land und wie weit entfernt es war – ‚wie weit wovon?' pflegten wir zu witzeln –, wurde zur Hauptsorge jedes einzelnen Juden und der jüdischen Organisationen. Zuweilen gab es ein Aufflackern von Hoffnung; Bolivien gestattet die Einreise! Oder: San Diego verkauft Visa gegen eine Bürgschaft von 1000 oder 2000 Dollar das Stück [. . .] Gerüchte verbreiteten sich wie ein Waldbrand, und die Leute stürzten sich auf jede sich bietenden Möglichkeit, die das Entkommen aus Deutschland verhieß."

England, das vor der Kristallnacht ebenso wenig hilfreich gewesen war wie alle anderen Länder, wurde nach dem November 1938 aufnahmebereiter. In einer Untersuchung des jüdischen Exodus aus Deutschland schätzt Werner Rosenstock, daß England den „größten Anteil des Rettungswerks" geleistet hat. „Trotz wirtschaftlicher Depression und Arbeitslosigkeit ließ dieses Land ungefähr 40000 von den 100000–150000 auswandernden deutschen Juden hinein."[2]

Unter diesen vierzigtausend befanden sich Baecks Tochter Ruth, ihr Mann Hermann und ihre Tochter Marianne. Marianne war bis zur Kristallnacht, nach der die Nazis jüdischen Kindern den Besuch staatlicher Schulen rundheraus verboten, in eine deutsche Schule gegangen. Sie erinnerte sich noch nach Jahren daran, daß ihre Lehrerin trotz drohender Sanktionen von seiten ihrer nazistischen Vorgesetzten ihr ins Zeugnis geschrieben hatte: „Das Betragen des Kindes war hervorragend." Der Name der Lehrerin ist vergessen, doch diese Frau gehört zu denen, die Leo Baeck in das „goldene Buch" eingetragen hätte, von dem er in diesen Jahren so oft sprach.

Als Ruth mit ihrer Familie nach England abreiste, begleitete Baeck sie bis nach Hamburg, wo er von ihnen Abschied nahm. Dann eilte er nach Berlin zurück, um den ersten seiner Briefe an seine „geliebten Kinder" zu schreiben. Wie es für ihn typisch war, sprach er in diesem Brief weder von seiner Einsamkeit noch von seinen Sorgen um die Zukunft. Er hoffe, sie hätten den Ärmelkanal „nur friedlich" gefunden. Er sei überzeugt, daß sie sich bei der befreundeten Familie, in deren

Haus sie zunächst wohnen sollten, wohl fühlen würden. Er versicherte, daß es Hermanns Vater, mit dem er mittlerweile gesprochen habe, sehr gut gehe. Drei Tage später schrieb er schon wieder. „Ein Neues liegt jetzt vor Euch, im Anderen und im Ungewissen, aber ich trage die Zuversicht in mir, daß Ihr Euren Weg und Euer Ziel bereiten werdet."

Als er seine Kinder nach Hamburg begleitete, erfüllte Baeck noch eine andere Pflicht. Die Nazis hatten angeordnet, daß die Juden ihr gesamtes Silber, einschließlich der sakralen Gegenstände, abzuliefern hätten. Baeck besaß etliche solcher Stücke, die überwiegend aus Natalie Baecks Familie stammten. Damit die Nazis sie nicht finden und einschmelzen konnten, mietete Baeck ein Ruderboot, ruderte hinaus in den Hafen bis zu der Stelle, wo die Elbe in die Nordsee mündet, und versenkte die Stücke. Er hatte diese Stelle gewählt, weil sie den Gezeiten ausgesetzt war und er sicher sein konnte, daß die silbernen Andenken nie wiedergefunden werden würden.[3]

Während England Humanität bewies, indem es eine ungewöhnlich hohe Zahl von Emigranten aufnahm, zeigte es zu dieser Zeit auch, daß es sein internationales politisches Spiel nicht aufgegeben hatte. Im Mai 1939 gab England das Palästina-Weißbuch heraus, ein Dokument, das die jüdische Einwanderung nach Palästina begrenzte. Jahrhundertelang hatte England mit Freuden „die Bürde des weißen Mannes" getragen. Es hatte in den Kolonien billig Rohstoffe gekauft, sie zu Fertigprodukten verarbeitet und diese zu hohen Preisen verkauft, ein gutes Geschäft. Jungen Männern, die nach Ruhm, Ehre und Vermögen dürsteten, hatten die Kolonien Gelegenheit zum Abenteuer geboten. Die Söhne, die starben, und die Eingeborenen, die getötet wurden, waren in englischer Sicht der leidige Preis, der gezahlt werden mußte, den man akzeptierte und schnell vergaß. Doch im 20. Jahrhundert hatten sich die Verhältnisse geändert. Als England nach dem Ersten Weltkrieg vom Völkerbund das Mandat über Palästina übertragen wurde, konnte es dieses Land nicht einfach nehmen und ausbeuten wie einst. Es brauchte das Erdöl im Nahen Osten und Frieden – also mußte es die Araber beschwichtigen. Es wollte den Juden in Deutschland helfen und die englischen Juden, die Hilfe für ihre Glaubensbrüder forderten, beschwichtigen; es mußte also die Juden berücksichtigen.

Die Araber befürchteten, daß die jüdische Einwanderung in Palästina schließlich zur Etablierung einer jüdischen Nation und zu einem Machtverlust der Araber in dieser Region führen würde. Die Juden glaubten, daß sie sowohl ein historisches als auch ein durch ihre Leistung bei der Erschließung des Landes im 20. Jahrhundert erworbenes Recht auf Palästina hätten. Sie waren überdies der Ansicht, daß England ihnen in der Balfour-Declaration diese „nationale Heimstätte" versprochen habe. Als nach der Kristallnacht die jüdische Einwanderung zu einer dringenden Notwendigkeit geworden war, reagierte England auf den politischen Druck von beiden Seiten mit der Entscheidung für die Araber und verbot mit dem Weißbuch die jüdische Einwanderung nach Palästina.

Leo Baeck hatte stets ein herzliches persönliches Verhältnis zu Chaim Weizmann gehabt, der sich in England um die Ansiedlung von Juden in Palästina bemühte. „Es ist mir ein inniges Bedürfnis in diesen Tagen, es Ihnen auszusprechen, daß meine Gedanken immer wieder bei Ihnen sind, und Sie meiner Dankbarkeit und meiner Treue zu versichern", schrieb Baeck Anfang Mai 1939 in seinem Brief an Weizmann. Als einige Tage später das Weißbuch erschien, schrieben Baeck und Hirsch einen offiziellen Brief an Weizmann. Für sie sah die Wirklichkeit so aus, daß Tausende von Juden eine Zuflucht suchten und nun, da sich die Tore Palästinas vor ihnen schlossen, nicht wußten, wohin sie sich wenden sollten. Baeck und Hirsch schrieben:

„Als Gesamtvertretung der Juden in Deutschland fühlen wir uns verpflichtet, dem Gefühl Ausdruck zu verleihen, das in diesen Tagen unsere Menschen bewegt. Mit tiefer Bestürzung haben die Juden in Deutschland von dem Palästina-Weißbuch der Mandats-Regierung Kenntnis erhalten. Sie empfinden, daß seine Verwirklichung die Abkehr von der Balfourdeklaration und eine Aufhebung des anerkannten Rechts auf das jüdische Nationalheim bedeuten würde. In einer Zeit, in der die Erhaltung und Vermehrung der Auswanderungsmöglichkeiten für die Juden vieler Länder eine Lebensnotwendigkeit ist, will das Weißbuch die Einwanderung in das jüdische Nationalheim hemmen. Der Gedanke einer künftigen Einwanderungssperre muß ihnen allen unfaßbar und untragbar erscheinen. Besonders tief empfinden dies die Juden in Deutschland, aus deren Mitte so zahlreiche Menschen in den letzten Jahren in Erez Israel eine neue Heimat aufgebaut haben und unter denen noch so viele sind, für die der Gedanke des Weges nach Palästina die Hoffnung bedeutet."

Weizmann schrieb zurück: „Ich habe in diesen Wochen viele Zuschriften erhalten, aber kaum eine hat mich so tief berührt wie die Worte, die Sie nach dem Erscheinen des Weißbuches an mich gerichtet haben. Ich bitte Sie, versichert zu sein, daß ich in diesen Jahren immer wieder an Sie, Ihre Haltung, Ihre aufopferungsvolle Leistung gedacht habe, und daß mir Ihr Bild besonders auch in den schweren Stunden, die wir durchmachen, vor Augen gegstanden hat." Jahrelang hatte Weizmann gekämpft, um seinen jüdischen Brüdern zu helfen – es war sein Lebenswerk, das er nun gescheitert sah. Das vermochte er jedoch seinen Freunden in Deutschland, die die Folgen des Scheiterns tragen mußten, nicht einzugestehen: „Ich bin keineswegs entmutigt und hoffnungslos", schrieb er ihnen. „Ich weiß vielmehr, daß das Weißbuch nicht das letzte Wort ist, das in unserer Sache gesprochen wurde, und daß das jüdische Volk, wenn es nur mutig und vertrauensvoll seine Kräfte für das jüdische Nationalheim in Palästina einsetzt, sein Ziel erreichen wird."[4]

In diesen Monaten arbeiteten die jüdischen Führer wie nie zuvor. Sie kümmerten sich nicht mehr um Politik, sondern um Menschen. Leo Baeck schrieb Hunderte von Empfehlungsbriefen für Juden, denen es gelang, Deutschland zu verlassen. Wie immer schrieb er sie mit der Hand, formulierte jeden anders, denn er wußte, daß ein persönliches Wort mehr ausrichtete als ein Routineschreiben aus der Schreibmaschine. Zusammen mit anderen Mitgliedern der Reichsvertretung bemühte sich Baeck um die Hilfe ausländischer Juden zur Finanzierung der Reisekosten für deutsche Juden: „Alles kommt darauf an, die Passagekosten, die nur in Devisen bezahlt werden können, zu decken [. . .]. Wir wenden uns an Sie persönlich, da uns Ihre Hilfsbereitschaft bekannt ist. Wir bitten Sie ferner, sich mit ihren Freunden und Bekannten in Verbindung zu setzen und auch sie zur Hilfeleistung zu veranlassen.“[5]

Obwohl die Reichsvertretung nach der Kristallnacht geschlossen worden war, wurde den Nazis bald klar, daß sie einen organisierten jüdischen Verband brauchten. Die Auswanderung der Juden war noch immer ihre erklärte Politik, und es war leichter für die Juden als für sie selbst, die dafür nötigen Vorbereitungen zu treffen. Es gab noch eine ganze Reihe anderer administrativer Probleme, die die Nazis den Juden zuschieben wollten. Deshalb gingen sie daran, die Reichsvertretung wiederaufleben zu lassen. Diesmal sollte es jedoch keine unabhängige Organisation sein. Die Autorität sollte nicht bei den jüdischen Organisationen, sondern bei der Naziregierung liegen. So wurde im Februar 1939 die „Reichsvereinigung“ gegründet. Die Reichsvertretung war die repräsentative Körperschaft der deutschen Juden gewesen; die Reichsvereinigung war ein Bund der deutschen Juden. Die erstere war von den Nazis sorgfältig überwacht worden. Letztere war ihnen unterstellt.

Die Bekanntgabe der neuen Organisation erfolgte am 2. und 3. Februar. Die Reichsvereinigung, so lautete der Text, sei „als Dachorganisation aller Juden im Deutschen Reich [. . .] mit dem Hauptziel, sich der sozialen Sorgen der Juden anzunehmen“, geschaffen worden. Er war unterzeichnet von Conrad Israel Cohn und Hannah Sarah Karminski, zwei Funktionären der neuen Organisation.

Zwei Jahrzehnte später hat Raul Hilberg in seinem monumentalen Werk *The Destruction of the European Jews* ein hartes Urteil über diese Veränderung gefällt. Er sagt:

„Bei der Beurteilung dieser Umbildung müssen wir uns vor Augen halten, daß die Reichsvereinigung und die Kultusgemeinden keine Marionetten waren, die von den Deutschen dazu bestimmt worden waren, die unruhigen Elemente der jüdischen Bevölkerung zu kontrollieren. Die Deutschen hatten die Reichsvereinigung nicht geschaffen; sie hatten sie an sich gerissen. Die Deutschen hatten keinen der führenden

Juden ein- oder abgesetzt. Rabbiner Leo Baeck, Direktor Stahl, Dr. Hirsch und alle anderen waren die jüdischen Führer. Die Deutschen kontrollierten die jüdische Führung, die ihrerseits die jüdische Gemeinschaft kontrollierte. Es war ein unfehlbares System. In der Tat, die jüdische Gemeindeorganisation war zu einer selbstzerstörerischen Maschine geworden [. . .] Als die Bürokratie drastischste Aktionen einleitete, war der jüdischen Gemeinschaft nur noch äußerste Unterwerfung unter Befehle und Verordnungen geblieben."

Hilberg übertreibt die Autorität der Reichsvereinigung über die deutschen Juden. Im Gegensatz zur deutschen Regierung konnte die Reichsvereinigung niemandem etwas diktieren oder irgendwen „kontrollieren". Sie hatte keine Waffen, keine Geheimpolizei, besaß weder die Fähigkeit zum Terror noch den Ruf, Terror auszuüben. Die gravierendste Kritik Hilbergs – die Unterstellung einer aktiven Zusammenarbeit der jüdischen Führung mit den Nazis – ist auch von anderen Historikern übernommen worden, besonders von Hannah Arendt, eine Anschuldigung, die diese Periode überschattet.

Hans-Erich Fabian gehörte sowohl der Reichsvertretung als auch der Reichsvereinigung an und ist einer der wenigen, die die Nazizeit überlebten. Fabian, der zu erklären versucht, daß die Führer der Reichsvereinigung sich als Diener ihrer Glaubensbrüder und nicht der Gestapo empfanden, schreibt:

„Um die Situation richtig einzuschätzen, muß man die Umstände in der ersten Hälfte des Jahres 1939 verstehen. Man kann sich nicht auf spätere Entwicklungen stützen. Das Parteiprogramm [der Nazis] forderte den Ausschluß der Juden aus dem wirtschaftlichen und politischen Leben Deutschlands und hatte das Ziel, die Juden aus Deutschland zu vertreiben. Dieses Ziel sollte jedoch durch die erzwungene Auswanderung der Juden erreicht werden. Und eine solche Auswanderung war zum Vorteil der einzelnen Juden. Aufgrund der von den Nazis erlassenen Gesetze war es für Juden unmöglich geworden, in Deutschland eine Arbeit zu finden und ihren Lebensunterhalt zu verdienen. Es war die Aufgabe der Individuen und der Gemeinschaft, sich um die Betroffenen zu kümmern, damit sie so schnell wie möglich wieder in geordnete Verhältnisse kamen. Das jedoch war nur außerhalb Deutschlands möglich. Deshalb mußte die Auswanderung um jeden Preis betrieben werden. Jeder Widerstand gegen die Auswanderung war unmöglich und unlogisch, und sie zu fördern bedeutete in keiner Weise, mit dem Naziregime ‚zusammenzuarbeiten' oder es zu ‚unterstützen'.

Es war überdies klar, daß es einen Teil der jüdischen Bevölkerung gab, für den die Auswanderung aus physischen oder psychischen Gründen nicht möglich war, der eine Verpflanzung nicht ertragen konnte und um den man sich kümmern mußte, seit der Staat es nicht mehr tat. Die Zukunft dieser Menschen mußte gesichert werden, da ihre Angehörigen nicht mehr für sie sorgen konnten. Das war die Lösung der Judenfrage, wie sie sich in den Jahren von 1939 bis 1941 stellte. Was wir heute unter ‚Lösung der Judenfrage' verstehen, nämlich die physische Vernichtung des jüdischen Volkes, war damals unbekannt."

Im Juli 1939 erließ die deutsche Regierung die sogenannte „Zehnte Verordnung", mit der sie offiziell die Kontrolle über die Reichsvereinigung übernahm. Otto Hirsch erklärte, die Führer der neuen Organisation würden ihre Arbeit der Unterstützung, der Ausbildung und der Emigrationshilfe für die deutschen Juden sowie der Fürsorge für diejenigen, die nicht fortgehen konnten, „mit festem Mut, mit Objektivität und Gerechtigkeit, aber dennoch mit anteilnehmender Liebe" fortsetzen.[6]

Die Ausgaben der Reichsvereinigung im Jahre 1939 zeigten, wie wichtig es war, die Arbeit der Reichsvertretung fortzusetzen. Die Kosten für Ausbildungszwecke stiegen um ein Drittel; die Zahl der Auswandernden stieg von Mai bis Juni um fast ein Drittel. Die Fürsorgekosten nahmen zu. Die Kosten für die Schulausbildung der Kinder schnellten in die Höhe, als man die Kinder aus den kleinen Städten, in denen es keine organisierten jüdischen Gemeinden mehr gab, in die Großstädte brachte. Fast die einzigen Kosten, die sanken, waren die Kosten für religiöse Lehranstalten: Die Rabbinerseminare in Breslau und Berlin wurden – bis auf die „Hochschule" – geschlossen. Die Zahlen des Reichsvereinigungsbudgets in jenem Jahr erzählen eine Geschichte von flehenden, bettelnden, sich an jede nur denkbare Quelle wendenden

Juden – an noch in Deutschland lebende Juden, jüdische Organisationen außerhalb Deutschlands, Wohlfahrtsinstitutionen, wohlhabende Einzelpersonen, jedermann –, denn ein paar Extramark bedeuteten, daß die Reisekosten für einen weiteren Menschen bezahlt, ein rettendes Visum für eine weitere Familie besorgt, eine weitere Gruppe älterer Menschen ernährt und untergebracht, ein paar Kinder mehr die Schule besuchen konnten.[7]

Wenn Leo Baeck in dieser Zeit mit Studenten und Freunden beisammensaß, um die Kriegsberichte zu hören, erinnerte er sich an seine eigenen Fronterlebnisse im Ersten Weltkrieg, den er – oft unter feindlichem Feuer oder in Gefechtsnähe – überlebt hatte. Wenn er diese Jahre überlebt hatte, sagte er seinen Freunden immer wieder, würden auch die Juden den Zweiten Weltkrieg überleben. Er empfand es als eine Verpflichtung, jede Überlebenschance zu ergreifen und seine jüdischen Glaubensbrüder zu drängen, solche Chancen zu nutzen. Einen jungen Rabbiner, Frank Rosenthal, sandte er mit einem Sonderauftrag in das Getto der polnischen Stadt Lodz. Er ließ den dortigen Juden sagen, sie sollten ihre internen Streitigkeiten ruhen lassen, sich als Gruppe organisieren, um mit den Nazis verhandeln zu können und bereit zu sein, in einer deutschen Arbeitsgruppe mitzuarbeiten. Der Grund für den letzten Rat war die Annahme, daß die Deutschen Mitglieder einer Arbeitsgruppe nicht töten würden. Rabbi Rosenthal reiste nach Lodz, wo er feststellen mußte, daß das Töten bereits begonnen hatte, als die deutsche Armee in Osteuropa eingefallen war. „Auf den Straßen lagen unbestattete Leichen", berichtete er. Er sprach mit den örtlichen jüdischen Führern, doch sie wollten nicht auf ihn hören. Ihr Mißtrauen beruhte vor allem darauf, daß er ein deutscher Jude und überdies ein Vertreter der Berliner Gemeinde war: Die Lodzer Juden hatten nicht vergessen, wie schlecht sie und andere Ostjuden bei Aufenthalten in Berlin behandelt worden waren. Rosenthals Mission scheiterte.

In Osteuropa kam es zu Massenmorden an Juden, Armeniern und anderen ethnischen Minderheiten, bei denen Tausende von Menschen auf einmal getötet wurden. Diese Morde wurden in der Regel von regulären Heerestruppen ausgeführt, häufig unter dem Befehl von Männern, die im Zivilleben akademische Berufe ausübten: Geistliche, Ärzte oder Juristen. In einem Bericht heißt es: „Diese Männer waren keineswegs Rowdies, Straffällige, gemeine Verbrecher oder Sadisten. Die meisten waren Intellektuelle.“[8]

In Berlin predigte Leo Baeck Optimismus, doch er wußte genau, was die in Deutschland verbleibenden Juden erwartete. Wenngleich er sich die Vernichtungslager, die in den Hirnen der Nazis Gestalt anzunehmen begannen, nicht vorzustellen vermochte, war er sich darüber klar, daß es für die Juden in Deutschland keine Rettung mehr gab. Diese Gewißheit verhehlte er mitunter nicht: Eine junge deutsche Christin namens Lange, die an der Hochschule studierte, bat Baeck und Alexander Guttmann, ebenfalls Hochschullehrer, sie in das Judentum aufzunehmen. Ihr Motiv war nicht nur ihre Liebe zum Judentum, sondern auch der Wunsch, ihren Kommilitonen und Dozenten an der Hochschule zu beweisen, daß es Deutsche gab, die zu ihnen standen und ihr Schicksal teilen wollten. Obwohl sie zutiefst bewegt waren, lehnten Baeck und Guttmann ihre Bitte ab und schlugen ihr vor, sie solle statt dessen ein *Jir Haschem* (Verehrer des Namens Gottes) werden. Solche *Jir Haschem* waren in der Antike – besonders in Alexandria – Nichtjuden gewesen, die an jüdischen Gottesdiensten teilnahmen und die jüdischen religiösen Gesetze befolgten, ohne formal zum Judentum überzutreten. Baecks und Guttmanns Widerstand gegen den Übertritt Fräulein Langes zum Judentum beruhte auf der Angst um ihr Leben, eine begründete Angst: Die junge Frau überredete einen orthodoxen Rabbiner, sie ins Judentum aufzunehmen – die Nazis brachten sie in einem Konzentrationslager um.[9]

Warum durfte man die Hoffnung nicht aufgeben? Leo Baeck beantwortete diese Frage, nachdem ihm sein Freund Baron von Veltheim über ein in Indien geführtes Gespräch mit Mahatma Ghandi berichtet hatte. „Mir ist immer der zutiefst bewegende Eindruck gegenwärtig, den er [Ghandi] bei unserem letzten Gespräch über den Angriff gegen die Juden im November 1938 auf mich gemacht hat“, schrieb Veltheim nach dem Krieg. Er hatte Ghandi gefragt, ob er irgendeinen Rat für Baeck wüßte. Der Rat, den Ghandi ihm gab, entsprach seiner Philosophie des *Satyagraha,* einer Form des passiven Widerstandes. Alle deutschen Juden sollten zu einem verabredeten Zeitpunkt gemeinsam Selbstmord begehen. Diese kollektive Handlung würde, so Ghandis Überzeugung, das Gewissen der Welt erschüttern. Nach dem Krieg verteidigte Ghandi diesen Rat mit dem Argument, daß es ohnehin keine Hoffnung mehr für die deutschen Juden gegeben habe – die meisten hätten, ohne die positive Wirkung, die das gemeinsame Opfer ihres Lebens hätte haben können, ihr Leben verloren.

Leo Baeck empfing Ghandis Rat, doch er gab ihn nicht an seine Glaubensbrüder weiter. Er konnte ihnen nicht sagen, daß es keine Hoffnung mehr gebe. „Wir Juden wissen", sagte er, „es ist ein Gebot von Gott, zu leben."[10]

Im Sommer 1939 begleiteten Leo Baeck und Otto Hirsch einen jüdischen Kindertransport nach England. Es waren nur noch wenige Wochen bis zum Krieg. Eva Reichmann, die im Jahre 1938 ausgewandert war, bat sie, zu bleiben, doch sie lehnten ab. Leo Trepp, ein ehemaliger deutscher Rabbiner, traf sie zufällig im Britischen Museum. „Ja", erinnert sich Trepp, „Leo Baeck wollte nach Deutschland zurück. Ja, er wußte Bescheid über die Lage. Ja, er hatte die Möglichkeit, in England zu bleiben oder eines der Visa zu benutzen, die ihm angeboten wurden. Doch er mußte zurückgehen. Zwei Stunden jedoch wollte er sich entspannen. So war er in die babylonische Abteilung des Museums gekommen, wo ich ihn traf."

Seine Freunde in Deutschland baten ihn ebenfalls, fortzugehen. Er war nun fast siebzig Jahre alt. Beinahe zehn Jahre lang hatte er mit aller ihm zu Gebote stehenden Kraft seinen jüdischen Glaubensbrüdern geholfen, dem Naziterror zu widerstehen. Jetzt könne er nichts mehr tun, sagten ihm seine Freunde immer wieder. Baecks Antwort war stets die gleiche: „Ich werde als letzter gehen . . . Solange in Berlin noch ein *Minjan* (das Quorum von zehn Männern für den jüdischen Gottesdienst – *Anm. d. Übers.*) besteht, ist mein Platz hier . . . Nicht, ehe der letzte Jude gerettet ist."

Einige Jahre später hielt Leo Baeck einen Vortrag über Moses Mendelssohn, in dem er unter anderem sagte: „Die Geschichte gibt niemals etwas Fertiges [. . .] Was die Geschichte gibt, ist nur die Möglichkeit, die dem Menschen, dem einzelnen Volke gewährt wird. Seele und Stunde können einander begegnen." Dann sagte Baeck – und diese Aussage über Moses Mendelssohn am Ende des 18. Jahrhunderts kann auch für ihn unter den Nazis gelten –: „Es ist Sünde in der Geschichte und Schuld im Leben des einzelnen, wenn von Menschen das nicht begriffen wird." Leo Baeck erkannte, daß sich ihm eine bestimmte Möglichkeit bot. Sein internationales Ansehen war ein Puffer zwischen den Nazis und den noch in Deutschland verbleibenden Juden. Der Ruf, den er in Deutschland genoß, half den dortigen Juden. Seine Kontakte im Ausland brachten soviel Hilfe wie möglich nach Deutschland hinein. Wenn er gegangen wäre, wäre das eine Verleugnung der ihm gebotenen Möglichkeit gewesen, eine Verleugnung der Begegnung von „Seele und Stunde".

Wolli Kaelter, der Student, den Baeck überredet hatte, das Hebrew Union College in Cincinnati zu besuchen, sagte: „Leo Baeck blieb nicht, weil er das Martyrium suchte, sondern weil es seine *Mizwa* (das individuelle Gebot der Nächstenliebe) war", seine Pflicht, die er willig auf sich nahm.[11]

Die gefährdete Situation eines so prominenten Rabbiners wie Leo Baeck wurde von den jüdischen Gemeinden außerhalb Deutschlands keineswegs ignoriert. Sein Buch *Das Wesen des Judentums* war seit Jahren in England verbreitet und wurde in England wie in den Vereinigten Staaten viel gelesen. Seine Tätigkeit im Bne Briss und in der „Weltunion für fortschrittliches Judentum" hatte zu seiner internationalen Bekanntheit beigetragen. Schließlich war er für alle, die Kontakt zur deutschen Judenheit hatten, der Inbegriff alles dessen, was sie an dieser jüdischen Gemeinschaft bewunderten: Er war ein Gelehrter und offenkundig zutiefst gläubig; seine Weigerung, sich in kleinliche Streitereien hineinziehen zu lassen, hatte ihm eine Würde verliehen, die alle bewunderten; und sein Mut den Nazis gegenüber wurde bereits zu einer Legende. Man durfte nicht zulassen, daß dieser Mann in Deutschland dahinvegetierte, vielleicht sogar starb. Er mußte aus Deutschland herausgeholt werden.

Gegen Ende des Jahres 1939, als der Krieg in Europa schon

begonnen hatte, machten die „Zentralkonferenz amerikanischer Rabbiner“ und der „Unabhängige Orden des B’nai B’rith“ in den Vereinigten Staaten einen Rettungsversuch. Sie sorgten dafür, daß Baeck eine Stellung als zweiter Rabbiner am Rockdale Avenue Temple in Cincinnati mit einem von den beiden genannten Organisationen getragenen Gehalt angeboten wurde. Der Rockdale Avenue Tempel war wegen seiner Nachbarschaft zum Hebrew Union College gewählt worden; Baecks Pflichten dort sollten nur gering sein, er sollte seine Tätigkeit weitgehend selbst bestimmen können. Das Tempelkuratorium sprach sich einstimmig für das Angebot aus, das ihnen von Alfred Cohen, dem Ehrenpräsidenten des B’nai B’rith, und Julian Morgenstern, dem Präsidenten des Hebrew Union College, vorgelegt worden war. Cohens und Morgensterns Teilnahme an dieser Versammlung unterstrich die Bedeutung, die das amerikanische Judentum dem Fortgang Baecks aus Deutschland beimaß. Dann stimmte die Tempelmitgliedschaft über die Einladung ab. Ein Gemeindevertreter berichtete, daß es einen belanglosen Einwand gab, der jedoch in „dem strikt positiven Votum der Stimmberechtigten, die sich bewußt waren, an einer potentiell historischen Mission beteiligt zu sein“, unterging.

Es hatten bereits vorbereitende Verhandlungen mit Baecks Schwiegersohn, Hermann Berlak, stattgefunden. Der Weg, Leo Baeck eine Rabbinerstellung anzubieten, war gewählt worden, damit er, ohne warten zu müssen, mit einem Visum außerhalb der Quote nach Amerika einreisen konnte. Nun, da der Tempel die Zustimmung der Gemeinde hatte, sandte er Baeck die offizielle Einladung. Obwohl die Vereinigten Staaten sich noch nicht mit Deutschland im Krieg befanden, war die Postzustellung unsicher, und das Angebot wurde mit der diplomatischen Kurierpost geschickt. Baeck hatte gewußt, daß Vorbereitungen im Gange waren, und Ende April oder Anfang Mai 1940 erhielt er über das amerikanische Konsulat die offizielle Einladung, in den Vereinigten Staaten zu leben.

Der Krieg war bereits ein gutes halbes Jahr alt und das Leben in Berlin gefährlich. Die Massenermordungen von Juden in Osteuropa waren allgemein bekannt. Jedermann versuchte, aus Deutschland herauszukommen, jedermann, außer Leo Baeck. Er hatte gelobt, in Deutschland zu bleiben, bis der letzte Jude gegangen war, und dieses Gelübde würde er halten, soweit es von ihm abhing. Im September 1940 wurde dem Rockdale Temple vom amerikanischen Konsulat in Berlin mitgeteilt: „Rabbiner Baeck denkt zur Zeit nicht an Auswanderung [. . .] sein Fall wird als ruhend betrachtet.“[12]

Baeck war nicht der einzige, der blieb. Auch Heinrich Stahl, der Vorsteher der Berliner Gemeinde, mit dem Baeck niemals einig gehen konnte, lehnte sich bietende Möglichkeiten zur Auswanderung ab. Julius Seligsohn und Otto Hirsch blieben – wie viele andere Mitarbeiter auch – in der Reichsvereinigung. Cora Berliner, die schon in der ersten Reichsvertretung gearbeitet hatte, blieb. Ihr verheirateter Freund war ausgewandert, und sie widmete der Reichsvertretung fast ihre gesamte Zeit, um ihre Einsamkeit zu lindern. Auch Hannah Karminski gehörte zu den Mitarbeitern. Anders als Cora Berliner hatte sie ihr ganzes Erwachsenenleben lang mit jüdischen Gruppen gearbeitet, in erster Linie mit dem „Jüdischen Frauenbund“, der sich karitativen Aufgaben widmete. Als die Nazis unmittelbar nach der Kristallnacht die Auflösung des Frauenbundes befahlen, wechselte Hannah Karminski zur Reichsvertretung und setzte dort ihre Fürsorgetätigkeit fort. Sie war von lebhaftem Temperament. „Ich bin immer glücklich, wenn ich an etwas Schönes und Festliches denken kann“, sagte sie von sich, „weil man dann ganz plötzlich ein Gefühl der Freude hat.“ Oft wurde sie gefragt: „Warum wandern Sie nicht selbst aus? Sie könnten doch Ihre Sozialarbeit im Ausland fortsetzen, wo schon so viele Ihrer Freunde leben.“ Ihre Antwort war dieselbe wie die anderer deutscher Juden, die im Lande blieben: „Aber hier werde ich am meisten gebraucht.“ Hannah Karminskis Büro in der Reichsvertretung lag neben dem Leo Baecks, und sie waren gute Freunde geworden. „Für mich war es immer ein gutes, angenehmes Gefühl, sie nebenan zu wissen“, sagte Leo Baeck. Nach Natalies Tod fand Baeck in Hannah Karminski den Menschen, mit dem er „über alle Dinge, die mich bewegten“ sprechen konnte.[13]

Durch Otto Hirsch kam Baeck um diese Zeit in Kontakt

mit einer Untergrundbewegung, die sich um einen Kreis von Industriellen in Stuttgart, der Heimatstadt Hirschs, gebildet hatte. „Ich war in ständiger Verbindung mit den Männern vom Widerstand, und mein Kontaktmann war ein bekannter Großindustrieller in Stuttgart“, erzählte Baeck später, lehnte es aber ab, den Namen des Mannes zu nennen. Es war Robert Bosch, der seit langem gegen den Nazismus und die Behandlung der Juden opponierte. 1933 war einer seiner Mitarbeiter namens Hans Walz von Stuttgart nach Berlin gekommen, um bei der Naziregierung gegen die Judenverfolgungen zu protestieren. In den Diskussionen machte Walz klar, daß er im Namen Boschs sprach; man hoffte, daß Boschs Ansehen die Nazis zu einer Milderung ihrer Maßnahmen gegen die Juden veranlassen würde. Der Versuch scheiterte, doch Bosch und seine Verbündeten spendeten weiterhin große Summen, um Juden zur Emigration zu verhelfen, und standen auch persönlich vielen Juden bei. Die Firma Bosch verhinderte die Verschleppung einiger ihrer jüdischen Angestellten in ein Konzentrationslager, indem sie sie im Betrieb beförderte und behauptete, daß sie für die Aufrechterhaltung der Produktion unentbehrlich seien. Als die Nazis der Firma befahlen, in ihrer Betriebszeitung einen antisemitischen Hetzartikel zu drucken, zog die Gesellschaft es vor, das Erscheinen der Zeitung einzustellen, statt sich zu fügen. Und als die Nazis Robert Bosch und seine Mitarbeiter tadelten, weil sie sich zu „prominenten Anwälten der Juden“ machten, erwiderten sie: „Nein, der Menschlichkeit.“

Bei Besuchen in Berlin traf Hans Walz mit Leo Baeck zusammen, und bald besuchte er ihn regelmäßig in seiner Wohnung. „Es war bald zu erkennen“, erinnert sich Walz, „daß es, sosehr wir es auch wünschten, keine Möglichkeiten mehr gab, den Juden zu helfen. Das gegen sie in Bewegung gesetzte Räderwerk lief schon zu schnell, um noch angehalten werden zu können.“

Baeck kannte nicht alle Namen der Menschen, mit denen er durch seine Stuttgarter Verbindungen in Kontakt kam. „Namen wurden aus Sicherheitsgründen nicht genannt“, erzählte er. Nach und nach kam die Gruppe von Geschäftsleuten und führenden Bürgern in Stuttgart zu der Erkenntnis, daß Hitler gestürzt werden mußte. „Meine Kontaktperson aus der Industrie sagte mir, man wisse, daß der Tag der Machtübernahme in der Presse und durch Schriften sorgfältig vorbereitet werden müsse. Ein Manifest an das deutsche Volk sollte veröffentlicht werden. Unter anderen wurde auch ich aufgefordert, einen Entwurf für ein solches Dokument zu schreiben, und mein Kontaktmann sagte mir dann, daß meine Version für ‚den Tag danach' gewählt worden war."

Man würde mehr als ein Manifest brauchen. Ein Jahrzehnt lang hatte das deutsche Volk die Gehirnwäsche der Nazipropaganda über sich ergehen lassen, und dem Ergebnis dieser zehn Jahre mußte etwas entgegengesetzt werden. „Es wurde vorgeschlagen", so Baeck, „ein Buch über die Entwicklung der Stellung der Juden in Europa zu schreiben, um die Öffentlichkeit nach der Befreiung aufzuklären. Die Aufgabe wurde mir übertragen." Zusammen mit drei Assistenten erarbeitete Baeck eine Dokumentation mit dem Titel *Die Entwicklung der Rechtsstellung und des Platzes der Juden in Europa, vornehmlich in Deutschland, vom Altertum bis zum Beginn der Aufklärungszeit.* Es sind etwa zweihundert maschinengeschriebene Seiten, auf denen die Verflechtung jüdischer und europäischer Geschichte dargestellt wird. Die Aussage ist einfach und klar: Die Juden gehören zu Europa; trotz der Nazibehauptung des Gegenteils haben sie ein Recht darauf, in Europa zu leben.

Einige von Baecks Stuttgarter Verbindungsleuten waren an der Verschwörung vom 20. Juli 1944 beteiligt. Zu jener Zeit war Baeck bereits in Theresienstadt und hatte keinen Anteil an der Verschwörung. Das erwähnte Manuskript ist nie veröffentlicht worden, weder in Deutschland noch anderswo. Diese Geschichte hat übrigens einen interessanten Aspekt: Die Arbeit, die Baeck für die Widerstandsbewegung anfertigte, war auch für gewisse Regierungskreise bestimmt. Es gab unter den Nazis zwei Einstellungen zur Judenfrage. Zwar sahen beide eine Sonderbehandlung der Juden vor, doch war die eine milder als die andere und plädierte dafür, die Juden als Arbeiter im Lande zu behalten oder ihnen die Emigration zu gestatten. Beamte dieser Richtung schlugen Baeck vor, zur Stärkung ihrer Position eine Dokumentation über den Beitrag der Juden zur europäischen Kultur zu schreiben. Für diesen Leserkreis versah Baeck in den Quellenangaben zu seinem Manuskript die Namen jüdischer Autoren der Gestapopraxis entsprechend mit einem „(J)“.[14]

In dieser frühen Kriesgzeit, als die Jüdische Gemeinde Berlins immer mehr schrumpfte, übten die Juden ihre Religion im Rahmen des Möglichen weiterhin aus. Im April 1941 schrieb Hannah Karminski einem Freund über das Passahfest: „Wir hatten drei schöne Tage, die mit einem wundervollen Sederabend bei den Henschels begannen. Am Sabbat war ich in der Synagoge; Dr. Baeck hat gepredigt.“ Es handelte sich um die Synagoge in der Levetzowstraße, die in der Kristallnacht nicht zerstört worden war. Später wurde sie von den Nazis als Sammelstelle für die Deportation von Juden nach dem Osten benutzt. Im Jahre 1940 wurden in dem kleinen Raum außerhalb der Haupthalle noch Freitagabend-Gottesdienste abgehalten. Doch die Thoravorlesung, die traditionell am nächsten Morgen stattfand, war nicht mehr gestattet.

1941 hielten die Juden Berlins ihren letzten Jom Kippur-Gottesdienst. Die Nazis hatten angeordnet, daß Juden keine Rundfunkgeräte mehr besitzen dürften und sie an Jom Kippur auf den Polizeiwachen abzugeben hätten – eine Entweihung ihres heiligsten Tages. Fast drei Jahrzehnte zuvor hatte Leo Baeck auf dem Schlachtfeld Jom Kippur-Gottesdienste für Juden abgehalten, die für Deutschland kämpften. Und sechs Jahre zuvor hatte er an Jom Kippur die Nazis mit seinem Gebet herausgefordert, in dem es hieß, daß Juden sich nur vor Gott, nicht aber vor den Menschen beugen. Diesmal, in der Gewißheit, daß die Nazis nur auf einen Vorwand für Verhaftungen und Mißhandlungen warteten, sagte er seinen Glaubensbrüdern, sie sollten ruhig an ihrem heiligsten Tage ihre Rundfunkgeräte zur Polizei bringen. Obwohl ihm daran lag, die Gefahr von seinen Glaubensbrüdern abzuwenden, trotzte er selbst den Anordnungen und erschien erst nach dem Ende des Jom Kippur mit seinem Gerät auf der Polizeiwache. Später pflegte er besonders gern zu erzählen, wie er dort empfangen wurde. Der diensthabende Polizeiwachtmeister war kein Nazi und kannte Baeck seit Jahren. Als er ihn sah, schlug er sich auf das Knie und sagte zu den anderen Polizisten: „Habe ich euch nicht gesagt, daß Rabbi Baeck an seinem heiligen Tag nicht aufkreuzen würde?"

Diese Geschichte erzählte Baeck viele Jahre später dem Mann seiner Enkelin, Rabbiner A. Stanley Dreyfus. Er betonte, Baeck habe mit dieser Erzählung „nicht seine eigene Courage herausstreichen wollen. Das hatte er nicht nötig". Baeck habe vielmehr klarmachen wollen, daß es, wenngleich Organisationen und Institutionen nicht gegen den Antisemitismus der Naziregierung auftraten, immer einzelne gab, die ihre Sympathie für die Notlage der Juden bezeugten. Jeder Gruppe von Industriellen, die Hitlers Politik unterstützten, stand ein Robert Bosch gegenüber, um dagegen zu sprechen. Neben jeder Gruppe von Lehrern, die ihre Schüler aufhetzten, jüdische Kinder zu mißhandeln, gab es immer einen Lehrer wie die Lehrerin Mariannes, die den Zorn der Nazis herausforderte und dem Kind „hervorragendes" Betragen bescheinigte. Auf jeden Pöbelhaufen, der in der Kristallnacht nach jüdischem Blut dürstend in den Straßen randalierte, kam ein Christ, der Juden in seinem Haus versteckte. Und auf jede Gruppe von Uniformträgern kam einer wie der Wachtmeister auf Baecks Polizeiwache, der seine Bewunderung für das Verhalten bedrängter Juden nicht verbarg.

Andere machten ähnliche Erfahrungen. Ernst Ludwig Ehrlich, Student an der „Hochschule", war auf die Polizeiwache gekommen und hatte sein Rundfunkgerät auf den Boden geschleudert, so daß es zerbrochen war. Es geschah ihm nichts. „Heute kann ich nicht mehr verstehen, woher ich damals den Mut genommen habe", sagte er uns.

Auch Chanukka wurde in diesem Jahr gefeiert. Freunde fanden sich in Hannah Karminskis Wohnung zusammen, um das Lichterfest zu begehen und der Zeiten zu gedenken, da die Makkabäer die Juden im ersten Krieg um Glaubensfreiheit in der Geschichte gegen einen übermächtigen Feind zum Sieg führten. „Wir stellten im großen Zimmer drei Tische auf", berichtete Hannah Karminski. „Dann zündete Dr. Baeck die Kerzen an. Nach dem Gesang wurden die Geschenke verteilt. Sie lagen schön verpackt unter der Menora [...] Für einige hatten wir selbst Kalender gemacht, und die wurden ganz besonders bewundert – ihre Herstellung hatte uns große Freude bereitet." Baeck hielt eine kurze Ansprache, in der er sagte, dieses Beisammensein sei für ihn eine „zwölffache Freude". Hannah Karminski schrieb darüber in einem Brief: „Wenn Sie sich noch an Baecks Stil erinnern, wissen Sie, wie das Gute von ihm ausging." Diese Feiertage und Feste waren die letzten, die die Freunde zusammen feierten.[15]

Julius Seligsohn und Otto Hirsch waren die ersten der Gruppe, die von den Nazis zu Opfern erwählt wurden. Seligsohn hatte noch mehr Auslandsreisen gemacht als Baeck selbst, um anderen Juden zu helfen. Er war immer zurückgekommen; keine Warnung konnte ihn dazu bewegen, im Ausland zu bleiben. In Deutschland hatte er öffentlich gegen die Nazis geredet; als er im Oktober 1940 die deutschen Juden zu einem Fasttag aufrief, um gegen die Deportation der Juden aus Baden und der Pfalz zu protestieren, wurde er verhaftet und ins Konzentrationslager Sachsenhausen geschickt. Dort starb er Anfang 1942.

Otto Hirsch war in den acht Jahren seiner Zusammenarbeit mit Leo Baeck fast zu einem Mitglied von dessen Familie geworden. Als er Anfang 1941 verhaftet und in das Gefängnis am Alexanderplatz eingeliefert worden war, kämpfte Baeck um seine Freilassung. Doch diesmal reichte sein Einfluß nicht aus. Die Nazis näherten sich bereits der „Endlösung" und ignorierten Baecks Eingaben. Die Nachricht von Hirschs Verhaftung wurde ins Ausland geschmuggelt, und Freunde in Amerika versuchten, Visa für ihn und seine Frau Martha zu beschaffen; die Visa waren noch immer nicht eingetroffen, als Hirsch vom Alexanderplatz ins Konzentrationslager Mauthausen verbracht wurde. Später sagte sein Bruder: „Der Name Mauthausen war zu jener Zeit völlig unbekannt; man erfuhr nur, daß es ein Lager bei Linz in Österreich war; daß es ein Vernichtungslager war, wußte niemand."

Am 23. Juni 1941 erschien am späten Abend ein Polizeibeamter in Martha Hirschs Wohnung und teilte ihr mit, daß ihr Mann Otto am 19. Juni gestorben sei. Die Leiche sei eingeäschert worden. Der Beamte fügte hinzu: „Die Urne kann nicht ausgeliefert werden. Heil Hitler."

Einige Tage später trafen die Visa für Otto und Martha Hirsch ein, und die Nazis wurden gebeten, Martha die Ausreise zu gestatten. Zur Begründung wurde angegeben, daß Martha seit dem Tod ihres Mannes in Deutschland völlig allein stehe und daß man ihr deshalb erlauben solle, zu ihren Kindern und Angehörigen im Ausland zu gehen. Ein Nazifunktionär mit Namen Eichmann sagte darauf: „Aber sie hat ja noch einen Schwiegervater und einen Schwager in Stuttgart." Als ihm mitgeteilt wurde, daß diese einige Tage zuvor ohne sein Wissen das Land verlassen hatten, wurde er wütend. Verwandte in Deutschland konnten als Geiseln dienen; Verwandte außerhalb Deutschlands waren für die Nazis wertlos. Martha Hirsch bekam keine Ausreiseerlaubnis und wurde später von den Nazis nach dem Osten deportiert.

Leo Baeck hatte freundschaftliche Beziehungen zu Otto Hirschs Sohn Hans Georg unterhalten, der in den späten dreißiger Jahren nach Amerika ausgewandert war. „Muß ich dem Sohn zu sagen, wer der Vater gewesen ist?" schrieb er ihm nach Ottos Tod in Mauthausen. „Aber das kann ich sagen, daß er einer der seltenen Menschen war, die echte Persönlichkeiten sind. Jede Idee wurde für ihn schnell zu einer Aufgabe, und jede Aufgabe wurde in ihm von der Idee und dem Ideal getragen [...] Er war Realist und Idealist zugleich [...] der Sohn seines Volkes."[16]

Im Jahr darauf wurde Heinrich Stahl deportiert. Warum hatte er das Land nicht verlassen? „Ich bin ein alter Mann", hatte er einmal zu einem jungen Rabbiner gesagt, der gerade vor der Auswanderung stand. „Ich habe ein Visum für Belgien. Meine Familie ist schon dort. Aber wenn Sie und ich gehen, wer wird dann hier bei unserer jüdischen Gemeinde bleiben?" Stahl war bei seiner jüdischen Gemeinde geblieben, um mit ihren Mitgliedern im Osten zu sterben.

Cora Berliner war die nächste Angehörige der alten Reichsvertretung, die nach Osten deportiert wurde. Am 21. Juni 1942 schrieb sie ihrem verheirateten Freund einen Brief. Sie sollte am nächsten Tag abgeholt werden, und sie wollte dem Mann, der zwei Jahrzehnte lang eine wichtige Rolle in ihrem Leben gespielt hatte, Lebewohl sagen.

„Eigentlich hätte mir heute die Post einen Brief von Ihnen

bringen müssen", begann sie, „aber vielleicht kommt er noch morgen. Es sind dies Tage voller Erinnerungen, denn es ist gerade ein Jahr her, daß Otto [Hirsch] von uns gegangen ist. Allerdings ist man im Augenblick so beschäftigt, daß man keine Zeit zu vielen Gedanken hat. Morgen", fuhr sie fort, „gehe ich mit einer Reihe von guten Freunden, darunter auch Franz Eugen, auf die Reise. Der Entschluß kam sehr plötzlich, so daß sich die Vorbereitungen sehr drängen. Teka hilft mir aber so fabelhaft, daß ich gut fertig werde. Es wird Sie sehr interessieren, daß ich noch einmal ganz gründlich untersucht worden bin und sich dabei herausgestellt hat, daß ich ganz gesund bin. Das ist eine große Beruhigung . . ."

Eine Freundin schrieb über Cora, daß sie mit einer Freundin zusammen in der Sonne gesessen und Goethe gelesen habe: „Am nächsten Tag kamen die Landsleute Goethes und holten beide Frauen in den Tod."[17]

Die nächste war Hannah Karminski. Die Gestapo verhaftete sie im November 1942. „Uns erfüllt die Zuversicht auf ein Wiedersehen in guten Tagen und eine Gemeinsamkeit zu neuer Arbeit", schrieb Baeck. Doch man sah sie niemals wieder.[18]

Leo Baecks Bekanntenkreis wurde „enger und einsamer". Solche Bemerkungen machte er nicht in seinen Briefen an seine „geliebten Kinder", denn er wollte sie nicht beunruhigen, doch zu einigen engen Freunden. „Um mich herum ist es sehr einsam geworden", sagte er, „es ist oft schwer, allein zu sein." Sein Freund Rudolf Löb war nach Buenos Aires ausgewandert und schickte Baeck gelegentlich Lebensmittelpakete. „Ich möchte nicht idealistischer erscheinen, als ich bin", antwortete Baeck, „und ich gebe ehrlich zu, daß der Kaffee – ein ungewohntes Vergnügen – mich mit einem Gefühl freudigen Wohlbehagens erfüllt." Einem anderen Freund, der ihm zum Passahfest ein Paket Mazzot geschickt hatte, schrieb er, er freue sich, daß „ich nun meine Mazzot nicht, wie ich zuerst gemeint hatte, numerieren [muß], 1½ für jeden Tag, sondern [. . .] auch Bekannte mitversorgen [kann]".

Jedem, der ihm ein Paket schickte, schrieb Baeck, er sei mit seiner Gesundheit zufrieden und freue sich, daß er seinen Glaubensbrüdern immer noch von Nutzen sein könne. Es gab noch immer viel zu tun. Gertrud Luckner, eine junge deutsche Katholikin – einer der Menschen, die Baeck in sein goldenes Buch eingetragen hätte –, war nun Baecks Gehilfin. Sie war Fürsorgerin gewesen, hatte Hannah Karminski gekannt und war durch sie mit Baeck bekannt geworden.

„Er war ein großer Trost für alle, die ihn in jenen Jahren aufsuchten", sagt sie. „Er stand auf, lebhaft und stets bereit, zu tun, was er konnte." Manchmal jedoch konnte selbst Leo Baeck nicht helfen. Gertrud Luckner wollte Baeck an Jom Kippur 1942 sprechen. Die Nazis gestatteten keine Gottesdienste mehr, und so traf sie Baeck in den Büros der Reichsvereinigung an. „Ich trat ein", berichtet sie, „und sah ihn von Müttern umringt. Sie erzählten ihm weinend, daß man ihnen ihre Kinder – überwiegend Jugendliche im Alter von sechzehn Jahren – weggenommen habe." Baeck stand mitten unter ihnen und konnte nicht helfen.

Gertrud Luckner fungierte als Geheimkurier und brachte Geld und Nachrichten aus Berlin heraus – Nachrichten über Angehörige, über Bekannte, die emigriert waren, und solche, die nicht hatten emigrieren können, über Möglichkeiten zur Auswanderung, die es vielleicht noch gab, und über verschwundene Angehörige. Jedesmal wenn sie auf einer solchen Mission einen Juden besuchte, riskierte sie die Verhaftung. Ihre Besuche in Berlin, in Baecks Wohnung, fanden regelmäßig alle zwei oder drei Wochen am Samstag morgen um elf Uhr statt. Eine oder eineinhalb Stunden lang saßen sie gemeinsam über Namenslisten. Bei jedem Besuch war die Liste kürzer.*[19]

---

* Gertrud Luckner wurde schließlich von den Nazis verhaftet und neun Wochen lang von der Gestapo verhört, die wissen wollte, mit welchen Personen des „Deutschen Caritasverbandes" sie zusammengearbeitet hatte. Als man sie fragte, wer ihr Auftraggeber war, antwortete sie: „Mein christliches Gewissen." Sie wurde in das Konzentrationslager Ravensbrück gebracht, wo sie zwei Jahre blieb. Sie überlebte Krieg und Lager und widmete sich nach dem Kriege der Verbesserung der Beziehungen zwischen Christen und Juden. Im Juni 1977 wurde der damals Sechsundsiebzigjährigen der Ehrendoktor der Humane Letters des Hebrew Union College in New York verliehen. Alfred Gottschalk, Präsident des Rabbinerseminars, sagte über sie: „Sie ist ein Symbol für alle Menschen, die moralischen Anstand besitzen und bereit sind, dafür ihr Leben aufs Spiel zu setzen."

Nach 1939 gab es für Baeck keine Reisen ins Ausland mehr. Außer nach England, wohin er in jenem Sommer einen Kindertransport begleitet hatte, war er noch zu einer zionistischen Tagung nach Genf gereist. Die Nazis hatten diese Reise begünstigt, da Baeck den zionistischen Gruppen die Notwendigkeit der Emigration aus Deutschland klarmachen sollte, die zu jener Zeit durchaus noch im Sinne der Nazis war. Eine weitere Reise war geplant, doch „Sie können sich vorstellen", schrieb Baeck, nachdem der Krieg ausgebrochen war, „daß ich sie aufgeben mußte". Am häufigsten fuhr er in den frühen vierziger Jahren nach Dahlem, einem etwa fünfzehn Minuten von Schöneberg entfernten Berliner Stadtteil, der damals noch stark dörflichen Charakter hatte. Dort lebte der Vater seines Schwiegersohns Hermann Berlak, und Baeck besuchte ihn gern, um sich in der ländlich-stillen Umgebung zu entspannen. „Die Tage in Dahlem haben mir sehr gutgetan", schrieb er.

Im September 1941 zog der mittlerweile 77jährige Leo Berlak in Baecks Wohnung um. Ein Raum wurde als Schlafzimmer für ihn eingerichtet, und danach enthielten alle Briefe an Ruth und Hermann Nachrichten über Hermanns Vater, „meinen lieben Namensvetter". In einem seiner Briefe berichtete Leo Baeck: „Mit meiner Gesundheit [darf ich] zufrieden sein; Appetit und Schlaf, meine alte gute Mitgift, sind gut. Ein gleiches kann ich auch von meinem lieben Mitbewohner mitteilen, er ist in seiner steten Frische und Beweglichkeit, sieht gut aus und fühlt sich in dem neuen Heim [. . .] sehr wohl." Leo Berlak schrieb ein Postskriptum dazu: „In Anbetracht meines Altes geht es mir recht gut. Ich werde von meinem Pflegevater verwöhnt, sooft er kann, und muß meinem Schöpfer danken, daß er es so gut mit mir meint."[20]

Baeck nahm auch weiterhin am Schicksal der jungen Leute Anteil, die er zur Auswanderung ermutigt hatte, und pflegte den Kontakt zu ihnen, wann immer es möglich war. In Lissabon wurde bei einem Freund ein „Briefkasten" eingerichtet, von dem aus Baecks Briefe an Ruth und Hermann und seine Bekannten weitergeschickt wurden. Einem jungen Studenten, der emigriert war, schrieb er: „Es ist sicher ein schwerer Anfang, der von Ihnen allen [. . .] gefordert ist, und es ist mir schmerzlich, daß ich von hier aus nicht helfen und nützen kann.“ An einen anderen Studenten, der nach London entkommen war, schrieb er: „Sie sind im Guten. Sie können beginnen und versuchen und um sich blicken. Die Zukunft liegt unmittelbar vor Ihnen.“ Er bat den jungen Mann, er möge seine Sicherheit und die Möglichkeiten, die sich daraus ergäben, dazu benutzen, anderen deutschen Juden zu helfen. „Wie immer die Entscheidung in London fallen wird, sie wird einen Raum, einen Weg für die Menschen drinnen im Lande und für manche, die hineinkommen wollen, öffnen.“

Es war fast, als sähe er voraus, daß es eines Tages ein Phänomen geben würde, das als „Schuldgefühl der Überlebenden“ bekannt werden sollte, das Gefühl derer, die entkommen waren, während andere geschunden und ermordet wurden, ein Gefühl der Scham, als ob man sich für etwas entschuldigen müsse. Zu einem solchen Gefühl auf seiten derer, die entkamen, während er zurückblieb, wollte Leo Baeck nicht beitragen; eine solche Last wollte er ihnen nicht aufbürden. In seinen Augen hatten diejenigen, die sich in Sicherheit brachten, recht gehandelt.

Er blieb weiterhin der Freund der zurückbleibenden Juden, Studenten, alten Leute, der wenigen Rabbiner, die noch in Deutschland waren. 1941 nahm er im Rheinland an der letzten Rabbinertagung teil und sagte seinen Kollegen: „Im nächsten Jahr werden wir zusammen um den Tisch sitzen.“ Weder Baeck noch irgendeiner von denen, mit denen er damals sprach, erwartete, daß aus dem mystischen Glauben ihrer Religion ein Messias erstehen würde, um sie in ein Land voll hellen Sonnenscheins zu führen. Er gehörte zu jenen Juden, für die der Messias in den Herzen der Menschen lebt. Aber auch sie verstanden, was Baeck meinte, als er gesagt hatte: „Es ist ein Gebot von Gott, zu leben“ – man muß leben, als gäbe es eine Zukunft.[21]

Er hatte nun viel Zeit zum Nachdenken, Zeit, eine Antwort auf die Frage zu suchen, was in Deutschland geschehen war. Bei dieser Suche beschäftigte er sich auch mit jener Gestalt in der amerikanischen Geschichte, die er am meisten bewunderte – Abraham Lincoln. Baeck war der Meinung, daß die Vereinigten Staaten zu einer Nation auf dem Weg zur wahren Gleichheit aller geworden waren, weil alle Aspekte ihres Lebens von Religion durchdrungen waren, und der Lebensweg Lincolns schien ihm ein Symbol dafür zu sein. „Vor kurzem habe ich die herrliche Rede Lincolns vom November 1862 in Gettysburg wieder gelesen, in der er sagte: ‚Diese Nation wird nach Gottes Willen in Freiheit neugeboren werden.' " In diesen frühen vierziger Jahren las Baeck die Gettysburger Rede Lincolns immer wieder und dachte über ihre religiöse Bedeutung und den Einfluß eines wahrhaft religiösen Mannes auf die Geschichte einer Nation wie über die Religiosität einer Nation nach, die sich der Führung eines solchen Mannes anvertraute. „Glücklich die Nation, der dieser Mann diese Worte sagen konnte", schrieb Baeck.[22]

Die Nazis erließen ständig neue Judengesetze. Es waren bösartige, kleinliche Gesetze, die den Nazis eine Menge bürokratischer Kleinarbeit machten. Sie verboten den Juden den Kinobesuch und den Besitz von Führerscheinen, verbannten sie aus bestimmten Straßen und befahlen ihnen, Kennkarten mit dem Stempel „Jude" bei sich zu tragen. Außerdem durften Juden keine neuen Kleider kaufen, mußten abendliche Sperrstunden einhalten, durften keine öffentlichen Telefonzellen benutzen und mußten ihre Schreibmaschinen und elektrischen Geräte abliefern.

Ein Erlebnisbericht aus jener Zeit sagt, daß von allen Schikanen, die den Juden auferlegt wurden, „die schwerste psychische Belastung zweifellos das zwangsweise Tragen des ‚Judensterns' gewesen ist. Der *Magen David,* der sechszakkige Davidsstern, war in der jüdischen Geschichte Jahrhunderte hindurch hin und wieder aufgetaucht, aber erst seit dem 19. Jahrhundert als jüdisches Symbol benutzt worden, als einige Juden und Nichtjuden nach einem jüdischen Gegenstück zum christlichen Kreuz suchten. Die Zionisten bedienten sich des Davidssterns in ihren Veröffentlichungen, und zu Beginn der Nazizeit galt er allgemein als jüdisches Symbol. Als die Nazis 1933 die Macht übernommen hatten, schrieb Robert Weltsch in der zionistischen Zeitung *Jüdische Rundschau* einen Leitartikel, in dem er die Juden aufrief, den Stern mit Stolz als ein Zeichen des Widerstands zu tragen. Die Nazis jedoch betrachteten den Stern als Abzeichen der Unterwerfung, das die Juden noch mehr einschüchtern sollte.

Den Stern mußten alle Juden tragen. Er war gelb, hatte einen Durchmesser von zehn Zentimetern und in der Mitte in dunklen Buchstaben das Wort „Jude“. Die Sterne wurden von der Reichsvereinigung ausgegeben. Paul Eppstein, der nun an Stelle Otto Hirschs der geschäftsführende Vorsitzende war, wurde auf die Behörde bestellt, wo ihm mitgeteilt wurde, die Reichsvereinigung habe die „Kennzeichen“ für fünf Pfennig das Stück zu kaufen und für zehn Pfennig weiterzuverkaufen; die Differenz war für Verwaltungskosten bestimmt. In der Verordnung, unter der Eppsteins Name stand, hieß es, daß es keine Ausnahmen vom Tragen des Sterns gebe und jeder Widerstand zwecklos sei. Niemand, der im Lande lebte, zweifelte daran.

Wenn die Juden mit dem Stern an ihrer Kleidung durch die Straßen gingen, mußten sie Beschimpfungen durch die Passanten befürchten, neue Gewalttätigkeiten wie in der Kristallnacht. Das war auch häufig der Fall, aber nicht immer. Ernst Ludwig Ehrlich, einer von Baecks Studenten, wurde von einem Bahnbeamten gezwungen, in einem Zug zu stehen. Der Zug war halb leer, aber der Beamte erlaubte ihm nicht, zu sitzen, denn Ehrlich trug den Stern. Da winkte ihn ein deutscher Soldat zu sich heran, und forderte ihn auf, sich zu ihm zu setzen, womit er ihm gewissermaßen seinen Schutz anbot. „Ich tat es nicht“, sagte Ehrlich, „aber ich habe ihm sehr gedankt. Es war sehr mutig von diesem Soldaten.“

Leo Baeck machte aus dem Tragen des Sterns eine Geste des Trotzes. Als er einmal zur Gestapo bestellt worden war und dort mit seinem Stern auf der Brust erschien, sagte der Gestapobeamte am Ende ihres Gesprächs zu ihm: „Nun, Dr. Baeck, sogar Sie können nicht leugnen, daß das ganze deutsche Volk hinter dem Führer steht, auch hinter seiner Politik gegen die Juden.“ Dabei zeigte er auf Baecks Stern.

Baeck antwortete: „Ich möchte auf diesen Punkt nicht eingehen, aber ich will folgendes sagen: Wenn ich jetzt zu Fuß nach Hause gehe, weil ich kein öffentliches Verkehrsmittel benutzen will, werde ich keinerlei Ungemach erleiden, dessen bin ich ganz sicher. Hier und da wird jemand versuchen, sich mir zu nähern, Fremde, die sich ängstlich umblicken und dann meine Hand ergreifen. Möglich, daß sie mir heimlich einen Apfel, eine Tafel Schokolade oder gar eine Zigarette in die Tasche stecken. Etwas anderes wird mir, glaube ich, nicht geschehen." Baeck machte eine Pause, bevor er dem Beamten seine Pointe servierte: „Ich weiß nicht, ob es dem Führer, wenn er an meiner Stelle wäre, auch so ergehen würde."[23]

In späteren Jahren erzählte Baeck oft von deutschen Nichtjuden, die in jener Zeit gut zu ihm gewesen waren. „Manchmal war die einzige Art, in der Deutsche ihre Opposition gegen die Nazis ausdrücken konnten, einem Juden zu helfen", sagte er. „In den letzten Jahren kam jeden Freitag eine Gräfin in meine Wohnung und brachte mir Gemüse, das es auf die jüdischen Lebensmittelkarten nicht gab. Gelegentlich fand ich eine Tüte mit Obst vor der Wohnungstür, die ein unbekannter Spender hingelegt hatte. Eines Sonntags trat in der vollen S-Bahn ein Mann nahe an mich heran und fragte: ‚Ist Tiergarten die nächste Station?' Dann flüsterte er mir zu: ‚Ich bin vom Lande. Ich stecke nur schnell ein paar Eier in Ihre Tasche.' Ein anderes Mal kam auf der Straße ein Mann auf mich zu und ließ einen Briefumschlag fallen. Dann hob er ihn wieder auf, überreichte ihn mir und sagte dabei: ‚Sie haben das fallen lassen.' Es war ein Bündel Lebensmittelkarten." Baeck gab zwar zu, daß er von Gelegenheiten wußte, bei denen Juden mißhandelt worden waren, seit sie den Stern trugen, „aber die Bevölkerung in Berlin und Hamburg behandelte die Juden im allgemeinen sehr viel anständiger als die Bevölkerung anderer Gemeinden."[24]

Merkwürdigerweise schlossen die Nazis in den Jahren nach der Kristallnacht die „Hochschule" nicht. Über den Grund dafür gibt es eine Anekdote: Unmittelbar nach der Kristallnacht wurden an der Hochschule keine Vorlesungen gehalten, und der einzige geöffnete Raum war die Bibliothek. Eines Tages nun sei ein Gestapobeamter hereingekommen, der wissen wollte, was es mit dem Gebäude auf sich habe. Der einzige Anwesende war der Bibliothekar, der dem Gestapobeamten gegenüber etwas Allgemeines über ein Schulhaus gemurmelt habe. Daraufhin habe der Mann angenommen, es handle sich um eine bescheidene Schule für jüdische Kinder, die aus deutschen Schulen verwiesen worden waren, und auf die Schließung des Gebäudes verzichtet. Angesichts der Detailfreudigkeit der Nazis ist jedoch anzunehmen, daß sie den Zweck des Gebäudes durchaus kannten und die Anekdote nicht der Wahrheit entspricht. Vermutlich hatten sie einfach nicht die Absicht, alle jüdischen Institutionen zu verbieten. Der ehemalige Hochschulangestellte Richard Fuchs sagt, daß vielleicht Proteste christlicher Persönlichkeiten im Ausland „der Grund für den Versuch der Regierung gewesen sind, den Abscheu des Auslands zu beschwichtigen, indem sie einige kulturelle Aktivitäten der deutschen Juden, wie den Kulturbund und die ‚Hochschule', nicht unterband." So kam es, daß vier Jahre nach der Kristallnacht, in einer Zeit, in der Juden jede sich bietende Chance zur Flucht aus Deutschland nutzten und die jüdische Bevölkerung zusammenschrumpfte, während die Nazis „die Endlösung" vorbereiteten, junge Juden in dem Gebäude in der Artilleriestraße sich nach wie vor auf das Rabbinat vorbereiten konnten.

Jeder wußte, daß es nur eine Frage der Zeit war, bis das Haus für immer geschlossen würde. Im Hochschulbericht für 1938–1939 hieß es: „Wir hoffen, daß, wenn die Lehranstalt in Berlin ihre Arbeit einstellen muß, eine ebenso freie Forschungsarbeit für die Wissenschaft des Judentums an einem anderen Ort wiederaufgenommen wird und sich Männer und Frauen finden werden, die den Geboten unseres Gesetzes getreu für die Wissenschaft des Judentums wirken werden."

Zu jener Zeit bestand die Hoffnung einer Verlegung der Schule nach England. Richard Fuchs erörterte die Frage mit dortigen Lehrern, und im Jahre 1939 entwarf Baeck ein Memorandum (das von Fuchs auf englisch neu formuliert wurde) für Londoner Gelehrte, deren Meinung er erbat. Der Vorschlag wäre vielleicht verwirklicht worden, doch Baeck war nicht bereit, Deutschland zu verlassen, um die Anstalt in England zu leiten, und dann brach, am 1. September, der Krieg aus. Leo Baeck gab die Idee dennoch nicht auf. Ende 1942, als einer seiner Studenten sich auf einen Fluchtversuch aus Deutschland vorbereitete, sagte Baeck zu ihm: „Wenn wir den Krieg überleben, werde ich dafür sorgen, daß die Arbeit der Lehranstalt in England fortgesetzt wird."

Viele der prominenten Gelehrten der „Hochschule“ hatten Stellungen im Ausland angenommen. Das Ergebnis war, daß in der Fakultät jetzt ein 22jähriger Rabbiner für Bibelstudien und ein Rabbiner im Ruhestand für jüdische Geschichte zuständig waren. Baeck selbst, dessen Zeit und Kraft ohnehin stark beansprucht waren, lehrte immer noch Midrasch und Homiletik. Er übernahm den Vorsitz des Dozentenrats. Früher war dieses Amt von den Angehörigen des Lehrkörpers turnusmäßig ausgeübt worden. Jetzt war Baeck der ständige Vorsitzende, weil er praktisch das einzige Mitglied des Dozentenrats war, das sich in den Angelegenheiten der Schule auskannte.

Außer den wenigen jungen Männern, die sich an der „Hochschule“ auf das Rabbinat vorbereiteten, gab es auch noch Personen, die von den dort gebotenen Bildungsmöglichkeiten anderen Gebrauch machten. „Sie gehörten allen Altersgruppen an und kamen aus den unterschiedlichsten Lebensbereichen“, heißt es im Bericht eines ehemaligen Studenten.

„Ein Rabbiner im Ruhestand“, so heißt es dort weiter, „saß neben einer Witwe, ein früherer Rechtsanwalt teilte seine Bibel mit einem ehemaligen Kaufmann, während nach der Vorlesung ein entlassener Beamter mit einem früheren Bankbeamten und einem Arzt über ein interessantes Detail diskutierte. Diese Teilnahme von Männern und Frauen an der akademischen Arbeit der Lehranstalt hatte einen günstigen Einfluß auf die regulären Studenten. Diese Männer und Frauen hatten eine unterschiedliche Vorbildung von beträchtlichem Niveau und widmeten sich der Arbeit in den Seminaren mit einem Ernst und einem Eifer, die ihre Wirkung auf die Rabbinerstudenten nicht verfehlen konnte, denn diese hätten sich geniert, wenn ihre Leistungen hinter denen der älteren Generation zurückgeblieben wären, die nur ihres Bildungsideals wegen mit ihnen wetteiferten.“[25]

„Die Examina liegen hinter uns“, schrieb Baeck im Frühjahr 1939; „wir lesen in der Lehranstalt vorerst weiter und versuchen, anständige Examina ablegen zu lassen.“ Wieder waren Bildung, Erziehung, die Vermittlung der jüdischen Religion, die die Hörer befähigen sollte, andere zu unterrichten und anzuregen, von grundlegender Wichtigkeit. Jedoch mußte Baeck im selben Brief zugeben: „Versagt hat leider ein großer Teil der Rabbiner, besonders die ‚Unentwegten‘ von ehedem. Manche sind einfach ohne Not verschwunden. Aber einige haben sich doch sehr bewährt; unter den jüngeren nenne ich vor allem Swarsensky, unter den älteren Dienemann, der nach schweren Wochen auf seinen Platz zurückkehrte und dann, als seine Gemeinde aufhörte, aufrecht hinausging.“

In seinen Briefen über die „Hochschule“ hielt sich Baeck im allgemeinen nicht bei den Schwierigkeiten des Lehrbetriebs auf. Meistens sprach er lieber von den Studenten, „an denen wir Freude haben“. Diese jungen Menschen der frühen vierziger Jahre stellten eine weitere merkwürdige Facette des jüdischen Lebens unter den Nazis dar. Sie waren zwischen zehn und zwanzig gewesen, als die Nazis an die Macht gekommen waren; sie wußten nicht, daß das Leben, das sie lebten, ungewöhnlich war. Wie einer von ihnen später sagte: „Das Gefühl der Anomalität existierte nicht für einen Juden, der 1933 fünfzehn oder noch jünger gewesen war.“ Ein anderer sagte: „Als ich 1940 an der ‚Hochschule‘ zu studieren anfing, dachte ich noch, es sei möglich, weiter in Deutschland zu leben und Rabbiner zu werden.“ Wenn Baeck die Alten repräsentierte, die bereit waren, sich für die Jüngeren zu opfern, so repräsentierten die Studenten zu Beginn der vierziger Jahre die sehr jungen Menschen, die gar nicht mehr wußten, daß es ein anderes Leben gab, für das Opfer zu bringen sich lohnte. Sie sollten es bald kennenlernen. Denn noch immer drängte Baeck sie zur Emigration. Einer von ihnen erinnerte sich daran, wie er mit Baeck darüber diskutierte, ob er Deutschland verlassen solle, und Baeck ihn leidenschaftlich beschwor: „Sie *müssen* gehen!“[26]

Doch nach dem Kriegsausbruch und besonders seit dem Eintritt der Vereinigten Staaten in den Krieg im Dezember 1941 wurde die Auswanderung praktisch unmöglich. Für diejenigen Studenten, die das Land nicht mehr verlassen konnten, ging der Lehrbetrieb weiter. Im Oktober 1940 schrieb Baeck: „Wir haben die Feiertage wie üblich gefeiert und hatten mehrere Gottesdienste, an deren Abhaltung unsere Rabbinatsanwärter sich beteiligten.“ Die Studenten zelebrierten nicht nur die regulären Gottesdienste, sondern hielten auch in Altersheimen und Krankenhäusern Betstunden ab. *Leben* lautete das Kredo.

Während dieser Feiertagszeit schrieb er an Ruth und Hermann in London: „Meine Arbeit geht ihren gewohnten Gang, und ich finde auch immer ein paar Stunden für die wissenschaftliche Tätigkeit. Gelegentlich bin ich auch mit dem einen oder anderen aus unserem Kreise zusammen. Auch aus dem Familienkreise höre ich Gutes. In meinem Heim ist für mich aufs beste gesorgt [. . .]" Er fügte ein paar Zeilen an seine Enkelin Marianne an, die mittlerweile bereits halb erwachsen war: „Geliebte Janne, für Dich füge ich ein paar besondere Zeilen bei, um Dir zu dem guten Zeugnis und zur guten Versetzung zu gratulieren [. . .]. Ich kann mir denken, wie schön es im Garten ist, und wie Du dort und im Hause eine Hilfe bist."

Einer seiner damaligen Studenten erinnert sich, daß Baeck, nun hoch in den Sechzigern, immer noch sehr beweglich war, „gut gekleidet und rasch, zwei Stufen auf einmal nehmend, die Treppen hinaufeilte". Immer noch hielt er seine Freitagmorgenvorlesungen „bitter früh", um acht Uhr, immer noch über Homiletik und immer noch mit der gleichen Methode. Wenn es zur Beurteilung einer Predigt eines Studenten kam und Baeck etwa mit den Worten: „Die Predigt beweist redliches Denken" begann, wußten sowohl der betreffende Student als auch seine Kommilitonen, daß nun eine vernichtende Aufzählung der Fehler folgen würde. Baeck kümmerte sich nach wie vor um das Wohlergehen seiner Studenten. Er bestand darauf, daß sie an dem Gymnastikkurs teilnahmen, der an der Schule veranstaltet wurde, weil er glaubte, daß sie physische Abhärtung brauchten, ob sie nun in Deutschland blieben oder auswanderten. Jeder Hochschulabsolvent erhielt in jenen Jahren einen persönlichen Brief von Baeck, in dem ihm attestiert wurde, daß er die Prüfung für das Rabbinat bestanden habe und den Titel „Rabbiner" führen dürfe. Alle Lehrer setzten sich bei der Gestapo für die Freilassung von Studenten ein, die zur Zwangsarbeit eingezogen oder zur Deportation vorgesehen waren. „Es war ein unheimliches, verrücktes Leben, das

Lehrer und Studenten in einer fast unwirklich anmutenden Atmosphäre lebten", erinnerte sich einer von ihnen.

In dieser Periode sprach Beack oft von dem „bewundernswerten" Fleiß seiner Studenten – „man muß sie manchmal bremsen", sagte er. Später meinte er, daß das, was in dieser Zeit in bezug auf Bildung geleistet wurde, „als die vielleicht hervorragendste Leistung der zum Untergang verurteilten jüdischen Gemeinschaft in die Geschichte eingehen wird".

Der Fleiß war zum Teil Baecks eigener, aber er gestattete sich nicht, seine Angestrengtheit zu zeigen. „Das wirklich Wichtige", sagte er seinen Studenten, „ist die Aufgabe des Tages. Was uns aufgegeben ist, müssen wir tun." An seinem Beispiel lernten die Studenten etwas über den Sinn von Worten wie Würde und geistiger Widerstand. Einer von ihnen schildert eine Vorlesung Baecks im Winter 1940 über „Grundgedanken des Judentums". Die Hörer waren Rabbinatsstudenten und „Juden, die noch nicht zur Zwangsarbeit eingezogen worden oder schon zu alt dafür waren. Alle diese Menschen hofften auf die Kraft, den Tag zu überstehen; hier waren sie in einer anderen Welt". Baecks Verhalten lieferte keinen Hinweis darauf, daß er noch andere Verantwortungen trug oder anderen Problemen gegenüberstand als dem, eine Vorlesung zu halten. „Er war die Verkörperung jüdischen Stolzes und jüdischen Geistes", sagte der Student, „und er erlaubte sich nicht, etwas anderes zu zeigen." Diese Vorlesung hatte einen eigenartigen Charakter. Baeck schien über allem zu stehen, über all der Unruhe und Gefahr außerhalb des Hochschulgebäudes, und dennoch fühlte zugleich jeder, daß er von eben dieser Unruhe und diesen Gefahren sprach.

„Das Gute ist der Menschheit stets ein Ärgernis", sagte er an diesem Tage. „Verfolgung ist das Schicksal all jener, die der Menschheit mit strengen moralischen Grundsätzen kommen." Alles, was anders sei, sei der großen Masse ein Greuel, „und die Juden *sind* anders", sagte er. „Israel ist der Diener Gottes, und Israel ist die Verantwortung für alle Menschen auferlegt. Darum ist es der leidende Diener." Baeck sprach von den Machthungrigen: „Wenn der Turm der Mächtigen errichtet wird", sagte er, „zeigt der Prophet bereits auf die Risse im Gemäuer; was bleibt, ist allein der Geist."

Den wenigen Menschen, die ihm an jenem kalten Morgen in dem Gebäude an der Artilleriestraße zuhörten, Juden, denen die Flucht nicht gelungen war und – wie sie nun wußten – nicht mehr gelingen würde, bot er geistige Gewißheit; es war die einzige Hoffnung, die einzige Chance, die ihnen geblieben war. „Die Geschichte", so schloß er, „ist die Geschichte sittlicher und religiöser Ideen. Wenn in der Menschheit einmal ein sittlicher Geist erwacht, kann dieses Ereignis nie wieder rückgängig gemacht werden. Jede Idee bleibt. Sie ist ewig. Keine Katastrophe kann auch nur eine einzige Idee zerstören." Wie einer der alten biblischen Propheten warnte er, daß der Mensch nicht durch die Macht lebe. „Die Macht", sagte er, „hat nur das Schicksal, unterzugehen." Das war zu dieser Zeit schwer zu glauben, schwer für Menschen, die – schwach, gehetzt und ohne Zukunft – von uniformierten Fanatikern umzingelt waren, die bereits mit dem Massenmord begonnen hatten. Die Größe Leo Baecks bestand in diesen Tagen vor dem Ende darin, daß er ihnen diesen Glauben gab. Er gab ihnen den Glauben, daß Überleben, die Erfüllung von Gottes Gebot, möglich und lohnend war.[27]

Das Jahr 1942 war noch düsterer als 1941. „So manche, die nahe waren, [weilen] in der Ferne", schrieb Baeck. Im Januar sandte er seiner Enkelin Marianne über den Lissaboner „Briefkasten" Geburtstagsgrüße nach England; er hatte sie seit fast achtzehn Monaten nicht mehr gesehen. Als er vor vielen Jahren im Ersten Weltkrieg die deutsche Heeresuniform getragen hatte, hatte er seiner Tochter Ruth Geburtstagsgrüße geschickt. Wie jeder andere Vater hatte er sich gefreut, als seine Tochter erwachsen wurde, ihr Glück in der Ehe fand und ihre eigene Familie gründete. Für die kleine Marianne war er ein guter Großvater gewesen, er hatte sie verwöhnt, war mit ihr zum Gottesdienst gegangen, hatte sich um ihre Bildung gekümmert. Nun konnte sie in England wenigstens ungestört erwachsen werden, eine eigene Familie haben und nach dem Glück streben, auf das jeder Mensch ein Anrecht hat. Es gab nicht viel, was er ihr jetzt sagen konnte, ohne ihr Kummer zu bereiten. „Meine heutigen Zeilen gelten vor allem Ihrem Geburtstag, liebes Fräulein Marianne", begann er. „Ich brauche es nicht zu sagen, wie innig die

Wünsche sind, die ich für Sie hege, mit welcher Freude alles Gute, das von Ihnen erzählt, mich erfüllt, wie ich alles Glück für Sie ersehne."*[28]

Die Situation der „Hochschule" verschlechterte sich. Die Nazis zwangen sie, die Artilleriestraße zu verlassen und zunächst in einige verlassene Büroräume und dann in die leerstehenden Räume des früheren Sitzes einer jüdischen Wohlfahrtsorganisation umzuziehen. Im Frühjahr gab es noch ungefähr ein Dutzend Studenten. Dann kam das Unvermeidliche: Am 30. Juni 1942 erklärten die Nazis, die „Hochschule" müsse ihren Lehrbetrieb einstellen.

Für Baeck war die Ankündigung eine Katastrophe. Von ihm war gesagt worden, er stelle die Verkörperung des deutschen Juden dar. Die beiden Worte „Deutscher" und „Jude" waren in bezug auf ihn zu einem verschmolzen. Er war ein deutscher Gelehrter und ein Bekenner des jüdischen Glaubens. Der Repräsentant von Rationalismus und Glauben. Durch seine Gelehrsamkeit, seine Predigten und sein eigenes Leben hatte er bewiesen, daß Deutschtum und Judentum sich zum Vorteil beider miteinander verbinden konnten. Sowohl der Rationalismus wie der Glaube hatten durch ihre Verbindung gewonnen, so wie das Deutschtum und das Judentum durch ihre Vermischung gewonnen hatten. Leo Baeck war ein besserer Jude, weil er ein Deutscher war, ein frommerer Glaubender, weil er seinen Glauben rationaler Überprüfung unterzogen hatte. Er war auch ein besserer Deutscher, weil er ein Jude war, ein besserer Rationalist, weil er sein Wissen der Prüfung seines Glaubens unterzogen hatte. Und die „Hochschule" war der Ort, an dem diese Verbindung entstanden war. Hier wurde das Studium des Judentums mit der Wissenschaftlichkeit betrieben, die an deutschen Universitäten üblich war. Franz Rosenzweig hatte einmal gebetet, er möge niemals gezwungen werden, zwischen seinem Deutschtum und seinem Judentum wählen zu müssen. Das eine oder das andere aus seinem Herzen reißen zu müssen, wäre sein Ende. Die Schließung der „Hochschule" aber symbolisierte

* Die förmliche Anrede – auch in den folgenden Briefen an die Familie – wurde vermutlich zur Tarnung benutzt (*Anm. d. Übers.*).

wohl mehr als alles, was bisher geschehen war, die Absicht der Nazis, beides auseinanderzureißen. Die deutsch-jüdische Symbiose war zerstört.

„Ich habe Leo Baeck nur einmal verzweifelt gesehen", erzählt einer der Studenten seines letzten Seminars. „Das war, als er erfuhr, daß die ‚Hochschule' geschlossen werden sollte." Der Student erinnert sich daran, wie Baeck mit erstarrtem, tief gefurchtem Gesicht und einer Stimme, die tiefer und heiserer war als sonst, zu der Handvoll Studenten im Raum sagte: „Was auch aus uns werden wird, wir haben dennoch die drei größten Einflüsse auf die moderne Welt hervorgebracht: Marx, Freud und Einstein." Und er fügte leise hinzu: „Genauso wie wir vor zweitausend Jahren Jesus hervorgebracht haben."

Einigen Studenten dieser allerletzten Tage gelang es, aus Deutschland zu fliehen. Herbert Strauß mußte mit dem Judenstern auf der Brust die Berliner Straßen fegen. Als die Nazis schließlich zu ihm nach Hause kamen, um ihn zu verhaften, hielt der Hausmeister des Gebäudes – einer der deutschen Christen, die in Leo Baecks goldenes Buch eingetragen werden müßten – sie eine Weile am Fuß der Treppe auf, so daß Strauß ihnen entkommen konnte. Das letzte Mal sah Strauß Leo Baeck im Januar 1943. Strauß lebte im Untergrund, ständig auf der Flucht vor den Nazis, und besuchte Baeck in dessen Wohnung. „Es war mutig von Baeck, mich überhaupt einzulassen." Sie sprachen über das Versagen des deutschen Bürgertums, besonders zu Beginn der dreißiger Jahre, vor der Machtübernahme Hitlers, als es nicht erkannte, wohin der Nationalismus Deutschland führen würde. Baeck beschwor Strauß, im Untergrund zu bleiben und jede Überlebenschance zu nutzen.

Ein anderer Student, dem die Flucht gelang, war Ernst Ludwig Ehrlich. Auch er lebte zuerst in einem Versteck und schlug sich schließlich in die Schweiz durch. Vorher hatte auch er, wie alle anderen Studenten, von Baeck den traditionellen Empfehlungsbrief erhalten, in dem er als Rabbiner ausgewiesen und zur Anstellung empfohlen wurde.[29]

Während dieser Monate nahmen die kirchlichen Kreise am Schicksal der Juden und ihrer Institutionen kaum Anteil.

Das American Office of Strategic Services (OSS, ein damals aktiver Nachrichtendienst) fertigte eine Untersuchung über die Möglichkeit kirchlicher Opposition gegen die deutsche Regierung im Jahre 1942 an. Diese Untersuchung ist die vielleicht beste Zusammenfassung des Verhaltens der Kirchen in jener Zeit und offenbart, daß die Kirchen – wie in früheren Jahren auch – die Naziregierung grundsätzlich unterstützten. In der Untersuchung heißt es:

„Weder Protestanten noch Katholiken als solche empfinden dem nationalsozialistischen Regime gegenüber große Loyalität. Das ist schon seit 1933 so gewesen. Es hat von beiden Gruppen, in den letzten Monaten besonders von katholischer Seite, offene Kritik an den Nazis gegeben. Die Katholiken haben trotz starken Drucks zumindest offiziell den russischen Feldzug nicht als ‚Kreuzzug' gebilligt. Doch lassen weder aktuelle Indizien noch die traditionelle Rolle der Kirche in Deutschland den Schluß zu, daß von beiden Gruppen aktive politische Opposition gegen die Nazis erwartet werden kann. Protestanten und Katholiken handeln als Soldaten, Beamte, Arbeiter und so weiter *zuerst* als Deutsche und *dann* als Protestanten oder Katholiken. Trotz der Existenz von Konflikten zwischen Staat und Kirche in beiden Fällen darf nicht vergessen werden, daß das Luthertum durch den Grundsatz ‚seid der Obrigkeit untertan' die Legitimität des staatlichen Anspruchs auf Gehorsam anerkennt; und die katholische Kirche hat sich zwar gelegentlich kritisch über die Nazipolitik geäußert, aber das Naziregime bis heute nicht in so unumwundener Sprache angeprangert, wie sie es dem Sowjetregime gegenüber getan hat. Es besteht jedoch Grund zu der Annahme, daß die Unterschiedlichkeit nicht so sehr auf einer Verschiedenheit des vatikanischen Standpunktes in bezug auf die beiden Regimes beruht, als vielmehr auf einer Beschwichtigungspolitik, die von der Notwendigkeit diktiert ist."[30]

Wo die Institutionen versagten, machten sich einzelne verdient. Allein die Namen von Geistlichen wie Niemöller, Bonhoeffer und anderen könnten ein goldenes Buch füllen. In den Jahren bis zum Kriegsende wurde eine Gruppe christlicher Geistlicher (Angehörige der „Bekennenden Kirche"), inhaftiert, mißhandelt oder getötet. Diese Geistlichen versteckten Juden in ihren Wohnungen oder Kirchen, beteten öffentlich für sie, gingen mit ihnen in die Konzentrationslager, begleiteten sie auf ihren Gängen zur Gestapo. Wie viele Juden sie gerettet haben, ist schwer zu sagen; sie kamen wohl zu spät und waren auch zu wenige, um vielen zu helfen. Doch haben sie den Deutschen bewiesen, daß Jesu Weisung, den Schwachen und Erniedrigten beizustehen, nicht nur Worte sind, die am Sonntag morgen in der Kirche heruntergeleiert werden.

Einer dieser Aufrechten war Probst Heinrich Grüber. Seine Geschichte ist typisch. Obwohl einer der prominenteren protestantischen Geistlichen Berlins, hatte er zunächst die Drohungen und Angriffe der Nazis gegen die Juden ignoriert. Doch als die Nazis auch Angehörige seines eigenen Glaubens – zum Protestantismus übergetretene Juden oder Protestanten mit einem jüdischen Elternteil oder jüdischen Großeltern – zu verfolgen begannen, wurde Grüber zu einem protestantischen Führer, der diesen verfolgten Protestanten half, Deutschland zu verlassen. Dasselbe tat Baeck für Menschen, die sich als Juden auswiesen, und das brachte die beiden Männer zusammen.

Zunächst half Grüber nur den Mitgliedern seiner eigenen Kirche, doch im Laufe der Jahre wuchs sein Engagement über den Umkreis des eigenen Kirchturms hinaus. Er wurde zu einem Mahner im Lande, der seine Stimme gegen jede Mißhandlung von Menschen erhob. Als er in den frühen vierziger Jahren öffentlich protestierte, wußte er nicht, daß die deutschen Juden ermordet wurden beziehungsweise bald massenhaft umgebracht werden sollten. Aber er wußte, daß sie verhaftet, grundlos gefangengehalten und deportiert wurden. Soviel wußte im Jahre 1943 jeder Mensch in Berlin.

Grüber bekannte sich in der Öffentlichkeit zu Leo Baeck. Einmal wurden die beiden Männer zusammen auf die Gestapo bestellt. Für Grüber wurde ein Stuhl gebracht, für Leo Baeck, den Nichtarier, gab es keinen. Grüber weigerte sich, Platz zu nehmen. „Wenn Leo Baeck nicht sitzen darf", sagte er, „will ich mich auch nicht setzen." Die beiden Männer wurden enge Freunde. Grüber erzählt: „Als ich verhaftet wurde, war Leo Baeck der erste, der meine Frau besuchte."

Nach seiner Verhaftung wurde Grüber von der Gestapo zusammengeschlagen und jahrelang in einem KZ interniert.[31]

Eines Tages las Leo Baeck in der Zeitung, daß ein SS-Offizier namens Adolf Eichmann zur Leitung einer Sonderabteilung für Juden bei der Gestapo ernannt worden war. „Ich kannte Eichmann", erzählte Baeck später, „denn als Vertreter der deutschen Juden hatte ich gelegentlich mit ihm zu tun. Er war ein erbitterter Judenhasser und in der Vergangenheit immer einer der schlimmsten Verfolger gewesen. Seine Abteilung war mit Sondervollmachten ausgestattet worden. Es war ein schlechtes Omen." Als Eichmann viele Jahre später von den Israelis gefangengenommen worden war, sagte eine Frau, die an seiner Aufspürung und Gefangennahme beteiligt gewesen war, er sehe so gewöhnlich aus, daß es ihr schwerfalle, zu glauben, daß er der Mann sei, der das Todesurteil über Millionen Juden gesprochen habe. Eichmann konnte es selber kaum glauben oder tat wenigstens so. In seinem Prozeß sagt er: „Ich kann nicht verstehen, wie wir solche Dinge tun konnten." Und dann: „Ich habe getan, was damals alle getan haben. Ich habe meinen Kriegsdienst geleistet wie jeder andere auch, ich wollte im Leben vorankommen." Zu jener Zeit legte er freilich größeren Tatendrang an den Tag, als diese spätere Äußerung vermuten läßt. In einem Telegramm, das ein Vertreter des American Joint Distribution Committee aus Europa nach Hause schickte, stand: „Eichmann zum Leiter der jüdischen Angelegenheiten ernannt [. . .] schlechtes Zeichen."[32]

Die Ernennung Adolf Eichmanns zum Leiter der Abteilung für jüdische Angelegenheiten bedeutete, daß der Ausdruck „Endlösung" einen neuen Inhalt bekam. Bis in die frühen vierziger Jahre hinein war er ein Euphemismus für die Vertreibung der Juden aus Deutschland und ihre Ausplünderung gewesen. Jetzt wurde er zum Euphemismus für den Massenmord an den Juden.

Hitlers Sprache gegen die Juden war schärfer geworden. 1939 sprach er von der „Vernichtung" des jüdischen Volkes. Schon immer hatte er gesagt, er führe Krieg gegen die Juden; und 1939, kurz nach Ausbruch des Zweiten Weltkriegs, sagte er: „Kriege werden immer nur durch die völlige Auslöschung des Gegners beendet." Seinen Untergebenen waren Hitlers Absichten immer klar. „Der Führer hat wieder einmal seine Entschlossenheit zum Ausdruck gebracht, Europa erbarmungslos von Juden zu säubern", berichtete Goebbels Anfang 1942. „Dabei darf es keine zimperliche Sentimentalität geben [. . .] Ihre Vernichtung wird Hand in Hand mit der Vernichtung unserer Feinde gehen. Wir müssen diesen Prozeß mit kalter Rücksichtslosigkeit beschleunigen [. . .] Der Führer hat diesen Plan unmißverständlich klargemacht und ihn danach vor einer Gruppe von Offizieren wiederholt."

Im September 1942 erinnerte Hitler an die von ihm drei Jahre zuvor angedrohte Vernichtung der Juden: „Einst haben die Juden Deutschlands über meine Prophezeiungen gelacht. Ich weiß nicht, ob sie immer noch lachen oder ob ihnen der Wunsch, zu lachen, schon vergangen ist. Aber jetzt kann ich nur wiederholen: Das Lachen wird ihnen überall vergehen, und auch mit dieser Prophezeiung werde ich recht behalten."

Die Nazis begannen Ende 1939 Gaskammern zu benutzen, um Alte und unheilbar Kranke zu töten. Vielleicht wurden deshalb die Morde zunächst als ärztliche „Maßnahmen" bezeichnet. Zur Tötung aus „ethnischen und rassischen Gründen" wurden Gaskammern erstmals im Frühjahr 1942 eingesetzt. Es gab immer mehr Lager, und jedes neue Lager war perfektionierter als das vorige. Bis zum Ende des Krieges wurden in diesen Lagern Millionen Menschen getötet. Die meisten von ihnen waren Juden, doch nicht alle. Hitlers Haß galt vornehmlich, aber nicht ausschließlich den Juden. Er haßte andere Volksgruppen wie die Zigeuner und viele osteuropäische Stämme, außerdem alle Menschen, die gegen ihn waren – sie alle wurden seine hilflosen Opfer.[33]

Keiner von denen, die ihre Waffe auf die hilflosen Opfer richteten, wurde mit Waffengewalt dazu gezwungen. Kein Arzt, der sein ärztliches Wissen dazu benutzte, diese Menschen zu töten, wurde dazu gezwungen, sein Berufsethos ins Gegenteil zu verkehren. Keiner von denen, die die Toten ihrer Kleider, ihres letzten Besitzes, der Goldfüllungen ihrer Zähne beraubten, war in Unkenntnis darüber, wie diese Menschen gestorben waren.

Sie alle wollten, wie Eichmann, „im Leben vorankommen".

Es war kein Krieg im traditionellen Sinn. Es war beabsichtigter, sorgfältig geplanter Völkermord, räuberischer Genozid.

Seither ist immer wieder darüber debattiert worden, ob das deutsche Volk während der Kriegsjahre von den Vernichtungslagern gewußt habe oder nicht. Es gibt schlüssige Beweise dafür, daß es zumindest seit Ende 1943 und 1944 von den Massenermordungen gewußt haben muß. Dennoch ist die Frage falsch gestellt. Selbst wenn die Deutschen nicht wußten, daß Juden und andere in Massen umgebracht wurden, so wußten sie doch genug über Mißhandlungen ihrer Mitmenschen, um dagegen zu protestieren. Sie hatten seit dem Boykott-Tag 1933 mehr und mehr darüber erfahren. Die Last, an der das deutsche Volk seither zu tragen hat, ist die Tatsache, daß weder die breiten Volksmassen noch die Institutionen, sondern nur einige wenige Deutsche protestierten.

Für die Berliner Juden begann die „Endlösung" am 20. März 1941 Gestalt anzunehmen, als während einer Sitzung im Propagandaministerium die Zahl der noch in Berlin lebenden Juden erörtert wurde. Ein paar Tage zuvor hatte Goebbels Hitler darauf hingewiesen, daß es in der Stadt noch 60 000 bis 70 000 Juden gab. Das war unannehmbar. Einige dieser Juden unterhielten Beziehungen zu Mitgliedern des diplomatischen Korps. Andere vermieteten Zimmer an ausländische Studenten und Journalisten und „hatten so die Gelegenheit, Gerüchte zu verbreiten, die dem Staat schaden könnten". Adolf Eichmann, der an der Sitzung teilnahm, sagte, daß Hitler seine Zustimmung zur Entfernung der Juden aus Berlin bereits vor acht oder zehn Wochen gegeben habe, der Plan jedoch nicht ausgeführt werden könne, weil man nicht wisse, wohin mit den Juden. Es waren Vorbereitungen für die Deportation von 60 000 Juden aus Wien getroffen worden, aber dort gab es nur noch 45 000. Vielleicht sollte man die fehlenden 15 000 durch Berliner Juden ergänzen.

Dieser Vorschlag wurde von allen bei der Besprechung Anwesenden für annehmbar gehalten, besonders weil er bedeutete, daß man sich der alten, nicht mehr arbeitsfähigen Juden entledigen konnte. Eine jüdische Arbeiterreserve brauchte man noch immer, es wurde sogar davon gesprochen, junge Juden als Arbeiter in die Stadt zu holen. Ein anderer Punkt wurde von einem Vertreter des Heeresbauamtes ins Gespräch gebracht: In Berlin waren 20 000 Wohnungen von Juden bewohnt; sie könnten benötigt werden, wenn andere durch Kriegseinwirkung zerstört würden.

Drei Vorschläge wurden auf dieser Sitzung angenommen. Den Juden wurde verboten, einen Teil ihrer Wohnungen an nichtjüdische Ausländer zu vermieten. Weil Juden die ihnen vorgeschriebenen Einkaufszeiten ignorierten und Straßen benutzten, die ihnen verboten waren, sollte „eine Straßenjagd mit Polizeikräften" unternommen werden. Der dritte Vorschlag lautete, daß Adolf Eichmann einen Goebbels zur Begutachtung vorzulegenden Plan für die Evakuierung der Juden aus Berlin ausarbeiten sollte.

Schon vor diesem Beschluß war es zu begrenzten Deportationen von Juden aus Deutschland nach dem Osten gekommen. „Die ersten Nachrichten aus dem Osten, die ich zu sehen bekam", erinnert sich Leo Baeck, „waren Postkarten aus Lublin und Warschau. Aus diesen errieten wir, daß es den Deportierten schlecht ging, daß Hunger und Krankheit weit verbreitet waren und daß die polnischen Juden versuchten, ihnen zu helfen." Baeck berichtete, er habe den ersten Hinweis auf das Ausmaß der Nazibestialität im Sommer 1941 bekommen:

„Eine nichtjüdische Frau erzählte mir, sie sei freiwillig mit ihrem jüdischen Ehemann gegangen, als dieser deportiert wurde. In Polen wurden sie dann getrennt. Sie sah Hunderte von Juden in Busse gepfercht, die abfuhren und leer wieder zurückkamen. Das Gerücht, daß die Busse mit einem Vergasungsmechanismus ausgestattet waren, stützte sich auf den Apparat, mit dem alle bis auf einen ausgestattet waren. Dieser eine Bus diente zum Transport der Gruppe, die die Aufgabe hatte, die Vergasten zu begraben; die Totengräber wurden hinterher erschossen. Ähnliche Geschichten wurden von Soldaten auf Heimaturlaub erzählt. So habe ich erfahren, daß das Los der nach dem Osten verschickten Juden entweder Zwangsarbeit oder Tod war."[34]

Die Nazis unternahmen ihren ersten Schritt gegen die Berliner Juden genau am Ende des Jom Kippur 1941. Als der Gottesdienst in der Synagoge der Levetzowstraße, dem einzigen unzerstörten jüdischen Gotteshaus, vorüber war, erschien die Gestapo, machte einige Angestellte der Synagoge ausfindig und verlangte die Schlüssel. Das Gebäude, verkündeten sie, werde als Sammelstelle für die „Verschickung“ der Berliner Juden dienen. Adolf Eichmanns Plan, der auf der Sitzung im März erörtert worden war, sollte nun in die Tat umgesetzt werden.

Am 18. Oktober begann der Auszug. Den Juden wurde gesagt, sie kämen in ein Arbeitslager im polnischen Lodz. „Dort war ein Getto, es gab Nachrichten, Pakete, Geld, Gepäck war erlaubt“, erzählt ein jüdischer Augenzeuge. Er war ein Gemeindeangestellter, der Lebensmittel, Decken und Kleidungsstücke an die zur Deportierung Versammelten auszuteilen hatte. Die Mitarbeit der jüdischen Organisationen an den Deportationen ist lange Zeit eine heftig umstrittene Frage gewesen. Ein jüdischer Funktionär äußert sich dazu folgendermaßen:

„Im Rückblick [. . .] scheint es mir erstaunlich, mit welcher Selbstbeherrschung und stoischen Ruhe sich die höchste jüdische Selbstverwaltungskörperschaft von den nationalsozialistischen Behörden zur Teilnahme an den Deportationsvorbereitungen zwingen ließ. Ich entsinne mich noch deutlich an den Abend, an dem etwa hundert Angestellte der jüdischen Gemeinde und anderer jüdischer Einrichtungen im Versammlungssaal zusammengerufen wurden und ihnen aufgetragen wurde, eine säuberlich nach Alter und Berufen geordnete Liste aus dem Material zusammenzustellen, das ihnen von den Deutschen ausgehändigt wurde. Ich gehörte zu denen, die diese Listen zu überprüfen hatten. Das waren die Listen für die erste Deportationsgruppe. Die Arbeit an den Listen dauerte bis tief in die Nacht und den ganzen nächsten Tag.“

Ein anderer Funktionär sagte dazu: „Man kann fragen: wie konntet ihr euch dazu hergeben [. . .]? Wir können nicht entscheiden, ob wir es richtig gemacht haben. Aber der Gedanke, der uns geleitet hat, war: Wenn wir diese Dinge machen, werden sie immer noch besser und milder ausgeführt, als wenn sie die anderen machen [. . .] Sammelstelle war die Synagoge in der Levetzowstraße. Dort gab es Verpflegung. Die Kleiderkammer gab alles her. Es wurden praktische Geräte für das Essen verteilt [...] Die Haltung der Deportierten war überraschend tapfer und ehrenhaft. Natürlich dachte man sich bei diesen ersten Transporten noch nicht, daß es so schlimm werden würde, wie es wirklich war.“ Der erste Transport umfaßte 500 Menschen. Sechs Tage später verließ ein weiterer Transport mit noch einmal 500 Menschen Berlin. Bis zum Kriegsende wurden mit 63 Transporten über 35 000 Juden aus Berlin deportiert.

Ein weiterer Funktionär, der ebenfalls Augenzeuge der Deportation war, berichtet:

„In der Amtssprache hieß es zwar ‚Evakuierung‘ oder ‚Abwanderung‘, und der Ausdruck ‚Deportation‘ war verpönt und verboten. Der Reichsvereinigung fiel dabei die traurige Aufgabe zu, die zur Deportation bestimmten Menschen zu sammeln und sie bis zum Abgang des Transports zu betreuen, soweit dies möglich war. Wer diese Menschen gesehen hat, wie sie stundenlang zusammengepfercht in einem großen Raum saßen oder lagen, wie sie die teils lästigen, teils grausamen Formalitäten der Gestapo über sich ergehen ließen, wie sie dann von der SS bewacht den langen Weg zu den Verladeplätzen durch die Stadt gingen, mit erhobenem Kopf und ohne ihre Erschütterung zu zeigen, dem wird dieses Bild unvergessen bleiben – das Bild einer Gemeinschaft, die Schreckliches erlebt hatte und Schrecklicherem entgegenging, die aber trotz Hetze und Verfolgung stolz und ohne Klagen ihr Geschick trug, die nicht jammerte und nicht weinte.“

Die Reichsvereinigung versuchte, es den Juden in der Levetzowstraße etwas bequemer zu machen und ihnen Dinge mitzugeben, die ihnen an ihrem neuen Wohnsitz nützlich sein könnten. Einer, der an dieser Arbeit beteiligt war, erzählt: „Die Reichsvereinigung mußte Befehle von der Sicherheitspolizei oder dem Reichssicherheitshauptamt entgegenehmen und an die Bevölkerung weitergeben. Aber die Leistung derer, die sich in der Reichsvereinigung bemühten, die antijüdischen Aktivitäten der Nazis zu mildern und abzuschwächen, wird bleiben und nie vergessen werden.“ Es gab noch einen anderen überzeugenden Grund, der in diesen Berichten nicht erwähnt wird: Jeder jüdische Funktionär, der sich weigerte, der Forderung der Nazis nach Mitarbeit nachzukommen, wurde inhaftiert oder hingerichtet.[35]

Obwohl Leo Baeck nominell noch immer an der Spitze der Reichsvereinigung stand, war seine Bedeutung in der Organisation zurückgegangen. „Wenn ich mich recht erinnere", sagt einer der überlebenden Funktionäre, „wurde Dr. Baeck in den Diskussionen nicht sehr häufig erwähnt, als wir alle in der Mausefalle saßen [. . .] Die Reichsvereinigung war mehr und mehr Dr. Eppstein." Paul Eppstein war damals Anfang vierzig, ein ehemaliger Gymnasiallehrer, der von Beginn an der Reichsvertretung angehört hatte, wo er zuerst in einer der Wohlfahrtsabteilungen und später als Nachfolger Otto Hirschs als geschäftsführender Vorsitzender wirkte. Alles andere als ein Kollaborateur, glaubte er, die einzige Hoffnung auf eine Verbesserung der Lebensbedingungen für die Juden läge in der Kooperation zwischen der Reichsvereinigung und den Nazis.

Baeck war das Ausmaß dieser Kooperation zu groß. Einer der Männer, die zu dieser Zeit bei der Reichsvereinigung arbeiteten, sagte: „Ich halte es für wahrscheinlich, daß Dr. Baeck zunehmend darunter litt, daß die Reichsvereinigung so stark an den Vorbereitungen zu den Deportationen beteiligt war." Anders als die Reichsvertretung der dreißiger Jahre, die eine jüdische Organisation gewesen war, wurde die Reichsvereinigung von den Nazis kontrolliert, und Baeck konnte an ihrer Ausrichtung nichts ändern. Auch eine Drohung mit seinem Rücktritt hätte zu dieser Zeit keine Wirkung mehr gehabt. Weder Eppstein noch Baeck haben irgend etwas Unanständiges oder Unmoralisches getan, wie einer ihrer Mitarbeiter es ausdrückte, aber es gab offenkundig eine Kontroverse zwischen den beiden Männern, als Baeck feststellte, daß er Eppstein von seinem Kurs nicht abbringen konnte. Wie einer der Mitarbeiter sagt: „Dr. Baeck trug die Verantwortung für Handlungen, die ihn innerlich bedrückten, von deren Durchführung er aber seinen ersten Mann nicht abhalten konnte."

In späteren Jahren sprach Baeck nie öffentlich über seine

Meinungsverschiedenheit mit Eppstein oder den Umfang der von der Reichsvereinigung geleisteten Kooperation mit den Nazis. Statt dessen sagte er: „Ich machte es mir zum Grundsatz, keinerlei Weisungen von den Nazis anzunehmen und nichts zu tun, um ihnen behilflich zu sein. Aber später, als die Frage aufkam, ob jüdische Hilfskräfte Juden zur Deportation abholen sollten, stellte ich mich auf den Standpunkt, daß es besser wäre, wenn sie es täten, weil sie zumindest freundlicher und hilfsbereiter sein würden als die Gestapo und die Schicksalsprüfung erleichtern würden. Es stand kaum in unserer Macht, uns den Befehlen erfolgreich zu widersetzen."[36]

Es gab auch keine Möglichkeit, sich in Deutschland einer Untergrundbewegung anzuschließen. Außer den bereits erwähnten verstreuten einzelnen und später den Männern des 20. Juli gab es innerhalb Deutschlands keine Widerstandsbewegung gegen die Nazis – ganz im Gegensatz zu den Ländern, die Deutschland erobert hatte und in denen die Untergrundbewegungen von der Bevölkerung tatkräftig unterstützt wurden. In Deutschland jedoch war es Hitler, den die Masse der Bevölkerung unterstützte.

Um den Juden, die mit den Nazis kooperierten, Gerechtigkeit widerfahren zu lassen, muß gesagt werden, daß sie es mit einer Gruppe von Gefangenen – denn etwas anderes waren die Berliner Juden jener Zeit nicht – zu tun hatten, die überaltert, erschöpft und besiegt war. Und deren Mitglieder doch zu überleben hofften und nicht glauben wollten, daß Deportation gleichbedeutend war mit Tod. Im Jahre 1942 wurde ihre Hoffnung auf Überleben durch eine Partei innerhalb der deutschen Regierung genährt, die Juden als Arbeitssklaven einsetzen wollte. Auch die Vorbereitungen für die Deportationen – Gepäck, Lebensmittel und dergleichen – legten die Vermutung an ein Arbeitslager nahe, in dem man sich einrichten konnte. Baeck sagte, er habe vor 1943 nichts von Auschwitz und dem systematischen Mord an den Juden gewußt. Norbert Wollheim, der eine Art geheimen Nachrichtendienst für die Reichsvereinigung betrieb, sagte, weder er noch die anderen Berliner Juden hätten etwas von Auschwitz gewußt. „Ich kam im März 1943 mit einem Transport dorthin, und ich konnte es nicht glauben, bis ich dort war", sagte er.

Ernst Ludwig Ehrlich dagegen erzählt, er habe von einer Hochschulangestellten – deren nichtjüdischer Schwager oft in Polen war – gehört, es gäbe in Polen Lager mit riesigen „Becken", jedoch mit Gas statt mit Wasser gefüllt. „Wir wußten es", sagt Ehrlich. „Ich glaubte es." Aber er räumt ein: „Es war schwer, es zu glauben."[37]

Es war die gleiche Schwierigkeit, denen die Juden immer wieder gegenüberstanden, seit Hitler an die Macht gekommen war: Sie konnten es nicht glauben. Sie konnten nicht glauben, daß man ihnen ihre Bürgerrechte nehmen würde, bis es geschah. Sie konnten nicht glauben, daß man ihre Gotteshäuser zerstören würde, bis es geschah. Sie konnten nicht glauben, daß man sie aus ihren Häusern vertreiben und von ihren Familien trennen würde, bis es geschah. Und jetzt konnten sie nicht glauben – niemand konnte das glauben –, daß man sie systematisch ermorden würde.

Auch Hochschulstudenten mußten manchmal die Aufforderung, sich zur Deportation bereitzuhalten, überbringen. Bevor Ernst Ludwig Ehrlich in die Schweiz entkam, händigte er zwei solcher Aufforderungen, eine für einen Nichtjuden mit einem jüdischen Elternteil und eine für eine ältere Jüdin, einem Dienstmädchen aus. Der Nichtjude weigerte sich, die Aufforderung anzunehmen, und sagte, das müsse ein Irrtum sein. Die alte Jüdin nahm die ihre entgegen, und dann, als sie allein war, brachte sie sich um. Ehrlich erhielt den Auftrag, die Aufforderung an den Nichtjuden ein zweites Mal zu überbringen, aber er weigerte sich und gab das Papier zurück. Er hörte nichts mehr davon.

Gertrud Luckner, die 1942 in der Reichsvereinigung häufig mit Baeck sprach, sagte, daß sie niemals mit ihm über die Deportationen und deren eigentliches Ziel gesprochen habe. „Es war eine zu schwere Belastung", sagte sie. „Wir alle fragten uns: Ist es wahr? Wir wußten es nicht."[38]

Baeck und die anderen jüdischen Führer hatten jetzt nur noch eine Handvoll Leben zu zählen. Nach wie vor drängte Baeck die in Berlin zurückgebliebenen jungen Leute zur Flucht. Er traf sie häufig, obwohl manche – wie Herbert Strauß – von der Gestapo gesucht wurden und er durch den

Kontakt mit ihnen seine eigene Sicherheit gefährdete. Manche konnten in die Schweiz fliehen – mehrere hundert im Jahre 1942. Andere wurden von nichtjüdischen Bekannten versteckt – ebenfalls einige hundert. Die Alten und Kranken, diejenigen, die nur noch eine Gegenwart und keine Zukunft mehr hatten, besuchte Baeck in ihren Wohnungen, betete mit ihnen und brachte ihnen einen Teil der Lebensmittel, die ihm aus dem Ausland geschickt wurden.

Sein Engagement für die Rettung von Leben brachte ihn wegen einer kleinen Gruppe kommunistischer Juden in schwere Bedrängnis. Die illegale kommunistische Partei in Deutschland war nicht sehr erfolgreich gewesen. Ihre Kritiker hielten sie für eher prosowjetisch als antinazistisch, weil sie in der Zeit des Hitler-Stalin-Paktes (wie auch die kommunistischen Parteien anderer Länder) ihre Untergrundarbeit praktisch eingestellt und sie erst nach dem Ausbruch des Krieges mit der Sowjetunion wiederaufgenommen hatte. Sie verteilte Flugblätter und illegale Schriften (was viel Mut erforderte, aber ziemlich wirkungslos war), doch es gab keine Aufstände gegen die Naziregierung und keine offene Konfrontation mit Nazifunktionären. Die Kommunisten waren viel weniger raffiniert als die Nazis, die ihre Leute in die Reihen der Kommunisten eingeschleust hatten. Um sich besser zu tarnen, hatten die Kommunisten beschlossen, alle Juden von der Mitgliedschaft auszuschließen. Ihre Begründung lautete, die Juden seien auffälliger als Nichtjuden. Dieser Beschluß kränkte eine kleine Schar jüdischer Kommunisten so sehr, daß sie beschlossen, eine Tat zu vollbringen, die die illegale Partei zwingen würde, von ihnen Notiz zu nehmen.

Im Mai 1942 veranstaltete die Regierung eine Ausstellung mit dem Namen „Das Sowjetparadies“. Sie sollte Begeisterung für den Krieg im Osten wecken, indem sie den Deutschen zeigte, daß das Leben in der Sowjetunion alles andere als ein Leben im Paradies war. Am 13. Mai erschienen elf Mitglieder der jüdisch-kommunistischen Splittergruppe in der Ausstellung im Berliner Lustgarten und setzten sie in Brand. Fünf Nazis kamen dabei ums Leben. Durch ihre Spione erfuhr die Gestapo sehr bald, daß die Brandstifter

Juden waren. Alle prominenten Juden wurden verhaftet, auch Leo Baeck und andere Mitglieder der Reichsvereinigung. „Wir wurden alle an die Wand eines großen Saals gestellt und mußten dort von neun Uhr an stehen", erzählt einer von ihnen. Wegen seines Alters und seines Ansehens wurde Baeck erlaubt, sich für eine Viertelstunde hinzusetzen. Um halb eins Uhr erschien ein Gestapobeamter und entschuldigte sich dafür, daß sie so lange hatten warten müssen. Dann sagte er, er wolle der jüdischen Führung mitteilen, daß soeben 250 Juden erschossen worden seien. Er betonte die Zahl: fünfzig Juden für *einen* toten Nazi. Bevor er sie gehen ließ, kündigte er an: „Das nächste Mal werden es für jeden zweihundertfünfzig sein."

Für Baeck und die anderen Reichsvereinigungsführer war die Situation unerträglich. Die Abtrünnigen mußten ausfindig gemacht, über die Folgen ihrer Taten informiert und gebeten werden, damit aufzuhören. Das Problem bestand darin, sie zu finden.

In den dreißiger Jahren hatte Norbert Wollheim losen Kontakt mit jüdischen Kommunisten gehabt; er wußte, daß einige von ihnen Freunde oder Verwandte von Bekannten von ihm waren. Allmählich hatte er den Kontakt zu ihnen verloren, besonders nach der Kristallnacht, als er auf Otto Hirschs Bitte für die Reichsvereinigung zu arbeiten begann, wo er für die Auswanderung von Kindern zuständig war. 1941 mußte er diese Arbeit aufgeben, denn die Nazis zogen ihn zur Zwangsarbeit ein. Er arbeitete in einer Fabrik, hatte aber Glück, denn er konnte abends nach Hause gehen. Juden durften damals keine Rundfunkgeräte besitzen, aber Wollheim kannte Leute, die um drei Uhr nachts die Sendungen der BBC aus London hörten. Sie gaben die Nachrichten an Wollheim weiter, und dieser übermittelte sie an die Reichsvereinigung. Auf diese Weise konnten ihre Führer den Fortgang der Kriegsereignisse verfolgen.

Wollheim hatte es sich zur Gewohnheit gemacht, auf dem Heimweg bei der Reichsvereinigung hereinzuschauen. Nach dem Attentat der Kommunisten auf die Sowjetausstellung und der darauffolgenden Drohung der Nazis mit massiven Vergeltungsmaßnahmen war er zufällig dort. Paul Eppstein sagte zu seinen Mitarbeitern: „Es ist eine furchtbare Drohung, zweihundertfünfzig von uns für einen getöteten Nazi zu erschießen.“ Er frage sich, ob er irgendwie mit den jüdischen Kommunisten zusammenkommen und sie auf die Folgen ihres Tuns hinweisen könne. Wollheim bemerkte darauf, daß er möglicherweise einen Kontakt zu der Gruppe herstellen könne, bezweifelte aber, daß sie sich zu einem Treffen mit Eppstein, den die Nazis streng im Auge behielten, bereit erklären würden.

Einige Tage später sprach Wollheim noch einmal mit Eppstein über die Angelegenheit. Diesmal war auch Baeck dabei. Unterdessen war allen drei Männern der Gedanke gekommen, Wollheim solle selbst den Kontakt herstellen und die Botschaft der Reichsvereinigung überbringen. „Ich habe kein Recht, das von Ihnen zu verlangen“, sagte Baeck zu Wollheim. „Es könnte Ihre Familie in Gefahr bringen, wenn Sie gefaßt würden.“ Wollheim sagte, er wolle es sich überlegen. Jahre später betonte er, daß er ganz sicher war, daß Baeck keinen moralischen Druck auf ihn ausüben wollte.

Wollheim entschloß sich, das Wagnis einzugehen. Er nahm Verbindung zu einem Schulkameraden auf und durch ihn zu dessen Bruder, der sich selbst als Mittelsmann bezeichnete. Sie trafen sich eines Nachts in der Nähe des Alexanderplatzes. Die Straßen und Häuser Berlins waren wegen der Luftangriffe verdunkelt. Schwarze Wolken verdeckten die Sterne. In der nebligen Dunkelheit schlichen die beiden Männer verstohlenen Schritts durch die Straßen. In der Welt der Nazis konnten sie für dieses Treffen verhaftet, vielleicht sogar zum Tode verurteilt werden. So lauschten sie auf das leiseste Geräusch, blickten ständig über die Schulter, zuckten bei jedem unerwarteten Schatten zusammen und verhielten an jeder Straßenecke den Schritt.

Wollheim richtete dem Mittelsmann aus, daß die jüdischen Führer von den Kommunisten verlangten, ihre Gewaltakte einzustellen. Sie würden damit nichts anderes erreichen, als die Angehörigen ihrer eigenen Gruppe und andere unschuldige Menschen in Gefahr zu bringen. Wollheim erinnert sich an die Antwort des Mannes, seine böse herausgestoßenen Worte: „Was du mir da erzählst, interessiert uns nicht. Es interessiert uns einfach nicht. Wenn wir glauben, wir müssen handeln, dann tun wir es. Es interessiert uns nicht, was die jüdischen Führer denken. Das einzige, was für uns zählt, ist das, was unserer Sache dient."

Wollheim entsinnt sich auch an Baecks Reaktion, als er ihm von diesem Gespräch berichtete – das angespannte Gesicht, die geballten Fäuste, die heisere Stimme: „Offen gestanden habe ich nicht daran geglaubt, daß unter diesen Umständen die Vernunft siegen würde", sagte er. „Was sie getan haben, war von vornherein Wahnsinn. Jetzt wissen sie es wenigstens." Dann fügte er hinzu: „Es gibt nichts, was wir noch tun können."[39]

Baeck wußte, daß auch seine Deportation nur noch eine Frage der Zeit war. Er hatte die Jahre wegen seines internationalen Rufes und weil die Organisation, die er leitete, den Nazis nützlich war, überlebt. Beides hatte er dazu benutzt, seinen Glaubensbrüdern zu helfen, aber er wußte, daß sein Marktwert im Schwinden war. Dafür gab es zwei Gründe: Erstens befanden sich die Nazis mit fast der ganzen Welt im Krieg und nahmen keine Rücksicht mehr darauf, was man außerhalb ihrer eigenen Grenzen von ihnen hielt. Zweitens büßte die Reichsvereinigung mit der immer mehr schrumpfenden jüdischen Bevölkerung ihre Bedeutung ein. Seit Beginn des Jahres 1941 arbeitete Baeck an einem neuen Buch, *Dieses Volk,* in dem er seine Auffassung vom Judentum als ständige Offenbarung im gesamten Verlauf seiner Geschichte zusammenzufassen versuchte. Er wußte, daß sein Manuskript bei ihm nicht sicher war, besonders als seine Situation in Berlin immer unsicherer wurde. Eines Tages würde auch an seiner Tür das ominöse Klingelzeichen ertönen. Deshalb schickte er die jeweils fertigen Seiten des Manuskripts an seinen Freund Baron von Veltheim. „Ihrer freundlichen Erlaubnis entsprechend, sende ich ein weiteres Manuskript, S. 47–100", schrieb er im Mai 1942, „das etwas länglich gewordene Kapitel von der Offenbarung. Die weiteren, ‚Wüste und Land', ‚Das Revolutionäre' usw. sollen und mögen [. . .] folgen. Wenn Sie den Eingang des Manuskripts [. . .] bestätigen könnten, würde ich dankbar sein."

Von Veltheim gefährdete sich selbst durch seine Freundschaft mit Baeck, doch darüber wurde kein Wort verloren – er war ein selbstloser Freund. Zwei Monate später schrieb er selbst an Baeck: „Sehr lange, angesichts meiner Sorgen um Sie allzulange, habe ich nichts von Ihnen gehört. Auch habe ich seit Monaten keine Fortsetzungen Ihres Manuskripts erhalten. Heute habe ich Gelegenheit, diese Zeilen in die Stadt zu senden. Bitte, lassen Sie mir ein Lebenszeichen zukommen und schreiben Sie mir eine Adresse, wohin ich schreiben kann, um Nachfragen nach Ihnen und Ihrem Ergehen zu halten." Baeck antwortete, daß seine Adresse sich nicht geändert habe. „Wenn eine Änderung einträte", schrieb er, „sollen Sie benachrichtigt werden."

Im Juni 1942 begann die Gestapo, die Mitglieder der Reichsvereinigung zur Deportation zu verhaften. „An diesem Tag", erzählt einer der Überlebenden, „besetzte die Gestapo morgens um acht Uhr das Gebäude der Reichsvereinigung. Jeder, der nach acht Uhr kam – und wenn es auch nur eine Minute später war –, wurde zum Transport bestimmt. Außerdem wurden noch etwa fünfzig weitere Angestellte ausgesucht."[40]

Leo Baeck war nicht in dieser Gruppe. Es war ihm jedoch klar, daß er wenn nicht in den nächsten, dann vermutlich in der übernächsten oder darauffolgenden Gruppe sein würde. Im September 1942 wurde sein Hausgast Leo Berlak, der Schwiegervater seiner Tochter, nach Theresienstadt in der Tschechoslowakei deportiert. Alle Stadtbewohner waren ausgesiedelt worden, und die Nazis hatten die Stadt in ein Getto für alte und prominente Juden verwandelt. Es galt nicht als Konzentrationslager. Dennoch waren seine neuen Bewohner Deportierte, und das Getto war ein Lager. Baeck schrieb seiner Tochter und seinem Schwiegersohn, um ihnen die Neuigkeit mitzuteilen. Er begann seinen Brief damit, daß er sagte, wie froh er darüber sei, daß ihr neues Heim in London ein Mittelpunkt geworden sei „für so viele Ihrer Freunde und Bekannten, die ja zum großen Teil auch die Meinen sind". Dann schrieb er, wie gut er und Leo Berlak sich verstünden. Dann: „Nun gehen diese Tage leider zu Ende. Mein Hausgenosse verlegt seinen Wohnsitz nach Theresienstadt." Mit diesem Euphemismus tat er so, als handle es sich um einen freiwilligen Umzug. Baeck endete: „Wir hoffen innig auf ein Wiedersehen in ruhigen, friedlichen Tagen und Vereintsein mit allen Lieben."

Berlak fügte hinzu, wie sehr ihm sein „Pflegevater" fehlen werde und daß der Abschied ihm nicht leichtfalle.

Baeck schrieb – via Lissabon – oft über Berlak an Tochter und Schwiegersohn. „Vielleicht hat er Ihnen von dort" – aus Theresienstadt – „schon eine Nachricht gesandt", schrieb er im November. „Die Berichte, die ich von dort erhalte, sagen, daß es ihm, wenn ihn auch neue Verhältnisse, die ein Einleben verlangen, dort umgeben, gut ergeht."[41]

Zu dieser Zeit wurde Berlin bereits häufig bombardiert. Die Bomben der Alliierten machten keinen Unterschied zwischen Juden und Nichtjuden, und jedermann verbrachte einen beträchtlichen Teil seiner Zeit in den Luftschutzkellern. Die Nazis hatten angeordnet, daß Juden und Arier stets getrennte Luftschutzkeller zu benutzen hatten. „Wir waren in dem Keller mit den Heißwasserröhren", erinnert sich einer der überlebenden Juden, „und wenn das Haus einen Treffer bekommen hätte, wären wir zuerst getötet worden; wenn nicht durch die Bomben, dann durch das heiße Wasser." Dieser Luftschutzkeller befand sich in einem Hause, in dem besonders viele Nazis wohnten, und besagter Jude erinnert sich daran, daß er und die anderen Juden, die da zusammengepfercht unter den Heißwasserleitungen kauerten, manchmal hofften, eine Bombe würde auf das Haus fallen und die Nazis töten. Ihnen sei zumute gewesen wie Simson im Buch der Richter 16,30, der betete: „Ich will sterben mit den Philistern."

„Leo Baeck spielte im Luftschutzkeller den alten Frontsoldaten", berichtet ein Augenzeuge. Er erinnerte die Anwesenden daran, daß er Fronterfahrung hatte, und behauptete, sich mit Bomben auszukennen, so daß er beispielsweise sagen konnte, daß eine Bombe viel weiter entfernt gefallen war, als das Geräusch vermuten ließ. Ein anderer Mann, der viele Bombenangriffe hindurch mit Baeck in einem dieser Keller gesessen hatte, erzählt: „Er sagte allen, daß sie sich nicht zu sorgen brauchten und ganz ruhig sein sollten."[42]

Die zunehmende Häufigkeit der Luftangriffe war für die

Berliner ein Indiz dafür, daß Deutschland den Krieg zu verlieren begann. In Afrika war der Glanz von Rommels Vormarsch auf Suez stumpf geworden. Der Eintritt der Vereinigten Staaten in den Krieg stärkte die Alliierten, und in Rußland wurden die Deutschen von jenem Feind herausgefordert und besiegt, der noch alle Invasoren vernichtet hatte, dem strengen Winter. General Paulus hatte Hitler versprochen, am 10. November 1942 würde Stalingrad fallen. Stalingrad fiel nicht. Am 19. November begannen die Russen eine große Offensive. Hitler, der sich dem deutschen Volke stets gezeigt hatte, zog sich immer mehr zurück. Die Luftangriffe, die schlechten Nachrichten von der Front und der Pessimismus Hitlers und anderer führender Nazis lagen wie eine dunkle Wolke über der Stadt.

Der Herbst war vorüber, und an den Bäumen gab es keine Blätter mehr, die der Wind abschütteln und die langen grauen Straßen hinabfegen konnte. Der Winter war gekommen, trübe und kalt. Männer und Frauen wateten durch den Schnee, senkten die Köpfe gegen die Kälte und schlugen die Mantelkragen hoch. Die Tage waren kurz, und die Verdunkelung der Kriegszeit ließ keine Lichter zu, um die Finsternis der Stadt zu erhellen. Vielleicht war es dieses alles durchdringende Gefühl der Verzweiflung, das Baeck veranlaßte, Ruth und Hermann in London endlich anzudeuten, was er empfand. „Jeder Tag bringt seine Arbeit“, schrieb er. „Ich bin dankbar, wenn ich Aufgaben erfüllen und Menschen etwas sein, ihnen etwas geben kann. In meinem Hause ist für mich gesorgt, und ich habe in ihm ruhige Stunden. Der Kreis ist viel enger geworden, aber ich erfahre von alten Freunden so manche Treue.“

Die Wohnung Am Park war nun leer. Es gab keine kleinen Neffen und Nichten mehr, die auf der Leiter durch die Bibliothek ritten. Nur noch wenige Studenten kamen am Sabbat zu Tee und Kuchen. Und nichts konnte natürlich die Lücke füllen, die das Hinscheiden der Rabbinerfrau gerissen hatte. Aber die Räume waren voll von Erinnerungen und vielen Andenken an das Leben und die Gesellschaft, die nun ein so brutales Ende nehmen sollten. Da war ein silbernes Zigarettenetui, das Natalies Großvater, Rabbiner Adolf Wiener, gehört und das Leo Baeck vor den Nazis versteckt hatte. Viele Jahrzehnte früher, als Rabbi Wiener das Bürgerrecht in Oppeln verliehen worden war, hatte in Deutschland eine neue Ära für die Juden begonnen, oder so hatte es ausgesehen. Da waren die in Leder gebundenen Bände, von denen viele nichts mit dem Judentum zu tun hatten, etwa *Die Kunst der frühen Renaissance* und *Niederländische Künstler des 17. Jahrhunderts,* Symbole dafür, daß hier geistig anspruchsvolle, gebildete Menschen gelebt hatten, Menschen mit den Gewohnheiten deutscher Bildungsbürger. Da waren die persönlichen kleinen Dinge, silberne Serviettenringe, ein bißchen Schmuck von Natalie, eine Spitzentagesdecke auf dem Bett – lauter Dinge, die Leo Baeck an die Jahre erinnerten, als in dieser Wohnung eine glückliche Familie gelebt hatte. Da waren sein unvollendetes Manuskript *Dieses Volk,* einige sakrale Gegenstände – Sabbatleuchter, ein großer Messingstern mit eingravierten hebräischen Lettern –, Zeichen dafür, daß seine Pflichten und seine Arbeit weitergingen.[43]

Hermann Pineas, ein alter Freund Baecks, sah ihn noch Anfang 1943, bevor Pineas selbst, zusammen mit seiner Frau, untertauchte. Später einmal sagte er über diese Wochen: „Man erinnert sich nicht mehr an die Todesangst. Man weiß, daß man sie empfunden hat, aber man fühlt sie nicht mehr."

Das ganze Jahr 1942 hindurch hatten die deutschen Generäle darauf bestanden, daß die jüdischen Fabrikarbeiter nicht deportiert werden dürften, da ihre Arbeit für die Kriegsanstrengung unentbehrlich sei. Anfang 1943 jedoch wurde der Einfluß des Militärs durch die Entscheidung der Gestapo, Europa „judenrein" zu machen, verdrängt. Es war, als ob die Nazis nach den Rückschlägen in Afrika und Rußland erkannt hätten, daß der Krieg gegen die Alliierten verloren war, und beschlossen hätten, nun wenigstens den Krieg gegen die Juden zu gewinnen. Hildegard Henschel, die Frau von Heinrich Stahls Nachfolger als Vorsteher der Berliner Jüdischen Gemeinde, berichtet:

„Das Jahr 1943 begann, und die Moral der Juden Berlins sank immer tiefer. Fast jedermann hatte einen seiner Lieben durch Deportation verloren. Außerdem war es allgemein bekannt, daß die Heeresbehörden nun zu Kompromissen mit der Gestapo bereit waren und aufhören würden, gegen die Festnahme jüdischer Arbeiter zu protestieren. All das bedeutete, daß das Ende nahe war; es gab keinen Zweifel daran. Als am 26.–27. Januar 1943 die drei bekanntesten Führer der jüdischen Gemeinschaft, Dr. Paul Eppstein, Dr. Leo Baeck und Herr Philipp Kusover, letzterer mit drei Kindern, davon eines im Alter von zehn Wochen, nach Theresienstadt deportiert worden waren, war der Glaube an die Fortdauer irgendeiner Art jüdischer Tätigkeit oder jüdischer Einrichtungen für immer dahin."

Wenn Baeck Verhaftung und Deportierung in diesem Monat erwartet hatte, so gab er doch weder seinen Berliner Bekannten noch seinen Kindern in London gegenüber einen Hinweis darauf. In einem Brief vom 22. Januar schrieb er kaum von etwas anderem als von seiner Freude darüber, daß bei ihnen in London alles gut ging. Er gratulierte Hermann zum Anwachsen seiner Klientel, Ruth zu ihren neuen sozialen Pflichten – „wieviel Ihnen das alles gibt" – und Marianne zu ihren Erfolgen in der Schule – „natürlich steht Chemie an erster Stelle, vor Zoologie und Botanik". Er versicherte ihnen, daß der Schnee in Berlin allmählich verschwinde; es sei fast Frühlingswetter.

Fünf Tage nachdem er diesen Brief geschrieben hatte, am 27. Januar, stand er früher auf als gewöhnlich. Um viertel vor sechs Uhr war er völlig angezogen. Es klingelte an der Tür. „Um diese Zeit konnte das nur die Gestapo sein", erzählte er später. Seine Haushälterin öffnete die Tür und ließ zwei Männer in Zivil ein.

„Wir haben Befehl, Sie nach Theresienstadt zu bringen", sagte einer von ihnen.

„Bitte warten Sie eine Weile. Ich muß mich fertig machen."

„Sie müssen sofort mit uns kommen."

„Sie sind zu zweit und können mich mit Gewalt mitnehmen. Aber wenn Sie eine Stunde warten, gehe ich mit Ihnen, wie Sie es wünschen."

Einer der Männer ging hinaus, um zu telephonieren. Als er zurückkam, sagte er: „Wir warten."

Leo Baeck setzte sich an seinen Schreibtisch und schrieb

via Lissabon einen Abschiedsbrief an seine Kinder. Dann schrieb er Postanweisungen für seine Gas- und Elektrizitätsrechnungen. „Meine Haushälterin hatte inzwischen meinen Koffer gepackt", erzählte er später. „Ich war fertig zum Gehen."

Er wurde zur Sammelstelle an der Großen Hamburger Straße gebracht, wo man ihn allein in einem Raum einschloß. Später bekam er etwas zu essen, immer noch allein. Abends wurde er, immer noch allein, in ein anderes Gebäude gebracht.

Am nächsten Morgen wurde er, wie er erzählt, „zum Anhalter Bahnhof gebracht, wo Hunderte unglückseliger Juden einen Zug bestiegen. Ich wurde ganz allein in ein Abteil gesetzt. Kurz darauf fuhr der Zug ab, und ich war meinen Gedanken überlassen. Einmal nur wurde ich gestört. In Dresden sah ein SS-Mann in mein Abteil und fragte, ob ich Wasser wolle."

Leo Baeck fährt fort: „Theresienstadt war schon lange bevor ich es sah, ein Begriff für mich. Drei meiner Schwestern waren dort gestorben, die vierte starb kurz nach meiner Ankunft."

Zwölftes Kapitel

Theresienstadt

Ende Januar 1943 rief Gertrud Luckner bei Leo Baeck an. „Der Herr Doktor ist nicht hier“, wurde ihr gesagt. „Ich schloß daraus“, erinnert sie sich, „daß er verhaftet worden war.“ Eine Freundin Baecks schrieb an Baron von Veltheim: „Herr Dr. B. ist nicht mehr in seinem Heim [...] Ich habe es heute von einer Dame freiwillig übernommen, Ihnen zu schreiben, aber es fiel mir so schwer, und dies ist mein 3. Versuch [...] Sie müssen mir die große Traurigkeit verzeihen.“ Eine andere Freundin sandte Veltheim den Rest des Manuskripts *Dieses Volk*, das sie unter Baecks Sachen gefunden hatte. „Hoffentlich“, schrieb sie dazu, „können Ihnen in nicht allzu ferner Zeit weitere Teile zugehen.“

Als von Veltheim das Manuskript erhielt, schrieb er darauf: „Dies ist die letzte Arbeit, das letzte Manuskript, welches Dr. Baeck von 1941 bis Januar 1943 schrieb. Weil ich den Verfasser seit über 20 Jahren kenne, übernehme ich gerne den Auftrag, das Manuskript aufzubewahren und es, sobald es die Zeitverhältnisse erlauben, seiner Tochter zu übersenden.“ Von Veltheim bangte nicht nur um Baecks Leben, er glaubte auch, daß er selbst wegen seiner Freundschaft mit „Staatsfeinden“ und seiner Opposition gegen die Nazis in Gefahr sein könne.[1]

Theresienstadt oder – wie die Tschechen es nennen – Terezin war im Jahre 1789 von Kaiser Joseph II. für militärische Zwecke erbaut und nach seiner Mutter, der Kaiserin Maria Theresia, benannt worden. Es bestand im wesentlichen aus zwei Festungsanlagen, einer großen Garnison und einem kleinen Militärgefängnis auf je einem Ufer der Ohře (Eger). Als Theresienstadt Teil der tschechoslowakischen Republik wurde, blieb die kleine Festung weiter als Gefängnis für gefährliche Verbrecher in Gebrauch, doch die große Festung wurde nicht mehr benutzt. Gegen Ende des 19. Jahrhunderts hatte sich um sie herum eine kleine Stadt von einigen tausend Einwohnern entwickelt. Bis zum Jahre 1930 gab es noch keine Wasserleitungen, und auch danach waren nur wenige Häuser damit versehen. Trotz eines hübschen Platzes in der Stadtmitte war Theresienstadt der Inbegriff der Eintönigkeit. Die Häuser waren aus grauem Stein, architektonisch langweilig und die Straßen eng. Es gab keine Industrie. Es war die Art von Provinzstadt, aus der die Menschen in der Regel gern fortgingen. 1941 vertrieben die Nazis die noch in der Stadt lebenden etwa 3500 Einwohner aus ihren 219 Häusern und kündigten an, Theresienstadt solle ein Getto für „privilegierte" Juden werden.

Einer der dort Internierten erinnert sich, daß Theresienstadt von drei Straßen durchzogen war. Eine führte nach Bohusovice, einer Stadt, die ungefähr eineinhalb Kilometer entfernt lag. Hier kamen die Transporte an, denn Theresienstadt besaß keinen eigenen Bahnhof. Die Juden wurden ausgeladen und gingen mit ihrem Gepäck zu Fuß zum Ort ihrer Gefangenschaft. Die zweite Straße führte von der eigentlichen Stadt über eine schmale Brücke zu dem kleinen Festungsgefängnis, in das jeder für das geringste Vergehen eingeliefert werden konnte. Die dritte Straße führte von Theresienstadt nach Prag. „Mit ihrem Schild ‚Prag 63 Kilometer' war [sie] die Landstraße der Erinnerungen und Träume. Diese Landstraße war für die Gefangenen die einzige Verbindung zu Freunden, Heimat, Leben und Zukunft."

Das Getto Theresienstadt war aus dem Unbehagen der Nazis über ihre heikle Lage entstanden, in die sie sich durch die Behandlung der Juden gebracht hatten. Eichmann und viele andere waren zwar entschlossen, Hitlers Schwur, Europa „judenrein" zu machen, zu erfüllen. Zugleich aber fürchteten sie, daß sie Schwierigkeiten mit bestimmten deutschen Kreisen bekommen und im Ausland unnötige Feindschaft erregen würden, wenn ihre Brutalität bekannt wurde. Sie verfielen daher auf die Lösung, einen Ort zum Vorzeigen zu schaffen, den sie Besuchern vom Roten Kreuz und anderen Mißtrauischen als Beweis dafür präsentieren konnten, daß die Juden nicht mißhandelt wurden.[2]

Einige Juden bezahlten dafür, nach Theresienstadt geschickt zu werden, da sie glaubten, es sei noch das geringste Übel, das ihnen widerfahren konnte. „Verträge" wurden abgeschlossen zwischen einzelnen Juden und der Reichsvereinigung, in denen die Betreffenden sich bereit erklärten, ihren gesamten Besitz der Reichsvereinigung gegen das Recht „auf einen Wohnsitz" in Theresienstadt zu überschreiben. Gewöhnlich wurde in dem Vertrag festgelegt, daß der Betreffende nicht nur für sich selbst, sondern auch für andere, weniger wohlhabende Juden bezahlte.* Theresienstadt war für fünf Kategorien von Juden bestimmt: für über Fünfundsechzigjährige und ihre Ehegatten (auch wenn letztere unter fünfundsechzig waren), Invaliden aus dem Ersten Weltkrieg oder Träger hoher Orden aus diesem Krieg, jüdische Partner aus Mischehen (wenn aus diesen Ehen nichtjüdische Kinder hervorgegangen waren), Juden aus religiös gemischten Ehen und hohe Funktionäre der Reichsvereinigung. In diesen fünf Gruppen gab es viele prominente Juden, derentwegen die Nazis internationale Anfragen fürchteten, und viele andere, wie zum Beispiel alte Kriegsteilnehmer, die immer noch Freunde und Rückhalt in der deutschen Bevölkerung hatten. Doch was immer die ursprüngliche Bestimmung Theresienstadts gewesen sein mochte, es wurde schließlich zu einer Durchgangsstation für die Juden auf dem Wege nach Auschwitz. Obwohl Theresienstadt kein Vernichtungslager wie die anderen Konzentrationslager war, in denen Massenmorde stattfanden, wurde es ebenfalls zu einem Todeslager: Hier starben so viele Menschen an Krankheit, Hunger und Verzweiflung, daß dieses Getto zu einem weiteren Beispiel für die Bestialität der Nazis wurde.[3]

---

* Hannah Arendt berichtet in *Eichmann in Jerusalem*, New York 1965, S. 158: Nachdem die Führung der Reichsvereinigung nach Theresienstadt deportiert worden war, hätte das „Reich die beträchtlichen Geldbeträge in der Kasse der Vereinigung, die aus solchen Verträgen stammten, einfach beschlagnahmt". Die Akten der Reichsvereinigung sind während des Krieges der Zerstörung zum Opfer gefallen, und die Höhe des Kassenbestandes ist unbekannt. Es ist jedoch zu bezweifeln, daß „beträchtliche Geldbeträge" vorhanden waren. Zu jener Zeit gab es in Deutschland kaum noch Juden mit Geld, und die meisten Menschen, die nach Theresienstadt gingen, gingen als Gefangene und nicht als Freiwillige, die dafür bezahlten.

Der erste Judentransport traf in Theresienstadt am 24. November 1941 um 4 Uhr 30 morgens ein. Zu ihm gehörten 342 junge Männer aus Prag. Sie hatten befürchtet, in eines der Lager weiter im Osten zu kommen, über die sie schon Gerüchte gehört hatten, und empfanden deshalb Theresienstadt als Erleichterung – zumindest hatten sie eine Überlebenschance. Man sagte ihnen, sie könnten ihren Familien schreiben, bekämen ordentliche Unterkünfte und würden für ihre Arbeit bezahlt. Zehn Tage später traf der zweite Transport aus Prag ein.

Bis zum Herbst 1942 beherbergte Theresienstadt, das für höchstens 10000 Menschen vorgesehen war, über 60000 Juden. Die wenigen wohnlichen Gebäude der Stadt, das Hotel Victoria am Stadtplatz und einige andere moderne Bauten, waren von der SS zum eigenen Gebrauch mit Beschlag belegt worden. Stacheldraht verwehrte den Zugang der zu diesen Häusern führenden Straßen. Jenseits des Stacheldrahts lebten die Juden. Behausungen, in denen einst Familien mit drei oder vier Personen gelebt hatten, waren nun von sechzig Menschen bewohnt. Männer und Frauen, auch Ehepaare waren voneinander getrennt, Kinder über zwölf Jahre wohnten nicht bei ihren Eltern. Nach und nach übernahmen die Juden selbst die Verwaltung des Gettos. Die Nazis hatten nichts dagegen, denn es ersparte ihnen Arbeit und Scherereien. Die Juden richteten eine Wäscherei ein, übernahmen den Betrieb der Bäckerei und des Lebensmittellagers und bauten eine Kanalisation. Sie untersuchten die Brunnen und verschlossen die verseuchten. Wasser war immer knapp – etwa fünfzehn Liter pro Tag und Person, wo das Fünffache nötig gewesen wäre, aber diese fünfzehn Liter waren immer noch mehr, als die Juden sonst bekommen hätten. Latrinen wurden gebaut und mit der Kanalisation verbunden, doch wegen der vielen Menschen und der überfüllten Unterkünfte waren die sanitären Anlagen immer unzureichend. Für die Juden bedeutete die Selbstverwaltung des Gettos, daß alles, was getan werden mußte, so gut wie möglich geschah, daß alle verfügbaren Lebensmittel so gerecht wie möglich verteilt wurden und daß alles, was an Wohnraum vorhanden war, so gerecht wie möglich aufgeteilt wurde.

Mit dem Durchschnittsalter der jüdischen Bewohner wuchsen die Probleme: Im Januar 1942 waren sechs Prozent der Gesamtbevölkerung über fünfundsechzig Jahre alt. Im Mai desselben Jahres waren es bereits 27 Prozent. Die älteren Menschen konnten weniger zur Arbeit im Getto beitragen, brauchten andere Nahrung und mehr Fürsorge und hatten auch größere Anpassungsschwierigkeiten. Das zeigte sich in der zunehmenden Zahl der Kranken – in der zweiten Jahreshälfte 1942 waren es zehnmal soviel wie in der ersten.

Obwohl die Nazis Theresienstadt als Getto bezeichneten und auch viele der Juden diese Bezeichnung gebrauchten, hatte es nicht die geringste Ähnlichkeit mit den Gettos des Mittelalters. Das waren Stadtteile gewesen, in denen eine durch ihren religiösen Glauben verbundene Gemeinschaft lebte. Die Mitglieder dieser Gemeinschaften waren in den Gettos geboren, hatten dort in der Regel ihr Auskommen und vertrauten darauf, daß sie dort ihrem religiösen Glauben entsprechend leben konnten. Zwar wurde die Ausdehnung des mittelalterlichen Gettobezirks durch judenfeindliche Gesetze beschränkt, doch konnten sich die Juden außerhalb seiner Mauern bewegen, mit ihren christlichen Nachbarn verkehren, mit ihnen Handel treiben, von ihnen lernen und ihnen – wenn die Christen es wollten – auch beistehen. Das Getto Theresienstadt jedoch bestand aus Menschen, die man aus ihrer Heimat vertrieben, die man gegen ihren Willen verpflanzt hatte, denen Wächter befahlen, sich in den Grenzen der Gettomauern zu halten, und denen man ihnen fremde Lebensbedingungen aufgezwungen hatte.[4]

Zur Zeit von Leo Baecks Ankunft gab es in Theresienstadt 46 735 Juden. Etwas mehr als die Hälfte waren unter sechzig Jahre alt und die übrigen – 21 005 – über sechzig. Die zu leistende Arbeit war folgendermaßen aufgeteilt: Etwa 6000 Menschen leisteten Bau- und Erdarbeiten, reparierten Straßen und bauten eine Eisenbahnlinie von Theresienstadt nach Bohusovice; 2300 waren mit der Versorgung des Gettos selbst beschäftigt; allein 4800 Menschen wurden für die Pflege der Alten und Kranken gebraucht. In einem Bericht des Chefs der Sicherheitspolizei und des SD Ernst Kaltenbrunner an den Reichsführer der SS Heinrich Himmler heißt es: „Angesichts [. . .] der schwierigen hygienischen Verhältnisse und der unzulänglichen sanitären Anlagen [ist] damit zu rechnen, daß sich z. B. die tägliche Erkrankungsziffer an Typhuskranken im Frühjahr auf einem hohen Niveau halten wird (z. Zt. 406 Typhuserkrankungen).“ Kaltenbrunner bat um die Genehmigung, „zunächst 5000 über 60 Jahre alte Juden [. . .] nach Auschwitz transportieren zu dürfen“, um den Kontakt zwischen den Arbeitsfähigen und den Angesteckten zu vermeiden. Kaltenbrunner versicherte, daß für einen „Abtransport“ nur Juden „erfaßt“ würden, „die über keine besonderen Beziehungen und Verbindungen verfügen und keinerlei hohe Kriegsauszeichnungen besitzen“.

Die Bitte wurde am 16. Februar 1943 abschlägig beschieden. Die Führung in Berlin wollte den Glauben der alten Juden nicht erschüttern, sie könnten ohne Furcht, getötet zu werden, nach Theresienstadt gehen. Ein damaliger Insasse Theresienstadts erinnert sich an diese Periode und sagt, daß es immer noch Menschen gab, die glaubten, daß sie in Theresienstadt bleiben könnten, „wo sie ein bißchen Ruhe hätten, obwohl das Leben schwer sein würde“.[5]

Leo Baeck traf am 28. Januar mit dem Transport 1/87 aus Berlin ein. Er erhielt die Nummer 187984. Diese Nummer war es, die Baeck beschließen ließ, „nicht zur bloßen Ziffer [zu] werden und immer den Respekt vor sich selbst [zu] wahren“. Unter der Aufsicht von Polizei- und Wachmannschaften marschierten die Menschen von Bohusovice zum Eingangstor von Theresienstadt; es wurde ihnen verboten, mit irgend jemandem zu sprechen, bevor man ihre Personalien aufgenommen und sie nach „Luxusartikeln“ – Zigaretten, kosmetischen Artikeln, Seife und dergleichen – durchsucht hatte. „Für viele Menschen“, erzählt einer, der es erlebt hat, war „die Ankunft in Theresienstadt das erste Erlebnis und eines der schlimmsten, ein tiefes Trauma. Nach der Ankunft mußte man zuerst die Entkleidung über sich ergehen lassen.“ Eine Frau, die dieses Erlebnis als Kind, an der Schwelle zur Pubertät, durchgemacht hat, erzählt: „Es wurde uns befohlen, uns splitternackt auszuziehen, und die Frauen standen dann vor lauter Männern, die sich unterhielten, lachten und Fragen stellten. Es geschah nichts Besonderes, es war nur eben dieses Erlebnis, das einem widerfuhr.“ Die Frau erinnert sich auch daran, daß man nach dem Verlassen des Ankunftsbereichs „alte Freunde zu treffen begann, die einem sagten, drückender als die Frage, wieviel man täglich zu essen bekäme und wo man einen Schlafplatz finden würde, sei die ständige Ungewißheit, ob man wirklich hierbleiben würde“.[6]

Am Tag vor Baecks Ankunft erhielt der Lagerkommandant Siegfried Seidl „im Auftrag des Herrn Obersturmbannführers Eichmann“ folgende Benachrichtigung: „Die wichtigsten Funktionäre aus Berlin, Wien und Prag kommen morgen nach Theresienstadt.“ Auf der Liste stand auch der Name Leo Baecks. Für mehrere der prominenten Juden, darunter Paul Eppstein, der zwei Räume bekommen sollte, wurde eine Sonderbehandlung befohlen; Leo Baeck gehörte nicht zu ihnen. Als bekannte Persönlichkeit mußte sich Baeck bei der Ankunft vermutlich nicht der entwürdigenden Prozedur unterziehen, die anderen auferlegt wurde. Doch wurde ihm zu Beginn seines Aufenthaltes keinerlei Vorzugsbehandlung zuteil. Jeder Gettoinsasse, ob Mann oder Frau, der in Theresienstadt ankam, mußte eine bestimmte Frist einer Arbeitskolonne angehören, bevor ihm eine reguläre Arbeit zugeteilt wurde. In den ersten Wochen, die Baeck in Theresienstadt verbrachte, gehörte auch er einer Arbeitskolonne an und zog einen Müllkarren durch die Straßen des Gettos.

„Ich hatte von den beengten Verhältnissen gehört“, sagte Baeck später über Theresienstadt, „aber erst als ich es mit eigenen Augen gesehen hatte, verstand ich, was das bedeutete. Die Pritschen standen oft zu vieren oder fünfen übereinander, mit so geringem Zwischenraum, daß man sich weit nach vorne beugen mußte, um auf dem Rand sitzen zu können. Oft hatten die Menschen nicht einmal genug Platz, um sich auszustrecken. Es war ein Luxus, wenn man Gelegenheit hatte, auf einem Stuhl zu sitzen.“ Eines der schlimmsten Probleme, war, wie er sagte, der Mangel an Latrinen. „Viele Leute waren ruhrkrank“, berichtete er von seinen älteren Leidensgefährten, „und es war demütigend für die braven Leute, wenn sie sich beschmutzen mußten, während sie warteten. Als ich auch davon befallen wurde, fastete ich drei

Tage lang und hatte das Glück, schnell wieder gesund zu werden.“

Wie wirkte Theresienstadt auf einen Menschen, der es zum erstenmal betrat? Dazu Leo Baeck:

„Wenn er die Festungstore zwischen den Mauern und Wachtürmen betreten hatte, schloß sich hinter ihm ein Schicksalstor, vielleicht für immer. Er war eingesperrt. Und drinnen war er wieder einer Trennung unterworfen; ein Teil der Festungsstadt, der bessere und gesündere Teil, war abgeteilt für die Behausungen der SS-Wachen. Auf einem Raum, der vorher, sogar in der Enge militärischer Unterkünfte, für kaum mehr als 3000 Menschen vorgesehen war, waren jetzt fast 45 000 in Kasernen und anderen Gebäuden zusammengepfercht, aneinandergepreßt und übereinandergeschichtet. Wenn die Sonne schien, waren die Straßen von dickem Staub bedeckt, den die hohen Mauern und Wälle nicht fernhielten, und wenn Regen oder Schnee gefallen war, verwandelte er sich in tiefen, klebrigen Schlamm, der jeden Tag mehr zu werden schien. Und von überall her und in alles hinein kam das Ungeziefer, eine riesige Heerschar, die – krabbelnd, springend, fliegend – sich auf die hungernden menschlichen Leiber stürzte und bei Tag und Nacht und Stunde um Stunde Krieg gegen sie führte. Das sollte nun für Monate, vielleicht für Jahre die Welt sein.“

Doch Baeck stellte fest, daß die größte Gefahr weder der Hunger noch die Überfüllung, weder der Schmutz noch das Ungeziefer waren. Sondern, wie er sagte:

„Hier ging der einzelne in der Masse unter. Er war in der Masse eingeschlossen, so wie er von der drangvollen Enge, von Staub und Schmutz, von den zahllosen wimmelnden Insekten umgeben war, umgeben auch von Not und Verzweiflung, immer zusammen, der Hunger, der nie zu enden schien – eingeschlossen in das Lager der Zusammengepferchten, niemals für sich allein. Es war wie ein Symbol, daß jeder seine Transportnummer bekommen hatte. Das war nun sein Kennzeichen, war das erste und wichtigste Zeichen seiner Existenz. Die Nummer tilgte seinen Namen und drohte auch sein inneres Selbst zu tilgen. Das war der psychische Kampf, den jeder führen mußte, um sich selbst und seinen Mitmenschen nicht nur als eine Transportnummer zu sehen. Es war der Kampf um den Namen, seinen eigenen und den der anderen, der Kampf um die Individualität, das innere Sein, sein eigenes und das der anderen. Viel, vielleicht alles hing davon ab, ob man diese Prüfung bestand, ob das Individuum in einem als Individuum lebendig blieb und weiterhin das Individuum im anderen erkannte."[7]

Am 23. Mai des Jahres, in dem er in Theresienstadt angekommen war, wurde Leo Baeck siebzig Jahre alt, und wie alle alten Menschen war er nun von körperlicher Arbeit befreit. Schließlich wurde er doch als einer der „Prominenten" eingestuft, von denen die Nazis glaubten, sie hätten internationales Ansehen oder könnten sich noch als nützlich erweisen. Sie hatten bessere Wohnungen als die anderen. Baeck bekam eine Zweizimmerwohnung, ein Hinterzimmer als Schlafzimmer und ein Vorderzimmer, in dem es einen Tisch, Stühle und einige Bücher gab. Es wurde bald zu einem Mittelpunkt für viele seiner alten Freunde aus Berlin. Sie kamen zu einer Tasse Tee und Gesprächen und fühlten sich zuweilen an das Leben erinnert, das sie einst geführt hatten. Die Wohnung hatte offenkundig Leuten gehört, die im Vergleich zu den Berliner Juden bitter arm gewesen sein mußten, doch für Theresienstadter Verhältnisse war sie elegant. „Tee aus einer richtigen Teetasse zu trinken!" verwunderte sich noch nach dreißig Jahren einer von Baecks damaligen Gästen. Dem jüdischen Ältestenrat, der das Getto verwaltete und schon vor Baecks Ankunft amtierte, gehörte Baeck zu dieser Zeit nicht an, doch er widmete sich der Aufgabe, die Fürsorgearbeit im Lager zu organisieren, zuerst für die Alten und dann für die ganze Stadt. Dadurch kam er im ganzen Lager herum, besuchte die Kranken und sprach mit den Alten. Er hatte Kleidung mitbringen dürfen und sah immer noch wie ein deutscher Bürger aus, immer in Jacke und Weste und mit Krawatte. Es gelang ihm, die Würde seiner Stellung zu wahren und die Menschen, mit denen er in Theresienstadt in Berührung kam, an das Leben zu erinnern, das sie in Deutschland geführt hatten.

„Leo Baeck wurde von Theresienstadt nicht berührt", sagt einer seiner Mithäftlinge. „Er war nie wirklich dort."

Daß Leo Baeck von Theresienstadt nicht berührt wurde, ist unrichtig. Das Erlebnis bewegte ihn zutiefst, doch er besaß Disziplin. Wie schon in Berlin versuchte er auch hier, den anderen die letzte Zuflucht zu sein, der Mensch, an den sich alle wenden konnten, der Mensch, der dadurch, daß er seine eigene Verzweiflung nicht zeigte, anderen Trost spenden konnte.[8]

Eine Frau, die im Januar 1943 bereits seit einem Jahr in Theresienstadt lebte, erinnert sich daran, daß er schon wenige Stunden nach seiner Ankunft zu ihr kam. „Er war bei mir. Es wurde nichts Bedeutendes gesprochen. Er sprach keine tröstenden Worte. Aber er war da." Immer ging er die Listen der Neuankömmlinge durch, um zu sehen, ob Bekannte aus Berlin oder Mitglieder von Familien, die er in alten Tagen in Düsseldorf oder Oppeln gekannt hatte, darunter waren. Wenn ihm ein Name bekannt war, machte er sofort einen Besuch.[9]

Baeck hatte gesagt, es sei „ein Gebot von Gott, zu leben", und das unmittelbare Problem war das physische Überleben. In Theresienstadt zu leben bedeutete „Kampf [. . .] um jeden einzelnen Tag". Das erste Problem war die Unterbringung. Wenn sich der Ältestenrat bei den Nazibehörden über Wohnraummangel beklagte, würden sie dem Mangel vermutlich mit Deportationen abhelfen. Deshalb pferchte der Rat immer mehr Menschen in die kleinen Häuser und die Kasernen. Die durchschnittliche Wohnfläche pro Person betrug eineinviertel bis eineinhalb Quadratmeter zum Schlafen, Kochen und Waschen. Die Glücklicheren hatten eine Pritsche mit etwas Bettzeug, die anderen schliefen auf dem Boden. Anfangs gab es zwei Pritschen übereinander, dann wurden es mehr. „Die Wohnverhältnisse in den großen Kasernen", erzählt ein ehemaliger Insasse, „erwiesen sich als etwas besser als die in den kleinen Häusern. Ich glaube, weil die Kasernen von vornherein dafür gebaut wurden, eine große Menschenmenge aufzunehmen, und deshalb schlafsaalartige Räume hatten, während die kleinen Häuser sehr schnell überfüllt waren. In den Kasernen waren die Decken wohl auch höher, so daß die Luft vielleicht besser war."

Es gab keine Heizung in den Räumen, und manche der

Überlebenden von Theresienstadt waren noch in späteren Jahren unfähig, in anderen als kalten Räumen zu arbeiten. In den Nachkriegsjahren wurde Baeck einmal von einem Freund im *Hebrew Union College* in Cincinnati besucht, der sich über die Kälte in Baecks Zimmer wunderte. „Ich fror", sagte er, „aber Baeck fühlte sich wohl."[10]

Ein anderes Problem war die Ernährung. Eine Frau, die als Kind in Theresienstadt gewesen war, sagt dazu, daß ihr Vater sie schon in Berlin „längere Zeit hindurch bewußt dazu anhielt, nicht mehr Essen zu verlangen, als erhältlich war. Meine Eltern lehnten alle Lebensmittel ab, die auf normalem Wege nicht zu bekommen waren. Mein Vater war überzeugt, daß wir früher oder später nach Theresienstadt kommen würden, und wollte uns an Verzicht gewöhnen." Sie fügte hinzu: „Ich glaube, daß das zum Klügsten gehört, was er für uns getan hat." Menschen mit zurückhaltenden Eßgewohnheiten ertrugen Theresienstadt leichter als andere. Doch sogar das Überleben war grauenhaft. Einer, der es geschafft hat, schreibt:

„Nur wer selbst vor der Stadtküche um einen Teller Suppe oder ein paar Kartoffeln Schlange gestanden hat, wer sich in strömendem Regen um das kleine Bißchen täglicher Nahrung gebalgt hat, nur wer gesehen hat, wie alte Frauen um einen Löffel Wassersuppe bettelten oder alte Männer in den Mülleimern nach Kartoffelabfällen stöberten, nur wer beobachtet hat, was eine Tüte trockener Brotrinden für einen Hungrigen bedeutete, oder gesehen hat, welche Glückseligkeit ein paar Scheiben Brot auslösen konnten, nur der kann wirklich begreifen, was der Hunger in Theresienstadt war. Nur wer die spindeldürren Beine der alten Frauen gesehen hat, die durch die Straßen gingen, oder die ausgemergelten Leiber der Männer im Bad – nichts als Haut und Knochen –, weiß, wie die Unterernährung die Menschen gezeichnet hat."

Die Hauptnahrung bestand aus einer kleinen Portion Margarine, einer gelegentlichen Zuckerration und Kartoffeln. Mit den Kartoffeln geschah folgendes: „Vier von uns schleppten schwere Kartoffelsäcke in einen kleinen Raum der Kaserne [. . .] wo etwa hundert Frauen, meistens ältere, vom frühen Morgen bis zum späten Abend Kartoffeln schälten.

Mittags und spät abends trugen wir die Schalen in den Keller, wo hungrige Menschen darauf warteten, sie nach Eßbarem zu durchwühlen. Die Luft in den überfüllten Räumen war zum Ersticken. Die Frauen saßen auf den harten Brettern, bis sie kaum mehr sitzen konnten, und schälten, bis ihre Hände wund waren. Viele der Frauen, die aus wohlhabenden Verhältnissen kamen, wurden mit den Entbehrungen besser fertig als solche, die immer arm gewesen waren.“ Die meisten der Kartoffelschälerinnen versuchten, ein paar Schnitzel beiseitezuschaffen, um die Ration für sich und ihre Familie zu vergrößern. „Die Frauen zeigten eine erstaunliche Phantasie und Findigkeit, wenn es um Verstecke in ihren Kleidern und an ihren Körpern ging“, heißt es in dem Bericht.

Pakete von draußen kamen an, aber oft ohne Inhalt. „Ein Paket für mich traf nicht lange nach meiner Ankunft ein“, erzählt Baeck. „Der Inhalt war herausgenommen worden, ich bekam wirklich nur den leeren Karton.“ Dieses Paket stammte von einem privaten Absender. Lebensmittelpakete vom Internationalen Roten Kreuz und dem American Joint Distribution Committee hatten mehr Aussicht, von den Nazis weitergegeben zu werden. Der Ältestenrat bemühte sich, die Lebensmittel den Bedürfnissen entsprechend zu verteilen. „Vom Internationalen Roten Kreuz in der Schweiz ist eine Sendung Trockenpflaumen und Kondensmilch eingetroffen“, lautete ein „Tagesbefehl“ des Rates: „[. . .] die Trockenpflaumen [werden] an sämtliche Gettoinsassen über 70 Jahren, die Kondensmilch an das Gesundheitswesen und die Jugendfürsorge sowie an bewährte manuelle und administrative Mitarbeiter verteilt.“

Baeck versuchte immer wieder, Menschen, die Lebensmittelpakete erhielten, zu überreden, einen Teil davon der Allgemeinheit zu überlassen. Er selbst und einige andere taten das. „Die Achtung, die Dr. Baeck in der ganzen freien Welt genoß“, sagt einer seiner Theresienstadter Leidensgefährten, „war der Grund dafür, daß er viele Pakete erhielt [. . .], und das machte ihn zum Wohltäter der Unterdrückten des Gettos.“ Viele Menschen überlebten nur dank der Lebensmittelpakete von draußen. Diese Pakete enthielten oft getrocknete

Feigen, die im Lager als Delikatesse galten, und Sardinen in Dosen. In diesen Jahren witzelte man in Theresienstadt häufig: „Gibt es heute schon wieder Sardinen?"[11]

Unter diesen Ernährungsbedingungen und Wohnverhältnissen mußte es zwangsläufig zu Massenerkrankungen kommen. Es gab Ausbrüche von Typhus, Gehirnhautentzündung und Scharlach und natürlich die Folgen der Unterernährung. Bei vielen Frauen blieb nach den ersten Monaten im Getto die Menstruation aus. Oft war ein Drittel der Gettoeinwohner krank. Unter den Lagerinsassen gab es viele Ärzte und Krankenschwestern, und die primitiven Gesundheitseinrichtungen verfügten über besseres Personal als viele Krankenhäuser außerhalb des Gettos, doch es fehlte ihnen an Instrumenten und Medikamenten. Die Nazifunktionäre standen dem Gesundheitsproblem mit gemischten Gefühlen gegenüber. Einerseits fürchteten sie, daß eine Seuche auch vor Uniformen nicht haltmachen würde, andererseits konnten sie sich trotzdem nicht dazu überwinden, das jüdische medizinische Personal mit den nötigen Hilfsmitteln zu versorgen. Zeitweilig waren die von der SS auferlegten Beschränkungen reine Schikane. Zum Beispiel war in den Waschräumen kein Licht erlaubt; da es aber viel zu viele Menschen für viel zu wenig Waschräume gab, waren diese vierundzwanzig Stunden am Tag in Benutzung; ohne Licht war es unmöglich, sie sauberzuhalten.

Trotz dieser Widrigkeiten gelang es den Ärzten und Krankenschwestern, eine Prophylaxe einzuführen. Personen zwischen drei und fünfundsechzig Jahren wurden gegen Typhus geimpft; zwischen einem bis eineinhalb und vierzig Jahren gegen Scharlach; zwischen einem bis eineinhalb und achtzehn Jahren gegen Diphtherie. Die Impfzeiten waren auf einer hektographierten Bekanntmachung angegeben, die vom Ältestenrat in den Kasernen verteilt wurde. Sie zeigte die Zeichnung eines Mannes in weißem Kittel mit einer großen Spritze, der hinter einem kleinen Buben herläuft.[12]

Trotzdem starben sie. Es gab nicht genug Lebensmittel, nicht genug Decken, nicht genug Medikamente. Es gab zu viele Menschen auf zu engem Raum; viele von ihnen waren alt, hatten keine Mäntel, um sich im Winter warm zu halten, keine Kraft, um die drückende Sommerhitze auszuhalten. Das Hinaustragen der Toten war nach Leo Baecks Worten, der bei vielen Beerdigungen als Rabbiner wirkte, „eine lange Prozession hinaus zum großen Heer derer, die schon vorher gegangen waren“. Die Leichenhalle war „ein tiefer dunkler Gang in einem Festungswall und selbst fast schon wie ein Massengrab [. . .] Da standen – oft in einer langen, langen Reihe – die Särge mit den Toten, immer zwei oder drei übereinander, und die Namen wurden ausgerufen und das uralte, tausend Jahre alte Gebet für die Toten gesprochen.“ Das Gebet war der Kaddisch des Trauernden.

Obwohl der Kaddisch des Trauernden für die Toten gesprochen wird, handelt er nicht vom Tod oder von den Verstorbenen. Er ist eher eine Beteuerung des jüdischen Glaubens an Gott; die Juden sprechen dieses Gebet, wenn sie einen geliebten Menschen verlieren, um zu zeigen, daß sie selbst in großem Leid ihren Glauben nicht verleugnen.

Nach dem Gebet wurden „die Särge aufgehoben und fortgetragen, und dabei wurde der Psalm gesungen, der seit Generationen die Toten auf ihrer letzten Reise begleitet hat, der Psalm, der mit den Worten beginnt: ‚Wer unter dem Schirm des Höchsten sitzt‘, und endet: ‚Ich will ihn sättigen mit langem Leben und will ihm zeigen mein Heil‘“. Es ist der 91. Psalm, der folgende Zeilen enthält:

> „Denn er errettet dich vom Strick des Jägers [. . .], daß du nicht erschrecken mußt vor dem Grauen der Nacht, vor den Pfeilen, die des Tages fliegen, vor der Pestilenz, die im Finstern schleicht, vor der Seuche, die am Mittag verderbt. Ob tausend fallen zu deiner Seite und zehntausend zu deiner Rechten, so wird es doch dich nicht treffen.“

„Es war wie eine Demonstration, wenn dieser Psalm angestimmt wurde, eine Demonstration der Freiheit in der Knechtschaft“, sagte Baeck.

„Draußen standen große schwere Lastwagen, und die Särge wurden darauf gestellt. Etwa fünfzig Schritte durften die Leidtragenden ihnen noch folgen; dann war der Lagerzaun erreicht. Nur die Toten zogen weiter.“

Sie wurden zu einem Massengrab auf einem großen Feld

außerhalb des Gettos gebracht. Jeden Morgen kamen Männer, die zwischen den Wiesenblumen eine flache Grube aushoben, die fertig war, wenn die Leichen gegen Mittag ankamen. Die Toten wurden aus den Särgen genommen – die am nächsten Tag wieder für andere Leichen benutzt wurden –, in die Grube gelegt und mit Erde bedeckt. Einer der Totengräber sagte später: „Der Ekel und das Grauen, das meine Arbeitsgefährten vor den Leichen empfanden, schien mir unbegreiflich. Für mich waren sie nur die äußere Hülle, deren Seele sie verlassen hatte und frei geworden war. Aber die mageren Leiber waren kein schöner Anblick. Manchmal zeigte das Tuch, das sie bedeckte, Spuren von Durchfall, und gelegentlich hing ein halbvertrockneter Körperteil aus der Decke heraus."

In der Anfangsgeschichte des Gettos Theresienstadt versuchten viele Menschen zu fliehen, aber nur dreiunddreißig von ihnen entkamen. Die wieder eingefangenen Flüchtlinge wurden in die kleine Festung jenseits des Flusses gesperrt, gefoltert oder deportiert. Jeder, der noch an die Möglichkeit einer Flucht dachte, wurde gewarnt, daß er oder sie „mit schärfsten staatspolizeilichen Maßnahmen" zu rechnen hätten. Auch in oder außerhalb Theresienstadts lebende Verwandte hätten „schwere Nachteile zu gewärtigen".

Es war nicht nötig, über „schwere Nachteile" innerhalb Theresienstadts Spekulationen anzustellen. Schon das geringste Vergehen wurde schwer bestraft. Eine Person wurde für vier Wochen in die kleine Festung gesperrt, weil sie Kartoffeln gestohlen hatte; eine andere für zehn Tage, weil sie ein Stückchen Seidenstoff gestohlen hatte; eine dritte für zwanzig Tage, weil sie ein Stück Dauerwurst nach Theresienstadt eingeschmuggelt hatte. Ein Mann, dem vorgeworfen wurde, einen Kassiber geschrieben zu haben, wurde getreten und geschlagen, während er krank auf einer Tragbahre lag. Ein anderer Mann, der angeblich Zigaretten und Geld besaß, wurde erst geschlagen und mußte sich dann nackt dicht an einen glühend heißen Ofen stellen. Die Nazis stießen ihn gegen den Ofen und versengten ihm Augen und Hände mit einem rotglühenden Schürhaken. Im März 1943 wurden, wie Gettoinsassen zuverlässig berichteten, sechzehn Personen gehenkt. Die Nazis behaupteten, die sechzehn hätten sich der Bestechung schuldig gemacht, doch aus einem Nachkriegsbericht des Roten Kreuzes geht hervor, daß sie für minimale Vergehen hingerichtet worden waren. In dem Bericht heißt es: „Einer von ihnen wurde für schuldig befunden, weil er ein ganz harmloses Briefchen an seine Frau geschrieben hatte. Ein anderer wurde zum Tode verurteilt, weil er ohne Erlaubnis einen Koffer mit Versorgungsmitteln von draußen erhalten hatte." Sieben der Gefangenen wurden am 9. März, die übrigen neun am 16. März gehenkt. Bei einem riß der Strick, und der Mann wurde ein zweites Mal aufgehängt.[14]

Die Nazis ordneten an, daß es im Getto keine Kindergeburten mehr geben dürfe: „Es wird mit allem Nachdruck daran erinnert, daß schwangere Frauen oder Frauen, die den Umständen nach glauben, schwanger zu sein, sich in der zuständigen Gesundheitsabteilung bei einem Frauenarzt zu melden haben." Ein amerikanischer Regierungsbericht nach dem Kriege spricht von der „tragischen Tatsache", daß in Theresienstadt keine Kinder geboren worden seien. Das ist unrichtig; zumindest in den ersten Jahren wurde im Getto eine kleine Zahl Kinder geboren, nach einer Aussage waren es 207. Es trifft jedoch zu, daß die Nazis von schwangeren Frauen Abtreibungen verlangten; in den späteren Jahren des Gettos konnte die Geburt eines Kindes mit Deportation bestraft werden, wenn die Nazis davon erfuhren.

Leo Baeck war mit einem jungen Ehepaar befreundet, Willi Groag und seiner Frau, die schwanger war und hoffte, ihr Kind austragen zu können. Die Frau arbeitete in einer Abteilung, die sich mit landwirtschaftlichen Erzeugnissen befaßte, und bat ihren Aufseher, einen Nichtjuden, der zu ihr und Willi immer freundlich gewesen war, um Hilfe. Er wollte jedoch bei den deutschen Behörden nicht intervenieren, da er, wie er sagte, in seiner Stellung nicht einflußreich genug sei, und schlug ihr vor, sich an ein Mitglied des Ältestenrates zu wenden.

„Was kann ich tun?" fragte dieser jüdische Funktionär. „Ich stehe unter dem Druck der Deutschen."

Als Frau Groag im siebten Monat war, wurde sie zu einem Funktionär der Gesundheitsabteilung bestellt. Ihre Schwangerschaft war mittlerweile sichtbar, und man sagte ihr, sie müsse eine Abtreibung vornehmen lassen. Sie weigerte sich und hörte einen Monat lang nichts mehr. Plötzlich wurde sie in die Klinik geschafft, und ihr Mann wurde zu demselben jüdischen Funktionär des Ältestenrates gerufen, der sich früher geweigert hatte, seiner Frau zu helfen.

„Sie müssen wissen", sagte der Funktionär, „daß Ihre Frau in diesem Augenblick in der Klinik ist und man eine Abtreibung vornehmen wird."

„Ich nehme an, Sie wollen mich erschrecken, aber ich glaube, daß ich mich auf Ihre Menschlichkeit verlassen kann und Sie diese Abtreibung im achten oder neunten Monat verhindern werden. Sie würde meine Frau umbringen."

„Ich kann damit nicht zu den Deutschen gehen. Es ist eine bedauerliche Sache. Kurzum, Sie müssen Ihre Einwilligung geben." Statt seine Einwilligung zur Tötung seiner Frau zu geben, ging Willi Groag in die Klinik und holte seine Frau in die Kaserne zurück. Sie würden die Folgen gemeinsam tragen und dem Verbot der Nazis trotzen.

Leo Baeck war dem jungen Paar immer sehr zugetan gewesen. Er hatte Frau Groag versichert, ihr Kind würde an einem Sabbat geboren werden, also ein „Sabbat-Kind" sein. Er war nicht Mitglied des Ältestenrates, als er von ihrer Notlage hörte. Immerhin war er ein „Prominenter" und hatte keine Angst, sein Ansehen und seine Stellung gegen die Nazis auszuspielen. Einzelheiten hat Willi Groag nie erfahren, nur, daß Leo Baeck bei den Nazis vorstellig geworden war und das Kind geboren werden konnte, ohne daß die Eltern Vergeltungsmaßnahmen fürchten mußten.

Der Knabe wurde um ungefähr vier Uhr an einem Freitagnachmittag, kurz vor Sonnenuntergang, also vor Sabbatbeginn, geboren. Ein paar Tage später, als Frau Groag wieder ausgehen konnte, besuchte das Paar Leo Baeck. „Ich hatte nachgesehen", erzählte Willi Groag, „wann der Sabbat an diesem Freitag begonnen hatte, und festgestellt, daß es um fünf Uhr gewesen war. Deshalb sagte ich zu Dr. Baeck: ‚Alles ist gut, außer daß Sie sich nicht als Prophet erwiesen haben.'" Leo Baeck sah Frau Groag an und sagte: „Das tut mir aufrichtig leid. Ich habe Ihre Tüchtigkeit unterschätzt."[15]

Manchmal bestand Baecks Hilfe einfach in Zuhören und Verständnis. Eine junge Frau Anfang zwanzig, Tochter einer wohlhabenden Familie, die Baeck in Berlin gut gekannt hatte, war einige Monate vor ihm in Theresienstadt angekommen. Die hübsche junge Frau hatte alle Annehmlichkeiten gekannt, die Geld verschaffen kann, und litt schwer unter den Entbehrungen in Theresienstadt. Die drangvolle Enge, der Hunger und der Schmutz untergruben bald ihren Stolz und ihren Anstand. In der immer neuen Hoffnung auf ein bißchen Essen, ein bißchen Wärme und etwas Raum zum Atmen prostituierte sie sich. Jahre später sagte sie darüber: „Ich weiß selbst nicht mehr, warum ich das getan habe. Man kann so etwas nicht erklären." Das Judentum kennt die Ohrenbeichte in der Anonymität des Beichtstuhls nicht. Aber es kennt Liebe und Erbarmen für den irrenden Menschen. „Ich brauchte jemanden, der verstehen konnte, warum ich so handelte", sagte sie, „und ich ging zu Baeck. Sein Erbarmen mit menschlichen Verfehlungen würde ihm nicht erlauben, meine Handlungen zu verurteilen. Er war mein Gewissen, wie mein Vater."[16]

Alle Juden in Theresienstadt mußten den Judenstern an ihrer Kleidung tragen. Ein „Tagesbefehl" lautete: „Es wird neuerdings auf die Bestimmungen über das Tragen des Judensterns aufmerksam gemacht. Der Judenstern ist auch innerhalb des Gebäudes, auf den Gängen und den Höfen zu tragen. Von der vorgesetzten Behörde werden entsprechende Kontrollen durchgeführt." Die Nazis nahmen es mit diesem Symbol sehr genau. So hieß es im „Tagesbefehl" vom 9. Juni 1942, daß die „Personen, welche ohne Hemd draußen arbeiten [. . .] den Judenstern mit Stecknadeln auf der Hose anzubringen und ihn sofort zu entfernen haben, sobald sie den Rock mit dem Judenstern anlegen". Wer ohne den Stern angetroffen wurde, konnte von den Wachen geschlagen werden.[17]

Die Nazis waren brutal und sadistisch und genossen ihre Macht über die Opfer. Ein SS-Fahrer kurvte in den Gettostraßen umher und überfuhr dabei absichtlich Passanten. Ein anderer SS-Mann kam spät in der Nacht zum Inspizieren in das Krankenhaus, weckte die tuberkulosekranken Patienten und ließ sie nackt unter der offenen Toreinfahrt stehen. Die

Niederträchtigkeit war keineswegs auf die unteren Ränge beschränkt. Der erste Lagerkommandant war Siegfried Seidl, ein SS-Hauptsturmführer mit Doktorgrad. Er kassierte stattliche Provisionen für alle nach Theresienstadt gelieferten Waren und machte sich ein Vergnügen daraus, unerwartet in den Duschräumen zu erscheinen, wenn die Frauen ihr Bad nahmen.[18]

Trotz der Schikanen und Krankheiten, der schlechten Ernährung, dem Mangel an angemessener Kleidung und der drangvollen Enge nutzten die Juden die materiellen Möglichkeiten des Gettos, so gut sie konnten, verteilten die Lebensmittel so gerecht wie möglich, kümmerten sich um ihre Gesundheit, so gut sie konnten. Daß sie überhaupt überlebten – wenigstens viele von ihnen –, muß als Triumph der Juden von Theresienstadt angesehen werden.

Doch es ging nicht nur ums physische Überleben. Als alles vorüber war, sagte Leo Baeck: „Ob man in einem Konzentrationslager überlebte, hing äußerlich von den Umständen ab; Krankheit, Folter, Tötung konnten jemandes Leben vernichten. Aber ob man innerlich überlebte, hing von zwei anderen Eigenschaften ab – von Geduld und Phantasie.“ Baeck definierte Geduld als „die Spannkraft, die den Lebenswillen nicht aufgeben ließ“ und Phantasie als „die Vision, die einen immer wieder trotz allem eine Zukunft sehen läßt“. Die Juden mit ihrem ungeheuren Optimismus, ihrem Wunsch, Gottes Gebot, zu leben, zu erfüllen, verloren weder Geduld noch Phantasie. Aller Bedrängnis zum Trotz entwickelte sich in Theresienstadt ein Gemeinschaftssinn. „Menschen, die einander nicht gekannt hatten, bemühten sich, einander zu helfen, physisch und seelisch“, berichtet Baeck. „Sie gaben einander von allem, was sie hatten, von ihrem Besitz und ihrem Geist. Menschen fanden einander, und wo der einzelne sich an sich selbst festhielt, entstand auch Gemeinschaft.“

Trotz der unmenschlichen Lebensbedingungen, der Brutalität und der ungewissen Zukunft waren die Juden Theresienstadts entschlossen, nicht nur durchzuhalten, zu leben, sondern wie Menschen zu leben. Sie schufen ein Gemeinwesen mit einem eigenen Theater, Musikveranstaltungen, Vorträgen und Gottesdiensten. Die Nazis konnten sie ausplündern, schlagen, demütigen und am Ende umbringen. Das einzige, was die Nazis nicht konnten, war, sie geistig zu besiegen.

Viele der Theresienstadter Juden waren bekannte Komponisten, Künstler und Schauspieler gewesen. Die Schauspieler begannen mit Lyrik-Vorträgen in den Kasernen und gingen dann zu Bühnendarstellungen über. Die Musiker begannen gemeinsam zu spielen und brachten es allmählich zu Aufführungen symphonischer Musik. Schauspieler und Musiker taten sich zusammen. Smetanas *Die Verkaufte Braut* war eine der bemerkenswertesten Darbietungen. Es gab kein Bühnenbild, die Kostüme sahen weitgehend so aus wie die Alltagskleidung der Darsteller, und die Bühne war eine Ecke der Kaserne oder eines Hofes. Die Kinder lernten Verdi kennen, Mozart, Bizet und *Cyrano de Bergerac* und *Liliom.* Künstler malten Szenen des Elends – alte Menschen, die ihre ausgemergelten Körper mit den Armen umschlangen, um sich zu wärmen, nach Lebensmitteln Schlange standen, Kinder, die in Gruppen untätig zusammenhockten. Dichter und Musiker versuchten, den Hunger, die Kälte und die Trauer in Worten und Musik einzufangen.

Viele dieser schöpferischen Arbeiten sind verlorengegangen: Manches wurde von den Nazis zerstört, manches von Familien verloren, die nach Auschwitz deportiert wurden, manches ging unter im Chaos der überfüllten Kasernen. Einiges jedoch hat überlebt: das berühmt gewordene Gedicht eines Kindes, das klagt, noch nie einen Schmetterling gesehen zu haben; einige düstere Zeichnungen von frierenden, hungrigen, einsamen Menschen; Theaterstücke und Opern, die von den Gefühlen der Menschen sprechen. Eine Oper, *Der Kaiser von Atlantis,* die Jahre nach dem Kriege wiederauftauchte, ist ein Beispiel dafür, wie die Künstler Theresienstadts ihre schöpferischen Fähigkeiten zum Protest benutzten. In der Oper verliert der Herrscher von Atlantis seine Macht, weil der Tod Urlaub genommen hat und in Abwesenheit des Todes die Menschen die Furcht vor ihm verlieren. Um sicherzugehen, daß niemand die Oper mißverstand, streuten der tschechische Komponist Viktor Ulmann und der Librettist Peter Kien Anspielungen auf den Stechschritt und das Deutschlandlied ein. Die Nazis in Theresienstadt verboten die Aufführung der Oper. Auch sie verstanden den grimmigen Sinn des Werks.*[19]

Nicht die künstlerische Qualität der in Theresienstadt geschaffenen Werke war das Entscheidende. Vor allem sollten sie die „Geduld“ und die „Phantasie“ der Gettoinsassen fördern. Sie waren Teil des Lernprozesses, den die Juden in Theresienstadt durchmachten: Leben zu lernen, als gälte es, sich auf ein Morgen vorzubereiten, gab jedem einzelnen Tag einen Sinn.

Die Menschen im Getto waren sich nie darüber klar, warum die Nazis ihnen diese kulturellen Aktivitäten erlaubten. Es gab Spekulationen in verschiedener Richtung. Sicherlich waren die Nazis weder über den Umfang, den das Kulturprogramm allmählich annahm, noch über seine Bedeutung für die Beteiligten erfreut. Vermutlich glaubten die Bewacher, daß es ihnen selbst das Leben erleichtern würde, wenn die Bewachten etwas zu tun hatten. Und besonders in den Jahren 1943 und 1944 gab es eine Tendenz, die Verhältnisse in Theresienstadt zu stabilisieren. Es sollte ein „Mustergetto“ sein, und in der Vorstellung der Nazis trugen kulturelle Aktivitäten zu einem solchen Bild bei. Was immer die Gründe dafür waren, die Nazis mischten sich im allgemeinen nicht ein, und die Juden machten das Beste aus diesem Desinteresse.

Die Betreuung der Kinder war eine andere wichtige Aufgabe in Theresienstadt, die nach und nach von der von Leo Baeck geleiteten Fürsorge übernommen wurde. Viele Kinder waren während der langen Arbeitszeit ihrer Eltern sich selbst überlassen. Für diese Kinder wurden Horte eingerichtet und Beschäftigungsprogramme entwickelt – Turnen, Handarbeiten und dergleichen mehr. Auch ein Bildungsprogramm wurde aufgestellt. Die Nazis hatten jeden Schulunterricht für die Kinder streng verboten, und so mußte heimlich

---

* Die Oper wurde Mitte der siebziger Jahre (in Amerika) aufgeführt. Obwohl sie ihres politischen Hintergrundes wegen Erfolg hatte, urteilte man, es fehle ihr an musikalischer Qualität. Die Kritiker waren der Meinung, daß Ulmann und Kien keine Zeit gehabt hätten, ihren Stil zu entwickeln. Sie starben in Auschwitz.

unterrichtet werden. Während der Unterrichtsstunden wurden Wachen an den Fenstern der Kasernen postiert, die warnten, sobald ein SS-Mann sich näherte; dann wurde der Unterricht rasch als Spiel getarnt. Eine ehemalige Schülerin dieser geheimen Schule erzählt: „Manche der körperlichen Bestrafungen erfolgten deshalb, weil die Betreffenden beim Lehren erwischt wurden. Es wurde viel Unterricht gegeben, aber es war ein äußerst gefährliches Unterfangen. Meine Mutter war Lehrerin einer kleinen Gruppe. Ich erinnere mich an einen Tag, an dem wir nicht gemerkt hatten, daß sich jemand näherte. Plötzlich stürzte jemand herein und sagte: ‚Sie sind auf dem Korridor', und wir fingen alle an zu singen. Und als die Wachen hereinkamen und fragten: ‚Was macht ihr', antwortete meine Mutter: ‚Ach, wir singen ein paar Lieder, um sie ruhig zu halten', und das war in Ordnung." Trotz solcher Schwierigkeiten gab es ein Grund- und ein Mittelschulprogramm und für die größeren Kinder berufliche Vorbereitung. Jeder mit irgendeiner fachlichen Ausbildung, wurde herangezogen. Die Kinder schrieben ihre Aufgaben mitunter auf Toilettenpapier.

Ein großer Teil der Bildungsarbeit lag in den Händen der Zionisten. Sie schienen ein besseres Organisationstalent und wohl auch mehr Sinn für das Ausbildungsziel zu haben als die anderen. Sie blickten über Theresienstadt hinaus in die Zeit, da die Juden frei sein und in Palästina ein neues Leben anfangen würden; und sie handelten, als ob diese Vision Wirklichkeit werden würde. Ein einstiger Schüler der Theresienstadter „Schule" hat ein Schulbuch aufbewahrt mit dem Titel *Natiw* – das hebräische Wort für „Pfad". Das Titelblatt deutete an, daß der „Pfad" nach Palästina führte: Es trug die umrißhafte Zeichnung eines Schiffs mit dem Namen *Alija*. Alija ist das hebräische Wort für „Aufstieg", wird jedoch gewöhnlich gebraucht, wenn von der Auswanderung oder vielmehr der „Rückwanderung ins Land Israel" gesprochen wird, und ist in diesem Sinne ein für den Zionismus üblicher Ausdruck geworden. Das Schulbuch war ein Ausdruck der Überzeugung, daß die Kinder nicht nur überleben, sondern nach Palästina ziehen würden. Thema des Buchs war jüdische Geschichte, und ihre Personen lebten in Palästina. In vielen Unterrichtsstunden lernten die Kinder Karten lesen und andere praktische Fertigkeiten, um sie darauf vorzubereiten, daß sie eines Tages nicht mehr in Deutschland oder in Osteuropa leben würden, sondern in einem jungen jüdischen Land, in dem man mehr Landwirte und Förster als Juristen und Mediziner brauchen würde.[20]

Von den vielen Aktivitäten in Theresienstadt, die eine Masse zu einer Gemeinschaft machten, ist vermutlich die von Leo Baeck und einigen anderen Gelehrten im Getto gehaltene Vortragsreihe diejenige, an die sich die Teilnehmer am besten erinnerten, die sie am meisten priesen und der sie den höchsten seelischen und geistigen Wert beimaßen. Es gibt mehrere Berichte über ihren Ursprung, und wahrscheinlich sind sie alle richtig. Ein junger Zionist namens Zeev Shek sprach mit Baeck über den geistigen Hunger der Menschen im Getto. „Meine These war, daß die Nazis uns zwar physisch fertigmachen konnten, daß sie aber unsere Hilfe brauchten, um uns auch moralisch fertigzumachen. Als ich das zu Leo Baeck sagte, sprang er von seinem Stuhl auf und sagte: ‚Ich bin einverstanden mit allem, was Sie darüber sagen.‘“ Der nächste Schritt war die Entwicklung eines Programms, das den Leuten zusagen würde. Fast alle kamen aus bürgerlichen Verhältnissen und hatten eine gute bis hohe Bildung. Bei der großen Zahl von Gelehrten in Theresienstadt lag es nahe, ein Vortragsprogramm anzubieten.

Leo Baeck erzählte einmal einem befreundeten Rabbiner seine eigene Version vom Ursprung der Vortragsreihe: „Ich stand dabei, als die Juden aus Holland auf einem Lastwagen ankamen. Ein Gestapobeamter rief sie namentlich auf, herunterzusteigen. Als ich die Namen hörte, hörte ich buchstäblich die Geschichte der Juden in den Niederlanden, die bis ins 17. Jahrhundert zurückgeht. Ich hörte eine Aufzählung niederländischer Aristokratie.“ Es war eine Aristokratie des Geistes. „In diesem Augenblick beschloß ich die Einrichtung der Vortragsreihe. Ich lehrte Plato. Natürlich hatten wir keine Bücher. Aber ich hatte Plato auf griechisch im Kopf, und ich lehrte den ganzen Plato auf griechisch.“

Ein anderes Mal sagte Baeck:

„Es bestand ein ungeheurer Hunger nach geistiger Nahrung. So beschlossen Professor Maximilian Adler, ein glühender Zionist aus Prag, der sich in der wissenschaftlichen Welt [. . .] einen Namen gemacht hatte, Professor Utitz von der Universität Halle und ich, eine Vortragsreihe ,Von Plato bis Kant' anzusetzen. Nach dem Schneeballsystem luden wir die Hörer ein. Zuerst wußten es drei Leute; ein paar Minuten später fünfundzwanzig und nach einer Stunde fünftausend. Halb heimlich begaben wir uns in der schützenden Finsternis nach der sogenannten Dresdener Kaserne, wo über 700 Menschen dicht gedrängt auf dem zugigen Boden unter dem Dach des Hauses in der Winterkälte standen, um ein und ein Viertel Stunden mit gespanntester Aufmerksamkeit einem gar nicht leichten, rein akademischen Thema zu folgen."

Bei diesem ersten Vortrag trugen sowohl Baeck wie seine Hörer Mäntel, Schals und Hüte, weil es so kalt war. „Und", sagte Baeck, „während über dem Auditorium die drohende Gefahr der Deportation in die Vernichtungslager schwebte, ging gleichzeitig strahlend über ihm die ewige Welt der platonischen Ideen auf. Später sprach ich dann vor demselben Kreis über Maimonides und endlich über Kant. Die Zuhörerzahl nahm nicht ab, sondern, soweit es der Raum gestattete, sogar noch zu. Ich fragte mich: Gibt es noch ein Volk auf Erden, das eine so tiefe und echte Beziehung zum Geist hat wie das unsere, das angesichts solcher Entwürdigungen und Gefahren nach dem Wort der Philosophen verlangt?"[21]

Da die Gettoinsassen um acht Uhr in ihren Kasernen sein mußten, begannen die Vorträge um sechs Uhr. Das Programm, das über die Jahre angeboten wurde, war umfassend. Im Juli 1943 gab es beispielsweise sechzehn Vorträge, darunter „Rabbiner Dr. Leo Baeck: ,Spinoza'". Ein Teilnehmer erinnert sich:

„Dort hörte ich zusammen mit vielen anderen Interessierten die Vortragsreihe, die Dr. Baeck über die Kantsche Philosophie organisierte. Soweit ich mich erinnere, gab es fünf Vorträge von ungefähr neunzig bis hundertzwanzig Minuten. Sie fanden im zugigen Dachgeschoß einer der berüchtigten Kasernen statt, und mehrere hundert Menschen nahmen daran teil. Dr. Baeck sprach frei, ohne jedes Manuskript. Ich bezweifle, daß er seinen Vortrag vorher schriftlich hatte vorbereiten können und überhaupt über die notwendige Literatur verfügte."

Eine Hörerin sagte:

„Die Vorträge Dr. Baecks boten immer das gleiche Bild. In einem kalten, dunklen Dachgeschoß sitzt oder steht eine Menschenansammlung auf Balken; vor ihnen, an einem hölzernen Pult, erscheint der Redner wie eine prophetische Gestalt aus alter Zeit. Ob er über Plato, Kant oder Maimonides spricht, ob er Themen abhandelt wie ‚Die Zeit der Aufklärung' oder ‚Das Denken des 19. Jahrhunderts' oder ob er über ‚Rückkehr und Versöhnung', über ‚Seele und Leib' spricht, immer sieht man die Anwesenden, Hunger und Kälte vergessend, in atemloser Stille lauschen und dann mit neuer Kraft hinausgehen, um nach ein paar Stunden in diesem Gebäude zu den Leiden des Lagers zurückzukehren."

Für diese Menschen waren die Vorträge ein Stück heraufbeschworene Vergangenheit, ein Lebensstil, der ihnen selbstverständlich gewesen, eine Huldigung an die Welt des Geistes, die einst die ihre gewesen war. Wie ein anderer von Baecks Hörern es ausdrückte: „Für einen Augenblick war es so, wie es früher gewesen war."

Die Vorträge waren nicht geheim. Die Nazis wußten davon und gestatteten sie, vermutlich aus demselben Grund, aus dem sie auch die anderen kulturellen Veranstaltungen gestatteten – sie verstanden ihre tiefere Bedeutung nicht. Daß die Vorträge – zumindest ihre Titel – belanglos erschienen, war wohlberechnete Absicht. Die Redner wählten Titel und Themen – Plato, Kant, Spinoza, Maimonides – ohne Bezug zu aktuellen Ereignissen, oft ohne Bezug zum Judentum, zu irgend etwas, das an Protest oder Rebellion denken lassen konnte, doch im Kontext der Vorträge war der Schrei des Protestes, des Aufbegehrens nicht zu überhören.

Ein Beispiel ist ein Vortrag, den Leo Baeck eines Abends vor einer tschechoslowakischen Gruppe hielt: „Große und kleine Nationen". Einer der Anwesenden, ein Arzt, erinnert sich: „Aus Sicherheitsgründen wurde der Vortrag nicht angekündigt. Er fand in einem großen unterirdischen Lagerraum der ‚Hamburger Kaserne' statt und war nur mündlich bekanntgegeben worden. Trotzdem war der Raum voll." Leo

Baeck begann mit der Erinnerung an die Nöte der frühen Griechen, die von ihren militärisch überlegenen Nachbarn unterworfen worden seien, deren Kultur jedoch trotz dieser Niederlagen Tausende von Jahren überlebt habe. Dann sprach er über Johann Hus, den tschechischen Reformator, der im 14. Jahrhundert seines Glaubens wegen verbrannt worden war. Baeck betonte, daß das Bedeutende an Hus nicht sein Tod, sondern die Tatsache gewesen sei, daß ein ganzes Volk aufstand, um zu protestieren. „Landleute verließen ihre Felder, Handwerker ihre Werkbänke, das gesamte Volk kämpfte für die Wahrheit." Baeck nannte noch weitere Beispiele aus der Geschichte der Tschechen und zeigte immer wieder auf, daß am Ende die Macht der Wahrheit weichen mußte. Im Judentum ist Hoffnung eine Pflicht, und Baecks Vorträge gaben diesen Menschen Gründe, diese Pflicht zu erfüllen. Der tschechische Arzt sagt dazu: „Seine Vorträge in Theresienstadt waren ein Beweis großen Mutes, denn ein Verräter unter den Zuhörern konnte ihn jederzeit in die Folterkammer der kleinen Festung bringen. Für uns Tschechoslowaken wird der Name Leo Baeck unvergeßlich bleiben."[22]

Obwohl Baecks Theresienstadter Vorträge nicht niedergeschrieben wurden, ist einer erhalten geblieben, den Baeck nach seiner Befreiung rekonstruierte. Er wurde im Juni 1944 gehalten, und sein Titel lautete „Die Geschichtsschreibung". Er ist ein Beispiel dafür, wie Baeck ein geschichtliches Thema in einen aktuellen Aufschrei des Trotzes zu verwandeln vermochte. Er begann mit einer Definition von Geschichte, in der der Einfluß seines alten Lehrers Wilhelm Dilthey deutlich zu spüren war. Er sagte, Geschichtsschreibung sei weder eine Aneinanderreihung von Ereignissen noch eine Sammlung von Themen. Sie sei weder die Geschichte der Wirtschaft noch die Geschichte der Kriege, sondern eine Geschichte „der Beständigkeit des Lebens", wobei Leben und Beständigkeit gleich bedeutend seien. Leben sei nicht „zielloses Vegetieren, ein Zustand zufälliger Bewegung, die nach der Willkür äußerer Impulse unbestimmt hin und her schwingt". Das Leben sei vielmehr „ein Dasein, das sich seiner selbst bewußt geworden ist, das von seinem Gestern und seinem Morgen weiß, von den Wegen, die nach oben, und denen, die von ihm hinwegführen, dem seine Richtung und sein Schicksal bewußt sind". Auch den Begriff „Beständigkeit" definierte Baeck zunächst negativ: „Sie ist kein bloßes Gemisch, keine zufällige Folge von Nebeneinanderstellungen, sondern ein Gebäude mit eigenen festumrissenen Konturen, eigenem tragenden Gebälk, eigenen Unterteilungen und Ausdehnungen, eigenen Verbindungen, Affinitäten und Gegensätzen [. . .] eine Ganzheit und Einheit, die sich ihrer selbst deutlich bewußt ist, die zum Gegenstand der Meditation, eine Aufgabe der Selbsterkenntnis werden kann."

Baeck fuhr fort: „Die Grundvoraussetzung aller Geschichtsschreibung [. . .] ist, daß hinter allen Erscheinungen Sinn und Bedeutung stehen und daß diese Gesetzen unterworfen sind." Um diese Bedeutung zu verstehen, bedürfe es einer doppelten Fähigkeit: „Wissenschaftlichen Sachverstands, um alle Einzelheiten zu erfassen und zu prüfen, und künstlerischer Vision [. . .] der Wissenschaft *und* der Kunst [. . .] des Sinns für Rationalität und für Irrationalität [. . .] der kritischen Einschätzung und der Phantasie, der Forschung und der Intuition.

Es ist durchaus verständlich", fuhr Baeck fort, „daß sich Geschichtsbewußtsein und Geschichtsschreibung zuerst und ausschließlich bei Völkern entwickelten, die ein ausgeprägtes Selbstbewußtsein besaßen, sich ihres besonderen Charakters und ihrer Bevorzugung sicher waren. In der Antike gab es dieses Gefühl des Adels und der Einzigartigkeit bei zwei Völkern, den Griechen und den Israeliten. Beide Völker begannen mit der Geschichtsschreibung, zuerst das israelitische Volk und einige Jahrhunderte später die Griechen." Dann wandte er sich den Historikern zu und begann mit den Griechen. Herodot, sagte er „suchte nach Gesetzen. Das erste Gesetz war in seiner Vorstellung das Wirken der Götter". Der nächste war Thukydides, der „Menschen bestimmen und entscheiden sah, Menschen als das Maß der Dinge".

Danach wandte sich Baeck den israelitischen Geschichtsschreibern zu. Dieses Volk, sagte er, habe bereits sehr früh ein Geschichtsbewußtsein gehabt. „Das ist verständlich, da seiner eigenen Erinnerung nach sein Leben als Volk mit einem geschichtlichen Ereignis, dem Auszug aus Ägypten, begann." Der Zweck, den Leo Baecks Vortrag verfolgte, seine Botschaft an die Hörer in Theresienstadt, war die Idee, daß es im Leben eine Entwicklung gibt, die – trotz des gegenteiligen Anscheins, trotz der Hakenkreuze auf den Armbinden der Wachen – nicht auf Willkür, sondern auf Gesetzmäßigkeit beruht.

Baeck fügte hinzu, daß die hebräischen Propheten nach „einem Verständnis der Realität in der Geschichte und der ihr zugrunde liegenden Gesetze" gesucht hätten. Diese Propheten hätten den Siegeszug des ägyptischen, des assyrischen und des babylonischen Reiches mit angesehen. „Sie hatten gesehen, wie die Gebäude der Macht errichtet wurden und wieder einstürzten." Mehr noch als den Aufstieg und Fall von Reichen hätten die Propheten einen anderen Kampf erlebt, „ein Ringen des Geistes, des Glaubens und der Ideen, einen Konflikt zwischen Geist und Macht, zwischen Glauben und Egoismus, zwischen Ideen und Interessen. Und Geschichte war für sie nur dort, wo geistige Werte existierten und Ideen herrschten". Der jüdische Beitrag zum Studium der Geschichte und zur Lebenserfahrung seien geistige Werte, Glaube und Ideen gewesen. „Die Propheten", sagte Baeck, „verurteilten jedes Verbrechen der Geschichte, das seine Rechtfertigung in Erfolg und Zweckmäßigkeit sucht, sie verurteilten jede Art von Politik, die sich ihre eigenen Moralgesetze schafft; sie lehnten jede Rechtfertigung durch Berufung auf das Recht des Siegers ab."

Für die Hebräer stammte das Gesetz „von einem einzigen Wesen, von einer ewigen, immerwährenden moralischen Gerechtigkeit". Diesem Gesetz entspreche auch das Gebot Gottes, zu leben. „Denn leben heißt leben für die Gerechtigkeit", sagte Leo Baeck zu den gefangenen Menschen von Theresienstadt, „für Güte und Wahrheit; die eigentliche Beständigkeit des Lebens ist die Beständigkeit dieser ewigen Wahrheit [. . .] Wahre Geschichte ist die Geschichte des Geistes, des menschlichen Geistes, der zu Zeiten machtlos erscheinen mag, aber letzten Endes dennoch überlegen ist und überlebt, weil er wenn auch nicht die Macht, so doch die Kraft besitzt, die Kraft, die niemals endet."

Baeck sprach an jenem Tag nicht vom Dritten Reich, aber jeder der Anwesenden wußte, was er meinte. Das Volk der Hebräer hatte lange Zeiten überlebt. Seine überlieferte biblische Geschichte war über 5000 Jahre alt – und es hatte den Sturz so manches Despoten mit angesehen. Es würde auch den Sturz der Nazis mit ansehen. Baeck hielt seinen Vortrag über die Geschichtsschreibung am 15. Juni 1944; neun Tage zuvor waren die alliierten Truppen in der Normandie in Frankreich gelandet, um Hitlers Herrschaft über den Kontinent zu brechen. „Wir Juden haben alte Augen", hatte Baeck einst zu einem Freund gesagt.[23]

Auch in Theresienstadt praktizierten die Menschen ihre Religion. Viele Juden besuchten Gottesdienste, die von ihren eigenen Rabbinern gehalten wurden – die Berliner Juden nahmen in der Regel an den Gottesdiensten Baecks teil. Da es unter den Insassen Theresienstadts auch zahlreiche Katholiken und Protestanten gab, wurden für sie in den Kasernen Gottesdienste gehalten. Ein Indiz dafür, wie unerbittlich die Nazis jeden Menschen verfolgten, der einen jüdischen Eltern- oder Großelternteil hatte, war der im Getto ständig wachsende Prozentsatz von Protestanten und Katholiken jüdischer Abstammung. Im Mai 1944 machte diese Gruppe 15 Prozent der Gesamtbevölkerung Theresienstadts aus. Ein Jahr später, zum Zeitpunkt der Befreiung, war dieser Prozentsatz auf 36 gestiegen. Viele dieser Christen kannten und „verehrten" Leo Baeck. Ein Katholik sagt von ihm: „Er zog keinerlei Vorteile aus seiner Stellung wie einige andere Führungsmitglieder." Dieser Katholik sagt auch, Baeck sei „ein Vermittler zwischen Menschen verschiedener Religionen und Ideen" gewesen. „Wir Katholiken verehrten ihn besonders, und er war ein häufiger Gast bei unseren Zusammenkünften. Wenn er einen Vortrag über philosophische Themen oder aktuelle Ereignisse hielt, machte er durch seine Erscheinung, seine Persönlichkeit, seine Gedankentiefe und die Klarheit seines Ausdrucks einen außergewöhnlichen Eindruck [. . .] Achtung und Toleranz vor seinen Mitmenschen bildeten die Grundlage seiner Ethik."

Es gab gemeinsame Sederabende zum Passahfest, mit denen des Auszugs der Juden aus der ägyptischen Knechtschaft gedacht wird. Gewöhnlich wurden vom Roten Kreuz und anderen Organisationen außerhalb Europas die traditionellen Matzen geschickt. Für den Purim-Gottesdienst benutzten die Theresienstadter Juden eine Schriftrolle mit der Geschichte von der schönen Esther und ihrem Onkel Mordechai, die ihr Volk vor der Vernichtung durch Haman retteten.

Einige Wochen nach der Befreiung Theresienstadts und der Abreise Baecks wurde diese Schriftrolle im Getto gefunden und einem jungen amerikanischen Feldrabbiner übergeben. Eugene J. Lipman versprach, sie Baeck zu geben, wenn er nach London käme. Dort besuchte er Baeck und bot ihm die Rolle an. Baeck nahm sie eine Weile in die Hand. „Ich erinnere mich an seine Hände", sagt Lipman. „Es waren große Hände, und er machte guten Gebrauch von ihnen." Baeck sagte zu ihm: „Das ist nichts für mich. Wenn ich sie aufhebe, ist es ein Museumsstück. Die Rolle, die wir in Theresienstadt benutzt haben, war kein Museumsstück. Wir haben sie gelesen. Wir haben sie benutzt. Nehmen Sie sie. Benutzen Sie sie in ihrer Gemeinde. Erzählen Sie den Leuten alles über Theresienstadt. Sie sollen Theresienstadt nicht vergessen." Rabbiner Lipman nahm die Esther-Rolle mit und hat sie seither bei jedem Purim-Gottesdienst benutzt.

Unter den vielen religiösen Zeremonien, die in Theresienstadt stattfanden, waren die Bar-Mizwas wohl am eindrucksvollsten. Ralph Blume, der im August 1944 dreizehn Jahre alt wurde, erzählte Jahre später über seine Bar-Mizwa:

„Leo Baecks Erscheinung steht mir sehr lebhaft als die eines schönen, stattlichen Mannes vor Augen. Seine Haltung war sehr aufrecht. Groß und stattlich mit auffallend weißem Haar [. . .] Die Bar-Mizwa fand in einer der Kasernen statt, wo man einen der kleineren Räume in eine Synagoge verwandelt hatte. Wir hatten eine Thora [. . .] Leo Baeck rief mich für meinen Thora-Abschnitt auf. Er hatte keine Singstimme, aber eine schöne Sprechstimme, tief und eindrucksvoll [. . .]

In seiner Ansprache an mich sagte Baeck, wie traurig die Umstände, und auch, wie weit wir von unserem ‚Heimatland' entfernt seien. Doch sollten wir uns trotzdem freuen, denn es sei schließlich ein freudiger Anlaß, und ich hätte das Glück, ihn mit meiner Mutter zusammen feiern zu können. Das weiße Hemd, das ich trug, war aus Resten des Tuchs gemacht, das normalerweise für die Toten benutzt wurde. Rabbiner Baeck sagte weiter, daß ich trotz der schrecklichen Umstände als Jude erzogen worden sei [. . .] Ich glaube, das Wichtigste, was er sagte, war, meiner Meinung nach, daß ich nach allem, was ich durchgemacht hätte, niemals meine religiösen Überzeugungen ändern solle. Zur ‚Feier' des Tages gab es übrigens ein Festessen: trockenes Brot mit Senf."[24]

Den Juden in Theresienstadt war es gelungen, ihre Kultur zu bewahren und zu bereichern – Musik, Theater, Literatur – und ihre Religion. Sie waren als Menschen von Geschmack und Gefühl und mit der Liebe zu Gott ins Getto gekommen. Daß sie es auch als solche wieder verlassen sollten, war ein weiterer Triumph der Theresienstadter Juden.

In Theresienstadt wurde Leo Baeck zum überzeugten Zionisten. Im Grunde hatte er sich sein ganzes Erwachsenenleben hindurch auf diese Haltung zu entwickelt. Zu Beginn seiner Laufbahn hatte er sich für das Recht der Zionisten auf freie Meinungsäußerung eingesetzt, obwohl er ihre Ansichten für falsch hielt. Später hatte er eingesehen, daß manche Juden, wenn auch nicht die deutschen, Palästina als Heimat vielleicht brauchen könnten und daß die Erschließung Palästinas sogar für Nichtzionisten ein neues Interesse am Judentum weckte. Als die Nazis mächtiger und bedrohlicher geworden waren, hatte er eingesehen, daß auch die deutschen Juden Palästina eines Tages vielleicht brauchen würden. 1943, in Theresienstadt, bekannte sich Baeck zu der Ansicht, daß die Juden die Sicherheit einer Heimstätte brauchten, die Sicherheit, die aus der Gewißheit stammt, daß es eine Zuflucht gibt, wenn einem die Menschen andernorts den Rücken kehren.

Nach seiner Befreiung sagte Baeck, daß die Juden dort aus ihren religiösen Erlebnissen Kraft gesogen hätten, aus den Gottesdiensten, die in „bescheidenen" Räumen stattfanden – „Juden, die sozusagen nichts von der Sache verstanden und ihr ganzes Leben der jüdischen Tradition fern waren, nahmen an diesen Minjanims teil. Vor allem aber", sagte er, „war der Palästinagedanke geradezu der Elan vital für uns alle." In Theresienstadt zelebrierte Baeck bei der Beerdigung einer

Frau, die eng mit dem Zionismus verbunden gewesen war, und auf dieser Beerdigung gestand er, daß es ein Irrtum von ihm gewesen sei, nicht früher Zionist geworden zu sein. Die Frau war Trude Herzl, die Tochter Theodor Herzls, des Begründers der zionistischen Bewegung. „Wenn wir auf die Worte des Vaters dieser Unglücklichen gehört hätten“, sagte Baeck in seiner Rede, „wären wir heute nicht alle hier.“[25]

Der Postverkehr von und nach Theresienstadt war beschränkt. Die Gefangenen durften im Monat eine Karte mit höchstens dreißig Worten in Blockschrift schreiben. Die Postkarten konnten nach jedem Ort in Deutschland geschickt, mußten jedoch in deutscher Sprache geschrieben werden. Sie durften keinen politischen Inhalt haben oder sich negativ über das Deutsche Reich äußern; ferner war es verboten, „unwahre Berichte oder ein falsches Bild über die Zustände im Getto“ zu geben. Wenn die Karten Theresienstadt verließen, trugen sie den offiziellen Stempel „Rückantwort nur auf Postkarten in deutscher Sprache“.

Baeck erhielt gelegentlich Post und Pakete von alten Freunden in Deutschland. Die Nachrichten, die er selbst verschickte, sagten nichts über seine eigene mißliche Lage. „Lassen Sie mich Ihnen wiederum aufs herzlichste danken und es Ihnen auch nochmals aussprechen, wie innig mich Ihre Güte bewegt hat. Die vortrefflichen Dinge, die Ihr Paket mir schenkte, tun meinem Körperlichen wohl, aber ebensoviel und fast noch mehr gibt Ihre Freundlichkeit und Treue mir seelisch. Haben Sie vielen Dank.“ Über die Feiertage berichtete er kurz: „Die Feiertage sind hier gut dahingegangen mit ihren Gottesdiensten wie in ihrem Gemeinschaftlichen. Ich hoffe, daß auch Sie sie gut verbracht haben und sie empfinden konnten. Ich würde mich aufrichtig freuen, recht bald von Ihnen zu hören, wie es Ihnen geht.“

Seine Abneigung dagegen, sich bei seinen Bekannten zu beklagen, war ein weiterer Aspekt seiner Selbstdisziplin. In dieser Phase seines Lebens waren Widerstand und Würde so sehr Teil von ihm geworden, daß nur die äußerste Herausforderung sie brechen konnte. Dann freilich konnten diese Abwehrmechanismen auf verschiedene Weise versagen. Einmal, im Juli 1944 in Theresienstadt, kritzelte er die Worte:

„Tage gehen,
Erinnerungen bleiben.
Theresienstadt, 16. Juli 1944
L. Baeck“[26]

Wenn Baeck – was er selten tat – seinem Zorn nachgab, blieb die Wirkung nicht aus. Bei einer solchen Gelegenheit ging es um ein Ersuchen Baecks an den Ältestenrat des Gettos: Baeck verlangte, daß man etwas gegen die drangvolle Enge in einem der übelsten Quartiere Theresienstadts unternehme. Eine begrenzte Verlegung von Bewohnern würde die Verhältnisse etwas erträglicher machen. Das Ratsmitglied, an das Baeck sich wandte, hatte das Gebäude nicht selbst gesehen und bot auch nicht an, es zu besichtigen, sondern versicherte Baeck, daß die Verlegung am nächsten Tag vorgenommen würde. Am nächsten Tag geschah jedoch nichts; der Ältestenrat hatte sich der Sache überhaupt nicht angenommen. „Leo Baeck wurde sehr zornig“, berichtet ein Zeuge, „packte den Funktionär beim Kragen und zerrte ihn die Treppe zu dem Gebäude hinauf, damit er sich von der drangvollen Enge selbst überzeugen konnte. Daraufhin wurden die Verhältnisse gebessert.“[27]

So erfinderisch die Juden in Theresienstadt auch waren, der Rohheit und Dummheit der Nazis konnten sie sich nicht entziehen. Ein Beispiel dafür war die Volkszählung im Herbst 1943. „Eines Tages im November mußten wir alle das Lager verlassen und bis zum Abend auf einem Feld stehen“, erzählt Baeck. „Wir wußten nicht, was mit uns geschehen sollte. Ich fürchtete, sie würden uns auf der Stelle mit Gasbomben umbringen. Es stellte sich heraus, daß sie wegen Unstimmigkeiten in der Gefangenenliste eine Überprüfung vornahmen.“

Die Nazis hatten einfach keine Ahnung, wie viele Menschen überhaupt in Theresienstadt lebten. So viele waren gekommen, so viele gestorben. Es waren zwar Listen geführt worden, doch die Nazis, von den Unstimmigkeiten und Fehlern überwältigt, kamen zu dem Schluß, daß die einfachste Methode, die Zahl der Insassen festzustellen, die Zählung war. Am Morgen des 11. November wurde etwa 40 000 Menschen befohlen, sich vor ihren Kasernen aufzustellen und dann in Fünferkolonnen zu einem ehemaligen Exerzierplatz außerhalb der Festung zu marschieren. Von vier Uhr morgens bis Mittag dauerte der Marsch der Juden, unter ihnen sehr alte Menschen und kleine Kinder, zum Exerzierplatz. Eine Stunde später trafen einige SS-Offiziere mit Autos aus Prag ein. Sie ließen alle Juden in Fünferreihen an zwei Gruppen von Nazis vorbeimarschieren, von denen sie gezählt wurden. Als die beiden Gruppen ihre Zahlen verglichen, war das Ergebnis nicht dasselbe, und das Ganze ging von vorne los. Was immer der ursprüngliche Zweck der Prozedur gewesen sein mochte, die Juden, die den Nazis zusahen, merkten bald, daß es den Nazis eher darum ging, sich über die Juden lustig zu machen, als sie zu zählen. Es war kalt, die Leute waren hungrig, durften nicht auf die Latrinen gehen und hatten Angst. Spät am Nachmittag gaben die SS-Offiziere das Zählen auf und fuhren ab. Keiner der Zurückbleibenden hatte eine Ahnung, was mit den 40 000 Juden geschehen sollte: Sollten sie die ganze Nacht über auf dem Feld stehen bleiben oder nach Theresienstadt zurückgehen? Die Menschen gerieten in Panik. Dem Bericht eines Augenzeugen zufolge fielen mehrere von ihnen tot auf dem Exerzierplatz um, und viele der Alten kehrten krank ins Lager zurück und starben wenig später. „Ungefähr zweihundert bis dreihundert Menschen bezahlten die ‚Volkszählung‘ mit ihrem Leben“, heißt es in dem Bericht. Einige Tage später wiederholten die Nazis die Zählung mit einer anderen Methode: Sie befahlen den Gefangenen, ihre Kennkarten abzuliefern, die gezählt und dann zurückgegeben wurden.[28]

In Theresienstadt lebten einige hundert dänische Juden. Die dänischen Behörden verlangten Berichte über ihr Ergehen, schickten Lebensmittelpakete und forderten Besuche des Internationalen Roten Kreuzes zur Überprüfung der Lebensbedingungen in Theresienstadt. Die Möglichkeit eines Rot-Kreuz-Besuches im Sommer 1944 erschreckte die Nazis, die angesichts der Möglichkeit, den Krieg zu verlieren, befürchteten, daß es ihnen schlecht bekommen würde, wenn das Rote Kreuz die wirklichen Zustände in Theresienstadt entdeckte. Sie beschlossen, eine falsche Fassade zum Vorzeigen zu schaffen.

Tage vor dem Besuch des Roten Kreuzes wurde den Juden befohlen, die Straßen zu säubern. Die schmutzigen Lumpen der gesündesten Kinder wurden mit neuen Kleidern vertauscht, Gebäude frisch gestrichen und Straßenschilder angebracht. Kinder wurden angehalten, auf den Straßen zu spielen und den Kommandanten mit „Onkel Rahm" anzureden.

Karl Rahm, Lagerkommandant von Anfang 1944 bis zur Befreiung, war ein ungelernter Arbeiter ohne jede organisatorische Fähigkeit. Er hatte ein aufbrausendes Temperament, das die Juden oft zu spüren bekamen. Ohne den Nazismus wäre er ein Niemand gewesen, denn er besaß weder die Intelligenz noch die Fähigkeit, irgend etwas anderes als die einfachste Arbeit zu tun. Als Nazi jedoch war er zu Macht und Einfluß gekommen. Am Abend vor dem Besuch des Roten Kreuzes wies Rahm den ehemaligen Vorsitzenden der Reichsvereinigung, Paul Eppstein, an, die Juden von der Ankunft des Roten Kreuzes zu unterrichten und ihnen mitzuteilen, daß sie nicht über die wirklichen Lebensbedingungen im Lager sprechen dürften. Rahm, ein gedrungener, häßlicher Mann, stand neben Eppstein und ergötzte sich sichtlich an der mißlichen Lage des hilflosen Juden, der seinen Leidensgefährten befehlen mußte, zu lügen. Die Juden hörten Eppstein zu, doch sie beobachteten Rahm. Sie würden sich an diese Szene erinnern.

Einige Nebeneffekte der Rot-Kreuz-Besuche waren vorteilhaft für die Lagerinsassen. Die Lebensbedingungen wurden in Erwartung der Besuche etwas besser, und das Interesse des Roten Kreuzes garantierte die Verteilung seiner Lebensmittelpakete. Dennoch empfanden die meisten Menschen bei diesem verlogenen Theater nur Zorn und Enttäuschung. „Das Internationale Rote Kreuz", sagte Baeck, „schien völlig auf die falsche Fassade hereinzufallen, die für seinen Besuch errichtet worden war. Viele Häuser waren so überfüllt, daß ein Gang durch das Innere sofort den wirklichen Stand der Dinge offenbart hätte. Da aber nur das Erdgeschoß von außen eingesehen werden konnte, hatten die Nazis schlauerweise zwei Dritteln der darin lebenden Menschen befohlen, sich nur im Obergeschoß aufzuhalten. In den Fenstern standen Blumen. Die Vertreter des Roten Kreuzes machten sich nicht einmal die Mühe, eine Treppe hoch zu steigen. Vielleicht waren ihnen die wirklichen Zustände bekannt – aber es sah ganz so aus, als wollten sie die Wahrheit nicht kennenlernen. Die Wirkung auf unsere Moral war verheerend. Wir fühlten uns vergessen und im Stich gelassen."

Um den Vertretern des Roten Kreuzes etwas zu bieten, war ein Lagerorchester gebildet worden, und in den Wochen nach ihrem Besuch gab es gelegentlich noch das eine oder andere Konzert. Baeck war so zornig über die falsche Fassade, die dem Roten Kreuz gezeigt worden war, daß er sich weigerte, auch nur eines dieser Konzerte zu besuchen. Er erwartete, daß auch andere sie boykottierten, „ohne zu bedenken", sagt einer seiner Berliner Freunde, „daß sie für viele der alten Leute die einzige Unterbrechung ihres traurigen Daseins waren".[29]

Die Nazis beschlossen, einen Film über Theresienstadt zu drehen. Ein Insasse hörte Rahm und einen anderen SS-Beamten darüber reden: „Wir sollten einen Film über Theresienstadt machen, damit die Juden später nicht sagen können, wir hätten sie schlecht behandelt." Es ist anzunehmen, daß im Sommer 1944, als die Alliierten das besetzte Frankreich befreiten und die Russen von Osten her vorrückten, manche Nazis fanden, es sei an der Zeit, sich Alibis zu verschaffen. Kameraleute wurden aus Prag geholt, um die Aufnahmen zu machen. Jüdische Schauspieler und andere Theaterleute wurden gezwungen, für den Film Regie zu führen oder darin zu spielen. Einige Szenen waren für die Juden von tragischer Lächerlichkeit. Der einzige Tag in der Geschichte des Theresienstadter Gettos, an dem man den Juden das Schwimmen erlaubte, war der Tag, an dem die Kameras die Schwimmenden im Fluß filmten. Plötzlich entstanden Cafés auf den Straßen. Speisen standen auf den Tischen. In einer Szene sah man Juden auf dem großen Platz sitzen und hörte sie sagen, wie glücklich sie waren, in Theresienstadt leben zu dürfen.

Der Film wurde niemals in der Öffentlichkeit gezeigt. Die wenigen Menschen, die ihn zu sehen bekamen, erkannten ihn als eine so durchsichtige Propagandalüge, daß man ihn beinahe als plumpen Witz empfand. Überdies hätte man dem

Film zu der Zeit, als er fertig war – im Frühling 1945 –, ohnehin nicht geglaubt. Zu dieser Zeit hatte die Welt bereits eine ziemlich genaue Vorstellung davon, was mit den deutschen Juden geschehen war. Auch die Juden in Theresienstadt wußten es.[30]

Bis zum Herbst 1944 hatte es nur gelegentlich Deportationen aus Theresienstadt „nach dem Osten" gegeben, doch waren sie weder zahlreich noch planmäßig gewesen und hatten keine größeren Gruppen betroffen. Daher waren die Juden im Getto allgemein überzeugt, daß sie, wenn sie unter den schweren Lebensbedingungen dort existieren lernten, bis zum Kriegsende überleben würden. Im Frühling und Sommer 1944 wurden die Lebensbedingungen etwas besser, da die Gettobevölkerung durch Todesfälle und einige wenige Deportationen abgenommen hatte. Im Mai war sie auf ungefähr 36 000 Menschen zurückgegangen. Gegen Ende September war ihre Zahl noch weiter – auf 28 000 – geschrumpft. In diesem Monat hatten systematische Deportationen eingesetzt. Am 23. September erließen die Nazis folgenden Befehl:

„Es ist dringend erforderlich, daß Theresienstadt mehr Arbeitskräfte für die Kriegsanstrengung zur Verfügung stellt als bisher. Sorgfältige Prüfung hat uns zu dem Schluß geführt, daß Theresienstadt nicht genug Platz für die Überführung wichtiger Kriegsindustrien in das Getto bietet. Deshalb ist beschlossen worden, daß am Dienstagmorgen, dem 26. September, zu diesem Zweck 2500 körperlich geeignete Männer Theresienstadt verlassen und ihnen am Mittwoch, dem 27. September, die gleiche Anzahl körperlich geeigneter Männer folgen werden. Sie werden unter der Leitung von Otto Zucker ein neues Arbeitslager errichten.

Die für den neuen Ort Bestimmten werden nur leichtes Gepäck mitnehmen, einmal Wäsche zum Wechseln und Lebensmittel für vierundzwanzig Stunden. Der Bestimmungsort der Transporte liegt in Richtung Dresden. Die Art der dort zu leistenden Arbeit wird der ähnlich sein, die im Lager Zossen geleistet wird. Frauen und Kinder der Arbeiter werden in Theresienstadt bleiben, wo ihnen das H. Q. gute Behandlung garantiert. Übergepäck alleinstehender Männer, das nicht mitgenommen werden kann, wird sicher aufbewahrt, verheiratete Männer können ihr Gepäck bei ihren Familien lassen.“

Der so formulierte Befehl sollte offensichtlich die Deportierten beruhigen, aber es war fraglich, ob irgend jemand den Versicherungen Glauben schenkte. Sicherlich vertrieben sie die Schatten der Furcht nicht, die über jeder Deportation hingen. „In manchen Monaten gingen täglich neue Transporte nach dem Osten ab“, erzählte Leo Baeck, „niemand wußte genau, wohin; man wußte nur: ostwärts in neue Ungewißheit. Eine Wolke von Fragen, Angst und immer neuen Schrecken legte sich immer von neuem auf das Getto. Es schien das geheime Losungswort der Herrenmenschen zu sein: ‚Laßt die Juden niemals zur Ruhe kommen!‘ “

Der Bestimmungsort vieler Deportierter war das weiter im Osten gelegene Auschwitz. In der Geschichte der Menschheit ist Auschwitz beispiellos. Die Zahl der hier gemordeten Menschen beläuft sich auf eine Million. Sie kamen in überfüllten Eisenbahnwagen, auf Lastwagen oder zu Fuß; dann wurden sie in kleine, abgedichtete Kammern geführt, vergast und zu den Verbrennungsöfen gekarrt. Es waren Zivilisten – Gesunde, Kranke, Alte und Kinder. Fast alle waren Juden. Doch die Zahl der Getöteten ist nicht der einzige Grund für den Makel der Schande, der an Auschwitz haftet; an anderen Orten sind ebenso viele oder mehr Menschen getötet worden. Auschwitz aber ist ein Symbol für den Horror technischen Fortschritts im Dienst der Macht. Das technische Können der Deutschen ermöglichte Hitler und den Nazis, Juden systematisch und ungehindert umzubringen. Die Verbrennungsöfen wurden von neu gepflanzten Bäumen getarnt. Eigens konstruierte Aufzüge erleichterten das Hinwegschaffen der Toten. Das Töten selbst besorgte ein starkes Gas; der Mörder brauchte mit seinen Opfern nicht im selben Raum zu sein und mußte nicht mit ansehen, was geschah. Die Technik hatte aus dem Massenmord ein statistisches Verfahren gemacht – Zahlen, die täglich eingetragen und den vorangegangenen hinzugefügt wurden. Die Technik hatte das Töten aus dem Bereich des Menschlichen gerückt; sie schonte die Psyche der Mörder.

Die Ankunft in Auschwitz vollzog sich, wie ein Überlebender erzählt, folgendermaßen:

„Die Transporte kamen in der Dunkelheit an. Man wußte nicht, wo man war. Man wußte nichts von Gaskammern. Die Nazis gaben sich die größte Mühe, sie geheimzuhalten. Lautsprecher verkündeten, daß es bis zum Lager ein weiter Marsch sei und für Kranke und Schwache Transportmittel zur Verfügung gestellt würden. Nach Monaten oder Jahren der Gefangenschaft in dem einen oder anderen Lager war jedermann schwach, und es begann ein allgemeines Rennen nach den Lastwagen, die deutlich sichtbar das Zeichen des Roten Kreuzes trugen. Überflüssig zu sagen, daß sie geradenwegs zu den Gaskammern fuhren.

Diese Teilung erleichterte dem SS-Arzt die Arbeit, an dem der Rest im Gänsemarsch vorüberziehen mußte, um nach rechts oder links gewinkt zu werden. Man vermutete eine provisorische Trennung und rief Verwandten ein ‚Auf Wiedersehen' zu. Mütter ermahnten ihre Kinder, den Mantel zuzuknöpfen, damit sie sich nicht erkälteten. Die ‚Neuen', die auf die Todesseite geschickt wurden, ohne es zu wissen – und wer hätte sich, auch nach zwei Jahren im Getto, vorstellen können, daß aus den Duschen nicht Wasser, sondern Gas strömen würde –, waren die einzigen Menschen, die physisch und moralisch fähig gewesen wären, sich aufzulehnen."

Baeck schilderte die Deportation von Theresienstadt nach Auschwitz folgendermaßen: „Diejenigen, für die ein unerbittliches Schicksal das Los geworfen hatte, wurden in eine der Kasernen gesperrt und bekamen eine neue Transportnummer. Sie waren neue Wesen geworden, ein Dasein war für sie zu Ende. Was würde ihr neues Dasein sein? Vor den Kasernen stand, zwischen zwei Reihen der SS, der Viehwagenzug. Menschen wurden hineingepfercht, und der Zug fuhr hinaus aus dem Lager, fort von denen, die noch blieben."

Nicht mehr Herr ihres Lebens, von soldatischen, roboterhaften Männern bewacht, traten diese Menschen ihre Reise gefaßt an. „Die Transporte waren gefürchtet", erzählt Baeck, „aber wenn es soweit war, achteten die Menschen sorgfältig darauf, der SS nicht die Genugtuung von Szenen zu geben. Ich hatte schon in Berlin die Selbstzucht und innere Stärke unseres Volkes bewundern gelernt – sogar wenn Familien auseinandergerissen wurden."[31]

Wenn die Deportierten ruhig und gefaßt blieben, dann nicht den SS-Wachen zuliebe, sondern um den Schmerz ihrer Angehörigen zu lindern. „Weint nicht", sagten sie. „Wir gehen in ein Arbeitslager, und wir werden bald wieder zusammen sein." Nichts konnte gewonnen werden, wenn sich ein im Kasernentor stehender Angehöriger auf einen mit einem Maschinengewehr bewaffneten SS-Mann stürzen würde. Nichts konnte gewonnen werden, wenn man einem Kind erzählte, daß es seine Eltern nie wiedersehen werde. Es war besser, den Schmerz zu lindern.

Ein Augenzeuge der Transporte aus Theresienstadt sagt: „Jeder, der die Massen hastender, ratloser Menschen gesehen hat, jeder, der diese Tage des Schreckens und der Verzweiflung miterlebt hat, wird verstehen, daß die kleinen Freuden des Lebens als Gegengewicht zu diesem Elend wichtig waren. Gerade weil die Gefahr der Deportation in jedem Augenblick jedermann bedrohte, mußten die Menschen im Getto so leben, als ob diese Gefahr nicht wirklich existierte, als ob ein Leben in Freiheit und Menschenwürde gleich um die Ecke auf jene wartete, die jetzt hinter die Gettomauern verbannt waren."[32]

Nach dem Krieg erzählte Baeck, er habe zum erstenmal im August 1943 von den Vernichtungslagern gehört. Wie er sagte, war ein Halbjude aus Auschwitz entkommen und hatte eine Nachricht nach Theresienstadt geschickt, um Baeck zu warnen, bevor er untertauchte. „Es war also nicht nur ein Gerücht, wie ich gehofft hatte, oder die Wahnidee einer kranken Phantasie", dachte Baeck, als er die Nachricht erhielt. Trotz dieses Wissens ging Baeck nach wie vor durch die Gassen von Theresienstadt, blieb stehen, um ein wenig mit alten Freunden zu plaudern, besuchte die Krankenquartiere, sah nach den Kindern, hielt Vorträge über den letztlichen Sieg von Gesetz, Geist und Sittlichkeit; er hatte beschlossen, niemandem zu sagen, daß viele von ihnen bald in den Tod geschickt werden würden.

„Niemand soll es erfahren", hatte er beschlossen. „Wenn ich den Ältestenrat informierte, würde es innerhalb weniger Stunden das ganze Lager wissen. In Erwartung des Todes durch Vergasen zu leben, wäre nur noch schwerer. Und dieser Tod drohte auch nicht allen – es gab die Selektion für die

Zwangsarbeit; vielleicht gingen nicht alle Transporte nach Auschwitz. So kam ich zu dem schweren Entschluß, niemandem etwas zu sagen. Im Getto gingen ständig alle möglichen Gerüchte um, und es dauerte nicht lange, bis auch das Gerücht über Auschwitz umging. Aber wenigstens wußte es niemand genau."

Nach dem Krieg hat sich der aus Deutschland stammende, in den USA lebende Theologe Paul Tillich kritisch darüber geäußert, daß Baeck die in Theresienstadt umgehenden Gerüchte nicht bestätigte. „Niemand kann genau beurteilen, wie es in einem Konzentrationslager zugegangen ist", sagte Tillich. „Aber in gewisser Weise würde ich Baeck dafür kritisieren, daß er nicht ein Jota von dem Wissen weitergegeben hat, das er besaß. Wenn er gewußt hat, daß Auschwitz den sicheren Tod bedeutete, hätte er es sagen müssen. Die volle existentielle Wahrheit sollte immer zugänglich gemacht werden, genauso wie dem unheilbar Kranken die volle Wahrheit gesagt werden sollte." Tillich wird von Albert J. Friedländer zitiert, dessen Studie über Baeck den Untertitel „Lehrer in Theresienstadt" trägt. Friedländer stellt die Frage, ob Baeck nicht neben dem von ihm angegebenen Grund für seine Zurückhaltung auch Zweifel an der Zuverlässigkeit des erhaltenen Berichts gehabt habe und keine falschen Nachrichten in die Welt setzen wollte.

Es gab eine Fülle von Gerüchten. Ein Bericht an das amerikanische OSS im November 1943 stützte sich auf von dänischen Juden geschriebene Postkarten, die aus Theresienstadt herausgeschmuggelt worden waren. In ihnen hieß es: „Bevor die dänischen und holländischen Juden in dieses Lager geschickt wurden, das überfüllt war, hätten die Deutschen [. . .] 50 000 Juden in diesem Lager durch Gas getötet, um für die Neuen Platz zu schaffen." Es gab jedoch auch gegenteilige Berichte. „Von der Ausrottung und den damit verbundenen grauenhaften Umständen haben wir erst nach der Befreiung erfahren", sagt einer der ehemaligen Häftlinge.

Die Widersprüchlichkeit der Berichte zeigt, in welcher Zwischenwelt die Menschen lebten, die nichts über ihre Zukunft wußten, das Schlimmste befürchteten, auf ein Wunder hofften und bis zur Befreiung zu überleben suchten. H. G.

Adler war selbst in Theresienstadt und kannte Baeck dort gut. In seinem zusammenfassenden Bericht über das Leben im Getto setzt er sich auch mit Baecks Erklärung über die Gründe seines Schweigens über Auschwitz auseinander. Er empfindet sie als unzureichend. Es sei sicher, schreibt er, daß das allgemeine Fehlen von Informationen über das wahre Schicksal all derer, die von Theresienstadt in die Vernichtungslager gingen, zu einer Gedankenlosigkeit und Selbsttäuschung geführt hätten, die einer Bewußtseinstrübung gleichgekommen sei.

Ein Bericht des Internationalen Roten Kreuzes, der nach der Befreiung geschrieben wurde, beurteilt die Täuschung nicht so negativ wie Adler. In dem Bericht heißt es: „Die Tatsache, daß sie [die Zurückbleibenden] nichts über das Schicksal wußten, das die nach dem Osten Deportierten erwartete, machte es der Bevölkerung möglich, ihre Moral aufrechtzuerhalten und Ruhe zu bewahren."

Wie Baeck kannte oder vermutete so mancher andere in Theresienstadt das Schicksal der Deportierten. Doch wie er waren sie der Meinung, daß nichts damit gewonnen wäre, wenn man den Menschen jede Hoffnung nähme. „Transporte?" sagte eine ehemalige Insassin von Theresienstadt: „Wir sprachen nicht darüber. Leo Baeck hätte uns nicht geantwortet. Er hätte nichts gesagt. Viele Menschen begingen Selbstmord, und es wären noch mehr gewesen, wenn man Bescheid gewußt hätte."

Eine Frau, die als Heranwachsende in Theresienstadt gewesen war, stellte Jahre später Überlegungen darüber an, ob die Menschen wußten und ob irgend etwas gewonnen gewesen wäre, wenn man über die Vernichtungslager gesprochen hätte. „Ich glaube, man wußte ziemlich genau Bescheid", sagt sie. „Selbst wenn man nicht sicher war oder nicht genau wußte, warum, so wußte man doch, daß die Transporte nichts Gutes bedeuteten. Sie waren wirklich sehr gefürchtet. Manche Leute konnten etwas sagen oder hatten irgendeine Ahnung, aber selbst wenn man nicht genau wußte, was geschah, fand man es doch entsetzlich. Ich kann mich nicht daran erinnern, daß wir jemals von Verwandten oder Freunden, die Theresienstadt mit einem Transport verließen, in einer Weise Abschied genommen hätten, als erwarteten wir, sie nie wiederzusehen."[33]

Ab September 1944 verließen regelmäßig Transportzüge Theresienstadt. Zu Beginn des Monats waren fast 30 000 Gefangene dort gewesen. In den nächsten vier Monaten starben 4500 an Krankheiten oder Entkräftung, und etwa 15 000 wurden deportiert, so daß im Lager noch 11 000 zurückblieben. Karl Rahm, der Lagerkommandant, fehlte bei keinem Transportabgang. Wie er so dastand in seiner Uniform, mit blanken Stiefeln trotz des Staubes, die Mütze tief in die fettglänzende Stirn gezogen, und die Juden beobachtete, die sich mit den Kennkarten um den Hals und ihrem Bündel im Arm an ihm vorbeischleppten, hätte er ebensogut Vieh zählen können.[34]

Bis zum Ende des Jahres 1944 gehörte Leo Baeck dem Ältestenrat nicht an. An der Spitze des Rates stand der leitende Älteste der einen Stellvertreter hatte und dem der Rat zur Seite stand. Die Situation dieser Leute war natürlich sehr heikel. Sie sollten die Vertreter der Juden Theresienstadts sein und deren Interessen wahren. Zugleich waren sie jedoch der Gewalt der Nazis ausgeliefert. Ihre Ermessens- und Bewegungsfreiheit war daher begrenzt, und dieser Faktor mußte bei all ihren Entscheidungen berücksichtigt werden. Baecks Urteil über die Mitglieder des Ältestenrats lautete, daß die meisten von ihnen ihre Position dazu benutzten, so vielen ihrer Lagergenossen wie möglich zu helfen und nicht sich selbst. Eine Ausnahme stellte ein Rabbiner dar. Als dieser sich nach dem Krieg um eine Stellung bewarb und Baeck um eine Empfehlung bat, lehnte er ab. Zu einem Freund sagte er, der Rabbiner „muß erst noch beweisen, daß er ein guter Mann ist“. Eine andere Ausnahme war ein ehemaliger Mitarbeiter Baecks aus Berlin, mit dem es ein anderes Problem gab. Er benutzte seine Stellung im Ältestenrat, um sich die Frauen in Theresienstadt gefügig zu machen. Obwohl die Nazis ihn aus ganz anderen Gründen schließlich umbrachten, konnte in den folgenden Jahren der Name des Mannes in Baecks Gegenwart nicht erwähnt werden, ohne daß der disziplinierte, selbstbeherrschte Leo Baeck einen regelrechten Wutausbruch bekam.

Als „Prominenter" hätte Baeck aus seiner Stellung Vorteile ziehen können, doch er tat es nicht. Ein Mitgefangener jener Zeit sagt über ihn: „Dr. Baeck unterwarf sich den schwersten ethischen Geboten. Da er wußte, daß für jeden zur Deportation Bestimmten, der verschont wurde, ein anderer Mensch geopfert werden mußte, ließ er zu, daß ein Neffe und eine Nichte von ihm, beide Ärzte, auf einen Transport gingen."[35]

Im Spätherbst 1944 war der Ältestenrat so dezimiert, daß Leo Baeck nichts anderes übrigblieb, als Mitglied zu werden und schließlich die Hauptverantwortung zu übernehmen. Während der wenigen nächsten Monate versuchte er, die Organisationsstruktur des Gettos aufrechtzuerhalten, obwohl zu dieser Zeit niemand mehr viel tun konnte.

Wie immer nahm er auf seine eigene Sicherheit keine Rücksicht. Einer seiner Freunde im Getto war der bereits zitierte H. G. Adler, ein Berufsmusiker, der in Theresienstadt als Maurer arbeiten mußte. Er war kein sehr guter Maurer. „Wenn Baeck einmal lachen wollte", so Adler, „kam er vorbei und sah mir bei der Arbeit zu." Adler war entschlossen, nach dem Kriege einen Bericht über Theresienstadt zu schreiben, und monatelang sammelte er Dokumente und machte Aufzeichnungen über die Zustände im Lager. In den letzten Monaten des Theresienstadter Gettos wurde Adlers Schwiegermutter nach Auschwitz deportiert, und er selbst und seine Frau bestanden darauf, mit ihr zu gehen. Er bat Baeck, seine Dokumentation aufzubewahren, und Baeck war ohne Zögern dazu bereit. Da sie alle ständig von Tod und Gefahr bedroht waren, hatte Adler keine Bedenken, Baeck die zusätzliche Gefährdung zuzumuten. Baeck bewahrte das Material sorgfältig auf, und es wurde zur Grundlage der vernichtenden Studie Adlers über die Nazis und das Getto Theresienstadt.[36]

In den letzten Monaten vor Kriegsende bemühte sich Baeck vor allem, den seelischen und körperlichen Zusammenbruch der wenigen im Getto verbliebenen Juden zu verhindern. Durch einen alten Freund der Familie, der häufig außerhalb der Gettomauern arbeitete und Baeck mit deutschen und tschechischen Zeitungen versorgte, hatte er Kontakt zur Außenwelt. „Auf den Besitz von Zeitungen stand die Todesstrafe", sagte der Freund. „Dr. Baeck wußte das genauso wie ich, aber er nahm das Risiko auf sich." Dank seiner persönlichen Kenntnis Osteuropas durch seine Erfahrungen im Ersten Weltkrieg konnte Baeck den russischen Vormarsch verfolgen und den Zeitpunkt der Befreiung Theresienstadts abschätzen. Er begann, seinen Mithäftlingen Botschaften zu schicken, in denen er sie beschwor, durchzuhalten, nur noch ein bißchen länger zu überleben. Hilfe sei jetzt nicht mehr fern. Mitglieder der Untergrundbewegung waren nun bereit, mit Baeck zusammenzuarbeiten. Mit anderen Männern der jüdischen Führung wollten sie nichts zu tun haben, weil, wie einer sagte, „zahlreiche führende deutsche Juden immer beweisen [wollten], daß sie sich der SS gegenüber loyal verhielten, und ihre Befehle genau ausführten, und deshalb taten sie oft mehr, als sie eigentlich hätten tun müssen. Dr. Baeck war einer der wenigen, die keine Neigung hatten, den SS-Führern ihre Loyalität zu beweisen."

Baecks Ankunft in Theresienstadt im Jahre 1943 war in jüdischen Kreisen der ganzen Welt berichtet worden, und schon im September 1943 wußte seine Familie, daß er dort war. Aber seine Familie und seine Freunde verloren seine Spur, als es immer schwieriger wurde, Nachrichten aus dem Inneren des Deutschen Reiches zu bekommen. Schließlich erhielt seine Tochter im Februar 1945 einen Brief aus der Schweiz, den ein holländischer Jude geschrieben hatte, der in der Woche zuvor Theresienstadt verlassen hatte; er gehörte zu einem Transport von 1200 Juden, die die Nazis im Bemühen um gut Wetter freigelassen hatten. Baeck hätte die Möglichkeit gehabt, sich der Gruppe anzuschließen, doch er hatte abgelehnt, weil er es – nicht zum erstenmal – vorgezogen hatte, bei seinen jüdischen Leidensgefährten zu bleiben, statt sich selbst in Sicherheit zu bringen. Doch er hatte den Holländer gebeten, seiner Tochter Ruth zu schreiben, und in dem Brief hieß es: „Es geht ihm [Baeck] gesundheitlich gut, geistig ist er ungebrochen, wodurch er anderen viel sein kann. Er gehört in Theresienstadt zu den sogenannten Prominenten, die in manchen Beziehungen bevorzugt werden. Wie Sie wahrscheinlich wohl wissen, hat Theresienstadt eine Art jüdische Selbstverwaltung; Ihr Vater sitzt im Ältestenrat. Jeder, der privatim oder in seinem Beruf ihn kennenlernt, liebt ihn, und ich selbst schätze es als eines der wenigen guten Dinge Theresienstadts, daß ich seine Bekanntschaft gemacht habe und er sich meiner Familie angenommen hat." Mit wenigen Worten berichtete der Holländer von sich selbst und seiner Familie. Sie seien nun seit zwei Jahren von zu Hause fort, im September 1944 habe man sie nach Theresienstadt gebracht, und nun seien sie – im schweizerischen Adliswil – in ihrem vierten Lager. „Wir sind überaus glücklich, daß wir den Druck, unter welchem wir so lange gelebt, nicht mehr spüren, uns nicht mehr abzuarbeiten haben und die Angst um unser Leben los sind."[37]

In diesen letzten Wochen sprach Baeck zu niemandem über die Möglichkeit seiner eigenen Rettung, seiner Rückkehr zu seiner Familie. Es gab immer noch zuviel Arbeit, zu viele Gefahren, zu viele Möglichkeiten für die Nazis, sich zu rächen, als daß er hätte Pläne machen wollen. Fast hätte Baeck die Phase der Gewaltherrschaft nicht überlebt. Ende März 1945 zeigten sich mehrere Personen darüber erstaunt, daß er noch lebte. „Ich hörte gerade, Sie lägen im Sterben", sagte jemand. Es stellte sich heraus, daß ein Rabbiner namens Beck aus Mähren im Lager gestorben war. Die Bedeutung dieses Todes für ihn wurde Baeck erst einige Wochen später klar, als er sich in einem Büro des Gettos aufhielt. „Die Tür ging auf, und ein SS-Offizier trat ein. Es war Eichmann", erinnerte sich Baeck. „Er war sichtlich überrascht, mich zu sehen. ‚Herr Baeck, Sie leben noch?' Er musterte mich, als wolle er seinen Augen nicht trauen, und fügte kühl hinzu: ‚Ich hielt Sie für tot." Eichmann hatte offenbar den toten Beck aus Mähren mit Leo Baeck aus Berlin verwechselt. Baeck erwiderte: „Herr Eichmann, sie kündigen wohl ein bevorstehendes Ereignis an." Eichmann faßte sich schnell wieder und sagte: „Jetzt verstehe ich. Totgesagte leben länger."

„Ich war sicher, daß ich nur noch kurze Zeit zu leben hatte", erzählte Baeck, „und ich verschwendete keine auf ihn. Ich ging zur Tür, er trat beiseite, und ich ging in mein Quartier. Ich gab den Trauring meiner Frau und meinen eigenen einem Freund und bat ihn, sie beide meiner Tochter in England auszuhändigen. Dann schrieb ich Abschiedsbriefe und war bereit für das, was kommen würde."[38]

Eichmann führte seine unausgesprochene Drohung nie aus, vermutlich weil am letzten Tage dieses Monats Adolf Hitler im Führerbunker in Berlin Selbstmord beging und damit die organisierte Gewalt des Dritten Reiches ein Ende hatte.

Der April war in Theresienstadt ein chaotischer Monat gewesen. Die Nazis verbrannten so viele Dokumente wie möglich. Einige der Funktionäre plädierten für die Errichtung von Gaskammern, um die noch im Lager lebenden Juden umzubringen; andere versuchten, sich – in der Hoffnung auf ihre Hilfe nach dem Krieg – bei den Juden anzubiedern. Eines Nachts ging das Gerücht um, der Krieg sei zu Ende. Die Juden begannen ihre Sachen zu packen, doch die SS-Wache unter Führung von Rahm kam hinter dem Stacheldraht hervor und befahl ihnen, in die Kasernen zurückzukehren. Paul Dunant, ein Vertreter des Internationalen Roten Kreuzes, erschien Anfang April im Lager und verschwand dann wieder. Er verhandelte mit den Nazis, von denen das Internationale Rote Kreuz das Lager schon vor der Befreiung durch die Russen übernehmen wollte. Doch das wußten die Insassen nicht; sie wußten nur, daß er gekommen und wieder gegangen war. Dann begannen die Züge mit den Kranken und Sterbenden aus den Vernichtungslagern einzutreffen, die noch mehr Seuchen und Verzweiflung brachten.

Anfang Mai überflog eine amerikanische „fliegende Festung" das Lager und warf Flugblätter ab, die verkündeten, daß Hilfe nahe war. Dann ertönte am Himmel ein anderes Geräusch. Ein kleines blau-gelbes Flugzeug erschien mit dem zurückkehrenden Rot-Kreuz-Funktionär Dunant. „Etwas war verschwunden", hatte eine Insassin bemerkt; „das Hakenkreuz, das Symbol unserer tiefsten Erniedrigung, hing nicht mehr am Rathausturm. Und bald wurde es überall ausgesprochen. Das Gerücht war verläßliche Wahrheit, daß statt der Hakenkreuzfahne die Rot-Kreuz-Fahne gehißt worden war. Dunant, dem Vertreter der Organisation, war es gelungen, die Führung des Lagers zu übernehmen. Die Gefahr der Vergasung war vorüber."

Eine andere Insassin erinnert sich daran, wie sie die Straße hinauf- und hinabblickte: „Man denkt, daß nichts geschehen ist. Daß alles so ist, wie es war. Man wagt sich vorwärts. Nach allen Seiten blickend, geht man ein paar Schritte. Und schaut und ist erstaunt und versteht es nicht: Nirgends eine deutsche Uniform zu sehen. Keine Wachen, keine Beobachter. In dem Durcheinander von Bombenlärm und Angst sind die Deutschen geflohen. Unbemerkt. Die Deutschen sind fort! Sie sind geflohen."

Aber die Deutschen waren noch nicht am Ende. Ein Regiment, das zur Verteidigung Prags gegen die tschechischen Partisanen und die vorrückende russische Armee eingesetzt worden war, wurde zum Rückzug gezwungen. Als die Truppen an Theresienstadt vorbeikamen, begannen sie ihre überschüssige Munition auf die Stadt abzuschießen. Die Männer waren zu Bestien geworden, die aus Rache, zum Vergnügen oder aus reiner Mordlust töteten. „Jeder sah sich nach einem schützenden Ort um", erzählt ein Insasse. Die wenigen Leute vom Roten Kreuz waren kein Schutz.

„Eine Handgranate fiel in ein kleines Haus und verwundete einen alten Mann. Wir lagen mit den Kindern unter den Fenstern auf dem Boden, während die Kugeln über unsere Köpfe hinweg ins Zimmer flogen." Dann wurde es still. Die Männer und Frauen hielten die Kinder, die sie mit ihren Leibern bedeckt hatten, fest an sich gedrückt. Sie warteten darauf, daß die brüllenden Soldaten hereinstürzen würden, um sich ihre Opfer zu holen.

Sie warteten.

Dann ertönte ein Schrei, doch es war kein Todesschrei. Sondern ein Jubelschrei. Die Deutschen waren geflohen, diesmal wirklich geflohen. Die Russen waren angekommen! Sie waren befreit! Sie waren gerettet! Jetzt war es wirklich vorüber. „Wir machten alle Fenster auf", erzählte eine Frau, „und sahen hinaus. Die Russen waren da. Die Befreier. Keiner, der es nicht selbst erlebt hat, kann das Glück dieser Stunde der Befreiung ermessen. Eine Musikkapelle marschierte durch die Stadt, und alle kamen heraus und schlossen sich dem Zug an. Die ‚Internationale' erklang." Schon begann der Prozeß, in dessen Verlauf die Erlebnisse von Theresienstadt zur Erinnerung wurden.

Dunant vom Roten Kreuz übernahm die Lagerverwaltung

am 3. Mai. „Dr. Baeck erwartete uns an einer Ecke", erzählte er. „Nach den Begrüßungsworten sagte ich ihm, daß in kürzester Frist alle frei sein würden und es in den letzten Stunden keinen Grund zur Sorge gebe. Ich bat ihn, das den Gefangenen mitzuteilen."

Der Ältestenrat wurde aufgelöst, und Dunant bat mehrere der „Prominenten", darunter Baeck, dem Lager vorzustehen. Dunants Hauptsorge waren die Kranken im Getto und in der kleinen Festung. Am 6. Mai gaben Baeck und drei andere prominente Juden folgende Bekanntmachung an die Gettoinsassen heraus:

„Männer und Frauen von Theresienstadt!

Das Internationale Rote Kreuz hat den Schutz Theresienstadts übernommen. Der Vertreter dieses Komitees, Herr Dunant, ist zum Leiter Theresienstadts ernannt worden. Er hat die unterzeichneten Mitglieder des vormaligen Ältestenrats mit der Leitung der Selbstverwaltung beauftragt.

In Theresienstadt sind Sie in Sicherheit. Der Krieg ist noch nicht beendet! Wer von Ihnen jetzt Theresienstadt verläßt, würde sich vielen Gefahren aussetzen.

Theresienstadt hat die Pflege der Gemarterten in der kleinen Festung übernommen. Das bedeutet vermehrte Arbeit, zu der auch die Vorbereitungen für den Rücktransport gehören.

Post ist nun in allen Sprachen erlaubt, ohne Zensur und weitere Beschränkung. Zur Einführung dieses Postdienstes erhält jeder Einwohner Theresienstadts, der es wünscht, eine frankierte Postkarte, soweit der Vorrat reicht. Zeitungen werden empfangen und ausgehändigt, so daß alle sie lesen können. Es gibt noch schwerkranke Menschen unter uns, was bedeutet, daß die Quarantänevorschriften streng eingehalten werden müssen. Deshalb befolgen Sie sie gewissenhaft.

Wenn der Krieg zu Ende ist, werden die Rücktransporte unverzüglich beginnen, und die Behörden werden dann Anweisungen für die Abwicklung der Rückkehr ausgeben.

Gehorchen Sie den Regeln und Vorschriften. Helfen Sie uns bei unserer Arbeit, die Heimkehr soll möglich gemacht werden. Gehe jeder von Ihnen an seinen vorgeschriebenen Arbeitsplatz."[39]

In den letzten Tagen von Theresienstadt kam es zu einer bemerkenswerten Szene: Als die deutschen Wachmannschaften bereits geflohen und die Russen noch nicht eingetroffen waren, blieb ein deutscher Offizier im Lager zurück. Es war Obersturmführer Karl Rahm, der zum Despot gewordene Arbeiter, der Mann, der seine Macht über die Juden genoß, der mit Vergnügen zusah, wenn Eheleute, Kinder und Freunde zu Transporten nach dem Osten verladen wurden.

Karl Rahm fuhr – auf dem Fahrrad und ohne Waffen – in Theresienstadt von Tor zu Tor, schloß eines nach dem anderen ab und nahm die Schlüssel an sich. Von der Straße und aus den Fenstern der überfüllten Kasernen sahen ihm die Lagerinsassen zu. Zu diesem Zeitpunkt gab es niemanden im Lager außer den Juden und dem SS-Mann, dem sie die Verantwortung gaben für so vieles, was ihnen angetan worden war.

Stumm sahen ihm die Juden zu. Keiner rührte sich. Willi Groag stand neben Leo Baeck, als Rahm vorbeiradelte. Er erinnert sich, wie Baeck ihn am Arm packte und sagte: „Sehen Sie sich das an. Das kann nur bei Juden passieren. Von all den jüdischen Menschen hier hat nicht ein einziger einen Stein aufgehoben, um ihn zu steinigen. Sie hätten ihn erwürgen können, wenn sie gewollt hätten.“

Daß sie nach der Barbarei der Nazis noch immer glaubten, Rache sei die Sache Gottes und nicht der Menschen – das war der äußerste Triumph der Juden von Theresienstadt.[40]

Dreizehntes Kapitel

Die letzten Jahre

Anfang Mai 1945 fuhr ein amerikanischer Jeep in Theresienstadt ein, in dem ein Major der US Army saß. Er stellte sich als Patrick Dolan vor und sagte, er habe den Befehl, Leo Baeck nach Hause zu bringen. Baeck weigerte sich, sofort abzureisen, weil es im Getto noch immer Juden gab, die seine Hilfe brauchten. Zwei Monate später, als er sicher war, daß die Kranken versorgt und der Transport für alle anderen gesichert war, verließ er Theresienstadt. Er schreibt:

„Am 1. Juli 1945 verließ ich das Konzentrationslager Terezin; ein amerikanischer Bomber brachte mich nach Paris. Dort mußte ich auf einige Papiere warten und wurde dann am 5. Juli von einem britischen Militärflugzeug nach London geflogen, wo ich nach sechs Jahren meine Tochter, meinen Schwiegersohn und meine Enkelin wiedersah."

Er war nach wie vor ein Mann der Selbstbeherrschung, der seine Gemütsbewegung kaum zeigte und wie einst andere beruhigte. Einige Freunde aus der Berliner Zeit besuchten ihn drei Tage nach seiner Ankunft in London. Einer von ihnen erzählte von dieser Begegnung: „Wir waren alle drei sehr aufgeregt, weil wir nicht wußten, wie wir ihn antreffen würden. Wir gaben uns die größte Mühe, uns bei dieser Begegnung unsere Aufregung nicht anmerken zu lassen. Dann kam Leo Baeck auf uns zu, unverändert und ungebrochen, und sein Erscheinen machte unserer Besorgnis sofort ein Ende. Er beruhigte uns allein dadurch, daß er mit uns sprach." Ruth und Hermann hatten ein kleines Haus in einem Londoner Außenbezirk, das Leo Baecks Heim wurde. Einem Freund schrieb er: „Ich bin vor zwölf Tagen hier angekommen, und bin so dankbar, daß ich hier im Hause meiner Kinder bleiben kann."[1]

Baeck war nun eine international berühmte Persönlichkeit. Sein Ruf als der führende Mann der deutschen Judenheit hatte sich in der ganzen jüdischen Welt verbreitet. Schon galt er, der den Massenmord überlebt hatte, als Symbol jüdischen Überlebens. Als er noch in Prag war, schrieb ihm Chaim Weizmann und bat ihn, an einer zionistischen Konferenz teilzunehmen. Den Brief erhielt Baeck erst nach seiner Ankunft in London, und er sagte sofort zu. Er war bereit zu neuem Engagement, neuer Aktivität. Als man ihn nach Theresienstadt deportiert hatte, war er bei guter Gesundheit gewesen, und es war ihm gelungen, das Lager in guter Verfassung, wenngleich stark abgemagert, zu verlassen. Er aß wieder mit gutem Appetit, was nicht bei allen ehemaligen Gettohäftlingen der Fall war. Einem Freund erzählte er: „Alle alten Vorlieben sind wieder da, aber das ist die menschliche Natur und kann nicht geändert werden." Seine alten Freunde fanden seine Erscheinung wenig verändert, wenigstens bemerkten sie kaum eine Veränderung. „Ich kann mich nicht erinnern, daß man ihm den Gewichtsverlust oder irgendwelche Spuren des Konzentrationslagers ansah", sagt einer seiner früheren Schüler. „Aber die Wirkung Baecks wäre dieselbe geblieben, wenn sein Körper aus Stöcken bestanden hätte. Man muß verstehen, daß das Körperliche für ihn nicht das Wesentliche war."[2]

Die erste Aufgabe, die ihn in London erwartete, war schmerzlich. Viele alte Freunde, die den Massenmord überlebt hatten, schrieben ihm in der Hoffnung, von ihm positive Nachrichten über ihre Angehörigen zu erhalten. Jeder erhielt eine handgeschriebene Mitteilung von ihm. Eine Zeile, die in diesen Botschaften immer wiederkehrte, lautete: „Ich muß vermuten, daß sie mit einem der zahlreichen Transporte von dort nach dem Osten geführt worden ist", oder: „Unser lieber Freund [. . .] ist leider im Herbst 1942 nach dem Osten geführt worden." In manchen Fällen war die Freundschaft fast ein halbes Jahrhundert alt. Fritz Muhr, der in Oppeln Baecks Schüler gewesen war, lebte jetzt in Santiago di Chile. Die Wiederaufnahme des freundschaftlichen Kontakts mit ihm war, wie die mit anderen auch, von Trauer gefärbt. Baeck schrieb: „Mit Ihrer Schwester Elly war ich [. . .] mehrmals zusammen, ehe sie nach dem Osten fortgeführt wurde.

Ich habe seitdem nichts von ihr gehört. Aber die Hoffnung darf nicht aufgegeben werden. Seit Ende Mai sind aus dem Osten immer wieder Menschen oder Lebenszeichen aufgetaucht. Möchte es sich auch an Ihrer lieben Schwester so erfüllen [. . .] Ich hoffe, daß das Band der Treue, das mich seit nun achtundvierzig Jahren mit der Familie Muhr verbindet, von den Meinen weiter gewahrt sein wird."

In den folgenden Jahren vermochte Baeck ein wenig persönlicher über seine eigenen Erlebnisse zu sprechen. „Es erscheint mir fast wie ein Wunder, daß ich durch all das hindurchgegangen bin", schrieb er einmal, „wenn ich bedenke, auf welch schmalem Grat ich in den schweren Jahren gewandert bin, immer, als sei ich in der letzten Minute geschützt und behütet worden." Er erzählte: „Achtundzwanzig lange Monate war es mein sehnsüchtiger Traum, noch einmal eine Wiese, ein Feld oder gar einen Wald zu sehen; noch einmal einen Tag zu erleben, an dem ich nicht hungrig zu Bett gehen würde; es war ein großer Traum, wieder unter den Lebenden und nicht unter den Sterbenden zu sein – manchmal starben im Lager Tag für Tag Hunderte von Menschen. Von dem noch größeren Elend dort und der größeren Sehnsucht kann ich nicht sprechen."

Doch es konnte nicht immer in die Vergangenheit verbannt werden: „Oft erscheinen vor mir die Schatten, die Schatten derer, die gestorben sind, und die Schatten derer, die sie in den Tod geführt haben." Es verging kaum ein Tag, an dem er nicht plötzlich das Bild eines Menschen vor Augen hatte, der hilfesuchend zu ihm geeilt war. „Es ist schwer, sich nach einer schweren Zeit wieder völlig zu erholen, und vielleicht dauert der Genesungsprozeß ebenso lange wie die Krankheit", sagte er.[3]

Die Überlebenden der deutsch-jüdischen Gemeinschaft, deren Führer er so lange gewesen war, waren nun in alle Winde zerstreut. Manche lebten in England, und viele kamen im Lauf der Jahre, um ihren alten Seelsorger zu besuchen. Als Baeck in den folgenden Jahren zu reisen begann, machte er es sich zur Pflicht, alte Freunde aufzusuchen, als ob er versuchen wolle, die überlebenden deutschen Juden wie eine Familie zusammenzuhalten, als deren Vater er sich verstand.

Er traf auch Jeanette Wolff wieder. Als er vor vielen Jahren die Bar-Mizwa ihrer drei Töchter zelebriert hatte, hatte er den jungen Mädchen geraten, sich mit den Problemen anderer Menschen und Zeiten zu beschäftigen, dann würden ihnen ihre eigenen nicht so schlimm vorkommen. Jeanette Wolffs gesamte Familie, einschließlich der drei Töchter, war der Vernichtung zum Opfer gefallen. Sie erinnert sich, daß Leo Baeck bei ihrem Treffen nach dem Krieg ihre Hände in die seinen nahm und sagte: „Sie werden doch nicht aufgeben", und in ihrer Erinnerung war es eher ein Gebot als eine Frage. Sie gab nicht auf, sondern nahm ihre Arbeit im sozialen Bereich wieder auf, adoptierte ein Kind, dessen Eltern von den Nazis umgebracht worden waren, wurde schließlich in den Bundestag gewählt und gab auch danach nicht auf: Sie wurde zu einer Vorkämpferin für die Gleichberechtigung der Frau im Judentum.

Viele Überlebende der deutsch-jüdischen Gemeinschaft lebten nun in den Vereinigten Staaten, und Baeck freute sich, sie zu sehen, wenn er im Namen verschiedener Organisationen des amerikanischen Reformjudentums zu Vorträgen eingeladen wurde. Wenn seine Gastgeber ihm ein zu gedrängtes Vortragsprogramm vorlegten, brummte er: „Ich bin nicht hergekommen, um Reden zu halten, sondern weil ich meine deutschen Juden wiedersehen wollte." Bei einem seiner Besuche in den USA traf er Wolli Kaelter wieder, mit dem er sich nach dem Tode von Wollis Vater angefreundet und dem er 1935 geraten hatte, das Hebrew Union College in Cincinnati zu besuchen. Kaelter war Rabbiner geworden, und Baeck lud ihn zu einem Besuch in das Hotel ein, in dem er eine Konferenz leitete. Kaelter erinnert sich: „Als ich den Saal betrat, war Baeck mitten in einem Satz. Er hielt abrupt inne, kam zu mir herüber und sagte: ‚Jetzt, da Sie soviel älter sind, sehen Sie ganz wie Ihr Vater aus.'" Hauptthema des folgenden Gesprächs war die Familie Kaelter, an die Baeck sich genau erinnerte. „Es war", wie Kaelter sagte, „als sei es nur wenige Monate und nicht zehn Jahre her, daß wir uns zuletzt gesehen hatten." Doch Baeck besuchte seine ehemaligen Schützlinge nicht nur, sondern er half ihnen, wo er konnte. Für manche schrieb er Empfehlungsbriefe an seine

Freunde. Anderen half er mit Geld. Einer seiner ehemaligen Schüler, der plötzlich arbeitslos wurde, erhielt dreihundert Dollar von ihm. Baeck machte es sich zur Gewohnheit, Honorare, die er für seine Artikel erhielt, an bedürftige Bekannte weiterzugeben. Da er seine Honorare häufig aus Deutschland bekam, mußte er den Betrag in englisches Geld umrechnen. „Er war da sehr genau", sagt einer, dem Baeck wiederholt großzügig geholfen hatte: „Oft erhielt ich einen Scheck über soundsoviel Pfund und Pennies statt über eine runde Summe."

Baeck vergaß nach dem Krieg auch seine nichtjüdischen deutschen Freunde nicht, die gut zu ihm gewesen waren und noch in Deutschland lebten. Während des Krieges war ihre Opposition zu den Nazis bekannt geworden, und man hatte sie ihres Besitzes beraubt. In den düsteren deutschen Nachkriegsjahren lebten sie in großer Not, und Baeck versuchte, ihnen zu helfen. „Heute habe ich ein Paket mit ein paar Dingen an Sie abgeschickt", lautet ein typischer Brief von ihm. „Ich hoffe, es kommt gut an. Meine Tochter möchte wissen, was Sie und Ihre Gattin besonders brauchen, damit wir es Ihnen schicken können." Sein alter Freund Baron von Veltheim lebte noch und konnte ihm sogar sein Manuskript schicken. Die Lage Veltheims vermittelt eine Vorstellung von den Lebensbedingungen im Deutschland Mitte der vierziger Jahre. „Ich habe viel durchgemacht, und es ist fast ein Wunder, daß ich nicht wie viele meiner Verwandten und Freunde im Naziterror untergegangen bin", schrieb der Baron. „Mein Vetter [. . .] wurde vor einem Jahr enthauptet. Ein anderer Vetter wurde im Februar 1945 in einem Konzentrationslager ermordet." In diesen unmittelbar auf den Krieg folgenden Jahren kam der ganze Schrecken der Naziherrschaft mit grauenhaften Details ans Tageslicht. Veltheim schrieb weiter: „Auch wenn ich mich persönlich nicht an dem Leid, der Tragödie und dem Tod schuldig fühlen muß, die die Nazis über die Welt und auch über mich und meine Familie gebracht haben, finde ich es doch irgendwie richtig und gerecht, mit unter der Rache zu leiden, die nun über das Volk kommt, in das ich hineingeboren wurde."[5]

Am 18. Dezember 1950 erhielt Leo Baeck die britische

Staatsangehörigkeit, denn in Deutschland wollte er nicht mehr leben. Die jüdische Gemeinde, die sich nach dem Krieg in Deutschland entwickelte, entstand vornehmlich um Juden aus Osteuropa, die nach Westen gewandert waren, und umfaßte nie mehr als 10000 Menschen. Das deutsche Judentum, von dem Baeck so sehr Teil und Repräsentant gewesen war, gab es nicht mehr. Gerschom Scholem, der Gelehrte für jüdische Mystik aus Berlin, der heute in Jerusalem lebt und lehrt, ging auf den Untergang der deutschen Juden ein, als er über die deutsche Bibelübersetzung Franz Rosenzweigs und Martin Bubers sprach, die in den zwanziger Jahren begonnen, aber erst nach dem Zweiten Weltkrieg fertiggestellt wurde. Scholem erinnert daran, daß die Übersetzung als „eine Art Gastgeschenk der deutschen Judenschaft an das deutsche Volk, als ein symbolischer Akt der Dankbarkeit" gedacht gewesen sei. Statt dessen aber sei sie „der Grabstein einer Beziehung, die in unausprechlichem Horror untergegangen ist. Die Juden, für die Sie übersetzt haben, sind nicht mehr".

Baeck hoffte, daß das deutsche Judentum, das er gekannt hatte, zumindest im Vermächtnis seiner Leistungen, im wissenschaftlichen Werk der Überlebenden und im Gedächtnis derer fortleben würde, die von ihm geprägt worden waren. Seine Freunde und Anhänger taten viel, um diese Hoffnung zu verwirklichen. Es gibt in New York, London und Jerusalem Leo-Baeck-Institute – Archive zur Geschichte des deutschen Judentums und Forschungszentren. Das Leo Baeck College in London ist eine Ausbildungsstätte für Rabbiner und für jüdisches Leben in der modernen Welt, die stark von Baecks liberaler jüdischer Philosophie beeinflußt ist.

„Die deutsche Judenheit", so Leo Baeck, „hat in ihrer über tausendjährigen Geschichte viel geleistet. In der geistigen Entwicklung des vorigen Jahrhunderts hat sie eine führende Rolle gespielt. Die drei entscheidenden geistigen Revolutionen, die drei Neuorientierungen, die die Menschheit in den letzten 150 Jahren errungen hat, sind alle von deutschen Juden ausgegangen: Marx, Freud und Einstein."

Baeck glaubte, daß das deutsche Judentum, „obwohl es nicht mehr auf diesem Boden lebt [. . .] nicht zu Ende" sei.

„Denen, die dort gelebt haben und am Leben geblieben und jetzt über viele Länder verstreut sind, ist etwas anvertraut worden, das nicht verlorengehen darf: eine Sehnsucht nach den Dingen des Geistes und Verstandes, nach dem Humanen, dem Messianischen, nach allem, was groß, schön und harmonisch ist. Sie zu hegen ist die Aufgabe aller Juden der Welt geworden."

Baeck war sich darüber klar, daß Deutschland nie wieder die Heimat einer größeren jüdischen Gemeinschaft werden würde. Nicht nur die Dezimierung der Juden durch die Deutschen machte das unmöglich, sondern auch „was in den vergangenen zwölf Jahren erlebt und erlitten worden ist. Es hat zuviel innere Zerstörung gegeben, als daß sich irgendeine echte Beziehung zur deutschen Nation, zum deutschen Volke wiederherstellen ließe". Doch obwohl Baeck erkannte, daß eine Wiederaufnahme der geistigen Beziehung, die so lange zwischen Juden und Deutschen bestanden hatten, unmöglich war, glaubte er, daß er die Verpflichtung habe, wenigstens irgendeine Art von Beziehung zu pflegen. Er war im Herbst 1948 einer der ersten prominenten Juden, die nach Deutschland reisten. Er machte eine in der Öffentlichkeit stark beachtete Rundreise, die von jüdischen und nichtjüdischen Gruppen gefeiert wurde. Die meiste Zeit verbrachte er damit, die Lebensbedingungen der in Deutschland verbliebenen Juden zu untersuchen und herauszufinden, wie ihnen von jüdischen Organisationen im Ausland geholfen werden konnte. Er reiste durch die Westzonen Deutschlands und besuchte den Gottesdienst in der Lübecker Synagoge, einer der wenigen, die nicht zerstört waren. In Lübeck hielt er einen Vortrag über den Frieden in Europa vor einem Publikum, zu dem auch Nichtjuden, darunter ein protestantischer Bischof, zählten. In Darmstadt nahm er an einer Studientagung einer Gruppe protestantischer Geistlicher teil. In einem damaligen Kommentar heißt es, daß sein kurzer Aufenthalt einen großen Eindruck auf die Reste einer einst großen und berühmten jüdischen Gemeinschaft gemacht habe und auch für die nichtjüdische Welt, besonders die Führung beider Kirchen, von großer Bedeutung gewesen sei.

Baecks Reise und sein Verhalten den Deutschen gegenüber

ließen eine deutliche Absicht erkennen. Einer seiner Reisebegleiter sagte: „Baeck verhielt sich den Deutschen gegenüber stets freundlich und sagte zu Nichtjuden in Deutschland nie ein Wort über seine eigenen Erlebnisse." Wieder war er der Versöhner, der die Hand der Freundschaft ausstreckte. „Er konnte das tun", sagte einer seiner Bekannten, „weil er so hoch geachtet war."[6]

Nichtsdestoweniger war in den Nachkriegsjahren seine Haltung dem deutschen Volk gegenüber sehr entschieden, wenn auch auf seine spezifisch jüdische Art. Rabbiner Nelson Glueck, der Rektor des Hebrew Union College in Cincinnati, fragte ihn einmal, ob er den Deutschen jemals vergeben könne. Darauf Baeck: „Ich, den Deutschen vergeben? Es ist an den Deutschen, sich selbst zu vergeben." Die Deutschen müßten sich bemühen, nicht das Unrecht, das in ihrem Namen begangen worden war, wiedergutzumachen – das könne nie wiedergutgemacht werden –, sondern die innere Einstellung zu überwinden, die das Heraufkommen des Nazismus und die Hinnahme des Völkermords möglich gemacht habe: die Neigung zur Selbstzufriedenheit, die sie für die Bedrängnis anderer blind gemacht habe, die Anbetung der Macht, die zur Vernichtung der Schwachen und Unschuldigen geführt habe. Sie selbst würden tief in ihr Seelenleben, ihre Geschichte, ihre Symbole und ihre Religion hineinblikken, sich selbst von allen Elementen befreien müssen, die diesen Krieg und den Völkermord möglich gemacht hätten. Im 5. Buch Mose sage Gott jedem einzelnen: „Siehe, ich habe dir heute vorgelegt das Leben und das Gute, den Tod und das Böse" (30,15). Leo Baeck meinte, daß weder er noch die Juden den Deutschen diese Wahl abnehmen könnten – sie müßten selbst wählen.[7]

Baeck war durchaus Realist. Seine Reisen nach Deutschland, Israel und den Vereinigten Staaten vermittelten ihm in den ersten Nachkriegsjahren einen Einblick in die Not der ehemals deutschen Juden, die zwar überlebt hatten, jedoch um ihre Berufe, ihre Wohnungen und ihre Ersparnisse gebracht worden waren; er verwandte einen guten Teil der ihm noch verbliebenen Jahre darauf, ihnen zu helfen. „Wann immer eine Sache moralische Unterstützung brauchte, wandte man sich an Baeck", sagt ein Mann, der ihn in dieser Zeit gekannt hat. Nicht nur sein persönlicher Ruf wurde benutzt, sondern auch seine alte Freundschaft mit Theodor Heuss, dem ersten Präsidenten der Bundesrepublik Deutschland. Baeck hatte ihn einst durch Otto Hirsch in Stuttgart kennengelernt.

Mehrere in der Welt verstreute jüdische Organisationen schlossen sich zu einem „Komitee zum Schutz der Rechte und Interessen der Juden aus Deutschland" mit Sitz in London zusammen. Man wählte diese Stadt, weil von London aus die Wiedergutmachung abgewickelt wurde – und weil Leo Baeck dort lebte. Natürlich ging man davon aus, daß Baeck sich auf jeden Fall einer solchen Organisation zur Verfügung stellen würde. In der Tat übernahm er den ihm angebotenen Vorsitz, den er auch behielt, als die Organisation 1950 zum „Rat der Juden aus Deutschland wurde". Ein mit Baeck befreundeter Journalist schrieb, Baeck konnte „eindringlich, ja heftig an das öffentliche Gewissen und die Gesamtverantwortung [des deutschen Volkes] appellieren; für ihn war die Wiedergutmachung keine Sache des Geldes, sondern in erster Linie eine Sache des Rechts". Der Journalist zitierte Baeck, der einmal gesagt hatte: „Wenn ich auf das Recht verzichte, verzichte ich auf mich selbst." 1946 erläuterte Baeck seinen Standpunkt in einem Brief, mit dem er auf Vorschläge zur Wiedergutmachung reagierte. Er hielt sie für unzureichend, denn „ein großer Teil der Opfer der Naziverfolgungen sind Juden, doch ist in den Empfehlungen weder die einzigartige Lage der jüdischen Opfer noch die Wahrung jüdischer Interessen berücksichtigt worden". Als der deutsche Bundestag 1951 einer Entschließung zur Wiedergutmachung zustimmte, die auch Baeck und die jüdischen Organisationen akzeptieren konnten, bezeichnete er sie in seiner „konzilianten, versöhnlichen Art [. . .] als eine ‚Antwort des Vertrauens, der Bereitschaft und des Willens zur Menschheit'." Der „Rat der Juden aus Deutschland" blieb weiterhin aktiv, und Leo Baeck, der stets an seinen Sitzungen teilnahm, spielte in seiner Arbeit noch jahrelang eine wichtige Rolle.[8]

In den Vereinigten Staaten nutzten reformjüdische Gruppen Leo Baecks Anwesenheit auf einem Podium oder als

Redner häufig, um die Aufmerksamkeit auf sich zu lenken oder – gelegentlich – um Spendenaktionen zu initiieren. Baeck war bei Spendenaktionen ebenso freudigen Herzens dabei, wie er Jahrzehnte zuvor seinen Kollegen an der „Hochschule“ geholfen hatte. Wie er damals gesagt hatte: „Zuerst leben, dann philosophieren.“

1947 übernahm die „Union of American Hebrew Congregations“ die Schirmherrschaft über eine neugegründete „American Jewish Cavalcade“ und beschloß, daß dem Ereignis durch einen Besuch Baecks im Weißen Haus bei Präsident Truman Publizität verschafft werden sollte. Die Union wandte sich an Edward Jacobson, Trumans früheren Geschäftspartner in Kansas City und engen Freund. Jacobson spielte häufig den Verbindungsmann jüdischer Organisationen zum Weißen Haus, und es gelang ihm, ein Zusammentreffen für den 8. Januar 1947 zu arrangieren. (Das Weiße Haus hatte vorher das Außenministerium veranlaßt, bei seiner Vertretung in Palästina anzufragen, ob Baeck irgendwelche „politischen“ Verbindungen habe, die Truman in Verlegenheit bringen könnten – die Vertretung in Palästina hatte noch nie von Baeck gehört.) Die kurze Zusammenkunft fand statt, und die „Cavalcade“ hatte ihre gewünschte Reklame.

Wichtiger für Baeck war wohl ein anderes Ereignis, das im Monat darauf in Washington stattfand. Er wurde aufgefordert, zur Eröffnung des amerikanischen Repräsentantenhauses im Februar 1947 das Gebet zu sprechen. Vor dem Krieg hatte Baeck das Schweigen der Vereinigten Staaten und anderer Nationen zu den Schandtaten der Nazis an den Juden verurteilt. Später jedoch hatte er erlebt, welche Anstrengungen Amerika gemacht hatte, Deutschland zu besiegen und Flüchtlingen zu helfen. Als er 1947 vor dem Repräsentantenhaus stand, war er ein Mann, der das zu würdigen gelernt hatte. Das Datum war glücklich gewählt, es war der 12. Februar, der Geburtstag Abraham Lincolns, des Amerikaners, den Baeck am meisten bewunderte.

„Unser Vater, unser Gott“, begann er, „wir beten zu Dir an diesem Tage, an dem vor sechs mal zwanzig und neunzehn Jahren der Mann geboren wurde, der Dein Diener werden sollte.“ Leo Baeck schilderte Lincoln als einen Mann, der „um seines Landes willen zum Zeugen und Zeugnis der Menschlichkeit geworden ist, ein Verkünder Deines Gebots und Deiner Verheißung, zum immerwährenden Segen dieses Landes und der Menschheit". Er erinnerte daran, daß Lincoln dem Kongreß einmal gesagt hatte: „Wir können uns der Geschichte nicht entziehen", und fuhr fort: „So hilf uns, o Gott, daß wir uns der Geschichte nicht entziehen, daß uns jedoch Geschichte gewährt werde." Und er schloß mit den Worten: „Ehrfürchtig bitte ich Dich um Deinen Segen für den Kongreß, seine Menschen und seine Tage. Aus dem Grunde meines Herzens bete ich: Gott segne Amerika."[9]

Im Herbst 1948 übernahm Baeck eine Stellung als Gastdozent am Hebrew Union College in Cincinnati. „Die Atmosphäre im College, in dem ich wohne, ist eine angenehme, und ich bin von sehr viel Freundlichkeit umgeben", schrieb er an einen Freund. An der Schule fand er „die Ruhe [um] eine Arbeit zu fördern, mit der ich seit Jahren beschäftigt bin". Bei der „Arbeit" handelte es sich um die Vollendung seines Buches *Dieses Volk*, an dem er vor seiner Deportation nach Theresienstadt gearbeitet hatte und dessen Manuskript sein Freund Baron von Veltheim für ihn versteckt und aufbewahrt hatte. „Ich halte zwei Stunden in der Woche eine Vorlesung für die Studenten des letzten Jahrgangs und habe die übrige Zeit im wesentlichen für mich." Er lehrte jeweils von November bis April am Rabbinerseminar. „Das College, in dem ich sehr behaglich in einer abgeschlossenen Wohnung – Wohn-, Schlaf-, Badezimmer und Vorraum – untergebracht [. . .] bin, liegt mit seinen vier großen Gebäuden auf einem Hügel, von Wiesen umgeben, mit eigenem, im Winter geheiztem Schwimmbassin, eine kleine Welt für sich." Das Essen, merkte er an, sei so gut, daß er „einen erheblichen Teil des Eßprogramms gestrichen" habe.

In der Erinnerung des Colleges war er damals ein „großer, stattlicher Mann [. . .], weit entfernt davon, ein abgemagertes KZ-Opfer zu sein [. . .], der, die Hände auf dem Rücken, leicht gebeugt und sehr schnell zu gehen" pflegte. Er ging immer schnell. Ein ehemaliger Student des Colleges erinnert sich daran, daß er eines Abends Baeck auf dem Weg zum Briefkasten begegnete. Der Briefkasten befand sich am Fuß einer steilen Treppe, und der Student erbot sich, den Brief für Baeck einzuwerfen. „Nein“, antwortete Baeck, nur kurz innehaltend, „ich will meinen Abendspaziergang machen.“ Worauf, so der ehemalige Student, „Baeck seinen Weg fortsetzte und sich in einem solchen Tempo die Treppe hinab von mir entfernte, daß ich nicht mithalten konnte. Während ich sorgsam auf die Stufen achtete, eilte Baeck sie hinab, warf seinen Brief in den Kasten und war davonspaziert, bevor ich halb unten war.“[10]

Nelson Glueck, der damalige Präsident des Colleges, hoffte, durch die Anwesenheit Baecks würde sich eine Verbindung zwischen der „Gestalt“, des deutschen Judentums und den künftigen Rabbinern herstellen lassen. Das hing jedoch davon ab, was die Studenten in diese Beziehung einbringen würden. „Die Studenten begegneten Baeck keineswegs mit sonderlicher Ehrerbietung; es muß ziemlich schwer für ihn gewesen sein. Im Seminar wirkte er wie eine abgeklärte autoritäre Persönlichkeit. Es gab keine Schelte, keine Demütigungen“, sagt einer der Studenten. Ein anderer schildert seine Erfahrungen mit Baecks Vorlesungen folgendermaßen: „Da ich *Das Wesen des Judentums* gelesen und bewundert hatte, wollte ich seine Vorlesungen besuchen, aber es fiel mir schwer, in seinem Seminar zu bleiben. Dr. Baeck behandelte Midrasch in seinem unvergleichlichen persönlichen Stil, aber in einer Art, die mir weitgehend unverständlich war. Ich nahm dann in jedem neuen Semester einen neuen Anlauf, weil er jede Vorlesungsreihe mit einer ausführlichen Zusammenfassung des vorigen Semesters begann, aber auch diese Strategie nützte nichts.“ Der Koreakrieg hatte eben begonnen, und der Student beschloß, Baecks Vorlesungen aufzugeben, sich ganz auf seine Doktorarbeit zu konzentrieren und dann als Geistlicher in die Marine einzutreten.

Ein deutscher Jude namens Nahum Glatzer, der Baeck seit Jahren kannte, jedoch schon lange in Amerika lebte, war der Meinung, daß Baecks Problem am Hebrew Union College darin bestand, daß er eine andere Sprache sprach als die Studenten. Es war weniger sein mangelhaftes Englisch als „ein anderer Stil und ein anderer Bezugsrahmen. In seinen Vorlesungen mußte er immer so tun, als hätten die Studenten dieselben Voraussetzungen wie er. Er konnte ja nicht jedesmal zurückgehen und die originalen griechischen und deutschen Quellen interpretieren. Doch amerikanische Studenten besaßen diese Voraussetzungen nicht." Die amerikanischen Studenten, die in den zwanziger Jahren in Deutschland studiert hatten, waren aus ebendiesem Grunde ebenfalls nicht imstande gewesen, ihm zu folgen. Für die Studenten, die ihn Ende der vierziger und Anfang der fünfziger Jahre in Cincinnati hörten, war es nicht anders.[11]

Dennoch hatte er auch unter den Studenten seine Anhänger. Sie fanden sich zwar in seinen griechischen und deutschen Bezügen nicht zurecht, wenn sie seinen Midrasch-Vorlesungen zu folgen versuchten, doch seine Gegenwart, seine Persönlichkeit und sein Auftreten beeindruckten sie. So sagt einer seiner ehemaligen Studenten: „Dr. Baeck bedeutete mir etwas, nicht so sehr wegen seines Lehrstoffs, sondern weil er uns ein Vorbild dessen sein konnte, was ein Rabbiner sein soll. Wenn ein Mann einen Eindruck von sich vermitteln kann, der jungen Menschen als Vorbild dient, ein Vorbild, das zur Persönlichkeitsentwicklung beiträgt, dann besitzt dieser Mann eine große Gabe."

Ein anderer damals von Baeck beeinflußter Student war Albert J. Friedländer, ein Flüchtling aus Deutschland, der seine Rabbinatsausbildung in Amerika erworben hatte. Er schrieb später das Buch *Leo Baeck – Teacher of Theresienstadt*, in dem er Baecks Theologie untersuchte, und übersetzte auch Baecks Buch *Dieses Volk* ins Englische. In seiner Einführung zur englischen Ausgabe dieses Buches erzählt er, wie er eines Morgens mit Baeck „durch den schneebedeckten Wald um das Hebrew Union College" ging. Baeck habe mit „Engagement und Intensität über viele Themen" gesprochen, auch über die deutschen Juden, die in Amerika eine Zuflucht gefunden hatten. „Diese Generation hat die besondere Verpflichtung, Amerika die Größe der europäisch-jüdischen Kultur zu vermitteln", sagte er. Er glaube, daß das europäische Erbe und die Dynamik der amerikanischen Gesellschaft, „durchaus wiederherstellen könnten, was die Kräfte der Finsternis zerstört haben". Friedländer empfand seine Beziehung zu Baeck als eine besondere Verpflichtung. Mit der

Übersetzung von *Dieses Volk*, „diesem Liebesdienst", schrieb er, „habe ich mich dieser Verpflichtung nicht entledigt, sondern ich beginne sie zu erfüllen".[12]

Baecks Aufenthalte am Hebrew Union College hatten auch Folgen für die Familie. Seine Enkelin Marianne, „Janne", hatte ihn wiederholt auf seiner Reise von London nach Cincinnati begleitet. Sie sorgte dafür, daß er sich ausruhte, gut aß und sich warm anzog. Während einer dieser Aufenthalte lernte sie einen jungen angehenden Rabbiner namens A. Stanley Dreyfus kennen. Am 25. Juli 1950 heirateten die beiden in London. Zur Trauungszeremonie, die von mehreren englischen Rabbinern zelebriert wurde, hielt Baeck eine Predigt. Stanley Dreyfus erinnert sich an diesen Tag und die Predigt seines berühmten Schwiegergroßvaters, dessen „kräftige Stimme sich in kaum unterdrückter Ergriffenheit hob und senkte". Rabbiner Dreyfus fährt fort: „Während der Fahrt zur Synagoge, während des Empfangs und auch noch während des Essens mit der Familie war Leo Baeck merkwürdig abwesend, fast taub für das fröhliche Geplauder um sich herum, als ob er einen anderen Hochzeitstag im Jahre 1897 wiedererlebe, als ob sein Blick auf ein anderes geliebtes Gesicht geheftet sei. Vielleicht erinnerte er sich auch an einen Augusttag im Jahre 1923, als seine Tochter Ruth Hermann Berlak heiratete". Dann, ganz plötzlich, erwachte Baeck aus seiner Versunkenheit und begann fast förmlich zu sprechen. Die Eltern des Bräutigams konnten wegen einer Erkrankung an der Hochzeit nicht teilnehmen, und Mariannes Eltern hatten sie nie kennengelernt. Baeck begann nun, wie Dreyfus spürte, „aus Besorgnis, ich könnte mich in seiner Familie noch als Fremder fühlen", von der Familie Dreyfus zu sprechen, „ihrem Leben in Ohio und vorher, vom Leben der Juden im Elsaß", wo die Dreyfus herstammten. Das war Baecks persönliche Art, Stanley Dreyfus und seine Familie seiner eigenen Familie und ihren Freunden in London vorzustellen, damit der junge Mann heimisch wurde. „Wie feinfühlig und gütig er in allem war", sagt Dreyfus über Baeck.

Marianne und Stanley Dreyfus gegenüber war Leo Baeck der typische Großvater. Glücklich, wenn sie glücklich waren, voller Freude, als ihre Kinder geboren wurden, so großzügig wie nur möglich. In einem Brief, wie er wohl von allen Großeltern der Welt geschrieben werden könnte, sagte er: „Da ich es für zulässig halte, ein Geburtstagsgeschenk schon zehn Wochen vor dem Geburtstag zu schicken, lege ich einen Scheck bei, der für den besten erhältlichen Staubsauger mit allem Zubehör gedacht ist.“[13]

Baeck blieb in den Nachkriegsjahren weiterhin Mitglied der „World Union for Progressive Judaism“ und drängte darauf, daß ihr Sitz von ihrem Gründungsort London nach New York verlegt wurde. Er sah richtig voraus, daß unmittelbar nach dem Krieg New York ein günstiger Boden für das Judentum sein würde. Zugleich drängte er auch darauf, daß die World Union auf die Dauer ihren Hauptsitz in Israel haben solle, um dort zu einem neuen Mittelpunkt der jüdischen Religion zu werden. Beide Ratschläge wurden von der Union befolgt. Ein Mann, der zur selben Zeit wie Baeck in der Union aktiv gewesen war, sagte: „Baeck war Präsident der Union im Sinne der britischen Tradition, in der es die Krone und den Premierminister gibt. Baeck war zwar die Krone [. . .] aber er wirkte aktiv mit. Er saß immer neben dem Vorsitzenden am oberen Ende des Tisches, und wenn er das Wort ergreifen wollte, berührte er den Vorsitzenden am Arm. Seine Interventionen bestanden gewöhnlich darin, daß er zusammenfaßte und der Diskussion eine Richtung gab.“[14]

Baeck war auch in der Gruppe deutscher Juden tätig, die sich in England niedergelassen hatten. Er wurde Präsident der „Gesellschaft zum Studium des Judentums“, einer Vereinigung, deren Mitglieder sich jeden Montag trafen und Vorträge hielten.

Baeck sprach über religiöse Bewegungen im Europa des 19. Jahrhunderts. Ignaz Maybaum, der ihn aus Deutschland kannte, hat seine Vorträge beschrieben: „Freunde Baecks hatten die Vortragstradition wiederbelebt, für die die Berliner Hochschule für die Wissenschaft des Judentums einst berühmt gewesen war. Der alte Weise hatte eine treue Zuhörerschaft deutsch-jüdischer Intellektueller. Es kamen auch einige der wenigen überlebenden deutschen Rabbiner, die sich in London niedergelassen hatten. Alle lauschten gebannt seinen Worten, und alle waren von ihm beeindruckt.“

Vorträge hielt Baeck auch in Deutschland, das er im Verlauf seiner Bemühungen um einen neuen Brückenschlag häufig besuchte. Seine sorgfältig vorbereiteten Vorträge sind Musterbeispiele jener Art literarischen Aufbaus, für die er berühmt war; Wort für Wort erwuchs das Gebäude, so wie der Baumeister Stein auf Stein fügt. Er war jedoch auch ein guter Stegreifredner. Als junger Rabbiner nahm Eugene B. Borowitz im Jahre 1953 an einer Londoner Tagung der „World Union for Progressive Judaism" teil, auf der Leo Baeck und Martin Buber sprachen. In ihren Reden betonten die beiden Männer, daß Religion die Grundlage der Zivilisation sei, und Borowitz hatte, um seine eigenen Worte zu gebrauchen, „die Kühnheit, ihnen eine Frage zu stellen". Er fragte: „Verstehen Sie denn nicht, daß unsere Zivilisation eine säkularisierte Zivilisation geworden ist? Die Menschen handeln ohne Religion. Wie sollen wir dem begegnen?" Als Baeck die ihm gestellten Fragen der Reihe nach beantwortete, „einschließlich meiner", berichtet Borowitz, „zerfetzte mich dieser milde, ruhige und zerbrechliche Mann buchstäblich in der Luft; er wurde richtig heftig. Er gab mir eine Lektion in amerikanischer Geschichte, zitierte den Pakt, den die Pilger eingegangen waren, als sie in der Neuen Welt landeten, und erläuterte, daß das Wesen der amerikanischen Zivilisation stets religiös gewesen sei und daß es, wenn sie nicht religiös wäre, überhaupt keine amerikanische Zivilisation geben könne."[15]

Baecks Interesse an Palästina erlosch auch nach der Gründung des Staates Israel nicht. 1947 hielt er sich sieben Wochen lang in Palästina auf, Wochen voll neuer Erlebnisse und alter Erinnerungen. „Die Wochen in Palästina waren reich an wertvollen Eindrücken", schrieb er einem Freund. „Ich war vorher 1935 dort, mit meiner Frau damals, und mir war jetzt immer, als begleitete sie mich wieder und spräche zu mir." Er bewunderte die Fortschritte, die bei der Umwandlung von Wüste in fruchtbares Land gemacht worden waren, und sagte von einem Kibbutz: „aus Sumpf und Land – ich kannte die Gegend – fast möchte man sagen, hervorgezaubert. Die Siedlung ist ein Platz blühender Land- und Viehwirtschaft."

Erfreut war er von der „Freundlichkeit auch der arabischen

Bevölkerung". Er schrieb: „Juden und Araber leben in guter Nachbarschaft und vielfach auch in Freundschaft beieinander." Seiner Meinung nach würden die Konflikte „nur von außen, von den Nachbarstaaten oder von einer kleinen feudalen Gruppe im Lande [. . .] erzeugt". Trotzdem waren ihm die künftigen Beziehungen zwischen Juden und Arabern ein ständiges Anliegen. Seit seinem Besuch in den dreißiger Jahren war er immer dafür eingetreten, daß die Juden eine tragfähige Beziehung zu den Arabern aufbauen müßten. Er war der Meinung, die Zionisten hätten sowohl die Zahl als auch die Bedürfnisse der Araber unterschätzt. „Wenn sich eine künftige Geschichtsschreibung nur auf Grund von Theodor Herzls Tagebüchern ein Bild von Palästina machen sollte", sagte Baeck schon 1940, „müßte man annehmen, daß es in Palästina gar keine Araber gegeben hat." Einmal fragte er Weizmann, ob er bei seinem ersten Besuch in Palästina als zionistischer Führer irgendeinen Führer der Araber aufgesucht habe. Er wußte, daß die Antwort „nein" lauten würde, hoffte jedoch, daß die Frage selbst von Weizmann als Tadel erkannt würde. Baeck war über eine Geschichte, die Weizmann ihm erzählt hatte, schockiert gewesen: Weizmann war nach einem Sederabend in Jerusalem zur Klagemauer gegangen und hatte dort, mitten im alten Araberviertel und um zwei Uhr morgens, die „Hatikwa", die Hymne der Zionisten, gesungen. „Schlechtes Benehmen", war Baecks Urteil.

Baeck war gegen die Teilung des Landes zwischen Arabern und Juden, die nach dem Krieg empfohlen wurde. Statt dessen trat er ein für ein Programm wirtschaftlicher Einheit ein, durch die „die Balkanisierung gemindert und schließlich behoben" würde.

An der Notwendigkeit der Errichtung einer jüdischen Heimstätte auf dem Boden Palästinas hegte er keinen Zweifel. Als die Vereinten Nationen die Palästina-Frage diskutierten, argumentierte er, daß in Palästina faktisch bereits eine jüdische Heimstätte existiere und daß es nur noch darum gehe, welche „Form dieser Realität gegeben werden" sollte. Jede angenommene Vorlage müsse die Freiheit der Einwanderung garantieren. „Alija", sagte er, „muß unser Kriegsruf sein. Alles andere soll und muß hinter dieser lebenswichtigen

Anstrengung zurückstehen." Dennoch verzichtete er nicht auf das Recht, seine jüdischen Brüder zu kritisieren. Sein Besuch im Jahre 1947 hatte ihn davon überzeugt, daß die Juden in Palästina eine Entwicklung nahmen, die „Nationalismus und Chauvinismus erzeugt, und Chauvinismus wiederum erzeugt Gewalt und Terrorismus und falsche Ideale".

Natürlich teilte er die Euphorie der Juden, als durch ein Votum der Vereinten Nationen der Staat Israel geschaffen wurde und die Israelis diese Resolution mit einem Sieg über die arabischen Invasionstruppen durchsetzten. „Der Staat Israel ist gegründet worden", sagte er, „und hat Zeugnis abgelegt von seinem Willen, seiner Stärke, seiner Hingabe und seinem Zukunftsanspruch." Er hoffte, daß der neue Staat mehr sein würde als nur einfach ein weltlicher Staat. „Ein Staat Israel kann, muß in der Tat immer auch einen moralischen Appell, einen religiösen Anspruch bedeuten."

Eine der Nachwirkungen des israelischen Unabhängigkeitskrieges war das Problem der arabischen Flüchtlinge. Die Ursachen des Problems waren mannigfaltig, und in jüdischen Gruppen wurde oft die Frage ventiliert, ob Israel und die Juden in der Welt sich bemühen sollten, das Problem der Araber zu lösen und ihnen zu helfen. Leo Baeck zählte zu jenen, die der Meinung waren, es sei eine Verpflichtung der Juden, den Flüchtlingen zu helfen. „Wir können nicht für das Reich Gottes bereit sein, wenn wir nicht menschlicher Not beistehen. Wenn wir Menschen in Not helfen, helfen wir auch unserer Seele und der ganzen Menschheit."[16]

In all diesen Jahren vor und nach seinem achtzigsten Geburtstag blieb er körperlich rüstig. „Er ging sehr rasch", sagte ein Freund, „und es sah immer so aus, als sei er ständig auf dem Sprung." Hermann Schaalmann, einer der fünf Studenten, die Baeck 1935 überredet hatte, Deutschland zu verlassen und nach Cincinnati zu gehen, erzählt, wie er Baeck in New York abgeholt habe, um ihn zu einer jüdischen Versammlung zu begleiten. Schaalmann wußte, daß Baeck gern zu Fuß ging, und rechnete damit, daß er den alten Herrn durch das Verkehrsgewühl Manhattans lotsen müsse. Aber Baeck ging rascher als er und schlängelte sich flink zwischen den Autos hindurch. „Alles, was ich tun konnte, war, ihm auf den Fersen zu bleiben [. . .] Er war überaus aktiv, nicht nur geistig, sondern auch körperlich."

Baeck war auch weiterhin pünktlich, sogar überpünktlich. Der Maler Eugen Spiro malte sein Porträt, und Baeck sollte um sechzehn Uhr zu einer Sitzung kommen. Fünf Minuten vor der verabredeten Zeit blickte Spiro aus dem Fenster und sah Baeck, der vor dem Hause auf und ab ging, um nicht zu früh zu kommen. Und seine Höflichkeit – die Art, wie er von seinem Sitz aufsprang, um Besucher zu begrüßen, den Damen in den Mantel half oder Besucher vom Haus seiner Tochter bis zur Busstation begleitete – wurde zu einer Quelle von Geschichten über ihn. „Man hätte tanzen müssen, um vor ihm an der Tür zu sein", sagt einer der Freunde. Ein anderer erzählt folgende Geschichte:

„Viele werden sich an die letzte Rede erinnern, die Baeck in Israel über Judentum und Humanismus hielt. Es war ein heißer, windiger Tag, und die Rede mußte ihn erschöpft haben. Aber als sich nachher die Menschen um das Rednerpult drängten, Leute, die ihn von früher aus Deutschland oder Theresienstadt kannten, nahm er sich Zeit für jeden von ihnen, ohne seine Erschöpfung zu zeigen. Er begrüßte sie alle, fragte nach ihren Angehörigen und Freunden. Jedesmal wenn eine Frau – auch eine sehr junge – ihn begrüßte, stand der alte Herr (er war damals fast achtzig) auf, um mit ihr zu sprechen. Der Adel seines Denkens, die Güte seines Herzens machten sich in einer äußeren Höflichkeit bemerkbar, an der es in unserem Lande leider sehr fehlt."[17]

Baeck nahm seine Freundschaft mit Martin Buber wieder auf. Ein junger amerikanischer Rabbiner erzählt, daß es einer der Höhepunkte seines London-Besuchs gewesen sei, als er in einem Restaurant in der Nähe eines Tisches saß, an dem Baeck und Buber gemeinsam zu Mittag aßen: „Ich konnte nicht hören, was sie miteinander redeten, und ich konnte auch nicht ausmachen, ob sie jetzt imstande waren, ihre jahrelangen Meinungsverschiedenheiten zu überbrükken, aber der Anblick der beiden voreinander auf und ab wippenden Bärte verriet mir sehr viel."

Baeck hielt es für unerläßlich, offen über den Völkermord an den Juden zu sprechen. In Deutschland hatte er die deutschen Institutionen und das deutsche Bürgertum kritisiert, die es zugelassen hatten, daß der Nazismus sich entwickeln, die Macht ergreifen und ungehindert ausüben konnte. Seit er Deutschland verlassen hatte, kritisierte er jene Institutionen und Menschen außerhalb Deutschlands, die den Völkermord zugelassen hatten. 1946 sagte er in London:

„Diese Prüfung konnte so schrecklich werden, sich zu solcher Qual und solchem Elend auswachsen, weil Männer, die für Teile der Welt, für die Führung der großen Gemeinschaften verantwortlich waren, stumm blieben, wo sie hätten vortreten müssen, um zu handeln und zu helfen [. . .] Die Sünde des Schweigens und Zusehens lag auf der Welt. Dieses Unheil ist über die Menschheit gekommen, weil es dem moralischen Gefühl, der moralischen Leidenschaft an Kraft gefehlt hat – dieser Kraft, die aus der Tiefe der Religion erwächst; und wahrer Friede wird nur herrschen, wenn diese heilige Flamme die Seelen der Menschen erleuchtet, so daß im Kampf zwischen Ideen und Interesse, zwischen Gebot und Vorteil das göttliche Gebot siegreich sein wird."

Für ihn stand es außer Frage, daß die Religionen der Welt sich eher um die, wie er es nannte, „nationalen" Belange gekümmert, denn ihre religiösen Verpflichtungen als Sprecher für eine die Grenzen überschreitende Moral erfüllt hatten. „Nur wenn sie sich immer wieder auf das beruft, was dem Gebot Gottes entspricht, sei es, um mit dem Staate einig zu gehen oder um ihm zu widerstehen, ist und bleibt eine Religion eine universale, eine wahrhaft menschliche Religion." Der Unterschied bestehe, so Baeck, zwischen „dem Universalen und dem Politischen".[19]

Baecks Einstellung zum Christentum war nach dem Krieg dieselbe wie vorher: Er hielt die jüdische Religion für überlegen. In einer Einleitung zu einer Sammlung von Baecks Essays weist Walter Kaufmann darauf hin und fügt hinzu: „Es ist eine der Wunderlichkeiten unserer Zeit, daß diese Ansicht in der Öffentlichkeit kaum je zur Sprache kommt. Dennoch wäre es seltsam, wenn sie nicht von den meisten Juden geteilt würde." Kaufmann fügt hinzu, da schon die Juden diesen Standpunkt selten diskutierten, sei es nicht überraschend, daß andererseits die „meisten Christen von der unvergleichlichen Überlegenheit des Christentums über alle anderen Religionen und ganz besonders über das Judentum überzeugt sind". Krister Stendahl, ein protestantischer Geistlicher und Dekan der Theologischen Fakultät der Universität Harvard, hat gegen diese Interpretation Kaufmanns nichts einzuwenden, geht jedoch noch einen Schritt weiter, um sie in eine andere Perspektive zu rücken. Wenn Baeck, so Stendahl, die Überlegenheit der jüdischen Religion über das Christentum postuliere, „tut er das wie ein weiser Vater, der sieht, wie weit seine Kinder vom rechten Wege abgekommen sind. Denn für ihn enthält das Christentum noch immer so viel Judentum, daß er die Kirche als das Kind des Judentums anerkennen kann. Für mich ist das nicht Hochmut, sondern Liebe". Jahrzehnte zuvor hatte Leo Baeck nach der ersten Lektüre von Harnacks *Wesen des Christentums* beschlossen, dem Überlegenheitsanspruch des Christentums mit seiner Gelehrsamkeit, seinem literarischen Können und seiner Liebe zum Judentum zu begegnen. Seine Widersacher waren blindes Vorurteil, mangelndes Wissen und Mißtrauen. Sein Ziel war das Verständnis der christlichen Welt für das Judentum gewesen. Krister Stendahls Verneigung vor ihm beweist, daß kein gebildeter Christ in der modernen Welt Baeck, seine Schriften und sein Leben ignorieren kann. Die Frage ist nicht, welche Religion der anderen überlegen ist. Beide existieren und müssen nebeneinander existieren. Diesen Standpunkt vertrat Baeck in einem Aufsatz, den er 1953 nach einer ökumenischen Feier seines achtzigsten Geburtstags verfaßte. Er war eine Antwort auf eine Rede des Dekans der St. Paul's Cathedral in London, Dr. W. R. Matthews.

„Das Judentum bedeutet eine Frage, eine ständig an das Christentum gerichtete Frage, und das Christentum eine ständige dem Judentum gestellte Frage. Die beiden sind einander ein Problem. Keines ist wirklich imstande, sich zu rechtfertigen, ohne dem anderen volle Aufmerksamkeit zu widmen. Sehr lange jedoch war die Geschichte der christlich-jüdischen und der jüdisch-christlichen Beziehungen nur ein schmerzliches Drama. Wenn eines zum anderen sprach, dann über eine tiefe Kluft hinweg.

Nun dämmert ein neuer Tag herauf, und eine neue Idee

wird sich durchsetzen. Unseren Tagen, so scheint es, ist die feierliche Verpflichtung auferlegt, daß jüdischer und christlicher Glaube einander offen begegnen – Glaube, ja, Glaube, und nicht nur Tendenzen und politische Richtungen. Sie sind aufgerufen, einander im Bewußtsein einer gemeinsamen Grundlage, einer gemeinsamen Anschauung und, sozusagen, eines gemeinsamen Lehrmeisters, einander ins Gesicht zu sehen.

Ein wahrer Lehrer zu sein, heißt zum Bindeglied zwischen den unterschiedlichen Schülern und ihren unterschiedlichen Wegen zu werden. Es mag schwer sein, diesen gemeinsamen Lehrmeister hier zu definieren, aber man sollte für ihn empfänglich sein, wo immer sich ‚der Geist der Erkenntnis und der Furcht des Herrn' offenbart. Dieser Geist, dieser gemeinsame Lehrmeister, ist die vereinende Kraft in der Geschichte."[20]

In den Augen Baecks konnte der Holocaust keine Rechtfertigung für die Juden sein, sich der Verpflichtung zur Verteidigung der Sittlichkeit zu entziehen. Nach dem Zweiten Weltkrieg schrieb Baeck – eine Formulierung, die an jene erinnert, die er nach dem Ersten Weltkrieg in einem Brief an Martin Buber benutzt hatte –: „Das Judentum darf nicht abseits stehen, wenn die großen Probleme der Menschheit, die in jeder Epoche neu auftauchen, in den Köpfen der Menschen miteinander ringen." Juden dürften vor sich selbst solche Probleme nicht „verleugnen" oder sich vor ihnen „verbergen". Er betonte: „Wir sind Juden auch um der Menschheit willen; wir müssen da sein, gerade in der Nachkriegswelt; wir müssen unsere Fragen stellen und unsere Antwort geben. Das Gewissen der Menschen zu wecken könnte hier unser bester Rechtstitel sein." Er verstand, daß das jüdische Volk, nach dem Holocaust um ein Drittel geschrumpft und in Israel in einen Existenzkampf um sein Land verstrickt, müde war. Er verstand die Empfindungen, die den jüdischen Dichter Kadja Molodowsky flehen ließen: „O Gott der Barmherzigkeit, wähle einstweilen ein anderes Volk. Wir sind des Todes müde, der Leichen müde, wir haben keine Gebete mehr. Einstweilen wähle ein anderes Volk." Doch obwohl Baeck diese Gefühle verstand, setzte er ihnen entgegen: „Wir sollten nicht genug haben oder uns selbst täuschen oder müde werden [. . .] überall können wir eine ‚schöpferische Minderheit' sein. Wir glauben an Gott und nicht an den Fortschritt als Selbstzweck. Daher glauben wir an die dauernde Aufgabe und nicht an die Vollendung."[21]

In der modernen Welt, in der immer mehr Macht in immer weniger Händen liege, bleibe das Judentum notwendig, weil, so Baeck, sein Blick „immer auf die Kleinen, die Schwachen und die Bedürftigen" gerichtet sei. „Ihnen muß zuerst Schutz und Hilfe gewährt werden; andernorts sind die Gesetze meist vom Standpunkt und im Interesse der Großen, der Mächtigen und der Besitzenden geschrieben worden." Es sei die geschichtliche Aufgabe des Judentums, nicht nur den Polytheismus zu bekämpfen, sondern auch „diesen Polytheismus von Moral und Gerechtigkeit, der eine unterschiedliche Moral, eine unterschiedliche Gerechtigkeit für die Großen und für die Kleinen schuf". In der modernen Welt, in der Gesellschaften das Unpersönliche und Gesichtslose fördern, sei das Judentum nötig, so Baeck, „weil es auf der Anerkennung des Individuums beharrt. Jeder Mensch ist eine Welt in sich. Er hat etwas, was ganz sein eigen ist, nur ihm gehört – *sein* Denken, *seine* Wünsche, *sein* Glück und *seine* Bürde, das, wovon niemand sonst weiß, nur er und Gott wissen darum. Jedermann ist das, was die mittelalterliche Sprache als ‚individuum ineffabile' bezeichnet, ein unbeschreibbares, undefinierbares Individuum mit einer Individualität, die nicht in Worte oder Ideen gefaßt werden kann. Ebenso hat jedermann seine Augen, mit denen er die Welt in sich aufnimmt, seine Ohren, durch welche die Welt in ihn eindringt. Niemand sonst sieht genau dasselbe, was er selbst sieht, und niemand sonst hört genau dasselbe, was er hört, auch wenn andere dasselbe sehen oder hören. So wie jedermann eine eigene Welt in sich selbst hat, ist auch jedem die Welt, die zu ihm kommt, eigen."

Im Jahre 1948 wurde Baeck gefragte, wie man das Judentum praktizieren solle, wie er eine Wiederbelebung der jüdischen Religion herbeiführen würde. Er antwortete: „Ich rate immer, nicht mit zwei oder zehn Dingen auf einmal zu beginnen; fangen Sie mit einem an. Zum Beispiel: Ich werde jeden

Freitag abend in die Synagoge gehen, ich werde jeden Freitag abend die Sabbatkerzen anzünden. Immer nur eines nach dem anderen, keine großen Pläne. Ich würde auch sagen, fangen Sie nicht mit Theorien an, sondern mit der Praxis. Tun Sie etwas. Vielleicht geben Sie ein Zehntel Ihres Einkommens den Armen; das ist der erste Schritt zum Judentum. Vor allem und nach allem, was Sie tun, sprechen Sie einen Segen. Lernen Sie Hebräisch; auch das ist der erste Schritt zum Judentum. Die Sprache wird zu einer geistigen Kraft werden. Fangen Sie nicht mit Theorien, mit Philosophie, sondern mit der Praxis, mit Taten an." Damit war er wieder bei seinem Ausgangspunkt angelangt, daß das Judentum eine Religion der Tat, des ethischen Imperativs sei.[22]

Die Summe seiner Theologie, seines Verständnisses der jüdischen Religion, seiner Geschichtsauffassung und seiner Auffassung der historischen Rolle des Judentums findet sich in seinem Buch *Dieses Volk*. Baeck beendete den zweiten Band dieses vor Theresienstadt begonnenen und in London fortgesetzten Werks nur wenige Tage vor seinem Tode im Jahr 1956. Die beiden Bände sind 1955 und 1956 auf deutsch erschienen, eine amerikanische Ausgabe folgte 1965.

Das Buch ist eine Synthese von Geschichte und Theologie des Judentums, in der das Judentum als ständige Offenbarung, als ständiges Gebot dargestellt wird. Es ist die Zusammenfassung dessen, was Baeck über ein halbes Jahrhundert lang gelehrt hat. Worte wie Monotheismus erheben sich über die Grenzen des einzelnen Wortes hinaus in die Höhen des Begriffs einer universellen Moral. Die Anweisung, seinen Nächsten zu lieben, wird zum Gebot der Brüderlichkeit. Religion ist kein Sabbat-Brauch, sondern eine Lebensform. Sie ist ein Mittel, auf Verstand und Gefühl eines jeden einzuwirken, um Verhaltensweisen zu fördern, die es der Gesellschaft ermöglichen, zu bestehen, zu gedeihen und, letztlich, zu überleben. Die Zeit, in der Baeck das Werk vollendete, nämlich nach Krieg und Holocaust, macht einige seiner Abschnitte besonders interessant.

Er beschreibt den Staat, wie er von den Propheten der Hebräer präsentiert wurde, als eine Institution im Dienste der Gerechtigkeit für das Volk. In Opposition zu ihm entwikkelte sich der politische Staat. Baeck schreibt: „Der Staat, wie er in dem neuen [politischen] Begriff sich darstellte, war ein ganz anderer. Er sollte um seiner selbst willen dastehen. Nicht der Menschen wegen, die er umschloß, sollte er seine Aufgabe und seine Befugnis haben, sondern sie waren seinetwegen da [. . .] An den Platz, der ein Platz Gottes auf Erden sein soll, ist das Staatsoberhaupt gesetzt; sein Geheiß soll die Autorität und Bürgschaft für das Gebot Gottes sein [. . .] Durch die Obrigkeit wird keine Offenbarung gebracht; es war immer ein Verhängnis für die Völker, wenn sie solche von ihr zu empfangen meinten."

Schon viel früher hatte Baeck fast dasselbe gesagt, als er forderte, das Individuum müsse sich sowohl dem sittlichen Gesetz unterwerfen als auch gegen die politische Autorität auflehnen, wenn es davon überzeugt sei, daß die Autorität unsittlich handele. Das Gesetz entspreche nicht immer der Sittlichkeit, und die Aufgabe des religiösen Menschen sei es, beide in Übereinstimmung zu bringen. In Deutschland war Baeck Zeuge der Tragödie geworden, zu der es kommen kann, wenn die Träger der Religion es versäumen, diese Aufgabe zu übernehmen.

In *Dieses Volk* führt Baeck aus, daß diese sittliche Rolle die wahre Natur des Menschen sei. „Ein Schöpferisches ist nun in ihm; er kann sein Ich formen, sein Leben gestalten. Er, der geschaffene Mensch, kann ein Schaffender werden. Ein innerlich Freier kann er sein, frei kraft des Gebotes. Er darf mehr sein als die Erde, auf der er geboren ward und stirbt. Das große Gebot, das nie aufhört und nie sich ändert, dieses Wunder gibt es ihm so."

Baeck glaubte, daß der Vers im 5. Buch Mose, 16,20 – „Nur der Gerechtigkeit sollst du nachjagen, auf daß du lebest und das Land besitzest, das der Herr, dein Gott, dir gibt" – ein Fundament des jüdischen Glaubens sei. „Das haben die Besten unseres Volkes erkannt, als sie für das Recht ihres Volkes und das Recht aller Menschen kämpften."

Trotz aller Prüfungen, Gefahren und Verpflichtungen, die das Judesein mit sich bringe, könne das Judentum auch reine Freude bringen. „Man darf, so sehr es zunächst befremdlich klingen mag, es sagen, daß dieses Volk mehr als andere

Völker ein Frohgefühl, ja ein Glücksgefühl immer in sich getragen hat. Dieses Volk hat nie aufgehört zu dichten, und es hat oft nicht für andere auch, sondern für sich selbst gedichtet."

Leo Baeck starb, 86 Jahre alt, am 1. November 1956 in London. Auf seinem Grabstein stehen die hebräischen Worte, die er sich zum Gedenken gewünscht hatte: „Ein Nachkomme von Rabbis". Er hatte nach den Grundsätzen des Judentums gelebt: Er hatte gelernt; er hatte geglaubt; er hatte gelehrt. Mehr noch, er hatte das Wesen seiner Religion verstanden: daß Gottes Gebot, zu leben, mehr heißt als überleben. Leo Baecks Leben ist der Beweis, daß es möglich ist, jede Tragödie, die Menschen mit aller technischen Perfektion erzeugen können, zu erleiden und dennoch als sittliches Wesen zu überleben. Sein Leben beweist, daß der Mensch wahrhaft nach Gottes Ebenbild erschaffen wurde und daß er unter allen Umständen seine Menschlichkeit bewahren und gegen jede Gewalt verteidigen kann.

Sein Leben und sein Werk verweisen auf das, was er einst als oberste Regel für die menschliche Gesellschaft folgendermaßen definiert hat: „Der Anspruch darauf, dort selbst Rächer zu sein, wo ein Recht sich versagt, wo es sich nicht finden läßt oder zu schwach ist, geschweige denn, der Leidenschaft des Augenblicks zu folgen, ist dem Menschen verwehrt [. . .] Gott ist die Rache anheimgegeben."[23]

Wenn ein Jude nach dem Massenmord an seinem Volk an diesem Glauben festhalten konnte, darf niemand die Rolle des Rächers sanktionieren und den Weg der Rache rechtfertigen, der zu unermeßlichem Leid führt. Niemand darf sich von dem Weg abwenden, den Leo Baeck an jenem Tag gewiesen hat, da er aus Theresienstadt in die Zivilisation zurückkehrte, an jenem Tag, da er Major Patrick Dolan am Arm berührte und ihm sagte: „Man soll keine Rache im Herzen tragen; nur Liebe und Gerechtigkeit."

Quellen

1. Interviews

Leo Adam; London: 26. Mai 1974
H. G. Adler; London: 25. Mai und 27. Mai 1974
S. Adler-Rudel; Jerusalem: 3. Juni 1975
Alexander Altmann; Newton Center, Massachusetts: 14. Oktober 1975
Siegbert Altmann; Los Angeles: 14. Februar 1977
Josef Amir; Hazorea, Israel: 16. Juni 1975
Yehoshua Amir; Jerusalem: 12. Juni 1975
Hans I. Bach; London: 20. Juli 1976
Sophie Baehr-Pineas; Tel Aviv: 18. Juni 1975
K. J. Ball-Kaduri; Tel Aviv: 18. Juni 1975
Bernard J. Bamberger; New York: 22. Januar 1974
Fritz Bamberger; New York: 18. Oktober 1974
Gregory Baum; Washington, D. C.: 27. September 1974
Hildegard Biermann; New York: 25. März 1974
Sheldon H. Blank; Cincinnati, Ohio: 20. April 1977
Ilse Blumenthal-Weiss; New York: 15. Oktober 1974
Henry Walter Brann; Takoma Park, Maryland: 21. März 1974 (telefonisches Interview)
Friedrich Brodnitz; New York: 14. Februar 1974
Werner J. Cahnmann; New York: 24. Februar 1975
Rudolf Callmann; New York: 1. Mai 1974
Klara Caro; Palisades, New York: 14. Februar 1974
Betty Cohen; Degania, Israel: 14. Juni 1975
Patrick Dolan; Eze-le Haut, Frankreich: 1. Juni 1974
A. Stanley Dreyfus; Brooklyn: 12. Februar und 26. März 1974
Marianne Dreyfus; Brooklyn: 12. Februar und 26. März 1974
Ernst Ludwig Ehrlich; Basel, Schweiz: 4. Juni 1974
Emil L. Fackenheim; Toronto, Kanada: 10. Oktober 1973
Kurt Fischer; Haifa: 13. Juni 1975
Albert J. Friedländer; London: 2. August 1973
Gertrud Gallerski; New York: 30. Oktober 1975
Helmuth H. Galliner; New York: 9. Dezember 1974

Charlotte Gichermann; Tel Aviv: 6. Juni 1975
Mordechai Gichon; Tel Aviv: 19. Juni 1975
Nahum N. Glatzer; Watertown, Mass.: 21. August 1974
Perle Gold; Tel Aviv: 1. Juli 1975
Willi Groag; Kibbutz Maanit, Israel: 6. Juli 1975
Fred Grubel; New York: 16. Oktober 1974
Heinrich Grüber; Berlin: 18. Juni 1974
Frau Heinrich Grüber; Berlin: 18. Juni 1974
Max Gruenewald; New York: 1. Mai 1974
Alexander Guttmann; Cincinnati, Ohio: 19. April 1977
Eleonore Heldt; Washington, D.C.: 16. Mai 1975
Gustav Horn; Hazorea, Israel: 16. Juni 1975
Etta Japha; New York: 12. November 1973
Benjamin Jeremias; Nahariva, Israel: 13. Juni 1975
Alfred Jospe; Washington, D.C.: 19. Februar 1974
Wolli Kaelter; Los Angeles: 22. April 1976
Samuel E. Karff; New York: 12. November 1973
A. E. Kaufmann; London: 29. Mai 1974
Henry J. Kellermann; Washington, D.C.: 26. März 1976
Max Kreutzberger; Locarno, Schweiz: 3. Juni 1974
Adolf Leschnitzer; New York: 28. Oktober 1975
Leo Lichtenberg; Cincinnati, Ohio: 19. April 1977
Eugene J. Lipman; Washington, D.C.: 20. Oktober 1975
Ellen Littmann; London: 29. Mai 1974
Marianne Loewe; Haifa: 16. Juni 1975
Ernst G. Löwenthal; Berlin: 18. Juni 1974
Gertrud Luckner; Freiburg, Bundesrepublik Deutschland: 1. Juli 1974
Sara Mandelbaum; Jerusalem: 23. Juni 1975
B. Manuel; Zürich, Schweiz: 5. Juni 1974
Jacob R. Marcus; Cincinnati, Ohio: 18. April 1977
Ignaz Maybaum; London: 29. Mai 1974
Uta C. Merzbach; Washington, D.C.: 8. Mai und 11. Oktober 1974
Margaret Muehsam; New York: 17. Oktober 1974
Israel Neumark; Hazorea, Israel: 16. Juni 1975
Arnold Paucker; London: 30. Mai 1974
Frederick J. Perlstein; Bridgeton, New Jersey: 18. Oktober 1976

Hermann O. Pineas; New York: 4. September 1975
W. Gunther Plaut; Toronto, Kanada: 13. Mai 1975
Joachim Prinz; Orange, New Jersey: 1. Mai 1974
Eva G. Reichmann; London: 27. Mai 1974
Eli Rock; Philadelphia, Pennsylvania: 8. April 1975
Shoshana Ronen; Tel Aviv: 18. Juni 1975
Werner Rosenstock; London: 30. Mai 1974
Frank F. Rosenthal; Olympia Fields, Illinois: 21. Januar 1974
Schlomo Rülf; Nahariya, Israel: 15. Juni 1975
Georg Salzberger; London: 6. August 1973
Herman Schaalman; New York: 10. November 1973
Gershom Scholem; Boston Massachusetts: 14. Oktober 1975
Zeev Shek; Jerusalem: 25. Juni 1975
Ernst Simon; Jerusalem: 30. Mai 1975
Krister Stendahl; Washington, D. C.: 4. November 1973
Herbert A. Strauss; New York: 11. November 1973
Manfred E. Swarsenksy; Chicago, Illinois: 15. November 1974
Sefton D. Temkin; Cincinnati, Ohio: 20. April 1977
Ilse Turnheim; New York: 18. Oktober 1974
Max Vogelstein; Rochester, New York: 3. Dezember 1974
Eric M. Warburg; Hamburg: 24. Juni 1974
Heinz Warschauer; Toronto, Kanada: 12. Oktober 1973
Robert Weltsch; London: 31. Mai 1974
David H. Wice; Philadelphia, Pennsylvania: 12. März 1975
Theodore Wiener; Arlington, Virginia: 15. Oktober 1973
Alfred Wolf; Los Angeles: 23. April 1976
Robert Wolfe; Washington, D. C.: 20. Mai 1974
Jeannette Wolff; Berlin: 25. Juni 1974
Norbert Wollheim; New York: 29. Oktober 1975
Walter Zander; Princeton, New Jersey: 27. Dezember 1974

2. Handschriftensammlungen

Auswärtiges Amt; Bonn
American Jewish Archives; Cincinnati, Ohio
Beit Theresienstadt; Kibbutz Givat Chaim, Israel
Berliner Dokumentationszentrum; Berlin

Brandeis University: Special Collections Department; Waltham, Massachusetts
Central Intelligence Agency; McLean, Virginia
Central Zionist Archives; Jerusalem
Ghetto Fighters Museum; Haifa
Harry S. Truman Library; Independence, Missouri
Hazorea Kibbutz Archives; Hazorea, Israel
Hebrew University of Jerusalem: Zentralarchive für die Geschichte des jüdischen Volkes
Institute of Contemporary Jewry, Oral History Division
Jewish National and University Library
Institut für Zeitgeschichte; München
Judah L. Magnes Memorial Museum; Berkeley, Kalifornien
Jüdische Gemeinde; Berlin
Landesbildstelle Berlin; Berlin
Landeszentrale für Politische Bildungsarbeit; Berlin
Leo Baeck Institute; Jerusalem
Leo Baeck Institute; London
Leo Baeck Institute; New York
Library of Congress; Washington, D. C.
National Archives; Washington, D. C.
Weizmann Archives; Rehovot, Israel
Wiener Library; London
Yad Vashem Archives; Jerusalem

3. Mitteilungen von Zeitgenossen

(Die im folgenden genannten Personen haben mir Sammlungen von Briefen, Zeitungsartikeln oder anderes auf Leo Baeck bezügliches Material zur Verfügung gestellt oder mir in ausführlichen Briefen Erinnerungen an Leo Baeck mitgeteilt; einige wenige lieferten mir jeweils eine einzige Information.

Hans I. Bach; London
Peter Bedrick; New York
Ralph Blume; Kibbutz Schluchot, Israel
Kurt Boehm; Lima, Peru
Betty Cohen; Degania, Israel

A. Stanley und Marianne Dreyfus; Brooklyn
Ernst Ludwig Ehrlich; Basel, Schweiz
Emil L. Fackenheim; Toronto, Kanada
Fritz Friedländer; Caulfield, Victoria, Australien
Charlotte Gichermann; Tel Aviv
Perle Gold; Tel Aviv
Willi Groag; Kibbutz Maanit, Israel
Max Gruenewald; New York
Isser Harel; Zahala, Israel
R. E. Helberg; Tel Aviv
J. Henninger; St. Augustin, Bundesrepublik Deutschland
Hans Georg Hirsch; Bethesda, Maryland
Norman D. Hirsch; Seattle, Washington
N. Peter Levinson; Heidelberg, Bundesrepublik Deutschland
Ludwig Loeffler; Hamburg
Ernst G. Löwenthal; Berlin
Sara Mandelbaum; Jerusalem
Rosa Ostro; Tel Aviv
Eva G. Reichmann; London
Werner Rosenstock; London
Kurt Schwerin; Chicago, Illinois
Max A. Shapiro; Minneapolis, Minnesota
Fritz Silten; Zürich, Schweiz
Eric M. Warburg; Hamburg
Norbert Wollheim; New York

4. Schriften Leo Baecks

(Die umfassendste Bibliographie der Schriften Leo Baecks ist Theodore Wieners *The Writings of Leo Baeck, a Bibliography,* Cincinnati 1954. Aus der hier folgenden Auswahl habe ich im vorliegenden Buch zitiert oder einzelnes daraus beim Schreiben besonders herangezogen.)

Abschieds-Predigt. 1907
Ansprache bei der Gründung des Komitees zur Errichtung der Otto Hirsch und Julius Seligsohn Memorial School in Hazorea, Israel, 8. April 1949 (Schreibmaschinenskript; auch gedruckt in: AJR Information, Mai 1953, S. 6)

Ansprache zum ersten Amtsantritt von Leo Baecks Schwiegerenkel, 1951 (handgeschr. Ms.)
Ansprachen an die Weltunion für Fortschrittliches Judentum, verschiedene Jahre; *Bedingungen der Toleranz.* In: The Listener, 17. August 1953, S. 339
Die Deutschen Juden. In: Ten Years – American Federation of Jews from Central Europe, 1941–1951, New York 1952
Dieses Volk. 2 Bde., Frankfurt am Main 1955, 1957
Aus drei Jahrtausenden. Tübingen 1958
Dreizehnter Bericht über die Lehranstalt für die Wissenschaft des Judentums in Berlin. In: Jüdische Chronik, 1896–97, S. 90f. (nachgedruckt in: Leo Baeck – Beispiel und Botschaft, Zürich 1959)
Einleitung. Zum 50jährigen Bestehen des Ordens Bne Briss in Deutschland. Frankfurt am Main 1933
Die Entwicklung der Rechtsstellung der Juden in Europa, vornehmlich in Deutschland (unveröffentl. Ms.)
Epochen der jüdischen Geschichte. Stuttgart 1974
Eugen Taeubler, Creative Scholar and Thinker, ohne O. u. J.
Flüchtling oder Kolonist. August 1945 (handschriftl. Ms.)
Gedanken zur Abrüstung. In: Völkerbund, Die Abrüstungskonferenz, Berlin 22. April 1932, S. 3f.
Gedenkrede zur Erinnerung an die Kuratoren Albert Mosse, Paul Meyer und Max Weiss und den Dozenten Martin Schreiner, 21. Oktober 1926. In: Bericht über die Lehranstalt für die Wissenschaft des Judentums in Berlin 1926, S. 17–32.
Gedenken an zwei Tote. Undatierter Nachdruck im Jahrbuch des Leo-Baeck-Instituts.
Gedenkrede. Zur Erinnerung an die während des Krieges verstorbenen Kuratoren und die im Felde gefallenen Hörer. 1919
Geleitwort. In: Ferdinand Gregorovius, Das Ghetto und die Juden in Rom, Berlin 1935
Haggadah and Christian Doctrine. Nachdruck in: The Hebrew Union College Annual, Cincinnati, Bd. 23, Teil 1, 1950–51
Hochzeitspredigt. Zur Hochzeit seiner Enkelin Marianne Berlak mit A. Stanley Dreyfus, 25. 7. 1950.

Individuum und Gemeinschaft. In: Der Weg, Berlin, 1. März 1946, S. 1

Israel und das deutsche Volk. In: Merkur, München, Oktober 1952, S. 901–911

Jewish Mysticism. Undatierter Sonderdruck aus: The Journal of Jewish Studies, London, Bd. 2, Nr. 1, S. 3–16

The Jewish Spirit Among the Nations. In: Commentary, New York, Februar 1949, S. 132–139

Judaism and Christianity. Philadelphia 1958 (ins Engl. übersetzt von Walter Kaufmann)

Judaism on Old and New Paths. In: The International Review of Missions, London, April 1950, S. 190–200

Judaism: Revolution and Rebirth. In: The Synagogue Review, London, November 1964, S. 52–54

Judentum, Christentum und Islam. Vortrag am 22. April 1956 in Brüssel

Das Judentum in der Gegenwart. In: Der Morgen, Oktober 1933, Sonderdruck ohne Seitenzahlen

Das Judentum unter den Religionen. In: Korrespondenz-Blatt, Mai 1912, S. 9–15

Die jüdische Religion in der Gegenwart. In: Süddeutsche Monatshefte, München, September 1930, S. 828–832 (nachgedruckt in: Leo Baeck, *Wege im Judentum* S. 260–269)

Leo Baeck zum Boykott-Tag. In: AJR Information, April 1973, S. 2

Life in a Concentration Camp. In: The Jewish Forum, London, März 1946, S. 29–32

Martin Buber. In: The Jewish Chronicle, Februar 1953, Zeitungsausschnitt ohne Seitenzahl

Gedenkrede für Paul von Hindenburg. 1934

Neuem Tag entgegen. In: Mitteilungsblatt, Tel Aviv, 7. Sept. 1945, S. 1

Orthodox oder ceremoniös? In: Jüdische Chronik, 1896–97, S. 237–243 (nachgedruckt in: Leo Baeck – Beispiel und Botschaft, Zürich 1959)

Peace. In: The World Union for Progressive Judaism, Bulletin Nr. 19, London, Januar 1948, S. 9–10

The Pharisees and Other Essays. New York 1966

Plan eines jüdischen Konkordats. In: Bulletin für die Mitglieder der Gesellschaft der Freunde des Leo Baeck Instituts, Tel Aviv, Nr. 1, 1957

Geleitwort. In: H. G. Adler, Theresienstadt 1941–1945, Tübingen 1960

The Psychological Root of the Law. London 1952

Referat auf der Tagung der „Vereinigung der liberalen Rabbiner Deutschlands" in Berlin, veröffentlicht in: Liberales Judentum, Frankfurt am Main, Heft 1–3, 1922

Recht und Pflicht! In: C. V. Zeitung, Zeitungsausschnitt, Berlin 1933

Eine religionsoziologische Linie. In: Der Jude, Berlin, März 1938, S. 147–152

Religion und Erziehung. In: Der Jude 1926, Zeitungsausschnitt ohne Datum und Seitenzahl (Vortrag aus dem Jahre 1923, abgedruckt in: Leo Baeck, Wege im Judentum, Berlin, 1938, S. 159–173)

Religious Education of Children in Palestine. In: The World Union for Progressive Judaism, Bulletin Nr. 20, London, Sept. 1948, S. 40–42

Rosch Haschanah 5694. In: Jüdische Rundschau, 26. Sept. 1933, S. 547

Sabbathgedanken für jüdische Soldaten, ohne Ort und Jahr.

Schöpfungsordnung. In: Jüdische Allgemeine Zeitung, Berlin, Zeitungsausschnitt 1936

The Scope and Limitations of Co-operation between Jews and Christians. In: The Liberal Jewish Monthly. London, Dez. 1954, S. 133–135

The Shema. 1946 (Schreibmaschinenskript)

Das Soziale der jüdischen Religion. In: Gleichheit, Bonn, Aug. 1954, S. 278–280

Der soziale Gehalt der jüdischen Wohlfahrtspflege. In: Zedakah, Berlin, August 1926, S. 5–8

Spinozas erste Einwirkungen auf Deutschland. Berlin 1895

Die Staatslehre Spinozas von Dr. Josef Hoff. In: Jüdische Chronik 1895–96, S. 188–189 (nachgedruckt in: Leo Baeck – Beispiel und Botschaft, Zürich 1959)

Staat, Familie und Individualität. In: Jüdische Wohlfahrtspflege und Sozialpolitik, 1932, S. 193–194

Tag des Mutes. In: C. V. Zeitung, Berlin, 20. Sept. 1933, S. 3

The Task of Progressive Judaism in the Post-War World. London 1946
Trauerfeier für Ludwig Tietz in Weissensee. In: C. V. Zeitung, Berlin 1933, Nr. 43, S. 2
Undatiertes Manuskript ohne Titel über die Jugend.
Ohne Titel, Manuskript über Baecks Tätigkeit seit seiner Freilassung aus Theresienstadt, das 1950 Max A. Shapiro übersandt wurde
Ohne Titel, Manuskript über orthodoxe Beschränkungen der Handlungsfreiheit liberaler Rabbiner in Israel
Von Moses Mendelssohn zu Franz Rosenzweig. Stuttgart 1958
Wege im Judentum. Berlin 1933
Das Wesen des Judentums. Berlin 1905
Das Wesen des Judentums. Frankfurt am Main 1926
The Writing of History. In: Synagogue Review, London, November 1962, S. 51–59

5. Veröffentlichtes Material, Berichte und Dissertationen

Adler, H. G., *Die Juden in Deutschland.* München 1960
–, *Theresienstadt 1941–1945.* Tübingen 1960
–, *Die verheimlichte Wahrheit.* Tübingen 1958
Adler-Rudel, S., *Jüdische Selbsthilfe unter dem Naziregime 1933–1939.* Tübingen 1974
Altmann, Alexander, *Leo Baeck and the Jewish Mystical Tradition.* The Leo Baeck Memorial Lecture Nr. 17, New York 1973
American Federation of Jews from Central Europe, *Leo Baeck Memorial Conference on Jewish Social Thought, 1973–1974.* New York 1974 (auch als „Lerntag" bezeichnet)
American Joint Distribution Committee, European Executive Office, Paris, *Activities of the Zentralausschuß of the Reichsvertretung der Juden in Deutschland – January 1st – June 30th, 1937.* Oktober 1937
Arendt, Hannah, *Eichmann in Jerusalem.* New York 1965 (dt: *Eichmann in Jerusalem,* München 1965)
–, *The Origins of Totalitarianism.* New York 1968 (dt. *Ele-*

mente und Ursprünge totaler Herrschaft, Frankfurt am Main 1955)
Bäck, Samuel, *Die Religionssätze der heiligen Schrift.* Lissa 1875
Baker, Leonard, *Brahmin in Revolt.* New York 1972
–, *Roosevelt and Pearl Harbour.* New York 1970
Balfour, Michael, und Frisby, Julian, *Helmuth von Moltke – A Leader Against Hitler.* London 1972
Ball-Kaduri, K. J., *Das Leben der Juden in Deutschland im Jahre 1933.* Frankfurt am Main 1963
–, *Vor der Katastrophe – Juden in Deutschland 1934–1939.* Tel Aviv 1967
Bentwich, Norman, *My 77 Years.* Philadelphia 1961
–, *The Refugees from Germany.* London 1936
–, *They Found Refuge.* London 1956
Blumenfeld, Kurt, *Erlebte Judenfrage.* Stuttgart 1962
Boehm, Eric H., *We Survived.* Santa Barbara/Calif. 1966
Bratton, Fred G., *The Crime of Christendom.* Boston 1969
Bruce, Sir Michael, *Tramp Royal.* London 1954
Buber, Martin, *Briefwechsel aus sieben Jahrzehnten.* 3 Bde., Heidelberg 1972
Chesterton, G. K., *The New Jerusalem.* London 1920
Cohen, Arthus C., *The Myth of the Judeo-Christian Tradition.* New York 1971
Cohn, Emil, *Die Geschichte meiner Suspension.* Berlin 1907
–, *Mein Kampf ums Recht.* Berlin 1907
The Condition of Jewish Belief. New York 1966
Cox, Harvey, G., *On Not Leaving it to the Snake.* New York 1967
Dank, Milton, *The French Against the French.* New York 1974
Dawidowicz, Lucy S., *The War Against the Jews 1933–1945.* New York 1975
Dimont, Max I., *The Indestructible Jews.* New York 1971
–, *Jews, God and History.* 1962
Donaldson, Frances, *Edward VIII.* New York 1974
Doppelt, Frederic, A., *Unconquerable Soul.* New York, o. J.
Dubnov, Simon, *History of the Jews.* New York 1971
Elon, Amos, *Herzl.* New York 1975

–, *The Israelis – Founders and Sons.* New York 1972
Encyclopaedia Judaica. Jerusalem 1971
The Encyclopedia of Education. New York 1971
Eschelbacher, Max, *Die Synagogengemeinde Düsseldorf 1904–1929.* Düsseldorf 1929
Falconi, Carlo, *The Silence of Pius XII.* Boston 1965
Farrar, David, *The Warburgs.* New York 1975
Feingold, Henry L., *The Politics of Rescue.* New Brunswick/New Jersey 1970
Fest, Joachim C., *Hitler. Eine Biographie.* Berlin 1973
Festschrift zum 80. Geburtstag von Leo Baeck am 23. Mai 1953. London 1953
Flannery, Edward H., *The Anguish of the Jews.* New York 1965
Franz Rosenzweig, Eine Gedenkschrift. Frankfurt/M. 1930
Freeden, Herbert, *Jüdisches Theater in Nazideutschland.* Tübingen 1964
Friedlander, Albert J., *Leo Baeck – Teacher of Theresienstadt.* New York 1968 (dt: *Leo Baeck – Leben und Lehre,* Stuttgart 1973)
Friedlander, Henry, *On the Holocaust.* New York 1972
Friedrich, Otto, *Before the Deluge.* New York 1973 (dt.: *Weltstadt Berlin,* Wien/Basel 1973)
Gay, Peter, *Weimar Culture.* New York 1968 (dt.: *Die Republik der Außenseiter,* Frankfurt am Main 1970)
Glatzer, Nahum N., *Baeck–Buber–Rosenzweig – Reading the Book of Job.* The Leo Baeck Memorial Lecture Nr. 10, New York 1966
Goodman, Paul, *History of the Jews.* New York 1959
Gordis, Robert, *The Book of God and Man – A Study of Job.* Chicago 1965
Graetz, Heinrich G., *Volkstümliche Geschichte der Juden.* 3 Bde., Wien 1906
Grossmann, Kurt R., *Flight or Emigration, 1933 through 1938.* Text eines Vortrags am Leo Baeck Institute, New York, 19. Januar 1972
–, *What Happened to the German Jews? – A Balance Sheet.* In: Ten Years – American Federation of Jews from Central Europe, Inc., 1941–1951. New York 1952

Grunberger, Richard, *The 12-Year Reich.* New York 1972
Gunkel, Hermann, *The Legend of Genesis.* New York 1964
Hamburger, Wolfgang, *Leo Baeck – Der letzte Lehrer der Lehranstalt.* In: Paul Lazarus-Gedenkbuch, S. 120–130
Harel, Isser, *The House on Garibaldi Street.* New York 1976
Harnack, Adolf von, *Das Christentum und die Geschichte.* Leipzig 1895
–, *Die Mission und Ausbreitung des Christentums in den ersten drei Jahrhunderten.* Leipzig 1902
–, *Das Wesen des Christentums.* Leipzig 1900
Hay, Malcolm, *Europe and the Jews.* Boston, Auflage 1960
Helmreich, Ernst, *Religious Education in German Schools.* Cambridge/Massachusetts 1959
Herz, Emil, *Denk ich an Deutschland in der Nacht.* Berlin 1951
Hess, Moses, *Rom und Jerusalem.* 1862
Hilberg, Raul, *The Destruction of the European Jews.* Chicago, Auflage 1967
Hitler, Adolf, *Mein Kampf.* 97–101. Tausend, München 1934
Hodes, Aubrey, *Martin Buber – An Intimate Portrait.* New York
Hoffmann, Peter, *The History of the German Resistance 1933–1945.* Cambridge/Mass. 1977 (dt.: *Widerstand gegen Hitler,* München 1979)
Holborn, Halo (Hrsg.), *Republik to Reich.* New York, Auflage 1973
In Memoriam Leo Baeck. London, ohne Jahr
Irving, David, *Hitler's War.* New York 1977 (dt.: *Hitlers Weg zum Krieg,* München 1979)
Jacobson, Jacob, *Terezin: The Daily Life 1943–1945.* In: Jewish Survivors Report – Documents of Nazi Guilt. London 1946
The Jewish Encyclopedia. New York, Auflage 1905 und 1925
Kastein, Josef, *Jews in Germany.* London 1934 (dt.: *Juden in Deutschland,* Wien 1935)
Katz, Jacob, *Exclusiveness and Tolerance.* New York, Auflage 1969
Kempowski, Walter, *Haben Sie Hitler gesehen?* Hamburg 1973

Keyserling, Hermann Graf (Hrsg.), *Das Ehe-Buch.* Celle 1925
Kreutzberger, Max (Hrsg.), *Studies of the Leo Baeck Institute.* New York 1967
Kriegsbriefe gefallener deutscher Juden. Berlin 1935
Laqueur, Walter, *A History of Zionism.* New York 1972 (dt.: *Der Weg zum Staat Israel,* Wien 1981)
–, *Weimar – A Cultural History 1918–1933.* New York 1974 (dt.: *Die Kultur der Republik,* Berlin 1976)
Lederer, Zdenek, *Ghetto Theresienstadt.* London 1953
Leo Baeck – Beispiel und Botschaft. Zürich 1959
Leo Baeck Centenary 1973. London 1973
Leo Baeck/H. G. van Dam. Düsseldorf 1973
Leo Baeck Remembered. London 1973
„Lerntag", eine Vortragsreihe über Leo Baeck, gehalten von Ernst Simon, Eugene B. Borowitz und Herbert A. Strauss am 21. Okt. 1973; für den gedruckten Text s. in dieser Bibliographie unter American Federation of Jews from Central Europe
Leschnitzer, Adolf, *Die Geburt des ‚modernen' Antisemitismus aus dem Geist der Neuzeit.* In: Ten Years – American Federation of Jews from Central Europe, Inc. 1941–1951, New York 1952
Levin, Nora, *The Holocaust.* New York 1968
Levin, Shmarya, *Youth in Revolt.* New York 1930
Lochner, Louis P. (Hrsg.), *The Goebbels Diaries.* New York, Auflage 1971
Lowenthal, Stefan, *The Jews of Germany.* London 1939
Lustig, Arnost, *Night and Hope.* Iowa City/Iowa, Aufl. 1973
Marcus, Jacob R., *The Jew in the Medieval World.* New York 1960
–, *The Rise and Destiny of the German Jew.* Cincinnati/Ohio 1934
Maser, Werner, *Hitler – Legende, Mythos, Wirklichkeit.* München–Esslingen 1971
–, *Hitlers Briefe und Notizen.* Düsseldorf 1973
Maybaum, Ignaz, *The Face of God After Auschwitz.* Amsterdam 1965
McLellan, David, *Karl Marx – His Life and Thought.* New York 1973

Meyer, Michael A., *The Origins of the Modern Jew.* Detroit 1967
Morton, Frederic, *The Rothschilds.* New York 1962
Mosse, George L., *Germans & Jews.* New York 1970
Meyerson, Abraham, und Goldberg, Isaac, *The German Jew.* New York 1933
Noveck, Simon (Hrsg.), *Great Jewish Thinkers of the Twentieth Century.* New York 1963
Oppenheimer, John F. (Hrsg.), *Lexikon des Judentums.* Berlin 1971
Orlinsky, Harry M., *Ancient Israel.* Ithaca/New York 1960
Osborne, Sidney, *Germany and Her Jews.* London 1939
Otto Hirsch – Ein Lebensweg. Berlin 1957
Palmer, Lilli, *Dicke Lilli, gutes Kind.* Zürich 1974
Papen, Franz von, *Der Wahrheit eine Gasse.* München 1952
Person, Ruth L., *German Jewish Identity in the Weimar Republic.* Diss., Yale University 1960
Plaut, W. Gunther, *The Growth of Reform Judaism.* New York 1965
Pres, Terrence des, *The Survivor.* New York 1976
Rathenau, Walther, *Die Neue Gesellschaft.* Berlin 1919
Reichmann, Eva. G., *Die Flucht in den Haß.* Frankfurt am Main 1966
–, *Größe und Verhängnis deutsch-jüdischer Existenz.* Heidelberg 1974
– (Hrsg.), *Worte des Gedenkens für Leo Baeck.* Heidelberg 1959
Remarque, Erich Maria, *Im Westen nichts Neues.* Berlin, Auflage 1964
Rengstorff, Karl Heinrich, *Leo Baeck – Eine geistige Gestalt unserer Zeit.* Düsseldorf 1958
Ritter, Gerhard, *Carl Goerdeler und die deutsche Widerstandsbewegung.* Stuttgart 1954
Rosenbluth, Martin, *Go Forth and Serve.* New York 1961
Ruether, Rosemary R., *Faith and Fratricide – The Theological Roots of Antisemitism.* New York 1974
Sandmel, Samuel, *Leo Baeck on Christianity.* New York 1975
Sartre, Jean-Paul, *Anti-Semite and Jew.* New York (dt.: *Betrachtungen zur Judenfrage,* Zürich 1948)

–, *Existentialism*. New York 1947 (dt.: *Ist der Existenzialismus ein Humanismus?* Zürich 1947)
Scherbel, Fritz, *Die Juden in Lissa*. Berlin 1932
Scholem, Gershom, *The Messianic Idea in Judaism*. New York 1971
Schorsch, Ismar, *Jewish Reactions to German Anti-Semitism 1870–1914*. New York 1972
Schwab, Hermann, *Orthodoxie und Zionismus*. Zürich 1922
Simon, Ernst, *Brücken*. Heidelberg 1965
Some Religious Aspects of Zionism. London, ohne Jahr
Stahmer, Harold, *Speak That I May See Thee!* New York 1968
Strauss, Herbert A., und Grossmann, Kurt R. (Hrsg.), *Gegenwart im Rückblick*. Heidelberg 1970
Toland, John, *Adolf Hitler*. New York 1976 (dt.: *Adolf Hitler*, 2 Bde., Bergisch Gladbach 1981)
Veltheim-Ostrau, Hans-Hasso von, *Der Atem Indiens*. Hamburg 1965
Wandel, Eckhard, *Hans Schäffer*. Stuttgart 1974
Wiebe, Friedrich K., *Germany and the Jewish Problem*. Berlin 1939
The World Union for Progressive Judaism: The First Twenty-Five-Years, 1926–1951. London 1951
Zarchin, Michael M., *From Constantine to Hitler*. San Francisco 1936
Zum 50jährigen Bestehen des Ordens Bne Briss in Deutschland. Frankfurt am Main 1933

6. Zeitschriften

AJR Information, London
Allgemeine Wochenzeitung der Juden in Deutschland, Berlin
Allgemeine Zeitung des Judentums, Berlin
The American Jewish Year Book, Philadelphia
The Atlantic Monthly, Boston
Der Aufbau, New York
Berliner Rundschau, Berlin
Blätter des Verbandes Jüdischer Heimatvereine, Berlin
Blätter Jüd. Wissens; Bne Brith, La Paz, Bolivia

CCAR Journal, Miami
Central European History, Atlanta, Georgia
Common Ground, London
C.V. Zeitung, Berlin
Daily News Bulletin, London (veröffentlicht von der Jewish Telegraphic Agency, 1945)
Deutsche Bauzeitung, Berlin
EMUNA, Frankfurt am Main
Filantropia, Buenos Aires (veröffentlicht von der Association Filantropica Israelita)
Gemeindeblatt der Jüdischen Gemeinde zu Berlin, Berlin
Gleichheit, Bonn
Herausgegriffen, Bern
Israelitisches Gemeindeblatt, Karlsruhe
Israelitisches Familienblatt, Berlin
Israelitisches Wochenblatt für die Schweiz, Zürich
Jedioth Chadaschrot, Haifa
Jewish Social Studies, New York
The Journal of Jewish Studies, London
Judaism: A Quarterly Journal of Jewish Life and Thought, New York
Jüdische Wohlfahrtspflege und Sozialpolitik, Berlin
Jüdisches Gemeindeblatt für die Britische Zone
Korrespondenz-Blatt, Berlin
LBI News, New York (veröffentlicht vom Leo Baeck Institute)
Leo Baeck Institute Yearbook, London
Liberal Jewish Monthly, London
Liberales Judentum, Frankfurt am Main
MB (Mitteilungsblatt), Tel Aviv
Merkur, München
Midstream, New York
The National Jewish Monthly, Washington, D.C.
Neue Zürcher Zeitung, Zürich
The New York Times, New York
The New Yorker, New York
Our Congregation, London (veröffentlicht von der New Liberal Jewish Congregation)
Revue Européenne, Zürich

Saturday Review, New York
Soziale Ethik im Judentum, Frankfurt am Main
The Synagogue Review, London
Time Magazine, New York
Tradition und Erneuerung, Bern
The Voice of Emanuel, Chicago, Illinois (veröffentlicht von der Emanuel Congregation)
Der Weg, Berlin
Wisconsin Magazine of History, Madison, Wisconsin
Yad Vashem Bulletin, Jerusalem (auch Yad Washem Bulletin)
Yad Vashem Studies, Jerusalem
Zeitschrift für die Geschichte der Juden, Tel Aviv

Anmerkungen

Abkürzungen

CIA	Central Intelligence Agency
JNL	Jewish National and University Library, Hebrew University of Jerusalem
LBI/J	Leo Baeck Institute, Jerusalem
LBI/L	Leo Baeck Institute, London
LBI/NY	Leo Baeck Institute, New York
LBIY	Leo Beack Institute, Yearbook
NA	National Archives
OSS	Office of Strategic Services

1. Rückkehr

1 Interview Patrick Dolan, 1. Juni 1974.
2 NA: OSS Record Group 226, L57022.
3 Interview Eli Rock, 8. April 1975.
4 Interview David H. Wice, 12. Mai 1975; R. Weltsch, *End of an Epoch,* in: Jewish Observer and Middle East Review, 9. November 1956, S. 27; Interview Robert Weltsch, 31. Mai 1974.
5 Interview Sara Mandelbaum, 23. Juni 1975; MB (Mitteilungsblatt) 22. August 1947, S. 3.
6 *Red Cross Report on Theresienstadt,* S. 2, 32 (aufbewahrt im Ghetto Fighters Museum); Z. Lederer, *Ghetto Theresienstadt,* S. 142–144.
7 E. H. Boehm, *We Survived,* S. 294; Interview Betty Cohen, 14. Juni 1975; Interview Uta C. Merzbach, 8. Mai 1974.
8 Hugo Heumann, *Theresienstadt,* Ms., S. 40 f., in: LBI/NY; *Typhus at Terezin,* S. 1–9, in CIA, Direktionsbüro.
9 Interview Betty Cohen, 14. Juni 1975.
10 Aufbau, 27. Dezember 1945, S. 1; Interview Eli Rock, 8. April 1975; Interview Betty Cohen, 14. Juni 1975; Interview Leo Adam, 26. Mai 1974.

11 Interview Patrick Dolan, 1. Juni 1974; Interview Eva G. Reichmann, 27. Mai 1974; E. H. Boehm, *We Survived,* S. 294–298; L. Baeck, Brief an Unbekannt, 18. April 1946, in: LBI/NY: 16–AR363; J. L. Liebman, *A Living Saint: Rabbi Baeck,* in: Atlantic, Juni 1948, S. 42; Z. Lederer, *Ghetto Theresienstadt,* S. 191–196; H. E. Fabian, *Die letzte Etappe,* in: Festschrift zum 80. Geburtstag von Leo Baeck am 23. Mai 1953, S. 96 f.

12 L. Baeck, Briefe: 19. Juni 1945, überlassen von Ralph Blume; 30. Juni 1945, überlassen von Rosa Ostro, 30. Juni 1945, überlassen von Willi Groag.

13 L. Baeck, Brief, 4. Juni 1945, überlassen von A. S. und M. Dreyfus.

14 Telegramm, 1. Juli 1945, überlassen von A. S. und M. Dreyfus; Charlotte Gichermann, *Rabbiner Dr. Leo Baeck,* undatierter Zeitungsausschnitt, überlassen von C. Gichermann.

15 Daily News Bulletin, 14. Mai 1945, S. 4; N. Levin, *The Holocaust;* L. Dawidowicz, *The War Against the Jews;* R. Hilberg, *The Destruction of the European Jews;* M. Dank, *The French Against the French;* Interview Frank F. Rosenthal, 21. Januar 1974; Besuch des Autors in Lodz, 14. Juni 1974; Interview Gregory Baum, 27. September 1974.

16 Interview Patrick Dolan, 1. Juni 1974; P. Dolan, Brief an Lt. Cmdr. Frank Wisner, 7. Juni 1945, in CIA, Direktionsbüro; Interview Friedrich Brodnitz, 14. Februar 1974; Interview Werner Rosenstock/P. Dolan, 24. April 1972, in LBI/NY: Leo Baeck; Allgemeine III–187 (365).

2. Anfänge

1 L. Baeck, *Die Entwicklung . . .,* Teil 1, S. 1, 14, 19 f., 27.

2 Interview Hildegard Biermann, 25. März 1974; Interview B. Manuel, 5. Juni 1974; Hildegard Biermann, *Anmerkungen zur Herkunft der Familie Baeck,* überlassen von A. S. und M. Dreyfus; H. Biermann, *Vorfahren und Familienangehörige von Rabbiner Dr. Leo Baeck,* in: Zeitschrift für die Geschichte der Juden, 1967, Nr. 4, S. 257; K.

Wilhem, *Der vertraute Knecht im weiten Hause des Judentums,* in: MB (Mitteilungsblatt), 18. Mai 1953, S. 3; S. Stern, *Rabbiner Dr. Samuel Bäck 1834–1912;* in: Allgemeine Zeitung des Judentums, 21. Juni 1912, S. 295 f.

3 M. S. Ruest, unbetitelte Erinnerung an S. Bäck, in: Blätter des Verbandes Jüdischer Heimatvereine, Juni 1937, Zeitungsausschnitt ohne Seitenzahl; F. Scherbel, *Die Juden in Lissa,* S. 12; S. Stern, *Rabbiner Dr. Samuel Bäck 1834–1912,* in: Allgemeine Zeitung des Judentums, 21. Juni 1912, S. 295; Interview Mordechai Gichon, 19. Juni 1975; Interview Norbert Wollheim, 29. Oktober 1975.

4 H. I. Bach, *Leo Baeck,* in: Synagogue Review, Januar 1957, S. 137 f.; Interview H. G. Adler, 25. Mai 1974.

5 S. Stern, *Rabbiner Dr. Samuel Bäck 1834–1912,* in: Allgemeine Zeitung des Judentums, 21. Juni 1912, S. 295 f.

6 L. Baeck, *Die Entwicklung . . .,* Teil 2, S. 178; H. Schreiber, *The Birthplace of Dr. Leo Baeck,* in: Synagogue Review, Mai 1953, S. 268.

7 H. Schreiber, *The Birthplace of Dr. Leo Baeck,* in: Synagogue Review, Mai 1953, S. 265 f.; Interview Theodore Wiener, 18. Oktober 1973; Interview Frank F. Rosenthal, 21. Juni 1974.

8 M. Turnowsky-Pinner, *A Student's Friendship with Ernst Toller,* in: LBIY 1970, S. 211 f.; Interview B. Manuel, 5. Juni 1974; H. I. Bach, unbetitelter Vortrag, überlassen von H. I. Bach.

9 H. Strauss, *Pre-Emancipation Prussian Policies Towards the Jews 1815–1847,* in: LBIY 1966, S. 117; K. Wilhelm, *The Jewish Community in the Post-Emancipation Period,* in: LBIY 1957, S. 54–56; W. Breslauer, *Jews of the City of Posen One Hundred Years Ago,* in: LBIY 1963, S. 233; S. Stern-Taeubler, *Eugen Taeubler and the „Wissenschaft des Judentums“,* in: LBIY 1958, S. 39 f.

10 H. I. Bach, *Leo Baeck,* in: Synagogue Review, Januar 1957, S. 137.

11 Interview Ilse Turnheim, 18. Oktober 1974; Interview Theodore Wiener, 18. Oktober 1973; *Encyclopedia of Education,* Bd. 2, S. 301–307; Georg Wiener, unbetiteltes Ms. zu L. Baecks 70. Geburtstag, in LBI/NY: ME 251.

12 C. Wilk, *Zum Gedenken an Leo Baeck,* in: Filantropia, Mai 1963, S. 133.

13 I. Schorsch, *Moritz Güdemann,* in: LBIY 1966, S. 43 f.; J. Fraenkel, *Moritz Güdemann and Theodor Herzl,* in: LBIY 1966, S. 68; A. Kober, *Die Hochschulen für die Rabbinerausbildung in Deutschland,* in: Festschrift zum 80. Geburtstag von Leo Baeck am 23. Mai 1953, S. 24 f.; H. W. Brann, *Leo Baeck: Teacher of Theresienstadt,* in: Judaism, Frühjahr 1969, S. 251 f.; M. Gruenewald, *The Modern Rabbi,* in: LBIY 1957, S. 85–87; W. G. Plaut, *Growth of Reform Judaism,* S. 46.

14 Breslauer Aufzeichnungen in LBI/NY: A3, A4, A5 (3982); Interview Frank F. Rosenthal, 21. Januar 1974; Interview Max Vogelstein, 3. Dezember 1974; H. Liebeschütz, *Between Past and Future – Leo Baeck's Historical Position,* in: LBIY 1955, S. 7; Interview E. G. Löwenthal, 18. Juni 1974; Interview Alfred Wolf, 23. April 1976.

15 R. Fuchs, *The Hochschule für die Wissenschaft des Judentums in the Period of Nazi Rule,* in: LBIY 1967, S. 4–7; H. I. Bach, *Leo Baeck,* in: Synagogue Review, Januar 1957, S. 138; W. G. Plaut, *Growth of Reform Judaism,* S. 47; J. R. Marcus, *Rise . . . German Jew,* S. 232; S. Levin, *Youth in Revolt,* S. 229 f.

16 H. I. Bach, unbetitelter Vortrag, überlassen von H. I. Bach; Interview Max Vogelstein, 3. Dezember 1974; H. H. Hirschberg, *Leo Baeck and His Teacher,* in: CCAR Journal, Winter 1973, S. 84–89; H. Liebeschütz, *Between Past and Future – Leo Baeck's Historical Position,* in: LBIY 1966, S. 11; E. Simon, *Martin Buber and German Jewry,* in: LBIY 1958, S. 6.

17 A. Altmann, *Theology in Twentieth-Century German Jewry,* in: LBIY 1956, S. 198–202; W. Van der Zyl, *Memorial Tribute,* in: In Memorian Leo Baeck, S. 21 f.; Rundfunkinterview mit Joachim Prinz, 23. Mai 1973; in LBI/NY: Leo Baeck, Allgemeine III–174 (365); E. Fischoff, *Hermann Cohen,* in: S. Noveck (Hrsg.), Great Jewish Thinkers . . ., S. 108, 112 f., 121, 125, 128, 130; G. L. Mosse, *Germans & Jews,* S. 175 f.; H. Liebeschütz, *Die Aufgabe einer Biographie für Leo Baeck,* in EMUNA,

März/April 1975, S. 43f.; Interview Bernard J. Bamberger, 22. Januar 1974; A. Altmann, *Leo Baeck and the Jewish Mystical Tradition,* S. 5.

18 Dilthey, Brief, 5. Januar 1894, in LBY/NY: A1 (3982); F. Friedländer, *Hours I Spent with Rabbi Baeck,* in: AJR Information, November 1970, S. 6; Interview Leo Adam, 26. Mai 1974.

19 M. Davidsohn, Brief, 12. August 1957, in LBI/NY.

20 L. Baeck, *Spinozas erste Einwirkungen . . .,* S. 4, 8, 71. Siehe auch A. Altmann, *Leo Baeck and the Jewish Mystical Tradition,* S. 6f.

21 L. Baecks Hochschulakten, in LBI/NY: A6 (3982); ebenso Bericht von Antoni Sylwester, Stadtarchivar von Oppeln, 6. Februar 1960, überlassen von A. S. und M. Dreyfus.

3. Rabbiner

1 LBI/NY: A7 A8 (3982).

2 Geschichte Oppelns nach L. Beacks Bericht in: *Jewish Encyclopedia,* Ausg. 1905, Bd. 9, S. 409, und Ausg. 1925, Bd. 9, S. 408f.

3 E. G. Reichmann, *Größe und Verhängnis;* Interview Max Vogelstein, 3. Dezember 1974; G. Wiener, *Geschichte der Judengemeinde Oppeln O/S,* unveröffentlichtes Ms., S. 9f., in: LBI/NY.

4 Programm der Synagogen-Einweihung in: G. Wiener, LBI/NY: M.E. 19; Allgemeine Zeitung des Judentums, 9. Juli 1897, Zeitungsausschnitt, überlassen von A. S. und M. Dreyfus.

5 Natalie Baecks Familienaufzeichnungen, überlassen von Betty Cohen; Interview H. Biermann, 25. März 1974.

6 Interview A. Stanley Dreyfus, 12. Februar 1974.

7 Undatierte Denkschrift von L. Baeck, überlassen von A. S. und M. Dreyfus; M. Davidsohn, Brief, 12. August 1957, in LBI/NY; Interview Marianne Dreyfus, 26. März 1974.

8 Interviews mit Joachim Prinz, 1. Mai 1974, und Gertrud Gallerski, 30. Oktober 1975; H. W. Brann, *Leo Baeck,* in: S. Noveck (Hrsg.), Great Jewish Thinkers . . ., S. 136f.

9 E. G. Reichmann, *Größe und Verhängnis;* Interview Eva G. Reichmann, 27. Mai 1974.

10 K. Boehm, Brief an den Autor, 2. Dezember 1974; L. Baeck, Brief an F. Muhr, 29. Juli 1904, in LBI/NY; Interview Fred Grubel, 16. Oktober 1974.

11 H. L. Goldschmidt, *Der junge Leo Baeck,* in: AJR Information, Mai 1963, S. 3.

12 W. Laqueur, *History of Zionism,* S. 103; H. L. Goldschmidt, *Der junge Leo Baeck,* in: AJR Information, Mai 1963, S. 2; E. G. Reichmann, Ansprache anläßlich der Feier zu Rabbiner Dr. Leo Baecks 100. Geburtstag, Text von E. G. Reichmann überlassen; Interview Eva G. Reichmann, 27. Mai 1974; Interview Gershom Scholem, 14. Oktober 1975.

13 W. Hamburger, *The Reaction of Reform Jews to the Nazi Rule,* in: H. A. Strauss und K. R. Grossmann (Hrsg.), *Gegenwart im Rückblick,* S. 158.

14 E. Cohn, *Mein Kampf ums Recht,* S. 4, 7; Leo Baeck, Brief an E. Cohn, 30. April 1907, überlassen von A. S. und M. Dreyfus.

15 F. Friedländer, *Hours I Spent with Rabbi Baeck,* in: AJR Information, November 1970, S. 6; Hermann O. Pineas, *Meine Erinnerungen an Dr. Leo Baeck,* Ms. in LBI/NY; Interview Hermann O. Pineas, 4. September 1975.

16 F. G. Bratton, *Crime of Christendom,* S. 52; weitere Zitate aus A. von Harnack, *Das Wesen des Christentums,* S. 10, 117, 109, 5, 77, 69.

17 R. Ruether, *Faith and Fratricide,* S. 218 f.

18 L. Baeck, *Dreizehnter Bericht ...,* S. 9 f.; Leo Baeck, *Orthodox oder ceremoniös?,* S. 13, 15.

18 Monatsschrift für Geschichte und Wissenschaft des Judentums, 1901, S. 107–120.

20 I. Schorsch, *Jewish Reactions to German Anti-Semitism,* S. 172 f.; Peter Bedrick, Schocken Books, New York, Brief an den Autor, 20. Dezember 1976.

21 H. Liebeschütz, *Max Wiener's Reinterpretation of Liberal Judaism,* in: LBIY 1960, S. 45n; Interview Ignaz Maybaum, 29. Mai 1974.

22 L. Baeck, *Das Wesen des Judentums* (Aufl. 1905), S. 1–7,

21 f., 23, 28–30. Siehe auch A. Altmann, *Leo Baeck and the Jewish Mystical Tradition,* und E. Simon, *Brücken,* S. 385–391.

23 M. Eschelbacher, *Die Synagogengemeinde Düsseldorf,* S. 23; Interview Hildegard Biermann, 25. März 1974; Interview Gertrud Gallerski, 30. Oktober 1975; Bericht von Antoni Sylwester, Stadtarchivar von Oppeln, 8. Februar 1960, überlassen von A. S. und M. Dreyfus.

24 Gedruckter Text der Predigt L. Baecks, überlassen von A. S. und M. Dreyfus.

25 M. Eschelbacher, *Die Synagogengemeinde Düsseldorf,* S. 2 f.; Interview Frau Heinrich Grüber, 18. Juni 1974.

26 M. Eschelbacher, *Die Synagogengemeinde Düsseldorf,* S. 18, 24.

27 Interview Yehoshua Amir, 12. Juni 1975; H. W. Brann, *Leo Baeck,* in: S. Noveck (Hrsg.), *Great Jewish Thinkers . . .,* S. 137 f.

28 Hermann O. Pineas, *Meine Erinnerungen an Dr. Leo Baeck,* Ms., S. 1–3, in LBI/NY; Interview Hermann O. Pineas, 4. September 1975; Interview Sophie Baehr-Pineas, 18. Juni 1975.

29 L. Baeck, *Das Judentum unter den Religionen,* in: Korrespondenz-Blatt, Mai 1912, S. 9–15.

30 Undatierte Denkschrift von L. Baeck, überlassen von A. S. und M. Dreyfus; Interview Charlotte Gichermann, 6. Juni 1975; Interview Marianne Loew, 16. Juni 1975; Charlotte Gichermann, *Rabbiner Dr. Leo Baeck,* undatierter Zeitungsausschnitt, überlassen von C. Gichermann; Interviews Hermann O. Pineas, 4. September 1975, und Sophie Baehr-Pineas, 18. Juni 1975.

31 N. Glueck, *Memorial Tribute,* in: In Memoriam Leo Baeck, S. 12 f.; Interview Max Vogelstein, 3. Dezember 1974.

32 W. Hamburger, *The Reactions of Reform Jews to the Nazi Rule,* in: H. A. Strauss und K. R. Grossmann (Hrsg.), Gegenwart im Rückblick, S. 150; M. Gruenewald, *The Modern Rabbi,* in: LBIY 1957, S. 89 f.; Interview Frank F. Rosenthal, 21. Januar 1974.

33 M. Nussbaum, *Ministry Under Stress,* in: H. A. Strauss

und K. R. Grossmann (Hrsg.), Gegenwart im Rückblick, S. 241.

34 A. Altmann, *The German Rabbi: 1910–1939,* in: LBIY 1974, S. 31.

35 H. W. Brann, *Leo Baeck,* in: S. Noveck (Hrsg.), Great Jewish Thinkers, S. 138 f.; E. G. Löwenthal, *Berlin, Fasanenstraße 79/89,* Zeitungsausschnitt ohne Seitenzahl aus Allgemeine Zeitung des Judentums, 1. November 1957; M. Davidsohn, Brief, 12. August 1957, in LBI/NY.

36 *Bericht über die Lehranstalt für die Wissenschaft des Judentums in Berlin,* Jahr 1904, S. 19, Jahr 1911, S. 18, in LBI/NY; F. Bamberger, *Leo Baeck: The Man and the Idea,* in: M. Kreutzberger, Studies of the Leo Baeck Institute, S. 5; Interview Heinz Warschauer, 12. Oktober 1973.

37 R. Fuchs, *The Hochschule für die Wissenschaft des Judentums in the Period of Nazi Rule,* in: LBI 1967, S. 7; Besuch des Autors in dem Gebäude, 11. Juni 1976; Hans Liebschütz, *Judaism and History of Religion in Leo Baeck's Work,* in: LBIY 1957, S. 12 f.; *Bericht über die Lehranstalt für die Wissenschaft des Judentums in Berlin,* Jahr 1912, S. 8, in LBI/NY; *Greek and Jewish Preaching,* nachgedruckt in L. Baeck, The Pharisees . . . S. 109–122.

4. Feldrabbiner

1 Für die Geschichte der Juden in Berlin habe ich benutzt: H. Seeliger, *Origins and Growth of the Berlin Jewish Community,* in: LBIY, 1958; M. Lowenthal, *Jews of Germany;* J. R. Marcus, *Jews in the Medieval World;* W. Laqueur, *History of Zionism;* P. Gay, *Encounter with Modernism: German Jews in German Culture, 1888–1914,* in: Midstream, Februar 1975; E. Herz, *Denk ich an Deutschland in der Nacht;* E. Hamburger, *Jüdische Parlamentarier in Berlin 1848–1933,* in: H. A. Strauss und K. R. Grossmann (Hrsg.), Gegenwart im Rückblick. M. A. Meyer, *The Origins of the Modern Jew,* S. 40; I. Schorsch, *Jewish Reactions to German Anti-Semitism,* S. 57 (siehe auch P. Gay, a.a.O., S. 34); W. Hamburger, *The*

Reactions of Reform Jews to the Nazi Rule, in: H. A. Strauss und K. R. Grossmann (Hrsg.), Gegenwart im Rückblick, S. 151; H. G. Adler, *Die Juden in Deutschland;* I. Schorsch, *Jewish Reactions to German Anti-Semitism,* S. 61; M. A. Meyer, *Origins of the Modern Jew,* S. 138; M. Lowenthal, *The Jews of Germany,* S. 266; I. Schorsch, *Jewish Reactions to German Anti-Semitism,* S. 66; H. Arendt, *The Origins of Totalitarianism,* S. 117; Interview Jeannette Wolff, 25. Juni 1974.

2. H. G. Adler, *Die Juden in Deutschland.*

3 P. Gay, *Encounter with Modernism: German Jews in German Culture, 1888–1914;* in: Midstream, Februar 1975, S. 51; zu Ballin und Rathenau: J. R. Marcus, *Rise and Destiny of the German Jew,* S. 115; P. Gay, a.a.O., S. 59; W. G. Plaut, *Growth of Reform Judaism,* S. 128 f.; E. Herz, *Denk ich an Deutschland in der Nacht;* M. Lowenthal, *The Jews of Germany,* S. 321 f.

4 K. R. Grossmann, *Einführung,* in: H. A. Strauss und K. R. Grossmann (Hrsg.), Gegenwart im Rückblick, S. 18; H. G. Adler, *Die Juden in Deutschland;* E. Herz, *Denk ich an Deutschland in der Nacht.*

5 S. Osborne, *Germany and Her Jews,* S. 71 f.; M. Lowenthal, *Jews of Germany,* S. 285.

6 W. G. Plaut, *Growth of Reform Judaism,* S. 78; siehe auch E. Fischoff, *Hermann Cohen,* in: S. Noveck (Hrsg.), Great Jewish Thinkers . . ., S. 114 f.; H. G. Adler, *Die Juden in Deutschland.*

7 I. Schorsch, *Jewish Reactions to German Anti-Semitism,* S. 27; H. W. Brann, *Leo Baeck,* in: S. Noveck (Hrsg.), Great Jewish Thinkers . . ., S. 140; Interview Georg Salzberger, 6. August 1973; E. Simon in: „Lerntag“, 21. Oktober 1973.

8 L. Baeck, Frontberichte 1 und 2, überlassen von A. S. und M. Dreyfus.

9 Interview Mordechai Gichon, 19. Juni 1975.

10 Walter H. Herrnstadt, Brief, Dezember 1914, in: *Kriegsbriefe gefallener deutscher Juden.,* S. 28 f.

11 *Erinnerungen an Rabb. Dr. Leo Baeck S. A.,* von F. S. N., unidentifizierbarer Zeitungsausschnitt, Hazorea Kibbutz

Archives; E. Simon, in: „Lerntag", 21. Oktober 1973; Interview Israel Neumark, 16. Juni 1975; Walter H. Herrnstadt, Brief, Dezember 1914, in: *Kriegsbriefe gefallener deutschen Juden,* S. 28; Bernardo Kusnitzki, Juli 1918, in LBI/NY: AR 365, Nr. 29; Edwin Halle, *Kriegserinnerungen mit Auszügen aus meinem Tagebuch, 1914–1916,* in LBI/NY: M.E. 527, S. 118; L. Baeck, Frontbericht 2, überlassen von A. S. und M. Dreyfus.

12 Predigt-Text im Besitz des Autors.

13 Interview Leo Adam, 26. Mai 1974; Interview Friedrich Brodnitz, 14. Februar 1974.

14 H. G. Adler, *Die Juden in Deutschland;* Interview Yehoshua Amir, 12. Juni 1975; Interview Frank F. Rosenthal, 21. Januar 1974.

15 Interview Kurt Fischer, 13. Juni 1975; Kurt Boehm, Brief an den Autor, 2. Dezember 1974.

16 L. Baeck, Brief an I. Elbogen, 21. September 1971; in LBI/NY; AR-C 254/696.

17 *Gemeindeblatt der Jüdischen Gemeinde zu Berlin,* Bd. 5 (1915), S. 5 f., 16; Hermann O. Pineas, *Meine Erinnerungen an Dr. Leo Baeck,* unveröffentlichtes Ms., S. 3 f., in LBI/NY; Interview Hermann O. Pineas, 4. September 1975; Charlotte Gichermann, *Rabbiner Dr. Leo Baeck,* undatierter Zeitungsausschnitt, überlassen von C. Gichermann.

18 Interview Ellen Littmann, 29. Mai 1974; L. Baeck, Brief an Ruth Baeck, 18. August 1915, überlassen von A. S. und M. Dreyfus.

19 Interview Hermann O. Pineas, 4. September 1975; Interview Georg Salzberger, 8. August 1973; Wolf Schoens Erinnerungen, in Yad Vashem Archives: 01/229; G. Plaut, *Growth of Reform Judaism,* S. 79.

20 R. R. Ruether, *Faith and Fratricide,* S. 88 f.

21 F. G. Bratton, *The Crime of Christendom,* S. 31; E. H. Flannery, *The Anguish of the Jews,* S. 36, 43.

22 R. R. Ruether, *Faith and Fratricide,* S. 206 f.

23 J. Toland, *Adolf Hitler,* S. 703.

24 I. Maybaum, *The Face of God . . .,* S. 25; H. Heine, Geschichte der Religion und Philosophie in Deutschland III.

25 Gemälde von der Krönung Wilhelms I. von Anton von Werner und Photographie des Sohnes bei seinem Eintritt ins Heer, beide in S. Lorant, *Sieg Heil!* S. 18 f., 42.
26 E. Herz, *Denk ich an Deutschland in der Nacht.*
27 Hitler-Photographie, reproduziert in S. Lorant, *Sieg Heil!* S. 50 f.; A. Hitler, *Mein Kampf,* S. 161, 164.
28 E. Hamburger, *One Hundred Years of Emancipation,* in: LBIY 1969, S. 25–28; S. Adler-Rudel, *East European Jewish Workers in German,* in: LBIY 1957, S. 148; J. Toland, *Adolf Hitler,* S. 66, 70; A. Hitler, *Mein Kampf,* S. 193.
29 L. Baeck, *Gedenkrede zur Erinnerung an die während des Krieges verstorbenen Kuratoren und die im Feld gefallenen Hörer,* S. 12–14.
30 Gemeindeblatt der Jüdischen Gemeinde zu Berlin, 9. August 1918, S. 79.
31 L. Baeck, *Gedenkrede, zur Erinnerung an die während des Krieges verstorbenen Kuratoren und die im Feld gefallenen Hörer,* S. 3 f.
32 L. Baeck, Brief an M. Buber, 24. September 1981 (mit Anlage), in LBI/NY: AR 2269 „B“, Buber, Martin, Nr. 1.

5. Gemeinde

1 W. Maser, *Hitlers Briefe und Notizen,* S. 223–225.
2 I. Schorsch, *Jewish Reactions to German Anti-Semitism,* S. 166; E. Helmreich, *Religious Education in German Schools,* S. 147–149; J. R. Marcus, *Rise and Destiny of the German Jews,* S. 2; R. L. Pierson, *German Jewish Identity . . .,* S. 4–6, 13.
3 Interview Henry J. Kellermann, 26. März 1976; M. Lowenthal, *The Jews of Germany,* S. 333, 335; W. Laqueur, *Weimar – A Cultural History,* S. 72 f.; O. Friedrich, *Before the Deluge,* S. 98.
4 M. Lowenthal, *The Jews of Germany,* S. 190 f.; *The Jewish Community in the Post-Emancipation Period,* in: LBIY 1957, S. 47n, 59; A. Altmann, *The German Rabbi:*

1910–1939, in: LBIY 1974, S. 40; Interview Alexander Altmann, 14. Oktober 1975.

5 L. Baeck, *In Memory of Two of Our Dead,* in: LBIY 1956, S. 51; Interview Eva G. Reichmann, 27. Mai 1974; J. R. Marcus, *Rise and Destiny of the German Jews,* S. 94.

6 I. Schorsch, *Jewish Reactions to German Anti-Semitism,* S. 15f., 18; J. R. Marcus, *Rise and Destiny of the German Jew,* S. 227.

7 E. Herz, *Denk ich an Deutschland in der Nacht.*

8 D. McLellan, *Karl Marx,* S. 1; I. Schorsch, *Jewish Reactions to German Anti-Semitism,* S. 5–8, 137–139; H. G. Adler, *Die Juden in Deutschland;* J. R. Marcus, *Rise and Destiny of the German Jew,* S. 246; H. Arendt, *The Origins of Totalitarianism,* S. 73; M. Eschelbacher, *Die Synagogengemeinde Düsseldorf,* S. 6; J. Katz, *Exclusiveness and Tolerance,* S. 195.

9 P. Gay, *Encounter with Modernism: German Jews in German Culture, 1888–1914,* in: Midstream, Februar 1975, S. 24f., 60.

10 Interview Mordechai Gichon, 19. Juni 1975; I. Maybaum, *The Face of God . . .,* S. 51f. (siehe auch W. G. Plaut, *Growth of Reform Judaism,* S. 129f.); H. G. Adler, *Die Juden in Deutschland.*

11 F. Bamberger, *Leo Baeck: The Man and the Idea,* in: M. Kreutzberger, Studies of the Leo Baeck Institute, S. 4; Interview Heinz Warschauer, 12. Oktober 1973; Interview Joachim Prinz, 1. Mai 1974; F. Bamberger, a.a.O., S. 3f.; Interview Herman Schaalman, 10. November 1973; Ms. ohne Titel, Rudolf Simons-Coll., LBI/NY; Conrad Rosenstein, *Der Brunnen. Eine Familienchronik,* LBI/NY: M. E. 295; Interview Henry J. Kellermann, 26. März 1976; Interview Helmuth H. Galliner, 9. Dezember 1974.

12 A. Hodes, *Martin Buber,* S. 119; L. Baeck-Zitat *Religion und Erziehung,* nachgedruckt in: L. Baeck, Wege im Judentum, S. 1–3. *Bericht über die Lehranstalt für die Wissenschaft des Judentums in Berlin,* Ausg. 1913, S. 53, in LBI/NY.

13 Interview Fritz Bamberger, 18. Oktober 1974; Interview Jacob R. Marcus, 18. April 1977; Interview W. Gunther

Plaut, 13. Mai 1975; Interview Ignaz Maybaum, 29. Mai 1974; Interview Wolli Kaelter, 22. April 1976; M. W. Swarsenky, *Out of the Root of Rabbis,* in: H. A. Strauss und K. R. Grossmann (Hrsg.), Gegenwart im Rückblick, S. 220–222; Interview Heinz Warschauer, 12. Oktober 1973; N. Glueck, *Memorial Tribute,* in: In Memoriam Leo Baeck, S. 19; Interview Israel Neumark, 16. Juni 1975; Interview Gustav Horn, 16. Juni 1975.

14 Interview Fritz Bamberger, 18. Oktober 1974; Fritz Friedländer, *Größe, Güte, Unerbittlichkeit – Einige Erinnerungen an Leo Baeck,* unveröffentlichtes Ms., überlassen von H. I. Bach, S. 1 f.; Interview Wolli Kaelter, 22. April 1976; Interview Manfred E. Swarsensky, 15. November 1974; Interview Leo Lichtenberg, 19. April 1977; Interview Emil Fackenheim, 10. Oktober 1973; Interview Joachim Prinz, 1. Mai 1974.

15 Interview Ellen Littmann, 29. Mai 1974; Perle Gold (geb. Haskel), Brief an den Autor, 10. Juli 1974.

16 E. Littmann, *Der Lehrer* in: MB (Mitteilungsblatt), 18. Mai 1953, S. 4; Interview Ellen Littmann, 29. Mai 1974; Interview Yehoshua Amir, 12. Juni 1975; Interview Max Vogelstein, 3. Dezember 1974; Interview Fritz Bamberger, 18. Oktober 1974; F. Bamberger, *Leo Baeck: The Man and the Idea,* in: M. Kreutzberger, Studies of the Leo Baeck Institute, S. 5 ff.; F. Friedländer, *Hours I Spent with Rabbi Baeck,* in: AJR Information, November 1970, S. 6; M. E. Swarsensky, *Out of the Root of Rabbis,* in: H. A. Strauss und K. R. Grossmann (Hrsg.), Gegenwart im Rückblick, S. 220.

17 Interview Ignaz Maybaum, 29. Mai 1974; Interview Wolli Kaelter, 22. April 1976; Interview Henry J. Kellermann, 26. März 1976; M. Gruenewald, *Leo Baeck: Witness and Judge,* in: Judaism 1957, S. 196; Interview Max Gruenewald, 1. Mai 1974; M. Gerson, *Verstehen im Humanismus,* in: AJR Information, undatierte Sonderausgabe mit dem Titel „In Memory of Leo Baeck", S. 11.

18 Interview Theodore Wiener, 18. Oktober 1973; K. Wilhelm, *The Jewish Community in the Post-Emancipation Period,* in: LBIY 1957, S. 67 f.; L. Baeck, Brief an I.

Elbogen, 14. Dezember 1922, in LBI/NY: AR–C–254/696; G. Lotan, *Die Zentralwohlfahrtsstelle,* in: LBIY 1959, S. 193 f.; S. Moses, *The Impact of Leo Baeck's Personality on His Contemporaries,* in: LBIY 1957, S. 4 ff.

19 Interview Frank F. Rosenthal, 21. Januar 1974; *Bne Briss-Tagungsbericht 1928; Zum fünfzigjährigen Bestehen des Ordens Bne Briss in Deutschland,* S. 53 f.; dasselbe Zitat S. 32–38; F. Goldschmidt, *Der Anteil der deutschen Juden an der Gründung und Entwicklung des Ordens B'nai B'rith,* in: Festschrift zum 80. Geburtstag von Leo Baeck am 23. Mai 1953, S. 58 f.; L. Baeck, Brief an M. Dienemann, 19. Mai 1928, in: LB Briefe, Ordner Max Dienemann, LBI/NY; L. Baeck an M. Buber, 29. August 1930, in: JNL: Buber-Coll. 75; Interview Werner J. Cahnman, 24. Februar 1975; A. Loewenstamm, *The Grand President of the B'nai B'rith in Germany,* in: E. G. Reichmann, *Worte des Gedenkens,* S. 195 f.

20 Interview Manfred E. Swarsensky, 15. November 1974; Hans I. Bach, unveröffentl. Vortrag, überlassen von H. I. Bach; Fritz Bamberger, *Julius Guttmann – Philosopher of Judaism,* in: LBIY 1960, S. 11 f.; K. Stendahl, *Einleitung* zu L. Baeck, Pharisees . . ., S. XVI.

21 *Franz Rosenzweig: Eine Gedenkschrift,* S. 5; Ernst Simon, in: „Lerntag"; Interview Nahum N. Glatzer, 21. August 1974; Interview Ignaz Maybaum, 29. Mai 1974.

22 Interview Heinz Warschauer, 12. Oktober 1973; Interview Ernst G. Löwenthal, 18. Juni 1974; Fritz Friedländer, *Größe, Güte, Unerbittlichkeit – Einige Erinnerungen an Leo Baeck,* unveröffentl. Ms., überlassen von H. I. Bach, S. 3 f.

23 Fritz Friedländer, *Hours I Spent with Rabbi Baeck,* in: AJR Information, November 1970, S. 6; Interview H. G. Adler, 25. Mai 1974; Interview David H. Wice, 12. März 1975; L. Baeck, *Judaism: Revolution and Rebirth,* in: Synagogue Review, November 1964, S. 52 f.; F. Friedländer, *Hours I Spent with Rabbi Baeck,* in: AJR Information, November 1970, S. 6; Interview Georg Salzberger, 6. August 1973; Fritz Friedländer, *Größe, Güte, Unerbittlichkeit – Einige Erinnerungen an Leo Baeck,* unveröf-

fentl. Ms., überlassen von H. I. Bach, S. 6; Interview Friedrich Brodnitz, 14. Februar 1974; Interviews Max Gruenewald, 1. Mai 1974; Leo Adam, 26. Mai 1974; Joachim Prinz, 1. Mai 1974; Henry J. Kellermann, 26. März 1976.

24 Interview W. Gunther Plaut, 13. Mai 1975; Interview B. Manuel, 5. Juni 1974; Interview Leo Adam, 26. Mai 1974; L. Baecks Notizen über seine Reisen, überlassen von A. S. und M. Dreyfus; Interview Herbert A. Strauss, 11. November 1973; Interview Ernst Simon, 30. Mai 1975; Else Meidner, *Ein Wort des Dankes,* in: In Memory of Leo Baeck, S. 11; Interview Frank F. Rosenthal, 21. Januar 1974.

25 Interview Joachim Prinz, 1. Mai 1974; Eva G. Reichmann, *Address Given at the Celebration of Rabbi Dr. Leo Baeck's 100th Birthday,* S. 2, Text überlassen von E. G. Reichmann; Interview Ernst G. Löwenthal, 18. Juni 1974.

26 Interview Fritz Bamberger, 18. Oktober 1974; H. Keyserling (Hrsg.), *Das Ehe-Buch,* S. III, IX–X; L. Baeck, *Ehe als Geheimnis und Gebot,* in: H. Keyerling, a.a.O., S. 464, 468, 470; Interview Benjamin Jeremias, 13. Juni 1975; Interviews Shoshana Ronen, 18. Juni 1975; Henry J. Kellermann, 26. März 1976; Leo Adam, 26. Mai 1974; Interview Betty Cohen, 14. Juni 1975.

27 Interview Leo Adam, 26. Mai 1974; Interview Friedrich J. Perlstein, 18. Oktober 1976; Natalie Baeck, Brief, 24. August 1921, überlassen von A. S. und M. Dreyfus; Interview Henry J. Kellermann, 26. März 1976.

28 Baecks Familienbriefe an H. Berlak, 3. März 1921, überlassen von A. S. und M. Dreyfus; Interview Benjamin Jeremias, 13. Juni 1975; L. Baeck, Brief an H. und R. Berlak, 26. August 1923, überlassen von A. S. und M. Dreyfus.

29 Natalie Baeck an H. und R. Berlak, 12. August 1926; L. Baeck an H. und R. Berlak, 2. August 1928, überlassen von A. S. und M. Dreyfus; M. Dreyfus, *Leo Baeck,* Ms., überlassen von M. Dreyfus, S. 1; Interview Betty Cohen, 14. Juni 1975; Interview Leo Adam, 26. Mai 1974; Interview Mordechai Gichon, 19. Juni 1975.

30 *Gemeindeblatt der Jüdischen Gemeinde zu Berlin,* 9. August 1918, S. 84; Interviews Theodore Wiener, 18. Oktober 1973; Fritz Bamberger, 18. Oktober 1974; Paul Rosenstein, *Leo Baeck als Patient,* undatierter Zeitungsausschnitt, in LBI/NY: AR 365, Nr. 15.

31 L. Baecks Tefillin, seine schwarz-weiße Kopfbedeckung und sein weißer Tallith befinden sich in LBI/NY; L. Baeck – Ordner Nr. 2; Interview Mordechai Gichon, 14. Februar 1974; Interview Leo Adam, 26. Mai 1974; Interview Ilse Blumenthal-Weiss, 15. Oktober 1974; Interview Wolli Kaelter, 22. April 1976; Interview Joachim Prinz, 1. Mai 1974; Interview Alexander Altmann, 15. Oktober 1975.

32 Interview Ernst Ludwig Ehrlich, 4. Juni 1974; Interview Jeannette Wolff, 25. Juni 1974; W. G. Plaut, *Growth of Reform Judaism,* S. 67–74; Interview Friedrich Brodnitz, 14. Februar 1974; L. H. Montagu, *Rabbi Dr. Leo Baeck – A Memorial Tribute,* in: Liberal Jewish Monthly, Dezember 1956, S. 183.

33 W. G. Plaut, *Growth of Reform Judaism,* S. 80 ff.; L. H. Montague, *Memorial Tribute,* in: E. G. Reichmann, Worte des Gedenkens, S. 199 f.; L. Baeck, Brief an L. H. Montagu, 20. Juli 1926, überlassen von der Wiener Library; Interview Henry J. Kellermann, 26. März 1976; Interview Friedrich Brodnitz, 14. Februar 1974.

34 Hans I. Bach, unveröffentl. Vortrag, überlassen von H. I. Bach; *Israelitisches Familienblatt,* Photographie, überlassen von Charlotte Gichermann; S. Moses, *The Impact of Leo Baeck's Personality on His Contemporaries,* in: LBIY 1957, S. 6; M. Rosenblüth, *Go Forth and Serve,* S. 234 f.; Interview Gershom Scholem, 14. Oktober 1975; Vortrag, nachgedruckt in: Allgemeine, 2. November 1956, S. 1 f.; L. Baeck, *In Memory of Two of Our Dead,* in: LBIY 1956, S. 53; H. Liebeschütz, *Between Past and Future – Leo Baeck's Historical Position,* in: LBIY 1966, S. 14.

35 Interview Perle Gold, 1. Juli 1975; A. Leschnitzer, *Die Geburt des „modernen" Antisemitismus aus dem Geist der Neuzeit,* in: Ten Years – American Federation of Jews from Central Europe, Inc., 1941–1951, S. 70; J. R. Marcus, *Rise and Destiny of the German Jew,* S. 80 f.; R. Grunber-

ger, *The 12-Year Reich,* S. 448 f.; W. Laqueur, *Weimar – A Cultural History,* S. 17, 183 f., 193; H. G. Adler, *Die Juden in Deutschland;* R. Grunberger, *The 12-Year Reich,* S. 15, 335 ff., 339; E. G. Reichmann, *Die Flucht in den Haß;* P. Gay, *Weimar Culture,* S. 3, 20; R. L. Pierson, *German Jewish Identity,* S. 24.

36 L. Baeck, *Gedenkrede zur Erinnerung an die während des Krieges verstorbenen Kuratoren und die im Felde gefallenen Hörer,* S. 4–7.

37 Interview Max Gruenewald, 1. Mai 1974.

38 H. J. Morgenthau, *The Tragedy of German-Jewish Liberalism,* in: M. Kreutzberger, Studies of the Leo Baeck Institute, S. 50 f.; E. Herz, *Denk ich an Deutschland in der Nacht;* Interview Georg Salzberger, 6. August 1973; K. R. Grossmann, *Einführung,* in: H. A. Strauss und K. R. Grossmann (Hrsg.), Gegenwart im Rückblick, S. 17.

39 C. Seligmann, *Mein Leben,* in LBI/NY: M. E. 369, S. 128 f.

6. Kampf

1 L. Baeck, *Judaism in the Church,* in: L. Baeck, Pharisees, S. 77.

2 L. Baeck, *The Gospel as a Document of History,* in: L. Baeck, Judaism and Christianity, S. 101.

3 L. Baeck, *Essay on Neutrality,* zitiert in: A. J. Friedlander, Leo Baeck – Teacher of Theresienstadt, S. 105.

4 L. Baeck, *The Son of Man,* in: Leo Baeck, Judaism and Christianity, S. 29; L. Baeck, *The Gospel as a Document of History;* in: L. Baeck, Judaism and Christianity, S. 65 f.

5 L. Baeck, *Jewish Mysticism,* in: Journal of Jewish Studies, Bd. 2, Nr. 1, undatiert, S. 4; L. Baeck, *Romantic Religion,* in: L. Baeck, Judaism and Christianity, S. 204, 211, 259.

6 A. Altmann, *Leo Baeck and the Jewish Mystical Tradition,* S. 6.

7 K. Wilhelm, *Leo Baeck and Jewish Mysticism,* in: Judaism, Frühjahr 1962, S. 123–130.

8 Baeck, *Das Wesen des Judentums,* 1926.

9 L. Baeck, *Rede vor der Vereinigung der liberalen Rabbiner Deutschlands in Berlin,* in: Liberales Judentum, 1922, S. 19.

10 L. Baeck, *Das Wesen des Judentums,* 1926, S. 59, 97.

11 L. Baeck, *Das Wesen des Judentums,* 1926, S. 306 f., 311 f. Zu weiteren Ausführungen über Leo Baeck und den Wandel seiner Einstellung zur Mystik siehe E. Simon, *Brükken,* S. 385–391, und A. Altmann, *Leo Baeck and the Jewish Mystical Tradition.*

7. Der Feind

1 J. Fest, *Hitler;* I. Maybaum, *The Face of God,* S. 17; J. Flanner, *Führer,* in: New Yorker, 14. März 1936, S. 26; J. Toland, *Adolf Hitler,* S. 49; A. Hitler, *Mein Kampf,* S. 180, 184.

2 H. G. Adler, *Die Juden in Deutschland;* E. Herz, *Denk ich an Deutschland in der Nacht;* M. Lowenthal, *Jews of Germany,* S. 355 f.; *Pre-Fascist Groups in Germany, 1918–1933,* in NA: OSS Record Group 59, R&A 1789.

3 A. Hitler, *Mein Kampf,* S. 56, 61, 63, 338, 403, 427, 339 f., 306, 148, 430.

4 David Greenberg, *Condition of Jewish Belief,* S. 86.

5 H. G. Adler, *Die Juden in Deutschland.*

6 J. Toland, *Adolf Hitler,* S. 216, 359; W. Kempowski, *Haben Sie Hitler gesehen?* J. Fest, *Hitler;* J. Toland, *Adolf Hitler,* S. 222.

7 NA: RG 165:2657–B–754.

8 J. Fest, *Hitler;* L. Baeck, *Staat, Familie und Individualität,* in: Jüdische Wohlfahrtspflege und Sozialpolitik, 1932, S. 192 ff.

9 L. Baeck, *Die Schöpfung des Mitmenschen,* in: Soziale Ethik im Judentum, 1914, S. 11; A. Hitler, *Mein Kampf,* S. 44, 4; L. Baeck, *Gedanken zur Abrüstung,* in: Völkerbund und Abrüstungskonferenz, S. 3 f.

10 L. Baeck, Brief an von Veltheim, 19. Juni 1932, überlassen von A. S. und M. Dreyfus; W. Laqueur, *Weimar – A Cultural History,* S. 255; M. Hay, *Europe and the Jews,* S. 301.

1 K. J. Ball-Kaduri, *Vor der Katastrophe,* S. 12; R. Weltsch, *Twenty-Five Years After,* in: AJR Information, November 1963, S. 1; Interview Robert Weltsch, 31. Mai 1974; L. Baeck, *Gedenken an zwei Tote,* undatierter Nachdruck in: LBIY, S. 309f.

2 L. Palmer, *Dicke Lilli, gutes Kind;* D. Farrar, *The Warburgs,* S. 112f.; R. L. Pierson, *German Jewish Identity . . .,* S. 286; W. G. Plaut, *Growth of Reform Judaism,* S. 133; W. Rosenstock, *Exodus 1933–1939,* undatierter Sonderdruck aus LBIY, S. 387n; M. Rosenblüth, *Go Forth and Serve,* S. 243f.

3 L. Baeck, *Plan eines jüdischen Konkordats,* in: Bulletin für die Mitglieder der Gesellschaft der Freunde des Leo Baeck Instituts, 1957, S. 14.

4 S. Adler-Rudel, *Jüdische Selbsthilfe,* S. 4–6; K. R. Grossmann, *What Happened to the German Jews? A Balance Sheet,* in: Ten Years-American Federation of Jews From Central Europe, Inc., 1941–1951, S. 44; A. Myerson und I. Goldberg, *German Jews,* S. XI; S. Osborne, *Germany and Her Jews,* S. 20; R. Grunberger, *The 12-Year Reich,* S. 505; Herbert Kahn, *Umfang und Bedeutung der jüdischen Einzelhandelsbetriebe,* Ms., in: LBI/NY, datiert vom 1. Februar 1934, S. 4–8; H. G. Adler, *Die Juden in Deutschland.*

5 Interview M. Kreutzberger, 3. Juni 1974; H. Gaertner, *Problems of Jewish Schools in Germany During the Hitler Regime,* in: LBIY 1956, S. 124f.; L. Palmer, *Dicke Lilli, gutes Kind.*

6 L. Baeck, *Gedenken an zwei Tote,* undatierter Sonderdruck in LBIY, S. 309; R. Grunberger, *The 12-Year Reich,* S. 17f.; E. G. Reichmann, *Die Flucht in den Haß;* T. Ferrer, *Rosemary Park,* in: Saturday Review, 20. April 1963, S. 67; O. Friedrich, *Weltstadt Berlin* (siehe auch N.Y. Times, *Nachruf auf von Braun,* 18. Juni 1977, S. 1); R. Weltsch, *Introduction,* in: LBIY 1958, S. XVI–XVII; F. von Papen, *Der Wahrheit eine Gasse;* L. Palmer, *Dicke Lilli, gutes Kind;* J. Toland, *Adolf Hitler,* S. 315; W.

Maser, *Hitler,* S. 372; R. Weltsch, *Einführung* in S. Adler-Rudel, Jüdische Selbsthilfe, S. IX.

7 Von Veltheim, Briefe an L. Baeck, 5. Juli 1932 und 3. März 1933, überlassen von A. S. und M. Dreyfus; L. Palmer, *Dicke Lilli, gutes Kind;* L. Baeck, Briefe an von Veltheim, 28. Februar 1933, überlassen von A. S. und M. Dreyfus; N. Bentwich, *My 77 Years,* S. 126.

8 L. Baeck, *Recht und Pflicht,* in: C. V. Zeitung, 2. März 1933, S. 1; L. Baeck, Brief an von Veltheim, 2. März 1933, überlassen von A. S. und M. Dreyfus; Interview Robert Weltsch, 31. Mai 1974; L. S. Dawidowicz, *War Against the Jews,* S. 177.

9 E. H. Boehm, *We Survived,* S. 284 f.; L. Baeck, *Gedenken an zwei Tote,* undatierter Sonderdruck aus LBIY, S. 310 f.; Interview Georg Salzberger, 6. August 1973; L. S. Dawidowicz, *War Against the Jews,* S. 170.

10 Interview Friedrich J. Perlstein, 18. Oktober 1976.

11 NA: RG 165:2657–B–801/B; E. Herzfeld, *Meine letzten Jahre in Deutschland,* in LBI/NY: M.E. 163, S. 4; M. Rosenblüth, *Go Forth and Serve,* S. 252–254.

12 J. R. Marcus, *Rise and Destiny of the German Jews,* S. 8–11; L. S. Dawidowicz, *War Against the Jews,* S. 177 f.

13 Brief der Berliner Gemeinde, nachgedruckt in S. Adler-Rudel, *Jüdische Selbsthilfe,* S. 84; J. Prinz, *A Rabbi Under the Hitler Regime,* in: H. A. Strauss und K. R. Grossmann (Hrsg.), Gegenwart im Rückblick, S. 232 f.; R. Weltsch, Leitartikel, nachgedruckt in W. G. Plaut, *Growth of Reform Judaism,* S. 131–133; L. Baeck, *Leo Baeck zum Boykott-Tag,* in AJR Information, April 1973, S. 3.

14 L. Baeck, *Leo Baeck zum Boykott-Tag,* in: AJR Information, April 1973, S. 3.

15 A. Elon, *The Israelis,* S. 68 f.

16 L. S. Dawidowicz, *War Against the Jews,* S. 171 f.; L. Baeck, *In Memory of Thwo of Our Dead,* in: LBIY 1956, S. 51 f.; ebenso H. G. Reisner, *The Histories of Kaufhaus N. Israel and of Wilfred Israel,* in: LBIY 1958, S. 249 f.; M. Gruenewald, *The Beginning of the Reichsvertretung,* in: LBIY 1956, S. 59 f.

17 L. Baeck, *Gedenken an zwei Tote,* undatierter Sonderdruck des LBIY, S. 311; *The German-Jewish Question,* Institut für Zeitgeschichte: MA 108 (ein Exemplar befindet sich auch beim LBI/J; Franz Meyer, OHP, 00264, in Hebrew University, Institute of Contemporary Jewry; Hans-Erich Fabian, *Zur Entstehung der „Reichsvereinigung der Juden in Deutschland",* in: H. A. Strauss und K. R. Grossmann (Hrsg.), *Gegenwart im Rückblick,* S. 168; Sitzungsprotokoll der Reichsvertretung, 16. Juni 1933, in LBI/J: Akte A, Ziffer A 48; Sitzungsprotokoll der Reichsvertretung, 25. Juni 1933, im *Zentralarchiv für die Geschichte des jüdischen Volkes:* Hamburger Stadtarchiv, AHW/871.

18 Zur Organisation der Reichsvertretung: K. J. Ball-Kaduri, *The National Representation of Jews in Germany – Obstacles and Accomplishments at Its Establishment,* S. 159 ff.; einschließlich der Mss. von Ernst Herzfeld und Franz Meyer, in: *Yad Vashem Studies,* 1958; ferner Hans-Erich Fabian, *Zur Entstehung der „Reichsvereinigung der Juden in Deutschland",* in H. A. Strauss und K. R. Grossmann (Hrsg.), Gegenwart im Rückblick, S. 168; L. Baeck, *Gedenken an zwei Tote,* undatierter Sonderdruck aus LBIY, S. 311; ebenso in LBI/NY: AR.C.A. 103 221 zum Briefwechsel über Ereignisse des Sommers und Frühherbstes 1933, und die Sitzungsprotokolle. Für die Darstellung der Wahl Baecks habe ich obiges Material und folgende Interviews benutzt: Joachim Prinz, 1. Mai 1974; Max Kreutzberger, 2. Juni 1974; Ernst G. Löwenthal, 18. Juni 1974; Friedrich Brodnitz, 14. Februar 1974; s. a. Jüdische Rundschau, 20. September 1933.
Material über Otto Hirsch enthält neben obigen Quellen: *Otto Hirsch – Ein Lebensweg,* ohne Seitenzahlen, Jüdische Rundschau, 20. September 1933; Interview Ernst Simon, 30. Mai 1975; der zitierte Freund Hirschs ist Leopold Marx; „Zur Grundsteinlegung für Jad Otto Hirsch", Text der am 9. April 1958 gehaltenen Rede, überlassen von Ch. Gichermann; Theodor Heuss, Brief an R. Berlak, 2. November 1956, überlassen von A. S. und M. Dreyfus.

19 L. Baeck, *Das Wesen des Judentums,* S. 278; L. Baeck, *Dieses Volk.*

9. Widerstand

1 LBI/NY: AR.C.A. 103 211; I. Elbogen, *Century of Jewish Life,* S. 651; Hans-Erich Fabian, *Zur Entstehung der „Reichsvereinigung der Juden in Deutschland",* in: H. A. Strauss und K. R. Grossmann (Hrsg.), Gegenwart im Rückblick, S. 173f.; Max Gruenewald, *The Beginning of the Reichsvertretung,* in: LBIY 1956, S. 60–67.

2 L. Baecks Brief an C. Weizmann, 29. September 1933, in LBI/NY: LB Briefe, Chaim Weizmann-Ordner; Interview Friedrich Brodnitz, 14. Februar 1974; Interview Joachim Prinz, 3. Juni 1975; ebenso Interview mit Werner Rosenstock, 30. Mai 1974, und Rudolf Callmann, 1. Mai 1974; Artikel ohne Titel von Julius Brodnitz, in: C. V. Zeitung, 20. September 1933, S. 1, und Ausschnitt ohne Titel aus Jüdische Rundschau, 27. Februar 1934; Hans-Erich Fabian, *Zur Entstehung der „Reichsvereinigung der Juden in Deutschland",* in: H. A. Strauss und K. R. Grossmann (Hrsg.), Gegenwart im Rückblick, S. 174; verschiedene Reichsvertretungskorrespondenz, in LBI/NY: AR.C.A. 103 221.

3 A. Leschnitzer, *Der unbekannte Leo Baeck,* in: Aufbau, 30. November 1956, S. 15; Interviews mit Adolf Leschnitzer, 28. Oktober 1975; Friedrich Brodnitz, 14. Februar 1974; Eva G. Reichmann, 27. Mai 1974; Ernst G. Löwenthal, 18. Juni 1974; Rudolf Callmann, 1. Mai 1974; Max Kreutzberger, 3. Juni 1974; Fritz Bamberger, 18. Oktober 1974.

4 L. Baeck, *Gedenken an zwei Tote,* undatierter Sonderdruck aus LBIY, S. 311f.; L. Baeck, *In Memory of Two of Our Dead,* in: LBIY 1956, S. 54; E. Simon, *Jewish Adult Education in Nazi Germany as Spiritual Resistance,* in: LBIY 1956, S. 72f.; *Otto Hirsch – Ein Lebensweg,* ohne Seitenzahlen; S. Moses, *The Impact of Leo Baeck's Personality on his Contemporaries,* in: LBIY 1957, S. 6f.

5 Brief der Reichsvertretung an die Reichsregierung vom 16. 1. 1933, in LBI/NY: 5 (221); weitere auf dieses Doku-

ment bezügliche Papiere sind im Institut für Zeitgeschichte: MA 108; Auswärtiges Amt: Dienstgebäude, Bestand Inland, II A/B Nr. 39/1; siehe auch L. S. Dawidowicz, *War Against the Jews,* S. 184 ff.

6 Auswärtiges Amt: Dienstgebäude, Bestand Inland, II A/B Nr. 39/1; Jüdische Rundschau, 18. Mai 1934, S. 3.

7 H. L. Feingold, *Politics of Rescue,* S. 11, 5.

8 L. Baeck, *In Memory of Two of Our Dead,* in: LBIY 1956, S. 54; E. Simon, *Jewish Adult Education in Nazi Germany as Spiritual Resistance,* in: LBIY 1956, S. 98; A. Hodes, *Martin Buber,* S. 105; Zentralarchiv für die Geschichte des jüdischen Volkes: Hamburger Stadtarchiv, AHW/871; E. Helmreich, *Religious Education . . .,* S. 202.

9 Interview Max Vogelstein, 3. Dezember 1974; Interview Ignaz Maybaum, 29. Mai 1974; L. Baeck, Brief an M. Buber, 14. Juni 1932, in: JNL, Buber Coll. 75.

10 F. Friedländer, *Trials and Tribulations of Jewish Education in Nazi Germany,* in: LBIY 1958, S. 187 f.; E. Simon, *Jewish Adult Education in Nazi Germany as Spiritual Resistance,* in: LBIY 1956, S. 68 f.

11 M. Buber, *Briefwechsel aus sieben Jahrzehnten,* Bd. 2; H. Gerson, Brief an M. Buber, 13. Juni 1933, a.a.O., S. 486; L. Baecks Brief an M. Buber, 21. Juni 1933, a.a.O., S. 491. Bubers Antworten in: JNL, Buber Coll. 75/1, beide datiert 22. Juni 1933; M. Bubers Brief an H. Gerson, 23. Juni 1933; M. Buber, *Briefwechsel aus sieben Jahrzehnten,* Bd. 2, S. 494; L. Baeck, Brief an M. Buber, 14. Dezember 1933, und M. Buber, Brief an L. Baeck, 23. Februar 1934, beide in: JNL, Buber Coll. 75/1. Siehe auch I. Elbogen, *A Century of Jewish Life,* S. 650.

12 H. Gaertner, *Problems of Jewish Schools in Germany During the Hitler Regime,* in: LBIY 1956, S. 125–128; E. Simon, *Jewish Adult Education in Nazi Germany as Spiritual Resistance,* in: LBIY 1956, S. 81–84; American Joint Distribution Committee, *Activities . . . 1937,* S. 50.

13 F. Friedländer, *Trials and Tribulations of Jewish Education in Nazi Germany,* in: LBIY 1958, S. 199; L. S. Dawidowicz, *War Against the Jews,* S. 190.

14 G. Lotan, *Die Zentralwohlfahrtsstelle,* in: LBIY 1958, S.

203 f.; American Joint Distribution Committee, *Activietes . . . 1937,* S. 65; Interview Frederick J. Perlstein, 18. Oktober 1976.

15 American Joint Distribution Committee, *Activities . . . 1937,* S. 38; E. Helmreich, *Religious Education in German Schools,* S. 201 f.; W. Hamburger, *The Reactions of Reform Jews to the Nazi Rule,* in: H. A. Strauss und K. R. Grossmann (Hrsg.), Gegenwart im Rückblick, S. 158 ff.; S. Schiratzki, *The Rykestrasse School in Berlin – A Jewish Elementary School During the Hitler Period,* in: LBIY 1960, S. 300–303.

16 A. Guttmann, *Hochschule Retrospective,* in: CCAR Journal, Herbst 1972, S. 77; R. Fuchs, *Die „Hochschule für die Wissenschaft des Judentums" in der Nazizeit,* in: LBIY 1967, S. 20; American Joint Distribution Committee, *Activities . . . 1937,* S. 60; A. Guttmann, *Hochschule Retrospective,* in: CCAR Journal, Herbst 1972, S. 75; Interview Alexander Guttmann, 19. April 1977; W. Hamburger, *Leo Baeck – der letzte Lehrer der Lehranstalt,* in: Paul Lazarus-Gedenkbuch, S. 125; Interview Emil Fakkenheim, 10. Oktober 1973; Frau Ismar Elbogen, *Die Hochschule für die Wissenschaft des Judentums in Berlin in den Jahren 1933–1938,* Ms., Yad Vashem 01/140.

17 R. Fuchs, *Die „Hochschule für die Wissenschaft des Judentums" in der Nazizeit,* in: LBIY 1967, S. 8 f.; O. Lehmann, Brief, AJR Information, Februar 1964, S. 12; Interview Leo Lichtenberg, 19. April 1977.

18 L. Baeck, Brief an Dr. Kaufmann, 25. Februar 1936, überlassen von A. S. und M. Dreyfus; American Joint Distribution Committee, *Activities . . . 1937,* S. 53; R. Fuchs, *Die „Hochschule für die Wissenschaft des Judentums" in der Nazizeit,* in: LBIY 1967, S. 13 f., 23; E. Simon, *Jewish Adult Education in Nazi Germany as Spiritual Resistance,* in: LBIY 1956, S. 84 f.; Interview Etta Japha, 12. November 1973.

19 G. Lotan, *Die Zentralwohlfahrtsstelle,* in: LBIY 1959, S. 195 ff., 201 ff., 205 f.; American Joint Distribution Committee, *Activities . . . 1937,* S. 29 ff., 33.

20 American Joint Distribution Committee, *Activities . . .*

1937, S. 1f., 8, 55, 58, 83; Cora Berliner, in LBI/NY:24 (1578); Interview Friedrich Brodnitz, 14. Februar 1974; Hans-Erich Fabian, *Zur Entstehung der „Reichsvertretung der Juden in Deutschland",* in: H. A. Strauss und K. R. Grossmann (Hrsg.), Gegenwart im Rückblick, S. 169.

21 Interview Frank F. Rosenthal, 21. Januar 1974; J. Prinz, *Ein Rabbiner unter dem Hitlerregime,* in: H. A. Strauss und K. R. Grossmann (Hrsg.), Gegenwart im Rückblick, S. 234–237; E. H. Boehm, *We survived,* S. 287.

22 L. P. Lochner, *Round Robins from Berlin,* Wisconsin Magazine of History, Sommer 1967, S. 325; H. Freeden, *Jüdisches Theater in Nazideutschland,* S. 166; Interview Eva G. Reichmann, 27. Mai 1974; Freeden, a.a.O., S. 18ff., 53, 159.

23 Interviews Eva G. Reichmann, 27. Mai 1974; Herman Schaalman, 10. November 1973; Emil Fackenheim, 10. Oktober 1973; Friedrich Brodnitz, 14. Februar 1974; L. P. Lochner, *Round Robins from Berlin,* in: Wisconsin Magazine of History, Sommer 1967, S. 323; LBI/NY: 34 AR (363).

24 J. R. Marcus, *Rise and Destiny of the German Jew,* S. 6, 271f.; Max Gruenewald, *About the Reichsvertretung der deutschen Juden,* Referat zum Yivo Colloquium, 25. Dezember 1967, S. 4; H. L. Feingold, *Politics of Rescue,* S. 6; Interview S. Adler-Rudel, 3. Juni 1975; E. H. Flannery, *Anguish of the Jews,* S. 228f.; E. Simon, *Jewish Adult Education in Nazi Germany as Spiritual Resistance,* in: LBIY 1956, S. 90f.; H. Arendt, *Eichmann in Jerusalem,* S. 11f.; A. Kazin, *Can Today's Movies Tell the Truth About Fascism?* in: N.Y. Times, 12. Januar 1975, Teil 2, S. 1.

25 Interviews Max Kreutzberger, 3. Juni 1974; Frank Rosenthal, 21. Januar 1974; Walter Zander, 27. Dezember 1974; Wolli Kaelter, 22. April 1976. Manfred E. Swarsensky, *Out of the Root of Rabbis,* in: H. A. Strauss und K. R. Grossmann (Hrsg.), Gegenwart im Rückblick, S. 226.

10. Kristallnacht

1 K. R. Grossmann, *Flight or Emigration*, S. 1; Interviews

Emil Fackenheim, 10. Oktober 1973; Robert Weltsch, 31. Mai 1974; Hildegard Biermann, 26. März 1974.

2 J. Toland, *Adolf Hitler,* S. 379, 392; L. S. Dawidowicz, *War Against the Jews,* S. 192 f.; F. Friedländer, *Trials and Tribulations of Jewish Education in Nazi Germany,* in: LBIY 1958, S. 198 f.; I. Elbogen, *A Century of Jewish Life,* S. 640; J. Fest, *Hitler;* Interview Werner Rosenstock, 30. Mai 1974.

3 *American Jewish Year Book,* Bd. 40, S. 196 f.; Max Gruenewald, *About the Reichsvertretung der Deutschen Juden,* S. 7; L. S. Dawidowicz, *War Against the Jews,* S. 97 f.; Yad Vashem: Fa506/14, Blatt 18–19; Interviews Alfred Jospe, 19. Februar 1974; Yehoshua Amir, 15. Juni 1974; Israel Neumark, 16. Juni 1975.

4 H. I. Bach, *Leo Baeck,* in: Synagogue Review, Januar 1957, S. 140; L. Baecks Briefe an von Veltheim, 29. Dezember 1933 und 26. April 1932, überlassen von A. S. und M. Dreyfus; Interviews Leo Adam, 26. Mai 1974; Friedrich Brodnitz, 14. Februar 1974; Ellen Littmann, 29. Mai 1974; Uta C. Merzbach, 8. Mai 1974; Heinz Warschauer, 12. Oktober 1973.

5 E. H. Boehm, *We Survived,* S. 285 f.

6 Siehe F. Bamberger, *Leo Baeck: The Man and the Idea,* in: M. Kreutzberger, Studies of the Leo Baeck Institute, S. 8 f.

7 Interviews Georg Salzberger, 6. August 1973; Frank F. Rosenthal, 21. Januar 1974; Ignaz Maybaum, 29. Mai 1974; Fritz Bamberger, 18. Oktober 1974. Siehe auch undatiertes Telegramm gezeichnet „Neumeyer" an Rabbiner R. Weinberger in Regensburg, in Wiener Library; Denkschrift von Hans G. Reichmann, Wiener Library; London Times, 9. Oktober 1935, unpaginierter Zeitungsausschnitt, Wiener Library. Dokumente über amerikanisch-christlichen Protest, in Auswärtiges Amt: Dienstgebäude, Bestand Inland II/A/B Nr. 39/1.

8 F. Goldschmidt, *Der Anteil der deutschen Juden an der Gründung und Entwicklung des Ordens B'nai B'rith,* in: Festschrift zum 80. Geburtstag von Leo Baeck am 23. Mai 1953, S. 61; F. A. Doppelt, *Unconquerable Soul,* S. 8 f.; E. H. Boehm, *We Survived,* S. 286 f.

9 E. G. Löwenthal, *Berlin, Fasanenstraße 79/80,* Allgemeine, 1. November 1957, unpaginierter Zeitungsausschnitt; W. Breslauer, *Glückwunsch aus dem Kreis der „alten" Jüdischen Gemeinde,* in: H. A. Strauss und K. R. Grossmann (Hrsg.), Gegenwart im Rückblick, S. 13; zu den Auseinandersetzungen in der Reichsvertretung: Central Zionist Archives; H. Stahl, Brief, 30. August 1934 (A 142/123); Sitzungsprotokoll, 19. Februar 1937 (A 142/86).

10 H. S. Levine, *A Jewish Collaborator in Nazi Germany: The Strange Career of Georg Kareski, 1933–37,* in: Central European History, September 1975, S. 251–281; Interview Adolf Leschnitzer, 28. Oktober 1975; Central Archives for the History of the Jewish People: P 82/16 (siehe auch P 82/29); Yad Vashem, 01/156, 01/127; L. S. Dawidowicz, *War Against the Jews,* S. 194 f.; Interview J. K. Ball-Kaduri, 18. Juni 1975.

11 Der Bericht über den Streit Kareski/Baeck stützt sich auf folgende Quellen: Interview mit Max Gruenewald, 1. Mai 1974, und Israel Neumark, 16. Juni 1975; K. J. Ball-Kaduri, *Leo Baeck and Contemporary History,* in: Yad Vashem Studies, 1967, S. 128; Max Gruenewald, *About the Reichsvertretung der deutschen Juden,* S. 2 ff.; K. Boehm, Bericht ohne Titel in: Blätter jüdischen Wissens, Bne Brith, 1947, S. 16 f.; *American Jewish Year Book,* Bd. 40, S. 203; Yad Vashem, 01/93, 01/112 a; LBI/NY: Hans G. Reichmann, Brief, 3. Januar 1965 an Max Gruenewald (AR C. A. 103/221–30) und Ernst Herzfeld, *Meine letzten Jahre in Deutschland,* Ms., S. 25–39; *Bericht über Schwierigkeiten der Reichsvertretung,* 6. Juli 1937, Ms. ohne Angabe des Verfassers und ohne Seitenzahl, in: LBI; Aktenordner G II, Ziffer G. 18.

12 Interviews Ellen Littmann, 29. Mai 1974; B. Manuel, 5. Juni 1974; Betty Cohen, 14. Juni 1975; Herman O. Pineas, 4. September 1975; Eva G. Reichmann, 27. Mai 1974; Fritz Bamberger, 18. Oktober 1974; Manfred E. Swarsensky, 15. November 1974; Ernst G. Löwenthal, 18. Juni 1974; Alfred Jospe, 19. Februar 1974; Wolli Kaelter, 22. April 1976; Margarete Muehsam, 17. Oktober 1974; Magnus Davidsohn, Brief, 23. Mai 1957, in LBI/NY; H.

Berlak an von Veltheim, 9. März 1937; L. Baeck, Briefe an von Veltheim, 7. August 1936 und 17. November 1937; L. Baecks Grabrede für Natalie Baeck: überlassen von A. S. und M. Dreyfus.

13 Max Nussbaum, Kommentare in Yad Vashem: 01/222, S. 3 f.; Interview H. Viermann, 25. März 1974; Interview Heinz Warschauer, 12. Oktober 1973; Interview W. Gunther Plaut, 13. Mai 1975; Hebrew University, Institute of Contemporary Jewry, OHP: Joachim Prinz, 00322 sowie Interview Joachim Prinz, 1. Mai 1974; M. Gruenewald, *Leo Baeck: Witness and Judge,* in: Judaism, 1957; S. 195, Interview Ignaz Maybaum, 29. Mai 1974; Interview Eva G. Reichmann, 27. Mai 1974; A. Leschnitzer, *Der unbekannte Leo Baeck,* in: Aufbau, 30. November 1956, S. 15 f.

14 Zur allgemeinen Diskussion über jüdische Emigration: Central Zionist Archives, A 142–86; Interview Friedrich Brodnitz, 14. Februar 1974; W. Hamburger, *The Reactions of Reform Jews to the Nazi Rule,* in: H. A. Strauss und K. R. Grossmann (Hrsg.), Gegenwart im Rückblick, S. 155; W. T. Angress, *Auswanderlehrgut Groß-Breeson,* in: LBIY 1965, S. 168 f.; H. Bruening, *Briefe und Gespräche 1934–1940,* S. 162 f.; E. H. Boehm, *We Survived,* S. 184; J. Prinz, *Ein Rabbiner unter dem Hitler-Regime,* in: H. A. Strauss und K. R. Grossmann (Hrsg.), Gegenwart im Rückblick, S. 238; Interview Rudolf Callmann, 1. Mai 1974. Interviews Leo Lichtenberg, 19. April 1977; Alfred Wolf, 23. April 1976; Wolli Kaelter, 22. April 1976; W. Gunther Plaut, 13. Mai 1975; Herman Schaalman, 10. November 1973. Vom „goldenen Buch“ sprach Baeck sowohl zu H. G. Adler (Interview 25. Mai 1974) als auch zu Wolli Kaelter.

15 Interview Gertrud Gallerski, 30. Oktober 1975; Fritz Friedländer, *Größe, Güte, Unerbittlichkeit – Einige Erinnerungen an Leo Baeck,* unveröffentl. Ms., überlassen von H. I. Bach, S. 8. Briefe Baecks in LBI/NY: an Frau Razowsky, 4. September 1938, in: Frau Razowsky-Ordner; an Walter Heinemann, 5. Dezember 1937, in Walter Heinemann Ordner; an Oberrabbiner Landau, 22. April 1936, in JNL: Ordner 56-B; an Rabbiner J. H. Hertz, undatiert,

überlassen von A. S. und M. Dreyfus. Interview Fritz Bamberger, 18. Oktober 1974; Interview Alexander Guttmann, 19. April 1977; Interview Leo Adam, 26. Mai 1974; ebenso Interviews Ellen Littmann, 29. Mai 1974; Werner Rosenstock, 30. Mai 1974.

16 Interviews mit Robert Weltsch, 31. Mai 1974, und Max Kreutzberger, 3. Juni 1974; H. L. Feingold, *Politics of Rescue,* S. 14f.

17 F. K. Wiebe, *Germany and the Jewish Problem,* S. 15.

18 Werner Rosenstock, *Exodus 1933–1939 – Ein Überblick über die jüdische Auswanderung aus Deutschland,* undatierter Bericht, überlassen von W. Rosenstock, S. 401; S. Safir, *American Diplomats in Berlin (1933–1939),* in: Yad Vashem Studies, 1973, S. 79–82; Yad Vashem: 01/222; L. Baker, *Brahmin in Revolt,* S. 298; H. L. Feingold, *Politics of Rescue,* S. 19.

19 Weizmann Archives: Weizmann an Stephan Wise, 27. März 1933 (6); Gesprächsnotizen, 13. Juni und 14. Juni 1933 (53); Gesprächsnotizen, 1. März 1933 (203–4); H. L. Feingold, *Politics of Rescue,* S. 47; R. Hilberg, *Destruction of the European Jews,* S. 259.

20 Central Zionist Archives: L. Baeck an C. Weizmann, 3. Dezember 1936 (S 25/4580); L. Baeck an „Lieber Herr Dr. Senator“, 9. November 1937 (S 25/3246).

21 A. Guttmann, *Hochschule Retrospective,* in: CCAR Journal, Herbst 1972, S. 75; Interview Alexander Guttmann, 19. April 1977; E. H. Flannery, *Anguish of the Jews,* S. 214f.; R. Grunberger, *The 12-Year Reich,* S. 112; R. Hilberg, *The Destruction of the European Jews,* S. 661; Yad Vashem: FA 506/14, Blatt 10; Werner Rosenstock, *Exodus 1933–1939 – Ein Überblick über die jüdische Auswanderung aus Deutschland,* undatierter Bericht, überlassen von W. Rosenstock, S. 399; American Joint Distribution Committee, *Activities . . . 1937,* S. 10, 22; A. Prinz, *The Role of the Gestapo in Obstructing and Promoting Jewish Emigration,* in: Yad Vashem Studies 1958, S. 209f.

22 K. R. Grossmann, *Flight or Emigration, 1933 through 1938,* S. 22; Achilles-Memorandum, nachgedruckt in: Encyclopaedia Judaica, Bd. 6, S. 990.

23 S. Z. Katz, *Public Opionion in Western Europe and the Evian Conference of July 1938,* in: Yad Vashem Studies 1973, S. 108–113; E. Marcus, *The German Foreign Office and the Palestine Question in the Period 1933–1939,* in: Yad Vashem Studies 1958, S. 194; K. R. Grossmann, *Flight or Emigration, 1933 through 1938,* S. 29f.; H. L. Feingold, *Politics of Rescue,* S. 26–38; W. Laqueur, *History of Zionism,* S. 507f., *Jewish Munich,* aus dem oben erwähnten Artikel von S. Z. Katz, S. 105; Bericht der Reichsvertretung an die Konferenz von Evian, in LBI/NY; Max Elk, *Leo Baeck – 80 Jahre,* undatierter Zeitungsausschnitt, überlassen von A. S. und M. Dreyfus.

24 H. Eschwege, *Resistance of German Jews Against the Nazi Regime,* in: LBIY 1977, S. 145f.; Werner Rosenstock, *Exodus 1933–1939 – Ein Überblick über die jüdische Auswanderung aus Deutschland,* undatierter Bericht, überlassen von W. Rosenstock, S. 380–400; Bericht der Reichsvertretung an die Konferenz von Evian, Anlagen 1, 3, in LBI/NY; Time, 1. Juni 1953, S. 54, und Proklamation der Reichsvertretung 1934, überlassen von A. S. und M. Dreyfus; Eva Michaelis-Stern, Brief an Hans I. Bach, 3. September 1973, überlassen von H. I. Bach; E. H. Boehm, *We Survived,* S. 286.

25 Smith-Zitat in: NA: RG 165, 2657–B–801/5; Baeck-Zitate, in: LBIY 1957, S. 36f.

26 NA: RG 165, 2657–B–801/5; LBI/NY: 5 (170).

27 NA: RG 165, 2657–B–801; M. Bruce, *Tramp Royal,* S. 240f.; Interview Emil Fackenheim, 10. Oktober 1973; S. Schiratzki, *The Rykestrasse School in Berlin – A Jewish Elementary School During the Hitler Period,* in: LBIY 1960, S. 305f.; Interview Werner Rosenstock, 30. Mai 1974; Ernst Herzfeld, *Meine letzten Jahre in Deutschland,* Ms., S. 45ff., in LBI/NY (ME 163); Interview Alexander Guttmann, 19. April 1977; A. Prinz, *The Role of the Gestapo in Obstructing and Promoting Jewish Emigration,* in: Yad Vashem Studies 1958, S. 213; Besuch des Autors in Oppeln, 18. Juni 1974; Yad Vashem: 01/222, S. 1f.

28 Interview Ernst G. Löwenthal, 18. Juni 1974; Hans Klee,

in Yad Vashem: 01/217; Statistik der Vernichtung aus Unterlagen der Nazis, in LBI/NY: 5 (170), S. 582, 587; K. J. Ball-Kaduri, *Vor der Katastrophe,* S. 166.

29 R. Fuchs, *The Hochschule für die Wissenschaft des Judentums in the Period of Nazi Rule,* in: LBIY 1967, S. 24; K. J. Ball-Kaduri, *Vor der Katastrophe,* S. 195; K. J. Ball-Kaduri, *The Central Jewish Organization in Berlin During the Pogrom of November 1938,* in: Yad Vashem Studies 1959, S. 261–281; L. P. Lochner, *Round Robins from Berlin,* in: Wisconsin Magazine of History, Sommer 1967, S. 324; L. Baker, *Roosevelt and Pearl Harbor,* S. 120.

30 LBI/NY: 5 (170), S. 585; J. Toland, *Adolf Hitler,* S. 528; Baeck-Zitate in: LBIY 1957, S. 36.

31 L. Baeck, *Gedenken an zwei Tote,* undatierter Sonderdruck, S. 312 f., und K. J. Ball-Kaduri, *Vor der Katastrophe,* S. 192; auch: *Otto Hirsch – Ein Lebensweg,* ohne Seitenzahl; Interview Alfred Jospe, 19. Februar 1974.

32 L. Baeck, Brief an I. Elbogen, 25. Januar 1939, in LBI/NY: 6 (696); Interview Alfred Jospe, 19. Februar 1974; Interview Max Gruenewald, 1. Mai 1974; Interview Yehoshua Amir, 12. Juni 1975; Interview Gustav Horn, 16. Juni 1975; Interview Ignaz Maybaum, 29. Mai 1974; M. Bruce, *Tramp Royal,* S. 242.

11. Krieg

1 NA: RG 165, 2657–B–801/2. Auch: H. L. Feingold, *Politics of Rescue,* S. 41–44; S. Shafir, *American Diplomats in Berlin (1933–1939),* in: Yad Vashem Studies, 1973, S. 95 f.

2 M. Nussbaum, *Ministry Under Stress,* in: H. A. Strauss und K. R. Grossmann (Hrsg.), Gegenwart im Rückblick, S. 240; Werner Rosenstock, *Exodus 1933–1939 – Ein Überblick über die jüdische Auswanderung aus Deutschland,* undatierter Bericht, S. 399.

3 Interview Marianne Dreyfus, 12. Februar 1974; L. Baeck an Berlaks, 30. März und 2. April 1939, überlassen von A. S. und M. Dreyfus; Interview H. G. Adler, 25. Mai 1974

4 L. Baeck an C. Weizmann, 21. Mai 1939, in LBI/NY: LB

Briefe, Chaim Weizmann-Ordner; Weizmann Archives: L 13/A 45; C. Weizmann an L. Baeck, 15. Juni 1939, Central Zionist Archives: L 13/145.

5 Interview Ernst G. Löwenthal, 18. Juni 1974; L. Baeck, Brief an Dr. J. Picard, 28. Mai 1940, in LBI/NY: 57 (221). Andere Briefe in LBI/NA: LB Briefe, Karl Guggenheim-, Walter Heinemann-, Fritz V. Gutfeld-Ordner.

6 L. S. Dawidowicz, *War Against the Jews,* S. 105; K. J. Ball-Kaduri, *Berlin is „Purged" of Jews,* in: Yad Vashem Studies 1963, S. 292; Institut für Zeitgeschichte: Eich/1444; Hans-Erich Fabian, *Zur Entstehung der „Reichsvereinigung der Juden in Deutschland",* in: H. A. Strauss und K. R. Grossmann (Hrsg.), Gegenwart im Rückblick, S. 170–176; R. Hilberg, *Destruction of the European Jews,* S. 124 f.; Hans-Erich Fabian, a.a.O., S. 166; *Otto Hirsch – Ein Lebensweg,* ohne Seitenzahl.

7 LBI/J: Ordner G, Ziffer G–02; Finanzbericht der Reichsvereinigung an American Joint Distribution Committee, 28. Dezember 1939, im Besitz des Verfassers.

8 Interview Herbert A. Strauss, 11. November 1973; Interview Frank F. Rosenthal, 21. Januar 1974; R. Hilberg, *The Destruction of the European Jews,* S. 188 f., 661.

9 A. Guttmann, *Hochschule Retrospective,* in: CCAR Journal, Herbst 1972, S. 74; Interview Alexander Guttmann, 19. April 1977.

10 H. H. von Veltheim-Ostrau, *Der Atem Indiens,* S. 15 f.; F. Bamberger, *Leo Baeck: The Man and the Idea,* in: M. Kreutzberger, Studies of the Leo Baeck Institute, S. 9; A. S. Dreyfus, *Leo Baeck: As We Remember Him,* in: Leo Baeck Remembered, S. 5 f.; A. S. Dreyfus, *Of Rabbinical Lineage,* in: E. G. Reichmann, Worte des Gedenkens, S. 156; auch: L. Baeck, *Die Schöpfung des Mitmenschen,* Sonderdruck aus: Soziale Ethik im Judentum, S. 9.

11 Interview Eva G. Reichmann, 17. Mai 1974; F. A. Doppelt, *Unconquerable Soul,* S. 11; E. Simon, in „Lerntag"; Interview Georg Salzberger, 6. August 1973; undatierter Brief, überlassen von A. S. und M. Dreyfus; L. Baeck, *Von Moses Mendelssohn zu Franz Rosenzweig,* S. 17. Interview Wolli Kaelter, 22. April 1976.

12 Brief ohne Unterschrift an I. I. Mattuck, Dezember 1939, überlassen von A. S. und M. Dreyfus; L. A. Katz, *Why Dr. Leo Baeck Refused US offer to Rescue Him from the Nazis in 1939,* in: National Jewish Monthly, Oktober 1964, S. 7 f., 19.

13 LBI/NY: Hannah Karminski-Ordner.

14 E. G. Reichmann, unbetitelter Artikel in: LBIY 1958, S. 361 ff.; H. Walz, Brief an Leo Baeck Institute, 16. Juni 1967, in LBI/NY; G. Ritter, *Carl Goerdeler und die deutsche Widerstandsbewegung;* K. J. Ball-Kaduri, *Vor der Katastrophe;* S. 42, K. J. Ball-Kaduri, *Did the German Jews Resist?* in: Yad Vashem Bulletin, März 1961, S. 31; NA: RG 59, OSS-R&A 609; M. Balfour und J. Frisby, *Helmuth von Moltke,* S. 78 f.; Interview Alexander Altmann, 14. Oktober 1975; E. H. Boehm, *We Survived,* S. 289. Ein Exemplar von *Die Entwicklung der Rechtsstellung und des Platzes der Juden in Europa, vornehmlich in Deutschland vom Altertum bis zum Beginn der Aufklärungszeit* befindet sich in LBI/NY.

15 H. Karminski, Brief, 11. April 1941, in LBI/NY: Hannah Karminski-Ordner AR–C.A. 154/330; Marianne Dreyfus, *Leo Baeck,* S. 4, überlassen von M. Dreyfus; A. S. Dreyfus, *Of Rabbinical Lineage,* in: E. G. Reichmann, *Worte des Gedenkens,* S. 157; Interview A. Stanley Dreyfus, 12. Februar 1974; Interview Ernst Ludwig Ehrlich, 4. Juni 1974; H. Karminski, Brief, 26. November 1941, in LBI/NY: Hannah Karminski-Ordner, AR–C.A. 154/330; Interview Herman O. Pineas, 4. September 1975.

16 J. F. Oppenheimer (Hrsg.), *Lexikon des Judentums,* S. 745; Theodore Hirsch Memorandum, 12. Mai 1960, in Yad Vashem: 01/285; Daily News Bulletin, 10. Juli 1945, S. 4; L. Baeck an Louis Hirsch (Ottos Vater), 6. Juni 1941, in LBI/NY: LB Briefe, Louis Hirsch-Ordner; L. Baeck an Hans Georg Hirsch, 15. Oktober 1940, überlassen von H. G. Hirsch; *Otto Hirsch – Ein Lebensweg,* ohne Seitenzahl; L. Baeck an S. Guggenheim, 24. September 1941, in LBI/NY: LB Briefe, Siegfried Guggenheim-Ordner.

17 Yad Vashem: 01/222. Cora Berliner, Brief, 21. Juni 1942, in LBI/NY: Hans Schaeffer-Coll., Cora Berliner-Ordner;

Bertha Badt-Strauss, *Drei Unvergessene,* in: AJR Information, April 1958, S. 8.

18 L. Baeck, Brief an H. Schaeffer, 27. November 1942, in LBI/NY: Hans Schaeffer-Coll., Hannah Karminski-Ordner.

19 L. Baeck an Rudolf Löb, 18. November 1942 und 2. April 1941, in LBI/NY: LB Briefe, Rudolf Löb-Ordner; L. Baeck an Immanuel Loew, 21. April 1940, in: Zeitschrift für die Geschichte der Juden, 1972, S. 4; Alfred Neumeyer-Ms., in LBI/NY (M. E. 192), S. 258f.; Interview Gertrud Luckner, 1. Juli 1974; N. Y. Times, 6. Juni 1977, S. 35.

20 Interview Robert Weltsch, 31. Mai 1974, zwei Briefe L. Baecks an Berlaks, undatiert, sowie Briefe vom 8. Dezember 1941 und 27. Februar 1942, überlassen von A. S. und M. Dreyfus.

21 Briefe datiert vom 31. Januar 1940 und 2. März 1939, in LBI/NY: LB Briefe, Robert R. Geis-Ordner; Interview Klara Caro, 14. Februar 1974.

22 L. Baeck, Briefe an von Veltheim, 30. April 1941 und 31. Dezember 1941, überlassen von A. S. und M. Dreyfus.

23 K. J. Ball-Kaduri, *Berlin is ‚Purged' of Jews,* in: Yad Vashem Studies 1963, S. 271f.; G. Scholem, *Messianic Idea in Judaism,* S. 257–281. Zusammenarbeit der Reichsvereinigung mit den Nazis: Institut für Zeitgeschichte, Eich/1150; Interview Ernst Ludwig Ehrlich, 4. Juni 1974; E. G. Reichmann, *Symbol of German Jewry,* in: LBIY 1957, S. 25; Interview Werner Rosenstock, 30. Mai 1974.

24 E. H. Boehm, *We Survived,* S. 288.

25 W. Hamburger, *Leo Baeck – The Last Teacher of the Lehranstalt,* in: Paul Lazarus-Gedenkbuch, S. 122; R. Fuchs, *The „Hochschule für die Wissenschaft des Judentums" in the Period of Nazi Rule,* in: LBIY 1967, S. 26; W. Hamburger, a.a.O., S. 120f.; R. Fuchs, a.a.O., S. 27; Plan der Übersiedlung der Hochschule nach England: LBIY 1967, a.a.O., S. 26ff., und W. Hamburger, a.a.O., S. 130; Veränderungen im Lehrkörper: LBIY 1967, a.a.O., S. 29, und W. Hamburger, a.a.O., S. 123f.; Beurteilung der Studenten: W. Hamburger, a.a.O., S. 30f.

26 L. Baeck, Brief an I. Elbogen, 25. April 1939, LBI/NY: 7 (696); L. Baeck, Brief an I. Elbogen, 23. Januar 1940 in LBI/NY: AR-C. 254/696; Interview Herbert A. Strauss 11. November 1973; Interview Ernst Ludwig Ehrlich, 4. Juni 1974; N. Peter Levinson, *Der Lehrer von Theresienstadt,* überlassen von N. P. Levinson.

27 L. Baeck, Brief an I. Elbogen, 26. Oktober 1940; in LBI/NY: AR-C. 254/696; R. Fuchs, *The „Hochschule für die Wissenschaft des Judentums" in the Period of Nazi Rule,* in: LBIY 1967, S. 29 ff.; L. Baeck, Brief an Berlaks, 16. Oktober 1940, überlassen von A. S. und M. Dreyfus; Ernst Ludwig Ehrlich, *Leo Baeck in Berlin 1940–1942,* in LBI/NY: Leo Baeck Allgemeine II–122 (365); W. Hamburger, *Leo Baeck – The Last Teacher of the Lehranstalt,* in: *Paul Lazarus-Gedenkbuch,* S. 126; L. Baeck, Brief an I. Elbogen, 19. Februar 1941, in LBI/NY: AR–C 254/696; Interview Ernst Ludwig Ehrlich, 4. Juni 1974; N. Peter Levinson, unbetitelter Aufsatz in: *Leo Baeck/H. G. van Dam,* S. 27 f.

28 L. Baeck, Briefe an Berlaks, 31. Juli 1942 und 25. Januar 1942, überlassen von A. S. und M. Dreyfus.

29 Interview Herbert A. Strauss, 11. November 1973; Ernst Ludwig Ehrlich, 4. Juni 1974.

30 NA: RG 59, OSS–R&A 609.

31 Interview Heinrich Grüber, 18. Juni 1974; H. Arendt, *Eichmann in Jerusalem,* S. 131.

32 E. H. Boehm, *We Survived,* S. 289; I. Harel, *The House on the Garibaldi Street,* S. 204, 232; LBI/NY: Ordner 3417/9.

33 R. Hilberg, *Destruction of the European Jews,* S. 257, 266; J. Fest, *Hitler;* Joseph Goebbels, *Tagebücher;* H. Arendt, *Eichmann in Jerusalem,* S. 108

34 Protokoll der Sitzung vom 20. März 1971, in NA: T–81, 676/548560–5; auch: Institut für Zeitgeschichte: MA 423; E. H. Boehm, *We Survived,* S. 289 f.

35 M. Henschel, *Die letzten Jahre der Jüdischen Gemeinde Berlin,* S. 1–4, in Yad Vashem: 1/51; J. Jacobson, *Bruchstücke 1939–1945,* S. 5, Ms. in LBI/NY: M.E. 560; M. Henschel, a.a.O.; Hans-Erich Fabian, *Die letzte Etappe,* in: Festschrift zum 80. Geburtstag von Leo Baeck am 23. Mai

1953, S. 89 f.; K. J. Ball-Kaduri, *Berlin is ‚Purged' of Jews,* in: Yad Vashem Studies 1963, S. 293.

36 J. Jacobson, *Bruchstücke 1939–1945,* S. 6 f.; E. H. Boehm, *We Survived,* S. 288.

37 Interviews mit Norbert Wollheim, 29. Oktober 1975, und Ernst Ludwig Ehrlich, 4. Juni 1974.

38 Interviews mit Ernst Ludwig Ehrlich, 4. Juni 1974, und Gertrud Luckner, 1. Juli 1974.

39 NA: RG 59, OSS–R&A 1550, *The German Communist Party,* S. 35 f.; über die Verhaftung jüdischer Funktionäre: Yad Vashem, 01/297; M. Henschel, *Die letzten Jahre der Jüdischen Gemeinde Berlin,* S. 4, in Yad Vashem: 01/51; K. J. Ball-Kaduri, *Did the Jews of Germany Resist?* in: Yad Vashem Bulletin, März 1961, S. 32; Interview Norbert Wollheim, 29. Oktober 1975.

40 L. Baeck, Brief an von Veltheim, 25. Mai 1942; von Veltheim, Brief an L. Baeck, 31. August 1942; L. Baeck an von Veltheim, 1. September 1942, alle überlassen von A. S. und M. Dreyfus; Yad Vashem: 01/50.

41 L. Baeck, Briefe an Berlaks, 29. September, 27. November 1942 und 4. Januar 1943, überlassen von A. S. und M. Dreyfus.

42 Interviews mit Alexander Guttmann, 19. April 1977, und Norbert Wollheim, 29. Oktober 1975.

43 Undatiertes Inventar, anscheinend z. Zt. von Baecks Verhaftung vorgenommen, überlassen von A. S. und M. Dreyfus.

44 Interview Herman O. Pineas, 4. September 1975; K. J. Ball-Kaduri, *Berlin is ‚Purged' of Jews,* in: Yad Vashem Studies 1963, S. 273; E. H. Boehm, *We Survived,* S. 290 f.

12. Theresienstadt

1 Interview Gertrud Luckner, 1. Juli 1974; Baronesse Maria von Hollitscher-Bojicevic, Brief an von Veltheim, 30. Januar 1943; Paula Glück, Brief an von Veltheim, 31. Januar 1943, überlassen von A. S. und M. Dreyfus.

2 Z. Lederer, *Ghetto Theresienstadt,* S. 2, 4.

3 K. J. Ball-Kaduri, *Berlin is ‚Purged' of Jews,* in: Yad

Vashem Studies 1963, S. 273; Z. Lederer, *Ghetto Theresienstadt,* S. 90; L. S. Dawidowicz, *War Against the Jews,* S. 137; H. Arendt, *Eichmann in Jerusalem,* S. 79–81, 133.

4 Z. Lederer, *Ghetto Theresienstadt,* S. 2f., 10f., 13f., 16–20, 30–33, 41, 49–52, 55; E. H. Boehm, *We Survived,* S. 222f.; „Terezin“, undatierter Bericht, überlassen von der CIA-Direktion.

5 NA: T–175, 22/2527354–6; Interview Uta C. Merzbach, 11. Oktober 1974; Z. Lederer, *Ghetto Theresienstadt,* S. 88.

6 L. Baecks Ankunftspostkarte befindet sich im Beit Theresienstadt; Brandeis University: Emma Fuchs, *Theresienstadt Documents;* Z. Lederer, *Ghetto Theresienstadt,* S. 1f., 37f.; Interview Uta C. Merzbach, 11. Oktober 1974; J. Jacobson, *Terezin: The Daily Life,* S. 2–3.

7 Institut für Zeitgeschichte: Eich/1239; E. H. Boehm, *We Survived,* S. 291; L. Baeck, *Life in a Concentration Camp,* in: Jewish Forum, März 1946, S. 30f.

8 Hebrew University: Institute of Contemporary Jewry, Oral History Division, Willi Groag, S. 98; Interview Hildegard Biermann, 25. März 1974; Interview Ilse Blumenthal-Weiss, 15. Oktober 1974; Interview Etta Japha, 10. November 1973.

9 E. Japha, *Dr. Leo Baeck,* in: Voice of Emanuel, 1. November 1962, ohne Seitenzahl; L. Baeck, Brief an H. O. Pineas, 17. Oktober 1945, in LBI/NY: LB-Briefe, Hermann O. Pineas-Ordner.

10 L. Baeck, *Life in a Concentration Camp,* in: Jewish Forum, März 1946, S. 31; Z. Lederer, *Ghetto Theresienstadt,* S. 44–47; Interview Uta C. Merzbach, 11. Oktober 1974; Interview H. G. Adler, 27. Mai 1974; Interview Herman Schaalman, 11. November 1973.

11 Interview Uta C. Merzbach, 11. Oktober 1974; J. Jacobson, *Terezin: The Daily Life,* S. 8f.; Brandeis University: Emma Fuchs, *Theresienstadt Documents;* E. H. Boehm, *We Survived,* S. 226f., 291; Brandeis University: Emma Fuchs, *Theresienstadt Documents,* Tagesbefehl Nr. 394 vom 24. Dezember 1943; J. Jacobson, *Bruchstücke 1939–1945,* Ms. in LBI/NY: M. E. 560; H. G. Adler, *Theresienstadt 1941–1945;* Hebrew University: Institute

of Contemporary Jewry, Oral History Project, Willi Groag, S. 100.

12 E. H. Boehm, *We Survived,* S. 288; Z. Lederer, *Ghetto Theresienstadt,* S. 137–142; Klara Caro, *Stärker als das Schwert!*, Ms. in LBI/NY, S. 3; Brandeis University: Emma Fuchs, *Theresienstadt Documents,* Mitteilungen der Jüdischen Selbstverwaltung Theresienstadt, Nr. 17, 3. Juni 1944.

13 L. Baeck, *Life in a Concentration Camp,* in: Jewish Forum, März 1946, S. 30 f.; E. H. Boehm, *We Survived,* S. 224.

14 Z. Lederer, *Ghetto Theresienstadt,* S. 61 f.; Brandeis University: Emma Fuchs, *Theresienstadt Documents,* Tagesbefehl Nr. 411 vom 15. Februar 1944; Tagesbefehl Nr. 373 vom 27. Oktober 1943; Tagesbefehl Nr. 367 vom 7. Oktober 1943; Tagesbefehl Nr. 387 vom 6. Dezember 1943; Z. Lederer, *Ghetto Theresienstadt,* S. 78 ff.; Hinrichtungen: Siegfried Seidls Berichte, 16. Oktober 1945, in Yad Vashem: 109/29, S. 2 f., und 4. Juni 1946, in Yad Vashem: 109/51, S. 24; Ghetto Fighters Museum, *Red Cross Report on Theresienstadt,* S. 13.

15 Brandeis University: Emma Fuchs, *Theresienstadt Documents,* Tagesbefehl Nr. 394 vom 29. November 1943; *Terezin,* undatierter Bericht, überlassen von der Direktion des CIA; Geburtenstatistik: Brandeis Universität, a.a.O., Tagesbefehl Nr. 95 vom 8. April 1942 und Z. Lederer, *Ghetto Theresienstadt,* S. 98 f.; Hebrew University, Institute of Contemporary Jewry, Oral History Project, Willi Groag, S. 93 ff.; Interview Willi Groag, 6. Juli 1975; L. Baeck, Brief an Frau Groag, 11. Februar 1945, überlassen von Willi Groag.

16 Vertrauliche Quelle.

17 Brandeis University: Emma Fuchs, *Theresienstadt Documents.*

18 Z. Lederer, *Ghetto Theresienstadt,* S. 75 ff., 90 f.; Siegfried Seidl, Bericht, 4. Juni 1946, in Yad Vashem: 109/51, S. 1; E. H. Boehm, *We Survived,* S. 234; AJR Information, November 1948, S. 2; J. Jacobson, *Terezin: The Daily Life,* S. 5.

19 L. Baeck, *Life in a Concentration Camp,* in: Jewish Forum, März 1946, S. 29–32; J. Jacobson, *Terezin: The Daily Life,* S. 12 ff.; Z. Lederer, *Ghetto Theresienstadt,* S. 125–131; E. H. Boehm, *We Survived,* S. 228 ff.; *The Emperor of Atlantis,* N.Y.Times, 26. April 1977, S. 46; LBI News, Winter 1976/77, S. 8.

20 Interview Uta C. Merzbach, 11. Oktober 1974; „Natiw"-Schulbuch, überlassen von Ralph Blume; Klara Caro, *Stärker als das Schwert,* Ms. in LBI/NY, S. 15.

21 Interview Zeev Shek, 25. Juni 1975; Interview Joachim Prinz, 1. Mai 1974; Schalom Ben-Chorin, *Interview mit Dr. Leo Baeck,* unidentifizierbarer Zeitungsausschnitt im Besitz des Autors.

22 H. G. Adler, *Theresienstadt 1941–1945;* Ludwig Loeffler, Brief an den Autor, 28. April 1976; Interview H. G. Adler, 27. Mai 1974; Else Dormitzer, in: AJR Information, undatierte Sonderausgabe zu Baecks 75. Geburtstag, S. 4; Interview Etta Japha, 12. November 1973; Vortrag vor Tschechoslowaken, Ms. ohne Seitenzahlen von Max Poper, in LBI/NY: Ismar Elbogen-Coll.; J. Jacobson, *Terezin: The Daily Life,* S. 13; J. Jacobson, *The Gateway to Hell,* in: AJR Information, April 1956, S. 7; E. Japha, in: *Voice of Emanuel,* 1. November 1962, unpaginiert.

23 L. Baeck, *The Writing of History,* in: Synagogue Review, November 1962, S. 51–59; Interview Uta C. Merzbach, 11. Oktober 1974; Klara Caro, *Stärker als das Schwert,* Ms. in LBI/NY, S. 7; Wiener Library: P. IIIh (Theresienstadt), Nr. 516, S. IV; unsigniertes Vorwort zu L. Baeck, *Pharisees,* S. XXIV; I. Maybaum, *The Face of God,* S. 124–126.

24 J. Jacobson, *Terezin: The Daily Life,* S. 14 f.; E. H. Boehm, *We Survived,* S. 233 f.; Interview Eugene J. Lipman, 20. Oktober 1975; Ralph Blume, Briefe an den Autor, 22. Januar und 11. März 1976.

25 Schalom Ben-Chorin, *Interview mit Dr. Leo Baeck,* unidentifizierbarer Zeitungsausschnitt, im Besitz des Autors; undatierter Brief von Lotte Liebstein, in LBI/NY: Leo Baeck, Allgemeine I, 12–365.

26 Brandeis University: Emma Fuchs, *Theresienstadt Documents,* Tagesbefehl Nr. 213 vom 16. September 1942; L.

Baeck, Brief an Dr. Plaut, 24. Oktober 1943, in LBI/NY: LB Briefe, Plaut-Ordner; „Tage gehen ...“, Aufzeichnung, überlassen von A. S. und M. Dreyfus.

27 Interview H. G. Adler, 25. Mai 1974.

28 E. H. Boehm, *We Survived,* S. 293; Z. Lederer, *Ghetto Theresienstadt,* S. 103 ff.; Brandeis University: Emma Fuchs, *Theresienstadt Documents,* Tagesbefehl Nr. 379 vom 18. November 1943 und Tagesbefehl Nr. 382 vom 23. November 1943.

29 *Terezin,* undatierter Bericht, überlassen von der Direktion des CIA; Hebrew University: Institute of Contemporary Jewry, Oral History Project, Trudi Groag, S. 2 f.; Interview Klara Caro, 14. Februar 1974; M. Murmelstein, *Das Ende von Theresienstadt,* in: Neue Zürcher Zeitung, 14. Dezember 1963, S. 14; H. G. Adler, *Theresienstadt 1941–1945;* H. G. Adler, *Die verheimlichte Wahrheit,* S. 310; E. H. Boehm, *We Survived,* S. 293 f.; J. Jacobson, *Bruchstücke,* S. 30 f., Ms. in LBI/NY: M. E. 560.

30 Ghetto Fighters Museum: *Red Cross Report on Theresienstadt,* S. 52; J. Jacobson, *Terezin: The Daily Life,* S. 16; E. H. Boehm, *We Survived,* S. 228; Z. Lederer, *Ghetto Theresienstadt,* S. 53 f., 119 ff.

31 Z. Lederer, *Ghetto Theresienstadt,* S. 146 f.; L. Baeck, *Life in a Concentration Camp,* in: Jewish Forum, März 1946, S. 31; N. Wilson, Brief, in: The Statesman, 23. März 1961; E. H. Boehm, *We Survived,* S. 294.

32 J. Jacobson, *Terezin: The Daily Life,* S. 12.

33 E. H. Boehm, *We Survived,* S. 292 f.; A. J. Friedlander, *Leo Baeck – Teacher of Theresienstadt,* S. 47; NA: RG 226, 55106; Klara Caro, *Stärker als das Schwert,* Ms. in LBI/NY, S. 22 f.; H. G. Adler, *Theresienstadt 1941–1945,* und Interview H. G. Adler, 27. Mai 1974; Ghetto Fighters Museum: *Red Cross Report on Theresienstadt,* S. 55; Interviews mit Ilse Blumenthal-Weiss, 15. Oktober 1974, und Uta C. Merzbach, 11. Oktober 1974.

34 Eine Zeichnung, die ein Ghettoinsasse von Rahm bei der Beaufsichtigung der Deportationstransporte gemacht hat, befindet sich in H. G. Adler, *Die verheimlichte Wahrheit,* S. 282, auch in H. G. Adler, *Theresienstadt*

1941–1945; Z. Lederer, *Ghetto Theresienstadt,* S. 156 f.

35 Interview Ernst Ludwig Ehrlich, 4. Juni 1974; Yad Vashem: 02/244, S. 2; J. Jacobson, *Bruchstücke . . .,* S. 40.

36 H. G. Adler, *Theresienstadt 1941–1945;* Interview H. G. Adler, 25. Mai 1974.

37 K. J. Ball-Kaduri, *Did the Jews of Germany Resist?* in: Yad Vashem Bulletin, März 1961, S. 32; unsignierte Mitteilung über Erlebnisse in Theresienstadt (vermutlich von Werner Neufliess, Hinweis in Yad Vashem Bulletin, a.a.O.), in: LBI/NY: AR 365, Nr. 18; Dr. H. Cats-Hilleson an R. Berlak, 15. Februar 1945, überlassen von A. S. und M. Dreyfus.

38 E. H. Boehm, *We Survived,* S. 295 f.

39 Z. Lederer, *Ghetto Theresienstadt,* S. 191; H. G. Adler, *Theresienstadt 1941–1945;* J. Jacobson, *Terezin: The Daily Life,* S. 18–21 (s. auch Anhang zu dem Dokument von David Cohen); Ilse Blumenthal-Weiss, *Im Auftrag des Reichskommissars,* Ms. in LBI/NY, S. 78 f.; Hebrew University: Institute of Contemporary Jewry, Oral History Project, Trudi Groag, S. 10 ff.

40 Interview Willi Groag, 6. Juli 1975.

13. Die letzten Jahre

1 L. Baeck an Max A. Shapiro, überlassen von M. A. Shapiro; Kurt Alexander, unbetiteltes Ms., überlassen von A. S. und M. Dreyfus; L. Baeck an Robert R. Geis, 17. Juli 1945, in LBI/NY: AR 2269, Geis, Robert, Nr. 3.

2 C. Weizmann an L. Baeck, 29. Juni 1945, und L. Baeck an C. Weizmann, 11. Juli 1945, in Weizmann Archives: 12120/3924 und 135; Interview H. G. Adler, 25. Mai 1974; Interview Alfred Wolf, 23. April 1976.

3 L. Baeck, Brief an Frau Hepner, 30. Juli 1945, LBI/NY; ohne Datum an Gertrud Heindenfeld, LBI/NY: LB Briefe, Gertrud Heindenfeld-Ordner; an Heinrich Guttmann, 2. September 1945, LBI/NY: LB Briefe, Heinrich Guttmann-Ordner; L. Baeck an Fritz Muhr, 7. August 1945, LBI/NY (AR 2269); L. Baeck, Briefe vom 23. Mai, 23. Juni und 18.

Februar 1947, alle in LBI/NY: Nr. 16 (AR 363).

4 Interview Jeannette Wolff, 25. Juni 1974; Interview Friedrich Brodnitz, 14. Februar 1974; Interview Wolli Kaelter, 22. April 1976; Wolfgang Hamburger, Brief an R. Berlak, 23. Mai 1957, überlassen von A. S. und M. Dreyfus; Interview H. G. Adler, 25. Mai 1974; Ilse Blumenthal-Weiss, 15. Oktober 1974; Margarete Muehsam, 17. Oktober 1974; Alfred Jospe, 19. Februar 1974; Henry J. Kellermann, 26. März 1976; Alexander Altmann, 14. Oktober 1975.

5 L. Baeck an R. Jaser, 9. Juni 1947, in LBI/NY; LB Briefe, Rudolf Jaser-Ordner; von Veltheim an L. Baeck, 12. September 1945, überlassen von A. S. und M. Dreyfus.

6 G. Scholem, *Messianic Idea in Judaism,* S. 318 f.; *A Message from Rabbi Leo Baeck,* in: National Jewish Monthly, Januar 1946, S. 158; Aufbau, 21. Dezember 1945, S. 1 f.; Schalom Ben Chorin, *Interview mit Dr. Leo Baeck,* undatierter Zeitungsausschnitt; Interviews David H. Wice, 12. März 1975; Ernst G. Löwenthal, 18. Juni 1974; Werner Rosenstock, 30. Mai 1974; Baecks Besuch in Deutschland: Bericht in: AJR Information, November 1948, S. 2.

7 N. Glueck, *Memorial Tribute,* in: E. G. Reichmann, Worte des Gedenkens, S. 161.

8 Interview Arthur E. Kaufmann, 29. Mai 1974; E. G. Löwenthal, *Im Dienst an der Menschheit,* in: *Leo Baeck/H. G. van Dam,* S. 18; *Central Zionist Archives:* Zu /10.095; Interview Robert Weltsch, 31. Mai 1974.

9 L. Baecks Besuch im Weißen Haus, Korrespondenz, Harry S. Truman Library; Eröffnungsgebet im Repräsentantenhaus in: Congressional Record 1948, S. 1275.

10 L. Baeck an Fritz Kaufmann, 29. November 1948, überlassen von A. S. und M. Dreyfus; L. Baeck an Rudolf Jaser, 7. Februar 1949, in LBI/NY: LB Briefe, Rudolf Jaser-Ordner; Interview Samuel Karff, 10. November 1973; Eugene B. Borowitz, in: *American Federation . . . 1973–1974,* S. 16f.

11 Interview Samuel Karff, 10. November 1973; Eugene B. Borowitz, in: *American Federation . . . 1973–1974,* S. 16 f.; Interview Nahum N. Glatzer, 21. August 1974.

12 Brief von Rabbi Norman D. Hirsch an den Autor, 10. Dezember 1973; A. J. Friedlander, Einleitung zu *This People Israel,* New York 1964, S. XXIII.

13 A. Stanley Dreyfus, persönliche Erinnerungen, ohne Titel, überlassen von A. S. und M. Dreyfus; L. Baeck an A. S. und M. Dreyfus, 21. November 1950, überlassen von A. S. und M. Dreyfus.

14 Interview David H. Wice, 12. März 1975.

15 *Society for Jewish Study,* in: Synagogue Review, Februar 1951, S. 173 f.; I. Maybaum, *The Face of God,* S. 127; Eugene B. Borowitz, in: *American Federation ... 1973–1974,* S. 24.

16 L. Baeck, Brief an Rudolf Jaser, 12. Oktober 1947, in LBI/NY: LB Briefe, Rudolf Jaser-Ordner; *Aus dem Tagebuch von Dr. Willi Cohn, Breslau,* S. 21, in LBI/J; L. Baeck, Brief an Ernst Ludwig Ehrlich, 22. Oktober 1947, überlassen von Ernst Ludwig Ehrlich; Schalom Ben-Chorin, *Interview mit Dr. Leo Baeck,* 18. Juli 1947, Zeitungsausschnitt; L. Baeck, *Religious Education of Children in Palestine,* S. 42; L. Baeck, Rede vor der 6. Konferenz der Weltunion für fortschrittliches Judentum, 1949, gedruckt in: In Memoriam Leo Baeck, S. 41, 44; N. Bentwich, *My 77 Years,* S. 226.

17 Interview H. G. Adler, 27. Mai 1974; Interview Herman Schaalman, 10. November 1973; Interview Ignaz Maybaum, 29. Mai 1974; *Erinnerungen an Rabb. Dr. Leo Baeck,* von F. S. N., undatiertes Blatt, Hazorea Kibbutz Archives.

18 Eugene B. Borowitz, in: *American Federation ... 1973–1974,* S. 17.

19 L. Baeck, *The Task of Progressive Judaism in the Post-War World,* S. 1 f.; L. Baeck, *World Religion and National Religion,* S. 6.

20 W. Kaufmann, *A Biographical Introduction,* in: L. Baeck, Judaism and Christianity, S. 6; K. Stendahl in seiner Einleitung zu Baeck, *Pharisees,* S. XIX; Common Ground, Juli–August 1953, S. 11.

21 L. Baeck, Rede vor der Weltunion für Fortschrittliches Judentum, 1946, gedruckt in: In Memoriam Leo Baeck, S.

39; L. Baeck, Rede auf der 8. Konferenz der Weltunion für Progressives Judentum, 1953, gedruckt in: In Memoriam Leo Baeck, S. 52.

22 L. Baeck, *Our Religious Approach to World Problems,* S. 10; L. Baeck, *The Schema,* S. 10; Niederschrift eines Interviews mit Leo Baeck, abgedruckt in: Liberal Judaism, Januar 1948, S. 65.

23 L. Baeck, *Dieses Volk,* Bd. II, S. 218; Bd. I, S. 103; Bd. II, S. 323, 296, 22; Bd. I, S. 54.

Midraschische Auslegung
des jüd. Testamentes
anlehnenden u. teils
moralischen u. religiöse
Standpunkte
Bar Mizwa
Chanukka
Martin Buber
Spinoza

Wesen des Judentums

S. 114 Luther